응용윤리학

과학과 윤리의 만남

응용윤리학

과학과 윤리의 만남

김상득 지음

사회평론아카데미

감사의 글

난 참 운이 좋은 연구자다

철학의 '철'자에도 관심이 없었을 뿐만 아니라 철학 책 한 권 읽지 않고 나는 철학과 학생이 되었다. 지금에도 그러하듯이 그때에도 1학년을 마치고 성적순으로 학과를 선택하였는데, 그놈의 성적이 나빠서 강요된 선택의 결과가 철학과였다. 그래도 공부는 열심히 하였다. 철학이 좋아서가 아니라 오직 장학금을 받기 위해서였다. 졸업 후 취업을 원했지만, 군대 문제가 걸려 당시 한시적으로 시행된 '석사장교' 제도 덕을 보고자 대학원에 진학하게 되었다. 이 역시 철학에 대한 애정이 아니었다. 학부 졸업 소논문을 준비하면서 메타윤리학을 좀 공부하였기에 대학원에서도 윤리학을 전공하게 되었다. 학부 때와 달리 이번에는 규범윤리학에 관심이 생겨 존 스튜어트 밀의 공리주의와 자유론을 연구하여 별 무리 없이 졸업했다.

제대 후 취업하고자 노력하였지만 성공하지 못했다. 그래서 좀 더 공부하여 번역가로 먹고 살아야겠다는 마음으로 박사과정에 재도전하여 1989년에 박사과정에 입학하였다. 석사과정 때 지도교수와 생명윤리학 개론서에 해당하는 『생의윤리학이란 무엇인가』를 번역하면서 응용윤리학을 알게 되어, 자연스럽게 응용윤리학을 박사과정에서도 계속 공부하게 되었다. 이때 비로소 윤리학에 관심과 애정을 갖게 되었다고 해도 과언이 아니다. 1990년대 초만 해도 응용윤리학은 생소한 학문이었다. 실제로 1989년에 입학하여 1996년 졸업 때까지 대학원의 정규 교과목에서 응용윤리학에 관한 책을 한 권도 함께 공부해 본 적이 없다. 그래서 응용윤리학에서 다루고 있는 실제적인 도덕 문제보다 응용윤리학 자체에 대한 연구가 필요하다고 생각하여 메타윤리학의 관점에서 응용윤리학이 학문으로 성립 가능한지, 그리고 응용윤리학의 방법론이 무엇인지를 공부하여 박사학위를 받았다. 그러고 보면 자랑같이 들리지만 나는 응용윤리학을 홀로 공부하였다.

1997년 복제 양 '돌리'의 탄생으로 응용윤리학, 특히 생명윤리학의 태풍이 우리나라에도 일기 시작하였다. 그래서 현재 연구재단의 전신인 학술진흥재단에서 시행하는 보호학문 강의 사업과 포스트 닥(Post Doc) 사업의 도움을 받아 연세대학교 보건대학원에서 생명윤리학에 관한 강의와 연구를 이어갔고, 우리나라에서는 처음으로 개설한 연세대학교 의과대학의 의료법윤리학과에서 연구강사로 일하는 행운도 누렸다. 이러한 연구를 『신앙과 학문』이라는 저널에 시리즈 형식으로 투고하여 2000년에 『생명의료윤리학』을 출간하고, 이 저술의 도움을 받아 그해 가을 운 좋게 교수로 임용될 수 있었다. 시간 강사와 달리 교수는 연구하기에 너무나 좋은 조건이었다. 경제적으로 걱정하지 않아도 되고 강의 시간이 적고 강의를 위해 이 대학 저 대학을 돌아다니지 않아도 되니 시간적 여유가 있었다. 무엇보다 '나의 연구실'이 있다는 사실이 연구에 큰 도움이 되었다.

나는 중고등학교 때 수학과 생물을 꽤 잘 했다. 실제로 당시 예비고사에서도 수학과 생물 성적은 훌륭했다. 그러나 부모의 소원에 따라 법관의 꿈을 갖고 인문계열에 진학하였다. 그래서 한때 수학과 생물 지식이 무용지물이 되었다고 생각했으나, 지금 와서 생각하니 그렇지 않았다. 수학과 생물학은 오늘날 응용윤리학을, 특히 생명윤리학을 공부하는 데 큰 자산이기 때문이다. 이러한 '우연의 행운'은 학부 졸업 논문으로 메타윤리학을 공부하고, 석사학위 논문으로 밀의 공리주의, 즉 규범윤리학을 공부한 것에도 나타났다. 즉, 나는 응용윤리학의 도덕 문제를 다분히 메타윤리학의 방법에 따라 풀어나간다. 또 도덕 문제의 해결은 규범윤리학의 도움 없이는 불가능하다. 이처럼 메타윤리학과 규범윤리학의 공부는 응용윤리학 연구의 '준비하지 않은 준비'로 오늘날 도움을 주고 있다.

교수가 된 후 사회정의 물음에도 관심을 갖고 연구하긴 하였지만 나의 주된 연구는 응용윤리학이었다. 그 일차 결과물이 2009년에 출간한 『유전자윤리학』이다. 그 후에도 유전자 가위나 배아입양 등에 관심을 갖고 계속 연구하였는데, 이 책에 실린 글들은 이러한 연구의 결과물로 일부 글들은 이미 다른 책으로 출판되기도 하였다. 정년을 앞두고 저명한 교수들은 기념 논문집을 발간하지만 난 저명하지 않기에 그러한 형편이 되지 못한다. 그래도 정년을 앞두고 뭔가 남길 수 있으면 좋겠다는 소박한 마음이 들어 몇 년 전부터 몇 권의 책을 준비하였는데 그중 하나가 임신중절의 윤리에 관한 책이다. 박사학위 논문의 2부 "임신중절의 윤리"를 발전시켜 『생명과 자유는 어떻게 서로를 반대하는가』라는 제목으로 2024년에 출간하였다. 그리고 또 하나의 소망이 응용윤리학 전반을 다루는 책이다. 책으로 출판하고자 그 동안 쓴 글들을 살펴보니 마치 이가 빠진 듯이 뭔가 부족하였다. 그것은 신경윤리학과 환경윤리학이었다. 이에 관한 글을 쓰는 데 예상외로 시간이 걸려 금년 봄에서야 간신히 완성할 수 있었다. 학술지에 게재된 논문이 이 책의 근간을 이루지만, 일부는 오늘의 현실에 맞게 대폭·수정 보완하였다. 응용윤리학은 윤리학의 단순한 외연 확장이 아니라 '새로운 윤리학'이다. 그것도 시간의 흐름에 따라 새롭게 성장하고 있는, 그래서 아직 미완성의 학문이다. 새로움은, 그리고 미완성은 언제나 낯설고, 그래서 어설프다. 그러나 응용윤리학은 새롭기에 신선한 도전이었고 미완성이기에 완성을 향해 나아가는 뿌듯함을 선물로 주었다.

물가가 오르고 경제가 좋지 않아 살기가 어려워지면서 인문학이 설 자리도 점점 좁아지고 있다. 인문학 독자가 줄어들어 인문학 도서가 출판되기도 힘들어졌다. 그럼에도 이 책이 세상에 빛을 볼 수 있도록 출판을 허락해 준 사회평론아카데미의 윤철호 사장의 배려와 김찬호 편집자의 애씀과 헌신에 깊은 감사의 마음을 전한다.

열심을 다한다고 하였지만 이 책은 여전히 2%, 아니 그 이상 부족하다. 잘못된 부분에 대한 질타는 겸허히 받아들인다. 다만 응용윤리학을 공부하는 데 작게나마 보탬이 된다면, 응용윤리학으로 한평생 먹고 살아온 필자의 40년 연구가 단순한 밥벌이가 아니라 윤리학 발전에 '+α'로 기여하였다는 자부심으로 행복한 미소를 지으면서 강단을 떠날 수 있을 것 같다. 앞으로 로봇윤리학 및 정의론과 관련한 두 권의 책마저 빛을 볼 수 있는 운이 찾아오기를 기대해 본다.

2025년 10월

김상득

차례

제2부

응용윤리학의 질문 233

들어가는 말

과학은 윤리로부터 자유로운가

1. 응용윤리학의 태동 배경

응용윤리학의 성격과 대상을 논의하기에 앞서 응용윤리학이 어떻게 발생하게 되었는지, 그 역사적 배경을 간략하게나마 살펴보자. 일반적으로 윤리학은 규범윤리학, 분석윤리학, 그리고 응용윤리학으로 분류된다. 물론 도덕적 당위를 다루는 학문이기에 윤리학은 규범윤리학에서 출발하였다. 즉, 고대 소크라테스 때부터 근대에 이르기까지 윤리학은 오직 규범윤리학적 논의뿐이었다고 해도 과언이 아니다. 규범윤리학은 윤리적으로 바람직한 삶은 무엇인가, 옳고 그름의 판단 기준은 무엇인가, 행위의 안내 원리는 무엇인가, 본래적인 가치를 지닌 것은 무엇인가 등의 도덕적 당위 내지 가치에 관한 문제를 철학적으로 다룬다.[1] 규범윤리학의 전통은 1900년대 들어 논리 실증주의로 인한 분석철학의 대두로 무너지기 시작했다. 그 효시는 1903년 조지 무어(G.E.

Moore)의 『윤리학 원리』 출간이다. 이 책을 계기로 윤리학은 변혁을 맞이하는데, 그 결과물이 바로 분석윤리학(analytic ethics)이다. 메타윤리학(meta ethics)이라 불리는 분석윤리학은 논리 실증주의의 방법론을 윤리학에 적용하여 윤리학의 탐구 대상을 새롭게 설정하였다. 분석윤리학자들은 규범 윤리적인 문제가 아니라 윤리학에서 사용되고 있는 도덕적 용어 및 논증 구조를 일차적인 탐구 대상으로 삼았다. 이들은 엄격한 검증가능성 원칙에 따라 전통적인 규범윤리학의 명제들은 단지 감정 표현에 지나지 않아 참·거짓을 가릴 수 없기 때문에 의미가 전혀 없어 학문적 연구의 대상이 될 수 없다고 비판하였다.

분석철학적인 철학관에 따르면 윤리학의 과제는 두 가지로 구분된다.[2] 첫째는 도덕적 논의에 사용되는 용어들의 의미를 분석하는 것이고, 둘째는 어떤 도덕적 신념이 참이냐 또는 거짓이냐를 밝혀줄 수 있는 추론의 규칙과 인식의 방법을 검토하는 것이다. 첫째 과제는 의미론적 문제로 개념적 분석에 관한 것이고, 둘째 과제는 논리적, 인식론적 문제로 도덕적 추론의 논리에 관한 것이라 할 수 있다. 알프레드 에이어(A.J. Ayer)와 찰스 스티븐슨(C.L. Stevenson)의 정의주의(emotivism)는 이를 잘 웅변해준다.

이러한 메타윤리학에 따르면 실천적인 문제, 즉 규범윤리학의 문제는 철학적인 논의의 대상조차 되지 못한다. 실천적인 문제는 단지 개

....

1 규범윤리학은 전통적으로 가치론(theory of value)과 의무에 관한 이론(theory of obligation)으로 나누어진다. 전자는 "그 자체로 좋은 것 혹은 그 자체로 목적인 것이 무엇인가?"의 물음을 다루고, 후자는 "무엇이 옳은가?"의 물음을 다룬다. 그래서 좋음의 개념과 옳음의 개념이 윤리학의 주요한 용어가 되며, 이 둘 중 어느 것이 우선하느냐에 따라 목적론적 윤리설과 의무론적 윤리설이 구분되기도 한다. G.E. Moore, *Principia Ethica*(Cambridge: Cambridge University Press, 1903), p.184.

2 P.W. Taylor, *Principles of Ethics*, 1975, 김영진 옮김, 『윤리학의 기본원리』(서울: 서광사, 1985), pp.19-23 참조.

인적 결단의 문제에 지나지 않기 때문이다. 이는 분석윤리학에 대한 찰리 브로드(C.D. Broad)의 다음 말에 잘 나타나 있다.[3]

> 사람들에게 무엇을 하고 무엇을 하지 말도록 가르쳐 주는 것은 도덕철학자의 할 일이 아니다. … 도덕철학자는 무엇이 옳고 무엇이 그른지에 관해 일반인이 갖지 못한 특별한 지식을 결코 갖고 있지 않다. 또한 도덕철학자는 성직자, 정치가, 신문의 논설위원 등이 수행하고 있는 이러한 대중 계몽적인 역할을 담당할 자격이 없다.

이런 입장은 이미 장 폴 사르트르(J.P. Sartre)의 실존철학에서도 나타난 바 있다. 사르트르에 따르면 도덕 판단은 규칙이나 원칙에 의해 결정될 수 없으며, 가치란 단지 인간의 선택에 의해 만들어진 것에 지나지 않는다. 따라서 메타윤리학이 득세하면서 철학은 일상적인 실천적 문제에 대한 해결책을 제시할 수 없게 되었다. 물론 이전의 규범윤리학도 상존하였으나 메타윤리학에 그 위세가 눌려 실천적인 문제 해결에 별 도움이 되지 못했다. 그러나 1960년대 후반 들어 메타윤리학의 토대가 무너지기 시작하였다. 1960년대 후반은 미국에서 시민권 운동, 반전운동, 학생운동 등이 활발한 시기였다. 흑인민권운동은 흑인들의 건강권을 요구하였고, 여성 해방운동은 임신중절과 가족계획에 대한 태도에 영향을 미쳤으며, 환경보호운동은 국가의 정책 결정에 많은 영향을 끼쳤다. 베트남 전쟁에 반대하는 많은 학자들은 현대 과학기술의 오용에 대하여 비판하였다. 이러한 변화의 소용돌이 속에서 철학자들은 강단에서 아카데믹한 이론적 문제만을 다루고 있을 수만은 없게

3 C.D. Broad, *Ethics and the History of Philosophy*(London: Routledge and Kegan Paul, 1952), p.244.

되었다. 그래서 이들은 평등, 정의, 시민불복종, 인종차별, 전쟁과 평화주의 등의 대중적이고도 실천적 문제를 다루게 되었다.[4] 이런 실천적인 문제를 다루는 윤리학을 고전적인 규범윤리학과 구별하여 응용윤리학(applied ethics) 혹은 실천윤리학(practical ethics)이라 부른다.[5] 특히 과학기술의 발달이 응용윤리학의 태동은 물론 활성화에 큰 영향을 미쳤다. 즉, 과학기술의 발달에 함의된 새로운 윤리적 문제들이 응용윤리학의 부흥을 가져다주었다. 이러한 영향을 바루크 브로디(B. Brody)는 세 가지로 설명한다.[6]

첫째, 새로운 기술의 발전은 새로운 도덕 문제를 낳았다. 좋은 사례로 인공적으로 사람의 생명을 연장시킬 수 있는 의학기술의 발달로 인해, 생명은 언제 끝이 나는가, 생명은 언제 마땅히 끝내야 하는가, 환자는 생명을 구하는 의학적 치료를 거부할 권리가 있는가 등의 생명의료윤리의 문제가 제기되었다.[7] 둘째, 우리에게 친숙한 일부의 제도는 과거와 달리 제대로 그 기능을 발휘하지 못하는 것 같다. 이에 대한 좋은 사례로 형법 체제를 들 수 있다. 미국의 경우 현행 형사상 정의 체제가 범죄를 예방하는 데 성공적이지 못하는 것 같다. 동시에 형사상 정의

....

4 J.P. DeMarco & R.M. Fox, "The Challenge of Applied Ethics", J.P. DeMarco & R.M. Fox, eds., *New Direction in Ethics*(New York: Routledge & Kegan Paul, 1986), p.11. 응용윤리학의 특성에 관한 자세한 논의는 부록 1 「응용윤리학은 어떠한 학문인가」를 참조하라.

5 T.L. Beauchamp & J.F. Childress, *Principles of Biomedical Ethics*(New York, Oxford: Oxford University Press, 1994), p.4 참조.

6 B. Brody, *Ethics and Its Application*(London: Harcourt Brace Jovanovich Publisher, 1983), 여기서는 황경식 옮김, 『응용윤리학』(서울: 종로서적, 1988), pp.14-16.

7 특히 포션은 생명의료윤리학의 발생 이유를 크게 세 가지를 들어 설명한다. (1) 1960년대의 도덕적 각성 운동, (2) 의료 부분에 대한 정부의 참여 증대로, 의사가 아닌 학자들이 의료문제를 연구하기 시작함, (3) 의학의 발달. 특히 의학의 발달은 한 측면에서 성공인 반면에 다른 측면에서는 문제를 야기하였다. 예를 들어 신부전증 환자를 현대 의학은 살릴 수 있어 생명 연장의 개가를 올린 반면에 값비싼 진료비 부담과 이식수술의 고통 문제를 낳고 있다. 김일순, 포션, N., 『의료윤리: 삶과 죽음, 그 영원한 숙제』(서울: 연세대학교출판부, 1982), pp.5-8.

영역에 있어서 우리에게 친숙한 많은 관행들이 범죄자의 인권을 유린하기 때문에 위헌적이라는 생각이 점점 증대하고 있다. 그래서 사람들은 형사상 정의 체제의 목표가 무엇인지, 원하는 목표를 달성하기 위한 허용 가능한 최선의 방법이 무엇인지, 그리고 현행 제도와는 다른 대안을 필요로 하는가 등의 문제를 제기하게 되었다. 그러나 기존의 윤리설은 이 문제에 대해 만족할 만한 해답을 제공하지 못하였다.

셋째, 과거에 절대적이었던 규범이나 원리가 이제는 수정을 필요로 하고 예외를 허용하게 되었다. 몇 해 전만 해도 정의로운 사회는 모든 시민들의 필요를 충족시키고, 동시에 노동자들이 자신의 노동에 대한 합당한 대가를 받는 사회여야 한다는 데 대해서 의문의 여지가 없었다. 그러나 최근의 경제 발전이 문제를 복잡하게 만듦으로써, 오늘날 위의 두 가지 가치 기준을 동시에 만족시킬 수 있는 방도를 찾는 일은 현실적으로 불가능하게 되었다. 정의라는 절대적 기준을 만족시키기 위해서는 사회 복지 혜택을 확대해야 하는데 그러자면 높은 세금이 불가피하며, 다른 한편 사람들의 노력이 보상받아야 한다는 절대적 가치 기준을 만족시키기 위해서는 보다 낮은 세금이 요청되는 것이다. 이 두 가지 가치 기준을 조정할 능력이 없기 때문에 우리는 낡은 해결책을 재평가하지 않을 수 없게 되었다. 또한 기존의 도덕이론이 이러한 문제 해결에 도움이 되지 않는 까닭에, 우리는 도덕이론 전반을 재검토해야 하는 상황에 직면하게 되었다.

이러한 상황에 직면하여 철학자들은 현실적인 도덕 문제의 해결에 관심을 갖게 되었다. 실천적 문제에 관해 철학자들의 실질적인 관심은 철학적으로 연구한 결과물이 철학 관련 전문 학술지에 1960년대부터 게재되기 시작하여, 1971년에는 응용윤리학 관련 전문 논문집인 『사회윤리의 제문제』가 제임스 레이첼즈(J. Rachels)에 의해 편집 출간되었다.[8] 오늘날 이 책은 그 자체로 윤리학 개론 시간에 널리 읽혀지는 교과서 중 하나가 되었다. 하지만 이 책이 출간된 당시만 해도 응용윤리학의 고유한 특성에 대한 올바른 인식이 정립되어 있지 않았다. 실제로 이 책 서문에서 레이첼즈는 "비록 현실적인 행위의 문제가 언급된다 할지라도 그것은 보다 이론적인 문제점을 확실히 하기 위한 것일 뿐이다"고 쓰고 있다.[9] 즉 그는 실천적 문제를 단지 도덕이론의 난점을 보완하기 위한 수단으로 간주하였으나, 이는 5년도 채 못 되어 잘못임이 드러났다. 실천적 물음은 일반 이론의 결점을 보완하거나 확증하는 하나의 수단에 불과한 것이 아니라, 실천적인 물음 자체가 철학적인 주제로 부각되어 실천적 문제의 해결을 윤리학의 목적으로 삼아야 한다는 새로운 윤리학에 대한 목소리가 대두되었다. 그리하여 대중적인 문제에 관한 철학의 응용을 전문적으로 다루는 『철학과 공공 문제』(*Philosophy and Public Affairs*)라는 전문 학술지가 1971년에 새로이 창간되었다. 이제 응용윤리학은 영어권 대학의 철학과에서는 정규 교과목으로 채택되고 있다.

실천적인 문제를 철학의 고유한 영역으로 확고하게 한 획기적인 사건은 1971년 출간된 존 롤스(J. Rawls)의 『정의론』이다. 이 책은 이전의 메타윤리학과는 전혀 달리 실질적인 윤리이론(substantive ethical theory)을 구축하려는 시도로 윤리학계에 신선한 충격을 주었다. 일반적으로 롤스의 이 책은 (1) 실질적인 윤리이론에 대한 새로운 확신을 가져다주었고, (2) 윤리학에 있어서의 객관성 및 데이터에 관한 기존

....

8 이 책의 영문 원 제목은 'Moral Problems: A Collection of Philosophical Essays'인데, 우리나라에서는 『사회윤리의 제문제』(서울: 서광사, 1983)라는 이름으로 번역 출간되었다.

9 J. Rachels, *Moral Problems: A Collection of Philosophical Essays*, 1971, 황경식 외 옮김, 『사회윤리의 제문제』(서울: 서광사, 1983), 엮은이 머리말, p.12.

의 입장을 수정하였으며, 그리고 (3) 윤리이론을 기본적인 확신들의 서열화 방식으로 이해하고 있는 것으로 평가되고 있다.[10] 특히 실천윤리학의 관점에서 보면 롤스의 이론은 의학에서부터 경영, 법률 등 광범위한 영역에까지 적용되는 포괄적인 이론이라 할 수 있다. 그래서 1980년대부터 영미 윤리학계에서 응용윤리학은 규범윤리학 및 메타윤리학과 어깨를 나란히 하는 지위를 확보하게 되었다.[11] 물론 학문 명칭에 대해 일부 학자들은 실천적 성격을 강조하고자 실천윤리학이라는 개념을 사용할 것을 제안한다. 하지만 영미 윤리학계에서는 이미 '응용윤리학'이란 개념이 하나의 학문 분야로 자리 잡고 있기 때문에, 이 책에서는 응용윤리학이라는 학문 명칭을 그대로 사용하고자 한다.

2. 응용윤리학의 분류와 이 책의 구성

현실적인 도덕 문제에 관한 이러한 관심은 사실 새로운 것이 아니다. 고대 그리스 철학 때부터 철학자들은 실천적인 도덕 문제에 관심을 갖고 철학적으로 탐구하여 왔다. 예를 들어, 플라톤은 『국가』(*Republic*)에서 윤리학과 사회정책은 구분되지 않는다고, 그리고 아리스토텔레스

....

10 J.P. DeMarco & R.M. Fox, op.cit., pp.14-16 참조.

11 마르쿠스 싱어는 1980년대 윤리학 흐름을 다음과 같이 11가지로 요약한다. 1. 도덕철학과 정치학 및 법철학과의 관련성 증가, 2. 권리(rights) 개념이 윤리학의 중심 개념이 됨, 3. 자율(autonomy)에 대한 관심 급증, 4. 응용윤리학 내지 실천윤리학의 부흥, 5. 과학에서 제기된 윤리적 문제에 관심을 갖게 됨, 6. 전통적인 규범윤리학에 대한 관심 고조, 7. 정의(justice)에 대한 관심 부활, 8. 욕구(desires)라는 개념 대신 필요(needs)라는 개념이 중요하게 취급됨, 9. 경제학과 윤리학의 관련성 증가, 10. 도덕 심리학의 등장, 11. 윤리학과 관련된 사회생물학(sociobiology)의 발전. 이에 관한 자세한 논의는 M.G. Singer, "Ethics, Science and Moral Philosophy", J.P. DeMarco & R.M. Fox, eds., *New Direction in Ethics*(New York: Routledge & Kegan Paul, 1986), pp.283-287 참조.

는 『정치학』(*Politics*)에서 정치학이란 윤리학의 연장에 지나지 않는다고 주장하였다. 중세의 성 어거스틴(S. Augustine)과 토마스 아퀴나스(T. Aquinas) 역시 정의로운 전쟁 물음과 같은 공공적인 실천적 물음뿐만 아니라 거짓말과 같은 사적인 실천적 물음에 관심을 갖고 학문적으로 논의하였다. 특히 이들은 기독교 입장에서 강간당하는 것을 피하기 위해 크리스천 여성이 자살하는 것은 윤리적으로 옳은지의 물음을 비교적 구체적으로 논의하였다.

근세의 토마스 홉스(T. Hobbes)는 오늘날 시민불복종 혹은 국민저항권에 해당되는 국가 권력에의 불복종을 정당화해 줄 수 있는 도덕적 근거를 탐구하였으며, 데이비드 흄(D. Hume)은 자살에 관한 논문을 발표한 바 있다. 공리주의의 창시자 제러미 벤담(J. Bentham)은 공리주의에 근거한 법률 개혁을 다루었고 그를 계승한 존 스튜어트 밀(J.S. Mill)은 『자유론』(*On Liberty*)과 『여성의 예속』(*The Subjection of Women*)이라는 책에서 요즈음도 빈번하게 논의되는 자유의 문제와 여성 해방의 문제를 다루었다. 심지어 임마누엘 칸트(I. Kant)조차도 이 점에 있어서 예외가 아니다. 전쟁, 경제적 부의 분배, 약속이행, 계약, 국제관계, 사형제도 등의 문제가 이들의 작품 속에서 논의되고 있다. 그래서 피터 싱어(P. Singer)는 1960년대 후반에 들어서 나타난 응용윤리학은 새로운 것이 아니라 일종의 부활이라고 말한다.[12] 1960년대 후반 들어 부흥된 응용윤리학은 1975년에 그 절정에 달했다. 이해에 싱어의 『동물 해방』(*Animal Liberation*)이 출간되고 톰 레건(T. Regan)이 「채식주의의 도덕적 토대」("The Moral Basis of Vegetarianism")라는 논문을 발표하여 철학자들도 실제적인 문제 해결에 무엇인가 기여할 수 있다는 생각을

....

12 P. Singer, ed., *Applied Ethics*(Oxford: Oxford University Press, 1986), Introduction, p.2.

갖게 만들었다.

이제 철학은 현실의 도덕 문제를 외면할 수 없다. 아니 더 정확하게 말하면 철학은 현실의 도덕 문제 해결에 긍정적으로 기여할 수 있고 또 기여해야 한다. 물론 응용윤리학의 발생에 결정적 계기가 된 것은 생명윤리학이고, 또 생명윤리학 논의가 응용윤리학에서 가장 큰 영역을 차지하고 있음은 분명하다. 그렇다고 생명윤리학이 응용윤리학의 시작이고 또 응용윤리학의 전부라는 말은 아니다. 응용윤리학의 외연을 어떻게 규정해야 하는가에 대해서는 학자에 따라 의견이 다를 수 있지만 일반적으로 환경윤리학도 응용윤리학의 한 분야로 간주되고 있다. 그런데 환경윤리학은 생명윤리학이라는 공식 명칭이 사용되기 훨씬 이전부터 논의되어 왔기 때문이다. 이뿐만 아니라 생명윤리학에서 중요하게 다뤄지고 있는 의료윤리학은 고대 '히포크라테스 선서'를 들먹이지 않아도 이미 오래전부터 임신중절이나 안락사 물음을 중심으로 논의되어 왔다.

물론 응용윤리학의 정확한 기원의 물음도 학문적으로 중요하지만, 도덕 문제의 해결이라는 관점에서 보면 응용윤리학에 대한 주제별 분류 작업이 현실적으로 보다 중요하다. 오늘날 응용윤리학은 생명윤리학에 한정되지 않고 다양한 영역에서 진행되고 있기 때문이다. 일부에서는 사회 정의와 관련된 실질적인 도덕 문제, 예를 들어 소수집단 우대조치나 사형제도 등도 응용윤리학의 외연에 포함시키기도 하지만, 이미 정의에 관한 논의는 사회윤리학의 중요한 부분으로 자리 잡고 있기 때문에 일반적으로 응용윤리학 논의에서 제외된다. 대개 과학기술의 발전에 따라 새로운 윤리 물음이 발생하면, 그 과학기술과 연관 지어 새로운 응용윤리학 분야가 탄생되곤 한다. 예를 들어, 로봇공학의 발달로 로봇윤리학이, 신경과학의 발달로 신경윤리학이, 그리고 나노공학의 발달로 나노윤리학이 각각 발생하였다. 물론 정확하게 일치하지는 않지만 과학기술을 준거점으로 우리는 응용윤리학을 표 1과 같이 분류할 수 있다.

이는 정말로 이해의 편의를 돕기 위한 대략적인 어설픈 구분이다. 즉, 이 구분은 이 책의 구성을 설명하기 위한 필자의 자의적인 구분이라 해도 과언이 아니다. 그래도 부연설명이 필요하다. 먼저 생명윤리학의 외연 물음이다.[13] 오늘날 생명윤리학은 그 외연이 상당히 포괄적이다. 일단 표 1의 생명윤리학은 협의의 의미임을 밝혀둔다. 즉, 생명공학이 의학이나 유전공학과 독립된 학문으로 인정되고 있어서, 논의의 편의상 생명과학의 발달과 관련된 윤리 물음에 국한하여 협의의 의미로 생명윤리학이라는 이름을 필자가 임의로 붙였다. 일반적으로 생명윤리학은 생명과학의 발달로 인해 제기되는 윤리적 물음을 다루기에 이 분류에서 의료윤리학과 유전자윤리학 모두를 포함한다. 실제로 생명과학 및 의학과 관련되어 있어서 보다 친절하게 '생명의료윤리학'(biomedical ethics)이라 부르기도 한다. 예를 들어, 인간복제는 유전공학과 관

표 1 응윤윤리학 분류

과학기술	응용윤리학	주요 물음
생명공학	생명윤리학	인간복제의 윤리, GMOs의 윤리 등
의학	의료윤리학	임신중절의 윤리, 안락사의 윤리 등
유전공학	유전자윤리학	유전자 차별의 윤리, 유전자 편집의 윤리 등
생태학	환경윤리학	동물권 물음, 환경 재화의 정의로운 분배 물음 등
정보통신기술	정보윤리학	지적재산권 물음, 사이버공간의 윤리 적용 물음 등
로봇공학	로봇윤리학	로봇의 도덕적 지위, 로봇의 도덕적 책임 물음 등
신경과학	신경윤리학	브레인 해킹의 물음, 자유의지의 물음 등
나노공학	나노윤리학	사생활 보호 물음, 자질 강화의 물음 등

13 생명윤리학의 발생과 특성에 관한 자세한 논의는 이 책의 부록 2 「생명윤리학은 어떻게 탄생하였는가」를 참조하라.

련되어 있으며, 대리모는 체외수정 의술, 즉 의학과 관련되어 있다. 일반적인 광의의 의미로는 생명윤리학은 표 1의 생명윤리학, 의료윤리학, 유전자윤리학 모두를 포함한다.

물론 생명윤리 물음이 많은 부분을 차지하지만, 완성도를 높이고자 표 1에 언급된 대부분의 응용윤리 물음을 이 책에서 다루고 있다. 즉, 이 책은 1부 생명윤리, 2부 응용윤리 그리고 부록으로 구성되어 있다. 우선 "응용윤리학은 어떠한 학문인가?"를 묻는 부록 1은 실질적인 도덕 문제가 아니라 응용윤리학 자체에 관한 철학적 탐구이다. 이는 "응용윤리학은 하나의 학문으로 성립 가능한가?"를 묻는 메타윤리학적 성찰로, 우리는 이 부록에서 응용윤리학의 특성이 무엇인지를 알게 될 것이다. 즉, 필자는 응용윤리학의 특성을 그 핵심 개념인 '해결하다' '도덕 문제' 그리고 '응용의 방법'에 초점을 맞춰 비판적으로 논의하고자 한다. 그리고 "생명윤리학은 어떻게 탄생하였는가?"를 묻는 부록 2는 철학적 탐구가 아니라 다분히 역사적 고찰이다. 생명윤리 물음이 우리 사회의 화두가 되고 있지만 생명윤리학이 어떻게 탄생하였으며, 그 학문적 특성이 무엇인지에 대해서 철학자들은 별로 관심을 기울이지 않는다. 왜냐하면 이는 엄밀히 말해 철학적 작업이 아니라 역사적 기원을 묻는 사회과학적 작업이기 때문이다. 하지만 이러한 역사적 고찰을 통해 우리는 생명윤리학의 기원을 이해하게 되고 한 걸음 더 나아가 생명윤리학의 방향성을 설정하는 데 지혜를 얻을 수 있을 것이다. 대부분의 경우 이러한 서론적 논의를 책의 앞부분에 위치시키지만 이는 도덕 문제에 관한 규범윤리학적 탐구가 아니라 메타윤리학적 연구이고, 무엇보다 실질적인 도덕 문제의 해결에 일차적 관심을 갖고 있는 독자들의 편의를 위해 부록에 담았다.

1부의 첫 주제는 생명윤리의 고전적 주제에 해당하는 임신중절의 윤리이다. 임신중절의 윤리 물음은 태아의 도덕적 지위 물음에서 시작하여 태아의 생명권과 여성의 신체적 자율권의 상충 물음 등 여러 관점에서 논의할 수 있지만 1장은 페미니즘의 관점에서 임신중절 권리가 과연 여성을 위한 것인지를 철학적으로 묻고 있다. 2장과 3장은 오늘날 생명윤리의 혁명적 분수령이 된 체외수정 의술과 관련된 두 물음을 다루고 있다. 체외수정은 여성의 자궁 밖에서 정자와 난자를 수정시켜 수정란을 만드는 생식보조 의술을 말한다. 이로써 난세포를 제공한 유전적 모와 자궁을 제공하는 임신 모의 분리가 가능해짐으로 새로운 윤리 물음이 발생하고 있다. 2장은 이렇게 체외 수정된 배아를 난세포를 제공한 유전적 모가 아니라 제3자가 임신하는 대리모의 윤리를 논의하고, 3장은 대리모와 달리 체외수정 후 남은 잔여배아를 제3자가 임신하여 출생시켜 양육하고자 하는 배아입양의 윤리를 철학적으로 탐구한다. 특히 배아입양의 물음은 아직 우리나라에서 생소하여 윤리학적 논의가 거의 이뤄지지 않아 상당히 도전적인 내용을 이 장은 담고 있다.

4장은 오늘날 유전자 가위로 인한 유전자 편집이 어떤 윤리 물음을 낳는지를 비판적으로 고찰한다. 이제까지 유전자는 개인의 의지나 선택과 상관없이 주어진 자연으로 일종의 운명에 속하였다. 하지만 오늘날 생명과학과 생명공학의 발달로 이 유전자를 변형시킬 수 있게 되었는데 그 단초가 유전자 가위이다. 유전자 편집은 유전적 질병의 치료라는 점에 있어서는 분명 희소식이지만, 다른 용도로 사용할 경우 또 다른 윤리 물음을 야기하는데 그 대표적 물음이 맞춤아기와 자질강화이다. 그래서 4장은 맞춤아기와 자질강화를 목적으로 유전자 가위를 활용하는 것이 과연 윤리적으로 허용될 수 있는가의 물음을 심도 있게 논의한다. 5장은 복제 양 '돌리'로 상징되는 체세포 핵이식 기술이 던지는 인간복제에 함의된 윤리적 물음을 인간 개체복제에 초점을 맞춰 논의하고자 한다. 일반적으로 인간복제는 연구를 위한 배아복제와 생식을 위한 개체복제로 구분되는데 5장은 개체복제에 초점을 맞춰 그 윤리적 허용가능성을 논의한다. 6장은 생명윤리의 고전적 물음에 해당하는 안락사의 윤리를 우리나라의 '웰다잉 법'과 관련하여 철학적으로 고찰한다. 안락사에 대한 개념적 분류 작업 및 그 찬반 논쟁을 논의하면서 필자는 죽음의 권리가 아니라 죽음의 수용이라는 관점에서 간접적 안락사를 옹호하고자 한다. 특히 6장에서 우리는 안락사의 윤리 물음은 공동체의 문화와 상관하여 논의될 필요성이 있음을 필자는 강조하고자 한다.

2부는 생명윤리학과 구분되는 또 다른 응용윤리학의 몇몇 주제들을 다루고 있는데, 7장은 응용윤리학 탄생 이전부터 철학자들이 논의해 온 환경윤리 물음을 비판적으로 고찰한다. 앞서 언급하였듯이 환경윤리학은 생명윤리학과 더불어 응용윤리학의 양 축이라고 말할 수 있다. 환경윤리학의 핵심 물음은 "왜 환경을 보전해야 하는가?"이다. 이 물음에 관한 인간중심주의와 생명중심주의 논쟁이 지금까지 계속되고 있다. 즉, 이 물음에 대해 오늘날 대부분의 환경윤리학자들은 비인간 존재, 예를 들어 동물이나 식물 혹은 자연 생태계 본래적 가치 내지 도덕적 지위를 지니기 때문이라고 주장하지만 일부에서는 여전히 인간의 생존과 이해관계 때문이라고 주장한다. 하지만 오늘날 환경윤리학은 환경 실용주의의 영향으로 "환경을 어떻게 보호할 것인가?"에로 그 물음을 바꾸고 있다. 왜냐하면 환경 문제만큼 일상인들의 피부에 와 닿는 문제가 없기 때문이다. 다시 말해, 본래적 가치 논쟁이 말해 주듯이 "왜 환경을 보전해야 하는가?"의 물음은 다분히 윤리 형이상학으로 도덕 문제의 합당한 해결이라는 응용윤리학의 궁극적 목적과 거리가 멀다. 이러한 환경윤리학의 방향 전환에 따라 필자는 7장에서 환경윤리학의 물음을 환경 실용주의 및 환경정의와 연관 지어 논의하고자 한다.

8장에서 다루고 있는 정보윤리학 역시 응용윤리학에서 중요한 영역을 차지하고 있다. 왜냐하면 컴퓨터 공학 및 정보과학은 오늘날 인간 삶의 필수적인 요소가 되어 인간 자체에 지대한 영향을 미치고 있기 때문이다. 정보 윤리학은 정보과학과 연관되어 있을 뿐만 아니라 컴퓨터를 바탕으로 한다고 해서 컴퓨터 윤리학 혹은 인터넷을 기반으로 한다고 해서 인터넷 윤리학으로 불리기도 한다. 특히 오늘날 이러한 정보과학 내지 컴퓨터 공학은 사이버 공간을 창조함으로 말미암아 사이버윤리학이라는 독특한 범주를 만들어내고 있다. 그래서 이 책의 8장은 사이버 공간에서의 윤리 물음을 자아정체성과 관련하여 철학적으로 논의한다. 이 글은 2005년에 발표된 글이지만, 오늘날 '메타버스'(metaverse)의 윤리 물음과 깊은 연관성을 지닌다. 메타버스라는 용어는 가상 혹은 초월을 의미하는 '메타'(meta)와 세계 내지 우주를 의미하는 '유니버스'(universe)를 합성한 신조어로 '가상 우주' 혹은 '가상 세계'로 번역되기 때문이다. 이 글은 현실 공간과 다른 가상 공간 내지 가상 우주에서도 현실 세계의 윤리를 지켜야 하는지를 묻고 있다.

정보윤리학과 독립적으로 오늘날에는 로봇윤리학이 철학계에서는 다양한 관점에서 논의되고 있다. 물론 로봇공학은 컴퓨터 공학이나 인공지능과 결합되어 있지만, 다른 과학과 달리 '인공지능(AI) 로봇'이라는 새로운 행위자를 만들어냄으로 말미암아 기존의 정보윤리학과는 완전히 다른 윤리 물음을 낳고 있다. 그것은 바로 AI 로봇도 도덕 행위자가 될 수 있는가의 물음이다. 환경윤리학에서 논의되고 있는 동물의 도덕적 지위 내지 동물권 물음은 동물도 도덕적 존중을 받는 도덕 수용자가 될 수 있는가에 관한 논의라면, 로봇윤리학에서 다루고 있는 AI 로봇의 도덕적 지위 물음은 AI 로봇도 도덕 행위자가 될 수 있는가의 물음은 그 차원이 전혀 다르다. 이와 더불어 AI 로봇이 야기한 도덕적 해악에 대해 AI 로봇 자체가 도덕적 책임의 담지자가 될 수 있는지도 로봇윤리학에서 중요하게 다뤄지고 있는데, 이 책의 9장은 도덕 행위자가 되기 위한 선결요건으로 AI 로봇이 도덕적 결정을 내릴 수 있는지를 묻는다.

10장은 신경윤리학 물음을 다룬다. 다른 응용윤리학 분야에 비해 가장 늦게 태동하였지만 신경윤리학은 윤리학에서 가장 뜨거운 논쟁점을 다룬다. 그 이유는 응용윤리학은 일반적으로 도덕 문제의 해결을 목적으로 하는데, 신경윤리학은 이러한 일반적 목적에 충실하면서도 다른 응용윤리학이 다루지 않는 윤리학의 전제를 과학적으로 묻고 있기 때문이다. 일반적으로 신경윤리학은 '신경과학의 윤리'와 '윤리의 신경과학'으로 구분되는데, 전자는 뇌 영상 기술의 발전과 관련한 사생활의 문제, 정신약물 기술에 의한 뇌 강화 프로그램의 윤리적 문제 등을 철학적으로 다루지만, 후자는 윤리를 과학적으로 탐구하여 윤리학의 근본 전제에 의문을 던지고 있다. 그 대표적인 도전이 자유의지에 대한 위협이다. 우리가 사람들의 행위에 대해 도덕적 책임을 묻는 근본 이유가 자유의지의 존재를 전제하기 때문에, 신경과학은 자유의지가 과연 존재하는가를 묻는다. 10장은 신경과학의 이러한 도전으로부터 어떻게 자유의지와 도덕적 책임을 구할 수 있는지를 철학적으로 분석하는 글이다.

이제까지의 논의는 특정 공학 내지 기술에 함의된 윤리적 물음을 다루는 글이라면 11장과 12장은 다분히 기술 내지 연구 자체와 관련된 윤리 물음을 다룬다. 응용윤리학은 기술의 발전으로 탄생한 학문이기에 우리는 기술 자체와 윤리의 관계가 무엇인지를 물을 수 있는데, 11장은 이 물음을 다룬다. 여기서 말하는 기술은 인간이 만든 도구나 기계, 그리고 소프트웨어, 의료기술 등을 총괄하는 포괄적 개념이다. 즉, 자동차나 컴퓨터 프로그램은 물론이거니와 칼이나 연필도 기술이라고 말할 수 있다. 오늘날 우리는 기술의 도움 없이 단 한 순간도 살아갈 수 없다. 책의 집필과 출판은 물론이거니와 연구마저도 기술의 도움을 받고 있다. 아니 밥을 먹을 때도 잠을 잘 때도 길을 걸을 때도 우리는 기술의 도움을 받고 있다. 그러면 이러한 기술은 인간의 윤리와 어떤 연관성을 갖는가? 11장은 인간에게 있어서 기술이란 과연 어떤 의미를 지니는지를 묻고 있다. 11장에서 필자는 오늘날 기술철학 내지 기술윤리학의 새 장을 열고 있는 피터 폴 베어백의 기술윤리학을 중심으로 이 물음을 논의하고자 한다. 그는 후기 현상학의 입장을 철학적으로 기술이 갖는 윤리학적 함의를 철학적으로 분석하고 있다. 이 장에서 필자는 인간만이 기술에 영향을 주는 것이 아니라 기술도 인간에게 영향을 준다는 베어백의 상호작용 이론은 물론 기술은 인간과 도덕을 매개할 뿐만 아니라 한 걸음 더 나아가 도덕은 기술을 통해 구현된다는 그의 입장에 우호적인 방향으로 기술윤리학을 논의하고자 한다.

이에 반해 12장은 기술 개발과 관련된 연구에 함의된 윤리적 물음을 다룬다. 기술은 과학 및 공학의 결과물이다. 물론 과학과 공학의 연구는 일차적으로 과학적 방법에 따라 객관적으로 이루어져야 한다. 하지만 과학적 연구 역시 인간의 활동이기 때문에 윤리로부터 자유로울 수 없다. 연구는 과학적 연구이어야 할 뿐만 아니라 윤리적 연구이어야 한다. 그러면 윤리적 연구란 무엇을 의미하는가? 12장은 황우석 박사의 '줄기세포 사건'이 계기가 되어 우리나라 학계에 새로운 화두를 던진 연구윤리의 물음을 생명과학 및 의학과 연관 지어 비판적으로 고찰한다. 특히 생명과학과 의학은 인간 생명을 연구 대상으로 삼기 때문에 이 글을 통해 필자는 연구윤리의 정착화를 위한 제도 마련은 물론이거니와 책임 있는 연구를 위해 연구자에 대한 생명윤리 교육이 중요하다는 점을 강조할 것이다.

마지막으로 이 책은 나노윤리학을 다루지 못하였다. 다른 분야와 달리 나노윤리학의 고유성에 관해서는 논란의 여지가 많다. 그 근본 이유는 나노윤리학의 토대가 되는 나노공학의 본성 때문이다. 나노기술(nanotechnology)은 10억분의 1미터인 나노미터 크기의 물질을 조작하는 기술인데 이러한 기술의 과학적 원리 내지 기술을 탐구하는 학문이 나노과학 혹은 나노공학이다. 즉, 나노공학은 원자, 분자 및 초분자 물질을 합성하고, 조립, 제어하며 혹은 그 성질을 측정, 규명하는 기술을 연구한다. 나노가 갖는 이러한 특성으로 인해 현재 나노기술은 의학, 전자 공학, 생체재료학, 에너지 생산, 항공우주, 소비자 제품 등 다양한 분야에 적용되어 새로운 물질과 기계를 만드는 데 이용되고 있다. 물론 나노공학은 독립된 학문 영역임에 분명하지만 인간에게 적용될 때는 언제나 다른 공학 내지 기술과 결합되어 나타난다. 예를 들어, 나노공학은 의학에 응용되어 인간의 질병 치료는 물론 자질 강화에 활용될 수 있는데, 이렇게 되면 유전자윤리학이나 의료윤리학과 중복된다. 다시 말해, 나노공학이 제기하는 윤리 물음은 다른 응용윤리학 분야와 종류가 전혀 다른 고유한 윤리적 물음이 아니라 기존 윤리 물음의 변형 내지 심층화라고 말할 수 있다. 실제로 나노기술의 윤리적 쟁점은 안전성 문제, 생태계 파괴 물음, 사생활 침해, 사회적 불평등, 군사적 이용, 인간의 능력 강화 물음 등에서 다뤄지고 있는데, 이러한 윤리적 물음은 이미 생명윤리학이나 환경윤리학 혹은 유전자윤리학에서 논의되고 있다. 그래서 이 책에서는 나노윤리학을 별도로 논의하지 않았다.[14]

....

14 나노윤리에 관한 자세한 논의는 P.P. O'Mathuna, *Nanoethics: Big Ethical Issues with Small Technology*, 2009. 이상헌·김원봉 옮김, 『나노윤리』(파주: 아카넷, 2013)를 참조하라.

제1부

생명윤리학의 질문

1

임신중절의 윤리:
임신중절 권리는 여성 해방에 도움이 되는가

이 글은 태아를 도덕적 지위를 지닌 인간 존재로 전제하고, 임신중절 권리를 옹호하는 페미니즘 논변을 비판적으로 고찰하는 데 그 목적이 있다. 페미니즘은 방법론에 있어서 태아가 아니라 산모에서 출발한다. 태아와 산모의 존재론적 의존관계에 근거하여 임신중절 권리를 옹호하는 페미니즘 논변은 크게 세 가지이다. 첫째는 임신중절 선택권이 여성 해방에 필수적이라는 논변이고, 둘째는 임신중절 선택은 책임 있는 도덕적 선택이라는 논변이며, 셋째는 신체적 자율권 논변이다. 이 세 논변을 비판적으로 논의하면서, 필자는 페미니즘 논변은 결국 태아의 존재론적 지위 물음에 봉착하고, 나아가 임신중절 선택권 옹호는 여성의 생식의 자유를 소극적 권리로 협소화하여 여성 해방에 도움을 주지 않음을 보이고자 한다. 결론에서는 이에 근거하여, 진정한 여성 해방은 임신중절 권리가 아니라, 임신 및 출산의 결과를 공평하게 처리하는 제도 개혁에 있음을 주장하고자 한다.

1. 임신중절의 도덕성 논쟁

생명옹호론자들은 다음과 같은 논증에 근거하여 임신중절에 반대한다.[1]

(1) 무고한 인간 존재를 죽이는 것은 도덕적으로 그르다.
(2) 태아는 무고한 인간 존재이다.
(3) 임신중절은 태아를 죽인다.

따라서 임신중절은 도덕적으로 그르다.

이 논증은 복합 삼단논법으로 타당하기 때문에, 결론의 수용 여부는 전제의 참·거짓에 달려 있다. 대전제에 해당하는 전제 (1)은 모든 사람들이 보편적으로 받아들이고 있는 윤리원칙으로 이를 부정하는 것은 윤리적으로 불가능하다. 전제 (3)은, 적어도 태아가 체외생존가능성(viability)을 지니기 이전에는, 현재의 의술로는 받아들이지 않을 수 없는 하나의 사실이다. 전제 (3)은 엄밀히 말해 윤리적 물음이라기보다는 오히려 생물학적 사실의 물음으로 의학이 풀어야 할 문제이다. 이렇게 전제 (1)과 전제 (3)을 받아들이게 되면, 우리에게 남은 문제는 전제 (2)이다. 전제 (2)는 참인가?

전제 (2)는 태아가 인간 존재임을 주장하고 있다. 태아는 인간 존재인가? 이 물음에 답하자면 두 가지 물음이 해결되어야 한다. 하나는 인간 존재의 기준이 무엇인가의 물음이요, 다른 하나는 태아는 이 기준

....

1 H.J. Gensler, "A Kantian Argument Against Abortion", *Philosophical Studies*, vol.49, 1986, p.85 참조.

을 충족하고 있는가의 물음이다. 전자가 도덕적 지위 물음이라면, 후자는 태아의 존재론적 특성에 관한 물음이라고 할 수 있다. 이제까지 생명옹호론자들은 태아가 인간 존재임을 입증하기 위해, 이 두 물음에 대해 다양한 입장들을 개진해 왔다. 유전적 논증, 잠재성 논증, 연속성 논증 등이 그 대표적인 예이다. 하지만 그 어떤 논증도 태아가 인간 존재임을 입증하지는 못한다. 전제 (2) 자체가 도덕적 물음이기 때문에 위의 임신중절 반대 논증은 선결문제 요구의 오류를 범하고 있기에 그 형식적 타당성에도 불구하고, 결론이 입증되었다고 말할 수 없다.

그렇다고 "태아는 인간 존재가 아니다"라는 명제가 논증된 것도 아니다. 그 어떤 과학적 사실도, 그리고 그 어떤 윤리학적 논증도 이를 입증하지 못한다. 하지만 한 가지 분명한 사실은 태아를 인간 존재와 무관한, 산모의 몸속에 있는 하나의 '혹'이나 세포덩어리 정도로만 생각하면 임신중절의 도덕성 물음은 아예 제기되지 않는다는 점이다. 왜냐하면 모든 인간은 전체성의 원리에 따라 자기 신체 부분에 대해서 마음대로 처분할 자유 내지 권리를 지니기 때문이다. 역설적으로 말하면, 임신중절이 생명윤리학의 핵심적인 도덕 물음이라는 사실 자체가 태아가 인간 존재임을 간접적으로 보여 준다고 하겠다. 그래서 이 글에서 필자 역시 잠정적 출발점으로서 태아를 인간 존재로 전제하고 논의하고자 한다.

그러면 태아를 인간 존재로 인정하면, 임신중절은 도덕적으로 그른가? 이 물음에 관한 논의는 두 가지 차원에서 전개될 수 있다. 전제 (2)가 암시하고 있듯이, 하나는 태아가 무고하지 않은 경우이고, 다른 하나는 태아가 무고한 경우이다. 태아가 무고하지 않다는 말은 태아가 누군가에게, 특히 산모에게 어떤 해악을 입히고 있는 경우를 말한다. 정당방위에 의한 살인이 윤리적으로 정당화되듯이, 태아가 무고하지 않은 경우 임신중절은 윤리적으로 정당화될 수 있다. 산모의 생명이 위독하리라 예상되는 경우에 생명옹호론자들마저도 임신중절이 허용되어야 한다는 데 동의하는 이유도 여기에 있다. 물론 여기서도 두 가지 물음이 제기된다. 하나는 '무고성'의 기준이 무엇인가의 물음이요, 다른 하나는 임신중절이 정당방위의 한 사례가 될 수 있는가의 물음이다. 예를 들어, 해리 젠슬러(H.J. Gensler)는 산모의 생명뿐만 아니라, 건강 내지 복지를 위협할 경우에도 태아가 무고하다고 말할 수 있는지 의문을 제기한다.[2] 그리고 태아와 무관하게 산모가 질병에 걸려 임신중절이 불가피한 경우도 생기는데, 이러한 경우에도 정당방위 논리가 성립되는지 의문스럽기 때문이다.[3]

2. 임신중절과 페미니즘

지금까지 논의를 통해 알 수 있듯이, 임신중절을 옹호하는 길은 두 가지이다. 하나는 태아를 아예 인간 존재로 인정하지 않는 길이요, 다른 하나는 태아를 인간 존재로 인정하면서도 무고하지 않은 존재로 여기는 길이다. 예를 들어, 메리 앤 와렌(M.A. Warren)은 8개월 된 태아가 인간이 아닌 것은 물고기가 인간이 아닌 것과 같다고 하면서, 태아를 하나의 세포 덩어리로 간주한다.[4] 하지만 이러한 논변은 앞서 지적했듯이 특정 세계관을 전제하지 않을 경우 그 입증이 불가능하다. 그리고

....

2 ibid., p.83.

3 정당방위에 관한 자세한 논의는 김상득, 『생명과 자유는 어떻게 서로를 반대하는가』(서울: 사회평론아카데미, 2024), pp.257-295를 참조하라.

4 M.A. Warren, "On the Moral and Legal Status of Abortion", J.P. Sterba, ed., *Morality in Practice*(California: Wadworth Publishing Company, 1984), p.151.

두 번째 길 역시 '무고성' 개념을 아주 광의로 해석하여, 산모의 복지를 조금이라도 위협한다면 태아는 무고한 존재가 아니라고 주장할 수 있지만, 이러한 주장은 건전한 상식과 어긋나고 또 일상적인 임신의 경우 태아는 산모의 생명이나 건강에 중대한 위협을 가한다고 보기 어려워 정당방위에 근거한 임신중절 옹호 논변은 제한적일 수밖에 없다.

그래서 대부분의 페미니스트들은 제3의 길을 모색한다. 즉, 페미니스트들은 태아를 무고한 인간 존재로 전제하면서도 여성의 권리에 우선성을 부여하여 임신중절을 옹호한다. 여성이 갖는 대표적인 권리가 신체적 자율권이기 때문에, 이러한 권리 담론은 태아의 생명권과 산모의 신체적 자율권 갈등 논의로 일컬어지고 있다.[5] 일종의 '권리 담론'이다. 필자 역시 이러한 논리에 따라 임신중절의 도덕성 물음을 논의하여 왔다.

하지만 권리 담론에서 임신중절에 관한 물음을 논의하게 되면, 선택옹호론의 자유주의는 한계를 지닐 수밖에 없다. 왜냐하면 일상적인 경우 생명권이 자율권에 도덕적으로 우선하여 생명옹호론인 보수주의가 우위를 점령하게 되기 때문이다. 그래서 일부 학자들은 임신중절의

....

5 보니 스타인벅은 태아와 산모 사이에는 아무런 갈등이 존재하지 않는다는 근거에서 임신중절을 옹호하고 있다. 그는 임신 중 산모의 행위가 미래 아기에게 해악을 입힐 수 있음을 인정하면서도, 이러한 이해관계는 어디까지나 미래 아기가 가지는 이해관계이지 태아 자체가 지니는 이해관계는 아니라고 주장한다. 즉, 임신중절의 도덕성 논쟁은 산모와 태아의 갈등이 아니라, 산모와 미래 아기의 갈등이라는 데 근거하여, 그는 산모는 태아에게 해를 입히지 않을 조건부적 의무를 지니지만, 임신중절을 하지 말아야 할 도덕적 의무는 없다고 주장한다. 하지만 이 주장이 타당하려면, 태아와 미래 아이 사이에는 자아동일성이 성립되지 않는다는 전제가 추가되어야 한다. 태아의 존재론적 지위와 연관된 자아동일성 물음은 그 답이 쉽지 않은 철학적 난제 가운데 하나이다. 그러나 태아는 정상적으로 발달할 경우 미래 인간이 됨에 분명하기에, 태아와 미래 아기 사이에는 도덕적으로 고려할 만한 의미 있는 자아동일성이 성립한다고 볼 수 있다. 이런 가정 하에서 보면 태아는 산모와 똑같은 이해관계를 지니기에, 임신중절은 산모와 태아 갈등의 전형적인 사례임에 분명하다. B. Steinbock, "Mother-Fetus Conflict", H. Kuhse & P. Singer, eds., *A Companion to Bioethics*(Oxford, UK: Blackwell Publishers, 1998), pp.135-138 참조.

도덕성 물음을 권리 논쟁으로 보는 것 자체에 반대한다. 이미 지적했듯이, 권리 논쟁은 임신중절 물음을 생명권과 신체적 자율권의 상충으로 해석하고, 그 저변에서 생명권의 주체인 태아와 자율권의 주체인 여성을 대결적 구도로 몰아가는데, 이는 '사실'이 아니기 때문이다. 더 노골적으로 말하면 권리 담론은 임신중절 선택권을 요구하는 여성들을 '나쁜 이기주의자'로 몰아가려는 '도덕적 비아냥거림' 내지 '도덕적 조소'가 담겨 있다. 하지만 임신중절을 하는 여성도, 임신중절을 하지 않는 여성도 모두 태아를 존중한다. "태아는 어머니와 마주하고 있는 권리 대결자가 아니다. 태아와 어머니는 연결되어 있으며 그 누구보다도 상호의존적인 존재이다."[6]

이뿐만 아니라 권리 담론 자체가 이미 그 속에 도덕적 결론이 내포된 가치담지적인 논의이다. 왜냐하면 특수한 예외를 제외하고는 그 어떤 권리보다 죽임을 당하지 않을 '생명권'이 도덕적으로 우선하기 때문이다. 한 마디로, 권리 담론은 '남성 이데올로기'로 편향되어 있어, '또 다른 목소리로'(In a different voice) 임신중절에 관한 물음을 바라볼 필요가 있다. 그것은 바로 여성의 목소리, '여성 윤리'이다. 권리 담론은 성, 임신, 출산, 양육 등의 "여성의 복잡다단한 경험과 고민을 담기에 역부족이다."[7] 권리 담론에서와 마찬가지로 '또 다른 목소리' 내에서도 '또 다른 목소리'가 존재한다. 아마 그 이유는 여성 자체가 하나의 목소리가 아니라 여러 목소리의 다발이기 때문이다. 다시 말해, 여성의 어떤 목소리를 붙잡느냐에 따라, 여성주의는 서로 다른 형태를 띠게 되고, 그에 따라 임신중절을 바라보는 시각도 달라질 수밖에 없다. 여성

....

6 이혜정, 「도덕 이론과 임신중절」, 한국철학회, 『철학』, 제78집, 2004, p.315.

7 김미영, 「낙태논쟁의 권리 프레임에 대한 공동체주의적 여성주의의 비판」, 한국여성학회, 『한국여성학』, 제27권 4호, 2011, p.4.

의 '또 다른 목소리'는 크게 보면 '여성적 윤리'(feminine ethics)와 '여성주의 윤리'(feminist ethics)로 구분된다. 이 둘을 로즈마리 통(R.P. Tong)은 다음과 같이 구분한다.[8]

> "여성적"(feminine)은 현재 여성 특유의 목소리에 대한 촉구를 가리키며 흔히 양육, 보살핌, 동정심, 그리고 의사소통의 그물망을 포함하는 보살핌의 윤리의 옹호를 지칭한다. "여성주의적"(feminist)은 자유주의자건 급진주의자건 혹은 다른 입장을 갖고 있건 간에, 가부장적 지배에 반대하고, 동등한 권리와 희소한 자원의 정당하고 공정한 분배를 옹호하는 이론들을 지칭한다.

그러니까 여성적 윤리는 남성과 다른 여성 특유의 보살핌 내지 관계에 초점을 두고 있다는 점에서 'female ethics'라면, 후자의 여성주의 윤리는 남성과 동등한 여성 평등권에 초점을 두고 있다는 점에서 'gender ethics'라고 말할 수 있다. 필자가 여기서 말하는 '또 다른 목소리'는 이 둘을 모두 포괄하는 개념으로 '여성 윤리'라고 부를 수 있다. 그렇다고 여성 윤리가 태아의 도덕적 지위 물음이나 권리 담론과 무관하다는 뜻은 아니다. 여성 윤리 접근법은 이 두 논쟁이 임신의 특수성을 온전하게 고려하지 못한다는 문제의식을 갖고, 여성 중심 관점에서 임신중절에 관한 물음을 천착한다. 실제로 이혜정은 이러한 '여성 윤리' 이론으로 자율성 이론, 평등 이론뿐만 아니라 보살핌의 윤리도 강조하고 있다.[9] 하지만 오늘날 임신중절 논의에서는 평등 이론을 정의의 차원으로 발전시켜 재생산적 정의가 강조되고 있다. 이 네 입장을 간단하게

8 이혜정, 「도덕 이론과 임신중절」, p.301.

9 ibid., pp.300-314.

정리하면 다음과 같다.

a. 자율성 이론: 몸의 자기 소유권을 바탕으로 신체적 자율권, 프라이버시권, 생식의 자유 등을 이유로 임신중절을 여성의 선택권으로 옹호한다.
b. 평등 이론: 여성이 남성과 평등하게 대우 받자면 생식의 자율권을 가져야 하며, 여기에는 임신을 중단할 권리마저 포함된다.
c. 재생산적 정의: 재생산, 즉 임신과 출산, 그리고 양육의 부담은 남성과 여성에게 평등하게 분배될 때 정의가 실현된다.
d. 보살핌의 윤리: 남성이 정의 중심의 윤리를 갖는 반면에 여성은 보살핌 중심의 윤리를 가지는데, 여성은 태아와의 상호의존성, 책임, 보살핌의 차원에서 임신중절 여부를 결정할 수 있다.

여성 윤리 관점에서 임신중절 물음을 논의하자면 이 네 입장 모두를 고찰해야 하지만, 여기서는 필자의 입장에 대해 반대편에 서서 임신중절을 옹호하는 페미니즘 이론에 초점을 맞춰 비판적으로 논의하고자 한다. 한마디로 페미니스트들은 임신중절이라는 도덕 문제의 핵심은 태아가 아니라 여자라는 사실을 강조하면서, 여성에 초점을 맞추어 임신중절을 옹호한다. 이제까지의 권리 담론은 태아의 생명권과 산모의 신체적 자율권을 동등한 입장에서 임신중절에 관한 물음을 하나의 도덕적 딜레마로 간주하여 왔다면, 페미니즘은 여성의 경험, 생각, 행동, 관계 등에 우선성을 두고 두 권리의 갈등을 해결해야 한다고 주장한다. 따라서 이들은 임신중절 문제를 개인 상호 간의 문제로 다루지 않고 산모의 입장에서 주로 다룬다. 설사 개인 상호 간의 문제로 다루어도, 이들은 언제나 여성의 복지나 자율권에 우선성을 둔다.

그래서 페미니스트 관점에서 여자의 '무엇'에 초점을 맞추느냐에 따라 그 입장은 다양하게 전개될 수밖에 없다. 여성이 갖는 권리는 다양하지만 가장 손쉽게 생각나는 권리는 성적 자기 결정권, 즉 성의 자유이다. 이런 관점에서 엘런 윌리스(E. Willis)는 "임신중절 논쟁에서 핵심은 생명이 아니라 성(sex)이다"라고 주장한다."[10] 즉, 임신중절에 대한 도덕적 불일치의 근원은 성관계에 대한 근본적으로 다른 두 입장에서 발생하였는데, 페미니스트들은 여성의 성관계 자율성을 내세워 임신중절을 옹호한다. 전통적인 입장에 따르면, 성관계와 생식 작용은 신의 섭리에 의해 지배받는 자연의 한 부분으로 간주된다. 이러한 과정에서 성관계란 쾌락이 뒤따르지만, 성의 일차적인 목적은 아이를 낳는 생물학적 기능이다. 그리고 자연은 신의 섭리하에 놓여 있으므로 출산을 제한하거나 임신중절을 하는 것은 자연의 질서에 반하는 행위가 되어 결국 죄악이 되고 만다. 반면에 이와 대립되는 입장에 따르면, 신의 섭리는 자연을 통해서 표현되는 것이 아니라, 인간의 생명 내에서 자비를 베푸는 행위로 간주되며, 이 행위로 인하여 인간은 자기 자신과 그 주변 환경에 대해 더 큰 책임감을 느끼게 된다. 따라서 성관계란 생물학적 의미 이상의 것이다. 즉, 성관계란 수많은 의미와 목적을 지닌 인간의 실존적 현실이다. 따라서 인구 과잉 시대 가족계획에 따른 산아 제한은 죄로 간주되기보다는 오히려 부모의 책임 있는 행위로 간주된다.

페미니스트들은 이 후자의 입장을 견지하면서, 적어도 임신이 성관계를 통해서만 가능하기 때문에, 임신중절의 도덕적 불허용은 곧 성관계의 절제를 함축하는데, 이는 여성에게 있어서 지나친 희생의 강요라고 주장한다. 태아가 신성불가침하다는 이유로, 완벽한 피임법, 즉

....

10 E. Willis, "Abortion: Is a Women a Person", J.A. Kourany et al,, eds., *Feminist Philosophers*(New Jersey: Prentice Hall, 1992), p.85.

절제에 의거하지 않고서는 여성은 끊임없이 신체의 독립성과 자율성을 훼손 받게 된다. 남성과 달리 여자는 절제해야만 자신의 자유를 누릴 수 있는데, 이 절제가 여성에게 지나친 희생으로 불평등한 차별이라는 것이다. 왜냐하면 남성과 마찬가지로 여성에게 있어서도 성관계는 하나의 기본적인 필요이기 때문이다. 성관계는 기본적인 필요로서 충족을 기다리는 것으로, 이는 전적으로 여성의 자율에 속하는 것이지 임신중절 금지에 의해 제한받을 수 있는 성질이 아니라는 것이 페미니스트들의 주장이다.

그러나 다른 세계관에 근거한 이러한 페미니즘의 입장은 단순히 철학적 분석만으로 해결될 수 없는 복잡하고도 어려운 문제이다. 즉, 이는 성의 역사, 성의 사회적 기능, 성 윤리 등이 복합적으로 관련되어 있는 물음이다. 또 방법론상으로 페미니스트는 성에 관한 입장 차이에서 임신중절의 도덕성 물음으로 나아가지만, 다른 한편으로는 임신중절의 도덕성 물음에서 성 윤리로 나아가는 방법론도 가능하다. 다시 말해, 임신중절이 도덕적으로 허용 불가능하다면, 성에 대해 보수주의 입장을 취할 수 있고, 도덕적으로 허용 가능하다면 자유주의적 입장을 취할 수 있을 것이다. 우리는 어떤 행동이 다른 사람에게 피해를 끼치는 것이라면 우리 자신의 몸이라 할지라도 원하는 대로 할 수는 없기 때문이다.[11] 어느 방법이 합당한가 하는 물음 역시 중요한 철학적 문제이나, 이는 이 책의 논의 영역을 넘어선다.

성적 자율권의 물음은 뒤에서 또 논의하기로 하고, 여기서는 태아의 생명권을 전제하면서도 신체적 자율권에 우선성을 두어 임신중절을 옹호하는 대표적인 철학자 주디스 톰슨(J.J. Thomson)의 논증을 살

....

11 J. English, "Abortion and the Concept of a Person", 1975, 김일순, 포션, N. 『의료윤리: 삶과 죽음, 그 영원한 숙제』(서울: 연세대학교출판부, 1982), p.152.

펴보자. '바이올리니스트 논변'으로 알려진 그녀의 주장을 인용해 보자.[12]

> 어느 날 잠자리에서 일어난 나는 무의식 상태에 빠진 유명한 바이올리니스트의 옆자리에 누워 있는 자신을 발견한다. 이 음악가는 치명적인 신장염을 앓고 있으며, 음악 애호가 협회가 사방으로 조사를 한 결과 오직 나의 혈액형만이 그를 소생시킬 수 있다는 사실을 발견하여 나를 간밤에 납치했다. 그리고 그들은 나도 모르는 사이에 그의 신장에 있는 독소를 제거하기 위하여 그의 혈관과 나의 혈관을 연결시켜 놓았던 것이다. 이제 병원장이 나에게 말한다. "음악 애호가 협회가 이런 일을 한 데 대해 죄송스럽게 생각합니다. … 이제 이런 일은 벌어졌으며 바이올리니스트는 당신과 연결되어 있습니다. 그 연결을 끊어 버리면 당신은 그를 죽이는 것입니다. 너무 걱정하지 마십시오. 9개월만 지나면 그는 회복될 것이며, 그때는 안전하게 그를 당신으로부터 떼어낼 수 있습니다."

만약 당신이 이 사례의 주인공이라면 어떤 결정을 내릴 것인가? 물론 이 물음에 대한 답은 개인에 따라 다를 것이다. 하지만 한 가지 분명한 사실은 누군가가 계속 혈관 연결 호스를 유지하여 바이올리니스트를 살린다면 이는 '의무 이상'으로 도덕적 칭찬을 받겠지만, 반대로 그 호스를 끊어 버리기로 결정해도 이를 도덕적으로 비난할 사람은 아무도 없다는 점이다. 우리들의 이러한 상식적 직관은 무엇을 의미하는가? 이는 생명권이란 생존을 위해 다른 사람에게 그 무엇을 요구할 수

12 J.J. Thomson, "A Defence of Abortion", *Philosophy & Public Affairs*, vol.1, no.1, 1971, 황필호 편저, 『산아제한과 낙태와 여성 해방』(서울: 종로서적, 1990), p.109.

있는 적극적 권리가 아니라, 이유 없이 죽임을 당하지 않을 소극적 권리임을 말해 준다. 예를 들어, 누군가가 생존을 위해 나의 신장을 절대적으로 필요로 한다고 해서, 그 사람이 나에게 신장을 요구할 도덕적 권리가 없으며, 나 역시 그가 아무리 생명권을 지니고 있다고 해도 그에게 나의 신장을 떼어주어야 할 도덕적 의무를 지니지 않는다. 이러한 논리에서 톰슨은 태아가 설사 생명권을 지닌다 해도, 산모의 육체를 적극 사용할 권리를 지니지 않기에, 산모는 태아의 생존에 필요한 임신을 지속할 도덕적 의무를 지니지 않는다고 주장한다.[13] 산모로 하여금 임신을 지속하여 출산하라고 요구하는 것은 산모에게 '선한 사마리아인'이 되라고 강요하는 것이나 다름없다. 따라서 임신중절 금지는 선한 사마리아인이 되어야 할 도덕적 의무는 없다는 윤리 원칙과 어긋난다고 말할 수 있다.[14]

이러한 주장에 대해 바이올리니스트 사례는 임신의 상황과 다르다는, 즉 톰슨의 논변은 유비추론의 오류를 범하고 있다는 반론을 생명옹호론자들은 전개할 수 있다. 그러니까 톰슨은 위 사례의 주인공 '나'가 산모이고, '바이올리니스트'를 태아로 상정하고 있는데, 대부분의 임신은 이러한 경우에 해당하지 않는다. 왜냐하면 위 사례에서 '나'는 자신의 의사와 무관하게 강제로 병상에 누워 바이올리니스트와 혈관 호스로 연결되어 있지만, 대부분의 임신은 산모의 자발적인 성관계의 결과이기 있기 때문이다. 간단히 말해, 위 사례는 오직 강간에 의한 임신의 경우에만 해당되는데, 이는 생명옹호론자들조차도 상황의 특수성을 들어 임신중절 금지 규칙에 대한 예외로 인정하고 있다.[15] 강간의 경우로

....

13 ibid., p.118.

14 D.H. Regan, "Rewriting Roe v. Wade", *Michigan Law Review,* vol.77, 1979, p.1569.

15 물론 생명옹호론자 가운데는 강간이나 근친상간, 혹은 유전적 질병이 예상되는 경우에도 태아

한정해도 이 비유는 여전히 문제가 있다. 위 사례에서 '나'는 병상에 누워 있지만, 산모는 일상생활을 큰 불편 없이 다닐 수 있을 정도로 자유롭다. 이뿐만 아니라 '나'와 바이올리니스트는 아무런 관계가 없는 남남이지만, 임신의 경우 산모와 태아는 남이 아니다. 둘은 어머니와 자녀의 관계에 있다. 관계 윤리의 중요성을 언급하지 않아도, 특수한 관계는 특수한 윤리적 의무를 낳을 수 있다.

하지만 톰슨의 이 비유에서 우리는 중요한 도덕적 고려사항 하나를 만나게 된다. 그것은 바로 임신 상황의 특수성이다. 태아의 생명권을 받아들이면, 설사 강간으로 인한 임신이라도 임신중절은 윤리적으로 정당화되기 어렵다. 태아는 자신의 생명을 빼앗길 만한 그 어떤 도덕적 잘못을 행한 적이 없는, 무고한 인간 존재이기 때문이다. 그럼에도 생명옹호론자들이 강간을 예외로 하여 임신중절을 인정하는 것은 곧 임신을 하게 된 상황을 중요한 도덕적 고려사항으로 간주한다는 주장이나 다름없다. 그 의미가 약간 다르긴 하지만, 이러한 측면은 유전적 질병이나 중대한 장애가 예상되는 경우 임신중절이 허용된다는 상식적인 도덕적 직관에서도 발견된다. 아무리 유전적 질병이나 중대 장애를 지녀도 유아 살해는 도덕적으로 그르다. 하지만 태아에 대해서는 장애의 현실태가 아니라 장애의 잠재태만으로도 임신중절이 허용될 수 있다고 우리는 생각한다. 이러한 직관은 무엇을 말해 주는가? 여기에는 두 가지 명제가 전제되어 있다. 하나는 비록 태아 자신을 위해서라고 하지만 임신 상황의 특수성을 도덕적 고려사항으로 인정한다는

....

의 생명권에 도덕적 우선성을 두어 임신중절에 반대하는 극단적 보수주의자도 있다. 하지만 여기서 생명옹호론자는 앞서 말한 경우들을 '임신중절 금지 규칙'(no-abortion rule)에 대한 예외로 인정하는 온건 보수주의를 지칭한다. R.P. Tong, *Feminist Approach to Bioethics: Theoretical Reflection and Practical Application*(Colorado: Westviewpress, 1997), pp.126-127 참조.

의미이고, 다른 하나는 태아는 도덕적 지위 측면에 있어서 유아와 다른 존재로 간주한다는 의미이다. 생명옹호론자들조차도 인정하는 이러한 두 가지 예외 사항에서 우리는 임신중절 논의의 새로운 차원을 만나게 된다. 그것은 바로 단순히 태아의 생명권만으로 임신중절에 관한 물음을 해결할 수 없고, 임신 상황에 대한 도덕적 고려가 필요하다는 점이다.

이로써 임신중절에 관한 페미니스트 분석의 길이 열리게 된다.[16] 물론 "임신중절과 페미니즘은 필연적으로 연관되어 있는 것은 아니다."[17] 하지만 임신중절은 여성의 몸에서 일어난다는 생물학적 사실로 인해, 그리고 임신은 여성의 인생에 중대한 영향을 미친다는 사회적 사실로 인해 많은 페미니스트들이 임신중절에 관한 물음을 페미니즘의 관점에서 다루고 있다. 그러면 페미니즘 관점의 특성은 무엇인가? 통은 『생명윤리에 관한 페미니스트 접근법』에서 임신중절에 관한 비페미니스트 접근법은 "태아의 도덕적 지위는 무엇인가?" 및 "태아가 임신의 어느 순간에 인격적 존재가 되는 경우, 태아의 생명권과 여성의 신체적 온전성 권리 가운데 어느 권리가 우선하는가?"라는 두 가지 물음

....

16 박은정은 임신중절 문제에 대한 여성주의적 시각을 넷으로 구분한다. 1) 여성의 프라이버시권과 신체의 완전성, 행복 추구권으로 접근하여 낙태를 용이하게 하는 입장, 2) 프라이버시를 기초로 하여 낙태권을 옹호하는 것은 남성이 여성에게 임신을 시키고 다시 은밀하게 낙태를 강요하는 상황을 만든다고 주장하며 프라이버시권 대신 다시 평등의 해방 철학으로 접근해야 한다는 입장, 3)낙태를 용이하게 하는 것만이 여성에게 도움이 되는 것은 아니고 사회가 양육자로서 여성의 능력에 가치를 두도록 하기 위한 접근이 필요하다는 입장, 4) 실제로 여성들은 그들의 인간관계에 미치는 영향을 중심으로 낙태 문제를 생각하므로 이 관계적 맥락에서 합당한 논거점을 찾아야 한다는 입장 등이다. 박은정, 『생명공학 시대의 법과 윤리』(서울: 이화여자대학교출판부, 2000), pp.504-508 참조. 정확하게 일치하지는 않지만, 이 논문은 마지막 네 번째 논변에 초점을 맞추어 두 번째와 세 번째의 관점에서 비판하고 있다.

17 A.M. Jaggar, "Abortion Rights and Gender Justice Worldwide: An Essay in Political Philosophy", M. Tooley et al., eds., *Abortion: Three Perspectives*(New York, NY: Oxford University Press, 2009), p.172.

에서 출발하는 반면에, 페미니스트 접근법은 임신중절 논쟁의 핵심은 태아가 성인과 도덕적으로 동등한 도덕적 지위를 지니는가의 물음이 아니라고 하면서 임신중절 논의는 수정란이 여성의 자궁 내에서 유아로 발달한다는 사실에서 출발해야 한다고 역설하고 있다.[18] 즉, 페미니스트 접근법은 태아가 아니라 산모에 초점을 맞추고 있다고 하겠다. 한 예로서, 낸시 데이비스(N.A. Davis)는 "임신중절 논쟁을 그 정점이 태아가 인간인가라는 물음에 있다고 보는 역 피라미드 구조로 이해하는 것은 잘못이다. 오히려 임신중절 문제는 여성의 성관계, 출산, 가족 구조, 삶의 의미 등과 관련된 복잡한 문제를 지닌 빙산의 꼭대기로 이해하는 것이 낫다"라고 주장한다.[19]

사실 임신의 상황은 특수하다. 임신의 특수성은 크게 세 가지로 요약할 수 있다. 첫째는 성관계의 결과로 임신이 발생한다는 사실이요, 둘째는 태아의 생존이 산모에게 의존하고 있다는 사실이요, 마지막 셋째는 임신을 유지하면 여성은 '어머니'가 되어 출생한 아이를 양육해야 할 도덕적 책임을 진다는 사실이다. 실제로 페미니스트들은 이 세 가지 사실에 주목하여 여성의 신체적 자율권이 우선한다고 주장한다.

임신은 성관계의 결과임에 분명하다. 그 결과 임신에 대한 통제권을 여성이 행사하지 못할 경우, 여성의 성생활의 자유는 상당한 제약을 받을 수밖에 없다. 실제로 여성 억압의 역사를 보면, 남성들은 임신과 양육을 여성에게 일방적으로 부담시키는 방법을 통해 여성의 성을 억압해왔음을 우리는 부인할 수 없다. 성적 욕구가 인간의 본능이요 기본적 필요라는 점을 감안한다면, 이러한 성의 억압은 분명 양성평등의

....

18 R.P. Tong, *Feminist Approach to Bioethics*, pp.125-128 참조.

19 N.A. Davis, "The Abortion Debate: The Search for Common Ground, Part 1", *Ethics*, vol.103, 1993, p.527.

이념에 위배되는 부당한 처사이다. 하지만 성 해방에 근거한 이러한 임신중절 옹호 논변은 두 가지 반론에 부딪힌다. 하나는 이론적 반론으로 자유는 다른 사람의 권리나 자유를 침해하지 않는 범위 내에서만 가능한 조건부적 권리라는 윤리 원칙이다. 즉, 아무리 성의 자유가 여성의 기본권이라 하더라도, 그 기본권은 태아의 생명권마저 빼앗을 수 있는 절대적 권리가 아니다. '해악 금지 원칙'에 따라, 다른 사람에게 해악을 끼칠 경우, 신체적 자율권은 제약을 받을 수밖에 없다. 다른 하나는 실천적 반론으로 피임법의 발달로 임신의 결과를 야기하지 않는 성 생활이 가능하게 되었다는 점이다. 물론 완벽한 피임법은 존재하지 않지만 큰 부담 없이 피임이 가능하기에, 우리는 임신에 이르지 아니하고도 얼마든지 성의 자유를 누릴 수 있다. 즉, 임신중절이 허용되지 않아도 여성은 남성과 동등하게 성의 자유를 기본권으로 향유할 수 있다.

성 해방에 근거한 임신중절 옹호 논변은 그 설득력을 유지하기 어려워, 많은 페미니스트들은 태아의 생존이 산모에 의존한다는 사실, 즉 태아와 산모의 존재론적 의존 관계에 초점을 맞추어 임신중절을 옹호한다. 산모는 태아의 담지자임에 분명하다. 그렇다고 산모가 값으로 매길 수 없는 소중한 꽃을 담고 있는 값싼 항아리에 불과한 것은 아니다. 오히려 태아는 산모 없이 생존할 수 있는 독립된 실재가 아니라 여성 신체의 한 부분이다.[20] 적어도 체외생존가능성을 지니기 이전의 태아는 산모의 신체 내에 생존하며, 산모의 신체를 통해서만 새 생명으로 태어날 수 있다. 이런 면에 있어서 산모와 태아는 논리적으로는 분

20 로라 퍼디는 이러한 사실에 근거하여 태아는 도덕적 인격체가 아니라고 하면서 '임신'(pregnancy)과 '부모됨'(parenthood)을 구분한다. L.M. Purdy, "Are Pregnant Women Fetal Containers?", H .Kuse & P. Singer, eds., *Bioethics: An Anthology*(Oxford: Blackwell Publishers Ltd, 2001), pp.71-74 참조. 하지만 이 글은 "태아는 무고한 인간 존재이다."를 전제한 논의이기에 이러한 주장에 관한 논의는 생략하고자 한다.

명 분리 가능하지만, 실제에 있어서는 하나의 단일체로 결합되어 있다고 하겠다. 그러면 이 독특한 결합 내지 의존 관계는 어떤 윤리적 함의를 지니는가?

3. 여성 해방과 미래지향적인 도덕적 책임

페미니즘이 일종의 '가족유사성' 개념으로 그 형태나 주장하는 바가 아주 다양하지만 하나의 이름으로 불리는 이유는 여성의 억압을 온전하게 이해하면서 그 억압을 제거하는 데 공통된 관심을 갖고 있기 때문이다.[21] 즉, 페미니즘은 여성이 지금까지 억압받아 왔으며 또 지금도 억압받고 있고, 이 억압은 도덕적으로 잘못되었기에 이 억압으로부터의 해방을 그 목적으로 한다. 그러면 여성이 남성으로부터 억압받는 근본적인 원인은 어디에 있는가? 이 물음에 대한 대답에 따라, 페미니즘은 다양한 '얼굴'을 띠게 된다.[22] 다양한 얼굴 가운데 임신과 출산 및 양육을 여성 억압의 근본 원인으로 보는 페미니즘은 급진적 페미니즘이다.[23] 즉, "급진적 여성 해방론자들에 의하면 여성 억압은 여성의 출산

....

21 J. Crosthwaite, "Gender and Bioethics", H. Kuhse & P. Singer, eds., *A Companion to Bioethics*(Oxford: Blackwell Publishers Ltd., 2001), p.32.

22 페미니즘의 다양한 얼굴에 대해서는 A.M. Jaggar, *Feminist Politics and Human Nature,* 1983과 R.P. Tong, *Feminist Thought*, 1998을 참조하라.

23 로즈마리 통에 따르면, 급진적 페미니즘은 여성의 생물학적 불평등을 여성 억압의 근본 원인으로 본다는 공통점을 지니지만, 여성 해방의 구체적 방법에 있어서는 상반되는 두 입장으로 나눠진다. 즉, 일부 학자들은 재생산 능력이 여성 힘의 근원이기에 이를 활용해야 한다고 주장하는 반면에, 다른 학자들은 반대로 현재의 재생산 방식에서 벗어나 인공적인 재생산 양식을 추구해야 한다고 주장한다. 전자를 문화적인 급진적 페미니즘이라 하고, 후자를 자유의지론적인 급진적 페미니즘이라 한다. R.P. Tong, *Feminist Thought*, 1998, p.135. 여기서 페미니즘은 특별한 언급이 없는 한 후자를 지칭한다.

과 성행위에 대한 남성의 통제에 근거해 있다."[24] 예를 들어, 슐라미스 파이어스톤(S. Firestone)은 『성의 변증법』에서 "생물학적 가족(biological family)에는 힘의 불평등한 분배(unequal power distribution)가 내재해 있다"라고 하면서 가부장제, 즉 체계적인 여성의 예속이 남녀의 생물학적 불평등에 뿌리박고 있다고 주장한다.[25] "여성만이 임신을 하고 출산을 한다"라는 남녀의 생물학적 차이는 누구나 인정한다. 보수주의자들은 이러한 자연 제약을 운명으로 받아들이라고 주장하지만, 급진주의자들은 이를 극복해야만 여성 해방이 가능하다고 주장한다. 그 대안이 바로 인공자궁 등 생식보조 의술의 개발이다.

하지만 인공자궁은 개발되지 않아 아직 여성이 사용할 수 있는 무기가 되지 못한다. 그렇다면 임신과 출산의 억압으로부터 여성을 어떻게 해방시킬 수 있는가? 그 방법 중 하나가 임신중절이다. 즉, 여성이 자신의 생식을 통제할 수 있는 충분한 능력이 없는 한, 여성의 다른 자유는 실질적으로는 행사할 수 없는 웃음거리에 지나지 않을 것이다.[26] 그러니까 임신중절에 대한 도덕적 비난은 결국 여성을 억압하기 위한 남성 이데올로기의 산물이기에, 임신중절 선택권을 여성이 갖지 않으면 여성은 생물학적 불평등의 노예가 될 수밖에 없다고 페미니스트들은 주장한다. 이런 입장에서 밀턴 피스크(M. Fisk)는 "이러한 남성적 제도로부터 출산 과정의 통제권을 여성이 획득하지 못하면, 여성은 해방할 기회를 거의 얻을 수 없을 것이다"라고 하면서, 임신중절 권리를 옹

....

24 A.M. Jaggar, *Feminist Politics and Human Nature*, p.306.

25 S. Firestone, *The Dialectic of Sex*, p.19.

26 L. Cisler, "Unfinished Business: Birth Control and Women's Liberation", R. Morgan, ed., *Sisterhood is Powerful: An Anthology of Writings from the Women's Liberation Movement*(New York: Vintage Books, 1970), p.62.

호한다.[27] 특히 사회구조적으로 여성이 가부장제 이데올로기로 억압받는 사회에서 임신의 이러한 특수 상황을 무시하고, 태아의 생명권을 대전제로 삼아 연역적으로 임신중절은 무조건 부당하다는 주장은 여성 억압을 더 심화시킬 따름이다. 즉, 태아의 생명권을 전제로 한 연역주의 논변은 도덕적으로 중립적인 논리가 아니라, 이미 그 자체 내에 윤리학적 함의를 지닌 도덕적 주장이다. 그래서 페미니스트들은 억압 받는 여성의 일반적인 사회적, 정치적 환경을 고려하지 않은 그 어떤 임신중절 논쟁도 유효하지 않다고 역설한다.[28]

태아와 산모의 존재론적 의존 관계는 출산 후 양육 책임에 대해서도 중대한 윤리적 함의를 지닌다. 여성 임신은 하나의 존재 양상이 아니라, 앞서 지적하였듯이, 서로 다른 세 가지 행위—성관계, 태아 돌봄, 아이 양육—와 연관되어 있다. 남성의 경우 이 세 가지가 논리적으로 분리될 뿐만 아니라 실천적으로도 독립되어 있지만, 여성의 경우 이 세 가지는 비록 논리적으로는 분리 가능하지만 실천적으로는 하나로 묶여있는, 실천적 필연성에 가깝다. 이제까지 우리는 성관계와 태아 돌봄의 차원을 페미니즘의 관점에서 논의해 왔다. 특히 페미니스트들은 여성 억압의 근본 원인이 '여성만이 아이를 임신한다.'라는 남녀의 생물학적 불평등 관계에 있기에 여성이 임신중절 선택권을 가져야 양성평등 이념을 구현할 수 있다고 주장한다. 이제 임신과 연관된 마지막 연결고리로서 미래 아기와 여성의 관계를 양육 책임에 초점을 맞추어 페미니즘의 입장에서 논의할 시점에 이르렀다.

임신은 생물학적으로 새 생명을 낳게 하여, 그 결과 산모는 어머니

....

27 M. Fisk, *The State and Justice*(Cambridge : Cambridge University Press, 1989), p.280.

28 K. Lebacqz, "Feminism", W. T. Reich, ed., *Encyclopedia of Bioethics*, vol.2(New York : Simon & Schuster Macmilan, 1995), p.812.

가 된다. 남성 중심의 가부장제 사회는 이를 '축복' 내지 '운명'으로 받아들일 것을 여성에게 강요해 왔다. 하지만 페미니스트들은 이를 단순한 생물학적 사실로만 받아들이지 않고 사회학적 사실로 여긴다.[29] 즉, 임신 및 어머니가 된다는 것은 한 인간으로서의 여자의 삶에 영원히 되돌릴 수 없는 변화를 가져다주기 때문이다. 임신은 단순히 여자에게 한때의 불편이 아니라, 점점 산모로 하여금 어머니가 되게 하고 일평생 어머니로 살도록 강요한다.[30] 출생 후에 아이를 입양시킨다고 해도 '어머니임'은 사라지지 않는다. 원하지 않은 임신은 산모에게 신체적, 심리적, 정서적, 경제적으로 아주 중대한 영향을 미친다. 한편 입양은 결코 '인간적인' 해결책이 아니다. 왜냐하면 입양은 그 어머니에게 말할 수 없는 아픔과 죄책감을 일평생 가져다주기 때문이다. 실제로 원하지 않은 임신의 경우 산모는 단순한 임신의 중단이 아니라 자신을 어머니라고 부르는 아이의 출생을 바라지 않는다. 이 관계를 운명이 아닌 여성의 자율적 선택에 맡겨야 한다는 것이 페미니스트의 주장이다.

태아의 살 권리와 여성의 선택권이 상충한다는 주장은, 전자의 권리 충족이 후자가 계속 임신을 수행할 수 있는 조건에서만 가능하다는 엄연한 생물학적 사실과 논리적으로 부합되지 않는다. 이는 산모와 태아의 비대칭적 관계 탓이다. 즉, 태아를 위해서는 산모가 반드시 생존해야 하지만, 그 역은 성립되지 않는다. 이러한 임신 상황의 독특성은 인간 생활의 어떤 다른 측면에서도 발견되지 않는다. 그래서 재닛 패럴 스미스(J.F. Smith)는 태아의 권리는 산모의 양육 의무를 요구하는 반면에 태아는 여성에 대해 어떤 의무도 갖지 않기 때문에, 산모는 태아를

....

29 N.A. Davis, "The Abortion Debate: The Search for Common Ground, Part 1", *Ethics*, vol.103, 1993, p.531.

30 H. Tribe, *Abortion: The Clash of Absolutes*(New York: Norton, 1992), pp.104-109.

양육할 책임이 없다고 주장한다.[31] 결국 여자의 출산 선택권은 자유권에 속하나, 태아의 생명권은 기본적으로 특정인에게 보호와 양육의 의무를 요구하는 복지권이다. 임신의 특수성으로 인해 태아의 복지는 임신을 계속할 것인지를 결정짓는 여성의 자유를 전제해야만 의미를 갖는다. 원하지 않는 임신을 계속하라는 강요는, 의식적·무의식적으로, 여성 자신의 건강을 해치고 결국에는 태아에게 심각한 영향을 미친다. 산모가 태아의 행복을 진정으로 염려하고 있는 것은 사실이지만, 여성 자신의 자유를 포기한 채 양육 의무에 승복해야 하는 것은 아니다. 단순히 낳는 것이 여자의 책임 이행이 아니라, 인간답게 양육할 수 있는 아이로 기를 수 있는지를 심사숙고한 후에 출산 여부를 결정할 의무가 여성에게 있다는 것이다.[32]

카트리어나 매켄지(C. Mackenzie)는 책임 개념에 관한 두 가지 혼동을 구분한 후, 부모 책임의 관점에서 이러한 페미니즘 입장을 옹호한다.[33] 하나는 인과적 책임(causal responsibility)과 도덕적 책임(moral responsibility)의 구분이다. 인과적 책임이란 자기 행동의 직·간접적

....

31 J.F. Smith, "Right-conflict, Pregnancy and Abortion", Gould, C., ed., *Beyond Domination* (Totowa, NJ: Roman and Allanheld, 1984), 한국여성개발원 역, 『지배로부터의 자유』(서울: 한국여성개발원, 1987), p.271.

32 이러한 입장은 스미스의 다음 인용문에 잘 나타나 있다. "여성은 임신, 출산, 양육의 연속되는 과정을 끝까지 수행할 수 있는지의 여부, 그렇지 않다면 그 과정을 중단시켜야 할지의 여부를 고려할 의무가 있다. 여성은 또 하나의 인간을 세상에 내놓는다는 것의 도덕적 심각성을 충분히 인식해야 한다. 그런데 임신한 여성만이 (당사자로서) 자기 주변적 요인과 자신의 정서적, 심리적, 물리적 능력이 자녀를 아무 탈 없이 출산할 수 있는지의 여부를 평가할 수 있다. 임신중절 결정권은 따라서 성인이나 국가 보다는 산모 자신에게 속해야 할 것이다. 나는 임신한 여성의 이와 같은 '숙고'의 의무가 임신 수행의 의무보다 앞선다고 주장한다. 왜냐하면 태아의 생명유지를 위한 필수조건이 양육과 보호를 고려한 '숙고'이므로, 임신한 여성이 이 선택권을 가질 때 비로소 책임감을 갖고 '숙고'의 의무를 다할 것이다.", ibid., p.273.

33 C. Mackenzie, "Abortion and Embodiment", *Australian Journal of Philosophy*, vol.70, 1992, pp.137-142.

인 인과적 결과에 책임을 지는 것을 말한다. 물론 임신은 남자와 여자의 성관계가 원인이 되어 일어난 결과이기에, 여성은 태아 존재에 대해 인과적 책임을 면할 수 없다. 반면에 도덕적 책임은 자율적인 행위자가 자신이 의도적으로 한 행위의 결과에 책임을 지는 것을 말한다. 이 둘을 명시적으로 구분하지는 않지만, 보수주의자는 임신의 경우 그 결과로 도덕적 지위를 지닌 존재가 발생하기 때문에 여자의 인과적 책임은 필연적으로 태아의 존재 유지에 대한 도덕적 책임을 함축한다고 주장한다. 그러면 인과적 책임은 정말로 도덕적 책임을 함의하는가? 이 둘은 논리적 필연 관계가 아니다. 즉, 인과적 책임으로부터 도덕적 책임이 논리적으로 귀결되는 것은 아니다. 실제로 인과적 책임이란 물리적 혹은 생물학적 인과관계에 그 토대를 두고 있어, 인과적 책임은 존재하지만 도덕적 책임을 물을 수 없는 몇몇 경우가 있다. 예를 들어, 무지나 강요에 의한 행위의 경우, 우리는 도덕적 책임을 묻지 않는다. 톰슨은 '인간 씨앗 비유'를 들어, 이는 임신의 경우에도 적용된다고 주장한다.[34]

> 사람이 될 수 있는 씨앗이 꽃가루와 같이 공중을 날아다녀, 내가 창문을 열면 그중에 어떤 꽃가루가 들어와서 양탄자나 실내 장식에 자리를 잡는다고 하자. 그런데 나는 아이를 원하지 않으므로 가느다란 그물 천으로—내가 살 수 있는 가장 훌륭한 그물 천으로—창문을 막았다. 그러나 모든 일에 흔히 있을 수 있듯이, 그 그물 천에 흠이 있어서 어느 꽃분이 들어와서 착석했다. 그러면 이렇게 들어온 "인간-식물"(인간 씨앗)은 나의 집을 사용할 권리를 지니는가?

....

34 J.J. Thomson, "A Defence of Abortion", p.121.

이 경우 그물 천을 제대로 관리하지 못한 인과적 책임이 나에게 있지만, 나는 그 '인간 씨앗'이 자라도록 나의 집을 허락할 도덕적 책임은 없다는 게 톰슨의 논지이다. 하지만 이 비유는 잘못된 유비추론의 오류를 범하고 있다. 왜냐하면 이는 피임 실패로 인한 임신에는 적용되나, 일상적인 임신에는 적용되기 어렵기 때문이다. 일상적인 임신의 경우 산모의 자발성으로 인해 인과적 책임이 도덕적 책임을 낳기에 충분할 정도로 강하다. 더군다나 그 행위가 인간 생명을 죽이는 결과를 야기한다면, 인과적 책임은 도덕적 책임을 함축한다고 볼 수 있다. 그럼에도 '원하지 않음'을 이유로 페미니스트들이 임신 지속의 도덕적 책임을 부인하게 되면, 이러한 논리는 남성으로 하여금 도덕적 책임을 회피할 수 있는 변명거리를 제공하게 된다. 그러니까 임신은 남자와 여자의 '합작품'임에도, 남성이 자신은 단지 성관계만을 원했지, 임신이나 아이를 원한 것이 아니라고 하면서 도덕적 책임을 회피할 때, 무슨 근거로 남성에게 태아나 아이에 대한 도덕적 책임을 요구할 수 있는가? 물론 예외는 존재하지만 인과적 책임은 대개 도덕적 책임을 함축한다. 이를 받아들이면서, 임신중절을 옹호할 수 있는 또 다른 종류의 도덕적 책임 개념을 페미니즘은 필요로 한다.

이런 비판적 논의에서 얻어진 새로운 구분이 '결정 책임'(decision responsibility)과 '부모 책임'(parental responsibility)의 구분이다. 결정 책임은 인과적 책임이 전제된 다음 태아를 낳을 것인가 아니면 임신중절을 할 것인가를 결정하는 책임을 뜻하는 반면, 부모 책임은 태아를 낳겠다고 결정할 경우 뒤따르는 양육 책임을 말한다. 그러니까 부모 책임에는 태아 유지의 책임, 태아에게 필요한 돌봄과 영양분을 제공할 책임, 그리고 미래 아이에 대한 양육 책임 모두가 포함되어 있다. 게다가 부모 책임은 단순히 종의 보존이라는 생물학적 의미를 넘어서, 한 아이가 온전한 인격체로 자라도록 그 책임을 다하는 도덕적, 인격적 의미도 고려되어야 한다.[35] 물론 이 두 책임은 밀접하게 연관되어 있지만, 개념적으로뿐만 아니라 실천적으로도 분리 가능하다.

그러면 결정 책임과 부모 책임의 구분은 임신중절에 관한 물음에 대해 어떤 도덕적 함의를 지니는가? 자발적 성관계의 결과인 경우, 남자와 여자는 임신에 대해 공동으로 인과적 책임과 도덕적 책임이 있음이 분명하다. 하지만 남성의 경우 적어도 임신에 대해 인과적 책임과 도덕적 책임이 생물학적으로 분리되어 있다. 즉, 남성은 임신 자체를 아예 경험하지 못할 뿐만 아니라 임신의 도덕적 책임을 회피하기도 한다. 한 걸음 더 나아가 여성과 달리 남자는 결정 책임과 양육 책임도 분리 수용이 가능하다. 실제로 결정 책임을 받아들이면서도 양육 책임을 회피하는 남자를 우리는 현실에서 만나게 된다. 물론 여성도 때로 결정 책임을 받아들이면서도 부모 책임을 회피하는 경우가 있다. 하지만 앞서 지적하였듯이, 여성은 신체적 의존 관계로 인해 어머니와 자식이라는 심리적 유대감이 이미 형성되어 설사 입양을 시켜 양육하지 않는 경우에도 '심리적 어머니임'으로부터 자유롭지 못하다.

책임에 관한 남자와 여자의 이러한 근본적인 차이는 두 가지 중요한 시사점을 준다. 하나는 임신은 여성 몸에서 일어나는 단순한 자연적인 사건이 아니라는 점이다. 물론 임신은 성관계의 생물학적 결과이고, 또 그 생물학적 과정은 여성의 통제를 벗어나 있음이 분명하다. 하지만 여성은 자신의 몸을 매개로 도덕적 책임을 떠안으면서 태아와 신체적 관계를 만들어 간다. 한 걸음 더 나아가 이 관계는 임신의 종료와 끝나는 것이 아니라, 출산 후에는 부모 자식이라는 새 관계로 발전하게 된

35 S.L. Ross, "Abortion and the Death of the Fetus", *Philosophy and Public Affairs*, vol.11, 1982, pp.239-240.

다. 이런 관점에서 보면 임신은 자연적인 수동적 과정이 아니라, 여성이 새로운 신체적, 도덕적 관계를 형성해 가는 능동적이고 적극적인 과정이다. 이로부터 얻어지는 다른 하나는 임신중절의 결정권은 여성이 가져야 한다는 점이다. 그러면 인과적 책임을 깨닫고 부모 책임을 떠맡고자 하는 남성은 임신중절에 대해 아무런 발언권을 갖지 못하는가? 물론 남성도 유전적 측면에 있어서는 여성과 동등한 지위를 지닌다. 하지만 앨리슨 재거(A.M. Jaggar)는 이 물음에 대해 자신의 아이를 갖고 싶어 하는 한 개인으로서의 남성이 아니라, 임신이 일반적으로 남성이 경험할 수 없는 그러한 방식으로 여성에게 영향을 끼친다는 사실과, 가부장제 문화에서 어머니임은 아버지임에 비해 일반적으로 그 부담이 훨씬 더 무겁다는 사실에 주목해야 한다고 대답한다.[36] 즉, 여성이 임신중절에 대해 그 누구보다도 우선적인 선택권을 지닌다고 페미니스트들은 주장한다.

페미니스트들은 이러한 분석을 통해 인과적 책임으로부터 부모 책임이 논리적으로 귀결되지 않기에, 여성이 임신과 출산의 사회적·문화적 의미뿐만 아니라, 자기 자신의 주관적 관계마저 고려하여 부모 책임의 수용 여부를 결정하는 것은 너무나 당연한 일이라고 본다. 산모와 태아의 미래 관계에 초점을 맞추어 부모 책임이 주어져야 하기에, 여성이 자기 자신의 인생 계획이나 가치관을 고려하여 임신 여부를 결정한다고 해서 우리는 이를 도덕적으로 비난할 수 없다. 한마디로 말해, 페미니스트들은 적어도 부모 책임에 대해 과거지향적인 책임 개념이 아니라, 미래 아기의 인격적 양육이라는 미래지향적인 책임 개념을 염두에 두고, 임신중절 권리를 옹호하고 있다. 물론 여기에는 여성의 가치

36 A.M. Jaggar, "Abortion and a Woman's Right to Decide", *Philosophical Forum*, vol.5, no.1-2, 1973-74, p.353. R.P. Tong, *Feminist Approach to Bioethics*, p.145 재인용

관이나 인생 계획도 포함된다.

4. 신체적 자율권과 임신중절

임신은 여성의 몸에서 진행된다. 그것도 몸에서 일어나는 다른 현상과 달리, 임신의 경험은 도덕적으로 아주 독특하다. 즉, 임신은 단순한 생물학적 현상이 아니라, 태아와의 정서적 유대감을 형성하게 하고, 출산 후에는 부모-자녀 관계를 만들어 산모에게 부모 책임을 지우는 사회적 과정이다. 따라서 임신중절의 도덕성은 첫째, 여성의 자율적인 의사결정, 둘째, 임신, 태아, 출산의 도덕적 의미, 그리고 마지막으로 임신한 여성의 신체적, 심리적, 영적, 경제적 제반 상황과 가족 관계 등을 모두 고려해서 결정해야지 여성의 입장을 추상화한 채 논의될 수 없다고 페미니스트들은 주장한다.[37] 이러한 접근법을 매켄지는 '신체 성찰적 관점'(reflective bodily perspective)이라 부른다.[38] 이런 관점을 취하게 되면 태아의 이중성과 산모 경험의 이중성이 드러나게 된다. 즉, 태아는 유전적으로 분명 산모와 독립적인 실체이나, 여성 몸과 독립해서는 아무런 권리도 주장할 수 없는 여성 몸의 한 부분이다. 그리고 태아에 대해서 여성 자신도 자아와 타자의 신체적 구분을 찾기 어려워 때로는 타자로, 또 때로는 자아의 일부로 경험하게 된다. 태아는 여성에게 자아이면서 동시에 타자이다. 태아는 지금은 산모와 분리 불가능한 존

....

37 E. Porter, *Feminist Perspectives on Ethics*(New York : Pearson Education Inc., 1999), p.133.

38 C. Mackenzie, "Abortion and Embodiment", *Australian Journal of Philosophy*, vol.70, 1992, p.147.

재이나, 언젠가는 독립적인 자아동일성을 지닌 타자가 된다.[39]

이런 이중성으로 인해 여성의 신체 성찰적 관점에서 보면 태아는 이중적인 도덕적 지위를 지니게 된다. 여성 몸에 의존하고, 그리고 여성 자아의 한 부분으로 경험된다는 면에서 태아는 여성에 비해 그 도덕적 지위가 열등하다고밖에 말할 수 없다. 다른 한편으로 임신의 지속과 더불어 발달하게 되면, 태아는 여성 몸에 존재론적으로 의존하는 것에서 벗어나 독립된 실체가 될 뿐만 아니라, 여성 자신도 태아를 자아의 일부가 아닌 타자로 경험하기에 여성과 동등한 도덕적 지위를 지니게 된다. 이제까지 생명옹호론자들은 후자의 지위에 초점을 맞추어 태아의 생명권이 우선한다고 주장하고, 선택옹호론자들은 전자의 지위에 맞추어 산모의 신체적 자율권이 우선한다고 주장하여 왔다.

이러한 이분법에 대해 페미니스트들은 여성의 신체 성찰적 관점에서 이 두 지위를 통합해야 한다고 주장한다. 그러니까 여성의 신체적 자율성은 단순히 신체적 독립성 권리로 이해될 수 없고, 오히려 여자 스스로 통합된 신체적 관점을 형성할 수 있는 자기 결정의 권리로 이해되어야 한다. 이때 여성이 임신의 사회적·문화적 의미, 여자의 개인적·사회적 배경, 삶의 방식, 인생 계획 등을 고려하여 태아에 대한 부모 책임을 떠맡을지 여부를 결정하는 것은 자율적인 도덕 행위자의 자연스러운 활동이라고 할 수 있다. 즉, 여성은 자신이 경험하는 신체적 변화에 적극적으로 반응하고, 나아가 태아에 대한 미래의 도덕적 관계를 스스로 설정해 나갈 자유를 지닌다. 태아는 단순히 여성 몸에 일정

....

39 매켄지는 태아가 발달함에 따라 3가지 변화가 일어난다고 주장한다. 첫째는 물리적 변화로, 태아는 점점 물리적으로 여성과 구별된 존재가 되어 간다. 둘째는 정신적 변화로, 여성은 정신적으로 태아를 자아 일부가 아니라 점점 타자로 경험하게 된다. 셋째는 정서적 변화로, 산모는 태아에 대해 정서적인 유대감을 더 강하게 형성하게 된다. ibid., pp.148-149 참조.

기간 머무는 자가 아니다. 태아는 여성의 미래 자아를 송두리째 바꾸어 놓는다. 즉, 태아는 산모를 여자가 아니라 어머니로 살도록 그 존재 방식을 혁명적으로 바꾸어 놓는다. 이런 관점에서 보면 임신중절은 이미 독립적으로 존재하는 한 인간 존재를 살해하는 문제가 아니라, 오히려 자신과 밀접한 관계를 맺어 책임을 져야 하는 미래 아이가 존재하지 않기를 선택하는 문제라고 할 수 있다.[40] 따라서 임신중절과 관련된 여성의 신체적 자율성 권리는 여성의 미래에 대한 자아 결정권이라고 말할 수 있다.

실제로 체외수정을 비롯한 생식보조 의술의 발달은 이를 더욱 선명하게 보여 준다. 냉동 배아 은행이 발달하면 배아는 여성 자궁 없이도 생존할 수 있는 독립 기간이 상당히 길어질 수 있고, 또 자궁 세척을 통해 배아를 한 여자의 자궁으로부터 떼어내어 직접 다른 여자의 자궁이나 인공자궁에 착상시키는 의술이 발달하면 배아 입양이 가능해진다. 이렇게 되면, 태아는 그 존재를 생물학적 산모의 자궁에 반드시 의존할 필요가 없게 된다. 즉, 인공자궁이 개발되고 배아 입양이 가능해지면, 자궁으로부터의 태아 제거가 곧 태아 죽음을 야기하지 않을 것이다. 그래서 미래에는 '태아의 제거로서의 임신중절'과 '태아의 죽음으로서 임신중절'로 구분해서 우리는 그 도덕성을 논해야 할 것이다.[41] 그러면 여성은 이 후자의 권리도 지니는가? 태아 제거만으로도 일상적 의미의 신체적 자율권은 충족된다. 하지만 "당신이나 태아에게 아무런

....

40 S.L. Ross, "Abortion and the Death of the Fetus", pp.232-245 참조.

41 C. Overall, *Ethics and Human Reproduction*, pp.68-69; N.A. Davis, "The Abortion Debate: The Search for Common Ground, Part 2", *Ethics*, vol.103, 1993, p.755. 이에 반해 로스는 이 둘을 합한 태아 분리와 태아 죽음이 동시에 일어나는 임신중절을 하나 더 추가하여 셋으로 분류하지만, 이는 도덕적으로 태아 죽음으로서의 임신중절과 차이가 없기에 필자는 둘로 구분하고자 한다. S.L. Ross, "Abortion and the Death of the Fetus", p.232 참조.

해악을 주지 않고 당신 자궁에서 태아를 끄집어내어 다른 곳에서 9개월 동안 살게 하다가 그 아이를 당신 집으로 데려갈 수 있습니다"라는 말을 들으면, 임신중절을 원하는 산모는 대부분 이에 만족하지 않을 것이다. 이는 무엇을 말해 주는가? 이는 여성이 실질적으로 바라는 바는 단순한 태아의 제거가 아니라 태아의 죽음임을 말해 준다. 실제로 강간으로 임신한 여성은 단지 태아의 제거에 만족하지 않고 태아의 죽음을 바라고 있다. 그러니까 여성이 진정으로 바라는 바는 태아의 제거를 통한 신체적 자율권 확보가 아니라 태아의 죽음을 통한 자신의 미래 운명 결정권이라고 말할 수 있다.

크리스틴 오버롤(C. Overall)은 그 이유를 네 가지로 설명한다.[42] 첫째, 생물학적 어머니의 바람과는 반대로 태아를 살아 있도록 하는 것은 여성이 갖는 생식의 자유를 침해하는 일이다. 앞서 지적했듯이, 출생한 아이를 양육하는 사회적 의무로부터 생물학적 어머니를 구하는 일도 쉬운 일이 아니지만 그래도 가능하다. 하지만 생물학적 어머니가 태아 및 아이와 맺고 있는 정서적 유대감 및 유전적 관계마저 단절시키는 일은 거의 불가능하기 때문이다. 사회적 연결고리뿐만 아니라 유전적 연결고리를 끊을 자유를 여성은 지니는데, 태아의 죽음 외에 그 어떤 것도 이를 만족시킬 수 없다. 둘째, 산모의 의지에 반하여 태아를 살리는 것은 여성이 장기나 혈액, 혹은 생식세포를 자신의 의사에 반하여 기증하도록 강요하는 것과 같다. 그러니까 환자가 장기 제거를 선택하면서도 그 장기를 다른 목적에 이용하는 것에 동의하지 않을 권리를 지니듯이, 산모도 태아의 제거를 선택하면서 그 태아의 생존을 바라지 않을 권리를 지닌다. 즉, 산모의 의지에 반하여 태아를 살리려고 여성의

42 C. Overall, *Human Reproduction: Principes, Practices, Politics*, pp.67-77. R.P. Tong, *Feminist Approach to Bioethics*, pp.131-132 재인용.

몸을 간섭하는 것은, 환자의 동의 없이 강제적으로 장기를 적출하는 것과 다를 바 없다. 셋째, 그 신체적 관계로 인하여, 산모는 태아에 대해 결정할 수 있는 가장 적합한, 그리고 아마도 유일한 대리결정권자이다. 아직 태어나지 않은 태아에 대해서 이는 전적으로 타당할 뿐만 아니라, 임신중절 시술 후에도 살아있는 태아에 대해서도 부분적으로 타당하다. 한마디로 말해, 태아에게 무엇이 최선인지를 결정할 권한은 산모에게 있다. 넷째, 생물학적 어머니로부터 태아 처분의 결정 권한을 의도적으로 빼앗는 것은 여성으로부터 생식을 인수하고자 하는 또 하나의 가부장적 이데올로기의 음모이다. 그러니까 태아 처분의 결정권을 여성에게서 빼앗는 것은 여성의 몸을 '생식기계'로 간주하여, 여성을 생식으로부터 철저히 소외시키는 일이다.

물론 오버롤의 이러한 네 가지 논변이 모두 정당하다고 말하기는 어렵다. 예를 들어, 세 번째 논변은 반직관적이라는 비판을 받는다. 왜냐하면 아이를 원하지 않는다면, 그 산모는 이미 아이의 최선의 이익을 진심으로 바라지 않는다고 믿을만한 충분한 이유가 존재하기 때문이다. 그래서 임신중절 시술 후 살아난 아이에 대해서는, 아이의 최선의 이익이 무엇인지를 결정할 대리결정권자는 어머니가 아니라 아버지라고 일부 학자들은 비판한다.[43] 하지만 오버롤이 제기한 논변의 논점은 분명하다. 임신은 여성 몸에서 일어나고, 출산 후 아이에 대한 양육 책임도 여성에게 있기 때문에, 여성이 지닌 생식의 자유는 태아의 죽음마저 결정할 수 있는 권한으로 확대 해석되어야 한다는 것이다. 이런 맥락에서 페미니스트들은 신체적 자율권을 여성 몸의 자율성 확보를 넘어서 미래 자아를 자율적으로 형성할 수 있는 권리로 받아들여야 한다

....

43 R.P. Tong, *Feminist Approach to Bioethics*, p.132 참조.

고 주장한다.[44] 다시 말해, 산모의 신체적 자율성 개념 속에는 자신과 신체적, 정서적, 경제적으로 밀접한 관계를 맺는 존재, 즉 태아의 운명을 결정할 권리마저도 포함되어야 한다는 것이다.[45]

5. 임신중절의 권리와 양성평등

태아가 여성의 몸에서 자란다는 사실 하나만으로도 임신중절 논의에서 여성의 입장은 당연히 존중받아야 한다. 지금까지 논의를 통해 알 수 있듯이, 페미니스트들은 태아의 생명권에서 출발하는 하향적 접근법에 반대하여, 태아가 아니라 산모의 입장에서 임신 및 출산이 갖는 사회·문화적 의미는 물론이고 산모 자신에게 미치는 영향에 초점을 맞추어 임신중절의 윤리 물음을 논해야 한다는 상향적 접근법을 따르고 있다. 상향적 접근법을 취하면서 페미니스트들이 그 토대로 삼고 있는 바는 크게 세 가지이다. 첫째는 여성 해방의 필요성이요, 둘째는 미래지향적인 도덕적 책임 개념이요, 셋째는 미래 자아를 형성할 수 있는 권리까지 포함하는 광의의 신체적 자율권 개념이다. 특히 페미니스트들은 미래지향적 책임 개념과 광의의 신체적 자율권 개념을 근거로 임신중절의 권리를 옹호하기에 이를 먼저 비판적으로 검토해 보자.

페미니스트들이 주장하는 미래지향적 책임 개념과 신체적 자율권 개념을 받아들이면 갓 태어난 유아에 대해서도 죽임을 요구할 권리를

44 한 걸음 더 나아가 페미니스트들은, 의학적인 이유가 아닌 임신중절에 대한 공적 보험의 적용은 제한되어야 한다는 1977년의 미 연방대법원의 판결을 비판하면서, 여성이 임신중절을 자유롭게 행할 수 있도록 그 비용을 공적 보험에서 제공해야 한다고 주장한다. 이에 관한 자세한 논의는 ibid., p.136을 참조하라.

45 C. Mackenzie, "Abortion and Embodiment", p.155.

지니는가? 인격적 돌봄이 필요하고, 또 여성의 미래 자아에 중대한 영향을 미친다는 점에서 유아는 태아와 아무런 도덕적 차이가 없다. 따라서 일관성의 논리에 따르면 당연히 여성은 유아의 죽임을 요구할 권리를 지닌다는 결론이 얻어진다. 하지만 이는 일상인들의 상식적 도덕과 어긋난다. 페미니스트들이 임신중절을 옹호하면서도 유아 살해에 반대하자면, 태아와 유아는 도덕적 지위에 있어서 본질적으로 다르다고 주장해야 한다. 하지만 이러한 주장은 논의의 출발점이 되는, "태아는 무고한 인간존재이다"라는 근본 전제와 어긋난다.

이런 비난에서 벗어나자면 페미니스트들은 '부모가 되는 것을 거부할 권리'와 '부모임을 포기할 권리'는 도덕적으로 서로 다르다고 주장해야 한다.[46] 즉, 유아 살해는 부모임을 포기하는 것으로 도덕적으로 그르지만, 태아 죽임은 부모가 되는 것을 거부하는 것으로 도덕적으로 허용될 수 있다고 페미니스트들은 주장해야 한다. 물론 피임의 허용에서 알 수 있듯이, 일상적인 의미에서 이 둘은 분명 도덕적으로 구분되고, 또 부모가 되지 않을 권리를 인정하지 않으면 여성이 갖는 생식의 자유는 빈껍데기에 불과하게 된다. 하지만 도덕의 관점에서 보면 임신중절은 피임과 분명 다르고, 또 대부분의 사람들도 그렇게 생각한다. 피임은 인간생명이 될 수정란의 형성을 방해하는 반면에, 임신중절은 이미 형성된 태아를 죽이기 때문이다. 이렇게 되면 '태아 임신'이 '부모임'과 어떻게 다른가라는 물음이 제기된다. 물론 법적으로는 태아를 임신한 것과 유아의 부모라는 점은 다르나, 도덕의 관점에서, 이 둘이 어떻게 다른지를 해명하기란 쉽지 않다. 태아와 유아는 도덕적 지위에 차이가 존재한다는 주장을 하지 않고서는 태아 임신과 부모임의 도덕적

46 D.I. Wikler, "Ought We to Try to Save Aborted Fetuses?", *Ethics*, vol.90, 1979, p.64.

차이를 우리는 설명할 수 없기 때문이다. 따라서 페미니스트들이 미래 지향적 책임 개념과 광의의 신체적 자율성 개념에 근거하여 임신중절 권리를 옹호하는 전략은 결국 태아의 존재론적 지위에 관한 물음에 봉착하게 된다.

이러한 반론은 페미니스트적 접근법의 한계를 잘 보여 준다. 태아가 아니라 산모에서, 그것도 여성의 임신 경험에서 임신중절 논의를 시작해야 한다는 페미니스트의 접근법 자체는 하나의 방법론으로 문제가 없다. 그러나 태아가 도덕적 지위를 지닌 인간존재라면, 아무리 태아가 산모에게 존재론적으로 의존하고 있다고 해도 태아의 권리를 배제한 채 여성의 권리만을 일방적으로 요구할 수는 없다. 여성 자신의 행위 결과로 태아가 존재하게 되고, 그리고 그 태아가 도덕적 지위를 지닌다면, 여성의 신체적 자율성이나 도덕적 책임은 태아로 인해 제한을 받을 수밖에 없기 때문이다. 임신중절이 산모만 관련된 사적인 도덕적 물음이 아니라 태아와 산모의 관계에 관한 물음이라면, 논의의 출발점을 어디로 잡든지 간에, 우리는 이 두 당사자를 모두 고려해야 할 것이다. 페미니스트들이 태아의 권리를 무시하고자 한다면, 태아가 도덕적 지위를 지니지 않는다는 것을 보여 주어야 한다. 이렇게 되면 임신중절에 관한 페미니스트 접근법 역시 그 출발 전제와 달리 태아의 존재론적 지위에 관한 물음을 회피할 수 없다. "태아는 이미 인간이면서 아직 인간이 아니다." 태아가 갖는 이러한 존재론적 이중성으로 인해, 임신중절의 도덕성은 세계관 내지 형이상학에서 독립하여 생물학적으로 혹은 철학적으로 그 해결책을 우리는 찾을 수 없다.

우리는 이제까지 임신중절의 도덕적 허용이 여성 해방에 도움이 된다고 전제하고 논의를 전개해 왔다. 하지만 "임신중절 선택권 획득이 여성에게 진정으로 유익한가?"라고 우리는 묻지 않을 수 없다. 페미니스트들은 사회가 지금과는 다르게 재구성된다면 현재의 많은 임신중절은 불필요하게 될 것이라고 본다. 그러니까 여성이 임신과 출산, 그리고 자녀 양육의 부담으로부터 자유롭도록 사회제도가 재구성된다면, 임신중절을 원하는 여성은 아마 거의 없을 것이다. 이러한 사실은 여성이 임신중절을 원하는 근본적 원인은 제도에 있음을 말해 준다. 실제로 페미니스트들은 임신중절 반대자들이 임신과 양육의 비용이 너무 비싼 현실에도 불구하고 그 부담을 오로지 여성에게 떠맡기고 있다고 비난한다. 이렇게 되면 여성 억압의 근본 원인은 임신과 출산이라는 생물학적 사실이 아니라, 이러한 남녀의 생물학적 불평등을 다루는 여성 억압적인 제도이게 된다.

존 롤스(J. Rawls)의 주장에 따르면 자연 자체는 도덕적으로 선도 악이 아니기에, 우리는 자연적 사실과 이를 다루는 제도를 구분해야 한다.[47] 임신과 출산은 하나의 자연적 사실로, 페미니스트의 주장과 달리, 도덕적 선도 악도 아니다. 문제는 이러한 자연적 사실로부터 생겨나는 여성 차별적인 결과를 공평하게 분배하는 제도를 마련하는 일이다. 성차별적인 제도의 개혁이 전제되지 않는 한, 여성의 임신중절 권리 획득은 여성 해방의 미봉책에 불과하다. 물론 임신중절이 허용되지 않으면, 현재의 고용 체제, 양육 관행, 사회적 의식, 사회 제도, 사회 보장 등으로 인해 여성은 현실적으로 감당하기 어려운 짐을 떠안게 될 것이다. 그러나 임신중절 선택권을 통해 여성 억압을 해결하고자 하는 방안은 현실과의 안일한 타협에 지나지 않아 보인다. 왜냐하면 임신중절은 여성 자신에게 신체적으로 상당한 해악을 가져다주므로, 임신중절의 허용 역시 성관계와 임신으로 야기된 결과에 대해 오로지 여성 자신이 모

....

47 J. Rawls, *A Theory of Justice*, p.102.

든 책임을 떠맡는 방안에 불과하기 때문이다.

사생활권이나 신체적 자율권에 근거한 임신중절 옹호는 이보다 더 중대한 두 가지 이론적 난점을 지닌다. 하나는 임신의 원인 제공자인 남성에게 책임을 부담시킬 수 있는 이론적 근거가 무엇이냐의 물음이다. 그러니까 페미니즘 논리에 따르면 임신중절은 여성의 사생활권 내지 자율적 선택의 영역에 속하게 된다. 일반적으로 자율적 선택의 경우, 그 책임은 선택한 당사자가 져야 한다. 따라서 임신 후 남성이 임신중절을 요구했음에도 여성이 자발적으로 아이를 낳았을 경우, 어떤 근거에서 남성에게 양육 책임을 부과할 수 있는가? 이처럼 임신중절 권리는 여성보다 남성에게 더 우호적으로 작용하기에, 사생활 권리에 근거한 임신중절 옹호는 도덕적으로 잘못되었다고 하겠다.

이와 연관된 또 다른 난점은 "여성의 임신과 출산 및 양육을 보장할 도덕적 근거가 무엇이냐?"라는 물음이다. 즉, 이러한 권리 주장은 개인을 유일한 도덕적 결정권자로 인정하는 개인주의적 경향이 너무 강해, 임신중절의 도덕성과 연관된 복잡한 사회적 관계를 제대로 다루지 못한다.[48] 페미니스트들이 인정하듯이, 여성이 임신중절을 원하는 이유는 사회제도 및 관행 탓이다. 그런데 임신중절이 여성의 사생활 권리라면, 왜 정부는 개인의 사생활에 대해 사회보장제도를 마련해야 하는가? 즉, 임신중절 선택권은 실제로는 아이를 낳아 기르고 싶지만 경제적 혹은 사회적으로 그렇게 할 수 없는 여성들의 선택 폭을 제한함으로 말미암아, 여성이 지닌 생식의 자유를 신장시킨 것이 아니라 반대로 제한하게 된다. 아이 양육에 필요한 지원 시스템이나 사회구조나 제도를 만들지 않고, 임신중절 선택권을 옹호하는 사회는 여성들이 해

48 E. Porter, *Feminist Perspectives on Ethics*, p.137.

야 할 책임 있는 일이란 고작 임신중절을 선택하는 것밖에 없다는 의식을 갖도록 조장한다. 이렇게 되면 여성이 지닌 생식의 자유는 타인의 침해를 받지 않을 소극적 권리에 지나지 않게 되어, 여성은 이를 적극 실현할 수 있는 적극적 권리로 주장할 수 있는 도덕적 근거를 상실하게 된다. 그래서 엘리자베스 포터(E. Porter)는 권리 갈등의 차원이 아니라 책임적 돌봄의 차원에서 임신중절의 도덕성이 논의되어야 한다고 주장한다.[49]

임신과 출산은 분명 자연적 사실이다. 이 자연적 사실에서 남녀는 생물학적으로 불평등하다. 임신과 출산, 그리고 양육에 있어서 여성은 남성에 비해 상대적 차별을 당하고 있다. 소위 재생산적 정의(reproductive justice)의 이념에 비추어보면 이는 분명 잘못되었기에 마땅히 시정해야 한다. 이를 해결하는 방안은 두 가지다. 하나는 여성도 남성과 동등하게 자기 선택권을 행사하도록 하는 방안이고, 다른 하나는 남성이 여성과 동등하게 그 부담과 책임을 떠맡는 방안이다. 물론 오늘날 대부분의 사회에서는 전자가 손쉬운 현실적 방안이다. 하지만 윤리적인 관점, 특히 생명 존중의 관점에서 보면 후자가 더 합당한 대안이다. 생식의 생물학적 불평등은 자연적 사실이다. 이 생물학적 불평등 자체를 평등하게 만드는 전략이 아니라, 이를 있는 그대로 받아들이고 그 결과의 불평등을 공평하게 다룰 수 있는 방안을 강구해야 하지 않는가? 이제 페미니스트들은 임신중절 선택권을 주장하는 미봉책에서 벗어나, "임신중절은 도덕적으로 그르다"라는 윤리 원칙에 근거하여, 임신과 출산 및 양육을 남녀가 평등하게 책임지는 의식 고양 및 사회제도 마련을 위해 한 목소리를 내어야 하지 않을까?

49 ibid., p.133.

2

대리모의 윤리: 대리모의 윤리적 문제는 무엇인가

이 장은 체외수정으로 대표되는 생식보조 의술에 함의된 윤리적 물음을 대리모에 초점을 맞춰 철학적으로 분석하여 대리모의 윤리적 허용가능성을 비판적으로 천착하는 데 그 목적이 있다. 이를 위해 필자는 생물학적 개체 발생에 인간 의술이 개입됨으로 말미암아 각 단계별로 어떠한 윤리적 물음이 발생하는지를 철학적으로 해명하고자 한다. 여러 윤리 물음 가운데 이 글은 대리모에 초점을 맞춰 그 찬반 논변을 인간 생명의 출발점에 근거하여 비판적으로 고찰하고자 한다. 결론에서는 대리모의 윤리 물음은 일종의 세계관과 관련되어 있기에 사회적 합의를 통해 미래 아기의 복지와 대리모의 권리를 존중하는 방향으로 생식보조 의술이 윤리적으로 사용될 수 있는 제도적 장치의 필요성이 언급될 것이다.

1. 대리모의 윤리

1) 들어가는 말: 생식보조 의술과 원리

과학은 "할 수 있으면 해도 좋다"라는 논리에 따라 할 수 있는 영역을 확장하여 왔다. 그러나 윤리학은 할 수 있는 일에 대해 "해도 좋은가?"를 묻는다. 왜냐하면 과학은 존재와 사실을 탐구 대상으로 하는 반면에, 윤리학은 당위와 가치를 그 대상으로 삼기 때문이다. 그래서 새로운 과학기술과 의술은 우리들에게 할 수 있는 영역을 확장하여 새로운 윤리적 문제를 던지고 있다. 그래서 과학기술의 발전을 윤리가 따라잡지 못해 '윤리지체'(ethics lag) 현상이 발생하고 있는데, 그 대표적인 분야가 바로 의술, 특히 생식보조 의술과 유전의학이다.[1]

정자와 난자는 이제까지 여성의 체내에서 자연스럽게 수정되어 여성의 자궁에 착상되었다. 하지만 이 과정이 자연스럽게 이루어지지 않아 생식보조 의술을 이용하는 경우에는 수정의 장소와 배아가 착상하는 여성의 자궁이 분리되게 되었다. 물론 이 경우 의학적으로는 수정되는 장소가 중요할 수 있다. 그러나 이는 어디까지나 의술상의 물음이지 윤리학적인 관점에서 보면 아무런 도덕적 차이를 발견할 수 없다. 예를 들어, 아내가 체내인공수정을 하여 임신하든지 아니면 체외인공수정(IVF)를 이용해 체외에서 수정된 배아를 착상하여 임신하든지 윤리학적인 관점에서는 차이가 없다. 따라서 윤리학적인 차원에서는 체내인공수정이나 체외수정은 아무런 차이가 없다. 이런 취지에서 인공수정

....

1 A.L. Caplan, "Can Ethics Help Guide the Future of Biomedicine?", R.B. Baker et al., eds., *The American Medical Ethics Revolution*(Baltimore and London: The Johns Hopkins University Press, 1999), p.277 참조.

의 윤리는 아내가 임신하는 경우와 아내가 아닌 제 3자가 임신하는 경우로 구분되어 논의될 수 있다.

물론 인공자궁이 윤리적으로 허용될 수 있는가의 물음도 제기된다. 아직 인공자궁은 요원한 문제이지만, 머지않은 미래에 인공자궁이 개발되리라 예상된다. 인공자궁이 개발되면 비배우자 간 보조생식의 윤리는 새로운 국면을 맞이하게 된다. 왜냐하면 임신녀 내지는 대리모가 필요 없게 되어, 생물학적 부모의 문제가 더욱 단순화되기 때문이다. 무엇보다 인공자궁은 생명의 출발점에 관해 새로운 시사점을 던져준다. 인공자궁이 출생한 아이의 생물학적 모가 될 수 없기에, 착상되는 수정란 단계에서 이미 생물학적 부모가 결정되었다고 보아야 할 것이다. 하지만 여기서는 인공자궁의 물음은 논외로 하고자 한다.

아내의 난자나 자궁이 정상인 경우 정자를 제공받아 아내가 임신할 수 있다. 이는 정자 제공의 윤리에 해당되기에 별도의 논의가 필요 없다. 문제는 정자와 난자 모두를 제3자로부터 제공받아 아내가 대리모 역할을 하는 경우이다. 이는 아내가 10개월 동안 자신의 몸에서 자녀를 탄생시켰다는 점을 제외하고는 유전학적으로 입양과 아무런 차이가 없다. 이는 소위 '잔여배아'를 기증받아 임신되는 '배아입양'의 물음으로, 다음 장에서 논의될 것이다. 즉, 이 경우 자녀와 부모 사이에는 유전적 상관성이 전혀 없는, '수정란 입양'에 해당된다. 물론 생식의 자유를 포괄적으로 적용하여 여성에게는 자기 몸을 통해 자녀를 낳을 수 있는 자유 내지 권리가 있다고 주장할 수 있지만, 사회 전체적인 관점에서 보면, 일반적 입양이 배아입양보다 윤리적으로 더 바람직하다고 하겠다. 왜냐하면 이미 우리나라는 입양이 사회적 문제화되고 있으며, 이들 역시 '부모'의 사랑을 받을 권리가 있기 때문이다. 따라서 정자와 난자 모두를 부부가 아닌 제3자로부터 제공받아 생식보조 의술을 이용하여 자녀를 낳는 경우는 법으로 금지하는 것이 바람직하다. 여기서는 주로 아내가 아닌 제3의 여성이 자궁만 제공하는 대리모 물음에 국한하여 논의하고자 한다.[2]

2) 대리모의 유형별 분류

대리모란 자신의 자궁을 이용하여 다른 사람을 위해 아이를 대신 낳아 주는 여성을 말한다. 결혼 제도의 관점에서 말하면, 대리모란 쉽게 말해, 아내의 자궁에 이상이 있어 아내를 대신하여 임신하여 아이를 낳아 주는 제3의 여성을 말한다. 물론 대리모의 경우에도 부부의 동의는 선결요건이다. 대리모는 그 기준에 따라 다음과 같이 분류될 수 있다.

(1) '씨받이 대리모'와 '순수 대리모'

한 아이의 탄생에는 자궁뿐만 아니라 정자와 난자도 필요하다. 대리모가 자궁만 제공하였느냐, 아니면 난자까지 제공하였느냐에 따라 대리모는 임신 대리모(gestational surrogate)와 유전적 대리모(genetic surrogate)로 분류된다.[3] 유전적 대리모란 대리모 여성이 자신의 난자까지 제공한 경우를 말하는 것으로 씨받이 대리모라고 말할 수 있다. 씨받이 대리모는 태어난 아이의 실질적인 생물학적 모이기 때문에, 엄밀히 말해 대리모라고 말하기 어렵다. 그 여성의 입장에서 보면 이는 정자를 기증받아 출산하는 경우에 해당되기 때문이다. 따라서 이러한

....

2 대리모 계약의 법적 타당성에 관한 논의는 이봉림, 「대리모 계약에 관한 연구」, 생명윤리정책센터, 『생명윤리정책연구』, 제2권 2호, 2008, pp.135-151을 참조하라.

3 S.B. Rae & P.M. Cox, *Bioethics: A Christian Approach in a Pluralistic Age*, p.109.

경우, 태어난 아이는 대리모의 자녀이기 때문에 정확히 말하면 '혼외출생자'라고 말할 수 있다. 달리 말해, 이런 여성은 체내인공수정이든 아니면 체외수정이든 상관없이, '성관계 없는 씨받이'에 해당된다. 씨받이 대리모의 경우 아내의 역할은 전무하다. 물론 우리나라에서는 씨받이 풍습이 존재하였다. 물론 아내가 자발적으로 동의한 경우 난자 제공과 윤리적으로 차이가 없지만, 오늘날 씨받이는 남성 중심의 가부장제 이데올로기의 산물로 비난받고 있다. 즉, 이러한 씨받이는 남성의 입장에서는 자기 피를 이어받은 혈통이지만, 여성을 종족 보존을 위한 '아이 낳는 기계'로 취급하는 일로 양성평등의 이념이 구현된 오늘날 받아들이기 어렵다. 우선 아내의 입장에서는 유전적 혈연관계도, 또 낳은 정도 없기에 입양과 차이가 없어 달갑지 않은 일이다. 그리고 대리모의 입장에서도 '완전한 자기 아이'를 이미 임신 전에 계약에 의해 다른 사람에게 입양시키는 일로 '모진 여성'이라는 비난에서 자유롭기 어렵다.

따라서 여기서는 자궁만 제공하는 순수 대리모, 즉 임신 대리모에 국한하여 논의하고자 한다. 자궁만 제공하는 대리모는 다시 둘로 구분할 수 있다. 하나는 난자마저 제공받은 경우이고, 다른 하나는 아내의 난자를 이용하는 경우이다. 그러니까 전자는 아내의 난자마저 이상이 있어 제3의 여성으로부터 난자를 제공받고, 또 다른 여성이 대리모 노릇을 하는 경우이다. 이러한 자녀 출산 역시 남성 중심의 가부장제 이데올로기의 산물이다. 여기에는 한 여성이 아니라 두 여성이 남성의 핏줄 이어받기에 이용당하고 있다. 즉, 이 역시 '씨받이 대리모'와 윤리적으로 아무런 차이가 없기 때문에 받아들이기 어렵다. 순수 대리모란 부부가 자신들의 정자와 난자로 수정란을 만든 다음, 그 배아를 자신의 자궁에 착상하여 임신과 출산의 기능을 담당하는 여성을 말한다. 물론 여기에도 한 여성이 이용된다고 말할 수 있지만, 어디까지나 태어난 아이가 남편의 아이가 아니라 부부의 유전적 아이이기 때문에, 부부 모두의 동의가 가능하다. 아니 불임 부부는 이러한 방법을 통해 자신의 아이를 갖고 싶어 한다.

(2) 상업적 대리모와 자비적 대리모

여성은 자신의 자궁 속에 아이를 임신하고 10개월 동안 '수고'를 해야 한다. 이는 필연적인 생물학적 과정이다. 임신 10개월 동안 여성은 행동의 제약이 따를 뿐만 아니라 식생활에도 주의를 기울어야 하면, 심지어 태교까지 감당해야 한다. 또한 해산의 고통은 이루 말할 수 없다. 따라서 대리모는 자신의 아이가 아닌 다른 사람의 아이를 임신하여 출산하기 위해 10개월 동안 이 모든 수고를 감당해야 한다. 이는 일상적인 노동보다 더 힘든 희생적인 노동이라 아니할 수 없다. 아무런 보상이 주어지지 않는다면 누가 이 희생적인 노동을 자발적으로 받아들이겠는가? 여기서 두 종류의 대리모가 구분된다. 즉, 이러한 임신과 출산이라는 노동에 대한 보수를 바라면서 대리모 역할을 감당하는 자가 있는 반면에, 그러한 보수를 기대하지 않고 불임 부부의 아픔을 애통해하면서 자비로운 마음에서 대리모 역할을 감당하는 자도 있다. 전자를 상업적 대리모라 부르고 후자를 자비적 대리모라 부른다.[4] 여기서 보상과 보수는 구분되어야 한다. 자비적 대리모는 임신과 출산에 대한 보수를 요구하지 않지만, 그로 인해 입게 되는 경제적 손실 및 신체적 손실에 대한 금전적 보상을 받을 수 있다. 실제로 임신 기간 중, 특히 임신

....

4 일부에서는 이를 상업적 대리모(commercial surrogacy)와 이타적 대리모(altruistic surrogacy)라는 용어를 사용하나, 이타적 대리모 대신에 필자는 '자비적 대리모'라는 용어를 사용하고자 한다. S.B. Rae & P.M. Cox, *Bioethics: A Christian Approach in a Pluralistic Age*, pp.108-109 참조.

후반기에 대리모는 경제 활동에 종사할 수 없기 때문이다. 상업적 대리모는 경제 활동을 하지 못한데 대한 보상의 차원을 넘어 자신의 임신과 출산을 일종의 노동 행위로 보고 그에 대한 금전적 보수를 요구한다. 다시 말해, 상업적 대리모에게 있어서 임신과 출산은 말 그대로 노동이요 상업적 활동에 해당한다.

일부에서는 상업적 대리모의 허용을 주장하기도 한다. 우선 대리모 측에서는 몸의 권리를 주장한다.[5] 자본주의 사회에서 개인은 언제나 자신의 노동력을 상품화할 수 있다. 우수한 노동력에 대해서는 더 많은 임금을 받는 게 당연하지 않은가? 임신과 출산 역시 여성의 입장에서는 하나의 노동력이다. 그럼에도 불구하고 표준적인 보상만을 대리모에게 허용한다면, 이는 여성 노동력의 착취요, 여성 몸의 학대가 아닌가? 또 계약 부부의 입장에서는 '상품의 질'을 이유로 상업적 대리모가 허용되어야 한다고 주장한다. 모든 부모는 좋은 아이를 낳고 싶어 한다. 그런데 좋은 아이는 단순히 정자와 난자의 결합, 즉 유전자에 의해서만 결정되지 않고, 하나의 세포에서 태아 단계를 거쳐 아이로 발달하는 여성의 자궁도 중요한 역할을 감당한다. 즉, 산모의 신체적 건강과 심리 상태 그리고 태교 등이 아이의 신체 및 정신적 자질에 중대한 영향을 미친다. 그렇기 때문에 불임 부부의 입장에서는 좋은 아이를 얻고자 한다면, 반드시 좋은 대리모를 구해야 한다. 상업적 대리모가 허용되지 않으면 좋은 산모를 얻는데 한계가 있지 않는가?

하지만 상업적 대리모의 허용은 몇 가지 윤리적 반론에 부딪힌다. 비록 여성의 임신과 출산이 노동력이라는 사실을 인정해도, 이러한 노

....

5 일부 여성학자들은 매춘마저도 여성의 자기 몸에 대한 권리로 주장한다. 이현재, 「성적 타자(sexual others)의 인정과 몸의 권리(right to body)」, 대한철학회, 『2008년 가을학술대회 논문집』(전남대, 2008.10.30-31), p.65.

동력은 그 질을 평가할 객관적 잣대가 존재하지 않는다. 일반적으로 노동력은 그로부터 귀결된 상품이나 서비스에 의해 그 질이 평가된다. 그러면 임신과 출산이라는 노동력을 통해 얻은 상품은 무엇인가? 바로 태어나는 아이이다. 일단 아이는 상품으로 취급될 수 없다. 아이는 상품이 아니라 인격적 존재이기 때문이다. 또한 노동력이 상품화될 수 있으려면 품질 보증과 애프터서비스가 가능해야 한다. 하지만 임신과 출산은 품질을 보증할 수 없을 뿐만 아니라, 또한 출산한 아이에 대해 대리모는 애프터서비스를 할 수 없다. 태어난 아이는 상품이 아닌 인격적 존재이기에 무조건 받아들여야 한다. 따라서 상업적 대리모가 인정될 경우, 대리모는 출산한 아이에게 문제가 발생했을 때 그 책임을 스스로 감당해야 하는데 이는 현실적으로 불가능하다.

근본적으로 인간의 탄생은 신비로울 뿐만 아니라 성스러운 일이다. 성스러운 한 인간의 탄생에 돈이 개입한다는 데 대해 대부분의 사람들은 정서적 거부감을 갖고 있다. 이러한 거부감은 단순히 심리적인 현상에 불과한 게 아니라 그만한 이유가 존재한다. 좋은 아이를 갖고 싶은 것은 모든 부모의 공통된 마음이지만, 이는 어디까지나 '소망'으로 남아 있어야지 여기에 돈이 개입될 경우 부작용이 발생할 수 있다. 이제까지 출생은 자연에 의해 주어진 것이지 인간 통제권을 넘어선 영역이었다. 물론 이로 인해 자연의 운과 불운에 의해 인간의 희비가 엇갈리기도 하였다. 하지만 여기에 바로 자연의 공평함이 성립되었다. 하지만 상업성이 개입될 경우, 자연이 만들어준 '공평함'이 인간의 더러운 손에 의해 깨어져 유전적 자질 강화로 이어지게 된다. 즉, 상업적 대리모 허용은 가진 자에게만 대리모 선택을 통해 좋은 아이를 낳을 수 있는 기회를 제공하는 것으로, 공평한 기회균등의 원칙에 어긋난다.

따라서 여기에서는 '자비적인 순수 대리모'에 국한하여 그 도덕성을 논하고자 한다. 물론 실제에 있어서 이 둘을 구분하는데 현실적 어려움이 발생할 수 있다. 그러나 임신과 출산으로 인한 경제 활동 손실에 대해 표준적인 보상 비용을 책정해 둔다면, 구분이 그렇게 어렵지만은 않다. 즉, 표준 비용 이상을 요구하면, 그 여성은 상업적 대리모로 간주할 수 있다.

2. 인간 생명의 출발점과 대리모의 윤리

대리모의 도덕성은 인간 생명의 출발점과 밀접히 연관되어 있다. 현대 생명윤리학계에서는, 일부 극단적 자유주의자들은 출생을 주장하기도 하지만, 일반적으로 인간 생명의 출발점에 관해 두 가지 입장이 팽팽하게 맞서고 있다. 하나는 수정이라는 입장이요, 다른 하나는 착상이라는 입장이다. 먼저 수정의 시점을 인간 생명의 출발점으로 받아들이면, 엄밀히 말해 대리모는 '유모'에 해당된다. 왜냐하면 대리모는 이미 인간 생명이 된 수정란을 자기 몸에 착상시켜 길러주는 자이기 때문이다. 물론 차이는 있다. 즉, 유모는 자기 몸의 외적 활동을 통해 아이를 돌보는 반면에, 대리모는 자기 몸의 내적 활동을 통해 아이를 돌본다. 하지만 몸의 외적 활동이든 내적 활동이든 이미 존재하는 인간 생명체가 온전하게 자라도록 도움을 준다는 의미에서 이 둘은 차이가 없을 뿐만 아니라 윤리적으로 비난하기가 어렵다. 다시 말해, 수정을 인간 생명의 출발점으로 간주하게 되면, 대리모는 유모가 되어 오히려 도덕적으로 권장되어야 한다.

반면에 착상으로 보면 착상 순간에 인간 생명이 시작되기 때문에 대리모가 아이의 생물학적 모가 된다. 이렇게 되면 대리모는 엄밀히 말해 아내 대신 아이를 낳아 주는 자가 아니라 자신의 아이를 낳아서 불임 부부에게 입양시키는 자가 된다. 다시 말해, 이러한 형태의 생식보조 의술로 태어난 아이는 불임 부부의 남편은 생물학적 부가 되지만, 아내는 설사 난자를 제공하였다고 해도 생물학적 모가 될 수 없다. 정확히 말하면, 아내의 입장에서 보면 이렇게 태어난 아이는 혼외 출생자 내지는 '산전입양'(prenatal adoption)[6]이 된다. 혼외 출생자는 엄밀히 말해 법적으로 규제하기 어려운 사적 영역에 속하고, 임신 전 입양은 입양에 관한 법률이 적용될 수밖에 없다. 출생을 인간 생명의 출발점으로 보아도 우리는 동일한 결론에 이르게 된다. 즉, 출생 순간에 한 인간이 비로소 존재하기 때문에 대리모가 아이의 생물학적 모가 됨에 분명하다.

시간의 관점에서 제기되는 인간 생명의 출발점이 어디이냐의 물음과 상관없이 생물학적으로 한 아이는 정자와 난자, 그리고 여성의 자궁이라는 세 요소가 하나로 결합되어 태어난다. 물론 수정 순간에 새롭게 '창조된' 유전자 지도에 의한 자연적 발달임에는 분명하지만, 이 세 요소 가운데 실질적으로 '세포 덩어리'에 불과한 배아를 태아 단계를 거쳐 한 아이로 발달케 하는 기능을 감당하는 요소는 여성의 자궁이다. 이런 관점에서 보면 여성의 자궁을 단순히 '아이 낳는 기계'로 보기는 어렵다. 즉, 자궁을 통해 아이를 발달시키고 출산하는 대리모 역시 인간 생명의 탄생에 결정적인 역할을 감당하고 있다. 따라서 우리는 인간 생명의 출발점이 어디에 있느냐의 논의에서 벗어나, 자궁의 생물학적 기능을 사실 그대로 받아들여, 대리모의 중요성을 인정해야 한다. 그렇기 때문에 인간 생명의 출발점에 따라, 대리모를 보모나 혹은 '임신 전

6 R. Hursthous, "Reproduction and Ethics", E .Crag, ed., *Routledge Encyclopedia of Philosophy*, vol.8, 1998, p.278.

입양 모'로 간주하지 말고 독특한 지위를 지닌 존재로 받아들여 그 도덕성을 검토해야 한다.

3. 대리모 반대 논변

대리모를 윤리적으로 반대하는 자들은 우선 생식의 자유는 절대적이지 않고 조건적이라고 주장한다. 생식은 새로운 인간을 탄생시키기 때문에 자기 관계적 행위가 아니라 타자 관계적 행위로, 윤리적 제약을 받을 수 있기 때문이다. 즉, 설사 생식의 자유를 인정한다 해도, 그로 인해 제3자의 복지가 훼손당할 위험이 있다면 국가는 간섭할 권리를 지닌다. 따라서 대리모의 정당화에 관해 생명윤리학계에서는 찬반 논쟁이 일어나고 있다. 먼저 반대하는 몇 가지 이유를 살펴보자.

첫째, 불임은 질병이 아니라 또 하나의 자연이다. 즉, 불임을 질병으로 규정한 것은 남성 이데올로기의 산물이다. 다시 말해, 여성의 몸은 다양한 기능을 갖으며, 생식은 그중 한 가지 기능에 불과하며, 생식의 기능이 없다고 해서 여성 몸이 질병을 갖고 있는 것은 아니다. 그럼에도 불구하고 남성중심의 의학이 불임을 질병으로 규정하여 여성 몸을 폄하하고 있을 뿐만 아니라, 여성 몸을 착취하고 있다. 따라서 불임 극복은 질병 치료와 그 위상이 전혀 다르다. 대리모는 여성 몸을 단지 '아이 낳는 기계'로 전락시킬 우려가 있다. 대리모는 자기 몸을 노예로 전락시키고 있지 않는가? 노예 계약의 자유가 없듯이, 대리모 계약의 자유도 받아들일 수 없다.

둘째, 대리모 출산은 가족 관계의 혼란을 야기한다. 이제까지 가족은 혈연중심으로 이루어져 왔다. 하지만 대리모의 개입으로 말미암아 생물학적 모가 누구인가의 물음이 새롭게 제기될 뿐만 아니라, 유전적 친척이 대리모가 될 경우 아름다운 전통인 가족의 질서가 위기를 맞게 된다. 예를 들어, 2008년 일본에서는 결혼한 딸을 대신하여 그 어머니가 대리모가 되어 아이를 출산하였다.[7] 그러면 이렇게 태어난 아이는 대리모의 외손주인가 아니면 자녀인가? 대리모 출산은 이처럼 가족관계를 혼란스럽게 만든다.

셋째, 대리모 출산은 사회적 약자의 희생을 강요하기 쉽다. 먼저 대리모를 통한 출산은 태중 아이로 하여금 생존의 위협을 느끼게 한다. 불임 부부의 기대와 달리 기형아로 판명 날 경우, 이 아이는 임신중절을 당하거나 출생 후에도 버림을 받을 개연성이 일반적인 경우보다 훨씬 높다는 점이다. 실제로 임신 후반기에 산전 진단의 결과 장애아 출산의 확률이 높게 나와 불임 부부가 계약을 파기할 때 대리모 몸속의 아이 양육권 물음은 심각한 사회적 이슈가 될 수 있다. 또 대부분의 경우 경제력이 취약한 여성이 금전적 보상을 목적으로 대리모로 자원하고 있으며, 대리모 출산 비용을 계약 부부가 감당하기 때문에 병원 측에서 대리모의 인권보다는 불임 부부의 입장에서 생식보조 의술을 시행하기 쉽다. 실제로 계약 부부의 심경 변화로 인해 임신 후반기에 대리모로 하여금 임신중절을 강요하여 심적 부담을 안겨 주는 사례가 종종 발생한다. 대리모 출산은 이처럼 사회적 약자인 태아와 대리모의 인권을 침해하고 있다.

넷째, 대리모 출산은 인간존엄성을 훼손한다. 비록 자비적 대리모로 할지라도 금전적 보상이 이루어지고 있지 않은가? 이렇게 되면 자녀는 이제 더 이상 태어나는 생명체가 아니라 의술에 의해 만들어지게

7 연합뉴스, "日 61세 여성, 딸 대신해 아기출산", 『연합뉴스』, 2008. 8.21.

된다. 이렇듯 통제가 가능해지면 인간 존재는 절대적 가치에서 상대적 가치로 전락되어 인간존엄성이 훼손될 수 있다.

4. 대리모 찬성 논변

첫째, 생식은 인간 행복의 필수적인 요소이기에, 모든 인간은 생식의 자유를 지닌다.[8] 그런데 생식은 사적 영역으로 국가 권력이 간섭할 수 없다. 대리모 생식보조 의술을 이용한 출산 역시 이러한 생식의 자유 영역에 속하기 때문에 국가가 법으로 규제하여서는 안 된다. 행복추구권은 헌법이 보장하고 있는 개인의 기본권에 속한다.

둘째, 불임은 일종의 질병이다. 그런데 일부 불임의 경우 대리모가 이를 극복할 수 있는 유일한 대안이다. 즉, 대리모를 이용한 생식보조 의술은 다른 의술과 마찬가지로 질병을 치료하는 하나의 의술에 불과하다. 따라서 대리모를 이용한 출산은 개인의 자율에 맡겨야 한다.

셋째, 대리모를 이용한 생식보조 의술은 생명의료윤리의 네 가지 원칙과 어긋나지 않는다.[9] 첫째, 대리모 계약은 불임 부부와 대리모 사이의 자율적인 계약에 의해 이루어지기 때문에 자율성 존중 원칙과 어긋나지 않는다. 둘째, 대리모 생식보조 의술은 대리모 본인뿐만 아니라 불임 부부 모두에게 선을 베풀기에 선행 원칙과 일치한다. 특히 불

....

8 생식의 자유에 관한 자세한 논의는 J.A. Robertson, *Children of Choice: Freedom and the New Reproductive Technologies* (Princeton, NJ: Princeton University Press, 1994), pp.25-40을 참조하라.

9 이 네 가지 원칙은 T.L. Beauchamp & J.F. Childress, *Principles of Biomedical Ethics*(New York, Oxford: Oxford University Press, 1994)에서 제안한 자율성 존중, 악행 금지, 선행, 정의 등의 네 가지 윤리 원칙을 말한다.

임 부부에게는 상당한 선을 가져다준다. 셋째, 대리모 생식보조 의술은 당사자들 누구에게도 해악을 끼치지 않기 때문에 악행금지의 원칙을 어기지 않고 있다. 네 번째 원칙인 정의의 원칙은 대리모 시술과 관련되어 있지 않다. 따라서 대리모 생식보조 의술을 금지할 윤리적 원칙을 발견하기 어렵다.

넷째, 일부에서는 대리모는 인간 생명을 사고파는 행위로 인간존엄성 원리에 어긋난다고 주장하나 그렇지 않다. 우선 임신중절과는 달리 대리모는 생명을 파괴하는 자가 아니라 반대로 생명을 살리는 자이다. 즉, 생명을 살린다는 측면에서 대리모는 인간존엄성을 존중한다고 말할 수 있다. 또한 대리모 계약은 결코 인간 생명을 사고파는 행위가 아니다. 대리모는 말 그대로 아이를 대신 낳아 주는 여성이지, 아이를 파는 자가 아니다. 일반적으로 상거래 관계가 성립되자면 상품이 존재해야 하는데, 대리모 생식보조 의술을 이용한 출산의 경우, 계약 당시에는 아예 아이가 존재하지 않는다. 다시 말해, 대리모 계약에서 거래가 이루어지는 상품은 '아이'가 아니라 '여성의 출산 능력'이라는 서비스이다. 출산 기능은 여성이 갖고 있는 여러 기능 중 하나로서 다른 기능과 특별히 윤리적 차이가 없다. 즉, 여성이 자신의 기능에 대해 몸의 권리를 갖고 있듯이, 출산 기능에 대해서도 상품화할 수 있는 권리를 지닌다. 한 걸음 더 나아가 자비적 대리모의 경우, 대리모는 출산 기능마저 상품으로 팔지 않고 타인의 선을 위해 기증하고 있다. 이는 마치 자비적인 장기 기증과 윤리적으로 그 의미가 동등하다. 이런 의미에서 보면 대리모는 자기 몸을 희생 내지 헌신하는 자이지 결코 몸을 판다고 말할 수 없다. 따라서 대리모는 인간존엄성을 훼손하는 자가 아니라 적극 증진하는 자이다.

다섯째, 반대론자가 제기하는 가족질서의 파괴, 태중 아이가 겪는 생존의 위협 등은 대리모 생식 본래의 문제점이 아니라 파생적인 문제점으로 얼마든지 해결이 가능하다. 이제는 더 이상 혈연으로 맺어진 가족 관계가 가정의 도덕적 이상이 될 수 없다. 실제로 이미 이혼과 재혼을 통해 생물학적 부모보다 사회학적 부모가 더 중요한 지위를 차지하고 있다. 또 생식보조 의술에 관한 법률 내지 제도를 통해 태중 아이의 생명을 보장하는 안전장치를 얼마든지 마련할 수 있다. 그리고 대리모의 인권에 대한 물음 역시 대리모 생식보조 의술의 비본래적 물음으로 얼마든지 해결 가능하다.

5. 대리모에 함의된 몇 가지 윤리적 물음들

1) 아기의 생물학적 '모'의 물음

대리모 생식보조 의술이 윤리적으로 허용되자면 우선 '미래 아기'의 어머니 문제가 해결되어야 한다. 즉, 대리모를 통해 태어난 아기의 어머니는 누구인가?[10] 여기서 우리는 일단 생물학적 모와 사회적 모를 구분해야 한다. 생물학적 모는 아이와의 생물학적 유대관계에 의해 형성되는 반면에, 사회적인 모는 아이 양육에 관한 친권이나 양육 등 법률이 규정하고 있는 권리와 의무를 실질적으로 감당하고 있는 모를 말한다. 대개의 경우 생물학적 모가 친권을 포기하지 않는 한, 사회적 모로서 아이에 대한 모든 권리와 의무를 지닌다. 대리모 출산에서 발생

....

10 대리모의 윤리에 관한 고전적 사례에 속하는 '베이비 M' 사건은 바로 아이의 사회학적 모가 누구인가에 관한 논쟁이었다. 이에 관한 자세한 논의는 G.E. Pence, *Classic Cases in Medical Ethics*(New York: McGraw-Hill Publishing Company, 2000), pp.142-168을 참조하라.

하는 모의 물음은 이 둘 혹은 이 둘의 관계에 관한 물음이다. 먼저 사회적인 모의 물음부터 살펴보자. 두 가지 논리적 가능성을 생각해 볼 수 있다. 하나는 대리모가 사회적 모가 되는 경우이다. 엄밀히 말해, 이렇게 되면 대리모 계약은 원천적으로 불가능하게 된다. 왜냐하면 생물학적 모의 물음과 관계없이 불임 부부는 자신의 아이를 갖기 위해 생식보조 의술 도움을 받고 있다. 그런데 실질적인 사회적 모가 대리모가 된다면, 불임 여성은 자신의 아이를 가질 수 없기 때문이다. 따라서 사회적 모는 대리모의 도움을 받고자 하는 불임 여성이 되어야 한다. 이것이 법적으로 혹은 제도적으로 보장되어야 대리모 생식보조 의술이 실효를 거둘 수 있다.

문제는 생물학적 모이다. 누가 생물학적 모인가? 난자 제공자인가 아니면 자궁 제공자인가? 이미 앞서 밝혔듯이, 수정을 인간 생명의 출발점으로 보면 난자 제공자가 생물학적 모이고, 대리모는 보모에 지나지 않게 된다. 이렇게 되면 생물학적 모와 사회학적 모가 일치함으로 대리모 생식보조 의술을 통한 출산은, 자궁을 제공함으로 발생하는 대리모의 인권 물음을 제외하고는 특별한 윤리적 문제가 야기되지 않는다. 하지만 수정이 아니라 착상 내지는 출생을 인간 생명의 출발점으로 간주하게 될 경우, 생물학적 모와 사회학적 모가 달라진다. 즉, 이 경우 자궁 제공자인 대리모가 아이의 생물학적 모가 되어 아이에 관한 모든 실질적인 권리와 의무를 갖게 된다. 문제는 아이에 관한 권리와 의무를 가진 대리모가 그 권리와 의무를 사회학적 모인 난자 제공자에 양도하는 것이 어떻게 윤리적으로 정당화되는가이다. 이는 대리모가 양육할 의사가 전혀 없이, 아니 입양시킬 목적으로 아이를 임신하는 경우에 해당된다. 따라서 여기에 상업적 거래가 이루어진다면, '입양'을 미끼로 돈을 주고받는 행위를 인신매매라고 아니할 수 없다. 그래서 이 경우 일단 상업적 대리모는 윤리적으로 허용되기 어렵다. 자비적 대리모인 경우에도 입양을 목적으로 한 임신의 윤리적 정당화는 쉽지 않다. 단순히 대리모의 권리나 의무 포기 혹은 쌍방의 계약에 의해 아이의 모가 바뀌는 것은 쉽게 납득이 가지 않기 때문이다. 물론 오늘날 사회에서는 부모의 이혼이나 입양 등에 의해 아이에 대한 권리와 의무가 생물학적 모에서 사회학적 모에게 이양되는 경우가 있지만, 대리모의 경우와 같이 처음부터 단지 생물학적 모만 받아들이고 사회학적 모를 거절하는 경우는 없기 때문이다. 생식보조 의술의 발달로 인해 제기되는 '새로운 도덕 문제'이기 때문에, 이를 기존의 윤리설이나 관행에 의해 정당화하기는 어렵다. 현실적인 한 가지 대안은 아이에 대한 대리모의 권리와 의무를 불임 부부에게 이양하는 것에 관해 절차적 공정성을 통해 사회적 합의를 이끌어내는 일이다.

2) 대리모의 자격 물음

누가 대리모가 될 수 있는가? 물론 생물학적으로 건강한 아이를 낳을 수 있는 건강한 여성이어야 할 것이다. 건강성 유무는 의학이 판단할 문제이다. 다만 윤리학적인 관점에서는 불임 부부와 혈연관계에 있는 친족이 대리모 역할을 하는 경우에 문제가 발생한다. 실제로 불임모의 동생이나 언니가 대리모 역할을 하는 경우가 비일비재하다. 앞에서 언급한 일본 사례로 불임 모의 친어머니가 대리모가 되는 경우를 고찰해 보자. 수정 순간을 인간 생명의 출발점으로 간주하지 않고, 앞서 논의 결과대로 착상이나 출생을 그 출발점으로 할 경우, 대리모가 생물학적 모가 된다. 이렇게 되면 태어난 아이와 불임 모는 생물학적 관점에서 보면 모자 내지는 모녀 관계가 아니라, 형제자매의 관계가 된다.

이 경우, 생물학적 형제자매 관계가 사회학적 부모자식 관계로 바뀌게 된다. 문제는 과연 이것이 윤리적으로 허용될 수 있는가의 물음이다. 따라서 이러한 윤리적 문제에 관한 사회적 합의가 이루어지지 않은 상태에서는 불임 부부와 이미 가족관계를 형성하고 있는 여성은 대리모가 될 수 없게끔 제도적 장치가 필요하다. 예를 들어, 모의 자매나 부의 누이 혹은 모의 어머니가 대리모가 될 경우, 이러한 가족 관계의 무질서 문제뿐만 아니라 일평생 동안 지척에서 그 얼굴을 대면할 수밖에 없기에 심리적 갈등을 야기할 수도 있다. 물론 수정 순간을 인간 생명의 출발점으로 보면 가족관계에 있는 자가 대리모 역할을 하는 것이 더 자연스럽다. 왜냐하면 가족이 보모가 되는 경우 친밀감이 훨씬 깊기 때문이다.

이와 더불어 불임 부부는 대리모 선택의 권리를 지니는가?의 물음도 제기된다. 이미 앞서 논의된 정자와 난자의 선택의 물음 연장선상에서 우리는 대리모 선택 문제를 논의할 수 있다. 일부에서는 생식세포의 선택 반대와 동일한 이유에서 대리모를 선택할 수 있는 권리에 반대한다. 즉, 불임 부부의 입장에서는 단지 생물학적으로 건강한 여성을 넘어서 태교에 좋은 영향을 미칠 수 있는 '좋은 산모'를 원할 것이다. 이러한 선택권이 보장되려면 대리모의 신상이 공개되어야 한다. 상업적 대리모의 경우 금전상의 이득을 얻기 위해 이러한 부담도 가능하겠지만, 이는 자비적 대리모의 경우에는 산모에게 너무 많은 부담을 지우는 것이므로 받아들이기 어렵다. 달리 말한다면, 불임 부부에서 대리모 선택권을 보장하자면 상업적 대리모가 허용되어야 한다. 하지만 인종이나 민족 등에 대해서는 불임 부부에게 선택권을 주어야 할 것이다. 또 동성동본의 물음도 우리 유교사회에서 중요하기 때문에 고려될 여지가 있다. 이는 태어날 아기의 자기정체성 확립에도 중요한 역할을 할 소지가 있기 때문이다. 불임 부부에게 선택권을 배제할 경우 결국 보조생식 시술 기관 내지 담당 의사가 대리모를 선택하게 된다.

3) 아기에 대한 도덕적 책임 물음

장애아가 태어났을 경우 누가 도덕적 책임을 지는가? 대리모 선택의 물음은 도덕적 책임 물음을 낳는다. 엄밀히 말해, 우리 인간은 자신의 선택이 아닌 결과에 대해서는 도덕적 책임을 지지 않는다. 다시 말해, 장애가 유전적 요인에 기인하지 않을 경우, 불임 부부는 자신들에게 선택권이 없었기 때문에 그 아이에 대해 도덕적 책임 및 법적 의무를 거부할 수 있는가? 특히 대리모의 부주의로 인해 이러한 결과가 발생하였을 경우 대리모에게 도덕적 책임을 물을 수 있는가?

이러한 곤경은 태아나 아이에 문제가 있을 경우뿐만 아니라, 불임 부부의 관계에 의해서도 발생할 수 있다. 예를 들어, 불임 부부가 이혼을 하거나 혹은 어느 한쪽 배우자가 사망을 하였을 경우, 태아나 아이는 어떻게 되는가? 즉, 이러한 경우 불임 부부는 태아에 대해 임신중절을 요구하거나, 태어난 아이에 대한 친권을 거부할 수 있는가? 이러한 물음은 단순히 불임 부부와 대리모 혹은 병원 사이의 사적인 계약 관계에만 맡겨둘 수는 없다. 왜냐하면 대리모 계약의 합법성이나 계약 내용과 상관없이 태어난 아이는 혹은 임신 후기 태아는 이미 인간으로서 온전한 권리를 지니기 때문이다.

따라서 대리모를 통한 생식보조 의술이 윤리적으로 허용되자면 사회적 약자인 태아 혹은 아이의 생명권 및 복지권의 보장이 법률이나 제도로 선행되어야 한다. 이 때 고려되어야 할 요소는 태아나 아이에 대한 권리와 의무를 서로 주장하는 우호적인 경우가 아니라 서로 그 의무를 거부하는 최악의 상황에서도 생명권과 복지권이 보장되어야 한다는 점이다. 그러자면 계약 내용과 상관없이, 그리고 부부의 이혼이나 사망과 상관없이 사회학적 부모가 되는 불임 부부에게 태아나 아이에 대한 도덕적, 법적 책임과 의무를 부과해야 한다. 특히 이혼의 경우에는 대리모 계약 당시 불임 부부의 합의에 따라 부 혹은 모에게 친권을 부과하도록 자율성의 영역을 남겨두든지 아니면 아이의 친권에 관한 현행 법률을 적용할 수도 있다.

4) 대리모의 권리 물음

대리모는 어떤 권리를 지니는가? 대리모는 자신의 자궁 내지는 몸을 통해 아이를 출산한다. 이런 면에서 보면 정자나 난자 제공자에 비해 아이와 훨씬 더 친밀한 유대감을 갖는다. 하지만 대리모는 생물학적 모가 인정된다 해도 곧 아이에 대한 모든 권리와 의무를 사회학적인 모에게 양도하게 된다. 그러면 대리모는 정말로 순수하게 아이를 낳아 주는 '영혼 없는 몸'에 불과한가? 현재 생명윤리학계에서는 대리모에 관한 몇 가지 권리가 주장되고 있다.

첫째, 대리모는 여성으로서 자기 몸에 대한 권리를 지닌다. 따라서 대리모는 표준적인 산전 진단을 제외하고는 불필요한 혹은 과잉 진료를 거부할 권리를 지닌다. 즉, 표준적인 산전 진단 외의 진료 행위에 대해서는 대리모의 동의를 얻어야 한다. 특히 대부분의 경우 대리모는 경제적으로 불우한 처지에 있는 사회적 약자일 수밖에 없고, 또 산전 진단에 필요한 모든 비용을 대리모가 아니라 불임 부부가 담당한다는 현실적 이유로 인해 생식보조 시술 기관에서는 대리모보다 불임 부부의 편에 설 수 있는 개연성이 높기 때문에, 이러한 대리모의 권리는 사적인 계약에 위임할 것이 아니라 법적으로 보장되어야 한다.

둘째, 대리모는 임신중절에 대한 권리 내지 거부권을 지니는가? 물론 일상적인 경우와 마찬가지로 건강상의 이유나 유전적 질병 등의 이유로 인한 임신중절의 권리는 인정되어야 한다. 하지만 임신중절의 도덕성에 관해 어떤 입장을 취하느냐에 따라 이 물음에 대한 답은 달라질 것이다. 즉, 수정 순간에 인간 생명이 시작되기 때문에 일체의 임신중절은 윤리적으로 허용될 수 없다는 보수주의 입장에 따르면, 대리모에게는 이러한 권리가 전혀 용납될 수 없을 것이다. 하지만 자유주의 입장에 따라 산모에게 임신중절의 선택권이 허용될 경우, 이 문제는 중대한 도덕 문제라 아니할 수 없다. 일반적인 임신의 경우, 여성의 자기결정권이 절대적 우선성을 지닌다. 하지만 대리모의 경우 난자 제공자와 자궁 제공자가 동일인이 아님으로 말미암아, 임신중절의 선택권 물음은 다른 양상을 띠게 된다. 즉, 임신중절에 관해 대리모와 불임 부부의 입장이 상충할 때 문제가 발생한다. 두 가지 경우가 가능하다. 하나는 불임 부부 측에서 임신중절을 요구할 경우, 대리모가 거절할 수 있는가의 물음이요, 다른 하나는 불임 부부가 반대하는데도 대리모가 임신중절을 원할 경우 그 권리를 대리모가 지니는가의 물음이다.

이 물음은 단지 계약 불이행에 대한 금전적 보상으로 해결될 수 없는 도덕적 문제이다. 태아를 인간 존재로 인정하지 않는다 할지라도, 한 인간 생명의 탄생과 연관된 문제이기 때문이다. 다시 말해, 우리는 이 물음에 접근하는 데 있어서 적어도 두 가지 사실을 도덕적으로 고려해야 한다. 하나는 태아의 생명권이요, 다른 하나는 대리모의 자기결정권이다. 이런 관점에서 보면 불임 부부의 임신중절 요구에 대해 대리모는 거부권을 지니고, 이러한 경우에도 불임 부부는 아이에 대한 책임과 의무를 감당해야 한다. 문제는 대리모가 앞에서 언급한 산모의 건강이나 태아의 유전적 질병 외의 다른 사회적인 이유로 임신중절을 원할 경우이다. 비록 자신과 유전적 유대감이 존재하지 않는다 할지라도, 이 경우 대리모의 자기결정권은 임신중절의 도덕성과 동일선상에서 취급되어야 할 것이다. 다시 말해, 윤리적으로, 법적으로 임신중절이 허용된다면 대리모 역시 동일한 권리를 지닌다고 말할 수 있다.

셋째, 대리모는 아이에 대한 접근권을 지니는가? 앞에서 언급하였듯이, 어느 누구보다도 임신 10개월 동안 대리모는 아이와 독특한 유대감을 갖게 된다. 그래서 아이에 대한 모성은 자연스러운 현상일 것이다. 그렇다면 아이에 대한 접근권 부인은 천륜을 어기는 것이 아닌가? 실제로 미국에서 발생한 '베이비 M 사건'에서는 대리모가 모성을 이유로 아예 태어난 아이를 데리고 도망을 가 사회적 이슈로 부각되기도 하였다. 하지만 불임 부부의 입장에서는 '자신들만의 아이'를 원할 것이다. 아니 대리모를 통한 출생 사실 자체를 불임 부부는 비밀에 붙이고 싶을 것이다. 물론 이미 미국을 비롯한 서구 사회에서는 '스텝 맘'이 보편화되어 있어, 자녀들에게도 별다른 정서상의 문제나 혹은 정체성 위기를 야기하지 않는다. 그러나 한국 사회는 아직 그렇지 못하다.

여기서 우리가 가장 중요하게 고려해야 할 도덕적 요소는 바로 아이의 행복추구권 내지는 복지이다. 다시 말해, "무엇이 아이에게 최선의 이익인가?"를 우리는 일차적으로 고려해야 한다. 아직 합리적 자아관이 형성되기 이전에는 대리모의 출현이 아이에게 좋지 않은 영향을 줄 수 있다. 그래서 최근 생명윤리학계에서는 아이가 성년이 될 때까지는 대리모의 접근권은 물론이거니와 대리모 출생 자체도 비밀로 하였다가, 아이가 성년이 되었을 때 출생의 비밀을 밝혀 주고, 아이로 하여금 선택하도록 하자는 절충적 입장이 상당한 설득력을 얻고 있다. 이는 대리모뿐만 아니라 정자 내지는 난자 제공을 통한 생식보조 의술의 경우도 마찬가지이다. 이러한 입장이 지지받는 결정적 이유는 아이의 알 권리이다. 즉, 아이는 자신의 유전적 부모 내지 생모를 알 권리를 지닌다. 물론 이에 대해 정자나 난자 제공자, 혹은 대리모 입장에서 아이를 만나고 싶지도 알고 싶지도 않을 수가 있다. 한 예로서. 처녀나 총각 때 정자나 난자를 제공하였으나 결혼을 하여 가정을 이루어 이미 자녀가 있는 경우, '혼외' 자녀의 존재가 달갑지 않을 수도 있기 때문이다. 따라서 접근권은 일차적으로 아이의 알 권리 차원에서 고려되어야 하지만, 그 다음에는 기증자의 의사도 존중되어야 한다. 이 둘이 상충할 경우, 법원의 판결이 가장 안전한 해결책이다.

그 밖에도 대리모와 불임 부부의 대면 접촉을 허용할 것인가도 문제가 된다. 즉, 대리모는 불임 부부를 알지 않을 권리를 지니는가? 사실 대면 접촉이 이루어질 경우, '태교'를 이유로 한 대리모의 사생활에 대한 불임 부부의 간섭 물음이 발생할 수 있다. 이러한 간섭을 배제하자면 대리모에게 불임 부부를 알지 않을 권리를 존중해 주어야 한다. 물론 대리모 역시 태아에게 해로운 영향을 주는 흡연이나 약물 복용 등을 하지 말아야 할 의무를 지닌다. 또 정자나 난자 제공 횟수와 동일선상에서 대리모의 가능 횟수에 대한 제한도 필요할 것이다. 그리고 자연분만이나 제왕절개의 선택권을 누가 갖는가의 물음도 발생한다. 이 역시 대리모에게 위임되어야 할 것이다.

6. 맺는 말: 윤리적인 대리모

배아복제, 안락사, 임신중절 등의 생명윤리 물음과 마찬가지로 비배우자간 생식보조 의술에 함의된 몇 가지 물음도 윤리적 합의가 어렵다. 왜냐하면 생명윤리 물음들에 대한 윤리적 입장들은 서로 다른 세계관 내지 포괄적 도덕이론에 그 토대를 두기 때문이다. 우리는 '합당한 다원주의'(reasonable pluralism) 사회에 살고 있다.[11] 그래서 알렉산더 맥킨타이어(A. MacIntyre)가 말한 대로, "현대 사회에서 도덕적 합의를 얻을 수 있는 합리적인 방법은 없어 보인다."[12] 하지만 윤리학적인 합의가 이루어지지 않았다고 해서 정책이나 법 혹은 제도 차원의 합의 역시 불가능하다는 결론을 내려서는 안 된다. 아니 더 정확하게 말하면, 비배우자간 생식보조 의술의 몇 가지 윤리 물음에 관한 법률이나 제도에 대해서는 사회적 합의를 이끌어 내야 한다. 왜냐하면 "무위 역시 행위의 일종이다"라는 말이 있듯이, 정부가 배아복제에 대해 적극적인 어떤 법률이나 정책 혹은 제도를 마련하지 않는 것 자체가 하나의 정책이기 때문이다.[13] 실제로 생명윤리에 관한 다양한 입장들이 난무한다고 해서 정부가 제도 마련에 소홀히 한다면, 앞에서 언급한 비 배우자간 생식보조 의술의 특성으로 인해, 사회적 약자인 대리모나 태아 혹은 아이가 희생될 개연성이 높다.

따라서 우리는 비 배우자간 생식보조 의술의 도덕에 관해 일차적으로 윤리적 정당성을 철학적으로 천착한 다음, 윤리적 합의가 어려운 물음에 대해서는 절차적 공정성을 통해 사회적 합의를 이끌어 내어 법률이나 제도를 마련해야 한다. 절차적 공정성이란 내용이나 결과가 아니라 과정의 민주성을 말한다. 실제로 민주주의의 이념은 결과가 아니라 과정, 즉 절차에 있다. 현재의 국가생명윤리위원회 산하에 (가칭) '보

....

11 J. Rawls, *Political Liberalism*(New York: Columbia University Press, 1993), p.144 참조.

12 A. MacIntyre, *After Virture*, 2nd ed.(Notre Dame: University of Notre Dame Press, 1984), p.6.

13 P.A. King, "Embryo Research: The Challenge for Public Policy", *The Journal of Medicine and Philosophy*, vol.22, 1997, p.445.

조생식윤리위원회'라는 소위원회를 두어 생식보조 의술의 윤리적 허용 가능성에 대해 합의점을 찾아갈 수 있다. 그렇지 않다면 법원에 생명윤리 전담 판사제를 도입하여, 법원 주관으로 공청회 등을 통해 합의점을 찾아 나가는 방안도 강구할 수 있다.

3

배아입양의 윤리:
배아입양은 윤리적으로 허용될 수 있는가

이 장은 배아입양의 윤리를 철학적으로 천착하는 데 그 목적이 있다. 이를 위해 필자는 먼저 배아입양이 무엇인지를 해명한 다음, 배아입양은 생명 구제이기에 그 자체로는 도덕적으로 허용되어야 한다는 입장을 피력할 것이다. 이러한 입장의 논거로 필자는 일부 생명윤리학자들이 주장하는 배아의 도덕적 지위에 근거한 논변을 제시한 다음, 이론적 정합성 및 다른 생명윤리 물음에 대한 그 실천적 함의를 비판적으로 고찰할 것이다. 필자는 배아의 도덕적 지위가 아니라 유전자주의에 토대를 둔 부모 책임에 근거하여 배아입양의 윤리적 허용가능성을 옹호하고자 한다. 유전적 관계는 아이를 존재하게끔 할 뿐만 아니라 아이의 정체성을 규정하는 본성을 갖기 때문이다. 이러한 논의를 바탕으로 필자는 결론적으로 윤리적인 배아입양 모델로, 유전적 부모가 배아입양에 직접 관여하고 그 실명을 공개하는 관여-공개 모델을 제안하고자 한다.

1. 체외수정과 배아입양

물론 경제적 요인 등 다른 요인으로 인해 아예 자녀 갖기를 포기하는 경우도 있지만, 진화생물학을 거론하지 않더라도 우리 인간은 자신의 '피'가 섞인 자녀를 갖고 싶어 한다는 것은 부인할 수 없는 사실이다. 하지만 여러 원인으로 인해 이러한 바람이 좌절되는 경우가 있는데, 이를 도와주는 의술이 생식보조 의술이다. 전통적인 자녀 출산은 결혼한 부부의 성관계를 통해 여성의 몸 내에서 정자와 난자가 만나 수정란이 생성되고, 그 수정란이 여성 자궁에 착상되어 일정 기간 발달하여 출생하는 과정으로 이뤄졌다. 이런 자연발생적인 과정에 인간의 의도적인 손이 개입하게 되는데, 그 대표적인 생식보조 의술이 체외수정(IVF)이다. 이러한 생식보조 의술의 도움으로 1978년 세계 최초의 '시험관 아기' 루이스 브라운(Louise Brown)이 탄생하였다. 브라운의 탄생은 인간의 생식이 단순한 실험 과정으로 대체될 수 있다는 점을 보여 주는 생식생물학의 분수령이 되었다.[1] 체외수정은 생식보조 의술의 '코페르니쿠스적 전회'에 비유할 수 있다.

루이스 브라운의 출생을 가능케 한 체외수정은 생식보조 의술의 혁명이면서, 다른 한편으로 오늘날 생식과 연관된 생명윤리 물음을 낳은 원초적인 단초이기도 하다. 그러니까 유전자 편집에 의한 맞춤아기, 복제인간, 대리모 등의 생명윤리 물음이 오늘날 화두가 되고 있는데, 이의 의학적인 토대가 바로 체외수정이다. 다시 말해, 체외수정이 없었다면 이런 윤리 물음은 아예 발생조차 하지 않았을 것이다. 이런 관점

....

1 J.A. Doudna & S.H. Sternberg, *A Crack in Creation: Gene Editing and the Unthinkable Power to Control Evolution*(Boston, MA: Houghton Mifflin Harcourt, 2017). 김보은 옮김, 『크리스퍼가 온다』(서울: 프시케의 숲, 2018), p.263.

에서 보면, 체외수정은 '생식윤리학의 뿌리' 내지 '생식윤리학의 혁명'이라고 해도 과언이 아니다. 이러한 체외수정이 가져온 또 하나의 윤리적 문제가 '배아입양'(embryo adoption)이다.[2] 배아입양의 윤리를 직접 논의하기에 앞서, 체외수정과 연관된 생식윤리학의 전반적인 지형도에서 배아입양의 윤리가 어떠한 위치를 차지하고 있는지 검토해 보자. 자연발생적 생식에서는 "수정-착상-임신-출생"이 하나의 유기적 전체를 이루었는데, 체외수정은 이 유기적 전체를 원자화시켰다. 즉, 체외수정으로 인해 정자 제공자, 난자 제공자, 자궁 제공자의 분리가 가능하게 됨으로 말미암아 다양한 유형의 생식이 가능하게 되었는데, 현재의 결혼 제도를 받아들여 이를 하나의 도표로 그리면 표 2와 같다.[3]

생식에 필수적인 정자, 난자, 자궁이라는 세 변수를 고려할 경우 논리적으로는 그 경우의 수가 8가지이지만, 난자와 자궁의 변수에서는 배우자가 아닌 제3의 여성이 서로 다를 수 있기 때문에, 실제로는 10가지 유형의 체외수정이 가능하다. 2019년 언론에 보도된 미국 육군사관생도 '피터 주 사례'는 앞으로 어떻게 전개될지 알 수 없으나, 그 부모는 (5)와 같은 방법으로 손자를 얻어 대를 이어갈 수 있다.[4] 그런데 각 유형의 체외수정에 대한 명칭 부여는 그렇게 간단하지 않다. 이 분류표는 정자, 난자, 자궁이라는 세 변수만 고려하였지만, 현실에 있어서는 새로운 변수가 하나 더 작용하고 있기 때문이다. 그것은 바로 아이의 양

....

2 배아입양은 1983년 호주에서 처음 보고되었으며, 2017년 기준으로 호주, 캐나다, 영국, 핀란드, 프랑스, 뉴질랜드, 스페인, 미국 등의 나라에서는 그 구체적인 법률 내용은 다르지만 합법적으로 인정받고 있다. S. Goedeke & K.R. Daniels, "Embryo Donation or Embryo Adoption? Practice and Policy in the New Zealand Context", *International Journal of Law, Policy, and The Family*, vol.31, no.1, 2017, p.7.

3 이는 필자가 "인공수정의 윤리"에서 밝힌 분류표를 체외수정 부분만 원용하여 수정 보완한 것이다. 김상득, 『생명의료윤리학』(서울: 철학과현실사, 2000), p.78 참조.

4 연합뉴스, "대 이으려고…숨진 아들 정자 채취 법원이 허락", 『문화일보』, 2019. 03. 06.

표 2 체외수정의 윤리 분류

정자 제공자	난자 제공자	자궁 제공자	명칭	비고
남편	부인	부인	(1) 배우자 간 체외수정	결혼 제도 안에서 이뤄지는 순수 체외수정
		비배우자	(2) 대리모 I	순수한 의미의 대리모
	비배우자	부인	(3) 비배우자 체외수정 I	난자 기증 체외수정
		비배우자	(4) 대리모II	난자 기증 대리모 이냐
	비배우자1	비배우자2	(5) 대리모III(?)	난자 제공자와 임신녀가 다른 경우
비남편	부인	부인	(6) 비배우자 체외수정 II	정자 기증 체외수정
		비배우자	(7) 대리모VI	정자 기증, 대리임신
	비배우자	부인	(8) 배아입양	정·난자 기증 수정란, 아내 임신
		비배우자	(9) 무배우자 체외수정 I	결혼 제도 밖의 정자 기증 체외수정
	비배우자1	비배우자2	(10) 무배우자 체외수정 II(?)	난자 제공자와 임신녀가 다른 경우

육자가 누구인가의 물음이다. 즉, 양육 모라는 변수도 우리는 고려해야 한다. 예를 들어, (5)의 경우, 남편의 부인이 양육 모가 될 목적이면 대리모가 되지만, 비배우자2가 양육 모가 될 목적이면 배아입양이 된다. (10) 유형은 더 복잡하다. 이 유형은 현재 레즈비언 부부가 자신들의 자녀를 갖고자 할 때 사용하는 체외수정인데, 이럴 경우 비배우자2가 직접 양육 모가 되기에 일종의 배아입양에 해당된다.[5] 하지만 남편의

....

5 체외수정을 이용한 동성 부부의 자녀 갖기는 동성혼의 합법화에 따라 그리고 남성 부부냐 여성 부부냐에 따라 그 위치가 달라질 수 있다. 예를 들어, 동성혼이 합법인 나라에서의 레즈비언 부부가 정자를 기증받아 체외수정으로 자녀를 갖게 되면 (6) 유형에 속하지만, 게이 부부는 (4) 유형 내지 (5) 유형을 통해 자신의 아이를 가질 수 있다. 반면에 동성혼이 불법인 나라에서는 남편 혹은 부인으로 인정을 받지 못하기 때문에, 레즈비언 부부나 게이 부부의 자녀는 대개의 경우

아내나 제 3자가 양육 모가 되면 비배우자2는 대리모가 되는데, 이렇게 되면 불임 센터는 정자와 난자를 각각 구입하여 배아를 생성한 다음 이를 불임 부부에게 상업적으로 매매할 수 있는 길이 열리게 된다. 그래서 대개의 경우 (10) 유형은 (5) 유형에 비해 윤리적으로 더 의심스럽게 여겨진다.

지금까지 생명윤리학의 논의는 주로 (2), 즉 순수한 의미의 대리모가 과연 윤리적으로 허용될 수 있는가의 물음에 초점이 맞춰져 왔다. 대리모의 윤리 물음은 이미 2장에서 논의하였다. 반면에 (8)의 배아입양의 윤리는 우리나라에서 거의 주목을 받지 못하고 있다. 그 근본 이유는 아직까지 국내에서는 배아입양의 사례가 공식적으로 발표된 적이 없기 때문이지만 법률도 한몫하고 있다. 우리나라의 "생명윤리 및 안전에 관한 법률" 4장은 배아의 생성과 연구에 관한 규정을 담고 있는데, 배아입양에 관해서는 아무런 언급이 없다. 이는 제2조 정의에서 아예 '배아입양'이라는 개념이 등장하지 않기 때문이다. 그러니까 제23조는 배아 생성에 관해, 제25조는 배아의 보존과 폐기에 관해, 그리고 제26조는 잔여배아의 제공에 관해 언급하지만, 어디까지나 연구를 위한 제공 내용만을 다루고 있지, 이 법률은 배아입양에 관한 규정은 전혀 담고 있지 않다. 죄형 법정주의에 따르면 법 규정이 없다는 말은 곧 허용을 뜻하기에, 우리나라에서는 배아입양이 법적으로 금지되어 있다고 말할 수는 없다.

우리나라와 달리 해외, 특히 미국에서는 배아입양이 새로운 생식보조 의술로 자리매김 하고 있을 뿐만 아니라, 그에 관한 윤리학적, 철학적 논의가 아주 심도 있게 이뤄지고 있다. 의학적으로 배아입양은 크

....

(10) 유형에 속하게 된다.

게 두 단계로 이뤄진다. 첫째 부분은 체외수정으로 배아를 생성하는 단계이고, 둘째 부분은 이렇게 생성된 배아를 여성에게 이식시키는 단계이다. 그러니까 배아입양은 의학적으로 체외수정과 배아이식(embryo transfer)을 전제로 한다. 물론 이 둘은 밀접하게 연관되어 있지만 앞서의 표 2는 주로 배아를 생성하는 체외수정과 관련된 생식윤리의 물음을 유형별로 분류한 것이다. 이와 연관하여 우리는 배아이식과 관련해서도 생식윤리를 유형화하는 작업이 필요하다. 표 3은 이를 잘 보여 준다.

표 3에서 말해 주듯이, 체외수정은 생식윤리 물음의 토대 의술을 제공한다. 대개의 경우 체외수정을 통해 생성된 배아는 곧바로 여성의 자궁에 착상되지 않고 산전 유전자 진단이 이뤄진다. 진단의 결과 유전자 이상이 없는 배아가 여성의 자궁에 착상된다. 그렇기 때문에 체외수정과 산전 유전자 진단은 결혼 및 성에 관한 특정의 세계관을 전제하지 않는 한, 그 자체로만 보면 도덕적으로 중립적이다. 예를 들어, 남편의 정자와 아내의 난자를 체외에서 수정시켜 수정란을 만든 다음 산전 유전자 진단을 실시하여 유전적 이상이 없는 건강한 배아를 아내의 자궁에 착상시켜 자녀를 출산하는 데 대해 도덕적으로 반대할 사람은 거의 없다.[6] 하지만 산전 유전자 진단을 통해 얻어진 정보를 특정의 목적을 위해 활용하거나, 생성된 배아에 대해 크리스퍼 유전자 가위를 통해 유전자 편집을 시행하여 '맞춤아기'(designer's baby)를 출산하게 되면 생명윤리 물음이 발생하게 된다. 항상 그리고 모든 경우에 그렇다고 단정적으로 말할 수는 없지만, 일반적으로 왼쪽에서 오른쪽으로 갈수록 도

....

6 로마 가톨릭 교회는 오직 결혼한 부부의 자연적인 성관계에 의한 임신을 통한 자녀 출산만을 신의 선물로 간주하여, 부부가 IVF를 이용하여 임신 출산하는 것에 대해서도 반대하고 있다. K.A. Moore, "Embryo Adoption: The Legal and Moral Challenges", *Journal of Law and Public Policy*, vol.1, no.1, 2007, p.115.

표 3 배아이식의 윤리 분류

배아이식	비배우자 간 체외수정	배아입양	대리모	맞춤아기	복제인간	인공자궁
유전자 정보/조작	산전 진단 / 유전자 편집					
토대 의술	IVF(체외수정)					

덕적 물음의 중대성은 더 강화된다. 인공자궁마저 개발되면 인간은 바야흐로 생명의 창조자 지위에 올라, '신 노릇하기'(playing God)라는 비난으로부터 자유로울 수 없게 된다. 여기서는 산전 진단의 정보 활용이나 유전자 편집 등과 같은 윤리 물음은 제외한 순수한 배아입양의 윤리 물음만을 다루고자 한다.[7]

2. 배아입양의 윤리

표 3에서 알 수 있듯이, 배아이식은 누구에게 이식시키느냐에 따라 그 도덕성 물음이 달라진다. 물론 배아 생성에는 정자 제공자인 남성도 관여하지만, 논의의 편의를 위해 남성 관여의 물음을 배제하면, 배아 생성에 난자를 제공한 유전적 모와 배아를 자신의 자궁에 이식시키는 임신 모의 동일성 여부에 따라 그 도덕성이 달라진다.[8] 유전적 모와

....

7 유전자 편집 및 맞춤아기의 윤리에 관해서는 이 책 4장 「유전자 가위를 윤리적으로 사용할 수 있는가」를 참조하라.

8 일반적으로 우리는 부모를 유전적 부모와 양육 부모로 구분한다. 부의 경우 이 구분은 합당하지만 모의 경우, 또 다른 모가 존재할 수 있다. 소위 임신 모 내지 출산 모이다. '베이비 M' 사례가 보여 주듯이, 유전적 모와 임신 모가 다를 경우 누가 생물학적 모가 되느냐의 물음이 제기된다. 이 물음은 의학적으로 그 답을 가릴 수 없는 윤리학적 물음이기에, 그것도 해결이 불가능한 윤리 형이상학에 속하는 물음이다. 따라서 이러한 윤리학적 곤란함을 피하고자 필자는 아예 부와 달리 모의 경우에는 유전적 모와 임신 모 모두를 생물학적 모로 인정하고자 한다. 즉, 이종 배아이

임신 모가 동일한 경우는 '동종 배아이식'(homologous embryo transfer)이라고, 그리고 이 둘이 서로 다른 경우는 '이종 배아이식'(heterologous embryo transfer, HET)이라고 각각 부른다.[9] 이종 배아이식은 유전적 모와 임신 모의 의도, 특히 양육 관련 의도에 따라 크게 대리모와 배아입양 둘로 구분된다. 대리모는 유전적 모가 자신의 아이를 낳아 양육하기 위해 임신 모의 자궁을 이용하는 반면에, 배아입양은 그 반대로 임신 모가 자신의 아이로 양육하기 위해 유전적 모의 배아를 자신의 자궁에 착상시켜 출산하는 경우를 말한다. 이러한 배아입양은 정자와 난자에 이상이 있지만, 자궁에는 이상이 없어 임신과 출산이 가능한 불임 부부에게 유용하게 이용될 수 있다.[10]

동종 배아이식은 비 배우자간 인공수정의 도덕성 물음을 제외하고는 별다른 윤리 물음을 야기하지 않는다. 하지만 이종 배아이식은 그렇지 않다. 일부에서는 배아입양도 대리모의 한 유형으로 보고 도덕적으로 반대한다. 물론 대리모와 배아입양은 유전적 부모가 배아를 자발적

....

식의 경우 생물학적 모가 두 사람임을 필자는 의학적 사실로 받아들일 것을 제안한다. 이렇게 되면 모는 유전적 모, 임신 모, 그리고 양육 모, 셋으로 구분된다. '베이비 M' 사례에서처럼 유전적 모와 임신 모 사이에 양육에 대해 다툼이 있을 경우, 유전적 모가 일차적으로 부모 책임을 진다는 입장을 필자는 나중에 유전자주의에서 주장하고자 한다. 그러니까 유전적 모가 부모 책임과 양육권을 포기 내지 양도하지 않는 한, 배아입양의 경우 임신 모는 양육 모가 될 수 없으며, 아니 아예 임신 모 자체가 불가능하게 된다. 왜냐하면 유전적 모의 동의 없이는 배아이식이 원천적으로 허용될 수 없기 때문이다.

9 R.C. Mayer, "Is Embryo Adoption a Form of Surrogacy?", *National Catholic Bioethics Quarterly*, vol.11, no.2, 2011, p.250.

10 이러한 불임 부부가 아이를 가질 수 있는 길은 두 가지이다. 하나는 배우자가 아닌 제3의 남자와 여성으로부터 각각 정자와 난자를 기증받아 체외수정을 통해 수정란을 생성한 다음 아내의 자궁에 착상시키는 방안이고, 다른 하나는 이미 생성된 그러나 더 이상 이용하지 않는 잔여배아를 아내의 자궁에 착상시키는 방안이다. 넓은 의미로 보면 이 둘 모두 배아입양이라고 말할 수 있지만, 일단 필자는 잔여배아를 이용하는 후자의 방식에 국한하여 그 도덕성을 논의하고자 한다. 비용 측면에서 후자가 훨씬 더 경제적이다. J.A. Robertson, "Ethical and legal issues in human embryo donation", *Fertility and Sterility*, vol.64, no.5, 1995, pp.885-886.

으로 생성하였다는 면에서, 그리고 배아로 하여금 정상적인 태아로 발달시켜 한 아이를 출산시킨다는 면에 있어서 공통점을 지닌다. 그렇다고 배아입양을 대리모와 동일하게 여길 수 없는 차이점이 둘 사이에 존재한다. 여기서는 대리모가 윤리적으로 정당화될 수 있는가의 물음은 논외로 하고, 대리모를 도덕적으로 비난하는 이유가 배아입양에도 해당되는지의 물음만을 논하고자 한다. 대리모에 반대하는 이유는 크게 세 가지이다. 첫째는 IVF 시술에의 관여이다. 그러니까 대리모는 자연스러운 출산 방식이 아닌 인위적인 출산 방식인 IVF 시술에 처음부터 의도적으로 관여하고 있기에 도덕적으로 잘못되었다는 것이다. 물론 이러한 논증은 IVF 시술 자체를 자연이 아닌 인위라는 이유로 도덕적 악으로 간주한다. 둘째는 대리모 시술에는 상업적인 본성과 계약적인 본성이 내포되어 있다. 대개의 경우 대리모는 금전적 이득을 목적으로 불임 크리닉 내지 유전적 부모와 계약을 맺고 아이를 대신 낳아준다. 셋째는 대리모 생식은 아이가 마땅히 받아야 할 태중의 부모 사랑이나 인간 존중을 받지 못한다. 즉, 아이가 일종의 상품으로 거래되고 있다.

물론 모든 배아입양이 이러한 도덕적 비난으로부터 자유롭지는 않다. 하지만 이러한 유형의 배아입양은 예외적인 경우이고, 대개의 경우 배아입양은 이 세 비난으로부터 자유롭다. 배아입양의 경우 임신 모는 IVF 시술에 관여하지 않는다. 임신 모는 자신의 의도와 상관없이 이미 생성되어 냉동보관 중인 잔여배아를 자신의 자궁에 착상시킨다. 셋째의 아이 사랑과 인격체로의 존중은 배아입양의 경우 전혀 손상을 입지 않는다. 임신 모는 자신의 자궁에 배아를 착상시켜 출산하여 양육하고자 하기 때문이다. 이러한 관심과 사랑이 없었다면 배아는 인간 생명체로 이 세상에 빛조차 볼 수 없었을 것이다. 두 번째의 상업성과 계약적 본성은 배아입양의 경우에도 문제가 될 수 있다. 이러한 배아입양이 이론적으로 그리고 현실적으로 가능하지만, 상업적 매매가 배제된 순수한 의미의 배아입양에는 이러한 반론이 적용되지 않는다. 따라서 배아이식이라는 공통점을 지니지만, 대리모와 배아입양은 '도덕적 선택의 목적'(the object of moral choice)이 전혀 다르기 때문에, 배아입양은 대리모의 한 유형으로 보기 어렵다.[11]

그러면 배아입양은 윤리적으로 문제가 없는가? 배아입양이라는 이종 배아이식에 관한 도덕적 입장은 크게 넷으로 구분된다.[12]

1. HET는 결혼의 통일성을 침해하고 여성의 생식능력을 잘못 사용한 것이기에 본래적으로 비도덕적이다.
2. HET는 본래적으로 비도덕적이지는 않지만, 현 상황에서는 이와 관련된 불임사업의 성장에 협력하는 결과를 낳아 여러 곤혹스러운 문제를 낳기에 비도덕적이다.
3. HET는 결혼한 부부, 즉 배아를 임신할 뿐만 아니라 양육하고자 하는 계획을 갖고 있는 부부에 의해 배아입양의 행위로 이뤄질 때는 도덕적으로 허용될 수 있다.
4. HET는 결혼한 부부에 의한 배아입양의 경우뿐만 아니라 싱글 여성 내지는 결혼하지 않은 여성-이러한 여성은 단지 임신만 하고 출산 후에는 아이를 입양시킬 의도로 배아를 임신한다-이 배아 구제의 행위로 이뤄지는 경우에도 도덕적으로 허용될 수 있다.

....

11 R.C. Mayer, "Is Embryo Adoption a Form of Surrogacy?", p.254.

12 M. Moschella, "Gestation does not Necessarily Imply Parenthood: Implications for the Morality of Embryo Adoption and Embryo Rescue", *American Catholic Philosophical Quarterly*, vol.92, no.1, 2018, pp.22-23.

그러면 위의 네 입장 가운데 어느 입장이 합당한가? 결론부터 말하면, 필자는 이 글에서 (3)의 입장을 옹호하는 논변을 전개하고자 한다. 일반적으로 배아입양은 유전적 부모가 착상에 성공한 후 남은 잔여배아를 자발적으로 기증해 제3의 여성이 이를 자신의 자궁에 착상시켜 아이를 낳는 생식보조 의술이다. 이처럼 잔여배아의 기증을 통해 배아입양이 이뤄지지만, 여기에는 또 다른 가능성을 배제할 수 없다. 즉, 누군가가 아예 처음부터 배아입양을 목적으로 정자와 난자를 기증받아 수정란을 만든 다음 이를 자신의 자궁에 착상시킬 수도 있는데 이 역시 넓은 의미로 보면 배아입양에 해당된다. 심지어 이러한 의도적인 배아입양은 상업화에 악용될 수도 있다. 그러니까 앞의 체외수정 분류에서 (5)와 (10)은 단순한 논리적 가능성이 아니라 이미 미국에서는 현실화되고 있다. 즉, 정자와 난자를 각각 구입하여 배아를 생성한 다음 이를 필요로 하는 불임 부부에게 배아를 파는, 소위 '아이 상품' 회사가 미국 캘리포니아에 이미 등장하였다고 한다.[13] 이 역시 넓은 의미로 보면 배아입양에 해당된다. 실제로 배아입양 반대자들은 이러한 '아이 상품화'(commodification of children)를 우려하고 있다.

물론 이러한 의도적인 배아 생성, 나아가 배아 매매까지 옹호하는 학자들도 가능하지만, 여기서는 순수한 동기의 배아입양에 국한하여 논의하고자 한다. 그러니까 배아입양은 잔여배아를 이용하는 좁은 의미의 배아입양과 아예 처음부터 입양을 목적으로 의도적으로 배아를

....

13 A. Zarembo, "An ethics debate over embryos on the cheap", *The Los Angeles Times*, Nov.19, 2012. http://articles.latimes.com/2012/nov/19/local/la-me-embryo-20121120. 접속, 2019. 3. 20. 이와 관련하여 상업적인 배아입양의 윤리에 관해서는 R. Klitzman & M.V. Sauer, "Creating and Selling Embryos for Donation: Ethical Challenges", *American Journal of Obstetrics & Gynecology*, vol.212, no.2, 2015, pp.167-170을 참조하라.

생성하여 착상시키는 넓은 의미의 배아입양으로 나눠진다.[14] 물론 이러한 구분이 도덕적으로 의미 있는 구분인가에 관해서는 윤리학적 입장 차이가 있을 수 있지만, 일단 여기서는 후자가 전자보다 '동기의 윤리' 관점에서 받아들이기가 더 곤란하다는 점만을 지적하고 넘어가고자 한다. 다시 말해, 이 글에서 필자는 앞서 대리모와의 차이점에서 밝혔듯이, 유전적 부모가 더 이상 이용하지 않는 잔여배아를, 그 생성에 관여하지 않은 임신 모가 IVF를 통한 자신이 임신하는, 상업성이 배제된 좁은 의미의 배아입양에 초점을 맞춰 논의하고자 한다.[15]

물론 배아의 지위를 어떻게 규정하는가의 물음이 IVF에서 무엇이 허용될 수 있고 다른 무엇은 허용될 수 없는지를 결정하는 데 절대적으로 중요하기에 배아입양의 윤리를 논하는 데 있어서도 핵심적인 역할을 감당한다.[16] 하지만 여기서는 배아의 도덕적 지위 물음을 직접 논

....

14 우리나라 법은 이 후자에 대해서도 다분히 허용적인 입장을 취하고 있다. 즉, "생명윤리 및 안전에 관한 법률" 제4장 제23조는 배아 생성에 대해 다음과 같이 규정하고 있다. ① 누구든지 임신 외의 목적으로 배아를 생성하여서는 아니 된다. ② 누구든지 배아를 생성할 때 다음 각 호의 어느 하나에 해당하는 행위를 하여서는 아니 된다. 1. 특정한 성을 선택할 목적으로 난자와 정자를 선별하여 수정시키는 행위. 2. 사망한 사람의 난자 또는 정자로 수정하는 행위. 3. 미성년자의 난자 또는 정자로 수정하는 행위. 다만 혼인한 미성년자가 그 자녀를 얻기 위하여 수정하는 경우는 제외한다. ③ 누구든지 금전, 재산상의 이익 또는 그 밖의 반대급부를 조건으로 배아나 난자 또는 정자를 제공 또는 이용하거나 이를 유인하거나 알선하여서는 아니 된다. 이러한 조항에 따르면, 앞의 '피터 주 사례'는 허용될 수 없지만, 처음부터 배아입양을 목적으로 정자와 난자를 기증받아 수정시켜 착상시키는 행위를 우리는 법으로 금지할 수는 없다.

15 잔여배아를 이용하지 않는 배아입양도 의학적으로 가능하다. 그것은 바로 한 여성의 자궁으로부터 수정 즉시 배반포를 제거하여 다른 여성의 자궁에 삽입하는 배아이식이다. 이미 1970년대부터 소 사육에는 이용되고 있지만, 그리고 미국 시카고에서 이러한 배아이식 연구를 실행한 적은 있지만 아직 사람에게는 의학적으로 현실화되지는 않아 실제로 배반포 배아이식이 성공한 사례는 보고된 사례가 없다. 아직 현실화되지 않았고, 또 잔여배아를 이용한 배아입양이 가능한데 굳이 의학적으로 고난도의 이러한 배아이식을 이용할 가능성은 희박하기에 여기에서는 이러한 배반포 배아이식은 논외로 하였다. 이러한 배아이식의 의학적 과정에 관해서는 M.J. Fromer, *Ethical Issues in Sexuality and Reproduction*(London: The C.V. Mosby Company, 1983), pp.277-278 참조하라.

16 A.L. Bonnicksen, "In vitro Fertilization and Embryo Transfer", W.T. Reich, ed., *Encyclope-*

하지는 않겠다.[17] 다만 필자는 이 글에서 배아의 도덕적 지위에 근거한 배아입양 옹호 논변을 비판적으로 검토하면서 부모 책임에 근거한 배아입양을 옹호하는 논변을 적극적으로 전개하고자 한다. 일단 배아입양은 현재 IVF에서 이미 일상적으로 시행되고 있는 의술과는 다른 새로운 의술을 요구하지 않는다. 다만 다른 생식보조 의술과는 달리, 배아입양은 양육 부모와 유전적으로 전혀 유대 관계가 없는 아이가 태어나게 한다는 고유한 특성을 지님은 사실이다.[18] 하지만 이 사실은 윤리적으로 특별한 문제를 야기하지 않는다. 일반적으로 입양이 도덕적 선, 그것도 의무 이상의 선에 해당되듯이, 배아입양 자체에 대해서도 반대할 도덕적 이유를 찾기란 쉽지 않기 때문이다.

사실 태어날 아이의 입장에서 보면, 출생 후의 입양보다 이러한 출생 전 입양이 더 선호될 것이다.[19] 왜냐하면 아이의 출생에 입양 부모가 선한 의도로 직접 관여하였을 뿐만 아니라, 그 모는 직접 임신하여 출생하는 부담을 친히 감당하였기에 아이와 정서적 유대감이 더 깊을 수 있기 때문이다.[20] 그러니까 배아 생성에 기여한 정자 제공자와 난자 제

....

dia of Bioethics, vol.4(New York : Simon & Schuster MacMillan, 1995), p.2223.

17 배아의 도덕적 지위에 관해서는 김상득, 「배아복제의 윤리」, 『유전자윤리학』(서울: 철학과현실사, 2009), pp.25-52를 참조하라.

18 V.H. Eisenberg & J.G. Schenker, "Pre-embryo Donation : Ethical and Legal Aspects", *International Journal of Gynecology & Obstetric*, vol.60, no.1, 1998, p.52.

19 J.A. Robertson, "Ethical and Legal Issues in Human Embryo Donation", p.888. 그리고 기증자와 입양자 입장에서 배아입양이 갖는 장점과 단점에 관해서는 K.A. Moore, "Embryo Adoption : The Legal and Moral Challenges", pp.100-121을 참조하라.

20 올리버 할리치는 배아입양과 아이 입양의 차이점을 다음과 같이 세 가지로 정리하고 있다. 1. 임신의 유대감(gestational link)에 있어서 배아입양은 아이 입양과 다르다. 즉, 아이 입양과 달리 배아입양은 임신 모가 아이를 직접 임신함으로 말미암아 정서적 유대감(emotional link)을 크게 향상시킨다. 2. 아이 입양은 '거기에 이미' 존재하는 그래서 돌봄과 양육의 필요로 하는 '인간 존재'를 입양하는 일인 반면에, 배아입양은 그러한 필요를 지니게 될 잠재적 인간 존재이지만 아직은 그러한 필요를 지니지 않는 존재를 입양하는 것이다. 이로 인해 부모 의무가 달라진다. 부모 의무는 아이의 발달 정도에 따라 항상 달라지기 때문이다. 3. 아이가 출생하는 배경이 다르다. 배

공자의 자발적 동의하에 이뤄진 배아입양은 새로운 생명을 탄생시키는 일로써 적어도 두 가지 이유에서 윤리적으로 허용될 수밖에 없다. 즉, 배아입양은 IVF, 정자나 난자 기증 생식보조 의술 등이 제기하는 윤리 물음과 다른 특별한 윤리 물음을 발생하지 않으면서, 두 가지 윤리적 장점을 지닌다. 하나는 그렇지 않았다면 배아는 폐기될 운명이기에, 배아입양은 배아의 생명을 구제하는 일이라는 이유요, 다른 하나는 불임으로 고통 받는 부부에게 임신의 기쁨을 제공한다는 이유이다. 배아의 생명을 살리는 '유일한 도덕적 선택'(the only moral solution)이 바로 배아입양이라는 것이다.[21] 따라서 "배아입양 그 자체는 도덕적으로 중립적(morally neutral)이다."[22] 그러니까 생명윤리 물음은 크게 본래적 물음(intrinsic problems)과 외래적 물음(extrinsic problems)으로 나뉘는데, 본래적 물음에 있어서 배아입양은 도덕적으로 허용되어야 한다. 심지어 일부 생명윤리학자들은 배아입양은 단순한 도덕적 허용을 넘어 '도덕적 명령'(moral imperative)이라고 역설한다.[23] 한 걸음 더 나아가, 입양과의 비유를 통해, 즉 입양이 의무 이상의 도덕적 선이기에 배아입양 부부를 '도덕적 영웅'(moral hero)으로 칭찬하는 학자들도 있다.

본래적 물음에 있어서는 아주 단순한데 왜 배아입양이 윤리적으로 문제가 되는가? 외래적 물음이 발생하기 때문이다. 달리 말해, 어떤 대

....

아입양의 경우 입양 부모의 바람 없이는 아이가 아예 출생하지 못하는 반면에, 아이 입양은 입양 부모의 이러한 바람과 상관없이 출생하였다. O. Hallich, "Embryo Donation or Embryo Adoption? Conceptual and Normative Issues", *Bioethics*, vol.33, no.6, 2019, p.658.

21 Br. G. Breed, "The Only Moral Option Is Embryo Adoption", *National Catholic Bioethics Quarterly*. vol.14, no.3, 2014, pp.441-448.

22 C. Buskmiller, "Cryopreserved Embryo Adoption", *National Catholic Bioethics Quarterly*, vol.16, no.2, 2016, p.228.

23 P. Clark, "Embryo Donation/ Adoption: Medical, Legal and Ethical Perspectives", *The Internet Journal of Law*, Healthcare and Ethics, vol.5, no.2, 2008, p.6.

상 또는 사태에 관한 도덕적 허용가능성 평가는 일반적으로 두 방식으로 이뤄진다. 하나는 그 자체의 방식(per se)이고, 다른 하나는 그와 연관된 상황의 방식(in a given circumstances)이다.[24] 배아입양은 그 자체의 방식에서는 도덕적으로 문제가 없기에, 그와 연관된 상황의 방식에서 어떤 도덕 문제가 발생하는지 우리는 검토해야 한다. 배아입양이 이뤄지는 상황은 물론 서로 깊이 얽혀 있지만 크게 둘로 나눌 수 있다. 하나는 직접적 상황이고 다른 하나는 간접적 상황이다. 직접적 상황이란 체외수정, 배아생성, 배아보존, 배아파괴, 배아 산전 진단 등 배아입양과 직접 연관된 상황을 말하고, 간접적 상황이란 배아입양 옹호가 다른 생명윤리 물음에 미치는 영향을 말한다. 이러한 상황이 문제가 되는 근본 이유는 배아입양 옹호 논거와 밀접하게 연관되어 있다. 즉, 옹호자들은 배아입양을 아이 입양에 비유하면서 배아 생명의 구제로 간주하는데, 여기에는 배아가 아이와 동등하다는 전제가 깔려 있다. 이는 입양이라는 개념 자체에서도 확인할 수 있다. 일상적으로 입양은 인격체로서의 사람을 전제한다. 다시 말해, 배아입양은 "배아는 인격체로서 사람이다"라는 명제를 암묵적으로 전제한다. 이를 우리는 "배아의 도덕적 지위에 근거한 배아입양 옹호 논변"(argument for embryo adoption from the moral status of embryo)이라고 부를 수 있다(이하에서는 간단하게 도덕적 지위 논변이라 부르고자 한다).

배아를 도덕적 지위를 지닌 사람 인격체로 받아들이면, 배아입양 그 자체는 윤리적으로 쉽게 옹호될 수 있는 큰 이점이 있다. 하지만 이는 직접적 상황의 윤리 물음과 간접적 상황의 윤리 물음을 동시에 발생시킨다. 우선 전자부터 살펴보자. 우선 배아 생성의 윤리 물음이 발

....

24 C. Buskmiller, "Cryopreserved Embryo Adoption", p.228.

생한다. 물론 의술의 측면이나 경제적인 측면에서 착상에 필수적인 배아 이외의 잔여배아를 생성하는 것이 불가피할 수 있다. 그러나 적어도 윤리적인 측면에서 보면 착상되지 않을 배아의 의도적인 생성은, 처음부터 양육의 부담을 지지 않는 아이를 출산하는 무책임한 행위로 도덕적으로 받아들이기 어렵다. 실제로 의도하지 않은 혹은 강제적인 임신의 경우를 제외하고, 다른 사람에게 입양시킬 의도로 자녀를 출산하는 경우는 찾아보기 어렵다. 이렇게 되면 잔여배아가 존재하지 않게 되어, 배아입양이 아예 물리적으로 불가능하게 된다. 물론 이에 대해 자연 임신의 경우에도, 수정란이 여성의 자궁에 착상되는 비율은 50%가 넘지 않는다는 생물학적 사실을 들어, 착상되지 않은 잔여배아의 생성은 도덕적으로 문제가 되지 않는다는 반론을 우리는 제기할 수 있다. 실제로 한 연구에 따르면 자연 임신의 경우 약 70%가 정상 분만에 이르지 못한다고 한다.[25] 하지만 자연과 인위는 다르다. 자연적으로 70% 이상의 수정란이 폐기되는 것과 인위적으로 70% 이상의 배아를 생성하여 폐기하는 것은 도덕적으로 전혀 다른 문제이다. 이는 마치 질병으로 사망하는 것과 사람을 죽이는 것이 다른 것과 마찬가지이다.

이러한 도덕적 비난을 피하고자 하면 잔여배아의 존재를 인간 삶의 실존적 현실로 받아들이는 일이다. 실제로 잔여배아는 '성공적인 IVF 시술의 자연스러운 부산물'(a natural by-product of a successful IVF transfer)이다.[26] 즉, IVF 시술을 허용하면 잔여배아의 존재는 논리적인 필연은 아니지만 실천적 필연 내지 운명이다. 그렇기 때문에 우리는 배

....

25 Ethics Committee of the American Society of Reproductive Medicine, "Defining Embryo Donation: an Ethics Committee opinion", *Fertility and Sterility*, vol.106, no.1, 2016, p.56.

26 D.J. Naomi, "Excess Embryos: Is Embryo Adoption a New Solution or a Temporary Fix", *Brooklyn Law Review*, vol.68, no.3, 2003, p.857.

아 생성의 윤리와 배아입양의 윤리를 구분해야 한다. 즉, 체외수정이 항상 본래적인 도덕적 악이라 할지라도, 배아입양은 그 자체로 도덕적 평가를 받아야 하는, 체외수정과 구분되는 전혀 다른 행위이다.[27] 그러니까 배아의 생성이 설사 비윤리적으로 이루어졌다 해도, 이미 이 세상에 존재하는 배아로 하여금 삶을 살아가도록 돕는 일은 다른 그 어떤 고려사항보다 도덕적 우선성을 지니기 때문에, 배아입양은 허용되어야 한다는 주장이 가능하다. 배아입양은 일종의 '더 적은 악의 선택 원칙'(the principle of the lesser of the two evils)에 충실한 선택이다.[28]

물론 그 존재론적 지위가 윤리학적 논란의 대상이 되지만, 적어도 배아는 결코 장물이 아니다. 비유를 들면, 강간에 의해 임신된 태아나 이렇게 태어난 유아, 혹은 무책임한 부모에게 버림을 받은 '고아' 등은 도덕적으로 아무런 잘못이 없는 희생자이다. 그런데 이러한 생명체를 그 탄생 과정을 이유로 삶을 살아갈 기회를 박탈하는 것은 두 번 죽이는 것과 같다. 어떻게 생성되었는가의 물음과 상관없이, 인격체는 그 자체로 당연히 존중받아야 한다. 잔여배아는 일종의 '고아(孤兒) 배아'로, 배아입양은 '출생 전 이미 고아가 된 아이를 구제하는 일'(rescuing a child orphaned before birth)에 해당된다.[29] 그래서 배아입양은 '출생 전 입양'(prenatal adoption)이라 불리기도 한다.[30]

이미 실존적으로 '잔여배아'가 존재한다는 엄연한 현실을 인정할 때 이러한 논리는 설득력을 지닌다. 이보다 더 큰 문제는 그럼에도 남아

27 E.B. Rex, "IVF, Embryo Transfer, and Embryo Adoption", *National Catholic Bioethics Quarterly*, vol.14, no.2, 2014, p.233.

28 P. Clark, "Embryo Donation/ Adoption: Medical, Legal and Ethical Perspectives", p.6.

29 M.T. Lysaught, "Embryo Adoption? The Dilemmas of Fertility." *Commonweal Magazine*, vol.130, 2003, pp.15-19 참조.

30 M.J. Fromer, *Ethical Issues in Sexuality and Reproduction*, p.277.

있는 잔여배아의 문제이다. 2006년의 한 통계에 따르면, 미국에는 체외 수정 후 냉동보존중인 잔여배아가 약 50만 개(?)이고, 매년 2만 개씩 늘어난다고 한다. 이 통계를 받아들이면 배아입양 후에도 2019년 현재 미국의 배아은행에는 74만개의 잔여배아가 보관되어 있다는 추정이 가능하다. 그러면 이들을 어떻게 해야 하나? 네 가지 해법이 가능하다.[31] (a) 폐기하는 방안, (b) 생의학 연구에 기증하는 방안, (c) 입양하도록 기증하는 방안 그리고 (d) 현 상태로 영원히 냉동 보존하는 방안. 배아를 인격체 사람으로 전제하면, (a)와 (b)는 윤리적으로 허용될 수 없다. 연구도 결국 배아를 죽이는 방안과 하등 다를 바 없기 때문이다. 실제로 사람은 연구 대상이 될 수 있지만, 그렇다고 연구 대상이 된 다음 살해하는 것은 허용되지 않는다. 앞의 통계가 말해 주듯이, 생성되는 배아의 수가 배아입양의 수를 능가하기 때문에, (c)는 현실적으로 한계가 있다.

이렇게 되면 남은 선택지는 (d)밖에 없는데, 이 역시 윤리적으로 의문스럽다. 물론 배아를 사람 인격체로 간주하면 배아는 생명권을 지니지만, 그 권리는 어디까지나 죽임을 당하지 않을 소극적 권리이지 자궁 내에 착상하여 인간으로 발달하기를 요구할 수 있는 적극적 권리가 아니다.[32] 적극적 권리와 달리 소극적 권리는 제3자에게 적극적 의무를

....

31 우리나라 "생명윤리 및 안전에 관한 법률" 제4장 제25조는 배아의 보존 및 폐기에 관해 다음과 같이 규정하고 있다. ① 배아의 보존기간은 5년으로 한다. 다만, 동의권자가 보존기간을 5년 미만으로 정한 경우에는 이를 보존기간으로 한다. ② 제1항에도 불구하고 항암치료 등 보건복지부령으로 정하는 경우에는 동의권자가 보존기간을 5년 이상으로 정할 수 있다. ③ 배아생성의료기관은 제1항 또는 제2항에 따른 보존기간이 끝난 배아 중 제29조에 따른 연구의 목적으로 이용하지 아니할 배아는 폐기해야 한다. 이러한 법 조항은 물론 해석의 여지가 있지만, 잔여배아에 관해 두 가지 도덕적 주장을 함의하고 있다. 하나는 보존기간이 끝난 잔여배아의 처분 결정권자는 정자나 난자 기증자가 아니라 배아생성의료기관이라는 점이요, 다른 하나는 연구 목적 외에는 보존기간이 끝난 잔여배아는 폐기해야 한다는 점이다. 이는 물론 보존기간 내의 배아입양에 대해서는 열린 물음으로 남겨두지만, 보존기간이 끝난 배아에 대해서는 우리나라 법률은 입양을 위한 배아 기증을 허용하지 않음을 말해 준다.

32 C. Buskmiller, "Cryopreserved Embryo Adoption", p.227.

요구하지 않는다. 따라서 개인은 이를 입양할 도덕적 의무가 없다. 하지만 적어도 국가는 배아에게 삶을 영위할 수 있는, 그것도 단순한 생존이 아니라 인간으로 성장 발달할 수 있는 기본적인 토대를 제공할 의무가 발생하는데, 인공자궁이 개발되지 않는 한 국가는 이 의무를 실행할 수 없다는 게 실천적 딜레마이다. 다시 말해, 비록 부모로부터 버림받은 '고아'에게도 삶을 살아갈 수 있는 기본적인 의식주 문제를 해결해 주는 것이 복지국가의 근본이념이기에, 아예 삶을 시작할 기회조차 부여하지 않는 것은 받아들이기 어렵기 때문이다.[33]

3. 배아, 기증이냐 입양이냐

도덕적 지위 논변은 간접적 상황과 관련해서는 더 심각한 생명윤리 물음을 야기한다. 배아와 연관된 생명윤리 물음은 크게 세 가지이

....

33 실제로 잔여배아의 이식에 관해 법적 분쟁이 미국에서 발생한 바 있다. 1992년에 발생한 미국 테네시주의 '데이비스 사례'(Davis case)가 그것이다. 메리 슈(Mary Sue)와 주니어 데이비스(Junior Davis) 부부는 임신이 되지 않아 불임클리닉을 통해 체외수정을 시도하였다. 그러나 여전히 임신이 되지 않았다. 그런데 둘은 이혼하게 되었는데, 배아은행에 7개의 배아가 냉동보관 중이었다. 이혼 소송 초창기 메리는 자신이 착상하겠다고 요구하였다. 후에는 그녀는 마음을 바꾸어 자신이 아닌 다른 여인에게 배아를 입양하기를 원했다. 하지만 주니어는 초지일관 배아의 폐기를 주장하였다. 불행하게도 불임병원에서는 체외수정을 시작할 때 잔여배아의 처분에 관해서 충분한 설명을 하지 않아, 이 둘 사이에는 이에 관해서 아무런 합의사항이 존재하지 않았다. 그래서 소송이 제기되었으며, 1심 법원은 배아도 인격체(person)이라는 이유로 메리의 손을 들어주었다. 하지만 2심 상고법원은 배아를 재산(property)로 간주하여 주니어의 손을 들어주었다. 최종적으로 테네시주 대법원 역시 출산하지 않을 권리(right not to procreate)가 우선함을 인정하면서 주니어의 손을 들어주었다. Davis v. Davis, 842 S.W.2d 588(Tenn, 1992). 여기서는 P.C. Redman Ⅱ & L.F. Redman, "Seeking a Better Solution for the Disposition of Frozen Embryos: Is Embryo Adoption the Answer", *Tulsa Law Journal*, vol.35, no.3, 2000, pp.591-592를 참조하였다. 이 판례는 잔여배아의 처분에 관한 사전 합의의 중요성을 웅변해 줄 뿐만 아니라, 잔여배아에게는 적극적 의미의 생명권이 없음을 말해 준다.

다. 첫째는 줄기세포 연구요, 둘째는 임신중절의 도덕성 물음이요, 그리고 셋째는 대리모의 윤리 물음이다. 이미 앞서 지적했듯이, 배아를 사람 인격체로 전제하면 연구를 위한 배아복제는 물론이거니와 잔여배아를 이용한 연구도 원칙적으로 불가능하다. 왜냐하면 이는 살해에 해당되기 때문이다. 둘째의 임신중절 물음에서는 선택 옹호론자의 입장이 위협을 받게 된다. 배아가 사람 인격체이면 태중의 태아가 사람 인격체이라는 사실은 두말할 나위 없다. 이렇게 되면, 물론 강간에 의한 임신과 같은 특수한 경우에는 예외적으로 임신중절이 허용될 수 있지만, 선택 옹호론자들은 여성의 신체적 자율권이나 양성평등의 권리에 근거해서 임신중절의 허용을 주장할 수 없다. 생명권이 다른 권리에 비해 도덕적으로 우선하기 때문이다. 이러한 함의로 인해 입양이라는 단어를 임신중절 옹호론들은 사용하기를 꺼려하는 반면에, 임신중절 반대론자들이 주로 사용한다. 그래도 이러한 생명윤리 물음에 대한 함축과 배아입양의 옹호는 생명의 시작점을 수정 순간으로 보는 소위 보수주의자들의 전반적인 입장과 논리적으로 일관적이다.

하지만 대리모의 물음은 그렇지 않다. 일반적으로 보수주의자들, 특히 로마 가톨릭 교회는 대리모에 대한 도덕적 반대 입장을 분명하게 밝히고 있다. 물론 로마 가톨릭 교회는 결혼의 신성성, 부부 관계의 존엄성 등의 이유로 대리모에 반대할 수 있지만, 생명의 우선성 윤리를 받아들이지 않을 수 없다. 즉, 배아를 온전한 사람 인격체로 간주하게 되면 생명의 우선성 윤리가 적용되기에 대리모에 반대할 도덕적 명분이 사라질 뿐만 아니라, 자비적 대리모는 물론이거니와 상업적 대리모마저도 허용해야 한다는 결론이 얻어진다. 왜냐하면 배아에게 도덕적 지위를 인정하게 되면, 이미 한 아이가 존재하고 있기에 배아를 태아로 발달시켜 아이로 출산하는 대리모는 엄밀히 말해 생물학적 보모에 해당되기 때문이다. 그럼에도 생명 존중이 아닌 다른 이유, 즉 결혼의 신성함이나 부부 관계의 존엄성 등을 이유로 이러한 배아를 단지 '터무니없는 운명'(absurd fate) 탓으로 돌려 배아입양에 반대하는 것은 궁색한 변명에 지나지 않는다.[34]

상황과 관련한 이러한 윤리 물음으로 인해 도덕적 지위 논변은 포기될 수밖에 없다. 이렇게 되면 일상적 의미로 입양이라는 개념을 배아이식에 적용시킬 수 없다.[35] 『네이버 국어사전』에 따르면 입양(入養)은 "1. 양자로 들어감. 또는 양자를 들임. 2. 〈법률〉 양친과 양자가 법률적으로 친부모와 친자식의 관계를 맺는 신분 행위."로 정의된다. 이러한 사전적 정의에 따르면, 배아를 한 여성이 자신의 자궁에 착상시킨다고 해서 곧바로 그녀의 양자가 되는 것이 아니기에 입양이라는 용어의 사용은 부당하다. 사실 이종 배아이식에 관한 뜨거운 논쟁은 "배아입양인가 아니면 배아기증인가?"의 물음이기에, 이를 좀 더 구체적으로 살펴보자.

배아이식을 통해 자녀가 출산되었다고 하자. 그러면 이 아이의 부모는 누구인가? 물론 부는 정자 제공자임에 분명하다. 문제는 모이다. 입양을 문자적 의미로 엄밀하게 적용하면, 난자 제공자는 유전적 모로서 유일한 생물학적 모가 된다. 하지만 임신 모는 이미 존재하는 아이

....

34 일부 가톨릭 신학자들은 잔여배아의 존재를 '부정의한 상황'(situation of injustice)임에 분명하나 현실적으로 해결될 수 없는 '터무니없는 운명'으로 규정한 The Congregation for the Doctrine of the Faith, *Donum vitae*(1987)의 문구를 엄격하게 해석하여 배아입양에 반대하는 논거로 사용하고 있다. C.D. Robertson, "Navigating an Impasse in the Embryo Adoption Debate", *National Catholic Bioethics Quarterly*, vol.16, no.3, 2016, pp.409-417 참조.

35 실제로 미국생식의학협회 윤리위원회는 입양이라는 개념은 현행 법률상 배아에 적용되지 않고, 또 배아입양은 배아를 사람 인격체와 동등한 법적 지위를 전제로 하기에 '정확하지 않을'(inaccurate) 뿐만 아니라 '호도의 위험이 있기'(misleading) 때문에 사용해서는 아니 된다고 규정하고 있다. Ethics Committee of the American Society of Reproductive Medicine, "Defining Embryo Donation: an Ethics Committee opinion", pp.56-58.

를 양육하는 양육 모에 지나지 않게 되어 생물학적 모가 아예 될 수 없다. 이렇게 되면 배아입양은 일반적 입양에 관한 법률 내지 제도에 따라 이뤄져야 할 것이다. 하지만 이러한 논리에 따르면, 출산(procreation)은 이미 수정(conception)에서 완성되어, 여성의 임신(gestation)은 도덕적으로 아무런 의미가 없어지고, 단지 '생물학적 기계' 내지 '인공자궁'에 지나지 않게 된다.[36] 물론 우리는 유전자의 중요성을 무시할 수 없지만, 다른 한편으로 배아를 몸에 품어 태아를 거쳐 한 아이로 출생하게 하는 여성 몸이 갖는 도덕적 의미를 간과해서도 안 된다. 실제로 대부분의 국가는 법률로 "모는 항상 분명하다."(mater semper certa est.)라는 로마법의 원칙에 따라 출생한 여성을 모로 규정하고 있다.[37] 여성의 몸은 단순한 생물학적 기계가 아니기 때문이다. 유전자와 여성의 자궁, 즉 유전적 모와 임신 모 둘 다를 생물학적 모로 우리는 인정해야 한다. 이 둘을 인정하게 되면, 양육 모의 물음이 발생한다. 임신 모를 생물학적 모에서 배제하게 되면, 앞서 지적하였듯이 대리모나 배아입양은 보모에 해당되기 때문에 상업적인 목적으로 이종 배아이식에 반대할 도덕적 이유가 사라지게 된다.

입양 개념뿐만 아니라, 기증(donation) 개념도 모호하다.[38] 우리는

36 출산이 언제 완성되느냐의 물음은 로마 가톨릭 신학자들 사이에 뜨거운 논쟁거리이다. 배아입양을 옹호하는 신학자들은 이미 수정에서 출산이 완성되었기에 배아입양은 결혼 및 부부 관계의 신성성을 훼손하지 않는 보모에 해당한다고 주장하는 반면에, 반대자들은 출산은 수정뿐만 아니라 임신과 출생을 포함하기에 배아입양은 결혼 밖의, 부부 외의 제3자를 통한 자녀 출산으로 로마 가톨릭 교리에 어긋난다고 주장한다. 이에 관해 로버트슨은 후자의 입장을 견지하면서 배아입양을 보모(wet nursing)에 비유하는 것에 반대한다. 이에 관한 논의는 C.D. Robertson, "Generation, Gestation, and Birth: An Important Element in the Embryo Adoption Debate", pp.35-48을 참조하라.

37 최민수, 「독일법상 배아입양에 관한 소고」, 한국가족법학회, 『가족법연구』, vol.27, no.1, 2013, p.205.

38 일부에서는 기증이라는 용어 자체에 의문을 제기한다. 배아의 도덕적 지위를 인정하게 되면, 유전적 부모의 배아이식에의 동의는 전혀 기증이 될 수 없다. 왜냐하면 동의의 주체가 아예 달라지

대개 '배아입양'과 '배아기증'을 동전의 앞뒷면으로 간주한다. 그러니까 유전적 부부는 배아를 기증하고, 이를 이식하는 불임 부부는 배아를 입양한다고 일상적으로 간주한다. 하지만 두 개념의 엄격한 사용에 따르면 이러한 어법은 자가당착이다. 일단 여기서 우리는 잔여배아 부부의 충분한 설명에 근거한 동의 개념과 기증을 혼동하는 오류를 범하지 말아야 한다. 동의는 일종의 사용권, 그것도 합의된 목적에만 사용할 수 있는 권리의 양도에 한정된다. 동의의 전형적인 예는 정보 제공에의 동의이다. 정보 제공은 특정 목적의 사용에의 동의이지 그 이상을 함의하지 않는다. 정보를 제공하는 데 동의하였다고 해서, 인터넷 포털 사이트 운영자가 내 정보를 자기 마음대로 처분하거나 다른 목적에 이용할 수는 없다. 잔여배아에 대한 유전적 부부의 동의는 바로 이러한 성격을 지닌다.

하지만 기증은 다르다. 물론 그 사용 목적을 분명하게 밝히는 경우도 있지만, 일반적으로 기증은 사용권뿐만 아니라 처분권마저 포함한다. 예를 들어, 누군가가 나에게 만년필을 기증하였다면, 나는 그 만년필을 선물로 받은 것이기에 나는 그 만년필을 마음대로 이용할 수 있을 뿐만 아니라 다른 사람에게 또 다시 선물로 기증해도 괜찮다. 이처럼 기증은 소유권 전체의 이양을 뜻한다. 다시 말해, 소유권은 점유권, 사용권, 처분권 등 세 권리로 구성되어 있는데, 동의는 점유권 및 사용권, 그것도 특정 목적에의 사용권과 관련된 반면에, 기증은 처분권마저 포함하고 있다. 이러한 특성으로 인해 기증은 처분 가능한 사물 내지 재

....

기 때문이다. 즉, 배아의 도덕적 지위가 인정되면 유전적 부모의 동의는 아예 대리 동의가 되고, 동의 주체는 배아 자체가 된다. 이런 의미에서 우리는 "누가 기증자인가, 유전적 부모인가 배아인가?"라고 물을 수 있다. P.C. Cunningham, "Embryo Adoption or Embryo Donation?: The Distinction and Its Implications", *The Bioethics & Human Dignity*, vol.31, 2003, pp.2-3 참조.

산에 주로 적용된다. 이러한 어법에 따르면, 잔여배아를 유전적 부모가 기증한다는 표현은 어색하다. 왜냐하면 비록 배아가 도덕적 지위를 지닌 사람 인격체가 아니라 할지라도 사물(thing)이나 처분 가능한 재산으로 간주될 수는 없기 때문이다.

용어의 엄밀한 사용에 따르면 배아는 입양의 대상도 아니요, 기증의 대상도 아니다. 일반적으로 잔여 배아의 존재론적 지위는 재산(property), 인격체(people), 살아있는 인간 실재(living human entities) 등 세 입장으로 대별되는데,[39] 입양은 배아를 인격체로 전제하는 반면에, 반대로 기증은 배아를 재산으로 전제한다.[40] 입양이나 기증은 단순히 사실을 서술하는 용어가 아니라 이종 배아이식에 대해 규범적 함의를 지닌 평가적 용어라 아니 할 수 없다.[41] 이런 규범적 함의를 인식하고, 유전적 부부는 입양이라는 용어를 선호하고, 이식받고자 하는 부부는 기증이라는 용어를 선호한다. 따라서 엄밀한 문자적 의미로는 배아 기증과 배아입양을 동시에 사용하는 것은 자가당착적이기에, 이종 배아이식과 관련하여 입양이나 기증이라는 두 개념의 사용은 적합하지 않지만, 아직 이보다 더 나은 개념이 없고, 또 이미 이 두 용어를 생명윤리학계에서 일반적으로 사용되고 있어, 필자 역시 다소 느슨한 은유적 의미로 이 두 개념을 사용하고자 한다. 무엇보다 배아 존중의 차원에

....

39 P.C. Redman Ⅱ & L.F. Redman, "Seeking a Better Solution for the Disposition of Frozen Embryos: Is Embryo Adoption the Answer", pp.589-590.

40 우리나라 법률은 배아가 인격체인지 재산인지 아니면 장기인지에 관해 명확하게 규정하고 있지 않아 그 존재론적 지위가 모호하다. "생명윤리 및 안전에 관한 법률"은 제2조 3항에서 배아를 "인간의 수정란 및 수정된 때부터 발생학적으로 모든 기관이 형성되기 전까지의 분열된 세포군"으로 규정하고 있으며, "장기 등 이식에 관한 법률" 제4조도 장기를 설명하면서 배아는 포함시키지 않고 있다. 이처럼 우리나라 법은 배아의 도덕적 지위에 관해 명시적으로 규정하지 않고 있다.

41 O. Hallich, "Embryo Donation or Embryo Adoption? Conceptual and Normative Issues", p.653.

서 입양이라는 용어 사용이 적절해 보인다. 그러니까 입양이라는 단어는 현재 반려동물의 경우에서처럼 사람이 아닌 동물에게도 이미 사용되고 있다. 반려동물에 대한 입양이라는 용어 사용은 근본적으로 반려동물 자체에 대한 존중의 의미가 담겨 있다. 다시 말해, 반려동물을 소유물로 여겨서는 안 된다는 의미가 입양이라는 용어에 담지 되어 있다. 비록 배아가 인간과 동등한 도덕적 지위를 지니지 않는다 할지라도 호모 사피엔스 유전자를 지닐 뿐만 아니라 사람으로 탄생하게 될 유일한 잠재적 인격체라는 점에서-특히 잔여배아 이식은 아이 출생을 목적으로 하고 있다- 그 자체로 본래적 가치를 지니기에 마땅히 존중을 받아야 한다.[42] 따라서 배아에 대한 존중 차원에서 배아이식에 대해 '입양'이라는 용어를 은유적으로 사용하는 것이 합당하다.

4. 부모 책임 논변과 배아입양

배아입양이 갖는 일종의 '암묵적 규범주의'(crypto-normativism)에 대한 이러한 우려는 기우가 아니다. 따라서 배아입양이라는 용어를 사용하고자 한다면, 배아의 도덕적 지위에 의거하지 않는 논변을 우리는 찾아야 한다. 올리버 할리치(O. Hallich)는 배아의 도덕적 지위에 근거한 논변에 대한 대안으로 '부모 책임에 근거한 논변'을 통해 배아입양 모델을 역설한다. 그의 부모 책임 논변은 3가지 기본 전제에서 출발한다. 즉, 우리는 자녀에 대해 다음과 같은 세 가지 주장을 자명한 것으로 받아들인다. 첫째, 부모는 자신의 자녀에 대해 다른 사람들이 갖

....

42 R. Dworkin, *Life`s Dominion*(New York: A Division of Random House, 1994), 박경신, 김지미 옮김, 『생명의 지배영역: 낙태, 안락사 그리고 개인의 자유』(서울: 로도스, 2014), p.130.

지 않은 특별한 책임을 지닌다. 즉, 부모는 자녀를 돌보고 양육할 의무를 진다. 둘째, 부모는 그 자녀를 소유하지 않는다. 부모 책임은 소유하고 있는 대상에 대한 책임과 다르다. 그러니까 부모 책임은 그 자체가 부모와 자녀 관계의 한 부분을 이룬다. 하지만 소유물에 대한 책임은 그렇지 않다. 이러한 구분에 근거하여 할리치는 부모 책임은 '자녀에 대한'(with regard to children) 부모 책임을 넘어 '자녀를 향한'(towards children) 책임을 뜻한다고 주장한다. 자녀를 향한 책임은 자녀 자체를 위한 책임이라고 말할 수 있다. 셋째, 기증은 일상적으로 소유를 전제한다. 예를 들어, 나는 나의 돈을 자선 단체에 기부할 수 있지만, 너의 돈을 기부할 수는 없다. 왜냐하면 내가 그 돈을 소유하지 않기 때문이다. 그런데 자녀는 부모의 재산이 아니며, 그래서 부모는 자녀를 소유하지 않는다. 그렇기 때문에 우리는 자녀를 기증할 수 없다.

자녀에 대한 부모의 책임은 소유권으로부터 도출되는 게 아니라 관계로부터 도출된다. 그러면 부모와 자녀의 관계는 어떻게 성립되는가? 이에 관해 우리는 몇 가지 대안을 생각해 볼 수 있으나, 근본적인 이유는 부모와 자녀 사이의 유전적 연관성이다. 부는 정자 제공을 통해, 모는 난자 제공을 통해 자녀와 유전적으로 관계하게 되고, 이로 인해 부모 책임이 발생한다는 입장을 우리는 유전자주의(geneticism)라 부를 수 있다.[43] 유전자주의는 간단히 말해 유전적 원인 제공자가 부모 책임을 갖게 된다는 입장을 말한다. 왜 유전자가 중요한가? 그 이유에

....

43 부모 책임의 근거에 관해서는 이 밖에도 부모가 되기로 의도하였기 때문이라는 의도주의(intentionalism), 임신하였기 때문이라는 임신주의(gestationalism), 자녀 발생의 원인제공자라는 인과주의(casualism) 등의 입장도 생각할 수 있지만, 이러한 입장은 일부 설득력을 지니기도 하지만 부모 책임에 보편적으로 적용될 수 없다는 난점을 지닌다. 이에 대한 비판적 논의는 O. Hallich, "Embryo Donation or Embryo Adoption? Conceptual and Normative Issues", pp.3-4를 참조하라.

대해 멜리사 모스첼라(M. Moschella)는 유전적 유대 관계가 아이를 존재하게 하였을 뿐만 아니라 아이가 누구인지 그 정체성을 규정하는 데 본질적이기 때문이라고 주장한다.[44] 내가 유전적으로 다른 부모를 가졌다면, 내가 다른 유전자를 지녔을 것이 아니라 아예 나는 존재하지도 않았을 것이다. 이 점에 있어서 유전적 모는 임신 모와 도덕적으로 구분된다. 지금의 임신 모가 임신하지 않아도 다른 임신 모를 통해 여전히 나는 태어날 수 있지만, 유전적 모가 달라지면 나는 아예 존재하지 않는다. 그리고 임신 모가 임신 기간 중에 태아와 일부 세포를 교환하는 것은 사실이지만 이는 개인의 자아정체성 자체를 바꿔주는 것이 아니라, 어디까지나 '자아정체성에 영향을 줄'(identity-influencing) 따름이다. 임신 모와 달리 유전적 모와 아이의 관계는, 그렇지 않은 관계가 도저히 할 수 없는 고유한 방식으로 아이의 '정체성을 형성하는'(identity-defining) 특성을 지닐 뿐만 아니라 항구적인(permanent) 관계로 지속된다.[45] 부모와 자녀의 유전적 관계 외의 그 어떤 관계도 아이의 본질적인 정체성을 형성하지는 않는다.

이러한 유전자주의를 받아들이면, 유전자 제공자는 잔여배아에 대해 부모 책임을 갖는다는 결론이 얻어진다. 부모 책임을 갖는다는 말은 잔여배아가 그들의 소유가 아님을 뜻한다. 따라서 유전적 부모는 자신들이 소유하고 있는 돈을 자선 단체에 기부하듯이, 잔여배아를 다른 사람에게 기증할 수는 없다. 그렇다고 유전자주의가 유전적 부모의 부모 책임이 양도불가능 하다고 주장하지는 않는다. 실제로 배아입양의 경우, 임신 모가 부모 책임을 맡는 것은 임신하였다는 사실 때문이 아니

44 M. Moschella, "Gestation does not Necessarily Imply Parenthood: Implications for the Morality of Embryo Adoption and Embryo Rescue", p.27.

45 ibid., p.29, p.33.

라, 유전적 부모가 부모 책임과 그 권한을 임신 모에게 양도하였기 때문이다.

임신한 여성은 태아 건강을 위해 흡연이나 음주 등을 삼갈 도덕적 의무를 지니는데, 이 역시 부모 책임의 일환으로 여겨진다. 그런데 이렇게 되면, "임신중절은 도덕적으로 그르다"라는 보수주의적 입장이 귀결되지 않는가? 왜냐하면 일반적으로 살인은 상해보다 더 나쁘기 때문이다. 물론 이러한 비판은 이미 태어난 아이의 경우 분명 참이다. 즉, 아이에게 상해를 입히는 것보다 아이를 죽이는 것이 도덕적으로 더 나쁘다는 것은 명약관화하다. 하지만 이는 배아를 도덕적 지위를 지닌 존재로 전제할 경우 성립하는 반론인데, 부모 책임에 관한 유전자주의는 배아의 도덕적 지위를 전제하지 않는다. 그러니까 배아에 대한 부모 책임은 부모가 그 자녀를 소유하지 않으며, 따라서 부모는 자신들이 원하는 방식대로 배아를 처분할 수 없다는 주장을, 그리고 배아가 정상적으로 발달하여 아이로 태어났을 경우 입게 될 해악을 현재의 배아에게 가하지 말아야 한다는 주장을 함의하지만, 배아를 발달시켜 아이로 태어나도록 해야 한다는 주장까지 함의하지는 않는다.

배아가 발달하여 아이로 태어났을 때 갖게 되는 이해관계에 해를 끼치는 일과 그러한 이해관계가 아예 존재하지 않도록 하는 일은 서로 다른 문제이다. 임신 중 음주나 흡연은 아이의 이해관계를 해치는 일인 반면에, 임신중절은 아예 이해관계의 당사자가 존재하지 않도록 하는 일이기에 서로 구분되어야 한다. 따라서 유전적 부모는 잔여배아의 미래 발달에 대해 도덕적 책임을 지닌다는 주장은 참이지만, 잔여배아가 사람 인격체이기 때문에 도덕적 책임을 지닌다는 주장은 참이 아니다. 배아를 향한 부모 책임은 배아가 발달하여 아이로 태어나도록, 즉 이해관계의 당사자가 존재하도록 할 의무까지 포함하지는 않는다. 만약 부모 책임을 이렇게 확대 해석하면, 유전적 부모는 모든 잔여배아를 자궁에 착상하여 아이를 출산해야 하는 도덕적 의무를 지니게 되는데, 이는 우리의 상식적 도덕과 거리가 멀지 않는가? 따라서 유전자주의는 배아의 도덕적 지위를 전제하지 않기에 임신중절의 도덕성 물음에 관해 중립적이다.

유전적으로 인과관계에 있는 자가 부모 책임을 진다는 유전자주의는 의도하지 않은 부모 책임의 물음을 야기한다. 강간이나 정자도둑이 그 좋은 예이다. 즉, 유전자주의는 이러한 경우에도 유전적 인과관계에 있는 여성이나 남성에게도 부모 책임이 있다고 주장을 이론적으로 함의한다는 반론이 가능하다. 물론 유전자주의는 이에 대해 이러한 경우에도 부모 책임이 성립한다고 응수할 수 있다.[46] 그러나 이는 너무 강한 주장으로 일상인들의 상식적 도덕과 어긋난다. 그러면 유전자주의는 이러한 반론을 어떻게 반박할 수 있는가? 할리치는 'X를 인과적으로 야기함'(causing X)과 'X를 야기하는 데 인과적 요인이 됨'(being a causal factor in the bring about X)의 구분을 통해 이러한 반례를 반박한다.[47] 그는 유전적 인과관계를 좀 구체화시켜, 아이의 출생을 야기하는 데 단순히 자신의 생식세포가 인과적 요인이 되었기 때문이 아니라 자신의 생식세포를 통해 아이의 출생을 인과적으로 야기하였기 때문에

....

46 실제로 우리는 의도하지 않은 책임을 지는 경우가 가끔 발생한다. 예를 들어, 거리를 걷다가 우연히 교통사고를 목격하고 그 현장에서 쓰러져 있는 행인을 발견할 경우, 우리는 그들 도와줄 책임이 있지 않는가? 하지만 이는 일평생 동안 부모 관계를 갖게 되는 자녀 출생의 경우에 적용되기 어렵다. 또 이러한 경우의 부모 책임을 우리는 '최초의 책임'(initial responsibility)으로 해석할 수 있다. 예를 들어, 강간이나 정자도둑의 경우에도 유전적 부모는 유전적 인과관계로 최초의 책임을 지지만 계속적인 온전한 책임이 아니라 포기를 통해 다른 사람에게 이양할 수 있다고 보면 유전자주의는 여전히 가능하다. O. Hallich, "Embryo Donation or Embryo Adoption? Conceptual and Normative Issues", p.5 참조.

47 ibid., p.5.

부모 책임이 발생한다고 주장한다. 이 구분을 받아들이면 강간이나 정자도둑의 경우, 각 당사자의 유전자가 아이의 출생에 인과적 요인이 되고 있는 것은 사실이지만, 아이의 출생을 인과적으로 야기하지는 않았기에 부모 책임이 성립되지 않다. 이렇게 되면 유전적 인과관계에 의도성이 본질적이지 않느냐고 우리는 다시 반문할 수 있다. 하지만 그렇지는 않다. A가 자신의 생식세포를 통해 아이가 존재하게끔 인과적으로 야기하였다는 것은 A가 아이가 존재하게끔 의도하였다는 것을 반드시 함의하지는 않기 때문이다. 어떤 것의 의도함은 어떤 것의 존재함과는 다르다. 예를 들어, 사랑하여 하루 밤 잠자리를 같이 한 것이 아이가 존재하게 된 인과적 원인 구실을 하지만 그렇다고 아이가 존재하게끔 의도한 것은 얼마든지 아닐 수 있다. 마찬가지로 IVF 시술을 받는 부부도 잔여배아의 발생을 의도하지 않으면서도 얼마든지 인과적으로 잔여배아를 야기할 수 있다. 이런 의미에서 의도함은 부모 책임의 필요조건이라고 말할 수 없다. 강간이나 정자 도둑의 희생자는 부모 책임을 갖지 않으나, 정자 기증자는 부모 책임을 지닌다.

5. 관여-공개의 배아입양 모델

배아입양이 윤리적으로 문제가 없다고 해서 배아입양 시술이 윤리적으로 문제가 없는 것은 아니다. 즉, 배아입양 자체의 윤리와 배아입양 시술의 윤리는 구분되어야 한다. 마치 입양은 선하지만, 윤리적인 입양이 이뤄지도록 제도적 장치를 마련하듯이, 윤리적인 배아입양 시술이 이뤄지도록 윤리적 안전장치가 마련되어야 한다. 즉, 배아입양과 관련된 세 당사자, 즉 기증자, 수혜자 그리고 아이의 이해관계를 온전히 존중해야 한다. 그러면 배아입양 시술은 구체적으로 어떤 윤리 물음을 낳는가? 배아입양이 윤리적으로 이뤄지기 위해서는 네 가지 물음이 해결되어야 한다고 존 로버트슨(J.A. Robertson)은 주장한다.[48] 첫째는 충분한 정보에 근거한 동의와 상담의 물음이다. 그러니까 잔여배아의 입양을 추진하는 당사자들은 배아입양이 갖는 의미와 그 후 발생할 수 있는 여러 가지 문제들에 대해 전문가로부터 상담을 통해 충분한 설명을 듣고 이해한 다음 동의해야 한다.[49] 둘째는 아이에 대한 정보 공개의 물음이다.

셋째는 배아 혼합(mixing embryos)의 물음이다. 일반 입양의 경우, 이미 한 아이가 독립하여 존재한다. 하지만 배아입양은 장차 발달하여 아이로 탄생할 배아를 입양한다. 그렇기 때문에 아이 출생의 효율성을 높이기 위해 일상적인 체외수정의 경우 3-4개의 배아를 동시에 착상시킨다. 이와 같은 논리로 입양 받는 부부가 서로 다른 유전적 부부의 배아 여럿을 동시에 착상시키는 것은 의학적으로 권장할 만 하다. 그러면 윤리적으로 이렇게 해도 좋은가의 물음이 배아 혼합의 물음이다. 물론 이렇게 되면 출생한 아이의 유전적 부모가 누구인지 모른다는 비난이 가능하나, 유전적 검사를 받을 경우 이 문제는 해결될 수 있다. 하지만

....

48 J.A. Robertson, "Ethical and Legal Issues in Human Embryo Donation", pp.889-890.

49 물론 과연 자발적 동의가 가능한가의 물음이 발생한다. 왜냐하면 배아 기증에 자발적으로 동의하지 않는다면 아무리 잔여배아가 충분해 존재해도 배아입양은 불가능하기 때문이다. 이러한 결정에 영향을 주는 요인은 크게 세 가지이다. 즉, 배아의 도덕적 지위에 대한 견해, 유전적 자녀가 태어나 살아간다는 데 대해 주관적 감정, 그리고 불임 부부를 돕고자 하는 마음 등에 따라 배아 기증에 대한 자발적인 동의 여부가 달라질 수 있다. 하지만 여기서는 논의의 편의상 자발적 동의를 전제하고자 한다. ibid., pp.886-887. 참조. 실제로 조사에 따르면, 유전적 부모는 잔여배아 기증을 가장 매력적인 선택으로 선호하고 있을 뿐만 아니라, 유전적 부모는 자녀 관계에서 유전적 중요성을 우선적으로 생각하지 않으며, 그래서 배아입양으로 태어난 아이를 자신의 아이나 우리의 아이가 아니라 배아입양 부모의 아이로 인정한다고 한다. J. Millbank, A. Stuhmcke, & I. Karpin, "Embryo Donation and Understanding of Kinship: The Impact of Law and Policy", *Human Reproduction*, vol.32, no.1, 2017, pp.133-138 참조.

이는 번거로운 일로, 과연 이렇게까지 할 필요가 있느냐의 문제는 여전히 남아 있다. 따라서 특별한 예외적인 경우를 제외하고는 동일 유전적 부모로부터 얻어진 잔여배아를 이식시키는 것이 바람직하다. 이와 반대로 배아 흩어짐(scattering embryos)의 문제도 발생한다. 이는 유전적 부모가 자신들의 잔여배아를 한 명의 임신 모가 아니라 여러 임신 모에게 기증하는 문제이다. 사실 이는 정자나 난자 기증의 경우 이미 발생하고 있는 문제인데, 이렇게 되면 전통적인 가족 관계의 붕괴가 예상될 뿐만 아니라 익명 기증의 경우 근친상간의 개연성도 상존한다. 이러한 우려로 배아입양을 법률로 허용하는 일부 나라에서는 이를 아예 금지하고 있다.[50]

넷째는 배아에 대한 금전적 보상의 물음이다. 이에 관해서는 일체의 금전 거래를 금지하는 방안, 실비 보상의 방안, 그리고 배아 매매의 허용 등 세 가지 입장이 있다. 이 셋 중 전자의 두 방안은 윤리적으로 특별한 문제를 야기하지 않는다. 악용 내지 오용의 가능성을 원천적으로 예방하는 차원에서는 첫 번째 방안이 가장 선호되지만, 두 번째 방안이 이미 장기이식의 경우 법적으로도 허용되고 있는 현실을 고려할 때 두 번째 방안도 윤리적으로 수용가능하다. 그러니까 일부에서는 정의 내지 형평성의 이념을 고려한다면, 첫 번째 방안보다 두 번째 방안이 더 선호된다고 주장한다. 왜냐하면 IVF 시술에는 꽤 많은 비용이 들어가기 때문이다. 그러니까 IVF 시술로 배아를 생성하는 데 약 $7,000-$9,000가 지불되는데 반해, 배아이식을 받는 데는 약 $3,000의 비용이 들어간다. 이러한 현실을 고려할 때 실비 보상을 금지하는 방안은 형평성의 원칙에 어긋난다고 하겠다. 금전 거래에 대한 부정적 인식을 우려

....

50 S. Goedeke & K.R. Daniels, "Embryo Donation or Embryo Adoption? Practice and Policy in the New Zealand Context", p.8 참조.

하는 이들은 직접적인 보상이 아니라, 난임 치료를 위한 기부금 형식으로 간접적인 보상을 주장하기도 한다. 우리도 이러한 방안을 긍정적으로 검토할 필요가 있다.[51]

위의 논의에서 알 수 있듯이, 이 네 윤리 물음 가운데 가장 논쟁이 심한 물음은 두 번째의 정보 공개의 물음이다. 나머지 셋은 배아 제공자와 배아 이식자의 합의를 통해 비교적 용이하게 해결될 수 있지만, 정보 공개의 물음은 두 당사자 외에 실질적 당사자라고 말할 수 있는 미래 아기의 자아정체성, 복지, 그리고 알 권리와 연관되어 있기 때문이다.[52] 이러한 미래 아기의 복지나 알 권리는 유전적 부모가 갖는 비밀 유지 및 사생활 보호의 권리와 상충하기 때문에 적잖은 윤리 문제를 야기한다.[53] 일반적으로 미래 아기의 건강 내지 복지 차원에서 유전적 부모의 신체적 특징이나 건강상의 정보 등은 입양 부모가 공유할 수 있도록 하는 것이 바람직하다.

하지만 여기에는 두 가지 문제가 도사리고 있다. 하나는 유전적 부모의 이름을 공개할 것인가, 그래서 나중에 미래 아기와의 만남을 허용할 것인가의 문제요, 다른 하나는 입양 부모의 선택에 유전적 부모가 관여하도록 허용할 것인가의 문제이다. 배아입양 수혜자 선정에 유전

....

51 J.A. Robertson, "Ethical and Legal Issues in Human Embryo Donation", p.890.

52 일부에서는 배아입양을 통해 태어나는 아이의 자아정체성 혼란의 물음, 특히 다른 유전적인 형제자매는 자신의 부모가 직접 임신하여 양육하는데 반해 자신은 그렇지 않았다는 사실을 알고 아이는 심한 자아정체성 위기를 맞이할 수 있다는 이유를 배아입양에 반대 논거로 제시한다. 대리모 출산과 달리 배아입양 출산의 경우 물론 이러한 개연성을 우리는 부인할 수 없다. 그렇다고 이를 이유로 배아입양에 반대할 수는 없다. 왜냐하면 일반 입양의 경우에도 이와 똑 같은 문제가 발생하기 때문이다. 무엇보다 아이의 자아정체성 위기 내기 그 극복은 입양 부모가 그 아이를 사랑을 갖고 얼마나 헌신적으로 돌보았는지에 따라 그리고 사회적 시선에 따라 달라진다. 따라서 이러한 문제는 배아입양에 반대할 직접적인 도덕적 논거가 되지는 못한다. K.A. Moore, "Embryo Adoption: The Legal and Moral Challenges", pp.100-121 참조.

53 V.H. Eisenberg & J.G. Schenker, "Pre-embryo Donation: Ethical and Legal Aspects", p.55.

표 4 배아입양 모델

	유전적 부모의 비관여	유전적 부모의 관여
유전적 부모 이름 비공개	A 모델	B 모델
유전적 부모 이름 공개	C 모델	D 모델

적 부모의 관여 여부 및 유전적 부모 이름의 공개 여부라는 두 요소에 따라 우리는 배아입양 모델을 위의 표 4와 같이 네 유형으로 구분할 수 있다.[54] 여기서 비관여의 경우, 유전적 부모의 동의하에 잔여배아를 냉동 보존하고 있는 병원 혹은 입양 관련 기관에서 그 역할을 감당하게 된다.

A 모델: 비관여-익명 모델(a non-specific selecting, anonymous model)
B 모델: 관여-익명 모델(a specific selecting, anonymous model)
C 모델: 비관여-공개 모델(a non-specific selecting, non-anonymous model)
D 모델: 관여-공개 모델(a specific selecting, non-anonymous model)

어느 모델에 윤리적으로 가장 선호되는가? 여기에는 배아입양의 세 당사자와 연관하여 몇 가지 윤리 원칙이 서로 상충하고 있다. 우선

54 루시 프리스와 에릭 블라이스는 배아를 소유할 수 없음을 인정하면서도 입양이라는 용어보다는 기증이라는 용어를 사용하여 '조건적 배아 기증'(conditional embryo donation)의 윤리를 주장한다. 즉, 이들은 무조건적 배아 기증은 존재할 수 없다고 간주하면서 '포괄적인 조건'(blanket condition) 기증에 반대하여, 싱글 여성에게는 배아 기증을 원하지 않는다는 등과 같은 일정한 조건 하에서 배아 기증이 이뤄져야 한다는 조건적 기증 모델을 제시하고 있다. 그러면서 조건적 기증으로 가능한 모델을 위의 두 요소를 기준으로 세 모델을 제시하였지만, 필자는 여기서 그의 용어를 원용하여 '조건적 배아입양'의 윤리를 주장하면서, B 모델을 추가하여 네 모델로 분류하였다. L. Frith & E. Blyth, "They Can't Have My Embryo: The Ethics of Conditional Embryo Donation", *Bioethics*, vol.27, no.6, 2013, pp.318-319 참조. 그리고 유전적 부모의 실명 공개의 경우, 이들 자녀와 미래 아기가 형제자매 관계를 형성하는 것까지를 포함하느냐의 물음도 논란거리이지만 여기서는 논의의 편의상 이 문제는 생략하였다.

유전적 부모에 초점을 맞출 경우 사생활의 권리 및 비밀유지의 의무가 도덕적 우선성을 갖기에 익명 모델이 선호된다. 또 유전적 부모의 자율권을 존중할 경우 관여 모델에 선호된다. 배아는 앞서의 논의에서 밝혔듯이 사물이 아니기에 유전적 부모의 소유물이 될 수는 없다. 그렇다고 잔여배아의 이용이나 처분에 관해 유전적 부모의 권한을 부인하기도 어렵다. 부모 책임에 관한 유전자주의를 받아들이면, 유전적 부모는 잔여배아가 한 인간으로 출생할 경우 입게 되는 해악을 예방할 도덕적 의무를 지닐 뿐만 아니라, 무엇보다 잔여배아를 어떻게 처분할 것인가에 관한 결정 책임을 떠맡아야 한다.[55] 만약 유전적 부모가 여기에 관여하지 않는다면, 그 결정권자는 누구인가? 배아와 유전적으로 유대관계에 있는 자는 이들밖에 없기에 유전적 부모의 관여는 필수적이다. 따라서 유전적 부모는 B, 즉 관여-익명 모델을 선호한다는 결론이 얻어진다. 반면에 입양 부모에게 초점을 맞출 경우 생식의 자유가 도덕적 우선성을 갖기에 일단 비관여 모델이 선호된다. 한 걸음 더 나아가 입양 부모는 부모의 독점권 차원에서 유전적 부모와의 만남을 달가워하지 않기에 익명 모델을 선호할 것이다. 이렇게 되면 입양 부모에게는 A 즉, 비관여-익명 모델이 합당해 보인다.

하지만 미래 아기에게 초점을 맞출 경우 상황은 달라진다. 미래 아기의 경우 우리는 두 가지 윤리 원칙을 고려하게 된다. 하나는 자신의 뿌리에 대한 알 권리이요, 다른 하나는 복지 내지 최선의 이익 원칙으로 돌봄과 양육이 가장 좋은 입양 부모에서 태어나고자 하는 바람이다. 전자의 알 권리에 따르면 공개 모델이 선호된다. 하지만 공개 모델은 나중에 친권에 관한 소송 제기의 개연성이 상존한다. 물론 배아입양의

....

55 O. Hallich, "Embryo Donation or Embryo Adoption? Conceptual and Normative Issues", p.660.

사례는 아니지만 2019년 레즈비언 여성에게 정자를 제공한 남성이 '아버지 권리'를 주장하는 소송이 호주에서 제기되어 사회적 논란이 되기도 하였다.[56] 피터 클라크(P. Clark)는 이러한 우려를 염두에 두고, 생물학적 부모의 사생활 권리는 보호되어야 한다고 하면서, 배아입양을 통해 태어난 자녀는 자신의 유전적 특질을 알 권리를 지니지만, 생물학적 부모의 이름을 알 권리를 갖지 않는다고 주장한다.[57]

그러나 이는 반쪽 자리 알 권리이다. 미래 아기의 알 권리는 단순히 유전 정보만을 알 권리가 아니라 유전적 부모 자체를 알 권리이기 때문이다. 왜냐하면 앞서 지적했듯이, 유전적 관계는 아이 존재 및 자아정체성 형성에 본질적이기 때문이다. 실제로 유전적 부모를 알지 못하면, 미래 아기는 유전적 형제자매를 만나 결혼하는 근친상간의 위협이 존재하기 때문이다.[58] 그리고 후자의 최선의 이익 원칙은 물론 예외적인 경우가 존재하지만 대부분의 경우 유전적 부모가 관여하는 게 득이 된다. 왜냐하면 유전적 부모는 비록 자신이 양육하지는 않지만 그래도 자신과 유전적 유대관계를 갖는 자녀에게 최선의 이익이 돌아가기를 강력하게 바랄 것이기 때문이다. 따라서 미래 아기 입장에서는 D, 즉 관여-공개 모델이 윤리적으로 바람직하다. 이처럼 배아입양의 경우 세 당사자의 이해관계가 달라 어느 하나의 모델에 합의하기가 어렵다.

하지만 세 이해 당사자 중 미래 아기에 우리는 도덕적 우선성을 둘 수밖에 없기에 D의 관여-공개 모델을 취하는 게 윤리적으로 바람직해 보인다. 거듭 밝히지만, 이러한 입장은 배아의 도덕적 지위를 전제하

....

56 정철순, "레즈비언에 정자 제공한 男, '아버지 권리' 소송", 『문화일보』, 2019. 04. 17.

57 P. Clark, "Embryo Donation/ Adoption: Medical, Legal and Ethical Perspectives", p.9.

58 P.C. Redman Ⅱ & L.F. Redman, "Seeking a Better Solution for the Disposition of Frozen Embryos: Is Embryo Adoption the Answer", p.588.

지 않는다. 그러니까 배아는 비록 도덕적 지위를 지니지 않아도, 그래서 지금은 이해관계 당사자가 아니라 할지라도 미래의 자신에 대해서는 '미래 이해관계'를 지닌다. 그리고 우리는 타인의 미래 이해관계에 대한 도덕적 의무를 지니기에, 비록 산모가 임신중절의 권리를 지닌다 할지라도, 발달하여 아이로 태어날 태아에게 해악을 입하는 것은 도덕적으로 잘못 되었다.[59] 이러한 의무는 잔여배아에게도 그대로 적용된다. 즉, 잔여배아도 미래 이해관계를 지니기에 특정의 방식으로 존중해야 하는 도덕적 의무가 발생하기에 배아입양에서 우리는 미래 아기에 초점을 맞출 수밖에 없다. 이러한 이유로 유전적 부모가 관여하게 되면, 배아입양은 단순한 '일회성 이벤트'(a one-off event)가 아니라 지속적인 유대감을 갖는 새로운 가족을 형성하는 일종의 관계적 사건이 된다.[60] 그리고 유전적 부모의 책임이 그만큼 무거워져 '윤리적인 배아입양'에 큰 도움이 된다.[61]

....

59 미래 이해관계에 대해서는 J. McMahan, "Paradox of Abortion and Prenatal Injury", *Ethics*, vol.116, no.4, 2006, pp.625-655을 참조하라.

60 배아의 미래 이해관계를 증진하도록 유전적 부모의 관여-익명 모델을 프리스와 블라이스는 '관계적 기증 모델'(a relational model of donation)이라 부른다. L. Frith & E. Blyth, "They Can't Have My Embryo: The Ethics of Conditional Embryo Donation", p.319, p.322, p.324.

61 여기에는 이와 연관된 또 하나의 윤리 문제가 있다. 그것은 배아입양 당사자의 자격 문제이다. 물론 구체적인 자격 기준은 입양에 관한 법률을 원용할 수 있지만, 그리고 유전적 부모의 의견은 존중되어야 하지만, 이들의 자율권에 대한 윤리적 제한은 가능하다. 그 이유는 이미 앞서 지적했듯이, 배아입양의 세 당사자 가운데 미래 아기가 최우선적 배려 대상이기 때문이다. 이는 장기이식의 논리와 유사하다. 장기에 대해서는 개인의 소유권이 인정되어도 그 처분권에 대해서 우리는 제한을 가하지 않는가? 장기보다 배아는 인간에 더 가깝다. 더 가깝다는 말은 이의 처분 내지 이용은 인간존엄성과 더 밀접하게 연관되어 있다는 뜻이다. 배아 매매에 반대하는 이유도 여기에 있다. 간단히 말해 유전적 부모의 관여 및 동의는 배아 처분의 필요조건이지만 충분조건이라고 말할 수 없다. 따라서 유전적 부모의 처분권이 인정되어도 우리는 그 처분권에 대한 윤리적인 제한이 가능하다. 여러 윤리적 제한을 생각할 수 있지만 핵심은 두 가지이다. 하나는 결혼한 부부가 아닌 싱글 여성이나 레즈비언 부부도 배아입양의 자격을 갖느냐의 물음이요, 다른 하나는 자신(들)이 양육할 의도 없이, 즉 아예 처음부터 출생한 아이를 입양시킬 목적으로 배아이식을 받을 수 있는가의 물음이다. 배아의 도덕적 지위를 인정하게 되면, 이 두 물음 모두에 대해 우

6. 맺는 말: 윤리적 배아입양

지금까지 필자는 체외수정으로 인해 야기되는 생식의 윤리 물음 가운데 하나인 배아입양의 윤리를 철학적으로 천착하여 왔다. 필자는 크게 여기서 세 가지 물음을 집중으로 탐구하였다. 필자는 배아입양 자체는 특정의 세계관을 전제하지 않는 한 생명 구제로 윤리적으로 허용되어야 하는데 왜 윤리적으로 문제가 되는지를 묻고, 세 차원에서 논의를 전개하였다. 첫째는 용어상의 문제이다. 이는 배아의 도덕적 지위에 근거한 배아입양 논변에 대한 비판적 논의에서 제기되는 문제이다. 즉, 배아입양을 옹호하는 도덕적 지위 논변은 배아입양을 옹호하는 강력한 논거가 되지만 다른 생명윤리 물음에 대해 갖는 실천적 함의로 받아들 수가 없다. 이렇게 되면 배아는 아직 인간 존재가 아니기에 입양이라는 용어를 사용할 수 없다. 그렇다고 배아를 우리는 재산으로 취급할 수도 없다. 따라서 소유권을 전제하는 배아기증이라는 용어도 적합하지 않다. 그럼에도 필자는 배아입양이라는 용어는 계속 사용되어야 한다고 주장하는데, 이는 하나의 은유적 표현으로 배아가 갖는 본래적 가치를 가장 잘 존중해 주는 표현이기 때문이다. 이런 관점에서 필자는 배아입양이라는 용어보다 배아입양 모델을 더 선호한다.

둘째로 필자는 유전자주의에 근거한 부모 책임 논변을 옹호하였다. 유전적 부모는 배아와 유전적 관계를 갖기에, 배아가 인간 생명체로 발달하여 이 세상에 태어나는 데 부모 책임과 권한을 갖는다는 것이

....

리는 긍정의 대답을 할 수밖에 없다. 그리고 로마 가톨릭교회처럼 결혼 및 남녀 부부의 신성성을 받아들이면, 전자의 물음은 부정의 대답으로 귀결될 수밖에 없다. 이처럼 이 두 물음은 결혼의 의미 및 배아의 도덕적 지위에 관한 세계관적 탐구를 요구하기에 이 논문의 주제에서 벗어나 여기서는 이 정도의 논의에 머물고자 한다.

유전자주의의 핵심 주장이다. 유전적 관계가 아이를 존재하게끔 하고 그리고 아이의 자아정체성 형성에 본질적으로 중요하기 때문이다. 유전적 부모가 이러한 부모 책임과 권한을 임신 모에게 양도함으로 배아입양이 가능하게 된다. 마지막 셋째는 배아입양 자체가 아니라 배아입양이 이뤄지는 상황과 연관된 몇 가지 윤리 물음을 탐색하였다. 즉, 배아입양에는 유전적 부모, 임신 모, 그리고 미래 아기가 관여하는데 무엇보다 미래 아기의 이해관계와 권리가 존중되어야 하기에 유전적 부모는 자신의 실명을 밝히고 임신 모의 선택에 관여하는 관여-공개라는 배아입양 모델이 선호되어야 한다는 주장을 필자는 피력하였다.

하지만 배아입양의 윤리 물음은 그렇게 단순하지가 않다. 그 근본 이유는 배아입양이 "배아를 여성의 자궁에 임신하여 아이를 낳는 생식"과 관련되어 있기 때문이다. 따라서 배아입양의 윤리를 온전히 해명하자면 지금까지의 논의 외에도 두 가지 생명윤리 물음이 해결되어야 한다. 하나는 배아가 어떤 존재인가의 물음이요, 다른 하나는 누가 아이를 낳을 수 있는가의 물음이다. 전자는 소위 배아의 도덕적 지위 물음이요, 후자는 결혼하지 않은 싱글 여성이나 동성애 부부도 배아를 입양할 수 있는가와 관련된 임신 모의 자격 물음이다. 이 두 물음의 중요성을 필자는 부인하지 않지만, 다만 이는 배아의 도덕적 지위 및 결혼의 의미에 관한 세계관적인 물음이기에 여기에서 다루기에는 한계가 있다. 이는 앞으로 절차적 공정성을 통해 사회적 합의를 이끌어야 할 문제이다. 그리고 이러한 사회적 합의를 통해 배아입양을 포함하여 체외수정 전반에 관한 법률 및 제도가 마련되어야 윤리적인 생식이 이뤄질 것이다.

4

유전자 편집의 윤리: 유전자 가위를 윤리적으로 사용할 수 있는가

유전자 가위 기술의 발달로 이제 우리는 유전자를 편집하는 힘을 얻게 되었다. 이로 인해 유전적 질병의 치료뿐만 아니라 자질 강화는 물론이고 자녀의 유전자마저 결정할 수 있다. 유전 정보 및 유전자 편집의 힘은 윤리적, 사회적으로 적지 않은 파장을 일으키고 있다. 생물 안정성은 물론 바이오 테러 등의 생물 보안도 사회적 이슈임에 분명하다. 하지만 이러한 위험보다 더 심각한 것은 윤리 물음이다. 동식물 대상의 유전자 편집은 동물권 물음을 야기하고, 인간 대상 유전자 편집은 치료를 넘어 자질강화를 낳은 유전자 성형의 경우 정의와 연관하여 접근 기회의 공평성, 결과의 평등, 절차적 공정성 등의 윤리 원칙을 요구한다. 특히 다음 세대에 유전되는 생식세포 유전자 편집은 부모에 의한 자녀의 유전자 선택으로 부모와 자녀의 관계를 근본적으로 바꾸어 놓을 것이다. 윤리적 유전자 편집을 위한 민주적 숙의 과정이 그 어느 때보다 절실하게 요구된다.

1. 앎, 힘 그리고 윤리

"아는 것이 힘이다"라는 프란시스 베이컨(F. Bacon)의 철학이 과학기술의 혁명적 발전에 큰 디딤돌이 되었음을 우리는 부인할 수 없다. 과학기술은 단순히 우리의 의식주 문제의 해결을 넘어, 공상과학 소설을 허구가 아닌 현실로 만들어주고 있다. 아니, 과학기술은 여기에 머물지 않고 인간을 넘어선 '포스트휴먼'(post-human)의 길마저 열어주고 있다. 생명공학, 정보공학, 나노공학, 로봇공학 등이 '멋진 신세계'로 우리를 초대하고 있다. 멋진 신세계에 이미 길들어진 현대인들은 과학기술에 대해 의문을 던지지 않는다. 그러나 눈에 보이는 '멋진 신세계'의 유토피아 이면에 잠자고 있던 '또 다른 어둠의 세계'인 디스토피아의 그림자가 서서히 고개를 들고 있다. 과학기술의 디스토피아는 단순히 멋진 신세계를 향유하기 위해 인류가 감내해야 할 부작용 내지 희생으로 받아들이기에는 이미 그 무게가 너무 무거워졌다.

이제 우리는 과학기술의 근본 전제인 "아는 것이 힘이다"라는 베이컨의 신조를 철학적으로 반성해야 한다. 왜냐하면 이러한 디스토피아에 대한 우려는 단순히 과학기술에 대한 무지로 인한 기우가 아니라, 과학기술에 대한 객관적 지식에 그 토대를 두고 있기 때문이다. 그 단적인 예가 생명공학 내지 합성생물학이다. 생물학, 생명과학, 생명공학, 합성생물학 등으로 진화함에 따라, 생명의 비밀을 간직한 유전자는 그 동안 걸치고 있던 두꺼운 외투를 벗어던지고 이제는 거의 발가벗은 모습으로 우리들에게 그 실상을 보여 주고 있다. 다시 말해, 21세기 과학자들은 생명에 대한 앎(knowledge)의 차원을 넘어, 생명을 합성할 수 있는 힘(power)까지 얻게 되었다.

베이컨의 말처럼 과학기술은 앎과 힘을 우리에게 준다. 이를 부인할 사람은 아무도 없다. 그러나 "아는 것이 힘이다"라는 베이컨의 철학에는 두 가지 함정이 숨어 있다. 하나는 과학기술은 '앎' 내지 '힘'만을 준다는 사실이다. 과학의 '지식의 학'이지 '지혜의 학'은 아니다. 앎과 힘의 사용에 대해 과학기술은 말하지 않는다. 하지만 앎과 힘을 갖는 일 못지않게, 아니 그보다 더 중요한 것은 그 앎과 그 힘을 어떻게 사용하느냐의 문제이다. 앎이나 힘 자체는 아무런 가치가 없다. 앎이나 힘은 지혜롭게 사용될 때 비로소 가치를 지니게 된다. 다른 하나는 앎의 한계 문제이다. 솔직히 우리는 지금까지 "아는 것이 힘이다"라는 말을 맹신하고, 아는 데에 주저하지 않았다. 진리 발견이라는 미명 아래 우리는 미지의 세계를 탐험하여 개척하는 것을 '과학자 정신'으로 추앙하여 왔다. 정말로 우리의 지적 탐구에는 한계가 없는가? 앎이 곧 우리에게 유토피아를 보장해 주는가?

그러나 앎과 힘의 대상이 생명, 인간 생명 자체로 바뀌게 되면 과학기술의 가치중립성은 그 의미가 달라진다. 예를 들어, 산전 진단 의술의 발달로 오늘날 우리는 태아가 기형인지 아닌지를 알 수 있을 뿐만 아니라 임신을 중단할 수 있는 힘마저 지니게 되었다. 태아에 대한 이러한 지식과 힘을 갖고 있는 경우의 기형아 출산과 그렇지 않았을 경우의 기형아 출산은 그 의미가 전혀 다르다. 왜냐하면 앎과 힘을 지닌 경우 출산은 '선택'인 반면에, 그렇지 않은 경우의 출산은 '주어짐'이기 때문이다. 인간의 지식이나 힘으로 어떻게 할 수 없는 주어짐에 대해 우리는 받아들이는 길밖에 없다. 다시 말해, 앎과 힘은 받아들임을 선택으로 바꿔놓는다. 수단의 선택과 달리 목적의 선택에는 언제나 가치가 개입되고, 가치가 개입되면 윤리 물음이 발생한다. 이를 일반화시키면 '자연의 윤리화'(ethicalization of nature)라고 말할 수 있다. 즉, 자연에는 윤리가 존재하지 않지만 자연이 인간이 선택할 수 있는 문화의 영역으로 바뀌게 되면 윤리의 물음이 발생한다. 따라서 이제 우리는 "아는 것이 힘이다"라는 이념을 맹신할 것이 아니라 "너 자신을 알라!"는 소크라테스(Socrates)의 말에 귀를 기울어, 우리에게 앎과 힘을 올바르게 사용할 지혜가 있는지를 물어야 한다. 한 걸음 더 나아가, 칸트(I. Kant)가 3대 이성 비판을 통해 이성의 한계를 비판하였듯이, 과학기술의 앎 및 힘의 추구 자체에 대해서 그 한계와 이용을 비판적으로 숙고해야 할 것이다.

2. 'genome editing', 편집이냐 교정이냐?

이제까지 생명은 주어졌다. 이런 의미에서 생명은 자연이다. 하지만 이제 더 이상 생명은 자연이 아니다. 왜냐하면 생물학의 발전으로 생명의 비밀이 발가벗겨지고 있을 뿐만 아니라, 그 앎을 바탕으로 생명을 변형 내지 만들어내는 공학적 힘마저 우리 인간이 지니게 되었기 때문이다. '휴먼 게놈 프로젝트'(HGP)와 '포스트 게놈 프로젝트'(PGP)가 생명 코드에 대한 앎을 가져다주었다면, 유전자 가위는 이를 변형, 편집, 합성 그리고 창조할 수 있는 힘을 인간에게 가져다주었다. 소위 'DNA 혁명'으로 일컬어지는 'CRISPR-Cas9'이라는 유전자 가위는 생명의 비밀을 간직하고 있는 유전체(genome)의 편집(editing)을 현실화시켜주고 있다. 바야흐로 인간은 이제 생명마저 정복하게 되었다. 이제까지 호모 사피엔스 게놈은 무작위 돌연변이와 자연선택이라는 두 힘의 지배를 받아왔는데, 유전자 가위로 인해 우리는 현재의 인간뿐만 아니라 미래 세대의 DNA도 편집할 수 있는 능력을 갖춤으로 진화의 방향을 결정할 수 있게 되었다.[1] 이제 진화는 자연이 아니라 인간에 의해 이뤄지게 되었다.

유전자 가위가 갖는 윤리적 함의를 고찰하기에 앞서 용어의 윤리적 사용을 우리는 묻지 않을 수 없다. 사실 유전자 가위라는 개념은 유전자 편집 기술을 설명하는 하나의 비유로 상당히 수사학적이다.[2] '크리스퍼 카스9'을 우리는 '크리스퍼 유전자 가위 기술'로 부르고 있지만 해외 언론에서는 유전자 가위라는 개념을 사용하지 않는다. 우리 언론이, 그리고 학계가 '유전자 가위'라는 용어를 주로 사용하는 것은 2015년 이에 관한 기술영향 평가 과정에서 연구자들이 '편집'이 갖는 부정적 의미를 지적하면서 긍정적 의미가 강한 '가위'로 바꿀 것을 강력하게 주장했기 때문이다. 가위는 일상인들에게 꼭 필요한 도구임을 감안하면, 편집이라는 용어보다는 가위가 갖는 수사학적인 긍정적 의미가 훨씬 강하다. 이런 면에서 보면 '가위' 비유는 '크리스퍼 카스 9'의 실제보다 더 많은 긍정적 함의를 지닌다. 하지만 일상생활에서 그러하듯이 가위는 긍정적 의미와 부정적 의미를 동시에 지닐 뿐만 아니라, 실수나 악용의 가능성도 열어두기에 유전자 편집의 의미를 상당 부분 살리고 있다. 무엇보다 '크리스퍼 카스9' 기술이 실제로 유전자를 잘라내기 때문에 '가위'라는 비유를 우리는 얼마든지 받아들일 수 있다.

하지만 일부 연구자들은 여기서 한 걸음 더 나가고 있다. 몇몇 유전자 가위 연구자들은 영어 'genome editing'에 대해 '유전자 교정'이라

....

1 J.A. Doudna & S.H. Sternberg, *A Crack in Creation: Gene Editing and the Unthinkable Power to Control Evolution*(MA, Boston: Houghton Mifflin Harcourt, 2017). 김보은 옮김, 『크리스퍼가 온다』(서울: 프시케의 숲, 2018), p.18.

2 이상욱, 「유전자 편집? 가위?: 수사학적 전략의 유혹」, 한국과학기술단체총연합회, 『과학과 기술』, 576권, 2017, pp.51-54 참조.

는 개념으로 통일하여 사용하자고 제안한 바 있다.[3] 이들은 학회 이름도 '한국유전자교정학회'로 정했다. 몇몇의 우리말은 그 자체가 다분히 가치 담지적이다. 예를 들어, 이들이 제안서에서 밝혔듯이, GMOs에 대한 '유전자조작작물'이라는 번역어는 부정적 뉘앙스를 풍긴다. 왜냐하면 '조작'은 '제멋대로 만들어내었다'는 왜곡의 의미를 함의하기 때문이다. 이에 반해 '유전자변형작물'이라는 번역어는 상당히 가치중립적이다. 생명공학에 대한 이런 '아픈 경험'을 가진 과학자로서 우리말 번역어에 지대한 관심을 갖는 것은 학자로서 너무나 당연한 일이다. 그러면 'genome editing'을 '유전자 교정'으로 번역하는 것이 옳은가? 물론 'editing'의 사전적 의미에는 '교정'이 포함된다. 하지만 '유전자 교정'이라는 용어는 '유전자조작작물'과 정반대로 지나치게 긍정적 뉘앙스를 함의해, 합성생물학자들의 현실적인 생명 합성과는 거리가 멀다. 무엇보다 '교정'이라는 단어는 '잘못된 것을 바로잡음'을 뜻한다. 합성생물학자들이 인간을 포함한 모든 생명체에 대해 'genome editing'을 실행하고 있음을 받아들이면, 이는 곧 인간을 포함한 모든 생명체의 유전체에 뭔가 잘못되어 있음을 논리적으로 전제한다. 하지만 이는 자연적 유전체에 대한 가치 평가 없이 불가능할 뿐만 아니라, 생물학적으로도 사실이 아니다. 비록 자연적 유전체가 완벽하지는 않다손 치더라도, 그렇다고 합성생물학자의 유전자 가위로 교정해야할 만큼 그렇게 잘못되었다고 말할 수 없기 때문이다.

사실 유전자 편집이라는 용어도 긍정적 의미가 너무 강하다. 물론 '악마적 편집'에서 알 수 있듯이, 사실을 왜곡하는 부정적인 편집도 얼마든지 가능하기에, 편집이라는 단어도 어느 정도 부정적 뉘앙스를 지

....

3 이들 연구자들의 "'genome editing', 유전체 교정인가 편집인가" 성명서 전문은 전방욱, 『크리스퍼 유전자 가위』(서울: 이상북스, 2018), pp.235-240을 참조하라.

닌다. 특히 편집으로 피해를 본 자에게는 더 더욱 그러하다. 따라서 유전자 편집도 국민들에게 얼마든지 이렇게 읽혀질 수 있다. 하지만 '신문 편집'이나 '책의 편집' 등의 일상적인 용례에서 알 수 있듯이, 편집은 순기능이 더 강하다. 실제로 "구슬이 서 말이어도 꿰매야 보배가 된다."는 속담이 말해 주듯이, 편집은 단순 사실들을 잘 꿰매줌으로써 그 의미를 돋보이게 해 구슬을 보배로 만든다. 이런 일상 용례에 비추어보건대, 유전자 가위에 대해 편집이라는 용어 사용은 결코 편파적이지 않다. 실제로 'genome editing'도 악마적 편집으로 인류에 재앙을 가져올 수도 있고, 선한 편집으로 단순한 구슬을 보배로 만들 수도 있다. '유전자 교정'이라는 용어 자체가 합성생물학에 무지한 시민들로 하여금 '바이오유토피아(bio-utopia)' 환상을 갖게 하는 '악마적 편집'이 될 수 있다. 따라서 'genome editing'은 '유전자 교정'이 아닌 '유전자 편집'으로 번역하는 것이 마땅하다. 따라서 유전자 가위의 윤리를 논하는 첫 단추는 '크리스퍼 카스9'를 '유전자 가위'에 비유하는 본래적 의미를 제대로 자각하고, 'genome editing'이라는 용어를 윤리적으로 올바르게 번역하는 일, 즉 '유전자 편집'으로 번역하는 일이다.

3. 생물안전성과 이중 사용의 딜레마 물음

유전자 가위가 왜 윤리적 성찰을 요구하는지를 이해하자면, 이에 관한 과학적인 사실 분석이 먼저 요구된다. 유전자 가위는 제한효소(restriction enzyme)를 시작으로, '제1세대 유전자 가위'로 불리는 아연손가락핵산분해효소(zinc finger nuclease, ZEN), 제2세대 유전자 가위인 TALE 유전자 가위(TALEN) 등을 거쳐 제 3세대의 '크리스퍼 유전자 가위'로 발전하였다.[4] 합성생물학의 역사를 '크리스퍼 전과 후'로 나눌 정도로 DNA 혁명을 가져온 크리스퍼 유전자 가위는 영문 'CRISPR-Cas9'을 말한다. 이 용어에서 알 수 있듯이, 크리스퍼 유전자 가위는 'CRISPR'와 'Cas9'의 합성어로, 전자는 'Clustered Regularly Interspaced Short Palindromic Repeats-Cas9'의 약어로 학계에서는 '간헐적으로 반복되는 회문 구조 염기서열 집합체'로 번역되고 있으며, 'CAS9'은 단백질 이름이다. 가위의 주된 기능은 잘라내는 일이다. 가위가 아무리 잘 자를 수 있어도 원하는 부분을 찾아 정확하게 잘라내지 못하면 아무 소용이 없다. 아니, 잘못 자르면 더 큰 화를 불러일으킨다. 따라서 유전자 가위는 DNA 표적을 정확하게 인식하여 그 부분을 정확하게 잘라내야 한다. 하지만 이전의 1,2세대 유전자 가위는 낮은 인식력으로 인해 모자이크 현상(mosaicism)이나 표적 이탈 효과(off-target effects) 등의 부작용을 낳아 그 활용도가 떨어졌는데, 이를 획기적으로 개선하여 표적의 오류가능성을 현저하게 줄인 유전자 가위가 바로 'CRISPR-Cas9'이다. 즉, "이 유전자 가위 기술은 잘라낸 유전자 부위를 저장하고 지정하는 역할을 하는 크리스퍼 유전자와 실질적으로 유전자를 자르는 가위 역할을 하는 카스9 단백질로 구성된다."[5] 한 마디로 '크리스퍼 캐스9'은 게놈 편집 기술 중 하나이다.

도대체 우리는 왜 유전자 가위를 개발하고자 하는가? 이를 연구하는 합성생물학의 정의에서 우리는 그 답을 찾을 수 있다. 합성생물학이란 "현재까지 알려진 생명정보와 생물 구성요소 및 시스템을 바탕으로 기존 생물 구성요소 및 시스템을 모방하여 변형하거나, 기존에 존재하

....

4 전방욱, 『크리스퍼 유전자 가위』, pp.19-36 참조.

5 송기원, 「유전자 가위 기술」, 송기원 엮음, 『생명과학, 신에게 도전하다』(서울: 동아시아, 2017), p.94.

지 않던 생물 구성요소와 시스템을 설계, 구축하는 학문"으로 정의된다.[6] 이 정의에 따르면, 합성생물학은 새로운 생명을 창조하는 것을 목표로 한다. 그러니까 합성생물학은 생물학과 공학이 하나로 결합된 학문으로 주로 "자연 세계에 아직 존재하지 않은 생물학적 요소와 체계를 설계하여 만들어내는 일과 이미 현존하는 생물학적 체계를 재설계하여 만들어내는 일"을 목표로 한다.[7] 그래서 합성생물학은 궁극적으로 유전자의 재설계를 통한 생명체의 변형과 유전자의 재창조를 통해 생명체의 창조를 목적으로 한다.[8]

그러면 어떻게 새로운 생명을 창조할 수 있는가? 그 길이 바로 유전자 편집이다. 그러니까 합성생물학은 새로운 생명을 창조하기 위해 유전자 편집을 해야 하는데, 그러자면 표적 DNA를 찾아 정확하게 잘라낼 수 있는 과제가 선행되어야 한다. 이를 가능케 한 기술이 바로 크리스퍼 유전자 가위이다. 그러면 유전자 가위를 통해 우리는 구체적으

....

6 『미생물학백과사전』, https://terms.naver.com/entry.nhn?docId=5145000&cid=61232&category Id=61232, 2018. 8. 9. 접속

7 A. Bhutar, "Synthetic Biology: Navigating the Challenges Ahead", *The Journal of Biolaw and Business*, vol.8, no.2, 2005, p.19.

8 송기원은 변형의 재료와 변형의 결과물을 두 축으로 합성생물학을 다음과 같이 분류한다. 이 표에서 알 수 있듯이, 합성생물학은 자연에 존재하지 않는 재료는 물론이거니와 자연에 존재하지 않는 생명체를 만들어내고자 한다. 특히 〈영역 4〉의 창조주는 인간이다. 송기원, 「생명체 디자인의 시대」, 송기원 엮음, 『생명과학, 신에게 도전하다』(서울: 동아시아, 2017), p.33 참조.

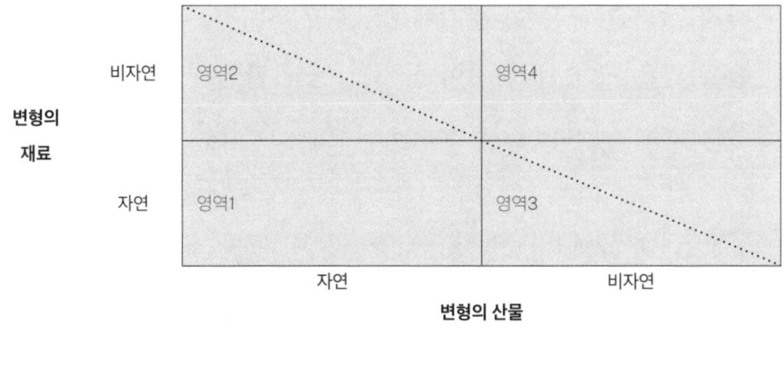

로 무엇을 할 수 있는가? 이미 유전 정보의 활용과 관련하여 교육, 보험, 고용 등에서 유전자 차별이 윤리적으로 문제되고 있다.[9] 예를 들어, 유전자 이상을 이유로 피보험자에게 더 많은 보험료를 책정하는 것은 차별인가? 한 걸음 더 나아가 유전자 가위 기술을 활용할 경우, 다음과 같은 일들이 가능하게 된다. 유전자 제거, 유전자 삽입, 유전자 치환, 유전자 교정, 유전자 편집 그리고 인공 유전자 창조. 유전자 가위로 할 수 있는 이러한 일에 대해 우리는 적어도 우리는 세 차원에서 물음을 던질 수 있다. 첫째는 부작용 내지 안전성의 물음이다. 이는 생명공학 기술상의 문제이다. 둘째는 안전성이 담보될 경우 이렇게 해도 좋은가의 물음이다. 이는 윤리 내지 도덕의 물음이다. 셋째는 이러한 일들에 대한 국가 간섭의 물음이다. 즉, 유전자 가위 기술의 사용을 개인의 자유에 맡길 것인지 아니면 국가 차원에서 간섭 내지 규제하는 것이 바람직한가를 우리는 물을 수 있다. 여기에는 유전자 재조합 기술에 관한 특허 문제도 포함된다. 이는 공공정책과 관련된 법 내지 정치의 문제이다.

물론 법은 도덕의 최소한이지만, 그렇다고 법률이나 제도가 도덕에서 연역적으로 추론되는 것이 아니기에, 법학적 논의는 윤리학적 논의와 구분되어야 한다. 또 안전하지 않는 기술은 도덕적으로 정당화되기 어렵다. 왜냐하면 윤리가 무엇이냐에 대해서 입장 차이가 있을 수 있지만, 해악 금지 원칙은 윤리의 근본 원칙으로 받아들여지는데, 안전하지 않는 기술은 이 원칙에 어긋나기 때문이다. 유전자 편집과 관련된 위험은 크게 네 가지이다.[10] 첫 번째 위험은 환경에 대한 부정적 영향(risk of negative environmental impact)이다. 예를 들어, 환경정화

....

9 유전자 차별의 윤리에 관해서는 김상득, 『유전자 윤리학』(서울: 철학과 현실사, 2009), 3장 유전자 차별의 윤리(pp.87-143)를 참조하라.

10 A. Bhutar, "Synthetic Biology: Navigating the Challenges Ahead", p.27.

를 위해 인위적으로 만들어진 미생물 유기체가 환경 전체에 부정적 영향을 가져올 개연성은 언제나 상존한다. 둘째는 자연적인 유전체 풀을 오염시키는 위험(risk of natural genome pool contamination)이다. 이미 GMOs의 예에서 알 수 있듯이, 인공 유기체가 자연계에 유입될 경우, 유전자 흐름(gene-flow)이 발생해 자연 유기체의 유전자 풀에 이상 현상이 발생할 수 있다. 한 걸음 더 나아가 나노기술의 '잿빛 덩어리 문제'(grey-goo problem)가 여기서도 발생할 수 있다. 즉, 인위적으로 만들어진 나노로봇들이 본래 의도와 달리 생명체를 파괴하는 존재로 변모하여 지구 전체의 생명물질을 삼켜버리는 일이 발생할 수 있듯이, 특정 목적을 위해 만들어진 유전자 변형 생명체나 인공 유기체가 실험실 밖에서 그 의도와 달리 닥치는 대로 다른 자연 생명체를 파괴하는 결과를 야기할 수 있다. 이것이 세 번째의 합성생명체의 폭발 위험(run-off risk)이다.

마지막 넷째는 위의 세 위험과는 그 종류가 다른 바이오 테러리즘(bio-terrorism)의 위험이다. 여기에는 바이오 테러는 물론이거니와 정부나 범죄 조직에 의한 생물 전쟁 및 경제적 목적을 위한 협박 등도 포함된다. 즉, 위 세 위험은 어디까지나 예기치 못한 혹은 의도하지 않은 부작용의 문제이지만, 바이오 테러리즘은 유전자 편집 기술을 의도적으로 악용하는 문제이다. 그래서 위 세 가지가 생물안전성(biosafety)의 영역에 속한다면, 마지막 바이오 테러는 생물보안(biosecurity)의 영역에 속한다. 전자가 기술상의 문제라면, 후자는 유전자 편집을 활용하는 인간의 동기 내지 의도와 연관된 윤리적 문제이다. 그러니까 생물보안의 물음은 일종의 '이중 사용 딜레마'(dual use dilemma)이다. '이중 사용'이라는 용어에서 알 수 있듯이, 과학기술 내지 그 결과물은 어떻게 사용하느냐에 따라 그 가치 내지 효용이 달라진다. 비록 선의를 갖고 개발된 과학기술이나 그 결과물은 언제나 악의적 사용이 가능할 뿐만 아니라, 이를 완벽하게 막을 현실적 방안이 없다. 유전자 편집 기술도 예외가 아니다. 연구자가 아무리 선한 의도를 갖고 새로운 기술을 개발해도 다른 사람들이 이를 악용할 잠재적 가능성은 언제나 상존한다. 특히 이는 해악과 연관되었다는 점에서 연구자는 물론이거니와 다른 사람들, 그리고 특정 조직이나 국가 나아가 전지구적 공동체에 윤리적 딜레마를 야기한다.

물론 이중 사용은 개념 분석에 따라 다양한 유형으로 분류될 수 있지만,[11] 두 가능성을 우리는 상상할 수 있다. 하나는 연구자 자신의 경우이고 다른 하나는 연구자가 아닌 제 3자의 경우이다.[12] 전자는 '고독한 연구자'(lone operator)로, 특정인 혹은 특정 단체나 국가에 원한을 품은 연구자가 합성생물학 기술을 사용하여 복수하는 경우이다. 이러한 연구자는 테러에서 흔히 '외로운 늑대'(lone wolf)로 불린다. 그리고 후자는 합성생물학자들의 연구를 도적질하여 악의적으로 사용하는 '바이오 해커'(biohacker)를 말한다. 여기서 연구자의 도덕적 책임 한계에 관한 물음이 발생한다. 바이오 해커의 경우 그래도 이를 도적질 당한 연구자는 도덕적으로 자신을 변명할 수 있다. 왜냐하면 연구자는 그러한 악의적 사용의 의도가 전혀 없었을 뿐만 아니라 그렇게 사용되지 않

....

11 '이중 사용'이라는 개념은 다음과 같이 여러 차원에서 분석이 가능하다. (1) 목적 내지 의도의 차원: (i)선한/악한, (ii)군사용/비군사용, (iii)공격용/방어용, (2) 사용자 차원: 일차적 사용자/이차적 사용자, (3) 사용의 차원: (i)설계된 목적대로 사용/ 설계된 목적과 다른 용도로 사용, (ii) 실제적 사용/ 잠재적 사용, (4) 연구 결과물 차원: 의도한 결과물/ 의도하지 않았지만 예견된 결과물/ 예견조차 불가능한 결과물. 이에 관한 자세한 논의는 S. Miller & M.J. Selgelid, "Ethical and Philosophical Consideration of the Dual-use Dilemma in the Biological Sciences", *Science and Engineering Ethics*, vol.13, 2007, pp. 526 – 527을 참조하라.

12 J.B. Tucker & R.A. Zilinkas, "The Promise and Perils of Synthetic Biology", *The New Atlantis News*, vol.12, 2006, pp.41-42 참조.

도록 규정을 잘 준수하였지만 해커에 의해 기술을 도적질 당했기 때문이다. 하지만 연구자가 도덕적 책임으로부터 완전히 면제 받기 어려운 경우가 존재한다. 앞서 각주 (6)에서 밝혔듯이, 이중 사용은 결과물 차원에서 (i)의도한 결과물, (ii)의도하지 않았지만 예견된 결과물, 그리고 (iii)예견조차 불가능한 결과물로 구분된다. (iii)은 바이오 해커의 경우로, 우리는 도덕적 책임을 묻기 어렵다는 데 동의할 수 있다. 하지만 (ii)는 다르다. 전문 연구자로서 조금만 주의를 기울이면 합당하게 예견할 수 있는 경우, 그러한 기술을 개발한 연구자가 악용의 위험을 예방하기 위한 사전 조치를 취하지 않았다면 법적 책임을 묻기는 어렵다 해도 도덕적 책임을 면하기는 힘들 것이다.[13]

4. 유전자 편집의 윤리 지형도

이제까지 필자는 유전자 편집과 관련된 기술상의 안정성 물음과 이중 사용과 관련된 윤리적 물음을 고찰하였다.[14] 하지만 이는 사실 유전자 편집 기술이 아닌 다른 과학기술에서도 언제나 제기되는 물음이다. 예를 들어, 원자력 기술 역시 안전성이 문제될 뿐만 아니라, 이중사용의 딜레마가 일어난다. 뿐만 아니라 이는 어디까지나 유전자 편집 기술의 결과물과 관련된 물음이지, 유전자 편집 그 자체의 윤리에 관한

13 생물안정성 및 생물보안의 물음에 관한 더 자세한 논의는, 이상헌, 「합성생물학과 윤리적 쟁점들」, 서강대학교 생명문화연구소, 『생명연구』, vol.17, 2010, pp.184-190을 참조하라.

14 유전자 편집 기술의 위험에 대해 목광수는 "동적이며 다층적인 리스크 모델"을, 그리고 이원봉은 비록 나노기술에 관해서이지만 '사전주의 원칙' 모델 제시하고 있다. 목광수, 「유전자 편집기술에 대한 윤리적 대응: 동적이며 다층적인 리스크 모델을 중심으로」, 한국생명윤리학회, 『생명윤리』, 제18권제2호, 2017, pp.1-20 및 이원봉, 「나노기술과 새로운 윤리 모델의 모색」, 중앙대학교 중앙철학연구소, 『철학탐구』, 제39집, 2015, pp.201-230 참조.

물음은 아니다. 유전자 편집에 고유한, 그리고 유전자 편집 자체와 관련된 윤리 물음을 이제부터 천착해 보자. 우선 우리는 유전자 편집에 대해 다원론적 접근법(pluralistic approach)을 받아들여야 한다. 즉, 유전자 편집 모두에 대해 윤리적으로 '옳다 혹은 그르다'라고 판단할 것이 아니라, 몇 가지 기준에 따라 분류한 다음 각각의 범주에 대해 윤리적 평가를 달리하는 접근법이 다원론적 접근법이다. 왜냐하면 각 범주는 그 본성이 서로 달라 윤리적 의미도 다를 수밖에 없기 때문이다.

따라서 우리는 유전자 편집을 분류하는 분석적 작업을 선행해야 한다. 그러면 어떻게 분류할 것인가? 우선 우리는 유전자 가위 기술이 사용되는 대상이 무엇인지 물어야 한다. 3절에서 언급했듯이 합성생물학은 현존하는 유전체를 변형시키는 재조합과 새로운 생명체를 만들어내는 합성을 주목적으로 한다. 후자를 필자는 '재창조'라 명명하고자 한다. 물론 합성생물학이 발전하면 우리는 지금까지 자연에 전혀 존재하지 않은 인공 유전자를 만들어 완전히 새로운 인공 생명체를 창조할 수 있다. 그럼에도 이는 여전히 이미 존재하는 재료를 사용하여 인공 유전자를 만들었다는 점에서 '무에서 유의 창조'가 아닌, '유에서 유의 창조'일 따름이다. 그래서 이를 연구하는 학문도 '창조 생물학'이 아니라 '합성 생물학'이라 부르지 않는가? 그렇기 때문에 이는 창조가 아닌 '재창조'(re-creation)이다. 물론 식물에 대한 유전자 편집도 생태계 파괴나 바이오테러의 위험을 안고 있지만, 이러한 위험은 동물의 그것에 모두 포함되어 있기 때문에, 그리고 논의의 단순화를 위해 여기서는 별도로 취급하지 않고자 한다. 유전자 편집의 대상, 종류, 그리고 목적이라는 세 축을 중심으로 윤리적 지형도를 현실적 개연성이 아니라 논리적 가능성에 따라 정리하면 표 5와 같다.

표 5 유전자 편집의 대상, 종류, 목적에 따른 윤리적 지형도

<table>
<tr><td rowspan="5">동물</td><td rowspan="2">재설계</td><td colspan="2">치료</td><td>동물 사랑의 물음</td><td>1</td></tr>
<tr><td colspan="2">강화</td><td>생태계 파괴, 유전자 풀 다양성 훼손 등</td><td>2</td></tr>
<tr><td rowspan="3">재창조</td><td colspan="2">변형</td><td>동물의 권리, 동물 복지의 물음</td><td>3</td></tr>
<tr><td colspan="2">이종교배</td><td>자연의 질서 파괴, 신 노릇 하기</td><td>4</td></tr>
<tr><td colspan="2">인공생명</td><td>자연의 질서 파괴, 신 노릇 하기</td><td>5</td></tr>
<tr><td>?</td><td>재창조</td><td colspan="2">이종교배</td><td>‘인간’ 유전자를 지닌 동물의 존재론적 지위</td><td>6</td></tr>
<tr><td rowspan="6">인간</td><td rowspan="4">재설계</td><td rowspan="2">치료</td><td>체세포</td><td>유전자 치료의 윤리</td><td>7</td></tr>
<tr><td>생식세포</td><td>다음 세대의 동의 물음</td><td>8</td></tr>
<tr><td rowspan="2">강화</td><td>체세포</td><td>유전자 성형의 자유</td><td>9</td></tr>
<tr><td>생식세포</td><td>맞춤 아기의 윤리 물음</td><td>10</td></tr>
<tr><td rowspan="2">재창조</td><td colspan="2">변형</td><td>‘인간’ 신체를 변형할 자유의 물음</td><td>11</td></tr>
<tr><td colspan="2">인공생명</td><td>인공 ‘인간’도 ‘사람’인가?</td><td>12</td></tr>
<tr><td>대상</td><td>종류</td><td colspan="2">목적</td><td>윤리·철학의 물음</td><td></td></tr>
</table>

그리고 인간 대상 유전자 편집의 경우, 동물과 달리 그 구체적 대상에 따라 윤리적 물음이 달라진다. 즉, 사람의 세포는 체세포와 생식세포로 나뉘는데, 전자의 달리 후자의 경우 유전자 변형은 다음 세대에도 유전된다. 존 스튜어트 밀(J.S. Mill)이 말하듯이, 윤리는 본래 ‘자기 관계적 행위’보다 ‘타자 관계적 행위’에 적용되기 때문이다. 그래서 인간 대상 유전자 편집의 윤리는 구체적으로 그 대상이 체세포이냐 아니면 생식세포이냐에 따라 달라지기에 동물 대상의 그것보다 훨씬 더 복잡하다. 또 재설계의 목적은 치료와 강화로 나눌 수 있다. 치료는 잘못된 유전자를 교정하여 바로잡는 것을 말하는 반면에, 강화는 특정 자질이나 능력을 함양시키는 유전자 편집을 말한다. 물론 치료에는 질병 등 유전자 변이의 발생을 사전에 예방하는 것도 포함된다.

유전자 편집과 관련된 위의 12 범주는 그 ‘윤리적 의미’(ethical significance)가 각각 다르다. 우선 (1)은 현실적 개연성이 낮을 뿐만 아니라 윤리적 물음을 거의 야기하지 않는다. 이는 동물에 대한 사랑의 표현이기 때문이다. 동물을 대상으로 하는 (2)-(5)의 범주는 일차적으

로 자연 환경 내지 생태계를 파괴할 위험은 안고 있다. 이는 이미 위험(risk) 내지 악용과 관련하여 충분히 다루었기에 더 이상 논의하지 않을 것이다. 이러한 논의는 일종의 공리주의적 접근법이다. 하지만 (2)-(5)는 공리주의가 아닌 다른 윤리이론의 관점에서 보면 새로운 윤리적 물음을 야기한다. 그것은 크게 두 가지이다. 하나는 권리론의 관점이요 다른 하나는 자연법의 관점이다. 권리론의 관점에서 보면 동물의 복지 내지 동물의 권리가 문제시되는 반면에, 자연법의 관점에서 보면 자연의 질서에 반한다는 물음으로 흔히 '신 노릇하기'(playing God) 물음이 발생한다. 후자의 물음은 6절에서 논의하기로 하고, 전자의 물음부터 살펴보자.

동물의 특정 형질을 강화하는 일, 예를 들어 소의 우유 품질을 향상시키거나 그 양을 증대시키는 일은 우리 인간 편에서는 유익하다. 하지만 형질 강화 목적으로 유전자 편집은 동물 대상 실험윤리를 온전히 준수한다 해도 동물 권리 차원에서 문제가 된다. 그러니까 동물이 인간과 동등한 도덕적 지위를 지닌다고 말하기는 어려울지 모르지만, 적어도 고등동물, 특히 쾌와 고통을 느낄 수 있는 유정성(sentience)을 지닌 고등 동물은 사람에 준하는 도덕적 권리를 지닌다는 데 대해서는 오늘날 환경철학에서는 상당한 지지를 얻고 있다. 인간중심주의가 아닌 이러한 동물 중심주의 내지는 생명 중심주의 관점에서 보면 강화 목적으로 동물의 유전자를 편집하는 일은 도덕적으로 문제가 된다. 단순히 기존 형질의 강화 차원을 넘어, 새로운 형질을 갖는 동식물을 합성하는 유전자 변형 동물의 경우도 예외가 아니다. GMOs의 경우와 마찬가지로 "도대체 누구를 혹은 무엇을 위한 유전자 편집인가?"를 우리는 묻지 않을 수 없다. 이러한 강화나 변형의 유전자 편집은 당사자인 개별 동물 내지 동물 종으로부터 동의를 얻기가 어려울 것이다. 사실 진화생물학에 따르면 지금의 동물은 적자생존의 논리에 따라 현재의 환경에 가장 잘 적응하는 유전자 풀을 갖고 있는데, 이에 대한 변형은 인간에게는 유익할지 모르나 동물에게는 유익하다고 말하기가 어렵다. 다시 말해, 이러한 유전자편집은 인간중심주의를 취하지 않는 한 윤리적으로 정당화되기 어렵다.

(12)의 인공 '인간'은 '전자인간'으로 불리는 AI 로봇에 비유되는 일종의 '유전자 인간'이다. 이는 인공적으로 만들어진 유전자를 재료로 수정란을 만들어 인간 자궁 내지는 인공 자궁에 착상시켜 발달시킨 인간이다.[15] 물론 현실적 개연성은 희박하지만, 이러한 인간이 태어나면 그야말로 '족보'가 없는 돌연변이로 '신인류', 즉 '호모 사피엔스'가 아니라 '호모 지누스'(유전자인, Homo-genus)가 될 것이다. 족보가 없기에 가족관계는 아예 생각조차 할 수 없을 것이다. '유전자 인간'은 인공 유전자 재료를 사용하여 과학자들이 만들어낸 인간이라는 점에서 태어나는 자연인과 완전히 다르다. 즉, 유전자 인간은 인간의 손에 의해 미래 아기의 유전자가 인위적으로 결정되는 반면에, 자연인은 부모로부터 각각 반씩 임의적으로 유전자를 물려받는다. 이 '유전자 인간'은 복제인간과도 다르다. 물론 인공자궁이 개발되면 자연인도 복제인간도 이를 이용할 수 있지만, 복제인간의 유전자는 사람의 손으로 만들어진 것이 아니라, 단지 다른 사람으로부터 얻어진 것일 뿐이다. 이러한 복제인간에 대해서도 윤리적으로 옳지 않다는 이유로 모든 나라에서 법으로 강력하게 규제하고 있는 현실을 감안하며, 이러한 유전자 인간에 대해서도 우리는 법을 통해 충분히 규제할 수 있을 수 것이다.[16] 따라서

....

15 박정연, "'인체 씨앗' 단계까지 구현한 인공배아…윤리 논쟁 재점화되나", 『동아사이언스』, 2024.09.17. https://m.dongascience.com/news.php?idx=67449(2024.09.20 접속)

16 J. Harris, "Germ line Manipulation and Our Future Worlds", *The American Journal of Bio-*

철학적으로 혹은 윤리학적으로는 유전자 인간의 도덕적 지위는 논의될 수 있겠지만 현실적 존재 가능성은 희박하기에, 이미 현실화되고 있는 AI 로봇의 도덕적 지위 논쟁만큼, 그렇게 큰 화두는 되지 못할 것이다.

5. 인간 대상 유전자 편집: 유전자 성형의 윤리

하지만 인간 유전자를 대상으로 한 재설계는 윤리학적으로 그렇게 간단하지 않다. (12)가 용납될 수 없듯이, (11)도 윤리적으로 용납되기 어렵다. (11)은 인간의 신체 기관을 변형 내지 증설하기 위해 유전자 편집을 시도하는 일이다. 예를 들어, 유전자 편집을 통해 우리는 세 팔을 가진 인간을 만들어낼 수 있다. 유전자 편집의 부작용으로 이런 기괴한 일이 발생할 수는 있겠지만, 아무리 학문의 자유를 강하게 주장해도 의도적으로 이러한 유전자 편집을 시도하는 과학자는 없을 것이기에 (11)도 윤리학적 지형도에서 우리는 충분히 제거할 수 있다. 이제 남은 문제는 세 종류이다. 첫째는 인간 대상의 유전자 재설계요, 둘째는 이종교배의 물음으로 마지막 셋째는 4절에서 유보한 신 노릇하기 물음이다. 우선 이종교배부터 살펴보자. 물론 이종교배 유전자 편집도 그 유형이 다를 수 있다. 예를 들어, 2018년 일본 연구팀은 게놈 편집을 통해 1개 30억 원짜리 '황금알'을 낳는 닭을 만드는데 성공했다.[17] 이는 암과 간염 치료약에 사용되는 '인간 인터페론β'를 만드는 유전자를 닭에 삽입시켜 얻어진 결과물이다. 한 걸음 더 나아가 이식용 장기를 얻기 위해 인간 유전자를 동물, 특히 돼지에게 삽입시키는데도 우리

ethics, vol.15, no.12, 2015, p.30.

17 연합뉴스, "연구팀 1개 30억원짜리 '황금알' 낳는 닭 만들었다", 『문화일보』, 2018. 09. 05.

는 유전자 편집 기술을 이용할 수 있다. 치료 목적으로 이러한 이종교배 유전자 편집은 앞서 논의한 안정성이나 동물의 복지 등의 물음을 제외한다는 윤리적으로 반대하기 어렵다. 하지만 공상영화에서 볼 수 있는 '키메라'는 윤리적으로 논란거리이다. 사람의 세포나 조직으로 발달할 수 있는 유전자를 지닌 '인간 돼지'나 '인간 원숭이' 등이 출현한다면 우리는 이를 어떻게 받아들여야 하는가? 자연의 질서에 반한다는 종교계의 비판은 불을 보듯 뻔하다. 유전자 환원론이 참이 아니기 때문에, 인간 세포를 지녔다고 해서 그 유기체가 인간이 되지는 않을 것이다. 키메라가 지닌 인간과 닮은 특질들은 어디까지나 생물학적 특징에 불과하다. 즉, 이러한 키메라는 의식을 지니지 않아 인간과 같은 도덕적 지위를 지닌다고 말할 수 없을 것이다.[18] 물론 현실적 개연성은 희박하지만 유전자 편집으로 '새(bird) 인간'이나 '말(horse) 인간' 등이 출현하면 문제가 달라진다. 왜냐하면 생물학적으로 인간과 다른 날개나 다리를 가졌다고 해서, 인간이 아니라고 말하기 어렵기 때문이다. 사회적 혼란을 줄이자면 이러한 키메라는 아예 출현하지 않도록 법으로 금지해야 할 것이다. 그럼에도 이러한 키메라의 가능성은 인간과 비인간을 구분하는 기준이 무엇인가라는 어려운 철학적 물음을 던진다.

(7)-(10)은 이종교배와는 다른 윤리 물음을 낳는다. 5절에서 필자는 유전자 재설계에 해당하는 (7)-(10)을 윤리적으로 논란이 적은 범주를 출발점으로 삼아 논의하고자 한다. 이러한 논의를 바탕으로 셋째 물음에로 자연스럽게 나아가는 것이 이 논문의 전략이다. 유전자 편집을 인류가 환호하는 근본 이유는 바로 질병을 치료할 수 있기 때문이다. 유전자의 변이로 발생하는 유전적 질환은 유전자를 정상으로 교정

18 E. Rodriguez, "Ethical Issues in Genome Editing using Crispr/Cas9 System", *Journal of Clinical Research &Bioethics*, vol.7, no.2, 2016, p.3.

하면 얼마든지 치료될 수 있다. 이것이 바로 유전자 치료이다. 실제로 2023년 12월 3세대 크리스퍼-캐스9 기술을 활용한 첫 의약품(캐스게비; Casgevy®)이 미국 FDA 승인을 받으면서 겸상적혈구병(SCD)과 베타지중해빈혈(TDT) 등의 치료에 새로운 지평을 열었다.[19]

이는 그 대상으로 무엇으로 하느냐에 따라 둘로, 즉 (7)과 (8)로 나눠진다. 체세포 유전자 치료에 해당하는 (7)은 안정성, 효율성, 비용 등의 문제를 논외로 한다면 윤리적으로 문제가 없다. 다만 여기서 한 가지 도덕적 고려사항은 다른 경우에도 마찬가지이지만 자율성 존중 원칙의 준수 여부 물음이다. 즉, 위험에 비해 이득이 충분히 크고, 또 충분한 설명에 근거한 동의(informed consent)를 얻을 수 있다면 (7)은 윤리적으로 정당화된다.[20]

다 같은 유전자 치료에 해당하지만, (8)은 (7)만큼 윤리적으로 정당화되기는 어렵다. 체세포와 달리 정자, 난세포, 배아 등의 생식세포의 경우 유전자 변형을 가하게 되면 다음 세대에도 변이된 유전자가 유전되기 때문이다. 물론 이렇게 되면 부모의 병이 자녀에게 유전되지 않는, 그럼으로써 자녀의 병을 사전에 예방할 수 있는 큰 이점이 있다. 바로 이러한 이유를 들어 줄리안 새벌레스쿠(J. Savulescu) 등은 질병 치료를 위한 유전자 편집 연구의 계속 진행은 '도덕적 명령'(moral imper-

....

19 BRIC, "미세 유체 기반의 신개념 크리스퍼(CRISPR) 유전자 편집 기기 개발", https://www.ibric.org/bric/trend/results-of-research.do?mode=view&articleNo=9927206#!/list

20 그러나 여기에도 한 가지 문제 영역은 존재한다. '유전적 거세' 물음이다. 성 범죄자에 대한 화학적 거세의 윤리적 정당성이 논쟁거리이듯이, 사회적으로 굉장히 위험한 중범죄의 재발을 예방하기 위해 법은 이러한 범죄자에 대해 폭력 관련 유전자 제거를 명령할 수 있는가의 도덕 물음이 발생한다. 이는 법과 연관된 형사상 정의 문제로 여기서는 논외로 하고자 한다. 이에 관한 논의는 E. Rodriguez, "Ethical Issues in Genome Editing using Crispr/Cas9 System", pp.1-4를 참고하라.

ative)이라고 주장한다.[21] 한 걸음 더 나아가 이들은 이러한 연구를 계속 했다면 혜택을 받을 수 있었을 많은 사람들의 죽음 내지는 질병의 고통에 대해 이러한 연구를 의도적으로 포기한 자들이 도덕적으로 책임을 져야한다고 하면서, 유전자 편집 연구는 선택사항이 아니라 '도덕적 필수'(moral necessity)라고까지 역설한다.

공리주의 윤리에 따르면 이는 상당히 설득력 있는 주장이다. 하지만 이에 대해 생명윤리학자들은 다른 관점에서 두 가지 의문을 던진다. 하나는 안전성의 물음이다. 예를 들어, 헌팅턴병처럼 단일 유전자 질병인 경우 그 안정성 입증은 그렇게 어렵지 않지만, 유전자와 질병의 관계는 대부부의 경우 1:1의 인과관계가 아니다. 하나의 질병에 여러 유전자가 관련되고, 또 하나의 유전자가 하나의 특정 질병과만 관련되지 아니하고 다른 정상 기능과도 인과적으로 연관되어 있다. 이 안진성 물음에 대해 제니퍼 다우드나(J.A. Doudna)와 사무엘 스텐버그(S.H. Sternberg)는 "이런 과정이 정말로 안전하게 후손의 유전 질병을 모두 제거할 수 있을까? 아니면 예견할 수 없는 부작용을 낳을까?"라고 반문하면서 이렇게 답한다.[22] "이 질문의 답을 알 수 있는 실험을 우리는 할 수 없다." 치료 목적의 유전자 편집이 정말로 안전한지는 과학적으로 입증할 수 없다는 말이다. 아니, 더 정확하게 말하자면, 이러한 임상시험은 원천적으로 불가능하다. 생식세포 유전자 치료의 안전성을 입증하자면, 그러한 시술을 받은 아이가 태어나 죽을 때까지 관찰해야 하는데, 이는 현실적으로 불가능하다. 또 안전하지 않아 해악이 발생하면 누가

....

21 J. Savulescu et al., "The Moral Imperative to Continue Gene Editing on Human Embryos", *Protin & Cell*, vol.6, no.7, 2015, pp.476-479.

22 J.A. Doudna & S.H. Sternberg, *A Crack in Creation: Gene Editing and the Unthinkable Power to Control Evolution*, p.265.

책임을 져야 하는가? 더군다나 생식세포는 한 세대에만 유전되는 것이 아니라 그 다음 세대에도 계속 유전되기에 그 안전성을 확인할 길이 없다.[23] 안전하다는 것은 어디까지나 하나의 가설에 지나지 않는다. 그래서 생식세포 유전자 편집에 대해 안전성이 입증될 때까지의 모라토리움(moratorium) 주장은 상당한 설득력을 지닌다.

다른 하나는 동의 물음이다. 즉, 생식세포 유전자 편집이 윤리적으로 문제가 되는 근본 이유는 다음 세대의 동의를 얻기가 원천적으로 불가능하기 때문이다.[24] 이러한 반론에 대해 생식세포 유전자 치료를 받을 바로 그 시점에는 아직 다음 세대가 아예 존재하지 않았기 때문에 동의 물음은 발생하지 않는다는 반박이 가능하다.[25] 또 일부에서는 이미 다른 보조생식 의술, 예를 들어, 체외수정이나 착상 전 유전자 진단 등의 경우 예비 부모의 동의만으로도 정당화되듯이, 이러한 생식세포 유전자 편집도 예비 부모의 동의만으로 정당화된다고 주장한다.[26] 그러나 이러한 정당화는 어디까지나 그러한 시술로부터 예비 부모나 미래 아기가 얻는 이득이 위험을 능가할 경우에만 성립된다.[27] 하지만 생식세포 유전자 편집 치료는 이러한 안전성이 입증되지 않았다. 한 걸음 더 나아가 이러한 유전자 치료가 문제가 되는 이유는 결국 이는 자녀의 유전자를 결정하는 길을 열어주는 셈이 되기 때문이다. 하지만 건강한 자녀를 갖고 싶은 부모의 마음은 인간 본성, 그것도 선한 본성임을 받아들이면 비록 이처럼 문제의 소지가 있어도 안전성만 입증된다면 (8)

....

23 E. Lanphier et al. "Don't Edit the Human Germ Line", *Nature*, vol.519, 2015, pp.410–411.

24 E. Rodriguez, "Ethical Issues in Genome Editing Using Crispr/Cas9 System", p.3.

25 J. Harris, "Germ line Manipulation and Our Future Worlds", p.32.

26 전방욱, 「인간배아 유전체 편집에 관한 윤리적 쟁점」, 한국생명윤리학회, 『생명윤리』, 제16권 제2호, 2015, p.24.

27 T. Ishii, "Germ Line Genome Editing in Clinics: The Approaches, Objectives and Global Society", *Briefings in Functional Genomics*, vol.16, no.1, 2017, pp.46–56.

을 윤리적으로 받아들이는 데는 큰 문제가 없어 보인다.

치료를 넘어 유전적 강화(genetic enhancement)에로 넘어가게 되면 윤리적 심각성은 더 증대된다. 인간의 자질은 크게 신체적 자질, 지능적 자질, 그리고 도덕적 자질로 구분되는데, 유전자 편집은 이 세 자질 모두에 있어서 함양 내지 강화의 길을 열어주고 있다.[28] 유전자 치료는 논리적 필연성은 아니라 할지라고, 지금보다 더 나아지려고 하는 인간 욕망으로 인해 미끄러운 언덕길을 따라 강화에로 나아가는 것은 실천적 필연성에 가깝다. 치료와 강화의 구분이 어렵기 때문에 이러한 미끄러운 언덕길은 더 가파를 수밖에 없다.[29] 일반적으로 신체의 외모에 관해 우리는 성형의 자유를 지닌다(외모 성형을 필자는 유전자 성형과 대비하여 물리적 성형이라 부르고자 한다). 물리적 성형의 자유는 행복추구권과 몸에 대한 자기 소유권으로부터 윤리적으로 정당화된다. 물론 몸의 자기 소유권에 대해 우리는 얼마든지 반론을 제기할 수 있다. 우리 몸을 하나님의 선물로 받아들이는 기독교 교리나 『효경』(孝經)의 '신체발부수지부모'(*身體髮膚受之父母*) 사상에 따를 경우, 비록 내 몸이라 할지라도 나는 내 몸에 대해 마음대로 할 수 없다. 하지만 존 로크(J. Locke)나 로버트 노직(R. Nozick)의 자유주의 철학에 따르면, 우리는 몸의 자기소유권을 인정할 수밖에 없고, 이 소유권으로부터 우리는 얼마든지 신체적 자율권을 주장할 수 있기 때문에 물리적 성형의 자유는 존중되어야 할 것이다.

물론 이에 관한 또 다른 반론도 가능하지만 일단 물리적 성형의 자

....

28 김상득, 『생명의료윤리학』(서울: 철학과현실사, 2000), p.194.

29 구획 기준이 어려움으로 인해 실제에 있어서는 이 둘의 구분이 어려운 회색지대가 존재한다. 다만 여기서는 패러다임 사례에 국한하고자 한다. 치료와 강화의 구분에 관해서는 김상득, 『유전자 윤리학』(서울: 철학과현실사, 2009), pp.144-151을 참조하라.

유를 인정하자. 그러면 동일한 논리에 근거하여 유전자 성형의 자유도 주장할 수 있는가? 물론 '성형'이라는 점에서 유전자 성형은 물리적 성형과 공통점을 지닌다. 하지만 유전자 성형은 물리적 성형과 도덕적으로 차이가 있다. 그 이유는, 유전자 결정론이나 유전자 환원론은 참이 아니라 할지라도, 개인의 정체성은 유전자와 깊은 상관성을 지니기 때문이다. 우리는 유전자 상관주의는 받아들일 수밖에 없다. 다시 말해, 한 인간의 정체성 형성에는 신체적 외모보다 능력이나 자질, 혹은 성격 등이 훨씬 더 결정적인 역할을 하는데, 유전자 성형은 바로 이러한 능력, 자질, 성격 등과 인과적으로 연관되어 있다. 체세포를 넘어 생식세포마저 편집하게 되면 인간성 자체에 변화가 일어날 것이다. 예를 들어, 조지 안나스(G. Annas)는 생식세포 편집이 인간 존재의 본질을 변화시키며, 인간 유전자 풀의 변형은 인간성 자체를 치명적인 방향으로 바꿔놓을 것이라는 우려를 표명하면서, 그 어떤 회사나 기업은 물론이거니와 그 어떤 개별 과학자도 인간 본성을 변경시킬 자격이 없다고 경고한다.[30]

자아정체성이나 인간성의 본성만이 문제가 아니다. 유전자 성형은 우리 사회가 소중하게 여겨온 전통적인 두 가치를 손상시킨다는 비난을 받는다. 하나는 개인 차원에서의 노력의 덕목 물음이요 다른 하나는 사회 차원의 정의의 물음이다. 유전자 결정론이 참이 아니기에, 유전자를 바꾼다고 해서 그 사람의 자질이나 능력이 곧바로 향상되지는 않는다. 여전히 개인 노력이 필요하다. 이제까지 우리가 운동선수나 위대한 업적을 남긴 분들을 존경하는 근본 이유는 훈련과 학습이라는 피나는 노력이 깃들어졌기 때문이 아닌가? 유전자 성형은 이러한 노력보다 유

....

30 G. Annas, "Viewpoint: Scientists Should Not Edit Genomes of Human Embryos", *School of Public Health*, April 30, 2015.

전자를 바꾸는 일을 더 중요하게 여기는 풍토를 만들어내어 노력의 덕목이 갖는 가치가 손상될 것이다.

사회 정의의 물음은 윤리적으로 이보다 더 심각하다. 현재도 불평등은 아주 중대한 사회적 이슈이다. 그러면 유전자 성형은 이러한 불평등을 완화시켜주는가? 불행하게도 많은 학자들은 이러한 불평등을 심화시킬 것이라고 예견한다. 그 이유는 의외로 간단하다. 비용으로 인해 접근 기회가 균등하게 제공되지 않기 때문이다. 즉, 크리스퍼 유전자 가위로 인해 유전자 편집 비용이 상당히 줄어든 것은 사실이지만, 그럼에도 유전자 성형은 여전히 그 비용이 만만하지 않다. 따라서 초기 유전자 성형을 이용할 수 있는 자는 그 비용을 충당할 수 있는 부유한 자들이다.[31] 이는 곧 접근권의 불평등 물음을 낳는다. 접근권의 불평등은 결과의 부정의로 이어진다. 즉, 이렇게 되면 부의 불평등이 곧 유전자의 불평등, 즉 생물학적 불평등을 낳고, 이 생물학적 불평등은 다시 부의 불평등을 심화시키는 악순환이 일어나리라는 것은 충분히 예견 가능하다.

이에 대해 일부에서는 새로운 의술은 언제나 초기 비용은 비쌌지만 대중화됨으로 결국 모든 사람에게 유익을 가져다주지 않았느냐고 반론을 제기한다. 이는 의학사에서 부인하기 어려운 사실이다. 하지만 부의 불평등보다 자질의 불평등은 그 극복이 더 어렵다. 왜냐하면 부의 불평등은 누진세 등을 통한 재분배가 가능하지만, 자질의 불평등은 재분배가 현실적으로 불가능하기 때문이다. 우리의 현실에서, 그리고 세계 현실에서 알 수 있듯이, 한 번 만들어진 불평등은 시간이 지남에 따라 완화되지 않고 고착화되어 그 개선이 어렵다. 따라서 우리는 행복추구권이나 몸의 자기소유권을 근거로 유전자 성형의 자유를 지닌다고

31 M.O. Otieno, "CRISPR-Cas9 Human Genome Editing: Challenges, Ethical Concerns and Implications", *Journal of Clinical Research &Bioethics*, vol.6, no.6, 2015, pp.1-4.

단정적으로 주장할 수 없고, 평등 내지 정의의 관점에서 이를 도덕적으로 재평가해야 한다.

6. 생식세포 유전자 편집: 맞춤아기의 윤리

자기 자식에 대한 인간의 사랑은 끝이 없다. 부모는 건강한 자녀를 원할 뿐만 아니라 자질이 뛰어난 똑똑한 자녀가 태어나기를 소망한다. 이러한 본능을 감안하면, 강화 목적의 유전자 편집은 체세포에 머무르지 않고 생식세포에까지 확장되리라는 것은 명약관화한 일이다. 생식세포의 유전자 변이는 다음 세대에 유전된다는 점에서 체세포의 그것과 전혀 다르다. 따라서 (10)은 (9)가 안고 있는 윤리적 물음에다 생물학적 유전이라는 '+α'의 도덕 문제를 야기한다. 그래서 〈인간 유전자 편집에 관한 국제 정상회담 조직위원회〉에서는 초기 인간배아나 생식세포가 유전자 편집되었다면 이를 임신하는데 이용되어서는 아니 된다고 아예 금지하고 있다.[32] 그럼에도 불구하고 (10)에 대한 관심은 굉장히 뜨거울 뿐만 아니라 그 정도는 다르지만 이미 현실화되고 있다. 바로 '맞춤아기'(designer's baby)이다. 맞춤아기는 세 의술에 그 토대를 두고 있다. 첫째는 생식생물학의 분수령이 된 체외수정 의술(IVF)이요, 둘째는 산전 유전자 진단 의술(PGD)이요, 마지막 셋째는 유전자 편집 의술이다. 이미 첫째와 둘째는 상용화 되고 있는 가운데, 셋째의 유전자 편집 의술이 발달함에 따라 맞춤아기는 새로운 윤리적 국면을 맞이하게 되었다.

....

32 인간유전자 편집에 관한 국제 정상회담(2015.12.1.–3.)의 "인간 유전자 편집에 관한 성명" 전문은 전방욱, 「인간배아 유전체 편집에 관한 윤리적 쟁점」, pp.28-29를 참조하라.

맞춤아기는 크게 둘로 생각할 수 있다. 하나는 배아 선택이요, 다른 하나는 배아 편집이다. 전자는 체외 수정된 여러 배아들 가운데 유전자 진단을 통해 어느 한 배아를 선택하여 여성 자궁에 착상시켜 아이를 출산시키는 경우를 말하는 반면에, 후자는 여기에서 한 걸음 더 나아가 배아의 유전체를 부모가 원하는 방식대로 편집하여 아이를 태어나게 하는 경우이다. 전자는 주로 특정 유전자 관련 질병을 미연에 방지하기 위한 목적으로 행해지기에 '유전자 치료'와 그 도덕성이 동일하다고 볼 수 있다. 하지만 '구세주 아기'(savior siblings)는 그 성격이 다르다.[33] 구세주 아기란 이미 태어난 형제자매나 부모 혹은 제3자의 질병을 치료할 목적으로 산전 진단을 통해 특정 유전자를 지닌 배아를 의도적으로 선택에 여성의 자궁에 착상시켜 태어난 아기를 말한다. 구세주 아기는 착상하는 순간부터 장기나 세포를 제3자에게 증여할 목적으로 만들어진다. 몇 년 전 팬코니 빈혈증을 앓고 있는 누나 '몰리'에게 골수 이식에 필요한 혈액 세포를 제공하기 위해 체외수정을 통해 태어난 '애덤'이 그 좋은 예이다.[34] 인간 생명은 그 무엇의 수단이 될 수 없는 그 자체로 목적적 존재이다. 이는 칸트(I. Kant) 철학이 남긴 위대한 윤리적 유산이다. 물론 구세주 아기도 그 유형에 따라 윤리적 평가를 달리해야 하지만, 일부 구세주 아기는 태어날 때부터 수단적 존재로 전락시킴으로 인간존엄성 훼손이라는 도덕적 비난을 면하기 어렵다.

배아 선택을 넘어 강화 목적의 배아 편집을 통한 맞춤아기는 윤리적으로 어떠한가? 이러한 맞춤아기는 유전자 편집 윤리의 결정체라고 말할 수 있다. 왜냐하면 이러한 맞춤아기는 인간 대상 유전자 편집

....

33 J.A. Doudna & S.H. Sternberg, *A Crack in Creation: Gene Editing and the Unthinkable Power to Control Evolution*, p.269.

34 김상득, 『유전자 윤리학』, pp.12-13.

과 관련된 안전성, 다음 세대의 동의, 자아정체성, 및 사회적 불평등 등의 모든 윤리적 문제에다 부모에 의한 자녀의 유전자 결정이라는 새로운 도덕 문제를 낳기 때문이다. 이미 태어나 삶을 영위하고 있는 우리의 유전자는 '자연적 운'의 결과물이다. 부모로부터 유전자를 물려받지만, 부모가 유전자를 결정하지는 못했다. 태어나는 자녀조차도 자신의 유전자를 선택하지 못한다. 하지만 이제 시대가 바뀌었다. 자녀는 정작 자기 몸의 일부이지만 본인의 유전자를 선택하지 못하지만, 부모는 의사의 도움을 받아 자녀의 유전자를 선택할 수 있다.

유전자를 선택할 수 있다면 좋은 일이 아닌가? 실제로 일부 학자들은 재생산 권리(right to reproduction) 내지 생식의 자유(reproductive freedom)를 이유로 들어, 자녀에 대한 부모의 이러한 유전자 편집을 금지하기가 어렵다고 주장한다. 하지만 이에 대한 반론도 만만찮다. 강화 목적의 생식세포 편집은 "어떤 종류의 자녀를 낳을 것인가?"의 문제로 단순히 자녀를 낳을 것인가 말 것인가, 몇 명의 자녀를 낳을 것인가 등과 같은 부모의 재생산 권리 내지 생식의 자유와는 질적으로 다르기 때문이다. 이렇게 보는 데는 또 다른 두 가지 이유가 있다. 하나는 실천윤리학의 문제요 다른 하나는 윤리 형이상학의 문제이다. 일상 삶에서도 그러하듯이, 선택에는 언제나 기준이 문제시 된다. 다시 말해, 어떤 유전자의 강화를 선택했다면, 이는 그와 상관된 자질이나 능력의 선택이며, 이는 곧 그러한 자질이나 능력의 가치를 높게 평가했다는 말이 된다. 여기서 실천윤리학의 문제가 발생한다. 그러면 부모의 이러한 가치 평가는 과연 윤리적으로 옳은가? 부모의 이러한 가치 내지 자질 선택이 미래 아기에 정말로 도움이 되는지는 아무도 알 수 없다. 이러한 사실로 인해 부모의 선택은 '도박'에 가깝다. 무엇보다 가치 실재론 내지 가치 객관주의를 받아들이지 않으면, 부모의 이러한 가치 평가는 지극히 주관적일 수밖에 없게 된다. 자녀의 유전자 선택에 관한 공정성이 확보되지 않고, 국가의 지배적인 가치관에 의해 혹은 단순히 부모의 주관적인 가치 선호도에 따라 결정되면 자녀의 득실을 떠나 부모와 자녀 관계의 뿌리가 흔들리게 된다. 도대체 부모는 무슨 자격으로 자녀의 유전자를 결정할 권한을 갖는가? 이렇게 되면 미래 아기는 자기 인생의 '저자'가 아니라, 부모라는 감독에 따라 연기하는 연극의 '배우'로 전락하게 된다. 이는 곧 부모에 의한 자녀 지배로, 자녀의 인격적 독립성과 자율성에 대한 중대한 위협이 아닐 수 없다. 이렇게 되면 자녀는 '소중한 선물'(gifts)에서 하나의 '상품'(commodities)으로 전락한다고 미국 국립보건원장인 프란시스 콜린스 박사(F.S. Collins)는 꼬집고 있다.[35]

이와 밀접하게 연관된, 강화 목적의 생식세포 유전자 편집은 윤리 형이상학의 관점에서도 또 다른 문제를 야기한다. 그것은 바로 자연에서의 인간의 존재론적 지위 물음이다. 이제까지 인간의 생과 사는 인간을 넘어선 자연 내지 절대자의 영역이었다. 태어나고 죽는 일은 자연의 한 과정이었다. 죽음 자체를 외면할 수는 없지만, 존엄사의 허용으로 죽음의 권리는 이미 상당히 많은 나라에서 인정되고 있다. 이제 유전자 편집으로 우리는 태어남의 권리를 획득하게 되었다. 태어남의 권리는 생식의 권리 완결판이라고 말할 수 있다. 이로써 이제 인간은 절대자인 신의 자리를 넘보게 되었다. 다시 말해, 인간은 생과 사라는 신의 역할을 대신하게 되었는데, 이를 '신 노릇하기'(playing God)라 한다. 이제 우리는 자연스럽게 지금까지 보류되었던 신 노릇하기 물음을 논의할 수 있는 지점에 이르렀다. 물론 신의 존재 자체를 부정하는 이들도 많다. 여기서 신은 비유적으로 사용된다. 인간의 힘으로 어떻게 할 수 없

....

35 P. Skerrett, "Experts Debate: Are We Playing with Fire when We Edit Human Genes?", p.2. https://www.statnews.com/2015/11/17/gene-editing-embryo-crispr (2018. 09. 01. 접속.)

는 영역 내지 세계의 주권자를 우리는 신으로 통칭한다. 그러니까 인격적 실체로서 신의 존재를 부정해도 이러한 역할을 감당하는 자연마저 부정하는 자도 없다. 즉, 실존주의 철학자들이 말하였듯이, 우리에게는 인간의 힘으로 어떻게 할 수 없는 한계상황이 존재한다. 하지만 이제는 우리 인간이 자연의 주인이 되어, 자연 진화를 이끌어가는 주인공이 되었다. 그래서 일부에서는 '신에 대한 도전'이라고까지 말한다.

물론 합성생물학자들이 주장하듯이, 설사 인간 생식세포 편집을 통해 유전자 변이가 일어난다 해도 이는 빙산의 일각일 수 있다. 세포는 세포분열을 할 때마다 DNA를 복제하며, 이때마다 인간 게놈 어딘가에는 새로운 돌연변이가 두 개에서 열 개 정도 자연스럽게 일어난다. 부모의 유전자를 물려받지만, 태어나는 새 생명체는 약 50-100여개의 무작위 돌연변이를 갖고 새 삶을 시작한다. 우리가 자녀를 갖기 위해 배우자를 선택하는 것 자체도 생식세포 돌연변이를 야기한다. 이런 생물학적 사실에 비추어 보면 크리스퍼를 통해 우리가 인위적으로 만들어내는 돌연변이는 인간이 태어나서 죽을 때까지 우리 몸 속에서 자연스럽게 일어나는 유전자 태풍과 비교하면 상대적으로 그리 크거나 많다고 말할 수 없다. 그래서 하버드대학교 심리학 교수인 스티븐 핑커(S. Pinker)는 "유전자 편집은 자연적으로 들끓는 게놈의 큰 소용돌이에 떨어지는 작은 물방울에 불과하다"고 비꼬아 말한다.[36]

하지만 이것이 우리 인류에게 득이 될지 독이 될지는 아무도 모른다. 자연은, 신은 전지전능하지만 인간은 그렇지 않기 때문이다. 신은 시간적으로 어제와 오늘은 물론이거니와 내일마저 알고 있다. 신은 여기뿐만 아니라, 저기에 대해서, 즉 삼라만상의 모든 것을 알고 있다. 무

....

36 ibid., p.6.

한한 존재인 신 내지 자연에 비해 인간은 유한하기에, 인간이 과연 진화의 주인공으로 전 우주를 아름답게 이끌어갈 지혜가 있는지 의문스럽다. 우주는 그렇다 손치더라도, 우리 인류에게조차 득이 되는 선택을 할 수 있는가? 장담하지 못한다. 그렇다고 인류를 대상으로 실험할 수도 없지 않는가? 누가 책임을 지는가? 콜린스박사가 던지는 질문에 우리는 귀를 기울여야 할 것이다. "인간 게놈은 38억 5,000만 년이라는 오랜 진화를 통해 최적화되었다. 인간 게놈을 생각하는 사람들 몇 명의 소수 그룹이 의도치 않는 온갖 종류의 결과에 대한 고려 없이 이 일을 잘 해낼 수 있다고 진심으로 믿는가?"[37] 또한 주어진 생명과 선택된 생명은 다르다. 주어진 생명에는 '받아들임'이 가능하지만, 선택된 생명에는 선택에 대한 도덕적 책임이 뒤따르기 때문이다. 한 걸음 더 나아가 선택된 생명은 그 존엄성 내지 가치가 상대적일 될 수밖에 없는 운명을 태생적으로 갖는다. 왜냐하면 선택은 언제나 무엇에 의거한 '상대적 선택'이기 때문이다. 이러한 문제는 크리스퍼 유전자 가위를 개발할 정도로 머리가 똑똑하다고 해서 과학자에 의해 해결될 수 있는 문제가 아니다. 이러한 물음은 그 본성이 과학의 영역을 넘어서는, 윤리 형이상학적이어서 그 답을 얻기가 여간 어려운 게 아니다. 아니, 이는 정답 자체가 불가능한 물음이다.

7. 맺는 말: '윤리적 유전자 가위'

유전자 편집은 과학에서만의 혁명이 아니라 윤리학에서도 혁명이

....

37 ibid., p.2.

다. 그 이유는 두 가지이다. 하나는 인간 생명의 비밀에 대한 앎을 가져다주었다는 점이요, 다른 하나는 이제까지 자연으로 선택 불가능했던 생명에 대한 선택이 가능하게 되었다는 점이다. 가능은 곧 선택을 뜻하고, 선택에는 언제나 선택의 기준, 즉 윤리의 잣대가 필요하다. 따라서 유전자 편집은 인간 생명의 선택을 안내할 윤리적 잣대를 요구한다. 공리주의적인 위험 평가는 윤리적 잣대의 한 요소이지 결코 윤리적 잣대 자체가 될 수는 없다. 특히 인간 유전자인 경우 윤리 잣대는 위험 평가 그 이상을 요구한다.

질병 치료를 넘어 강화 목적의 유전자 편집에 요구되는 윤리는 무엇일까? 〈미국 대통령 생명윤리 연구 자문 위원회〉가 제시한 다섯 가지 기준 -(1) 공공의 혜택(public beneficence), (2) 책임 있는 관리(responsible stewardship), (3) 지적 자유와 책임(intellectual freedom and responsibility), (4) '민주적 숙의'(democratic consideration) 그리고 (5) '정의와 공평성'(justice and fairness) -을 우리는 귀담아 들어야 할 것이다.[38] 특히 (4)와 (5)의 기준은 유전자 편집이 정의 물음과 얼마나 깊은 연관성을 지니는지를 잘 말해 준다. 유전자 편집은 세 차원에서 정의의 물음을 야기한다. 첫째는 접근 기회의 물음이다. 국가 간의 기술 격차로 인한 접근권의 불평등도 물론 전 지구적 윤리 차원에서 문제가 되지만, 한 국가 내에서의 빈부 격차로 인한 접근 기회의 불평등은 윤리적으로 중대한 물음이다. 유전자 치료이든 유전자 성형이든 접근 기회에 대해 공평한 기회균등의 원칙이 보장되어야 한다. 이는 공평성의 물음이다. 둘째는 결과의 평등 물음이다. 기회가 균등하게 주어졌다고 모든 문제가 해결되는 것이 아니다. 유전자 편집의 혜택이 실질적으로 모

……

38 PCSBI(Presidential Commission for the Study of Bioethical Issues), "New Directions: The Ethics of Synthetic Biology and Emerging Technologies", Washington, D.C.,2010 참조.

든 시민들에게 '평등'하게 분배되어야 한다. 그렇지 아니하면 유전자 편집은 '유전자 카스트'를 야기하여 사회적 불평등을 심화시킬 것이다. 이는 분배 정의의 물음이다. 마지막 셋째는 절차의 물음이다. 그러니까 유전자 편집과 관련된 윤리 및 법의 제정에 있어서의 공정성이 보장되어야 한다. 그러자면 당연히 민주적 숙의과정을 거쳐야 한다. 이는 절차적 공정성의 물음이다. 어떤 유전자가 인류의 미래에 선한 결과를 가져올지는 아무도 모른다. 어느 누구도 "무엇이 인간 게놈의 개선인가?"의 물음에 대한 결정권을 가질 수 없다. 따라서 강화 목적으로 생식세포 유전자 편집의 경우 다수자 혹은 지배 이데올로기에 의해 다음 세대의 유전자가 결정되지 않도록, 한 걸음 더 나아가 우생학적 목적에 이용되지 않도록 민주적 숙의 과정이 필요하다.

5

인간복제의 윤리: 체세포복제술을 이용한 자녀 출산은 가능한가

이 장은 인간복제가 윤리적으로 허용 가능한가의 물음을 미국 〈국가생명윤리자문위원회〉가 제안한 세 가지 윤리적 문제-개성과 자율성, 가족 정체성, 자녀의 대상화-에 근거하여 비판적으로 고찰하는 데 그 목적이 있다. 체세포핵이식을 통해 복제된 인간은 무성생식으로 원본인간의 쌍둥이다. 하지만 쌍둥이에서 알 수 있듯이, 외모가 유사해도 완전한 개체 동일성을 지닐 뿐만 아니라, 전체적으로 독립된 개성을 지닌다. 생식 과정에 인간의 의도가 개입되었다 해도 복제인간 역시 완전한 자율성을 지닌다. 그리고 인간존엄성 및 자율성 존중이라는 윤리 원칙을 따르는 한 복제인간 자체가 대상화될 우려는 거의 없다. 하지만 복제인간의 출현은 전통적인 가족 정체성을 해체시킬 개연성이 높다. 따라서 가족의 도덕적 이상을 무엇으로 보느냐에 따라 인간복제의 윤리적 허용가능성은 달라질 수밖에 없다. 인간은 생식의 자유를 지니지만, 이는 절대적 자유가 아니라 조건부적 자유로, 다른 도덕적 고려사항에 의해 제한받을 수 있기 때문이다.

1. 과학의 논리와 윤리학의 역할

과학적으로 검증된 바는 없지만, '이브'의 탄생으로 인간복제의 현실화에 대한 우려의 목소리가 높아지고 있다.[1] 하지만 이는 체세포 핵이식이란 새로운 복제술에 의해 돌리가 탄생될 때 이미 예고된 바이다. 돌리 탄생 소식을 듣자마자 미국의 상원의원 톰 하킨(T. Harkin)은, 과학이 새로운 지식을 향해 그 발걸음을 내딛기 시작하면, 그 발걸음을 막을 수 있는 길은 없다고 토로한 바 있다. 이로 인해 '하킨니즘'(Harkinism)이란 신조어가 생겨났다.[2] 즉, 생의학은 그 자신의 내부 힘에 의해 진보하기 때문에, 윤리에 의해 그 발전을 멈추거나 발전 형태를 변화시키지 않는다. 생명복제에 대한 윤리적 반대가 끊임없이 제기되고, 심지어 법적으로 규제하고 있지만 과학은 이에 아랑곳하지 않고 '과학의 길'을 걸어가고 있을 따름이다. 다시 말해, 과학기술은 "할 수 있으면 해도 좋다"는 명령에 따라 움직인다. '신학의 시녀'에서 '과학의 시녀'로 전락한 철학이 과연 이러한 과학의 전횡 앞에 무엇을 할 수 있는가? 철학의 한 분야로 윤리학은 이러한 과학의 기세에 짓눌려 단지 참새처럼 재잘거리기만 할 뿐 아무런 영향력을 행사하지 못한다는 회의론이 일어남직 하다. 우리는 이미 정보기술의 발달로 인해 '윤리지체'(ethics lag) 현상을 실제로 경험하지 않는가? 이는 생명공학의 경우에도 예외가 아니며, 인간복제의 경우에도 예외가 아니다.

과학이 획기적인 발견을 이룩하여 그 길을 걸어가기 시작하면, 그 어떤 것도 이러한 과학의 발전을 가로막을 수 없다. 이렇게 되면 우리

....

1 김광호, "복제인간 검증 '산모·아기 DNA비교' 입증", 「경향신문」, 2002.12.30.

2 A. Caplan, "If Ethics Won't Work Here, Where?", G. McGee, ed., *The Human Cloning Debate*(Berkeley California : Berkeley Hulls Books, 1998), p.86 참조.

는 숙명론에 빠질 수밖에 없고, 과학에 대한 윤리학적 담론은 회의스럽게 된다. 물론 윤리학이 과학의 발전을 멈추게 하거나 혹은 그 방향을 수정하게 한 획기적인 사례 또한 과학사에서 찾아보기 어렵다. 하지만 윤리학이 과학에 미친 영향은 진화론적인 변화 과정을 탐지하는 것과 유사하다. 즉, 진화는 아주 느리게 진행되기 때문에 쉽게 눈에 띄지 않듯이, 윤리학의 영향 역시 아주 느리게 영향을 미친다고 볼 수 있다. 하지만 그 영향의 힘을 과소평가해서는 안 된다. 우리가 평상시에는 공기나 중력의 영향력을 거의 느끼지 못하나, 그것이 없을 때 절실하게 깨닫지 않는가? 마찬가지로 윤리학 역시 그것이 없을 때 비로소 우리는 그 힘과 역할을 확연하게 깨닫게 된다. 2차 세계 대전 당시 공중보건의나 유명한 과학자에 의해 이루어진 비인간적인 인체실험이 이를 잘 말해 주지 않는가?

과학기술 및 사회의 변화로 인해 문화지체 현상이 불가피하듯이, 윤리지체 현상 역시 불가피하다. 윤리학적 담론은 그 지체의 간격을 줄여주어 사회적 안정의 실현에 기여하게 된다. 그렇다고 윤리학적 담론이 언제나 과학의 발전에 대해 시비를 거는 '과학의 반항아'는 아니다. 윤리학적 담론은 비판적 논의를 통해 새로운 과학기술의 발전에 대한 상식인들의 일상적인 염려가 터무니없음을 밝혀 주어 때로 과학의 장애물을 제거해 주기도 한다. 윤리학은 크레타 섬 미궁에 갇힌 다이달로스가 탈출을 시도하면서 그 아들 이카로스에게 "너무 높이도 날지 말고 너무 낮게도 날지 말라"는 충고를 겸허하게 받아들여 과학에 대해 때로는 브레이크의 역할을, 또 때로는 엑셀레이터의 역할을 함께 감당한다.

2. 복제인간의 개체동일성과 개성

복제기술에는 배아분할 복제와 체세포 핵이식 복제가 있고 또 생명복제 역시 여러 유형이 있지만, 여기서는 생식을 목적으로 한 인간 개체복제에 국한하여 논의하고자 한다.[3] 인간복제에 관한 도덕적 찬반 논쟁은 크게 두 가지 물음에 초점이 맞추어져 있다.[4] 하나는 인간복제가 기본적인 도덕적 권리 내지 인권을 침해하는가의 물음이요, 다른 하나는 인간복제가 개인 및 사회에 미치는 해악과 혜택에 관한 물음이다. 그러니까 옹호론자와 반대론자는 이 각각의 물음에 대해 윤리적으로 서로 다르게 평가하고 있다. 이 두 가지 물음을 차례대로 논의할 수 있다. 하지만 자연법이나 도덕적 직관 혹은 종교적 입장을 견지하지 않고서는 인간복제가 개인의 도덕적 권리 내지 인권을 침해하는지의 물음은 사실상 논증이 불가능하다. 왜냐하면 복제 옹호론자나 반대론자 모두 기본적인 도덕적 권리 내지 인권이 존재한다는 윤리 원칙에는 동의하지만 그 구체적인 도덕 규칙 내지 외연에 대해서 해석을 달리하고 있기 때문이다. 즉, 이 두 물음은 본질적으로 구분되는 것이 아니라 서로 얽혀있으며, 전자의 물음은 후자의 물음에 따라 달라질 수밖에 없다. 그래서 필자는 미 〈국가생명윤리지문위원회〉가 인간복제와 관련하여 제기한 4가지 윤리적 문제를 중심으로 논의하고자 한다. 그 4 가지 문제란 바로 개성과 자율성, 가족 정체성(family integrity), 자녀의 대상화

3 생명복제의 유형별 분류 및 동물복제에 관해서는 김상득, 『생명의료윤리학』(서울: 철학과현실사, 2000), pp.104-111 참조하라. 그리고 배아복제의 윤리에 관해서는 김상득, 「복제배아의 도덕적 지위 물음: 자아동일성 입론」, 철학연구회, 『철학연구』, 제57집, 2002, pp.321-40을 참조하라.

4 D. Brock, "Cloning Human Beings: An Assessment of the Ethical Issues Pro and Con", M.C. Nusbaum and C.R. Sunstein, eds., *Clones and Clones*(New York: W.W.Norton & Company, Inc, 1998), p.141.

(treating children as object), 그리고 안전성 등이다.[5]

물론 일부에서는 안전성 물음과 상관없이 인간복제를 옹호하기도 하지만[6], 악행 금지의 원칙에 따를 경우 안전성 물음이 해결되지 않을 경우 인간복제는 옹호되기 어려워 보인다.[7] 안전성 물음 역시 윤리적으로 중요하지만 여기서는 일단 인간복제가 안전하다고 가정하고 논의를 전개하고자 한다. 즉, 다른 생식보조 의술과 마찬가지로 인간복제 기술을 이용하여 건강한 아이를 출산할 수 있다고 할 경우, 왜 우리는 인간복제에 윤리적으로 반대하는가? 이러한 문제 제기에는 이미 각 개인은 생식의 자유(reproductive liberty)를 지닌다는 전제가 함축되어 있다. 체외수정을 비롯한 각종 생식보조 의술은 비록 불임 문제 자체를 치료해 주지는 않지만, 자녀 출산을 적극적으로 도와주는 생식보조 의술로 이미 널리 인정받고 있다. 비배우자간 인공수정이나 대리모에 관한 윤리적 찬반 논쟁에 제기되고 있지만, 배우자간 인공수정에 대해서는 배아 파괴의 물음을 제외하고는 그 시술방식이 어떠하던지 간에, 별다른 윤리적 반론이 제기되지 않는다. 그래서 일부에서는 생식에 사용되는 핵과 난세포 및 자궁이 배우자에게서 얻어지는 경우, 인간복제 기술을 생식보조 의술의 하나로 간주할 것을 제안한다. 즉, 배우자간 인간복제는 생식의 자유에 속한다. 물론 인간복제를 생식보조 의술로 보기가 어려운 특성이 있다. 기존의 모든 생식보조 의술은 정자와 난자의 만남 내지는 태아의 성장을 도와주는 의술이다. 하지만 인간복제는 정

....

5 R. Lewontin, "The Confusion over Cloning", G. McGee, ed., *The Human Cloning Debate*, p.129 참조.

6 R.F. Chadwick, "Cloning", *Philosophy*, vol.57, 1982, pp.201-209 및 J.A. Robertson, "The Question of Human Cloning", *Hasting Center Report*, vol.24, 1994, pp.6-14 참조.

7 안전성에 관한 자세한 논의는 정광수, 「인간개체복제에 대한 윤리적 검토」, 한국과학철학회, 『과학철학』, 제4권 1호, 2001, pp.78-79를 참조하라.

자와 난자의 만남을 도와주는 게 아니라 새로운 배아를 형성하는 의술이다. 하지만 자녀 출산을 돕는다는 넓은 의미에서 보면 인간복제 역시 생식보조 의술의 하나로 간주될 수 있다. 이러한 관점에서 제임스 윌슨(J.Q.Wilson)은 결혼한 두 부부가 인간복제를 통해 아이를 출산하여 공동으로 양육책임을 지는 경우 인간복제는 입양에 대한 좋은 대안이 될 수 있다고 주장한다.[8] 실제로 인간복제 기술은 체외수정 의술의 한 특별한 유형으로 볼 수 있다. 왜냐하면 배아를 형성하는 과정을 제외하고는 체외수정 의술이나 인간복제 의술은 그 과정이 동일하기 때문이다.

생식의 자유에 근거한 인간 개체복제 옹호론을 하나의 논변으로 구성하면 다음과 같다. 이를 우리는 '생식의 자유 논변'(the argument from reproductive freedom)이라 부를 수 있다.

① 타인에게 해악을 끼치지 않은 한 자유의 행사는 윤리적으로 옳다.
② 인간은 생식의 자유를 지닌다.
③ 체외수정 이용은 생식의 자유 행사이다.
④ 따라서 타인에게 해악을 끼치지 않는 한 체외수정 이용은 윤리적으로 옳다.
⑤ 인간복제는 체외수정의 한 유형에 불과하다.
⑥ 따라서 타인에게 해악을 끼치지 않는 한 인간복제 이용은 윤리적으로 옳다.

이는 논리적으로 타당한 논변이다. 일단 인간은 생식의 자유를 지닌다는 전제 ②를 받아들이자. 한 가지 조건을 단다면 생식의 자유 역

8 J.Q. Wilson, "The Paradox of Cloning", L.R. Kass & J.Q. Wilson, *The Ethics of Human Cloning*(Washington, D.C.: The AEI Press, 1998), pp.71-73.

시 절대적이지 않고 조건부적(prima facie)이라는 점이다. 이는 전제 ①이 함축하고 있는 바이다. 조건부적 자유이기에 생식의 자유 역시 '타인에게 해악을 끼치는 경우'에는 그 행사가 윤리적으로 그르게 된다. 물론 체외수정에도 여러 유형이 있지만 여기서는 제3자의 개입이 없는 배우자간 체외수정에 국한하자. 이러한 형태의 체외수정은 이미 생식의 자유 측면에서 널리 사용되고 있다. 이렇게 되면 위의 논증에서 결정적으로 중요한 전제는 ⑤이다. 실제로 인간복제 옹호자와 반대자 사이의 핵심적인 논쟁 사항 역시 전제 ⑤, 즉 "인간복제는 체외수정의 한 유형에 불과한가?"의 물음이다.

윤리학은 사실이 아니라 가치를, 존재가 아니라 당위를 다룬다. 하지만 윤리학이 추구하는 가치나 당위는 사실이나 존재와 어긋나서는 안 된다. 즉, 체외수정과 인간복제에 관한 생물학적 사실이 면밀히 분석함으로써, 체외수정은 인정하지만 인간복제에 대해서는 반감을 갖는 것이 과연 정당한지의 물음을 살펴볼 필요가 있다. 일단 동기의 요소를 배제하고, 그 과정과 결과의 관점에서 이 둘을 비교해 보자. 배아가 형성되는 측면을 제외한 나머지 과정은 둘다 동일하다. 즉, 체외수정의 경우 배아는 정자와 난자의 수정에 의해 만들어지는 반면에, 인간복제의 경우 배아는 이러한 수정 과정이 생략되고 대신 어느 한쪽 세포에서 핵을 추출하여 핵이 제거된 난세포에 주입시켜 만들어진다. 그 결과로 체외수정된 배아는 부모 양쪽으로부터 유전자를 물려받는 반면에, 복제된 배아는 어느 한쪽 부모로부터만 유전자를 물려받는다. 체외수정은 유성생식인 반면에, 인간복제는 무성생식이다. 두 의술 모두 인간 생명체의 탄생에 인간이 의도적으로 적극 개입하고 있다. 따라서 인간 생명의 탄생은 신의 고유 영역에 속한다고 전제하고, 체외수정은 받아들이면서 인간복제에 대해서만 신의 고유영역을 침범한 '신 노릇하기'(playing God)라고 비난하는 것은 공평하지 못한 처사이다.

따라서 우리는 과정이 아니라 결과의 측면에서 체외수정과 인간복제가 어떤 차이를 보여 주는지를 물어야 한다. 체외수정을 통해 출생한 인간 존재는 자연적으로 태어난 인간 존재와 아무런 존재론적 차이가 없다. 그러면 복제인간은 어떠한가? 복제인간의 유전자는 핵을 제공한 '원본인간'과 그 유전자가 동일하다. 인간복제에 관한 찬반논쟁은 이 생물학적 사실에 관한 의미 해석의 차이라 해도 과언이 아니다. 유전자의 동일성으로 인해 제기되는 대표적인 철학적 문제가 바로 개체동일성(personal identity) 및 개성(individuality)의 물음이다.[9] 즉, 복제는 개체동일성과 개성에 중대한 위협을 가한다고 복제 반대론자는 주장한다.[10] 복제인간은 원본인간과 동일한 개체인가 아니면 독립된 자아정체성을 지니는가? 복제인간은 원본인간과 동일한 개성을 지니는가 아니면 독립된 고유한 개성을 지니는가? 개체동일성의 기준에 따라 그 답이 달라질 수도 있다.[11] 예를 들어, 영혼의 동일성에 의거한 이론에 따르면, 동일한 영혼을 지닐 경우 복제인간은 원본인간과 동일한 개체가 된다. 반면에 육체의 동일성에 의거한 이론에 따를 경우 복제인간은 독립된 개체가 된다. 그러나 우리의 상식적 직관은 원본인간과 시공간을 달리하면서 존재하는 복제인간이 하나의 독립된 개체임을 결코 부

....

9 이에 관해서는 다음 논문을 참조하라. 김영정, 「유전자 복제와 인간의 정체성」, 철학문화연구소, 『철학과 현실』 제39호, 1998, pp.30-45; 김선희, 「복제인간과 인격의 문제」, 철학연구회, 『철학연구』, 제49집, 2000, pp.253-272; 손병홍, 「인간복제와 개인동일성」, 한국과학철학회, 『과학철학』, 제4권 1호, 2001, pp.95-118.

10 L.R. Kass, "The Wisdom of Repugnance", L.R.Kass & J.Q.Wilson, *The Ethics of Human Cloning*, p.33; G.J. Annas, "The Prospect of Human Cloning", J.M. Humber and R.F. Almeder, eds., *Human Cloning*(New Jersey: Humana Press, 1998), p.54.

11 이제까지 철학사에 나타난 개체 동일성의 기준은 크게 다음 5가지이다. ① 영혼의 동일성, ② 육체의 동일성, ③ 두뇌의 동일성, ④ 심리적 연속성, ⑤ 육체적 기준과 심리적 기준의 혼합. 이에 관한 자세한 논의는 손병홍, 「인간복제와 개인동일성」, pp.104-112를 참조하라.

인하지 않는다. 동일한 유전자를 지닌 일란성 쌍둥이는 분명 서로 독립된 개체이기 때문이다. 인간복제는 엄밀한 의미로 말하면 유전자 복제에 불과하고, 유전자가 같다고 해서 서로 동일한 개체라고 말할 수 없다.

그러면 복제인간의 개성은 어떠한가? 우리는 합당한 다원주의 시대에 살고 있으며, 개성의 다양성이 존중받는 사회에 살고 있다. "개성의 발달과 비례해서 각 개인은 자신에게 더욱 가치로운 존재가 되고, 나아가 타인에게도 더욱 가치로운 존재가 될 수 있다."[12] 불임 부부의 입장에서 보면 인간복제 행위는 개인의 자율적 행위이다. 문제는 복제하는 자가 아니라 복제인간의 개성이다. 일부 학자는 모든 인간은 개성의 권리를 지니는데 인간복제가 이러한 권리를 침해하기 때문에 윤리적으로 그르다는 논변을 펴고있다.[13] 복제인간이 고유한 개성을 지니느냐 그렇지 않느냐의 물음은 의미가 없다. 왜냐하면 환경과 유전자의 상호작용에 의해 개성이 형성되기 때문에 유전자가 동일하다고 해서 개성이 동일하다는 결론은 귀결되지 않기 때문이다. 개성은 일종의 '속성 집합' 개념이다. 그렇기 때문에 두 개인의 모든 속성이 100% 똑같은 경우는 현실적으로 불가능하다. 이런 의미에서 개성은 정도(degree)의 문제이다. 따라서 오히려 의미있는 물음은 "유전자의 동일성이 개성에 어떤 영향을 미치는가?"이다. 이 물음에 답하자면 우선 한 인간의 개성을 결정짓는 요소가 무엇인가의 물음이 해명되어야 한다. 신학적 관점을 배제한다면, 즉 영혼의 존재를 배제할 경우, 한 인간의 개성은 정신적 요소와 신체적 요소의 조합에 의해 결정된다. 유전

....

12 J.S. Mill, *On Liberty, in Utilitarianism, Liberty, and Representative Government*(New York: Everyman's Library, 1950), p.161.

13 R.F. Chadwick, "Cloning", p.204.

자 결정론은 참이 아니지만, 일란성 쌍둥이에서 볼 수 있듯이, 유전자의 동일성은 곧 신체적 외형의 동일성을 낳는다. 따라서 적어도 신체적 요소에 있어서 원본인간은 자연인간에 비해 그 개성이 중대하게 손상을 입게 된다.

그러면 정신적 측면에서는 어떠한가? 정신적 기질의 형성에 미치는 유전자의 영향을 과대평가해서는 안 되지만, 다른 한편으로 우리는 그 영향을 과소평가해서도 안 된다. 물론 한 개인의 세부적인 정신적 기질은 오랜 시간에 걸쳐 유전자와 환경의 상호작용에 의해 완성된다. 하지만 인간 기질이 발현될 수 있는 가능성의 범위(a range of possibility)를 한정 내지 결정해 주는 요소가 다름 아닌 유전자이다.[14] 따라서 복제인간은 자연인간에 비해 정신적 기질을 개성있게 발현하는데 있어서 상당한 제약을 받고 있다고 우리는 말할 수 있다. 이러한 사실은 일란성 쌍둥이에 관한 연구를 통해 확인할 수 있다. 110쌍의 일란성 쌍둥이와 130쌍의 이란성 쌍둥이를 대상으로 유전자가 인지적 능력에 미치는 영향을 비교 조사한 1997년의 한 연구는, 우리의 예상과는 달리, 나이를 먹어감에 따라 유전자의 영향이 더 증가함을 보여 준다.[15] "복제된 후세인은 아버지 후세인과 상당히 비슷한 IQ를 지니고 심지어 개성조차도 아버지를 빼 닮을 확률이 약 50% 정도이다."[16] 요약하면, 복제인간은 자연인간에 비해 그 '부모'(?)의 개성을 닮을 개연성이 훨씬 더 높다.

....

14 R. Cole-Turner, "At the Beginning", R. Cole-Turner, ed., *Human Cloning: Religious Perspectives*(Louisville: Westminster John Knox Press, 1997), p.123.

15 G.E. McClearn et al., "Substantial Genetic Influence on Cognitive Abilities in Twins 80 or More Years Old", *Science*, vol.275, pp.1560-63, R.Cole-Turner, "At the Beginning", p.123 재인용.

16 J.Q. Wilson, "The Paradox of Cloning", p.66.

3. 복제인간의 자율성과 상품화

개성의 문제와 연관되어 제기되는 또 다른 물음은 복제인간의 자율성 훼손 물음이다. 인간복제에 반대하면서 그 논거로 제시하는 한스 요나스(H. Jonas)의 '자신의 미래에 대한 무지의 권리'(a right to ignorance about one`s future)나 파인버그(J. Feinberg)의 '미래 개방의 권리'(a right to an open future) 역시 모두 복제인간의 자율성 훼손을 문제 삼고 있다.[17] 이들에 따르면 각 개인의 미래는 그 당사자뿐 아니라 어느 누구에게도 알려지지 않은, 그래서 개방적으로 각 개인이 자율적으로 자기 인생을 설계해나갈 수 있어야 한다. 즉, 각 개인은 자신의 미래에 대해 아무도 모를 혹은 자신의 미래가 개방적이어야 할 권리를 지니는데, 인간복제는 이 권리를 침해한다는 것이다. 유리겐 하버마스(J. Habermas) 역시 노예제도에 비유하여 체세포 핵이식을 통해 복제된 인간은 자유를 상실한다는 우려를 표명하고 있다.[18] 왜 자연인간은 그렇지 않은데 복제인간은 미래가 개방되어 있지 못하는가? 그 이유는 복제인간과 자연인간의 차이 즉, 유전자 복제에서 찾을 수밖에 없다. 다시 말해, 복제하는 자가 복제될 인간의 유전적 암호를 계획적으로 확정하였으며, 이미 그 유전자에 따라 살아온 삶의 전형이 존재하기 때문이다.

인간복제에 관한 이러한 반론에는 두 가지 전제가 가정되어 있다.

....

17 H. Jonas, *Philosophical Essay: From Ancient Creed to Technological Man*(Englewood Cliffs, NJ: Prentice-Hall, 1974), pp.151-5 및 J. Feinberg, "The Child`s Right to an Open Future", W. Aiken and H. LaFollette, ed., *Whose Child? Children`s Right, Parental Authority, and State Power*(Totowa, NJ: Roean and Littlefield, 1980) 참조.

18 J. Habermas, "Sklavenherrschaft der Gene. Moralische Grenzen des Fortschritts", *Suddeutsche Zeitung*, 1998. 1. 17/8., p.13. 구인회, 『생명윤리의 철학』(서울: 철학과현실사, 2002), p.170 재인용.

하나는 복제하는 자가 복제인간의 유전자를 결정한다는 명제요, 다른 하나는 유전자를 제3자가 결정할 경우 개인의 자율성이 훼손된다는 명제이다. 먼저 첫 번째 명제부터 살펴보자. 과연 인간복제의 경우 복제자가 복제인간의 유전자를 결정하는가? 이 물음에 답하기 위해 인간복제를 유형별로 분류해 보자. 일반적으로 인간복제는 복제할 DNA를 어디에서 얻느냐에 따라 네 유형으로 분류될 수 있다;[19] ① 부부의 배아, ② 이미 현존하는 자녀, ③ 부부 이외의 제 3자, 그리고 ④ 부부 중 어느 한쪽. 이 모든 경우 복제자가 복제인간의 유전자를 결정함은 사실이다. 그러나 이는 복제자가 복제인간의 유전자를 결정하는 것이 아니라 다만 선택할 따름이다. 그것도 각각의 경우 유전자 선택의 정도가 다르다. 아마 ③의 경우에 유전자 선택의 폭이 가장 넓을 것이다. 이런 유형의 유전자 선택은 이미 체외수정에서 일상적으로 일어나고 있다. 즉, 착상전 산전 진단을 통해 체외수정된 배아의 유전자를 검사하고, 필요한 유전자를 가진 배아를 부모나 의사가 선택한다. 하지만 선택 역시 결정의 외연에 속한다고 볼 수 있기 때문에 일단 "복제하는 자가 복제인간의 유전자를 결정한다"는 첫 번째 전제는 받아들이자. 즉, 우리는 생명을 창조할 수는 없지만, 인간 존재의 유전적 정체성(genetic identity)을 결정할 수 있게 되었다.[20]

그러면 두 번째 전제는 어떠한가? 즉, 왜 유전자 결정이 복제인간의 자율성을 훼손하는가? 여기에는 세 가지 요소가 관련되어 있다. 첫째는 유전자의 동일성이요, 둘째는 복제자의 의도적 요소요, 그리고 마

....

19 J. Robertson, "Cloning as a Reproductive Right", G. McGee, ed., *The Human Cloning Debate*, pp.72-78.

20 H.O. Toefel, "Human Cloning in Ethical Perspectives", J.M. Humber and R.F. Almeder, eds., *Human Cloning*, p.199.

지막 세 번째는 복제인간의 부담이다. 그러니까 첫 번째 요소는 이미 복제인간과 동일한 유전자를 지닌 개인의 삶이 어떠한지 밝혀져 있다는 점이다. 미래에 대한 무지나 미래에의 개방성이 보장되지 않는다는 요나스나 파인버그의 염려는 바로 이 점을 지적하고 있는 셈이다. 그러나 이러한 비판은 ③과 ④의 경우에는 적용되나 ①과 ②의 경우에는 적용되기 어렵다. 왜냐하면 동일 유전자가 살아온 삶의 전형이 ③과 ④의 경우에는 이미 존재하나, ①과 ②의 경우에는 존재하지 않기 때문이다. ①의 경우 복제인간의 유전자는 부부의 배아와 동일하게 된다. 아직 자궁에 착상되어 한 인간으로 출생하지 않았다면 이렇게 태어난 아이는 넓게 해석하면 복제된 유전자가 아니라 독특한 새로운 유전자를 지니게 된다. 즉, ①의 경우 복제인간은 그 기술적 과정을 제외하고는 자연인간과 동일하다. ②의 경우는 다시 두 가지 사례, 즉 생존하는 자녀의 DNA를 이용하는 경우와 죽은 자녀의 DNA를 이용하는 경우, 둘로 분류될 수 있다. 자녀가 자기 나름의 고유한 삶을 영위하기 이전 어린 나이에 죽었다면 복제인간은 선행하는 삶의 전형을 지니지 않는다. 생존하는 자녀 복제의 경우, 복제인간은 자신과 동일한 유전자를 지닌 형 혹은 언니의 삶의 전형이 이미 완성된 형태로가 아니라 미완성 형태로만 지니게 된다.

그러면 유전자가 동일하다고 해서 복제인간이 앞선 원본인간의 삶의 전형에 따라 살아간다고 주장할 수 있는 근거는 무엇인가? 유전자 결정론을 부정할 경우, 어떻게 유전자가 동일하다고 미래 삶이 개방되지 않고 폐쇄되었다고 말할 수 있는가? 복제 반대론자들은 복제자의 의도와 복제인간의 부담을 그 이유로 제시한다. "특별한 종류의 사람, 즉 그 인생의 표준이 외부에서 강요받는 사람을 만들어내겠다는 소망하에서 이루어진다면, 인간복제는 도덕적으로 혐오스럽다. 그 이유는 생물학적인 수선작업이기 때문이 아니라 이러한 인간복제는 인간 자율성에 대한 또 다른 방식의 침해를 낳기 때문이다."[21] 이상적 인간상을 염두에 두고 의도적으로 인간을 복제한다면 자율적인 행위자로서의 복제인간의 도덕적 지위는 상당히 위축받게 되고, 나아가 그 의도대로 살아야한다는 심리적 부담감을 크게 느낄 것이다. 일부 학자는 인간복제에는 이런 복제자의 의도가 전제되어 있기 때문에 본래적으로 전제적이라고 주장한다.[22] "정확히 말해 인간 존재는 우리가 무엇인가(what we are)에 의해 형성된다. 하지만 복제 출산의 경우, 우리가 무엇인가가 아니라 우리가 의도하고 계획하는 것이 무엇인가(what we intend and design)에 의해 인간 존재가 이 세상에 태어나게 된다."[23] 특별한 종류의 사람을 만들어내려는 목적으로 인간복제를 시도한다면, 우리는 분명 도덕적으로 이에 저항해야 한다.

과연 복제자는 어떤 의도를 갖고 복제 자녀를 얻고자 하는가? 인간을 복제하는 동기는 크게 두 가지이다. 하나는 유전적으로 연관된 자녀를 얻고자함이요, 다른 하나는 특별한 재능을 가진 아이를 얻고자함이다.[24] 위에서 ③의 경우는 우생학적 동기가 우세한 반면에, 그 밖의 세 경우 그 동기는 유전적으로 연관된 자녀를 갖고자함이다. 즉, 분명 ③의 경우에서 제 3자의 핵을 이용하여 복제하는 경우 복제자의 가치관 내지 의도에 따라 유전자가 선택될 개연성이 농후하다. 하지만 다른 경우에는 현실적으로 이런 우생학적인 인간복제 시도는 거의 찾아보기 어렵다. 예를 들어, 남편을 잃은 아내가 하나밖에 없는 코마 상태의 딸

....

21 P. Kitcher, "Life After Dolly", G. McGee, ed., *The Human Cloning Debate*, p.117.

22 L. R.Kass, "The Wisdom of Repugnance", pp.39-42.

23 ibid., p.39. 강조는 역자가 붙임.

24 M. Bayles, *Reproductive Ethics*(Englewood Cliffs, NJ: Pretice-Hall, Inc., 1984), p.117.

이나 죽은 자녀를 복제하는 경우 혹은 레즈비언 부부가 사랑하는 자녀를 복제하고자 하는 경우, 우리는 복제자의 우생학적인 의도나 기대를 발견하기 어렵다.[25] "인간복제를 원하는 사람들의 주된 관심이 그들 자신과 유전적으로 연관을 갖는 2세 생산이지 우생학적 맥락이 아닐 것이다."[26] 따라서 ③의 경우를 제외하고는 복제자가 복제 자녀에게 특별히 계획된 표준에 따른 삶을 기대하고 있지 않다고 우리는 말할 수 있다. 원본인간의 삶의 전형이 존재하고 또 사람들이 복제인간의 삶을 그의 타자아(alter ego)와 항상 비교한다[27] 할지라도, 복제자가 ③의 경우와 같이 특별한 의도를 갖지 않은 한, 복제인간은 얼마든지 비판적 사유를 통해 자신의 삶을 자율적으로 이끌어갈 수 있을 것이다.

한 걸음 더 나아가 ③의 경우와 같이 인간의 의도와 계획이 개입된 경우에도 우리는 복제인간의 자율성을 얼마든지 주장할 수 있다. 유전자 결정론이 참이 아니기 때문에, 복제 출산이던 자연 출산이던 일단 태어난 생명체는 그 자체로 자율성을 지니게 된다. 그래서 복제자의 의도를 비판적으로 수용 혹은 거부할 수 있는 도덕적 능력을 복제인간은 충분히 지닐 수 있다. 실제로 자연출산 인간도 부모의 기대에 따라 엄청난 부담감을 느끼지만 자율적으로 삶을 영위하지 않는가? 따라서 유전적으로 연관된 자녀를 갖고자 하는 동기를 넘어서 특별한 자질을 가진 자녀를 갖고자 하는 동기에서 인간을 복제하고, 나아가 태어난 다음에도 그 특별 재능을 갖도록 아이를 세뇌 교육한다면 이는 분명 복제인간의 자율성을 훼손한다. 하지만 태어난 생명체를 마음대로 프

....

25 이런 경우 키처는 인간복제가 허용될 수 있다는 입장을 취한다. 복제자의 의도와 관련된 사례 연구에 관한 자세한 논의는 P. Kitcher, "Life After Dolly", pp.117-122 참조하라.

26 정광수, 「인간개체 복제에 대한 윤리적 검토」, p.85.

27 L.R.Kass, "The Wisdom of Repugnance", p.33.

로그램화시킬 수 없는 한, 복제 생식이 그로 인해 태어난 복제인간의 자율성을 훼손한다는 주장은 그 근거가 충분하지 못하다. 비록 유전자에 의해 어느 정도 제한을 받을 수 있지만, 복제인간 역시 완전한 자율성을 갖고 있기에 그의 미래는 열려져 있다.[28] 유전자 결정론이 참이 아닌 한 복제인간의 열린 미래 혹은 무지에의 권리는 결코 침해되지 않는다.[29]

의도적 자녀 출산과 연관되어 제기되는 또 다른 종류의 도덕적 논쟁점은, 미 〈국가생명윤리지문위원회〉가 지적하고 있는 자녀의 대상화 문제이다. 이제까지 자녀는 태어나는 존재이었다. 비록 부모가 자녀를 낳지만 부모가 자녀의 유전자를 간섭할 수는 없었다. 그러나 인간의 계획 내지 의도에 의해 자녀가 출산하게 되면 그 자녀는 하나의 인위적인 생산품으로 전락하게 된다는 것이다.[30] 복제동물의 경우를 살펴보면 이는 명백하다. 즉, 동물복제는 처음부터 인간의 합리적 목적을 위한 수단으로 고안되었고, 또 태어난 동물 역시 실제로 그 목적에 수단으로 이용된다. 마찬가지로 복제인간 역시 의도적으로 만들어진 생산품에 불과하게 된다.

하지만 인간 생산품을 동물이나 그 밖의 생산품과 비교하여 자녀의 대상화를 문제삼는 것은 논리적 비약이다. 먼저 수단적으로 인간

....

28 주동률 교수는 인간복제 행위를 세 유형 즉, (ⅰ) 아인스타인을 복사하는 행위, (ⅱ) (아인스타인과 같은) 지적 능력을 가진 아이를 복제하는 행위 그리고 (ⅲ) 유전적으로 연관된 아이를 복제하는 행위로 분류한 다음, (ⅲ)의 경우는 복제인간의 자율성을 훼손하지 않기 때문에 윤리적으로 허용될 수 있다는 입장을 피력하고 있다. Dong-Ryul Choo, "Two Master Argument in the Ethics of Human Cloning: the Procreative Right vs. Autonomy of the Future Clones", *Proceedings: Ⅳ Asia Conference of Bioethics*(2002, Seoul), pp.430-443 참조.

29 A. Buchanan et al., *From Chance to Choice: Genetics and Justice*(Cambridge: Cambridge University Press, 2000), p.198.

30 L.R. Kass, "The Wisdom of Repugnance", p.39.

을 복제하는가의 물음과 복제된 인간을 수단으로 대우하는가의 물음은 구분되어야 한다. 설사 인간을 특정의 의도나 목적을 위한 수단으로 복제하였다 손치더라도 이로부터 복제인간이 수단적으로 이용되었다는 결론은 얻어지지 않는다. 왜냐하면 복제 행위가 이루어지는 시점에서는 수단으로 대우받는 인격적 주체가 아직 존재하지 않기 때문이다. 또한 복제자의 이기적 동기에 의해 복제 행위가 이루어졌다 해도 그 결과물인 복제인간은 결코 동물에 비유될 수 없다. 왜냐하면 복제 동물은 인격적 자율성을 존중받는 도덕 행위자가 되지 않는 반면에, 복제인간은 도덕적 지위를 지닌 인격적 존재이기 때문이다. 즉, 그 발생이나 의도와 상관없이 일단 태어난 이상, 복제인간 역시 인간이기 때문에 자연인간과 동등한 도덕적 지위를 지니기에 인격체로서의 모든 도덕적 권리를 지닌다.[31]

이 도덕적 명령을 받아들이면 복제인간은 그 출생의 비밀이 어떠하던지 상관없이 자연인간이 갖는 모든 도덕적 권리를 지닌다. 사실 자연출산의 경우에도 그 정도는 다르지만 부모가 어떤 의도 내지 목적을 갖고 자녀를 출산하는 경우가 허다하지 않는가? 따라서 도구적 목적에 이용될 수 있다는 이유로 인간복제를 전면 금지하는 일은 인간 동기의 복잡성과 개인적 관계 형성의 예측불가능성을 너무 가볍게 간과하는 것이다.[32] 자녀의 대상화 문제는 복제인간을 어떻게 대우하는가에 달려있는 것이지, 어떤 의도 내지 목적에 따라 복제하는가에 달려있지 않다. 그렇기 때문에 누군가가 복제인간으로부터 장기를 얻고자 한다면 혹은 전쟁이나 노동과 같은 다른 목적에 복제인간을 이용하고자 한다

....

31 J.A. Robertson, *Children of choice: Freedom and the New Reproductive Technologies* (Princeton, NJ: Princeton University Press, 1994), p.168, note 43 참조.

32 R. Lewontin, "The Confusion over Cloning", p.134.

면, 그는 반드시 그 당사자로부터 충분한 정보에 근거한 동의(informed consent)를 받아야 한다. 이렇게 되면 복제인간의 동의가 없는 한 목적적 존재가 아니라 수단적 존재로 이용하고자 하는 모든 시도는 비윤리적인 행위로 간주될 수밖에 없다. 물론 지금과 달리 휴먼게놈 프로젝트와 포스트게놈 프로젝트가 완성되고 나아가 유전자 조작 기술까지 발전하여 복제자가 원하는 유전자를 지닌 자녀를 마음대로 선택 생산할 수 있게 된다면 상황은 달라진다. 이렇게 되면 자녀 역시 상품화 내지 대상화할 개연성이 높아진다.

4. 복제인간과 가족의 정체성

필자는 지금까지 체세포 핵이식을 통해 출생하는 복제인간의 입장에서 안전성, 개체동일성, 개성, 자율성, 자녀의 대상화 등의 물음에 초점을 맞추어 복제 행위를 비판적으로 고찰하였다. 그 결론은 다음과 같다. 개체동일성, 개성, 자율성, 대상화 등에 있어서 복제인간은, 몇몇 특수한 경우를 제외하고는, 체외수정으로 태어난 인간과 본질적으로 다른 특이한 윤리적 문제를 지니지 않는다. 그렇다고 해서 곧 인간복제 행위가 윤리적으로 정당화되는 것은 아니다. 아직까지 논의되지 않는 윤리적 문제가 있기 때문이다. 그것은 바로 미국 '생명윤리자문위원회'가 제시한 '가족의 정체성' 물음이다. 자녀를 낳는다는 말은 곧 가족을 형성한다는 의미요, 가족을 형성하는 일은 순수 개인적인 행위가 아니라 그 자체로 사회적 행위이다.[33] 인간복제는 자녀를 출생시켜 가족을

....

33 G. McGee & I. Wilmut, "Cloning and the Adoption Model", G. McGee, ed., *The Human Cloning Debate*, p.103.

형성하는 사회적인 행위이다. 그렇기 때문에, 우리는 인간복제가 가족 정체성에 어떤 윤리적 함의를 지니는지 묻지 않을 수 없다. 따라서 인간복제의 윤리는 그 동기나 의도, 권리와 자유, 혜택과 손실, 수단과 목적 등의 문제로 단순히 환원되어서는 안 되고, 대신 일차적으로 의미의 문제로 평가되어야 한다.[34] 특히 생식의 자유 내지 권리의 관점에서 인간복제의 윤리를 평가하는 일은 출생이 갖는 이러한 사회적 성격 및 출생의 의미를 간과하고 있다.

부모와 자식의 유전적 관계 및 출산 과정에 대한 의학적 간섭을 기준으로 출산 형태를 분류하면 다음과 같은 스펙트럼을 이룬다; ① 자연출산 - ② 인공수정 - ③ 체외수정 - ④ 대리모 - ⑤ 인간복제 - ⑥ 인공자궁.[35] 이미 ④ 대리모까지는 현실화되어, 생물학적으로 세 부모-한 남자에 여자 둘-를 가진 아기가 탄생하고 있다. 물론 인간복제 출산의 경우에도 임신녀가 난세포나 DNA 제공자가 아닌 경우에는 생물학적으로 둘 이상의 부모가 관여하게 된다. 하지만 출생한 자녀의 유전자형의 관점에서 볼 경우, ① - ④와 ⑤ - ⑥은 엄연히 구분된다. 체외수정의 경우 유전자 선택은 정자와 난자의 수정에 의해 새롭게 만들어진 유전자 형 가운데 어느 하나의 선택이다. 다시 말해, 체외수정의 경우 자녀의 유전자는 부모의 선택이 아니라 자연에 의해 만들어지기에 자녀의 유전적 고유성 및 독립성이 보존된다. 그래서 공여자 인공수정은

....

34 L.R. Kass, "The Wisdom of Repugnance", p.23.

35 이는 가족 관계를 배제한 출산 형태의 분류이다. 각 형태에서 세부적인 의술에 따라 정도의 차이가 존재하며, 또 서로 결합할 수도 있다. 예를 들어, 체외수정과 대리모가 결합할 수 있는 반면에, 인간복제와 대리모가 결합될 수도 있다. 그리고 세부 분류에 따라 스펙트럼의 순서 역시 달라질 수 있다. 예를 들어, 복제된 배아를 인공자궁을 통해 출산하는 경우와 정자와 난자가 체외 수정된 배아를 복제하는 경우가 있을 수 있다. 체외 수정된 배아를 이용한 인공자궁 출산은 인간복제보다 순서적으로 앞설 수 있음은 인정한다. 다만 이는 논의의 편의를 위해 간략하게 분류한 것에 불과하다.

일종의 산전입양(prenatal adoption)으로 간주된다.[36] 하지만 ⑤ 및 ⑥과 같은 인간복제의 경우 자녀의 유전자는 새롭게 만들어지는 것이 아니라 이미 이 세상에 존재하는 사람의 유전자 가운데 어느 하나를 부모가 선택하게 된다. 그 결과 복제인간은 원본인간의 유전자와 동일하여 유전적 고유성을 유지하기 어렵다.

유전적 고유성이 갖는 의미를 우리는 간과해서는 안 된다. 예를 들어, 내가 야구선수 이승엽을 복제한다고 하자. 아마 인간복제 옹호론자 역시 이승엽 본인으로부터 자발적 동의를 얻지 않는 한 복제는 허용되어서는 안 된다고 주장할 것이다. 즉, 공여자의 동의 없이는 어떠한 복제도 이루어져서는 안 된다. 만약 유전자형이 한 개인의 개체동일성이나 개성과 아무런 상관이 없다면, 이승엽은 도대체 어떤 근거에서 내가 그를 복제하는 것에 반대할 수 있는 권리를 지니는가? 유전자형이 개체동일성 및 개성과 중요한 관련성을 갖는다는 사실 이외의 그 어떤 논거도 찾기가 어렵다. 즉, 공여자 동의 조건은 유전자형이 개체동일성이나 개성과 비록 동일하지는 않지만 중요한 연관성을 지닌다는 사실을 잘 보여 준다.[37]

양성생식을 통한 가족 형성 및 종족 보존은 인간의 의도적 결정이나 문화의 산물이 아니라 자연에 의해 확립된 것이다. 즉, 인간의 의도에 의해서가 아니라 자연과 우연의 결합에 의해 각 개인의 유전자형은 결정되었다. 그 결과로 각 개인은 부모로부터 동등하게 23개 염색체를 물려받아 새로운 고유한 유전자형을 지니며, 또 유전적 다양성이 확보된다. 그래서 부모는 자녀와 동등한 혈연관계를 맺고, 어느 한 쪽 부모

....

36 R. Hursthous, "Reproduction and Ethics", E. Crag, ed., *Routledge Encyclopedia of Philosophy*, vol.8, 1998, p.278.

37 L.R. Kass, "The Wisdom of Repugnance", pp.34-35.

도 자식에 대해 우선적인 권리를 주장할 수 없다. 가족관계, 자녀에 대한 부모의 양육 책임, 사회적 정체성 등은 바로 이러한 유전적 혈연관계에 그 토대를 두고 있다. 임신중절 논쟁에서 태아를 산모의 단순한 세포 덩어리로 볼 수 없는 결정적인 이유가 바로 태아의 유전적 고유성이다. 태아는 유전적 고유성으로 인해 비록 산모 배속에 위치하고 있지만 산모 몸의 일부분이 아니다. 그렇기 때문에 산모는 태아에 대해 신체의 일부로서 소유권을 주장할 수 없다. 자녀에 대한 부모의 소유권 주장을 논박할 수 있는 생물학적인 이유 역시 유전적 고유성이다. 그러니까 유전적 고유성은 자녀가 부모의 소유가 아니라 하나의 독립된 인격체임을 상징적으로 보여 준다. 물론 입양에 의해 유전적 혈연관계에 바탕을 둔 사회적 정체성이 변화를 겪고 있음은 사실이다. 그러나 입양은 이미 삶을 영위하고 있는 어린아이의 최선 이익을 고려하는 차선책이지 윤리적으로 옳다고 말할 수 없다. 그러니까 입양을 목적으로 자녀를 낳는다면 우리는 그 부모를 도덕적으로 비난한다.

윌슨은 체외수정의 연장선상에서 양부모의 양육 책임을 전제로 한 경우 인간복제가 윤리적으로 허용될 수 있다고 주장한다. 왜냐하면 이러한 인간복제는 사회의 공동선인 결혼과 가족의 의미가 훼손되지 않기 때문이다. 그러나 인간복제를 체외수정과 본질적으로 다른 생식 형태로 평가하는 레온 카스(L.R. Kass)는 결혼과 가족제도가 뿌리박고 있는 근본적인 토대인 성(sex)을 문제 삼고 있다. 즉, 이성간의 자연적인 성관계가 부모됨의 존재론적 토대이다. 이를 카스는 '성의 존재론'(ontology of sex)이라고 부른다.[38] 발생학적으로 말하면, 성의 본질은 성교를 통한 신체의 결합이 아니라-예를 들어, 물고기는 유성생식을 하지

38 L.R. Kass, "Family Needs Its Natural Roots", L.R. Kass & J.Q. Wilson, *The Ethics of Human Cloning*, p.82.

만 난세포가 체외에서 수정된다-, 양부모(남자와 여자)가 함께 결합하여 새로운 생명을 탄생시킨다는 점이다. 이런 의미에서 체외수정은 성관계가 이루어지지 않음에도 불구하고 여전히 양성생식으로 성의 존재론이 보존되나, 인간복제는 그렇지 않다.

여기서 다시 우리는 양부모의 결합을 무엇으로 규정할 것인가의 문제가 발생한다. 대리모로 태어난 아이의 생물학적 어머니가 누구인가의 물음을 야기한 '베이비 M' 사건에서 우리는 이미 이 딜레마에 빠져있다.[39] 임신 및 출생의 요소를 강조하게 되면 윌슨이 주장한 대로 난자 제공자가 아니라 임신한 화이트헤드 부인이 어머니이다.[40] 마찬가지로 임신과 출생의 관점에서 보면 임신녀가 핵 제공자가 아닌 경우 언제나 적어도 두 부모가 존재하므로, 인간복제는 체외수정과 본질적으로 다르지 않게 된다. 불임 부부 내지 레지비언 부부가 '남편'의 DNA를 이용하여 '아내'의 난세포 혹은 자궁을 이용하여 자녀를 복제 출산하는 경우가 여기에 속한다. 왜냐하면 핵제공자와 임신녀는 서로 다르기 때문이다. 하지만 양부모의 결합을 남녀의 유전적 결합으로 해석하게 되면 인간복제는 체외수정이나 대리모와 근본적으로 다르게 된다. 카스는 생물학적인 측면을 넘어서 유전학적인 측면에서 부모됨의 의미를 묻고 있는 셈이다.[41]

....

39 '베이비 M'사건에 관한 자세한 논의는 G.E. Pence, *Classic Cases in Medical Ethics*(New York: McGraw-Hill Publishing Company, 2000), pp.142-168을 참조하라.

40 J.Q. Wilson, "Sex and Family", L.R. Kass & J.Q. Wilson, *The Ethics of Human Cloning*, p.97

41 인간복제에 관한 윌슨과 카스의 이러한 논생 배후에는 결국 인간 생명체의 출발점에 관한 형이상학적 논쟁이 자리 잡고 있다. 정자와 난자가 만나 새로운 유전자를 형성하는 수정을 인간 생명체의 출발점으로 간주하게 되면, 대리모는 엄밀한 의미에서 하나의 보모에 지나지 않는다. 왜냐하면 이미 한 인간 생명체가 탄생되었기 때문에 대리모는 단지 자신의 몸을 직접 이용하여 생명체를 양육할 따름이다. 즉, 수정 순간을 인간의 출발점으로 삼으면 대리모는 결코 아이의 생물학적 어머니가 될 수 없다. 반면에 수정이 아니라 자궁에의 착상 내지 출생을 인간의 출발점으로 삼게 되면 난자 제공자보다는 임신하여 출생한 여자가 곧 생물학적 어머니가 될 개연성이 높아

유전학적인 관점에서 보면 복제인간은 두 부모를 지니지 않는, 한 부모 자녀(a single-parent child)에 불과하다. 그래서 DNA를 제공한 부모가 아이에 대해 유전적 우선권을 지니고, 그렇지 않은 부모는 유전적 부모가 아니라 단지 사회학적인 부모에 불과하게 된다. 이로 인해 자녀에 대한 부모의 동등한 관계는 무너진다. 물론 입양, 이혼, 재혼, 혼외출산 등도 이런 문제를 낳고 있다. 하지만 이런 반박이 의미 있으려면, 이러한 형태가 자녀에게 바람직한 선이 된다는 논거를 제시해야 한다. 이미 앞에서 지적했듯이 이 모든 경우 자녀와의 사회적 부모 맺기는 아이에게 하나의 차선책에 불과하다. 결국 인간복제는 부모자식 관계를 비롯한 지금까지의 가족관계가 근거하고 있는 생물학적 토대를 제거하고 그 자리에 사회적 계약 내지는 '부모의 욕구'를 대신하고 있는 셈이다. 아니 엄밀히 말하면, 복제인간은 원본인간의 자식이 아니라 쌍둥이에 지나지 않는다. 따라서 앞에서 언급한 인간복제 유형 가운데 ④ 즉, 부부 중 어느 한 쪽의 DNA를 이용하여 복제할 경우, 원본인간의 아버지와 어머니가 그 부모가 되지 않는 한, 복제인간은 부모가 아예 없게 된다. 이런 경우 원본인간과 복제인간 사이에는 모녀관계나 부자관계가 성립하지 않는다. 게다가 이는 부모의 동의 없이 자녀를 출산하는 셈이 되고 만다.

하지만 ①과 ② 유형, 즉 부부의 배아나 이미 현존하는 자녀를 복제하는 경우 유전적 부모가 분명 존재한다. 이 경우 DNA 공여자 동의 원칙이 지켜져야 한다. 배아나 죽은 자녀는 원칙적으로 동의가 불가능하다. 게다가 어린 자녀의 경우 동의결정 능력을 결여하고 있어 대리결정권자를 선정해야 한다. 이런 유형의 인간복제의 경우 복제하고자 하는

....

진다. 그러니까 카스는 인간 생명의 출발점을 수정 순간으로 보는 반면에, 윌슨은 착상 내지 출생을 인간 생명의 출발점으로 보고 있는 셈이다.

부모가 대리결정권자가 될 수밖에 없다. 이렇게 되면 이해당사자와 대리결정권자의 분리 원칙이 준수되기 어렵다. 즉, 아이의 부모가 복제를 희망할 경우 아이의 최선 이익이 아니라 부모 자신의 이해관계에 따라 대리권을 행사하게 된다. 이런 윤리적 문제가 해결되면,[42] 부부의 배아나 이미 죽은 자녀의 DNA를 이용한 인간복제를 반대할 만한 윤리학적 논거는 미약하다. 사실 ①은 배할분할 복제로 기술의 복잡성을 제외하고는 체외수정과 다를 바가 윤리적으로 전혀 없다. ②, 특히 부모에게 특별한 의미를 지닌 자녀가 죽은 경우 그 자녀의 복제 역시 거의 체외수정과 같아서, 앞에서 제기한 개체동일성, 자율성, 가족 정체성 등의 윤리적 물음을 야기하지 않는다.[43]

5. 대안가족과 생식의 자유

생식의 자유 논증에 근거한 지금까지 논의의 결론은 다음과 같다. 배아나 어린 죽은 자녀를 원본인간으로 삼아 복제인간을 출생시키는 행위는 이런 모든 비난에서 벗어날 수 있기 때문에, 이런 경우의 인간복제는 생식의 자유를 전제할 경우 윤리적으로 반대하기 어렵다. 그럼에도 불구하고 인간복제를 옹호할 수 있는 길은 여전히 있다. 왜냐하면 설사 인간복제가 체외수정과 본질적으로 다른 종류의 생식보조 의술이지만 생식의 자유를 인간복제를 포함하도록 확장해야 한다고 주장

....

42 해결책으로 우리는 가상적 동의나 생명윤리위원회의 합의 등을 생각해 볼 수 있다.

43 예를 들어, A. Buchanan et al.은 인간복제가 허용될 수 있는 몇 가지 경우를 제시하면서 죽은 자식의 복제를 옹호하고 있다. A. Buchanan et al., *From Chance to Choice: Genetics and Justice*, p.200.

할 수 있기 때문이다. 따라서 이제 우리는 생식의 자유 내지 생식의 권리 자체를 철학적으로 문제 삼지 않을 수 없다. 생식의 자유란 일반적으로 "생식과 관련된 활동 및 선택의 자유"를 뜻하며, 인간의 기본적인 도덕적 권리 중 하나이다. 하지만 생식의 자유에 속하는 실질적인 내용이 무엇이며 그 범위가 어떠한지에 대해서는 학자들 사이에 상당한 논쟁이 일어나고 있다. 생식의 자유는 일반적으로 '생식할 자유'(freedom to reproduce)와 '생식하지 않을 자유'(freedom to avoid reproduction) 모두를 포함한다.[44] 구체적으로는 (1) 아이를 낳을 것인지, 낳는다면 누구와 어떤 방식으로 낳을 것인지, (2) 언제 아이를 낳을 것인가, (3) 얼마나 많은 아이를 낳을 것인가, (4) 어떤 종류의 아이를 가질 것인가, (5) 생물학적으로 관련된 자녀를 낳을 것인가 등에 관한 선택의 자유가 곧 생식의 자유 내용을 구성한다.[45] 그리고 생식의 권리는 일차적으로 소극적 권리이지만 적극적 권리의 요소도 함께 지닌다.[46] 따라서 인간복제에 관련된 윤리적 논쟁은 소극적 권리로서 생식할 자유 가운데, (4) 및 (5)와 관련되어 일어나고 있다.

일부에서는 사생활의 권리에서 생식의 자유를 추론해내기도 하나, 이는 생식이 갖는 특성을 간과하는 처사이다. 왜냐하면 생식에는 언제나 적어도 세 당사자, 즉 부모와 자녀가 관련되어 있기 때문이다. 존 스튜어트 밀(J.S. Mill)의 자유주의 전통에서 보아도, 생식은 절대적 자유가 보장되는 '자기 관계적 영역'(self-regarding area)가 아니라, 본질적으로 새로운 인간 존재를 탄생시키는 '타자 관계적 영역'(self-regarding

....

44 J.A. Robertson, *Children of choice: Freedom and the New Reproductive Technologies*, pp.25-40 참조.

45 A. Buchanan et al., *From Chance to Choice: Genetics and Justice*, pp.209-213 참조.

46 L. Frith, "Reproduction Technologies, Overview", R. Chadwick, ed., *Encyclopedia of Applied Ethics*, vol. 3(New York: Academic Press, 1998), pp.818-819.

area)에 속한다. 부모가 갖는 생식의 권리는 태어나는 자녀의 이해관계에 의해 제한받을 수 있다. 즉, 밀은 '바람직한 삶을 영위할 수 있는 통상적인 기회'(the ordinary chance of a desirable existence)가 제공되지 않으리라 예상되는 경우 임신하여 자녀를 출산하는 행위는 일종의 죄악이며, 심지어 인구과잉이나 경제적 파산에 직면할 경우 국가가 결혼을 제한하는 것조차도 자유주의 전통에서 정당화될 수 있다고 주장한다.[47] 이처럼 생식의 자유는 기본적 권리이지만 절대적 권리가 아니기 때문에 (4)와 (5)의 실질적인 범위를 어떻게 경계 지을 것인가가 문제시된다.

원래 생식의 자유나 권리는 부부가 함께 갖는 공동의 권리이지 한 개인에게 귀속되지 않았다. 왜냐하면 두 남녀의 결합에 의해서만 생식이 가능하였기 때문이다. 인공수정이라는 생식보조 의술의 등장으로 말미암아 두 남녀가 아니라 한 개인-특히 여성-도 정자를 공여받아 생식이 가능하게 되었다. 그래도 체외수정에서는 정자나 난자 혹은 자궁을 제 3자가 기증해 주어야 한 개인이 생식의 자유를 행사할 수 있었지만, 인간복제의 등장으로 인해 이제는 한 개인이 완전한 의미의 생식의 자유를 행사할 수 있게 되었다. 즉, 체외수정이나 인간복제를 생식의 권리 차원에서 논의하는 것은 바로 생식의 권리 주체를 두 남녀를 넘어서 개인까지 포함하고자 하는 철학적 함의를 지닌다.

앞에서 지적했듯이 생식은 본질적으로 제3자를 탄생시켜 가족을 형성하는 타자관계적 행위이다. 따라서 자유 내지 권리의 관점에서만 인간복제를 논의할 수 없다. 사실 생식의 자유가 근거하고 있는 자율성이라는 개념은 윤리적으로 중립적인 개념이 아니라 그 자체가 이미

....

47 J.S. Mill, *On Liberty, in Utilitarianism, Liberty, and Representative Government*, p.220.

특정의 윤리적 입장을 견지하고 있는 가치 담지적 개념이다. 왜냐하면 자율성 개념은 자아가 곧 윤리적 법칙, 즉 옳고 그름의 표준이라는 주장을 함축하고 있기 때문이다. 자율성에는 자기중심성이 내재되어 있다.[48] 특히 자율성을 강조하는 자유주의 이데올로기 하에서는 공동선과 같은 공동체의 가치를 보존할 길이 막연하다. 이 점은 생식의 자유를 옹호하는 존 로버트슨(J.A. Robertson) 자신도 인정하고 있다. 생식의 자유 옹호 논변은 공동체주의자들로부터 비판을 받아 마땅한 몇몇 이유가 있다.[49] 즉, 생식의 자유를 강조할 경우 한 개인의 행위가 자녀, 가족, 사회 등에 미치는 영향을 우리는 깊이 고려할 수 없게 된다. 특히 사회적, 경제적, 신체적 약자의 자율성이 훼손당하기 쉽고 게다가 타인의 복지를 고려하기가 어렵게 된다. 무엇보다 생식의 자유는 가족을 형성하는 데 있어서 유전적 유대감 및 임신의 유대감이 갖는 전통적 중요성을 훼손하고 또 부모와 자식으로 하여금 가계도 및 사회적 책임에 대해 혼돈스럽게 만들 수 있다. 그리고 생식의 자유는 인간 생명의 신성성에 관한 공동체의 가치관을 약화시킬 수도 있다.

결국 좋은 가정(good family)에 대한 도덕적 이미지(moral image)를 무엇으로 하느냐에 따라 인간복제의 윤리 물음 역시 달라질 수밖에 없다.[50] 이제까지 우리는 유전적 혈연관계라는 생물학적 토대에 근거

....

48 J. Kilner, "Human Cloning", *The Reproductive Revolution*(Grand Rapids: William B.Eerdmans Publishing Company, 2000), p.133.

49 J.A. Robertson, *Children of choice: Freedom and the New Reproductive Technologies*, pp.231-234 참조.

50 예를 들어, 힐러리 퍼트넘은 좋은 가정의 도덕적 이미지로 자율성과 다양성을 제창하면서, 좋은 부모란 자녀로 하여금 자율성을 발휘하도록 준비해야 한다고 주장한다. 그러면서 그는 자식에 대한 예측불가능성과 다양성은 그 자체가 본래적인 선이며, 이를 반영하는 가정이 민주주의 사회에 대한 도덕적 이미지와도 잘 부합한다고 역설한다. 즉, 퍼트넘은 좋은 가정에 대한 이러한 도덕적 이미지에 따라 인간복제에 반대하고 있다. H. Putnam, "Cloning People", J. Burley, ed., *The Genetic Revolution and Human Rights*(Oxford: Oxford University Press, 1999), pp.9-11 참조.

한 가정을 좋은 가정으로 여겨왔다. 이러한 가정은 인간이 간섭할 수 없는 자연이었다. 그러나 체외수정과 인간복제로 인해 유전적 혈연이 아니라 사회적 계약 내지 개인의 욕망에 근거한 새로운 가족 형태가 가능하게 되었다. 이제 자녀 출산, 부모됨, 가정 등은 자연이 아니라 문화가 되었다. 전통적인 가족관에 따르면, '자연 가정'이 좋은 가정의 도덕적 이미지로 하나의 공동선(common good)이었다. 일상인들이 복제인간 1호 이브의 탄생에 대해 도덕적 혐오감을 느끼는 일차적 이유 역시 좋은 가정에 대한 이러한 도덕적 이미지에 기인한다. 결국 우리의 윤리적 곤경은 이제까지 공동선으로 여겨온 유전적 혈연관계에 토대를 둔 가족 정체성을 보존할 것인가, 아니면 개인의 자율성 존중 원칙에 따라 대안 가정까지 수용할 정도로 생식의 자유를 확대 적용할 것인가의 물음으로 귀착된다. 후자의 뿔을 선택할 경우, 인간복제에 반대할 철학적인 논거를 찾기란 쉽지 않아 보인다. 여기서 일종의 아이러니가 발생한다. 한편으로 인간복제는 가족 관계의 유전적 토대를 파괴하면서, 다른 한편으로는 유전적으로 연관된 자녀를 갖고자 하기 때문이다. 인간복제의 근본 동기가 유전적으로 연관된 자녀를 갖고자 하는 부모의 바람이라는 사실이 이를 잘 보여 준다.

이제 생식의 물음은 자연이 아니라 문화, 즉 인간의 통제권 아래로 들어오게 되었다. 이를 하버마스는 '인간이라는 자연의 도덕화'로 표현하고 있다.[51] 인간이라는 자연의 도덕화는 이미 인공수정의 도입과 더불어 시작되었다. 이제 인류는 자신의 생물학적 진화를 곧 스스로의 손아귀에 쥐게 된다는 전망을 할 수 있게 되었다. 이제 인간은 진화의 단순한 동반자가 아니라 진화의 주체가 되고자 한다. '보이지 않는 손'에

51 J. Habermas, *Die Zukunft der menschlichen Natur*, 2001. 장은주옮김, 『인간이라는 자연의 미래』(서울: 나남출판, 2002), pp.58-66 참조.

의한 진화가 아니라 '보이는 인간의 손'에 의해 진화가 이루어지는 셈이다. 생명과학 내지 생명공학이란 용어가 이를 여실히 보여 주지 않는가? 생명과학과 생명공학은 생명을 과학적으로 해명하여 공학기술적으로 생명 현상을 변형 내지 진화시키는 것을 그 목표로 하기 때문이다. 그 한 예로써, 인간복제는 지식, 힘, 그리고 이득을 위해 자연을 무제한으로 지배하고자 하는 과학의 야욕을 상징적으로 나타내준다.[52] 하지만 하버마스는 이 주장은 사회과학적 진단으로는 옳지만 도덕적인 규범적 진단으로 받아들이기가 어렵다는 점을 말한다. 이제 인간이라는 자연조차도 "과학에 의해 기술적으로 마음대로 할 수 있는 것으로 되어버린 것을 우리는 도덕적 통제를 통해 규범적으로 다시 조작 불가능한 것으로 만들어야 할 것이다."[53] 하지만 자유주의 우생학자들은 인공수정과 더불어 이미 루비콘강을 건넜다고 역설한다.

생식의 자유를 전제할 경우 체외수정은 미끄러운 언덕길 논증에 따라 인간복제에로 나아갈 수밖에 없다. 우리는 여기서 미끄러운 언덕길의 두 길을 주목해야 한다. 체외수정을 윤리적으로 받아들여 인간복제에로 나아가는 길이 그 한 길이다. 이는 실천적으로 거의 필연적이다. 하지만 반대의 길도 가능하다. 인간복제는 윤리적으로 허용될 수 없기 때문에 체외수정마저 금지해야 한다. 이 후자의 길을 택하기에 우리는 이미 너무 늦었다. 그래서 필자는 지금까지 윤리학적인 관점에서 체외수정과 인간복제의 차이점에 주목하여, 전자는 윤리적으로 허용 가능하나 후자는 그렇지 않는 논변을 전개하였다. 하지만 생식의 자유

....

52 G.J. Annas, "The Prospect of Human Cloning", p.53.

53 W. van den Daele, "Die Naturlichkeit des Menschen als Kriterium und Schranke technischer Eingriffe", *Welchselwirkung*, 2000년 7/8월호, pp.24-31. J. Habermas, *Die Zukunft der menschlichen Natur*, p.58 재인용.

를 넓게 해석하는 자가 이러한 논변을 부정하고 인간복제를 주장한다 해도 그에 반대할 '윤리학적 논증'을 제시하기가 어렵다는 점을 시인할 수밖에 없다. 이것이 과학의 대세일지 모른다. 이 과학의 대세를 멈추게 혹은 방향을 돌리게 할 수 있는 힘을 윤리학은 지니는가? 자연이라는 인간의 도덕화에 윤리학은 무엇을 어떻게 해야 하는가?

비록 철학적 논거를 갖고 있지는 않지만 건전한 상식인들이 지닌 도덕적 직관 내지 숙고된 도덕 판단을 자연과학이 말하는 하나의 '관찰 사례'로 간주하여 윤리이론을 평가하는 잣대로 채택할 것인지, 아니면 이미 우리가 갖고 있는 윤리이론에 근거하여 도덕적 직관 내지 숙고된 도덕 판단의 '미신성'을 타파해야 하는가? 사실 우리는 '미신적인' 도덕적 직관을 갖고 있다. 예를 들어, 근친상간이나 스와핑에 대해 윤리적 혐오감이 바로 그것이다. 그러나 자율성을 받아들일 경우 이에 반대할 결정적인 윤리학적 논거를 찾기란 쉽지 않다. 우리는 이를 인간복제에도 적용할 수 있다. 대부분의 상식인들은 인간복제에 대해 윤리적 혐오감을 갖고 있다. 생식의 자유에 근거하여 인간복제를 옹호할 것이 아니라, 거꾸로 이러한 도덕적 직관에 근거하여 생식의 자유를 논박할 수는 없는가? 인간복제를 비롯한 생명윤리학의 물음들은 철학자들로 하여금 이 양자간의 방법론적인 선택을 강요하고 있다.

6

안락사의 윤리: 인간은 죽음의 권리를 갖는가

이 장은 안락사 물음을 철학적인 비판 작업을 통해 허용 가능한 윤리적 기준이 무엇인지를 천착하는 데 그 목적이 있다. 이를 위해 필자는 먼저 안락사 개념을 이와 연관된 존엄사, 의사조력 자살, 연명치료 중단 등과 관련하여 철학적으로 명료화하면서 죽음의 원인을 기준으로 안락사를 몇 가지 유형으로 분류하고자 한다. 이러한 분석적 작업을 통해 필자는 사전지시를 포함한 환자 본인의 동의가 전제된 자발적인, 그리고 간접적인 안락사는 윤리적으로 허용될 수 있음을 주장하고자 한다. 하지만 웰다잉은 웰빙의 본질적 구성요소이기 때문에 공동체는 존엄한 죽음을 맞이할 수 있도록 안락사를 원하는 임종 환자에 대한 공감과 배려가 요청된다는 점 또한 필자는 역설하고자 한다. 이런 점에 있어서 안락사는 죽음의 권리 차원이 아니라 죽음의 수용 차원에서 논의되어야 한다.

1. 왜 안락사인가?

일명 '웰다잉 법'의 제정으로 우리나라에서도 연명의료 중단이 조건부로 합법화되었지만, 이와 연관된 안락사는 여전히 윤리학적으로 논쟁거리이다. 안락사가 과연 인간의 존엄성을 존중하는 것인지를 두고 많은 이가 의문을 던지고 있기 때문이다. 생명윤리학이 학제적 성격(interdisciplinary character)을 지니고, 철학이 이 학문의 발전에 기여할 수 있는 일차적 과제는 바로 윤리적 물음에 대한 철학적 명료화 작업이다. 물론 의료현장에 있어서 중요한 물음은 "안락사가 윤리적으로 허용가능한가"의 물음이 아니라 오히려 "윤리적으로 허용 가능한 안락사 기준이 무엇이냐"의 물음이다. 왜냐하면 안락사의 윤리적 허용가능성 물음 이전에 이미 우리들의 의료 현장에서는 안락사가 암묵적으로 시행되고 있기 때문이다. 하지만 안락사에 대한 개념의 명료화 작업이 선행되지 않고서는 의료현장에서 의료인들이 겪고 있는 안락사에 관한 윤리적 딜레마는 결코 해결될 수 없을 것이다. 실제로 안락사 논의에서 자살, 의사조력 자살, 의학적 충고에 반하는 퇴원, 자비로운 살인, 존엄사, 적극적 안락사, 소극적 안락사, 연명의료 중단 등의 용어들이 개념 구분 없이 사용되고 있다.

이러한 개념은 안락사에 관한 우리나라의 입법화 과정에 잘 나타나 있다. 2016년 2월 3일 소위 '웰다잉 법'으로 불리는 '호스피스·완화의료의 이용 및 임종과정에 있는 환자의 연명의료결정에 관한 법률'이 제정되어 2017년 8월 4일부터 시행되고 있다.[1] 우리나라에서 웰다잉

....

1 이 법률은 연명의료를 "임종과정에 있는 환자에게 하는 심폐소생술, 혈액 투석, 항암제 투여, 인공호흡기 착용의 의학적 시술로서 치료효과 없이 임종과정의 기간만을 연장하는 것"으로 정의하면서 연명의료의 중단, 사전 연명의료 의향서 등을 명확하게 규정하고 있다. 법률 제14013호,

법이 제정되기 된 결정적 계기는 1997년에 발생한 '보라매 병원 사건'과 2008년의 '김 할머니 사건'이다.[2] 보라매병원 사건은 1997년 12월 4일 대낮에 술에 취한 환자가 연립주택 2층 계단에서 굴러 떨어져 뇌출혈로 경막외혈종이 생겨 보라매병원에서 응급수술을 받고 중환자실에서 인공호흡기를 달고 있었는데, 환자의 보호자인 부인이 남편의 평상시 술주정과 구타에 불만을 갖고 있던 터에 진료비가 많이 나올 것을 우려해 주위의 만류에도 불구하고 퇴원각서를 쓰고 자진 퇴원하였으나 집에 도착한 직후 사망한 사건이었다. 당시 판사는 시동생의 형사고발로 입건 된 담당의사와 수련의, 그리고 부인에게 살인 및 살인방조죄를 적용해 유죄선고를 하였으며, 피고인의 상고를 기각하여 형이 확정되었다. 이 사건을 계기로 임상 현장에서 암묵적으로 행해진 환자 보호자의 동의하에 이뤄지는 '의학적 충고에 반하는 퇴원'이 제동이 걸리게 되면서 의료계에서는 의사의 권리에 대한 위협을 느끼게 되었다.

이 사건을 계기로 의사들은 인공호흡기 제거에 신중한 태도를 보였는데, 2008년 김 할머니 사건이 발생하였다. 2009년 대법원에 의해 최초의 연명치료중단 판결이 내려진 세브란스병원의 김 할머니는 폐조직 검사를 받던 중 기도가 막혀 저산소증에 의한 뇌손상을 받아 8개월째 혼수상태로 중환자실에서 인공호흡기를 달고 있는 식물인간 상태의 환자였다. 뇌간기능의 일부는 살아있어서 자발적으로 눈을 뜨며, 통증자극에 대하여 팔다리의 반사적 반응이 존재하였다. 뇌파가 뛰고 있으며, 신체 감정을 한 의사에 의하면, 뇌사는 분명 아니지만 회복가

"호스피스·완화의료의 이용 및 임종과정에 있는 환자의 연명의료결정에 관한 법률", 2016.2.3. 참조.

2 김민우, 「웰다잉법의 시행을 둘러싼 제 문제」, 경북대학교 법학연구원, 『법학논고』, 제65집, 2019, pp.35-36 참조.

능성은 거의 없으며, 기대 생존 기간은 3~4개월로 추정된다고 판단하였다. 이 때 김 할머니 자녀들이 식물인간 상태인 어머니로부터 인공호흡기를 제거해 달라며 서울 서부지방법원에 낸 소송에서 민사 12부는 2008년 11월 28일 김 할머니의 인공호흡기를 제거하라고 판결을 하였다. 법원은 적극적 안락사를 비롯해 말기 환자에 대한 치료 중단 행위를 일반적으로 지지하는 것은 아니라는 점을 분명히 밝혔지만, 안락사를 인정한 국내 첫 판결이 나왔다는 점에서 사회적 논쟁을 불러일으켰다. 대법원의 판례를 통해 안락사가 허용되고 있지만 우리 국민들은 정서적으로 안락사나 존엄사 등의 죽음에 대해 부정적인 인식이 팽배하다. 그래서 법률을 제정하는 과정에서 철학적 논쟁을 피하기 위해 안락사나 존엄사라는 개념 대신에 의학에 충실하여 '연명의료 중단'이라는 개념을 사용하고 있다. 즉, 이 법률에 따르면 우리나라에서도 일정한 요건에 따라 환자 본인인 연명의료를 거부하는 사전의료 의향서에 동의한 경우 연명치료 중단에 의한 안락사가 허용된다.

우리는 이러한 논의에서 알 수 있듯이 "윤리적으로 허용 가능한 안락사 기준"을 설정하는 데 있어서 논리학에서 말하는 '허수아비 공격의 오류'를 범하지 않으려면 안락사 개념 및 그 유형화에 관한 명료한 해명이 필수적인 전제 조건이다. 안락사 개념을 정의하는 데 있어서, 우리는 허용 가능한 안락사만을 안락사로 개념 정의하지 않고, 안락사 개념을 넓은 의미로 정의한 다음, 안락사 정의에 핵심적인 요소에 따라 안락사를 유형화시키는 방법에 따라 논의하고자 한다. 물론 실용적인 측면에서는 허용 가능한 안락사만을 안락사로 정의하고 나머지는 다른 개념으로 규정하는 것이 편리할지 모르나, 적어도 철학적인 관점에서는 이런 방법은 난점을 지닌다.[3] 왜냐하면 안락사의 허용 조건이 국가에 따라 가변적이기 때문이다. 실제로 존엄사법을 시행하는 일부 나라의 안락사 허용 조건은 서로 다르다. 이렇게 되면 나라마다 안락사에 대한 개념 정의가 달라진다.

존 롤스(J. Rawls)가 정의(justice) 물음에 대해 '정의관'(conception of justice)과 '정의 개념'(concept of justice)은 구분되어야 한다고 주장한다.[4] 정의 개념이 "정의란 무엇인가?"에 대한 정의(definition) 내지 의미의 물음이라면, 정의관은 "정의의 기준은 무엇인가?"에 관한 입장의 물음이다. 이와 마찬가지로 안락사 물음에 대해서도 '안락사 개념'(concept of euthanasia)과 '안락사 입장'(conception of euthanasia)은 구분되어야 한다. 동일 개념에 대해 서로 다른 정의를 사용하게 되면 '비통약성'으로 인해 상호 의사소통이 불가능해지고, 합리적인 담론의 장이 형성될 수 없게 된다. 따라서 먼저 안락사 개념을 정의한 다음, 윤리적으로 허용 가능한 안락사 기준 내지 원칙을 제시하는 작업이 안락사 논의에서 필수적이라고 말할 수 있다.

2. 안락사의 개념과 유형별 분류

안락사에 대한 개념 정의는 상식인들의 '숙고된 도덕 판단'(considered moral judgment)을 충분히 반영할 수 있어야 한다. 안락사의 유개

....

3 네덜란드에서는 안락사를 "의사에 의해 이루어지는 모든 형태의 생명 종료"로 넓게 해석한 다음, 법에서는 실제로 "환자의 소망에 따라 의사가 실행하는 생명종료"라는 좁은 의미를 채택하고 있다. "Euthanasia in Holland", http://www.euthansia.org/dutch.html(2000. 02. 17 접속) 참조.

4 J. Rawls, *A Theory of Justice*(Cambridge: Harvard University Press, 1999), p.9.

표 6 생명종료의 유형화

<table>
<tr><td rowspan="2">질병, 노화 등으로 인한 사망</td><td>사고사</td><td>자살</td><td>안락사</td><td>타살</td></tr>
<tr><td>비의도적 죽음</td><td colspan="3">의도적 죽음</td></tr>
<tr><td>자연사</td><td colspan="4">비자연사</td></tr>
<tr><td colspan="5">생명종료</td></tr>
</table>

념은 생명 종료이다. 그러면 생명 종료에는 어떠한 유형들이 있는가? 생명종료로서 죽음은 크게 생물학적 기능이 자연적으로 중단되어 죽음에 이르는 자연사와 그 생물학적 기능의 정지에 인간의 간섭이 들어간 비자연사로 나누어진다. 비자연사는 다시 인간의 의도가 들어간 의도적 죽음과 인간의 의도와 상관없이 우연적인 죽음인 사고사로 나누어진다. 예를 들어, 자살과 살인은 전자에 속하고 교통사고로 인한 사망은 후자에 속한다. 그러면 안락사는 어디에 속하는가? 생명종료의 전체 지도를 표 6과같이 하나의 도표로 나타내면 안락사의 위치가 분명해질 것이다.

위 표가 말해 주듯이, 안락사는 비자연사에, 그것도 인간의 의도가 들어간 죽음이다. 따라서 안락사는 자연사와 구분되어야 하며, 또 사고사와도 구분되어야 하며, 그리고 자살이나 타살과도 엄격히 구분되어야 한다. 물론 일반화하는 데는 어려움이 있지만 안락사는 대개의 경우 환자 자신이 죽음을 원한다는 의미에서는 자살의 요소를 갖지만, 스스로 자신을 죽이지 않고 의사가 죽음을 실제로 행한다는 의미에서는 타살의 요소를 갖는다. 자살이 윤리적으로 용인된다 해도 안락사가 윤리적으로 문제가 되는 것은 바로 제3자가 개입되어 있기 때문이다. 하지만 우리가 일상적으로 사용하는 안락사 개념은 이런 구분을 충분히 반영하지 못하고 있다. 안락사(euthanasia)란 헬라어 'eu'(좋은)와 'thanatos'(죽음)의 합성어 'euthanatos'로, 어원적으로는 단순히 '좋은 죽음'을 의미한다. 어원적 의미에 충실하여, 『옥스퍼드 영어 사전』(Oxford English Dictionary)은 안락사를 "조용하고 편안한 죽음을 야기하는 행위"로 정의하고 있다. 잠을 자면서도 평화롭게 죽을 수 있는데, 일상적으로 이러한 죽음은 안락사가 아니라 자연사라고 말한다. 또 이 정의는 자살과 안락사를 구분할 수 없는 난점을 지닌다. 왜냐하면 자살 역시 조용하고 편안하게 이루어질 수 있기 때문이다. 따라서 이러한 정의는 그 외연이 너무 넓어 안락사의 윤리에 관한 철학적 논의에는 적합하지 않은 정의다. 이보다 더 엄밀한 정의를 우리는 『웹스터 새국제사전』(New International Dictionary)에서 찾을 수 있다. 이 사전은 안락사를 "치유될 수 없는 상황이나 질병으로 커다란 고통이나 어려움을 안고 있는 사람을 아무런 고통을 주지 않고 죽여주는 행위나 관행"으로 정의하고 있다. 이 정의는 안락사가 이루어지는 여건이나 안락사 본래의 의미를 잘 설명하고 있지만, 안락사에 대한 상식적인 이해를 온전히 반영하지는 못한다. 왜냐하면 안락사는 어디까지나 환자 자신을 위해, 즉 환자에게 최선의 이익을 베풀겠다는 선의에서 이루어진 것인데, 위의 정의는 이 요소를 간과하고 있기 때문이다. 예를 들어, 환자 자신이 아니라 다른 사람의 실질적 이익을 위해 살인을 하는 것은 엄연히 살인임에도 불구하고 이 정의에 따르면 안락사가 될 수 있다.

물론 완벽하지는 않지만 필자는 이 둘의 중간 입장을 취하고 있는 헤더 드레이퍼(H. Draper)의 견해에 따라 안락사를 "어떤 사람이 가능한 한 편안한 수단을 이용하여 다른 사람을 죽이려는 의도에서 파생된 죽음"으로 정의하고자 한다.[5] 즉, 안락사란 죽는 당사자의 최선 이익에 의해 동기 부여된 제 3자에 의해 이루어진 의도적인 죽음을 의미한다.

....

5 H. Draper, "Euthanasia", R. Chadwick, ed., *Encyclopedia of Applied Ethics*, vol.2(New York: Academic Press, 1998), p.176.

이를 좀 더 세분하여, 우리는 안락사가 성립되기 위해 갖추어야 할 5가지 요소를 지적할 수 있다. 물론 여기에는 안락사의 선결 조건으로 환자가 현대 의학으로 치료가 불가능하다는 판단을 받고서 현재 정신적, 신체적으로 참아내기 힘든 고통을 경험하고 있다는 사실적 요소가 전제됨을 두말할 나위 없다.

1. 행위자와 환자(agent and subject): 안락사는 한 사람이 다른 사람에게 행한 것이다.
2. 행위자의 의도(intention of agent): 행위자는 환자의 죽음을 야기하려는 의도를 지닌다.
3. 행위자의 동기(motive of agent): 행위자는 환자에게 최선의 이익을 베풀려는 동기에서 행동한다.
4. 인과적 근접성(casual proximity): 행위자가 행한 것 혹은 하지 않으려는 선택한 것이 그 환자 죽음의 원인이다.
5. 결과(outcome): 그 행위의 결과로 그 환자가 죽는다.

안락사와 자살을 구분시켜 주는 요소가 바로 (1)이다. 물론 뒤에서 논의하겠지만 의사조력 자살이 안락사 범주에 포함되느냐의 논란은 있지만 일반적으로 안락사는 제3자에 의해 이뤄진다는 점에 있어서 자살과 다르다. 대개의 경우 제3자는 환자를 담당하고 있는 의사이다. 일반적으로 윤리적 평가의 대상이 되는 행위는 의도성을 선결요건으로 한다. 예를 들어, 초등학생이 운동장에서 야구 경기를 하다 너무 세게 공을 던져 학교 유리창을 깨뜨린 경우, 법적으로 배상할 의무는 있을지 몰라도 이 학생을 우리는 윤리적으로 비난하지 않는다. 그래서 요구되는 조건이 (2)이다. 행위자가 환자의 죽음을 의도하지 않았는데도 환자가 죽었다면 이는 안락사라고 말할 수 없다. 의도적인 행위에서 우리가 물어야 할 또 하나의 물음이 있다. 그것은 바로 어떤 의도인가의 물음인데, 이를 우리는 동기라 부른다. (3)의 요소는 바로 이 물음에 답을 주고 있다. 그것은 바로 환자 자신의 최선 이익이라는 동기이다. 이것이 안락사가 타살과 구분되는 본질적 요소일 뿐만 아니라, 바로 이 요소 때문에 안락사가 윤리적으로 문제가 된다. 안락사는 마지막 (5)의 요소가 말해 주듯이 환자 죽음을 결과한다. 죽음은 일반적으로 도덕적 악이다. 그런데 안락사의 동기는 환자 자신의 이익이다. 이 둘이 어떻게 조화되는가의 물음이 바로 안락사 윤리의 핵심 물음이라 해도 과언이 아니다. 행위자가 행한 것 혹은 행하지 않은 것이 환자 죽음을 인과적으로 야기하지 않는다면 환자는 죽지 않았기 때문에 안락사라고 이름 붙일 수 없기 때문에 (4)의 인과성이 불가피하게 요구된다. 물론 (4)의 요소는 사실적 물음이다. 다음 절에서 논의하겠지만 인과성 물음은 안락사의 유형화 및 윤리적 허용가능성 논의에서 중요한 요소로 작용하고 있다. 왜냐하면 어떤 결과에 대한 윤리적 평가 내지 도덕적 책임의 물음은 그 결과의 인과적 원인이냐 아니냐에 의해 달라지기 때문이다.

3. 직접적 안락사와 간접적 안락사

드레이퍼의 안락사 구성요건 5가지 요소는 다시 세분될 수 있다. 즉, 안락사 개념 차원을 넘어서 안락사에 관한 하나의 윤리적 입장을 도출하자면 개념 정의만으로는 부족하고, 안락사 구성 요건에 대한 또 하나의 분석이 요구된다. 행위자와 환자, 행위자의 의도, 행위자의 동

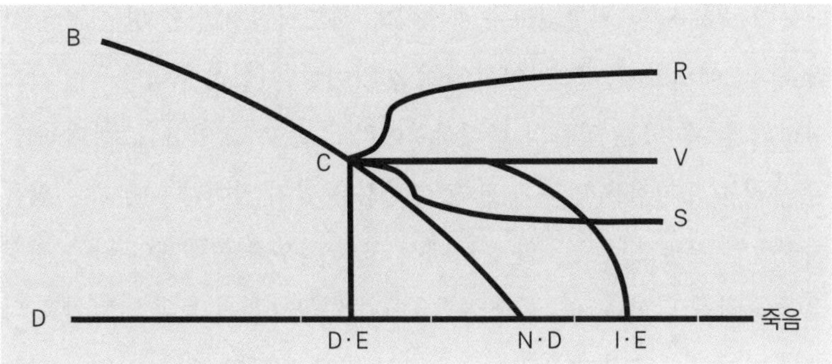

그림 1 인간의 죽음과 안락사

기, 행위의 결과 등의 요소는 더 이상의 분석이 불가능하다. 그러나 네 번째의 '행위자의 인과성' 요소는 많은 윤리적 물음을 함축하고 있다. 왜냐하면 이는 죽음의 원인에 관한 물음인데, 죽음의 원인이란 개념 속에는 해명되어야 할 두 가지 물음이 내재되어 있기 때문이다.[6] 죽음의 원인과 안락사의 관계가 왜 중요한지를 논의하기에 앞서 오늘날 왜 안락사가 윤리적 쟁점으로 부각되고 있는지에 대한 이해가 필요하다. 하나의 그림으로 이를 설명해 보자.

그림 1에서 'B: 출생, D: 죽음, C: 선택, R: 회복, V: 생명연장'을 각각 의미한다. 실존주의 철학자 마틴 하이데거(M. Heidegger)가 인간을 '죽음에 이르는 존재'(die Sein zur Tode)로 규정하였듯이, 우리는 출생과

....

6 필자의 분류와 달리 문국진교수는 생명체의 의사(자의적/비임의적/타의적), 시행자의 행위(소극적/간접적/적극적), 생존의 윤리성(자비적/존엄적/도태적)에 따라 안락사를 분류하고 있다. 그러나 생명윤리학에서 윤리적으로 가장 중요한 물음이 바로 생명체, 즉 환자의 자율적인 의사와 시행자의 행위 성격이기 때문에 문교수의 이러한 구분은 법적으로 의미가 있을지 모르나 윤리학적인 관점에서는 의미가 없다. 또 시행자의 행위에 따른 안락사 구분은 그 기준이 모호하다. '소극적/적극적' 안락사 구분은 시행자의 행위라기보다는 행위와 죽음 사이의 인과적 연관성과 관련된 분류에 속한다. 따라서 우리는 문교수의 분류 가운데 생명체의 의사에 따른 분류만 받아들이고, 새로운 차원의 분류 기준을 도입하여 안락사를 분류하고자 한다. 문국진, 『생명윤리와 안락사』(서울: 여문각, 1982), pp.112-135.

더불어 죽음을 향해 항해하는 존재이다. 사고사를 제외할 경우 많은 사람들이 B에서 N·D 즉, 자연적 죽음을 맞이한다. 이러한 죽음은 인간이 어떻게 할 수 없는 일종의 한계상황이라고 말할 수 있다. 그런데 오늘날 우리는 C 지점을 만나게 된다. C 지점은 말기 암이나 뇌경색과 같은 치명적인 질병으로 죽음의 문턱에서 치료 여부를 선택해야 하는 결정적인 순간을 말한다. 즉, 심폐소생술이나 인공호흡기 등의 연명치료 의술의 발달로 C 순간에 우리는 진료 여부를 선택해야 한다. 어떠한 선택을 하느냐에 따라 생과 사가 달라진다는 의미에서 이 선택은 생사의 선택이라고 말할 수 있다. 다시 말해, 연명의료 의술의 발달로 오늘날에는 죽음마저도 자연스러운 운명이 아니라 인간의 선택에 따라 달라지고 있다.

C 지점에서 우리가 결정할 수 있는 선택지는 대개의 경우 5가지이다. 첫째는 아예 심폐소생술을 하지 않는 일이다. 이 선택은 N·D, 즉 자연적 죽음에 이르게 한다. 둘째는 적극적인 연명치료이다. 이는 건강을 회복하기를 소망하는 R의 선택이다. 그렇다고 항상 R처럼 건강이 회복된다는 뜻이 아니라 그렇게 되기를 의도한다는 뜻이다. 오히려 S선처럼 건강이 더 악화된 상태로 생명이 지속되는 경우가 많다. 셋째는 소극적인 연명치료이다. 적극적인 연명치료를 하였지만 효과가 없을 때 인공호흡기를 통해 생명을 계속 연장하는 V의 선택이다. 넷째는 극단적인 경우이지만 D·E, 즉 직접적 죽음을 우리는 선택할 수도 있다. 미국에서 회자된 케보키안 의사의 약물 투여는 여기에 해당된다. 이렇게 되면 자연적 죽음에 이르지 아니하고 환자는 곧장 죽음에 이르게 되는데 이를 뒤에서 설명하는 직접적 안락사에 해당된다.

마지막 다섯째는 가장 일상적인 경우로 I·E, 즉 간접적 죽음의 선택이다. 대개 우리는 C 지점에서 일단 생명을 살리고 건강을 회복하기 위해 적극적 치료를 실시한다. 하지만 회복 가능성이 없다는 의학적 진단을 받으면 당분간은 인공호흡기와 같은 소극적 치료를 진행한다. 식물인간이 그 대표적인 사례이다. 하지만 우리는 이를 무한히 계속 할 수 없어 어느 순간에는 인공호흡기를 제거하여 죽음에 이르도록 할 수 있다. 이것이 앞으로 논의하게 될 간접적 안락사의 선택이다. 이러한 설명에서 알 수 있듯이, 오늘날 안락사가 윤리적 논쟁점으로 대두된 결정적 계기는 바로 생명연장 의술의 발달이다. 좀 극단적으로 말하면 생명연장 의술의 도움을 받게 되면 우리는 아무런 의식 없이 천년만년을 생존할 수 있다. 이쯤 되면 생명연장은 실존주의 철학자 장 폴 사르트르(J.P. Sartre)가 말한 대로 '저주스럽도록 자유로운 선택'이게 될 수 있다. 이제 죽음은 절대자의 손에 의한 운명이 아니라 인간의 선택이 됨으로 말미암아, 어떻게 선택해야 하는가의 윤리적 물음이 발생하는데 이것이 바로 안락사 물음이다.

어떠한 죽음을 맞이하도록 선택하느냐에 따라, 즉 선택의 준거점에 따라 안락사는 몇 가지 유형으로 구분된다. 첫째는 죽음의 수단이 되는 행위자의 행위 형태가 문제시된다. 즉, 환자가 사망에 이르게 되는 행위자의 행위에는 두 종류가 있다. 하나는 행위자가 무엇을 적극적으로 행하는 것이고, 다른 하나는 행위자가 소극적으로 무엇을 하지 않는 것이다. 이 두 구분이 윤리적으로 중요한 이유는 일반적으로 상식인들은 작위(행위, action)와 부작위(무위, inaction)를 윤리적으로 구분하고 있기 때문이다. 예를 들어, 어떤 사람 갑이 다리를 건너다가 다른 사람 을을 밀어 강물에 빠뜨려 죽인 경우와 이미 물에 빠져 익사하고 있는 을을 갑이 도와주지 않고 방치하여 을이 죽은 경우는 윤리적으로 분명 구분되기 때문이다. 대개의 경우 동일한 도덕적 악이 결과하였을 때 작위가 부작위보다 도덕적으로 더 나쁘다. 그래서 종종 작위에 의한 경우에는 허용되지 않는 결과나 사태도 부작위에 의한 경우에는 허용되기도 한다. 일상적인 이 구분을 안락사에 적용시키면 행위자의 적극적 행위로 인한 안락사와 소극적 부작위로 인한 안락사는 윤리적으로 구분된다고 할 수 있다. 즉, 생명윤리학자들은 전자에 해당하는 '적극적 안락사'(active euthanasia)와 후자에 해당하는 '소극적 안락사'(passive euthanasia)를 구분한다. 예를 들어, 의사가 응급실에서 소생 가망성이 희박하다는 판단 하에 환자에 대한 치료를 거부함으로 환자가 사망했다면 이는 소극적 안락사에 속하는 반면에, 인공호흡기로 생명을 유지하고 있는 환자에게 의사가 그 호흡기를 적극적으로 제거함으로 환자를 안락사 하였다면 이는 적극적 안락사에 속한다고 하겠다.

둘째는 행위자의 행위 또는 무위가 환자 사망의 직접적 원인인지 아니면 간접적 원인인지의 물음이다. 물론 사망의 직접 원인이 무엇이냐의 물음은 법의학에서 아주 중요한 물음이면서 동시에 아주 어려운 물음이다. 왜냐하면 인과관계의 과학적 해명이 우리의 일상적인 생각과 달리 너무나 복잡할 뿐만 아니라, 아직까지 철학에서 "A가 B의 원인이다"라는 주장에서 '원인'을 무엇을 의미하는지가 명확하지 않기 때문이다. 그래서 치료거부나 치료중단이 죽음의 직접 원인인지 간접 원인인지 규정하기 어려운 회색 지대가 실제로 분명 존재한다. 이런 실천적 어려움이 있지만 적어도 이론적으로는 사망의 직접 원인과 간접 원인이 구분됨을 우리는 부인할 수 없다. 행위자 죽음의 직접 원인이 되는 경우가 '직접적 안락사'(directive euthanasia)이고, 간접 원인이 되는 경우가 '간접적 안락사'(indirective euthanasia)이다. 예를 들어, 갑이 루케릭병으로 죽음이 임박한 을에게 치사량의 수면 주사를 놓아 사망케 하였다면, 을의 사망 원인은 루케릭병이 아니라 갑이 주사한 약일 것이다. 이렇게 되면 사망의 직접 원인은 갑의 주사 행위가 되어 이는 직접적 안락사에 해당된다. 반면에 이미 말기 췌장암으로 죽어가고 있는 을에게 항암제를 계속 투여하지 않음으로 을이 죽은 경우에는, 사망의 원인이 항암제 중단이 아니라 췌장암일 것이다. 이렇게 되면 갑의 치료 중단은 을의 죽음에 직접적 원인이 아니라 간접적 원인에 불과하기에 이는 간접적 안락사에 해당된다.

안락사의 개념 정의에는 포함되어 있지 않지만 안락사의 윤리적 허용가능성을 논하는데 있어서 중요한 또 다른 고려사항은 환자의 동의 물음이다. 왜냐하면 윤리는 인간의 자율성을 전제하며, 그래서 그 행위가 타인에게 해악을 끼치지 않는 한 인간의 자율성은 언제나 존중되어야 하는데, 자율성 유무 확인이 바로 동의(consent)이기 때문이다. 실제로 안락사의 윤리성 물음이 불거져 나온 주된 이유 중 하나도 바로 인간의 자율성 물음이다. 톰 비첨(T. Beauchamp)과 제임스 칠드레스(J. F. Childress)가 제안한 네 원칙, 즉 자율성 존중 원칙, 해악 금지 원칙, 선행 원칙, 그리고 정의 원칙이 상충할 때 윤리적 딜레마가 발생하는데, 안락사의 경우 인간의 죽음을 초래하기에 해악 금지 원칙에 따르면 실행해서는 안 되지만 환자 본인이 요청하기에 자율성 존중 원칙에 따라 실행해야 하는 윤리적 딜레마가 발생한다.

따라서 환자의 자율적 동의 요소가 중요하기 때문에, 안락사는 셋째로 환자의 동의 유무에 따라 '자의적 안락사(voluntary euthanasia)/반자의적 안락사(involuntary euthanasia)/자의와 무관한 안락사'(nonvoluntary euthanasia)로 구분될 수 있다.[7] 자의적 안락사는 환자 본인의 자발적 동의가 있는 경우의 안락사를 말하고, 반자의적 안락사는 반대 의

7 P. Singer, *Practical Ethics*, 2nd(Cambridge: Cambridge University Press, 1993), pp.176-181.

사를 표명한 환자에 대한 안락사를 말하고, 자의와 무관한 안락사는 식물인간처럼 자신의 의사를 표명할 수 없는 환자를 대상으로 이루어지는 안락사를 말한다. 예를 들어, 루케릭 환자의 요청에 따라 케보키안 의사가 그 환자를 죽여준 행위는 자의적 안락사에 속한다. 반면에 그 부모의 요청에 따라 의식 불명의 15세 소녀의 인공호흡기를 떼어 죽게 한다면 이는 자의와 무관한 안락사에 속한다. 그리고 말기 간암으로 사경을 헤매는 70세 노인 환자가 치료를 계속 받겠다고 하는데도, 의사가 환자 보호자의 요청에 의해 항암제 투여를 중단하여 사망케 하였다면 이는 반자의적 안락사에 속한다. 지금까지 안락사에 관한 논의를 하나의 도표로 유형화하여, 각 유형에 속하는 대표적인 사례를 들면 표 7과 같다.

표 7에서 안락사와 관련된 '의료 행위' 각각은 환자의 동의에 의해서, 환자의 자의와 무관하게, 또는 환자의 의사에 반하여 각각 행해질 수 있다. 따라서 '자발적' 열에 속한 모든 것이 반자발적인 경우와 자의와 무관한 경우 각각에도 해당될 수 있다. 치료거부, 인공호흡기 제거, 치료중단 등은 적극적/소극적인 측면에서는 구분되나, 간접적/직접적의 측면에서는 구분되지 않음을 우리는 알 수 있다. 왜냐하면, 한 예로

표 7 안락사의 유형화

		자발적	반자발적	자의와 무관한
간접적	적극적	치료중단, 인공호흡기 제거		
	소극적	DNR, 치료거부		
직접적	적극적	약물주사, 치료중단, 인공호흡기 제거		
	소극적	치료 거부		

써, 치료중단은 분명 하나의 적극적 행위이지만 상황에 따라 사망의 직접 원인이 될 수도 있고 간접 원인이 될 수도 있기 때문이다.

이제 우리에게 남은 과제는 각 유형의 안락사에 대한 윤리적 정당화 내지 윤리적 허용가능성을 밝히는 일이다. 이 물음을 논의하기에 앞서, 이 구분에 대한 한 가지 반론과 안락사 논쟁에서 사용되는 몇 가지 개념이 안락사와 어떤 연관성이 있는지 해명하는 것이 도움이 될 것이다. 그 반론이란 '적극적/소극적'의 구분과 '직접적/간접적'의 구분이 과연 서로 다른가의 물음이다. 왜냐하면 실제에 있어서는 대부분의 경우 적극적 안락사는 직접적 안락사와 일치하고, 소극적 안락사는 간접적 안락사와 일치하기 때문이다. 즉, 적극적이면서 간접적인 혹은 소극적이면서 적극적인 안락사 사례가 실제로 존재하지 않는다면 이 두 차원 구분은 무의미한 말장난에 불과하게 되기 때문이다. 예를 들어, 인공호흡기의 제거로 인해 말기 간암 환자가 안락사한 경우를 살펴보자. 이는 분명 행위 형태에 있어서 적극적이다. 이 환자 사망원인이 호흡장애라면 이는 직접적 안락사에 속하지만, 호흡 장애가 아니라 간암이라면 이는 간접적 안락사에 속한다. 이러한 분석은 치료 거부의 경우에도 그대로 적용된다. 따라서 안락사 물음의 경우, 단순히 윤리학 일반에서 인정되고 있는 행위와 무위 구분을 그대로 수용하기보다는 이를 행위 형태 및 인과관계의 직、간접에 따라 세분하는 것이 바람직할 것이다.

또 다른 물음은 안락사 논쟁에서 사용되는 개념의 연관성 물음이다. 우선 존엄사(death with dignity)가 언론에 회자되고 있기 때문에 존엄사와 안락사의 관계를 우리는 묻지 않을 수 없다. 존엄사란 '존엄한 죽음'을 뜻한다. 존엄한 죽음은 좋은 죽음임에 분명하기에, 존엄사 역시 안락사의 한 유형이라고 말할 수 있다. 하지만 존엄사에 대한 철학적 정의나 기준은 그렇게 명확하지 않다. 다만 일상적으로 존엄사는 심폐소생술의 미실시, 인공호흡기 제거 혹은 연명의료 중단 등을 통해 자연스럽게 죽음에 이르도록 하는 안락사를 뜻한다. 엄밀하게는 구분될지 모르지만 대체로 존엄사는 소극적 안락사 내지 연명의료 중단과 거의 동일한 의미로 사용되고 있어 별도의 논의가 필요하지 않다.

존엄사만 안락사와 연관되어 있는 것이 아니다. 자비로운 살인, 의사조력 자살 등의 개념 역시 안락사 논의에서 종종 언급되고 있다. 첫째, '자비로운 살인'(mercy killing)과 안락사의 관계 물음이다. 지금까지 고찰에 따르면 '자비로운 살인'도 안락사에 포함될 수 있다. 흔히 의사가 아닌 환자나 친척에 의해 이루어진 죽음이 자비로운 살인으로 정의되고 있는데, 위의 정의에서 행위자에 대한 명확한 규정이 없기 때문이다. 즉, 안락사 시행자가 누구이어야 하느냐의 물음은 안락사의 실천적 윤리 지침 내지 법 조문화에 있어서는 중요한 물음이 될 수 있지만, 안락사 개념 정의 차원에서는 중요한 요소가 아니다.

둘째, '식물인간'(persistent vegetative state)도 안락사 대상이 될 수 있는가의 물음이다. 단지 어의에 충실하여 안락사를 '편안한 죽음'만을 의미하는 것으로 정의하면, 의식이 없어 고통을 느끼지 못하는 식물인간은 어떠한 죽음을 맞이해도 그 본인은 편안한 죽음을 맞이할 것이다. 왜냐하면 고통에 대한 의식이 없기 때문이다. 이렇게 되면 식물인간을 안락사 시킨다는 말은 무의미하다. 그러나 행위자의 동기에서 '최선 이익'을 환자의 고통 완화 내지 편안함 이상의 그 무엇을 의미하는 것으로 해석하면 식물인간도 안락사 대상이 될 수 있다. 왜냐하면 이렇게 해석하면 식물인간은 비록 쾌와 고통을 느끼지 못한다 할지라도 '최선 이익'은 지닐 수 있기 때문이다. 2절의 '환자의 최선이익'을 우리는 이런 넓은 의미로 사용하기 때문에, '식물 인간' 역시 안락사의 대상이 될 수 있다. 실제로 생명윤리학의 역사를 살펴보면, 안락사는 식물인간과 같은 임종 직전의 환자들에 대한 인간존엄성 차원에서 제기되었다. 이런 안락사는 환자 동의가 불가능하기에 자의와 무관한 안락사에 속할 것이다.

셋째, 안락사 개념 정의에서 또 하나의 논쟁거리는 '의사조력 자살'(physician-assisted suicide)이 안락사에 포함되느냐의 물음이다. 의사조력 자살이란 환자 스스로가 생명을 끊는 것을 '의사가 도와주는 것'을 의미하기에 본질적으로 자살에 해당된다. 즉, 의사조력 자살이란 자격증을 가진 의사가 다른 사람이 스스로 목숨을 끊도록 정보나 처방을 제공하거나 또는 죽을 수 있도록 환자의 손이 닿는 곳에 약을 두거나 혹은 환자가 손쉽게 접근할 수 있도록 어떤 장치를 제공해 주는 것을 의미한다.[8] 실제로 2024년 스위스에서는 소위 '안락사 캡슐'의 사용이 화두로 등장한 바 있다.[9] '사르코'(Sarco)로 불리는 이 안락사 캡슐은 사람이 안에 들어가 누울 정도 크기의 캡슐인데, 환자가 이 캡슐에 들어가 문을 닫고 버튼을 누르면 질소가 뿜어져 나와 30초 이내에 공기 중 산소량이 21%에서 0.05%로 급감하여 5분 내로 사망에 이르게 된다. 2019년 네덜란드 자살 지원 단체에서 개발되어 2024년 7월 스위스의 샤프하우젠 주의 한 숲속 오두막에 설치되었다. 스위스는 1942년부

....

8 R.D. Orr, "Physician-Assisted Death", 정숙향 옮김, 「의사조력 사망」, 제이 홀맨 엮음, 박재형 외 옮김, 『의료윤리의 새로운 문제들』(서울: 예영커뮤니케이션, 1997), p.349.

9 정아임, "버튼 누르면 5분 내 사망… '안락사 캡슐' 결국 사용 중단", 『조선일보』, 2024.10.19. 일부에서는 이를 '조력 존엄사로 부른나. 2025년에 발표한 한국보건사회연구원의 "미래 사회 대비를 위한 웰다잉 논의의 경향 및 과제" 보고서에 따르면 조력 존엄사의 합법화에 우리나라 국민 82%가 찬성했다고 한다. 그리고 연명의료 중단의 의향에 대해서도 91.9%가 '그렇다'고 답했다. 그 이유(중복응답)로는 '회복 가능성 없는 삶은 의미가 없어서'가 68.3%로 가장 많았고 뒤이어 '가족에게 부담이 되기 싫어서(56.9%)', '고통스럽게 죽고 싶지 않아서(42.5%)' 순으로 나타났다. 박성민, "국민 10명중 9명 "임종기때 연명의료 중단"… 272만명 의향서 작성", 『동아일보』, 2025.02.24.

터 의사조력 사망을 법적으로 인정하고 있다.

안락사는 행위자와 환자가 구분되나, 의사조력 자살의 경우 이 둘은 구분되지 않기에, 이는 안락사 요건 가운데 (1)을 어기고 있다. 이런 의미에서 의사조력 자살은 '의사조력 사망'(physician-assisted death)이기 때문에 윤리적으로 안락사와 구분된다고 볼 수 있다.[10]

그러나 의사조력 자살은 형식적으로 보면 분명 안락사 요건 (1)을 어기고 있다. 죽음에 이르는 인과과정에서 의사가 최후의 행위자가 아니라 환자 본인이 최후 행위자이다. 하지만 의사조력 자살은 나머지 (2)-(4)의 요소를 충족시키고 있으며, 또 안락사 요건 (1)의 경우도 상당히 충족시키고 있다. 왜냐하면 의사의 도움 제공이 환자 죽음의, 적어도 부분적인 원인이 됨을 우리는 부인할 수 없기 때문이다. 의사조력 자살의 경우, 의사는 환자로 하여금 자살하게끔 적극적 유인책을 제공한 것으로 일종의 '안락사 교사(教唆)'에 해당되기 때문이다. 법적으로는 살인죄와 살인 교사죄는 구분되지만, 윤리적으로 보면 이 둘은 구분하기 어렵다. 또한 의사조력 자살은 결국 환자를 죽도록 내버려두는 것에 해당된다고 볼 수 있다. 왜냐하면 환자에게 죽을 수 있는 모든 조치를 제공하고, 환자가 그 조치를 취하고 있는 데 의사는 그냥 방관하고 있기 때문이다. 이런 관점에서 레이몬드 프레이(R.G. Frey)는 최후 행위자가 의사이냐 환자이냐의 물음은 도덕적으로 의미가 없다고 주장한다.[11] 실제로 의사의 치료 거부로 인한 사망 역시 안락사의 일종으로 여겨진다. 따라서 의사조력 자살 역시 안락사의 범주에 포함되어야 할 것

....

10 R.D. Orr, "Physician-Assisted Death", p.347.

11 R.G. Frey, "Distinctions in Death", G. Dworkin et al., *Euthanasia and Phyician-assisted Suicide*, 1998, 석기용·정기도 옮김, 『안락사 논쟁』(서울: 책세상, 1999), pp.62-63.

이다.[12]

그러나 의사조력 자살이 안락사의 어느 유형에 속하며, 이러한 종류의 안락사가 윤리적으로 허용가능한가의 물음은 또 다른 철학적 논의를 요구한다. 특히 의사조력 자살이 안락사의 어느 유형에 속하는가의 물음은 사례별로 다루어져야 할 것이다. 의사의 도움 제공을 하나의 적극적 행위로 보고, 그 도움 행위-예를 들면, 치사량의 약-가 사망의 직접 원인이라면, 이러한 의사조력 자살은 적극적인 직접적 안락사에 속할 것이다. 반면에 의사가 환자로 하여금 인공호흡기를 제거하도록 도움을 주어 그 환자가 지병인 간암으로 사망하였다면, 이는 적극적인 간접적 안락사에 속할 것이다.

넷째, '의학적 충고에 반한 퇴원'(discharge against medical advice)으로 인한 죽음이 안락사에 포함될 수 있는가의 물음이다. 의학적 충고에 반한 퇴원이란 치료를 계속 받으라는 의사의 의학적 충고에도 불구하고 환자의 자발적인 의사에 따라 이루어진 퇴원을 말한다. 이 경우 의사의 치료 방임이 환자 죽음의 직접 혹은 간접 원인이 될 수 있는가? 이에 대한 답이 긍정적이든 부정적이든, 한 가지 분명한 사실은 의학적 충고에 반한 퇴원의 경우 의사는 환자의 죽음이 환자에게 최선의 이익이라고 여기지 않았으며, 결코 환자의 죽음을 의도하지 않았다는 점이다. 이 경우 환자가 곧 행위자이다. 따라서 의학적 충고에 반한 퇴원으로 인한 죽음은 안락사 요건 (1), (2), (3)을 모두 어기고 있기 때문에 안락사 범주에 포함될 수 없다. 환자 본인의 적극적인 행위가 개입되었다는 점에서 이는 오히려 자살에 가깝다고 하겠다.

....

12 N. Campbell, "A Problem for the Idea of Voluntary Euthanasia", *Journal of Medical Ethics*, vol.25, 1999, pp.242-244.

4. 안락사의 윤리적 허용가능성

이제 우리는 다시 처음의 질문에 봉착하게 되었다. 즉, 윤리적으로 허용 가능한 안락사 기준이 무엇이냐? 이 물음을 답하는 데 있어서 우리는 윤리적으로 허용 불가능한 유형을 제거하는 접근법에 따라, 그것도 손쉽게 논박 가능한 차원부터 논의하고자 한다. 안락사의 도덕성 고찰에 있어서 기본적인 물음은 환자의 동의 여부이다. 환자의 의사에 반한 안락사는 두 가지 측면에서 윤리적으로 허용될 수 없다. 하나는 이런 행위는 자율성 존중 원칙과 악행금지 원칙 모두를 어길 뿐만 아니라 의사의 윤리적 의무에 반하는 행위이기 때문이다. 실천적으로도 이런 행위를 의사가 행하게 되면, 의사와 환자 사이의 신뢰성이 깨어져 환자의 치료에 악영향을 미치는 결과를 야기할 것이다. 따라서 그 형태가 어떠하든지 반자의적 안락사는 윤리적으로 허용될 수 없다.

물론 원론적으로 환자의 안락사 요청이 '충분한 정보에 의거한 동의'(informed consent)[13]인가의 물음이 제기되지만, 여기서는 일단 이런

....

13 이 개념은 '정보를 제공받은'(informed)이란 단어와 '동의'(consent)라 두 단어가 합해져서 하나의 전문술어를 구성하고 있다. 첫 번째 요건은 동의의 '문지방 요소'(threshold elements)라 불린다. 즉, 동의가 성립되자면 동의자는 동의 능력을 지닐 뿐 아니라 자발적으로 동의를 해야 한다. 두 번째 요건은 '정보 요소'(information elements)라 한다. 다시 말해, 정확한 정보에 의거하지 않은 혹은 단편적인 정보에 의거한 동의는 충분한 정보에 의거한 동의가 될 수 없기에, 동의에 필요한 실질적인 정보의 공개 등의 정보 요소가 요구된다. 그리고 마지막 셋째로 동의자 본인이 실제로 결정을 내려야 한다. 이 모든 요건을 갖추고도 동의 주체가 실제로 의사를 표현하지 않는다면 소용없기에 '동의 요소'(consent elements)가 세 번째 조건으로 요구된다. 특히 안락사 반대론자들은 안락사의 경우 자발성 요소가 성립되지 않는다고 주장한다. 자발성을 단순히 외적 강요가 없음을 의미한다면 별 문제가 없지만, 내적 강요 내지 무형의 강요까지 포함한 강제 없음을 뜻한다면 문제가 복잡해진다. 왜냐하면 안락사의 상황에 처한 환자는 이미 육체적, 정신적으로 참기 어려운 고통 가운데 놓여 있기에 내적 강요가 없다고 말할 수 없기 때문이다. 충분한 정보에 의거한 동의에 대한 자세한 논의는 T.L. Beauchamp & J.F. Childress, *Principles of Biomedical Ethics*(Oxford: Oxford University Press, 1994), pp.145-146 참조.

동의가 가능하다고 전제하고 논의를 진행하고자 한다. 문제는 자의와 무관한 안락사의 경우이다. 이를 아예 배제할 경우 실질적인 수혜자가 되어야 할 환자의 권리가 침해당하게 되고, 반면에 이를 포함시킬 경우 "환자 본인의 의사를 어떻게 파악할 수 있는가?"라는 어려운 실천적 물음이 발생한다. 이런 윤리적 딜레마를 피하려는 방법 중 하나가 '자신의 생명에 관한 유언'(the living will)이다. 이는 '사전 지시'(advance directive)의 일종이다. 즉 사전 지시란 의사결정 능력을 지닌 어떤 사람이 자신의 미래 상황, 특히 결정을 내릴 수 있는 정신적 능력이 결핍된 상황의 경우, 자신에 대해 어떠한 진료 행위를 시행할 것을 결정하여 문서 혹은 구두로 남겨두는 것을 말하는데,[14] 그중 하나가 바로 자신의 생명에 관한 유언이다. 자신의 생명에 관한 유언이란, 자신의 의사를 표현할 수 없는 상황을 대비하여 자신의 죽음과 신체기관에 대해 남기는 유언을 말한다. 즉, 이 유언은 환자가 스스로 의식 불명의 상태를 대비하여 자신의 생사 여부, 신체기관의 이식, 치료의 결정, 심폐소생술의 시행 여부, 인공호흡기의 제거 등에 관해 남기는 유언을 말한다. 이러한 유언에는 안락사 여부에 관한 의견도 포함되어 있다. 이렇게 되면 의식불명의 환자의 안락사 동의 여부를 확인할 수 있다고 하겠다. 이 유언은 생사에 대한 결정의 책임은 가장 직접적으로 관련된 자, 즉 환자 자신에게 돌리려는 현명한 시도이다.[15] 우리나라의 '웰다잉 법'은 이를 사전의료 의향서로 받아들이고 있다.

....

14 H.M. Sass, "Advance Directives", R. Chadwick, ed., *Encyclopedia of Applied Ethics*, vol.3(New York: Academic Press, 1998), p.41. 사전지시에는 자신의 생명에 관한 유언, 대리결정자 선정, 신념이나 가치체계, 그리고 이들의 조합 등 그 형태가 다양하다. 자세한 논의는 pp.44-47 참조.

15 T.A. Shannon & J.D. Digiacomo, *An Introduction to Bioethics*(New York: Paulist Press, 1979), 황경식·김상득 옮김, 『생의윤리학이란?』(서울: 서광사, 1988), p.90.

하지만 이런 유언조차 남기지 않은 의식불명의 환자나 아예 이런 능력을 가져보지 못한 신생아나 중증 정신 장애인들에 대해서는 어떻게 하는가? 이럴 경우를 위한 대안적인 방법으로 우리는 소위 '안락사 윤리위원회'를 생각해 볼 수 있다. 이는 가상적 동의 방법을 좀 더 현실화 내지 구체화시킨 방법이라 할 수 있다.[16] 환자가 자신의 진료나 생명에 관한 전혀 아무런 사전지시를 내리지 않았을 경우, 환자의 입장에서서 대리 판단을 내려줄 수 있는 가장 합리적인 사람들로 위원회를 구성하여, 그것도 한 사람이 아니라 다양한 분야의 전문가들로 구성하여, 그들이 환자의 안락사 여부에 대해 만장일치 된 견해를 피력하면 그것을 환자의 의사로 간주하는 방법이 바로 안락사 윤리위원회를 통한 방법이다. 가상적 동의가 합리적인 인간 한 사람의 주관적인 견해에 예속되는 우를 범할 수 있지만, 위원회의 견해는 한 사람이 아니라 여러 합리적인 인간의 합의에 따르기 때문에 이런 잘못은 상당히 줄어든다고 하겠다. 대체로 종교인, 윤리학자, 의사, 변호사, 간호사 등이 이 위원회의 위원에 포함된다. 물론 안락사 윤리위원회의 결정도 잘못일 수 있지만, 대리인이나 가상적 동의에 의한 방법보다는 더 객관적이며 더 현실성 있다고 하겠다. 따라서 자신의 의사를 표명할 수 없는 경우에는 사전지시나 안락사 윤리위원회의 결정을 그 환자의 의사로 간주하여도 윤리적으로 문제가 없다고 하겠다.

둘째로 우리는 '소극적/적극적'의 구분이 윤리적으로 의미가 있느냐의 물음을 논하지 않을 수 없다. 물론 이 구분은 다른 차원의 구분과 달리 객관적 검증이 용이하다는 이점이 있다. 왜냐하면 행위자가 소극적으로 무엇을 하지 않았는지, 적극적으로 어떤 행위를 하였는지는 전

....

16 김상득, 『생명의료윤리학』(서울: 철학과현실사, 2000), pp.303-304.

문가가 아닌 일반인도 쉽게 알 수 있기 때문이다. 예를 들어, 치료거부와 치료중단은 소극적 무위와 적극적 행위로 쉽게 구분된다. 이는 인공영양이나 수액의 거부와 중단에도 그대로 적용된다. 실제로 제임스 레이첼즈(J. Rachels)는 안락사에 관한 이러한 구분을 무비판적으로 받아들인 다음, 이 둘이 도덕적으로 차이가 없다는 근거에서 적극적 안락사까지 허용할 것을 주장한다.[17] 하지만 이 둘이 사실적으로 구분되는가의 물음은 그 구분이 윤리적으로 의미 있는가의 물음과는 전혀 다른 물음이다. 그 결과가 동일할 경우 윤리적으로 이 둘이 구분되는가의 물음은 또 다른 논의가 필요하다. 비판적 논의의 대상은 바로 이 두 형태의 안락사가 윤리적으로 의미 있게 구분되는가의 물음이다.

이 구분이 윤리적으로 의미가 있느냐의 물음은 결국 윤리적으로 중요한 도덕적 고려사항이 무엇이냐의 물음과 밀접하게 연관되어 있다. 윤리이론은 크게 의무론, 목적론, 덕 윤리, 계약론적 윤리설 등으로 구분된다. 인간 행위의 다양한 요소 중 어느 요소를 도덕적으로 중요하게 여기느냐에 따라 이러한 윤리설이 분류된다. 한 행위는 크게 세 요소를 지닌다. 하나는 동기 내지 의도의 요소이고, 다른 하나는 그 행위의 결과 내지 영향이다. 그리고 나머지 하나는 그 행위 자체이다. 이 세 요소 중 어느 하나 혹은 조합에 초점을 두느냐에 따라 서로 다른 윤리이론이 가능하다. 예를 들어, 의무론은 행위 자체 내지는 행위의 의도를, 목적론은 행위의 결과를 각각 중요하게 여긴다. 덕 윤리(virtue ethics)는 행위자의 도덕적 성품을 강조하기에 행위의 동기를 중요하게 여긴다고 볼 수 있다. 반면에 계약론적 윤리설은 이런 구분과는 다르게 각 행위자의 도덕적 권리를 전제한 다음 자율적 합의를 중요한 도덕적

17 J. Rachels, "Active and Passive Euthanasia", L. May, ed., *Applied Ethics*(New Jersey: Prentice Hall, 1994), pp.491-495.

고려사항으로 간주한다.

그런데 적극적 안락사와 소극적 안락사는 이러한 윤리설 그 어느 것에 있어서도 차이가 나지 않는다. 의무론의 입장에서 보면, 이 두 행위는 안락사라는 점에 있어서 일치하며, 인간이 마땅히 따라야 할 의무와 합당한가의 물음을 따지는 데 있어서도 그 행위가 적극적 작위이냐 소극적 부작위이냐의 물음은 전혀 고려의 대상이 되지 않는다. 의무론의 구체적인 예인 칸트주의 윤리설에 따를 경우, 행위자는 그것이 옳기 때문에 안락사를 시행하는 것이기에, 그것이 작위이냐 무위이냐의 물음은 도덕적 고려대상 밖이다. 목적론의 견지에서 보아도 적극적 안락사와 간접적 안락사는 그 목적 내지 결과가 완전히 동일하기에 이 둘은 구분되지 않는다. 덕 윤리의 경우에도 안락사 실행자의 도덕적 성품이나 동기는 안락사의 정의상 두 경우 모두 동일하다. 계약론적 윤리설의 관점에서 보게 되면 안락사가 사적인 영역에 속할 경우 중요한 요소는 두 당사자의 계약 내용이지, 그것이 적극적이냐 소극적이냐의 물음은 중요하지 않다. 실제로 윤리적 평가의 대상이 되는 행위는 단지 적극적 작위만을 의미하지 않고 소극적인 부작위까지 포괄하는 개념이다. 더군다나 안락사의 경우 그 결과가 환자의 죽음이고, 행위자의 동기나 의도가 동일할 경우 단지 죽음의 원인이 행위자의 적극적 행위이냐 소극적 무위이냐의 물음은 아무런 도덕적 차이를 발견하기 어렵다. 왜냐하면 이는 단지 환자의 안락사 도움 수단에 관한 물음인데, 수단에 관한 물음은 윤리학적 논의 대상에서 제외되기 때문이다.[18] 따라서 우리는 적극적 안락사는 윤리적으로 허용불가능하고, 소극적 안락사는 윤리적으로 허용가능하다는 식의 이분법적 결론은 지양되어야 할 것이다.

....

18 김태길, 『윤리학』(서울: 박영사, 1981), pp.22-23.

그러면 윤리 판단에서 중요한 도덕적 고려사항은 무엇인가? 그것은 그 행위의 형태가 아니라 그 행위가 결과와 어떤 인과적 관계가 있느냐의 물음이다. 그래서 우리는 세 번째 구분에로 논의의 방향을 바꾸게 된다. 즉, 죽음의 직접 원인과 간접 원인 구분이 윤리적으로 의미가 있느냐의 물음은 안락사 논쟁에 있어서 핵심적인 주제이다. 〈미국의사협회〉(AMA)는 직접적 안락사는 도덕적으로 허용 불가능하지만, 간접적 안락사는 도덕적으로 허용 가능하다는 입장을 표명한 바 있는 데, 이것이 안락사에 관한 하나의 표준적 입장으로 널리 받아들여지고 있다. 하지만 그 반대 입장도 만만찮다. 몇몇 경우 직접적 안락사가 간접적 안락사에 비해 안락사 본래의 의미에 더 충실하다는 반론이 제기되고 있다. 왜냐하면 죽도록 허용하는 과정은 비교적 느리고 고통스러운 반면에, 치사량의 독극물 투여는 빠른 시간 내에 이루어지고 또 고통도 거의 없기 때문이다. 그러나 고통의 정도는 그것이 직접적 안락사이냐 간접적 안락사이냐에 따라 결정되는 것이 아니라, 안락사 실행자의 윤리에 달라있다. 왜냐하면 간접적 안락사라고 해서 호스피스적 돌봄이나 고통완화의 처치를 포기한다는 말은 아니기 때문이다. 예를 들어, 말기 암 환자의 생명을 유지하고 있는 인공호흡기를 제거하여 그 암으로 자연적 전개과정에 의해 환자가 죽음에 이르도록 하는 경우, 인공호흡기 제거와 더불어 진통제와 같은 고통 완화제는 얼마든지 사용할 수 있다. 또한 단지 고통의 완화 측면에서 보면 이런 비판은 적절하지만, 윤리적 평가는 단지 고통이란 한 가지 요소에 의해 결정되는 것이 아니라 그 밖의 다른 요소도 지닌다. 생명권과 같은 개인의 권리가 손상되는가의 물음도 중요한 도덕적 고려사항으로 작용한다. 따라서 단지 고통의 정도를 이유를 들어 이 둘의 구분이 무의미하다는 주장은 성급한 주장이다.

그러면 이 양자는 정말로 어떤 도덕적 차이가 있는가? 이에 관한 논쟁은 아직 해결되지 않고 있지만, 적어도 몇 가지 점은 분명하다. 첫째로 죽음의 원인이 서로 다르다는 점이다. 즉, 치료의 거부인 경우 죽음의 원인은 그 질병과 그에 따른 수많은 부수 현상들이다. 반면에 직접적인 안락사의 경우 죽음의 직접적인 원인은 질병이 아니라, 그 환자의 생명을 끊을 목적으로 취해진 행위이다. 일반적으로 인과적 책임이 없는 자에게 도덕적 책임을 물을 수 없다는 입장을 받아들이면, 간접적 안락사의 경우 그 실행자에게 도덕적 책임을 묻기가 어렵지만, 직접적 안락사의 경우에는 그 실행자인 의사의 도덕적 책임이 문제가 된다. 둘째로, 때로는 그 의도가 분명하게 구분되지 않기도 하지만, 대체로 직접적인 안락사는 그 의도가 사람의 생명을 죽이는 것인 반면에 치료의 거부인 경우에는 그 질병을 방치해서 자연적인 결과에 이르도록 내버려두는 것이다. '이중효과의 원리'(the principle of double effect)에 따를 경우, 간접적 안락사의 경우 죽음은 의도된(intented) 것이 아니라 단지 예견된(foreseen) 것에 불과하다.[19] 그렇다고 치료 거부의 의도가 항상 도덕적 비난으로부터 면제되어 있다는 말이 아니다. 왜냐하면 치료의 거부 뒤에는 '또 다른 의도'가 숨겨져 있을 수 있기 때문이다. 즉, 귀찮은 상황을 만들어낸 환자를 제거하려는 의도가 치료의 거부 뒤에는 숨겨져 있을 수 있다. 실제적인 임상 현장에서 환자 보호자의 대리 동의에서 이를 분별해내기란 쉬운 일이 아니다.

셋째로 간접적인 안락사의 경우 환자 자신의 자율적 의사와 어긋나는 죽음이 발생할 가능성이 상당히 줄어든다. 직접적인 안락사의 경우, 의사의 오진이나 환자 자신의 잘못된 판단으로 인해, 생존 가능한

19 P. Foot, "The Problem of Abortion and the Doctrine of the Double Effect", S. Gorovitz, ed., *Moral Problems in Medicine*(New Jersey: Prentice-Hall, Inc., 1976), p.267.

한 환자가 인간의 잘못으로 죽임을 당할 가능성을 상당히 높다. 하지만 간접적인 안락사의 경우, 환자가 죽음에 이르는 불치의 병에 걸리지 않고서는 아무리 환자가 원해도 그리고 의사가 오진을 해도 환자가 인위적으로 죽는 일은 거의 발생하지 않는다.[20] 이런 점에서 안락사가 환자의 생명 존중 및 치료하는 의사의 의무와 모순된다는 안락사 일반에 대한 반론은 이런 간접적 안락사의 경우에는 적용되지 않는다고 볼 수 있다. 왜냐하면 직접적 안락사는 분명 '치료 포기'이지만 간접적 안락사는 '치료 전환'이기 때문이다. 이런 의미에서 직접적 안락사와 간접적 안락사는 윤리적으로 구분되어 마땅하며, 간접적 안락사는 윤리적으로 허용가능하다.

하지만 우리는 죽음의 권리나 죽음의 자유를 주장하는 바가 아니다. 생명권과 반대되는 개념으로 죽음의 권리나 자유는 오해의 소지가 많다. 왜냐하면 권리란 자유민주주의 사회에서는 마땅히 행사해야 할 그 무엇을 의미하기 때문이다. 즉, 안락사를 일종의 죽음의 권리로 이해하게 되면 마땅히 안락사를 선택해야 할 의무사항으로 여겨지기 쉽기 때문이다. 특히 불치의 병이나 정신적, 신체적 장애인의 경우 삶의 질과 연관된 죽음의 권리는 이들에게 죽음을 선택하도록 강요하는 우를 범할 수 있다. 이보다 약한 개념이 죽음의 자유이다. 자유는 일반적으로 행사해도 좋고 행사하지 않아도 좋은 것이 된다. 여기서 죽음의 자유는 곧 안락사의 선택을 개인의 자유에 맡기는 것을 의미한다. 하지

20 이에 관한 실례는 생명의료윤리학계에서 하나의 고전적 사례로 불리는 카렌 퀸란(Karen Quinlan) 사건을 들 수 있다. 혼수상태에 빠진 카렌에게서 그 부모는 인공호흡기를 제거해서 자기 딸이 편안하게 죽도록 내버려 둘 것을 원했으나 담당의사가 반대하자 법원에 소송을 제기하여 인공호흡기를 제거하였다. 그러나 인공호흡기 제거 후에도 그녀는 9년간 더 생존하였다. 이에 관한 자세한 논의는 G.E. Pence, *Classic Cases in Medical Ethics*(New York: McGraw-Hill Publishing Company, 1990), pp.3-24.을 참조하라.

만 실제로 있어서는 죽음의 자유 역시 죽음의 권리와 같은 의미로 받아들여지고 있다. 반면에 죽음의 수용은 이와 다른 개념이다. 수용은 수동적이다. 출생이 있으면 죽음이 있다는 것은 자연의 필연이다. 이 필연을 받아들이는 것은 결코 생명경시 풍조를 낳지 않는다. 죽음은 당사자만이 가장 확실하게 느끼기에, 본인 이외의 그 어느 누구도 당사자에게 죽음을 강요할 수 없다. 죽음을 수용하지 않고 인위적으로 연장하려는 시도 역시 자연의 필연을 거스르는 것이며, 인간 존엄성에 대한 도전이 될 수 있다.

5. 안락사와 공동체

생명의 시작과 삶의 과정뿐 아니라 죽음 역시 공동체에서 맺고 있는 관계와 떼어서 생각할 수 없다. 죽음은 원자적 개인으로서의 한 인간의 죽음으로 끝나는 개인적 사건이 아니다. 오히려 죽음은 사회적 관계의 단절을 가져온다는 의미에서 관계맺음을 규정짓는 공동체 내에서 일어나는 사회적 사건이다. 이는 우리 주변에서 실제로 일어나고 있다. 예를 들어, 남편과의 슬하에 두 아이를 둔 한 여성의 죽음은 단순히 한 개인의 존재 소멸이 아니다. 아이들에게는 어머니의 상실이요, 한 남자에게는 아내의 상실이다. 삶이 관계의 연속선을 그린다면, 죽음은 이 연속선의 단절로서 곧 관계의 단절을 의미하기 때문이다. 죽음의 이러한 의미는 기독교적 인간관의 경우에 더욱더 분명해진다. 기독교 신학에 따르면 생명의 근원은 하나님이다. 즉, 남자와 여자를 통해 한 인간이 이 땅에 태어나 사람들과 더불어 살아간다는 의미에서 인간은 관계적 존재일 뿐만 아니라, 한 걸음 더 나아가 한 개인이 타인과 전혀 아무런 관계를 맺지 않는다 해도 여전히 하나님과 본질적인 관계를 맺고 있다는 의미에서도 인간은 관계적 존재이다. 그러니까 인간은 본질적으로 개인적이면서 동시에 공동체적임에도 불구하고, 이제까지 안락사 논의는 서구 개인주의의 영향으로 인해 공동체적 요소를 배제한 채 개인주의적 요소만을 고려대상으로 삼아왔다.

안락사 물음이 공동체적 요소를 지닌다는 말은 두 가지 의미를 지닌다. 하나는 공동체적 고려사항에 의해 안락사의 윤리적 허용 여부가 달라질 수 있다는 의미요, 다른 하나는 역으로 안락사에 관한 윤리적 입장이 공동체에 영향을 미친다는 의미이다. 우선 전자부터 살펴보자. 안락사 논의의 최소한의 조건은 회복불가능성 판단과 환자 본인의 자율성 존중이다. 이 둘이 전제되지 않을 경우, 안락사란 미명 아래 안락타살, 심한 경우 살인이 정당화될 위험이 있다. 그래서 이 두 요구조건을 충족시키지 못하는 문화를 지닌 공동체 내에서의 안락사 논의는 생명에 대한 중대한 도전이 될 수밖에 없다. 그러면 우리가 몸담고 있는 공동체는 이 두 요건을 충족시키고 있는가? 불행하게도 그 답은 긍정적이지 못하다. 먼저 회복불가능성에 대한 의학적 판단의 신뢰성 문제이다. 이는 전적으로 의사의 몫으로 의료인에 대한 신뢰에 그 바탕을 두고 있다. 현재 한국 사회는 의료비 부당 청구, 의료의 상업화, 의료사고의 빈도 증가 등으로 인해 의료인에 대한 신뢰가 도마 위에 올라 있다.

설사 의료인에 대한 신뢰가 회복되어도 한국 사회에서는 환자 본인의 자율성이 제대로 확보되기 어려운 여건에 놓여있다. 물론 형식상 우리 사회에서 환자의 자율성은 존중되고 있지만 실제로는 그렇지 못하다는 점이다. 안락사가 합법화된 네델란드와 달리 국내의 경우, 안락사 논의는 환자 본인의 인권 차원이 아니라 경제적 부담 차원에서 이루어지고 있다. 임종 말기 환자의 치료비가 국내의 경우 전체 진료비의

30%에 육박한다고 한다. 우리는 여기서 의료비 부담의 문제와 환자의 자율적 자기결정 사이의 함수관계를 묻지 않을 수 없다. 네덜란드와 같은 선진국에서는 의료비 부담이 환자나 그 보호자에게 그리 크지 않다. 그렇기 때문에 임종 말기 환자의 치료거부 요청은 순수한 자율적 결정으로 받아들일 수 있다. 하지만 국내의 경우 의료비 부담이 과중하기 때문에, 환자의 안락사 요청은 형식상으로는 자율의 옷을 입고 있지만, 실질적으로는 경제적 부담에 의한 또 하나의 강요에 지나지 않게 된다. 정말로 환자 본인의 자발적 선택에 의한 안락한 죽음이 가능하자면 공동체 전체가 환자의 경제적 부담을 공동으로 부담해야 한다. 그렇지 않은 공동체에서의 안락사 허용은 결국 부자의 논리라는 비난은 설득력을 얻게 된다. 왜냐하면 보호자 및 주변 사람들의 눈치 때문에, 또 진료비 부담의 염려 때문에 환자는 '스스로' 죽음을 선택하지 않을 수 없기 때문이다.

그래도 환자가 의식이 있어서 어느 정도 자기결정권을 행사할 수 있는 경우는 형편이 나은 편이다. 의식불명 환자의 경우 환자 보호자에 의한 요청까지도 서면 동의로 간주하는 일은 정말로 위험한 일이다. 이는 결국 환자의 생명이 비록 보호자이긴 하지만 타인에 의해 결정되는 것을 의미하며, 이는 결국 인간 생명의 가치를 상대화시킬 것이기 때문이다. 또 보호자와 환자 사이에 경제적 이해관계가 얽혀있는 경우 보호자는 환자의 생명보다는 보호자 자신의 경제적, 심적 부담을 들어주는 방향으로 결정하는 경향이 농후하기 때문이다. 그렇기 때문에 진료의 경제적 부담을 개인이, 그것도 환자 보호자가 책임지는 사회에서는 진정한 의미의 안락사란 존재할 수 없다. 이 전제조건이 성립되지 않은 사회 내에서의 안락사 논의는 말기 환자로 인해 발생하는 가족의 경제적 부담 내지 국가의 재정적 부담을 개인 죽음을 통해 손쉽게 해결하려는 의도가 숨겨져 있다고 보아도 과언이 아니다.

그러면 의료인에 대한 신뢰가 보장되고 진료의 경제적 부담이 없는 사회에서 왜 안락사가 논의되고 있고, 또 실제로 환자들은 안락사를 선택하는가? 그 이유는 한마디로 말해 공학적 치료기술의 발달로 인해 생명연장에서 아무런 의미를 찾지 못한 개인주의 문화 탓이라고 말할 수 있다. 사실 죽음은 인간 삶의 자연스러운 한 부분이다. 생명이 있는 모든 존재는 죽게 된다. 이 자연스러운 생의 한 부분인 죽음을 질병과 더불어 정복의 대상으로, 즉 자연스럽지 못한 생의 한 부분으로 만들어 버렸다. 그래서 죽음 자체는 선도 악도 아님에도 불구하고, 이제 죽음은 하나의 악으로 간주되고 있다. 악으로 간주되기에 피하려고 한다. 그러나 피할 수 없는 게 현실이다. 그래서 그 돌파구로 안락사 권리를 내세워 죽음을 자기 결정의 하나로 미화하고 있다. 왜 이렇게 미화하는가? 더 이상 회복가능성이 없이 병상에 누워 있는 환자는 인간적 돌봄을 받지 못해 그 존재 의미를 잃어버린다는 데 두려워하고 있기 때문이다. 인간은 의미를 창조하는 존재이기 때문에, 자신의 삶에 대해 의미를 부여하지 못하면 더 이상 존재할 가치를 상실하게 된다. 인간은 타인이 자기 자신을 어떻게 대우하는가에 따라 자기 존재 의미를 다시금 생각하게 된다.

현대 사회에서 인간은 어떻게 죽어 가는가? 개인주의 문화로 인해 임종 말기 환자는 살아있는 송장처럼 짐짝 취급을 받으며, 사람이 아니라 인공호흡기와 같은 기계의 도움을 받아 연명한다. 이러한 미래가 명약관화하게 보이는데 누가 과연 이런 종말을 맞이하고 싶겠는가? 공학적 치료기술의 발달로 이는 하나의 현실이 되었다. 그러나 이는 임종을 앞둔 환자에게는 두려운 현실이다. 가족과 친지로부터 이렇게 자신의 존재의미를 완전히 잃어버리게 된다는 두려움에서 사람들은 안락사를 선택하지 않을 수 없게 된다. 이처럼 안락사는 표면상으로는 적극적인 권리 행사를 통해 죽음의 극복이지만, 다른 한편으로는 극도의 개인주의 문화 속에서 죽는 순간을 감당하지 못해 마지못해 죽음을 선택하지 않을 수 없는 강요적 성격을 아울러 지닌다. 그렇기 때문에 개인주의 문화가 지배하는 공동체 내에서 안락사의 요구는 거세어질 수밖에 없다.

공동체의 문화에 의해 안락사가 영향을 받을 뿐만 아니라 안락사에 관한 윤리적 입장 자체가 역으로 공동체 문화에 지대한 영향을 미친다. 우선 임종 말기 환자에 대한 사회적 태도가 달라진다. 안락사가 죽음을 선택할 수 있는 권리 차원에서 허용되게 되면, 죽음을 선택하지 않는 임종 말기 환자는 사회로부터 따가운 시선을 받게 된다. 물론 권리의 포기가 도덕적 덕목으로 칭찬을 받는 경우도 있지만, 일반적으로 투표권의 예에서 보듯이, 권리와 자유는 자유민주주의 사회에서 적극 행사하는 것이 아름답기 때문이다. 임종 말기 이후 삶은 윤리적으로 불가피한 게 아니라 하나의 선택 문제가 되었기에 그 '잉여 생명' 유지에 필요한 경제적 부담 물음이 발생한다. 윤리적으로 불가피한 게 아니라 개인적 선택 사항에 대해서는 일반적으로 그 비용은 개인 당사자에게 귀속된다. 이미 국내에서도 건강보험공단에서 임종 말기 환자에 대한 의료비 수가 청구를 거절한 바가 있다. 권리 행사를 통해 잉여 생명을 포기한 자와의 형평성을 고려할 경우, 보험공단의 이러한 결정은 도덕적 정당 근거를 지닌다고 하겠다. 잉여 생명의 선택으로 인해 소요되는 의료 자원과 보험료는 결국 공동체 구성원이 함께 나누어 가질 수밖에 없기 때문이다.

이러한 사회적 태도는 단순히 임종 말기 환자에게만 적용되지 않고 이와 유사한 다른 집단에게도 적용될 개연성이 높아진다. 중증 장애인이나 노인 등도 그 상황이 임종말기 환자와 유사하다. 즉, 중증 장애인이나 노인은 더 이상 회복가능성이 없고 또 사회적 활동이 어렵다는 점에서 임종 말기 환자와 유사하다. 형식 논리에 따를 경우 같은 존재는 같게 대우해야 한다. 임종 말기 환자에게 안락사가 허용되면 이들에게도 안락사가 허용되어야 한다. 이들의 생명 선택 역시 임종말기 환자와 마찬가지로 잉여 생명의 선택으로 간주되게 된다. 이렇게 되면 이들 역시 사회적 짐으로 간주되기 쉬어지면 공공 정책의 결정에서 이들에게 대한 복지비의 지출이 그 정당근거를 잃어버리게 된다. 현재 안락사 찬성론자들이 이는 말도 안 되는 억지이며, 안락사가 윤리적으로 허용되고 한 걸음 더 나아가 합법화되어도 이런 현상은 절대로 일어나지 않는다고 주장한다. 물론 안락사가 허용될 경우 처음부터 이런 현상이 빚어지지는 않을 것이다. 그러나 안락사가 한 사회에서 보편적 관행으로 일상화될 경우 형식 논리와 형평성에 따라서 자연히 장애 태아에 대한 낙태와 장애인에 대한 안락사 물음이 사회적 이슈로 부각될 수밖에 없으며, 한 걸음 더 나아가 노인문제 해결의 한 대안으로 '현대판 고려장'으로 안락사가 논의되리라 예상된다.

안락사 허용은 공동체의 유대감을 파괴할 위험을 안고 있다. 이미 앞서 지적했듯이 인간을 원자적 개인으로 간주할 경우 그 개인이 더 이상 활동할 수 없음은 곧 그 개인의 존재 의미의 상실로 이어지기 십상이다. 왜냐하면 한 개인의 본질에 속하는 활동이 멈추었기 때문이다. 이런 논리를 따를 경우 임종 말기 환자는 더 이상 인간다운 활동을 지속할 수 없음으로 말미암아 존재 의미를 상실하게 되어 안락사를 선택하게 될 것이다. 그러나 인간을 관계적 존재로 규정할 경우, 비록 한 개인의 활동이 정지되어도 여전히 존재 의미를 지닐 수 있다. 왜냐하면 한 인간의 존재 의미는 그 개인의 본질이 아니라 타인과의 관계에서 형성되기 때문이다. 실제로 우리 주위에서는 아버지나 어머니가 아무런 활동을 하지 못하고 병상에 누워 있어도 그 존재만으로도 자식이 삶의 의미를 찾는 경우를 종종 보고 있지 않는가? 그런데 안락사 허용 이면에는 인간적 활동을 정지할 경우 그 개인은 비록 육체적 생명을 지녀도 더 이상 존재 의미를 지니지 않는다는 전제가 깔려있다. 이는 인간의 본질을 오직 개별 인간의 활동에서 찾으며 인간 본질의 관계적 측면을 철저하게 도외시하는 셈이다. 공동체의 유대감은 상호간에 얼마나 긴밀한 관계를 지니느냐에 따라 그 강도가 달라진다. 그렇기 때문에 안락사 허용이 일상화되게 되면 한 개인은 타인과의 관계성으로는 그 존재 의미를 지닐 수 없게 된다. 이는 곧 인간을 원자화하여 공동체 전체의 유대감을 앗아가는 결과를 낳게 될 것이다. 이처럼 개인주의 문화는 안락사의 윤리적 허용을 강요하고, 안락사의 윤리적 허용은 다시 역으로 개인주의 문화를 심화시키는 결과를 낳게 된다.

6. 죽음의 권리를 넘어 죽음의 수용에로

지금까지 우리는 안락사 개념을 철학적으로 정의한 다음, 중요한 요소인 환자의 동의, 행위자의 행위 형태 그리고 행위와 죽음의 인과관계 등에 따라 안락사를 몇 가지 유형으로 세분하여 논의하였다. 이러한 논의는 지금까지 주로 윤리학 일반의 구분인 행위와 무위 구분을 그대로 안락사 맥락에 적용시키지 않고 이를 행위 형태와 죽음의 원인으로 분석하여 철학적으로 논의한 것이다. 왜냐하면 행위/무위의 구분은 도덕이론이 따라야 하는, 선행하는 하나의 형식적 원리가 아니라 오히려 그 자체가 실질적인 내용을 담고 있는 하나의 '도덕원리'이기에, 도

표 7 허용 가능한 안락사에 대한 윤리적 기준

	자발적	반자발적	무자발적
간접적	허용	허용 불가능	사전지시나 안락사윤리위원회의 동의가 있는 경우 허용
직접적	예외적 경우만 허용	허용 불가능	허용 불가능

덕이론의 틀 내에서 다시 논의되어야 할 것이기 때문이다.[21] 물론 구체적인 안락사 시행 세칙에는 더 많은 물음들에 대한 해명이 있어야 하지만, 이러한 논의를 통해 우리는 허용 가능한 안락사에 대해 표 7과 같은 윤리적 기준을 제시할 수 있다.

첫째, 환자 본인의 자발적 동의가 있어야 한다.
둘째, 사전지시나 안락사 윤리위원회의 합의는 환자의 자발적 동의로 간주될 수 있다.
셋째, 의사조력 자살은 안락사의 일종이며 그것의 허용가능성은 사례별로 다루어져야 한다.
넷째, 적극적/소극적 안락사의 구분은 윤리적으로 의미가 없다.
다섯째, 간접적인 안락사는, 그것이 적극적이든 소극적이든 윤리적으로 허용가능하다.
여섯째, 특별한 예외적인 경우를 제외하고는 직접적 안락사는 윤리적으로 허용될 수 없다.

지금까지 우리는 윤리적으로 허용 가능한 안락사 기준의 물음을 비판적으로 검토하였다. 그러나 구체적으로 어느 의료 행위가 이런 안

....

21 J. Chandler, "Killing and Letting Die-Putting the Debate Context", *Australasian Journal of Philosophy*, vol.68, 1990, p.420.

락사 기준에 적합한 지의 테스트 물음은 또 다른 물음임을 우리는 잊어서 안 된다. 죽음에 관한 논의에서 죽음의 정의(definition), 죽음의 기준(criteria), 죽음의 테스트(test)가 구분되듯이[22], 죽음의 한 종(種)에 속하는 안락사 역시 안락사 기준과 안락사 테스트는 구분되어야 하기 때문이다. 따라서 이러한 윤리원칙을 구체적으로 어떻게 도덕규칙으로 만들 것이며, 나아가 안락사에 관한 윤리지침이나 법조문을 제정할 것인가의 물음은 사회공익 및 실천적 적용가능성 등을 종합적으로 고려하여 해결되어야 할 문제이다. 이뿐만 아니라 '웰 다잉'(well-dying)은 '웰빙'(well-being)의 본질적 요소이다. 따라서 우리는 웰빙의 차원에서 웰 다잉을 꿈꾼다면 존엄한 죽음이 가능한 일종의 '죽음 문화'를 만들어나가야 할 것이다. 이미 앞에서 지적하였듯이 안락사를 허용하지 않으면서, 개인으로 하여금 존재 의미를 느끼도록 하자면, 임종 말기 환자의 생존에 필요한 경제적 비용을 공동체가 공동으로 부담해야 할 뿐만 아니라, 기계에 의존하는 생명 연장에 대한 두려움에서 해방되도록 임상 현장에도 인간적 돌봄이 절대로 필요하다.

경제적 비용 부담 및 인간적 돌봄과 같은 관계적 의미를 회복하지 않으면서, 안락사의 비윤리성을 통해 기계적 생명연장을 강요하는 것은 또 하나의 율법주의에 불과하다. 실제로 유럽에서 호스피스에게 맡겨진 시한부 환자들은 모두 안락사보다 자연사를 더 선호한다고 한다. 이는 무엇을 말하는가? 안락사는 죽음 물음에 대한 최선의 선택이 아니다. 최선의 선택은 자연사의 길을 임종 말기 환자에게 제공하는 일이다. 나아가 임종 말기 환자가 정말로 두려워하는 것은 가족과 친지로부터 그 존재 의미를 상실하고 있다는 점이다. 가족과 친지는 물론 우리

22 C.M. Culver & B. Gert, "The Definition and Criterion of Death", ed., T.A. Mapps & J.S. Zembaty, *Biomedical Ethics*, 3rd ed.(New York: McGraw-Hill, Inc. 1991), p.391.

의 공동체가 임종 환자에 대한 윤리적 배려가 절실한 시대를 우리는 살아가고 있다. 이러한 공동체의 배려를 통해 임종 환자가 안락사를 죽음의 권리로 요구하는 것이 아니라 죽음을 또 하나의 자연으로 수용할 수 있을 때 우리 공동체는 더욱 더 아름다워질 것이다. 인간의 탄생이 자율적 선택이 아니듯이 죽음 또한 자율적 선택이 아니라 자연의 섭리임을 받아들인다면, 안락사는 죽음의 권리 차원이 아니라 죽음의 수용이라는 덕의 차원에서 논의되는 것이 바람직하지 않을까?[23]

....

23 죽음의 권리와 죽음의 수용 구분에 관한 자세한 논의는 김상득, 『생명의료윤리학』(서울: 철학과 현실사, 2000), pp.325-326을 참조하라.

제2부

응용윤리학의 질문

7

환경윤리: 환경을 왜 그리고 어떻게 보전해야 하는가

이 장은 환경철학이 환경윤리학적 논의를 넘어 환경정의론으로 발전하게 된 철학적 토대를 비판적으로 탐구하는 데 그 목적이 있다. 이를 위해 필자는 먼저 환경윤리학이 "왜 환경을 보전해야 하는가?"라는 윤리 형이상학적 주제에 함몰됨으로 말미암아 환경 문제의 실천적 해결에 한계가 있음을 지적하고자 한다. 환경정의는 환경 문제의 정의로운 해결을 강조한다. 그래서 필자는 시민운동에서 시작된 환경 인종주의와 환경 형평성 운동이 환경정의론으로 어떻게 발전하게 되었으며 그 핵심 주장이 무엇인지를 철학적으로 성찰하고자 한다. 환경정의론의 태동에 환경실용주의가 중요한 계기가 되었기에 이에 관한 논의도 이 글은 담고 있다. 이러한 논의를 통해 필자는 환경 문제의 윤리적 해결책으로 환경적 악의 분배를 넘어 환경적 선의 정의로운 분배를 강조하고자 한다.

1. 환경윤리를 넘어

환경윤리학의 핵심 물음은 '왜'(why)이다. 물론 개념적으로 엄밀히 따지면 환경보존, 환경보전, 환경보호 등의 개념은 그 의미가 다를 수 있지만 여기서는 이 모든 의미를 포함하는 개념으로 '환경보전'이라는 용어를 사용하고자 한다. 즉, 왜 우리 인간은 환경을 보전해야 하는가? 종교적 관점을 제외하면 이 물음에 대한 답은 크게 둘로 나뉜다. 하나는 '인간을 위해서'이고, 다른 하나는 '환경 자체 때문에'이다. 전자의 입장이 인간중심주의이고, 후자의 입장이 환경중심주의이다. 이러한 논쟁의 중심에는 윤리학에서 말하는 본래적 가치(intrinsic value) 또는 목적적 가치(value as an end) 개념이 자리 잡고 있다. 다시 말해, 전자는 환경은 외래적 가치 내지 수단적 가치를 지닐 따름이라고 주장하는 반면에, 후자는 환경 자체가 본래적 가치 내지 목적적 가치를 지닌다고 주장한다. 후자의 입장에 따르면 환경은 단순한 도덕적 고려의 대상이 아니라 그 자체로 도덕적 존중의 대상이 된다.

인간중심주의는 비교적 단순하지만 환경중심주의는 '환경' 개념에 대한 규정에 따라, 다시 말해 본래적 가치를 지닌 대상을 무엇으로 규정하느냐에 따라 다양한 하위 입장들이 가능하다. 한 예로, 톰 레건(T. Regan)은 환경윤리를 일부의 비인간 자연적 대상에 내재적 가치를 귀속시키는 입장으로 정의하고 있다.[1] 이를 우리는 '무엇'(what)의 물음이라고 부를 수 있다. 즉, 본래적 가치를 지닌 대상은 무엇인가? 환경은 일차적으로 자연 환경과 문화 환경으로 구분되는데, 환경윤리에서 환경은 자연 환경에 국한된다. 자연 환경은 다시 생명체와 무생물로 구분

....

1 T. Regan, "The Nature and Possibility of an Environmental Ethic", *Environmental Ethics*, vol.3, 1981, pp.30-34 참조.

되며, 생명체는 동물과 식물로 구분된다. 이러한 구분에 근거하여 우리는 환경중심주의 입장을 다음과 같이 세분할 수 있다.[2]

(1) 동물중심주의: 쾌고 감수 능력을 지닌 고등동물만이 본래적 가치를 지닌다.

(2) 생명중심주의: 생명을 지닌 모든 대상은 삶의 주체로서 본래적 가치를 지닌다.

(3) 생태중심주의: 생태계를 구성하는 모든 대상은 그 자체로 본래적 가치를 지닌다.

물론 특정 환경윤리학자의 입장을 이 세 범주 가운데 어느 하나에 귀속시키기가 난해한 경우도 있다. 예를 들어, 알도 레오폴드(A. Leopold)의 '대지의 윤리'(land ethic)가 (2)와 (3)의 범주 가운데 어느 입장에 속하는지는 학자들에 따라 다를 수 있지만 대개의 환경중심주의 입장은 이 세 범주 가운데 어느 하나에 속한다고 말할 수 있다. 이와 다른 차원에서 환경윤리를 구분하는 데 그것은 본래적 가치를 지닌 대상을 개체에게만 국한시키지 않고 종이나 생태계 전체에게도 확대 적용하는가의 물음이다. 대부분의 학자들은 종을 구성하는 개체만을 본래적 가치를 지닌다고 주장하지만 일부 학자들은 종 자체도 본래적 가치를

....

2 벤 민티어와 로버트 매닝은 환경에 관한 윤리적 입장을 분석하여 '환경윤리에 관한 다원주의적 분류표'를 작성하였다. 즉, 이들은 크게 다섯 범주, 즉 반환경주의(anti-environment), 환경 무관심주의(benign indifference), 공리주의적 보전주의(utilitarian conservation), 청지기주의(stewardship), 급진적 환경주의(radical environmentalism) 등의 범주로 구분한 다음, 환경윤리를 다시 세부적으로 14개 입장으로 정리하고 있다. B.A. Minteer & R.E. Maning, "Pragmatism in Environmental Ethics: Democracy, Pluralism and the Management of Nature", A. Light & H. Rolston, eds., *Environmental Ethics*(Malden, MA: Blackwell Publishers, Ltd, 2003), p.322 참조.

지닌다고 주장하기도 한다. 이러한 논쟁은 다분히 형이상학적이다. "왜 본래적 가치를 지니는가?"의 물음에 대해 각 입장들은 자연적 속성을 언급하지만, 왜 그러한 속성이 본래적 가치 유무의 기준이 되어야 하는가의 물음에 대해서는 경험적으로 혹은 논리적으로 합당한 대답을 제시하지 못하기 때문이다. 예를 들어, 피터 싱어(P. Singer)와 같은 환경철학자는 공리주의의 근본 원리를 받아들여 쾌고 감수 능력(sentience)을 본래적 가치 기준으로 삼아 일관성의 원칙에 따라 이러한 능력을 지닌 고등 포유동물도 본래적 가치를 지닌다고 주장하지만, 쾌고 감수 능력이 왜 본래적 가치의 기준인가의 물음에 대해서는 합당한 논변을 제시하지 못하고 있다. 다시 말해, 누군가는 생명을 또 다른 누군가는 쾌고 감수 능력을 본래적 가치의 기준이라고 주장할 때 어느 기준이 합당한가에 대한 대답은 세계관 내지 형이상학에 근거하지 않고서는 대답할 수 없다는 의미에서 이러한 환경윤리 논쟁은 '윤리 형이상학'의 영역에 속한다고 하겠다.

더 근본적으로는 본래적 가치라는 개념 자체가 논란거리이다. 일부 학자들은 신 존재 증명에서의 제1원인 논증을 가치론에 원용하여 "왜 가치 있느냐?"의 물음을 무한소급으로 물어가게 되면 더 이상 다른 무엇의 수단이 되지 않는 그 자체로 가치를 지닌 대상을 만나게 된다는 '제1가치 논변'(first value argument)에 따라 본래적 가치를 증명하고자 애쓰시지만, 다른 한편에서는 순환논법을 받아들여 이 세상에 존재하는 모든 대상은 하나의 전체로 얽혀있다는 전체론(holism)에 근거하여 본래적 가치 자체를 부정하기도 한다.[3] 생태계의 상호의존성은 이 세계의 실존적 모습이기에 후자의 입장을 전적으로 부인하기가 어렵

3 A. Weston, "Beyond Intrinsic Value: Pragmatism in Environmental Ethics", *Environmental Ethics*, vol.7, no.4, 1985, pp.321-339 참조.

다는 점을 인정한다면, 본래적 가치의 존재에 관한 이러한 논쟁은 쉽게 끝나지 않을 것이다.

하지만 이러한 환경윤리 논의는 '어떻게'(how)의 물음을 해결하는 데는 이론적 한계를 지닌다. 즉, 환경을 어떻게 보존 내지 보호할 것인가? 이 물음은 크게 두 가지 차원에서 윤리학적으로 논쟁거리이다. 하나는 자연 환경과 문화 환경의 상충 물음이다. 앞서 언급하였듯이 환경은 자연 환경과 문화 환경으로 구성되는데, 우리 인간은 자연 환경만으로는 살아갈 수 없다. 우리는 집도 지어야 하고, 반도체를 만드는 공장도 지어야 하고, 자동차도 운행해야 하고, 무엇보다 식량을 생산해야만 살아갈 수 있다. 그런데 이러한 문화 환경의 질적 향상과 양적 증대는 반드시 자연 환경을 파괴하는 결과를 낳는다. 이로 인해 자연 환경과 조화를 이룰 수 있는 문화 환경의 개선과 관련하여 '지속가능한 개발'(sustainable development)이 중요한 과제로 부각하고 있다. 이 개념은 1987년 세계 환경개발 위원회(WCED)가 발표한 보고서인 『우리 공동의 미래』(*Our Common Future*)에서 '미래 세대가 그들의 필요를 충족시킬 능력을 저해하지 않으면서 현재 세대의 필요를 충족시키는 발전'이라고 정의하면서 환경운동에서 핵심 규범으로 작동하고 있지만 정작 환경윤리의 본래적 가치 논쟁은 이 물음을 해결하는 데 거의 도움이 되지 않는다.

다른 하나는 본래적 가치로 인해 발생하는 권리의 상충 물음이다. 오늘날 동물 권리는 그 본래적 가치로 인해 보편적 권리로 인정되고 있으며, 심지어 식물의 권리 운동마저 일어나고 있다. 그것도 인간의 권리와 동등하다고 일부 학자들은 주장한다. 하나의 이론으로서는 옹호 가능할지 모르나, 환경보전이라는 구체적인 맥락에 적용을 하게 되면 이러한 권리 주장은 상충 물음을 발생시킨다. 예를 들어, 홍수로 인해 죽어가는 소와 강아지 가운데 우리는 누구를 선택해서 구해야 하는가, 혹은 우리 인간은 생존을 위해 소고기나 돼지고기를 먹어도 괜찮은가 등의 물음을 우리는 어떻게 해결할 것인가? 본래적 가치 내지 권리의 위계를 인정하지 않는 한, 이러한 권리 상충의 물음은 특히 환경중심주의 입장에서 해결하기 어려운 과제이다.

이러한 난제는 철학적 혹은 윤리학적 해결책을 마련하는 것이 거의 불가능하다고 말해도 과언이 아니다. 하지만 이를 해결하지 않고서는 인간은 생존 자체가 불가능하다. 그래서 전자의 물음에 대해서는 국제 협약을 통해 합의점을 도출하고 있으며, 후자의 물음에 대해서는 상식에 근거하여 주먹구구식으로 그 해결책을 강구하고 있다. 하나의 예로써 동물 학대는 안 되지만 식용을 위한 동물 살해는 엄격한 채식주의자가 아닌 한 모두를 인정한다. 또 인간에 대해서는 안락사에 반대하면서 반려 동물이 인간을 해치는 경우 안락사를 허용한다. 동물학대라는 이유로 동물원에 가둬두고 사람들이 즐기도록 하는 것에 대해서는 반대하면서도 개인적으로 가정에 동물을 가둬 기르는 반려 동물에 대해서는 아무런 이의를 제기하지 않는다. 사실 동물원에 가둬두는 일이나 동종의 다른 동물과 아무런 상호작용 없이 한 가정에 가둬주는 일은 동물 해방의 관점에서 보면 동물학대로 아무런 윤리적 차이가 없지만 우리는 상식 내지 관행에 따라 차별적으로 처리한다. 이러한 원칙 없는 해결책은 사실 환경중심주의로부터 상당한 일탈이지만 우리는 아무런 문제의식을 느끼지 않고 여전히 환경중심주의를 열렬하게 주장한다. 그렇다고 인간중심주의를 주장하기에는 너무 위험하다. 인간의 생존과 삶의 질 향상을 위해 우리 인류가 얼마나 자연 환경을 파괴하였는지를 인류 역사가 말해 주고 있기 때문이다. 이것이 오늘날 환경윤리의 딜레마이다.[4]

그래서 이 글은 이러한 딜레마 인식에 근거하여 환경철학이 환경윤리학적 논의를 넘어 환경정의론으로 발전하게 된 철학적 토대를 비판적으로 탐구하는 데 그 목적이 있다. 이를 위해 필자는 먼저 환경윤리학이 "왜 환경을 보전해야 하는가?"라는 윤리 형이상학적 주제에 함몰됨으로 말미암아 원래의 의도와 달리 환경 문제의 실천적 해결에 한계가 있음을 지적하고자 한다. 실천윤리학적 관점에서 보면 "어떻게 환경 문제를 해결할 것인가?"의 물음이 더 중요하다. 이 물음에 답하는 데 있어서 반드시 던져야 할 질문은 "환경 파괴의 피해자가 누구인가?" 물음이다. 이 두 물음에 대한 윤리학적 해결책이 환경정의론이다. 그래서 필자는 시민운동에서 시작된 환경 인종주의와 환경 형평성 운동이 환경정의론으로 어떻게 이론적으로 발전하게 되었으며 그 핵심 주장이 무엇인지를 철학적으로 성찰하고자 한다. 이러한 학문적 발전에는 환경실용주의가 중요한 계기가 되었기에 이에 관한 논의도 이 글은 담고 있다. 이러한 논의를 통해 필자는 환경 문제 역시 정의롭게 해결되어야하기 때문에 환경적 악(environmental bads)의 분배를 넘어 환경적 선(environmental goods)의 정의로운 분배를 강조하고자 한다.

....

4 이러한 딜레마에 대해 일부에서는 실질적인 환경 정책의 채택에 있어서는 인간중심주의와 생명중심주의는 결국 합의에 이르게 된다는 '수렴 가설'(convergence hypothesis)을 주장한다. 환경정의의 목적을 달성하는 데 필요한 일련의 원칙들에 대해 그 정당화 이유는 다르지만 인간중심주의 윤리와 생명 중심주의 윤리 모두가 합의점을 찾을 것이기 때문에 두 입장의 구분은 무의하다는 것이다. J.P. Sterba, "Reconciling Anthropocentric and Nonanthropocentric Environmental Ethics", *Environmental Values*, vol.3, no.3, 1994, pp.229-244 참조.

2. '누가'의 물음: 환경정의 운동

실천과 관련된 환경윤리의 이러한 딜레마는 오늘날 새로운 양상으로 발전하고 있다. 그것은 일종의 '누가'(who)의 물음이다. 지금까지의 '어떻게'의 물음은 인간과 자연 환경 사이에서 발생하는 문제라면, '누가'의 물음은 물론 '어떻게' 물음과 관련되어 있지만 환경보전의 의무 당사자인 인간들 사이에 발생하는 문제이다. 사람들 사이의 문제를 '누가'의 물음으로 단순화하였지만, 실제로는 이 '누가'의 문제가 환경윤리의 구체적 실천에 있어서는 핵심적인 물음으로써 굉장히 복잡한 물음들이 뒤섞여 있다. 즉, '누가'의 물음은 환경보전의 내용과 밀접하게 연관되어 있기 때문에 이에 답하자면 우리는 환경보전의 내용을 좀 더 면밀히 분석적으로 검토할 필요가 있다.

물론 학자들에 따라 다를 수 있지만 환경보전은 크게 소극적 환경보전과 적극적 환경보전으로 구분된다. 물론 이 둘은 밀접하게 연관되어 있다. 전자는 환경을 파괴하지 않을 물음과 관련되어 있고 후자는 파괴된 환경을 원래 상태에로 회복하는 물음과 관련되어 있다. 단순하게 생각하면 우리 모두가 환경을 파괴하지 말아야 할 윤리적 의무를 지닐 뿐만 아니라 파괴된 환경을 보전할 윤리적 의무를 지닌다고 주장할 수 있다. 하지만 문제는 그렇게 간단하지 않다. 왜냐하면 우리 인간은 환경을 파괴하지 아니하고는 생존이 불가능하기 때문이다. 단순한 예를 하나 들어보자. 현대인들에게 전기는 필수적이다. 그러면 전기는 어떻게 생산되는가? 발전소가 필요하다. 녹색 에너지 내지 친환경 에너지 생산에 전 세계인들이 관심을 기울이고 있지만 적어도 오늘날까지는 석유나 석탄과 같은 화력 발전소나 원자력 발전소에서 전기를 생산하였다. 그런데 화력 발전소는 탄소 가스를 배출하여 기후 위기라는 환경 파괴를 가져다주며, 원자력 발전소는 핵폐기물을 생산한다.

이 사실에서 우리는 두 가지 물음을 던진다. 일단 후자와 관련하여 "핵폐기물을 어디에 저장할 것인가?"의 물음이 발생하는 반면에 전자와 관련하여 우리는 "기후 위기로 인한 피해 당사자는 누구인가?"를 묻게 된다. 물론 우리 모두가 피해 당사자이지만 실질적인 피해자는 사회적 약자이다. 환경 문제의 이러한 특성을 철학자 노먼 파라멜리(N. Faramelli)는 "만약 오염관리 비용이 모든 품목들에서 소비자들에게 직접 전가된다면 저소득 가정들이 더 많은 영향을 받게 될 것이다. 만약 새로운 기술이 환경위기와 물질적 생산의 감소를 해결할 수 없다면 저소득 가정들은 다시 그 타격을 받게 될 것이며. 그에 따라 더 많은 사람들이 실업자의 대열에 합류하게 될 것이다"라고 설명한다. 이를 근거로 그는 "환경의 질을 위해 제안되는 해결책들의 대부분은 직, 간접적으로 빈곤층과 저소득층에 역효과를 가져올 것"이라고 주장한다.[5] 그런데 기후 위기의 원인은 무엇인가의 물음을 천착하게 되면 이러한 현실은 형평성이 맞지 않는다. 탄소 배출은 개발도상국이 아니라 선진국이, 그리고 가난한 사람들이 아니라 부유한 사람들이 더 많이 배출하는 데 정작 그 피해의 심각성은 그 반대로 선진국이 아닌 개발도상국이, 부유한 사람들이 아닌 가난한 사람이 더 크다. 환경에 관한 이러한 사실들이 바로 '누가'의 물음을 낳는다. "핵폐기물을 어디에 저장할 것인가?"의 물음은 형식상 장소(where)의 문제임에 분명하다. 하지만 이 물음은 그 장소에 누가 살고 있느냐의 물음을 본질로 한다.

어떻게 환경을 보전할 것인가의 물음 밑바탕에 깔려 있는 '누가'의

....

5 N. Faramelli, "Ecological Responsibility and Economic Justice", *Andover Newton Quarterly*, vol.11, 1970, pp.81-93. P.S. Wenz, Environmental Justice, 1988, 최병두 외 역, 『환경정의』(서울: 한울아카데미, 2007), p.18 재인용.

물음이 '환경정의'에 관한 윤리학적 논의의 키워드 구실을 한다. 대개의 경우 철학적 논의는 사회적 운동이 발생한 다음에야 비로소 본격적으로 시작된다. 한 예로 임신중절에 관한 생명윤리학적 논의는 미국에서 1960년 대 후반부터 일어난 여성의 임신중절 권리 운동이 그 계기가 되었다. 일상인들의 '상식 철학'을 설명하고 체계적으로 이론화하여 정당화하는 일 역시 철학의 중요한 역할임을 우리는 부인할 수 없기에, 시민들의 운동에서 체계적인 학문에로의 발전은 자연스러운 현상이다. 환경정의 논의도 예외가 아니어서, 환경정의 운동이 먼저 일어난 다음 이에 관한 학문적 논의가 활발하게 이뤄지게 되었다.

환경정의 운동은 인종차별, 남녀차별, 경제적 차별 등을 철폐하고자 하는 사회 정의 운동의 발전과 더불어 1980년대 미국에서 시작되었다. 역사적으로 미국의 환경운동은 크게 세 번의 변혁을 거듭하여 오늘날 환경정의 운동으로 발전하였다.[6] 그 결정적 계기는 1978년 뉴욕 주 나이아가라 폴스 시(Niagara Falls City)의 '러브 커낼'(Love Canal) 사건이다. 한 때 화학 폐기물 매립지로 사용되다가 당시 주거지로 활용하던 이 지역의 땅에서 화학적 삼출액이 솟아나옴으로써 식물이 죽어가는 등 생태계의 악화는 물론 지역 주민들이 두통, 피부병, 유산 등의 질병을 앓게 되었다. 이에 주민들이 협의체를 구성하여 이주 대책을 요구하는 강력한 투쟁을 벌인 결과 미국 환경보호청은 미국 역사상 최초로 이 지역을 환경재난 지역으로 선포하고 학교를 폐쇄하였으며 900여 가구의 주민을 이주시켰다. 이 사건을 계기로 환경운동은 독성 폐기물 처분장의 환경적 유해성에 눈을 돌리게 되었을 뿐만 아니라, 일반 시민들이 환경운동에 직접 참여하는 계기가 되어 풀뿌리 환경운동이 탄생하게

6 환경정의 운동의 역사에 관한 설명은 박재묵, 「환경정의 개념의 한계와 대안적 개념화」, 한국환경사회학회, 『환경사회학연구 ECO』, 제10권 2호, pp.79-86을 참고하였다.

되었다.

하지만 이 운동을 환경정의 운동의 효시로 간주하지는 않는다. 왜냐하면 러브 커낼 운동에 참여한 주민들의 사회경제적 배경이 특정 계급이나 인종에 국한되지 않아 환경정책의 계급적 혹은 인종적 편파성이 큰 쟁점으로 부각되지 않았기 때문이다. 이러한 풀뿌리 환경운동을 환경정의 운동에로 방향 전환을 주도한 자들은 흑인 민권운동가들이다. 역사적으로 흑인 민권운동가들은 환경운동을 백인 중산층의 관심 영역으로 간주하여 환경문제에 별로 관심을 보이지 않았는데, 러브 커낼 사건 발생 4년 후 유색 인종 지역에서 이 사건과 유사한 독성 폐기물 관련 환경 이슈가 터졌다. 1982년 미국 노스캐롤라이나 주의 워렌 카운티(Warren County)에서 폴리염화비페닐(PCBs)이라는 독성 물질 매립지로 워렌 카운티가 선정됨으로 이 지역 주민들이 반대 시위를 벌여 주민 400여명이 구속될 정도로 저항하였다. 이 저항 운동은 매립장 건립을 막는 데는 실패하였지만, 인종에 따른 환경적 폐해 부담의 불평등한 분배 문제를 공론화하여 환경정의 문제를 사회적 쟁점으로 부각시키는 데 결정적으로 기여하였다.

이 사건을 계기로 흑인 거주지역과 유해 폐기물 매립지 간의 상관관계에 관한 역학 조사가 이루어지게 되었는데, 그 대표적인 조사는 '인종 정의를 위한 기독교 연합 위원회'가 1987년 발간한 "미국의 독성 폐기물과 인종: 유해 폐기물 처분장을 가진 지역 사회의 인종적, 사회경제적 특성에 대한 전국 보고서"이다. 이 보고서는 통계에 근거하여 환경 불평등 내지 환경 부정의의 구체적인 사례를 적나라하게 폭로하면서 독성 폐기물 매립지를 선정하는 데 있어서 가장 유력한 변수가

'인종'이라고 결론 내리고 있다.[7] 따라서 "환경정의 운동은 미국의 두 가지 오래된 운동, 즉 환경 운동과 민권 운동의 합류에 의해 출현하였으며, 환경정의론은 이념적으로 볼 때 환경주의와 사회 정의론을 결합한 것이라고 할 수 있다."[8] 1990년대에 들어오면서 환경정의 운동은 더욱 활성화되어 전 세계적으로 확산되었다. 그 결정적 계기는 '1991년 전국 유색 인종 환경지도자 정상회의'로, 여기에 참여한 대표들은 17개 항의 '환경정의의 원칙'을 채택하였으며, 이를 1992년 브라질 리우에서 개최된 유엔환경개발 회의 참석자들에게 배포하였다. 1994년 클린턴 대통령은 '소수 민족 집단 및 저소득 집단의 환경정의를 위한 연방정부의 활동'이란 행정명령(Executive Order) 12898호를 공포하여, 환경정의를 국가의 공적인 정의에 포함시켜 연방정부가 환경정의를 위해 해야 할 일을 제도화하였다.

이상의 설명에서 알 수 있듯이 역사적으로 환경정의 운동은 유해 쓰레기 폐기장의 장소 선정에 있어서의 인종적 차별을 중심으로 일어난 시민권 운동이 그 계기가 되었다.[9] 그래서 환경정의 문제보다 환경 인종주의(environmental racism) 문제가 먼저 대두되었다. 이 개념을 처음 사용한 벤자민 차비스(B. Chavis)목사에 따르면, 환경 인종주의란 "소수자라는 지위의 결과로서 특정 집단이나 지역 사회에 부과된 불균형적인 환경 부담"을 뜻한다. 오늘날 환경정의가 환경적 선과 환경적 악 모두에 적용된다는 점에 비추어 보면 환경 인종주의는 인종적 소수 집단이 환경오염이나 유독 폐기물과 같은 환경적 악을 부당하게 부담하

7 United Church of Christ, Commission for Racial Justice, "Toxic Waste and Race in the United States", 105 Madison Ave., New York 10016, 1987.

8 박재묵, 「환경정의 개념의 한계와 대안적 개념화」, p.84.

9 J.R. Miller, "Environmental Justice", J.R. Miller et al., eds., *The Encyclopedia of Human Ecology*, vol.1(Santa Barbara: ABC-CLIO Inc, 2003), pp.228-230.

고 있음을 말해 준다. 한 마디로 말해, 환경 인종주의는 환경 부정의에 초점을 맞춘, 소극적 환경정의에 해당한다고 하겠다. 환경 부정의란 "누군가가 (a) 환경적 혜택(즉, 자연 자원으로부터 얻을 수 있는 이득)의 공평한 몫을 받지 못하거나 (b) 환경적 부담(환경에 대한 해악으로부터 발생하는 부담)을 불공평하게 분담하는 상황"이라고 말할 수 있다.[10]

이와 더불어 환경정의와 연관된 또 하나의 개념에 우리는 주목해야 한다. 바로 '환경 형평성'(environmental equity) 개념이다. 미국 환경보호청이 1994년 발표한 『환경정의 보고서』에 따르면, 환경 형평성이란 "인종, 민족, 또는 경제적 지위와 상관없이 개인, 집단 또는 지역 사회가 환경적 위해로부터 똑 같이 보호받는 것"을 의미한다.[11] 이 정의에 따르면 환경 형평성 개념은 환경적 위해로부터 동등한 보호를 강조하고 있다. 이는 환경파괴나 환경오염과 같은 사건을 전제하고 있어, 환경 폐해 및 부담의 분배 물음에만 한정되어 있다는 한계를 지닌다. 이런 점에 있어서 환경 형평성 개념도 환경 인종주의 개념보다 별다른 장점을 지니지 않는다. 그래서 1990년대 초반 '형평성 대 정의'(equity vs justice) 논쟁을 거치면서 이 두 운동은 환경정의 운동으로 통합되어 발전하게 되

....

10 S. Caney, "Environmental Degradation, Reparation, and the Moral Significance of History", *Journal of Social Philosophy*, vol.37, Iss.3, 2006, p.465.

11 일부 학자들은 환경 형평성 개념을 보다 포괄적으로 사용한다. 예를 들어, 로버트 블라드(R. Bullard)는 그 어떤 지역이나 집단 혹은 사회도 '환경 희생 지대'(environmental sacrifice zone)가 되어서는 안 된다고 하면서 환경 형평성은 절차적 형평성(procedural equity), 지형적 형평성(geographic equity), 사회적 형평성(social equity) 등을 포괄하는 광의의 의미로 사용하고 있다. 그는 세 차원 모두에서 환경정의를 구현하자면 보호권(the right to protection), 해악 예방의 원칙(prevention of harm), 가해자 증명 부담의 원칙(shift the burden of proof), 차별 평가에서의 의도성 배제 원칙(obviate proof of intent), 불평등에 대한 보상 원칙(redress inequality) 등과 같은 5대 원칙을 준수하게끔 법적, 제도적 장치를 국가 차원에서 마련해야 한다고 주장한다. R. Bullard, "Decision Making", L. Westra & P.S. Wenz, eds., *Faces of Environmental Racism: Confronting Issues of Global Justice*(London: Rowman & Littlefield Publishers, Inc, 1995), pp.3-19.

었다. 개념적으로 형평성이 정의의 하위 개념이기 때문에 환경 문제가 갖는 여러 차원의 윤리적 물음을 다루는 데는 전자보다 후자가 더 합당하기 때문이다.

3. 환경철학의 목표: 환경실용주의

환경윤리 내지 환경정의 물음은 응용윤리학의 다른 분야와 근본적인 차별성을 갖는다. 즉, 로봇윤리학이나 생명윤리학은 도덕적 물음을 철학적으로 탐구하여 합당한 해답 내지 해결책을 제시하는 것을 목적으로 한다. 예를 들어, 로봇윤리학은 "AI 로봇이 야기한 결과에 대한 도덕적 책임은 누구에게 귀속 되는가?"의 물음을 그리고 생명윤리학은 "임신중절은 도덕적으로 허용될 수 있는가?"의 물음을 묻고 그 해답을 학제적으로 탐구하는 학문이다. 이는 응용윤리학의 근본 성격, 즉 "도덕 문제를 어떻게 해결할 것인가?"의 물음에 대한 충실한 탐구이다. 그런데 환경윤리나 환경정의는 이미 해답이 주어져 있다. 예를 들어, 환경을 보전해야 한다는 데 이의를 제기하는 사람이 없을 뿐만 아니라 환경적 혜택이나 부담은 공평하게 분배되어야 한다는 데 대해서도 반대하는 사람이 없다. 물론 '어떻게'(how)의 물음이 관련되어 있지만, 근본적으로 이러한 '도덕적 당위'에 대해 '왜'(why)의 물음을 던지고, 이에 대해 철학적으로 성찰하는 학문이 바로 환경철학이다.

환경윤리학은 "왜 환경을 보전해야 하는가?"의 물음을 탐구하고, 환경정의론은 "왜 환경적 혜택과 부담을 공평하게 분배해야 하는가?"의 물음을 탐구한다. 다시 말해, 환경윤리학이나 환경정의론은 해답을 찾는 과정이 아니라 상식 윤리가 말하는 해답을 정당화하는 철학적 작업을 요구한다. 이런 점에 있어서 환경정의론은 현실적 정의론의 특성을 지닌다고 하겠다. 존재하지 않는 가상적인 상황을 전제로 정의의 이상이 무엇인지를 탐구하는 이상적 정의론과 달리 현실적 정의론은 '지금 여기'의 현실에서 어떻게 부정의를 제거하여 보다 나은 정의로운 사회를 실현할 것인가를 문제 삼는다. 현실적 정의론의 중요성에 관해 아마르티아 센(A. Sen)은 '완벽하게 정의로운 사회'(perfectly just society)나 사회 제체를 달성하려고 노력하는 것이 아니라 '명백하게 심각한 부정의'(manifestly severe injustice)를 막는 것이 정의의 일차적 주제가 되어야 한다고 역설한다.[12] 미국의 노예제 폐지 운동에서 엿볼 수 있듯이, 완벽히 정의로운 사회의 이상 내지 기준을 몰라도 우리는 무엇이 명백한 부정의인지를 충분히 알 수 있을 뿐만 아니라, 이론적으로는 정의의 이상이 더 중요할지 모르나 부정의의 제거가 실천적 우선성을 지니기 때문이다. 정의에 대한 센의 이러한 논리는 환경 문제에도 그대로 적용된다. 환경정의 운동은 환경정의의 이상이 무엇인지를 따져 묻기 이전에 이미 존재하는 환경 관련 부정의의 제거에 일차적 목적을 두고 출발하였다.[13]

환경정의 운동의 이러한 역사는 환경정의가 갖는 실천적 혹은 실용적 특성을 잘 보여 준다. 앞서 언급하였듯이 환경윤리학은 본래적 가치 물음에 함몰되어 있어 역설적이게도 '윤리'로부터 멀어지게 되었는데, 환경정의 운동은 이를 보다 실천윤리학의 차원으로 발전시켰다고

12 A. Sen, *The Idea of Justice*(Cambridge: Belknap Press, 2009), p.21.

13 환경 부정의의 표준적인 사례는 기후 위기이다. 브래들리 팍스와 티몬스 로버쯔는 기후 위기를 예로 삼아 부정의가 얼마나 만연되어 있는지를 '양파 껍질 벗기기'(peeling the onion)라는 비유를 사용하여 10개의 물음을 던지면서 각 물음에 대해 실질적인 불평등 내지 부정의가 어떠한지를 밝히고 있다. 10개의 물음에 관한 자세한 논의는 B.C. Parks & J.T. Roberts, "Environmental and Ecological Justice", M.M. Betsill et al., eds., *Palgrave Advances in International Environmental Politics*(New York: Palgrave Macmillan, 2006), pp.342-347 참조하라.

말할 수 있다. 이러한 발전은 미국 철학이 갖는 실용주의(pragmatism)의 영향이 크다. 정확한 정의는 어렵지만, 한 마디로 실용주의는 "무엇이 유용한가?"(what works)에 초점을 맞춘다. 이를 환경 문제에 적용하여, 일부 학자들은 논쟁의 여지가 많은 가치론적 주장을 포기하고 환경철학자는 환경 문제에 관한 실용적 해결책으로 무엇이 작동가능한가에 초점을 맞추어야 한다고 주장하는데, 이를 우리는 '환경실용주의'(environmental pragmatism)라 부른다.[14] 환경철학자들은 자연이 본래적 가치를 지니느냐 그리고 지닌다면 어떤 의미의 본래적 가치를 지니는가의 물음에 매달려 왔는데, 이러한 이론적 논쟁은 환경 문제의 해결에 도움은커녕 방해가 되기 때문에 이제는 실천적인 문제에로 방향을 전환하여 '현금가치'를 찾아야 한다고 환경실용주의는 역설한다.[15]

그렇다고 우리는 환경 문제의 해결에 관한 환경윤리학의 긍정적 기여를 과소평가해서는 안 된다. 일반적으로 환경윤리학이 하나의 학문으로 태동하게 된 결정적 계기는 역사학자 린 화이트(L. White, Jr.)의 "생태위기의 역사적 뿌리"라는 논문이다.[16] 물론 오늘날 환경 위기의 직접적 원인은 과학기술이다. "아는 것이 힘이다"라는 프란시스 베이컨(F. Bacon)의 격언에 따라 우리는 아는 것, 즉 과학기술을 발전시켜왔다. 과학기술의 발전은 자연스럽게 경제 발전과 문명의 이기를 만들어 내었는데, 경제가 발전하면 할수록 그리고 문명의 이기를 사용할수록 우리는 그만큼 환경을 파괴하고 있다고 해도 과언이 아니다. 하지만

....

14 A. Weston, "Beyond Intrinsic Value: Pragmatism in Environmental Ethics", pp.321-339 참조.

15 A. Light & E. Katz, "Introduction: Environmental Pragmatism and Environmental Ethics as Contested Terrain,", A. Light & E. Katz, eds., *Environmental Pragmatism*(London: Routledge, 1996), p.2.

16 L. White, Jr., "The Historical Roots of Our Ecological Crisis", *Science*, vol.155, no.3767, 1967, pp.1203-1207.

과학기술은 생태위기의 현상적 원인이다. 우리는 얼마든지 과학기술을 환경 친화적으로 사용할 수 있을 뿐만 아니라, 아예 환경보전을 위해 과학기술을 사용하지 않을 수도 있기 때문이다. 실제로 화이트는 이 논문에서 생태위기의 근본 원인은 인간의 이익을 위해 자연을 지배할 수 있다는 인간중심주의 세계관에 있다고 진단하면서 그 뿌리를 기독교에서 찾았다. 실제로 구약성경 창세기 1장 18절에서 하나님의 형상대로 사람을 창조한 다음, 사람으로 하여금 이 세상을 정복하고 다스리라고 말한다. 오늘날 신학자들은 이 구절을 '하나님의 뜻 안에서의 정복과 지배'로 해석하여 환경보전을 강조하지만, 역사적으로 보면 기독교는 자연이나 동물 등의 비인간 존재에 대한 인간의 우월성을 강조하였다는 점에서 화이트의 진단은 사실이라고 말할 수 있다. 이러한 진단에 근거하여 환경윤리학은 인간중심주의에서 벗어나 생태중심주의에로 나아갈 수 있는 중요한 사다리를 제공하였다. 환경 내지 자연에 대한 이러한 세계관의 변화 없이는 환경보전이 불가능하다는 점을 감안하여 환경문제 해결에 대한 환경윤리학의 기여는 아무리 강조해도 지나치지 않을 것이다.

환경실용주의자들은 환경윤리학이 이처럼 이론적 측면에서 자연에 대한 인식 전환이라는 성과를 거두었지만 실천적인 측면에서는 한계를 지니기에 환경문제의 실천적 해결에 초점을 맞추는 새로운 접근법이 요구된다고 역설한다. 그러면 환경실용주의가 주장하는 새로운 접근법은 무엇인가? 일부 학자들은 환경실용주의를 "환경과의 관계에서 인간이 부딪히는 실질적인 문제에 관한 열린 탐구"로 정의하지만[17], 실용주의를 일의적으로 규정할 수 없듯이 환경실용주의 역시 일의적

....

17 A. Light & E. Katz, "Introduction: Environmental Pragmatism and Environmental Ethics as Contested Terrain,", p.2.

으로 규정할 수는 없다. 환경윤리학자들과 달리 환경실용주의자들은 실용주의의 정신을 살려 강한 환경중심주의와 강한 인간중심주의의 중간노선을 취한다. 자연이나 환경은 인간이 만들어낸 인공물이 아니다. 인간이 존재하기 이전에 이미 자연은 존재하여 왔다. 즉, "우리 인간이 모든 점에 있어서 환경과 연결되어 있으며, 또 환경 역시 우리 인간과 연결되어 있다는 이 가르침은 환경에 대한 실용주의적 사상의 알파요 오메가다."[18] 인간과 환경의 상호의존성은 인간의 실존적 현실이다. 그렇기 때문에 강한 혹은 맹목적인 인간중심주의는 지양될 수밖에 없다. 하지만 궁극적으로 우리는 인간중심주의에서 벗어날 수 없다는 게 환경실용주의의 주장이다. 환경윤리학자들의 주장에 따라 동식물은 물론 생태계마저도 본래적 가치나 이해관계 혹은 권리를 지닌다고 인정하자. 그러면, 예를 들어, 동물은 자신의 이해관계나 권리를 어떻게 주장하고 보호할 수 있는가? 동물은 이해관계나 권리에 대해 '다른 목소리'를 지니지만 그 다른 목소리를 표출할 수가 없다. 인간을 통하지 아니하고는 그 어떤 동물도 자신의 이해관계나 권리를 보호받을 수 없을 뿐만 아니라 주장할 수조차 없다. 속된 말로 권리 보호를 위한 사회계약에 동물은 참여할 수 없을 뿐만 아니라 자연법이나 신명론을 받아들여도 동물의 권리는 인간에게 위임될 수밖에 없다. 따라서 자연 내지 환경에 대한 인간의 개입을 우리는 인정해야 한다. 이런 점에 있어서 환경실용주의는 다분히 인간중심주의이지만 약한 형태의 인간중심주의라고 말할 수 있다.

물론 이에 대해 우리는 이론과 실천은 다르고, 또 철학은 원래부터 문제의 명료화를 본질로 삼기 때문에 환경실용주의의 이러한 주장은

....

18 Kelly A. Parker, "Pragmatism and Environmental Thought", A. Light & E. Katz, eds., *Environmental Pragmatism*(London: Routledge, 1996), p.35.

잘못되었다고 반박할 수 있다. 실제로 라스 사무엘손(L. Samuelsson)은 철학자는 실용적 고려사항에 함몰되어서는 안 되기 때문에 환경철학과 실용주의의 결합은 '나쁜 결혼'(Bad Marriage)이라고 비난한다.[19] 앞서 지적하였듯이 본래적 가치 물음에 관한 환경철학자들의 논쟁은 녹색 환경에 대한 인식의 제고에 큰 기여를 하였음을 우리는 부인할 수 없다. 그럼에도 불구하고 본래적 가치 논쟁이 다분히 '윤리 형이상학적'이기 때문에 서로 다른 세계관을 지닌 사람들이 살아가고 있는 사회에서는 이러한 물음에 대한 합의 도출이 거의 불가능하다는 점 역시 인정해야 한다. 롤스의 용어를 빌린다면 본래적 가치 논쟁은 한 마디로 종교적, 철학적, 윤리학적인 입장으로 '포괄적 교설'(comprehensive doctrines)에 해당하며, 우리는 포괄적 교설이 다양할 수밖에 없는 '합당한 다원주의'(reasonable pluralism)에 살고 있다.[20] 따라서 어느 포괄적 교설이 옳다고 아예 말할 수조차 없기에 환경윤리학적 논의로는 환경문제는 해결될 수 없다. 어떠한 환경 정책을 채택하느냐에 따라 인간의 생존 및 삶의 질이 달라지기 때문에 환경 문제는 우리 모두의 관심사로 합의가 꼭 필요하다. 합의를 이끌어내자면 윤리 형이상학의 물음, 즉 환경의 본래적 가치에 관한 포괄적 교설을 배제하고 보다 실용적인 동기에로 방향 전환이 환경철학에 필요하다는 게 환경실용주의의 근본 주장이다. 이런 점에 있어서 환경실용주의가 응용윤리학의 본래적 성격, 즉 실질적인 도덕 문제의 해결을 위한 새로운 지평을 열어주었다고 우리는 긍정적으로 평가할 수 있다.[21]

....

19 환경실용주의의 대한 반박은 L. Samuelsson, "Environmental Pragmatism and Environmental Philosophy: a Bad Marriage!", *Environmental Ethics*, vol.32, no.4, 2010, pp.405-415을 참조하라.

20 J. Rawls, *Political Liberalism*(New York: Columbia University Press, 1993), p.144.

21 김일방, 「환경실용주의(Environmental Pragmatism)의 본질 규명」, 대한철학회, 『철학연구』, 제

4. '어떻게'의 물음: 환경정의론

환경실용주의는 환경윤리학에서 환경정의론으로 넘어가는 교량 역할을 하였다. 즉, 이제까지 환경철학자들은 환경윤리에 매달려 왔지만 정작 환경문제의 해결에 별다른 도움을 주지 못하였는데 환경실용주의가 계기가 되어 시민들의 환경 인종주의와 환경 형평성 운동을 학문적 담론의 주제로 발전시켜 이론적으로 체계화하지 않을 수 없게 되었다. 이로 인해 환경정의론 논의가 환경철학의 주제적 담론으로 부각되었다. 앞서 언급한 사무엘손의 용어를 원용한다면 환경정의론은 환경철학과 실용주의의 '착한 결혼'(Good Marriage)이라고 말할 수 있다.

그런데 1980년대 들어 비로소 환경철학이 환경정의론에 관심을 갖게 되었다는 것은 참으로 의외이다. 이는 사회정의 운동가들이 환경 이슈를 정의의 영역 밖에 위치시켰을 말해 줄 뿐만 아니라 환경주의 운동가들조차도 환경 이슈를 정의의 이름으로 부르짖지 않았음을 웅변해 주기 때문이다. 여기서 우리는 묻는다. 왜 사회 정의론 주창자들은 물론 환경주의 운동가들은 환경 이슈와 정의를 분리시켰는가? 그 이유는 의외로 간단하다. 즉, 정의의 본질과 환경의 특성에서 우리는 그 이유를 찾을 수 있다. '각자에게 각자의 몫을 돌려주는 것'이라는 아리스토텔레스의 정의(definition)에서 알 수 있듯이 정의는 본질적으로 '돌려주는 것' 즉, 분배 물음과 관련되어 있다. 달리 말해, 정의론은 자유, 평등, 물질적 자원, 복지 등에 대한 A의 몫을 B, C, D 등과 비교하여 어떻게 하면 올바르게 분배할 수 있는가의 물음을 다룬다. 이와 대조적으

....

171집, 2024, pp.109-137. p.134.

로 환경적 재화는 개인에게 분배되지 않는다. 오존층이 보존되고 시베리아 호랑이와 같은 멸종 위기의 종이 보호받는다 해도, 이러한 재화는 모든 사람에게 이용가능하지 어느 누구도 특정의 몫을 얻지 못한다. 자연 자체는 '자연'이라는 개념이 함의하듯이 인간이 어떻게 할 수 없는 영역이다. 윤리는 물론이거니와 정의 역시 근본적으로 인간에 의해 통제 가능한 영역을 그 대상으로 하기에, 인간 통제 밖의 자연은 엄밀히 말해 정의의 대상이 아니다. 사회 계약론이 주장하듯이, 자연에는 도덕이 없을 뿐만 아니라 정의도 없다. 이렇게 되면 환경적 재화의 증진에 대해 우리가 던지고 싶은 그 어떠한 질문도 정확하게 말하면 정의의 물음이 아니게 된다.

하지만 면밀히 검토해 보면 문제가 그렇게 간단하지는 않다. 정부가 환경 친화적인 어떤 정책을 입안한다고 가정해 보자. 이러한 법률은 개인의 자유를 제한하고, 일부 자원을 사적인 사용에서 공적인 사용으로 전환시킬 것이다. 한 예로 자동차로 인한 대기 오염 방지를 위한 청정에너지 사용을 권장하는 혹은 자동차의 이용을 제한하는 정책을 생각해 보자. 이러한 정책을 실행하는 데는 세금이 소요되고 시민들의 자동차 이용의 자유가 제한받게 된다. 즉, 우리는 자연 자체와 자연의 이용 내지 자연에의 접근성을 구분해야 한다. 예를 들어, 물 자체는 인간의 통제 밖에 속하나, 물의 이용 내지 물에의 접근성은 제도를 통해 얼마든지 통제 할 수 있다. 석유의 원재료에 해당하는 원유도 마찬가지이다. 원유 자체는 통제할 수 없지만 원유를 이용하는 일은 제도를 통해 얼마든지 통제할 수 있다. 따라서 우리는 자연 자체는 정의의 대상이 아니지만 자연의 이용은 정의의 대상이 된다고 말할 수 있다.

여기서 우리는 묻는다. 이로 인한 혜택의 수혜자는 누구이며, 반대로 부담의 담지자는 누구인가? 공적 자금이 사용되기 때문에 누군가는 더 많은 세금을 부담할 수밖에 없을 뿐만 아니라, 또 대기 오염 예방에 사용되는 국가 예산을 사회 안전망이나 시장 경제 활성화에 사용되었다면 혜택의 수혜자는 달라질 수 있다. 이런 관점에서 보면 모든 환경 정책은 비용의 불평등 물음과 혜택의 불평등 물음을 낳기 때문에 중립적이지 않고 분배적 함의를 지닌다고 말할 수 있다.[22] 따라서 "환경 이슈는 그냥 민주적 절차에 맡기자!"고 주장하기 전에, 왜 환경정의가 문제 되는지, 그리고 분배적 정의의 틀 내에서 환경정의가 다뤄질 수 있는지를 우리는 물어야 한다. 실제로 환경정의의 핵심 주제는 환경보전에 따른 부담을 우리 사회의 빈곤층과 부유층 사이에 배분하는 문제, 그리고 부국과 빈국, 현재 세대와 미래 세대, 그리고 인간과 비인간 종, 특히 멸종위기 종 사이에 자연자원을 분배하는 문제 등이 있다.[23] 트로이 하틀리(T.W. Hartley) 역시 "환경정의란 환경적 재화, 서비스 그리고 자원의 공평한 혹은 균등한 분배에 관한 것으로 진술되거나 가정되고 있다"라고 규정한다.[24] 자연 내지 환경이 혹은 그 구성원이나 종이 본래적 가치를 지니느냐의 물음과 상관없이 자연 환경은 인간 생존의 수단이라는 점에서 도구적 가치를 지니기 때문에 분배적 정의의 대상임에 분명하다.

'로마클럽'(Club di Roma)은 1972년 발간한 보고서 『성장의 한계』(*The Limits to Growth*)에서 '지구 온난화'(Global Warming)라는 용어를

....

22 D. Miller, "Social Justice and Environmental Goods", A. Dobson, ed., *Fairness and Futurity: Essays on Environmental Sustainability and Social Justice*(Oxford: Oxford University Press, 1999), p.155.

23 P. Wenz, *Environmental Justice*, pp.21-22.

24 T.W. Hartley, "Environmental Justice: An Environmental Civil Rights Value Acceptable to All World Views", *Environmental Ethics*, vol.17, no.3, 1995, p.287.

처음 사용하여 환경위기의 심각성을 알리는데 크게 기여하였는데, 이 보고서의 저자들은 지구는 인간의 생산적 활동의 결과로 발생하는 쓰레기 자원을 소화할 수 있는 능력이 제한적일 뿐만 아니라 재생 불가능한 자연 자원의 양도 한정되어 있음을 지적한다. 즉, 자연 자원뿐만 아니라 지구의 자정 능력에도 한계가 있다. 이는 정의의 여건에 해당하는 희소성을 말한다. 정치적 환경주의와 분배적 정의의 개념에는 희소성이 그 중심에 자리 잡고 있기 때문에, 정치적 환경주의는 분배적 정의를 담론의 핵심으로 간주하고 있다.[25] 그렇다고 환경정의가 환경적 재화의 분배 물음만을 다루지는 않는다. 아리스토텔레스가 말한 '각자에게 각자의 몫을 돌려주는 것'이라는 정의에는 또 다른 두 요소가 내포되어 있기 때문이다. 하나는 '각자의 몫'이라는 요소이고 다른 하나는 '각자'라는 요소이다. 전자는 분배 몫이 무엇이냐의 물음과 관련된 반면에, 후자는 누구에게 분배할 것인가의 물음과 관련되어 있다. 이 두 요소에 어떻게 분배해야 하는가의 물음을 추가하여 앤드류 돕슨(A. Dobson)은 환경정의는 다음 세 물음에 대한 대답으로 구성되어 있다고 설명한다.[26]

(1) 누가 환경정의의 수용자인가?

(2) 정의의 수용자들 사이에 분배되어야 할 것은 무엇인가?

(3) 어떤 분배 원칙이 사용되어야 하는가?

....

25 A. Plachciak, "Environmental Justice and John Rawls' Concept of Well-ordered Society", *АКТУАЛЬНІ ПРОБЛЕМИ ЕКОНОМІКИ*, vo.163, no.11, 2015, p.311.

26 A. Dobson, *Justice and the Environment: Conceptions of Environmental Sustainability and Theories of Distributive Justice*, Oxford: 1998, p.63.

(1)은 정의의 주체(subjects)를, (2)는 정의의 대상(objects)을, 그리고 (3)은 정의의 기준(criteria)를 각각 묻는다. '정의의 주체'라는 개념은 소유격의 '의'(of)를 어떻게 해석하느냐에 따라 이중적 의미를 지닌다. 주격으로 해석하면 정의의 주체는 정의를 실행할 수 있는 자를 일컫는다. 환경철학에서 윤리의 주체가 인간에게 국한되듯이, 이런 뜻의 정의의 주체는 인간에게 국한된다. 자연 환경은 설사 고등 포유동물이라 할지라도 정의를 행사할 수는 없다. 다른 한편으로 목적격으로 해석하면 정의의 주체는 정의의 혜택을 받는 자 혹은 정의의 이름으로 무엇인가를 요구할 수 있는 권리를 지닌 자를 뜻한다. 여기서 정의의 주체는 바로 정의의 수혜자를 지칭한다. 물론 정의의 일차적 수혜자는 개인이기 때문에 개인은 정의의 이름으로 자신의 정당한 몫을 요구할 수 있다. 하지만 정의의 수혜자는 현존하는 개인을 넘어선다.

"정의의 의무를 요구할 수 있는 주체가 누구인가?"의 물음을 준거점으로 삼으면 정의는 또한 국가 간의 정의와 세대 간의 정의로 구분된다. 예를 들어, 우리나라가 황사 현상에 대해 그 원인 제공자로 간주되는 중국에 대해 정의의 이름으로 그 피해 보상을 요구한다면 대한민국이라는 국가가 정의의 주체가 된다. 그리고 현 세대가 아직 이 땅에 태어나지 않은 미래 세대에 대해서도 의무를 지닌다고 한다면, 미래 세대도 정의의 수혜자 자격을 지닌다. 자연 환경이 전 지구적으로 연결되어 있다는 점에 있어서 환경정의는 국가 간 정의의 특성이 강하다. 게다가 현 세대가 자연 환경, 특히 자연 자원을 어떻게 사용하느냐에 따라 다음 세대가 이용할 수 있는 자연 자원에 지대한 영향을 미친다는 점에 있어서 세대 간 정의의 성격이 또한 강하다.

그럼에도 불구하고 한 국가 내에서 그리고 현 세대에서의 환경정의가 일차적이고 또 근본적이기 때문에 우리는 한 국가 내의 현 세대 시민들 사이의 환경정의 물음을 일차적으로 다룰 수밖에 없다. 이러한 전략은 롤스의 정의론 논의와도 부합한다. 실제로 롤스는 정의의 원칙이 적용되는 대상과 관련하여 정의를 세 범주, 즉 국지적 정의(local justice), 국내적 정의(domestic justice), 그리고 세계적 정의(global justice)로 구분한다.[27] 국지적 정의란 한 국가 내에서 발생하는 정의를 말한다. 예를 들어, 한 기업에 종사하는 노동자가 사용자에게 정당한 임금을 요구하는 경우를 말한다. 세계적 정의는 앞서 언급한 국가 간의 정의를 말한다. 국내적 정의는 국가가 국민의 권리와 의무 혹은 혜택과 부담을 어떻게 분배하는가와 관련된다. 세 정의 가운데 롤스의 정의의 원칙은 국내적 정의, 즉 사회의 기본 구조에 적용된다. 따라서 환경정의 물음도 이 세 차원에서 논의가 가능하지만, 국내적 정의가 근본적이라고 말할 수 있다.

그런데 오늘날 환경정의의 주체 물음은 새로운 국면을 맞이하고 있다. 그것은 바로 정의의 외연 확장이다. 즉, 동물도 정의의 주체 자격을 지니기에 환경적 재화는 동물에게도 정의롭게 분배되어야 한다고 일부 학자들은 주장한다. 이를 우리는 생태적 정의(ecological justice)라 부른다. 이렇게 되면 정의의 주체는 넷이다. 첫째는 개인이요, 둘째는 국가요, 셋째는 미래 세대요, 마지막 넷째는 동물이다. 따라서 우리는 정의의 주체를 준거점으로 삼아 환경정의를 네 유형으로 구분할 수 있다.

(1) 환경정의: 환경적 재화를 인간들 사이에 어떻게 분배할 것인가?

(2) 생태적 정의: 환경적 재화를 동물과 인간들 사이에 어떻게 분배할

....

27 J. Rawls, *Justice as Fairness: A Restatement*, ed., by E. Kelly(Cambridge, MA: Harvard University Press, 2001), p.38.

것인가?

(3) 세대 간 정의: 환경적 재화를 세대들 간에 어떻게 분배할 것인가?

(4) 국가 간 정의: 환경적 재화를 국가들 간에 어떻게 분배할 것인가?

5. 벨의 환경정의관

환경정의에 대한 보다 명확한 이해를 위해 이제 돕슨이 던진 두 번째 물음인 환경정의의 대상이 무엇인지, 즉 "환경정의에서 분배되어야 할 몫이 무엇인가?"의 물음을 살펴보자. 물론 그것은 환경적 재화이다. 하지만 환경적 재화는 단일의 대상이 아니라 여러 대상을 지칭하는 집합 개념이다. 환경 이슈와 관련된 분배 몫은 여러 차원에서 생각할 수 있다. 우선 우리 인간은 자연 환경에 실존적으로 묶여 있다. 그렇기 때문에 우리는 환경을 이용할 수 있어야 하는데, 이를 일반적으로 환경권(the right to environment)이라 한다. 학자에 따라 환경권에 대한 정의는 다를 수 있지만 일반적으로 "건강한 환경 속에서 생활할 권리"를 말한다. UN은 『건강한 환경권이란 무엇인가?』(*What is the Right to a Healthy Environment?*)라는 보고서에서 "모든 사람은 깨끗하고 건강한 그리고 지속가능한 환경에 대한 권리를 갖는다. 인권과 환경은 상호의존적이기 때문에, 깨끗하고 건강한 그리고 지속가능한 환경은 인권을 보다 광범위하게 향유하는 데 필수적이다"라고 환경권을 보편적 인권 차원에서 다루고 있다.[28]

....

28 이 보고서는 UN인권사무국(Office of the High Commissioner for Human Rights), 유엔환경계획(United Nations Environment Programme) 그리고 유엔개발계획(United Nations Development Programme)이 합동으로 발표한 보고서로 2022년 7월 22일 유엔 총회에서 승인되었다.

이처럼 환경권은 자연 환경뿐만 아니라 인공적인 환경과 문화 환경을 포괄하고 있지만, 환경정의에서 환경권은 자연 환경에 국한하여 사용하고 있다. 환경 인종주의 내지 환경 형평성에서 확인할 수 있듯이, 환경정의 운동은 소극적 환경권에서 시작하였다. 즉, 환경파괴 내지 환경오염의 부작용으로 인한 고통을 부당하게 강요받지 않는 것이 환경정의의 출발점이라고 말할 수 있다. 하지만 오늘날 환경정의는 환경적 악에 있어서의 평등한 부담에서 환경적 선에 있어서의 평등한 권리에로 그 방향이 발전하고 있다.[29] 환경 재해에 대한 노출 불평등의 제거만으로는 환경권이 보장되었다고 말하기 어렵기 때문이다. 오히려 인간의 생존에 필수적인 맑은 공기와 깨끗한 물과 같은 건강한 환경이 필수적이다. 이처럼 환경권은 근본적으로 '환경 평등권'을 본질로 하며, 여기에는 환경오염으로부터 부당한 피해나 차별을 당하지 않을 소극적 환경권은 넘어 건강한 환경 및 환경적 혜택을 공평하게 누릴 수

....

이 보고서에 따르면 환경권은 실질적인 요소(substantive elements)와 절차적 요소(procedural elements)로 구성된다. 실질적 요소에는 깨끗한 공기, 안전하고 안정적인 기후, 안전한 물과 적절한 위생에의 접근성, 건강하고 지속 가능하게 생산된 식품, 일상적인 생활을 영위하면서 일하고 공부하고 그리고 놀 수 있는 독성이 없는 환경, 건강한 생물 다양성과 생태계 등이 포함된다. 그리고 절차적 정의와 관련된 절차적 요소에는 정보 접근성, 의사결정에 참여하고 접근할 수 있는 권리, 정의와 효과적인 치료에의 접근성, 그리고 보복에 대한 두려움 없이 이러한 권리를 행사할 수 있는 자유 등이 포함된다. OHCHR, UNEP & UNDP, "What is the Right to a Healthy Environment?", https://www.undp.org/sites/g/files/zskgke326/files/2023-01/UNDP-UNEP-UNHCHR-What-is-the-Right-to-a-Healthy-Environment.pdf. 우리나라는 이러한 환경권을 헌법에 명시하고 있다. 헌법 제35조 ①항은 "모든 국민은 건강하고 쾌적한 환경에서 생활할 권리를 가지며, 국가와 국민은 환경보전을 위하여 노력하여야 한다"라고 환경권을 인정하고 있다. 그리고 ②항에서는 "환경권의 내용과 행사에 관하여는 법률로 정한다"고 규정하고 있는데, 이에 근거하여 '국민건강증진법' 제6조 ①항은 다음과 같이 국가의 의무를 규정하고 있다. 즉, "국가 및 지방자치단체는 건강 친화 환경을 조성하고, 국민이 건강 생활을 실천할 수 있도록 지원하여야 한다."

29 A. Plachciak, "Environmental Justice and John Rawls' Concept of Well-ordered Society", p.313.

있는 적극적 환경권을 포괄한다.[30]

이러한 환경 평등권의 보장과 관련하여 우리는 다른 차원에서 두 가지 물음을 던질 수 있다. 하나는 환경권과 관련된 정책을 누가 결정하는가의 물음이요, 다른 하나는 이러한 환경권이 지켜지지 않았을 때 어떻게 해야 하는가의 물음이다. 전자는 절차적 정의의 물음으로 우리는 환경과 관련된 의사결정 과정에 참여할 권리를 말한다. 반면에 후자는 정의론에서 말하는 교정적 정의를 뜻한다. 환경 평등권이 실현되지 않는 중요한 이유 중 하나는 환경 문제 관련 정책의 결정과정에 소수 집단이 소외되고 있다는 점이다. 실제로 앞서 언급한 환경 인종주의를 이를 잘 말해 준다. 그래서 오늘날에는 의사결절 참여권이 환경정의에서 중요한 이슈로 부각되고 있다.

그리고 교정적 정의의 물음은 이미 아리스토텔레스가 지적한 이슈이다. 즉, 아리스토텔레스는 정의를 분배적 정의와 교정적 정의로 구분한 바 있는데, 오늘날 교정적 정의는 처벌적 정의, 보상적 정의 그리고 회복적 정의 등 세 차원에서 논의되고 있다. 이를 환경적 재화에 적용하면 첫째는 환경파괴 내지 환염오염의 원인 제공자를 처벌하는 처벌적 정의의 물음이요, 둘째는 환경파괴 내지 환경오염의 피해자를 보상하는 보상적 정의의 물음이요, 마지막 셋째는 파괴된 환경을 원래 상태로 회복하는 회복적 정의의 물음이다. 특히 회복적 정의는 파괴된 환경의 회복뿐만 아니라 환경 파괴 피해자들에 대한 환경권의 실질적인 회

....

30 "환경 평등권은 아무리 낮은 계층의 사람들일지라도 생존과 생활을 위해 기본적인 자원과 환경이 필수적이며, 만약 생존과 생활을 위해 필요한 기본적인 자원과 환경이 충족되지 않을 경우 심각한 사회 공간적 갈등이 야기될 수 있으며, 만약 부유 계층이 자신의 시장능력에 따라 환경 자원을 과잉소비하거나 오염물질을 과잉 배출할 경우 환경 파괴의 심화로 우리 사회 전체(모든 계층의 사람들)가 파멸의 위기에 처하게 된다는 사실에서 연역된 이념이라고 할 수 있다." 최병두, 『환경 갈등과 불평등: 한국 환경문제의 재인식』(서울: 도서출판 한울, 1999), p.449.

표 8 환경정의 분류

정의의 분류	정의의 몫	주장
분배적 정의	소극적 환경권	환경오염으로부터 부당한 피해나 차별을 당하지 않을 권리
	적극적 환경권	건강한 환경 및 환경적 혜택을 공평하게 누릴 수 있는 권리
절차적 정의	의사결정 참여권	환경 관련 정책 결정에 참여할 수 있는 절차적 공정성
교정적 정의	처벌적 정의	환경파괴의 원인 제공자를 공정하게 처벌하는 정의
	보상적 정의	부당한 환경 폐해에 대해 합당한 보상을 받을 권리
	회복적 정의	파괴된 환경 및 그 폐해를 형평성 있게 회복해야 하는 정의

복과 환경 파괴의 원인 제공자에게 환경 비용을 부담케 하는 환경 형평성이 중요하다. 이러한 정의의 분류를 환경정의에 적용하면 우리는 표 8과 같이 하나의 표로 환경정의를 정리할 수 있다.[31]

정의의 분류에 따른 이러한 정의의 요구사항들은 환경정의의 구체적인 내용을 담고 있지 않다. 즉, "무엇이 분배되어야 하는가?"에 관한 실질적인 내용을 담고 있지 않기 때문에 이는 돕슨이 말한 세 번째의 분배 원칙 물음에 대한 형식적인 원리에 지나지 않는다. 물론 환경 이슈와 관련하여 절차적 정의와 교정적 정의도 중요하지만, 일차적인 환경정의의 물음은 앞서 언급하였듯이 분배적 정의이다. 따라서 실질적인 분배 원칙을 제시하자면 우리는 소극적 환경권과 적극적 환경권에 함의된 '환경적 재화'가 구체적으로 무엇인지를 범주화할 필요가 있다. 실제로 드럭 벨(D.R. Bell)은 분배되어야 할 환경적 재화를 보다 세분하여 표 9와 같이 각각의 몫에 따라 다른 분배 원칙이 적용되어야 한다고 주장한다.[32]

....

31 필자와 달리 그레이 브라이너는 환경정의의 기본 구조로 시민권(civil rights), 분배적 정의와 윤리(distributive justice and ethics), 공적 참여(public participation), 사회 정의(social justice), 생태적인 지속가능성(ecological sustainability) 등 5가지 요소를 주장한다. G.C. Bryner, "Assessing Claims of Environmental Justice", K.M. Mutz et al., eds., *Justice and Natural Resources: Concepts, Strategies and Application*(London: Island Press, 2002), pp.31-55 참조.

표 9 벨의 환경적 재화 분류

입장	분배되어야 할 몫	분배 원칙
1	유독성 물질, 환경적 위협, 오염	평등
2	유독성 물질, 환경적 위협, 오염 청정 공기 및 기타의 기본적인 환경적 선	제로 보장 표준에 대한 평등권
3	입장 2 플러스: 가정 및 가정 밖에서의 양질의 환경	최소치 보장
4	입장 3 플러스: 환경 자원(특히 식량과 난방)	최소치 보장

벨의 입장은 부가적인 설명을 요구한다. 이 표는 네 입장을 설명하고 있지만 입장 1은 환경정의의 근본 전제에 해당하는, 너무나 당연한 주장으로 환경정의관이라 말하기 어렵기 때문에, 위의 표는 환경정의에 관한 세 입장을 대별한다고 말할 수 있다. 앞서 언급하였듯이, 환경정의는 환경적 악의 분배에서 환경적 선의 분배에로 그 방향이 바뀌어 가고 있다. 입장 1은 유독성 물질, 환경적 위협, 오염 등의 환경적 악에 대해 평등한 부담을 주장한다. 이는 소극적 환경권을 대변하고 하고 있는 '평등한 부담' 원칙이다. 하지만 환경적 악에 대한 이러한 평등 원칙이 지켜졌다고 해서 환경권이 보장되는 것이 아니다. 왜냐하면 환경적 악은 그 자체로 '도덕적 악'일 뿐만 아니라 인간의 실존에 치명적인 위협이 되기 때문이다.

그래서 '오염에의 평등한 기회'(an equal opportunity to be polluted)라는 슬로건은 "어느 누구도 역효과로부터 고통을 강요받아서는 아니 된다"라는 원칙으로 바뀌게 되었다. 이는 환경오염의 역효과가 제로(zero)가 되어야 한다는 분배 원칙이다. 이것이 입장 2이다. 물론 여기서 '역효과로부터의 고통'을 광의로 해석한다면 이 입장은 현실적으로

....

32 D.R. Bell, "Environmental Justice and Rawls' Difference Principle", *Environmental Ethics*, vol.26, 2004, pp.291-295.

실현불가능 하다. 왜냐하면 오늘날 기후 위기가 말해 주듯이 우리는 환경파괴 내지 오염으로부터 직접적인 고통을 당하고 있기 때문이다. 하지만 이 개념을 온건하게 해석하여 '중대한 고통'으로 해석한다면 우리는 유독성 물질, 환경적 위협, 오염 등이 제로가 되어야 한다는데 충분히 동의할 수 있다. 입장 2는 여기에 그치지 않고, 기본적인 환경적 선에 대한 권한을 주장한다. 즉, 환경적 재화 가운데 맑은 공기, 깨끗한 물 및 기타의 기본적인 환경적 선에 대해서는 표준적인 기준이 설정되어야 하고, 이를 모든 사람이 평등하게 누릴 수 있어야 한다는 것이다. 인간의 생존에는 공기, 물 등과 같은 기본적인 환경적 선이 절대적으로 요구되기 때문이다.

기본적인 환경적 선과 관련된 '평등한 부담에서 평등한 권리에로'(from equal burdens to equal rights)라는 환경권의 이러한 이행에 만족하지 않고 환경정의는 양질의 환경(quality environments)을 강조하는 단계에로 발전하였다. 입장 3은 입장 2에다 최소한의 양질의 환경이 보장되어야 한다는 주장한다. 인간 삶의 일차적 영역은 가정이다. 그래서 입장 3은 가정에서의 양질의 환경 경험을 기반으로 하여 삶의 기타 영역에서도 양질의 환경에 접근할 수 있어야 한다고 역설한다. 그렇다고 양질의 환경이 모든 사람에게 동일해야 한다는 뜻은 아니다. 여기서의 분배 원칙은 최소치 보장(guaranteed minimum)이다. 최소치가 보장된다면 개인에 따라 양질의 환경이 불평등할 수 있음을 입장 3은 인정한다. 문제가 되는 것은 불평등 자체가 아니라, 최소한의 표준이 모든 사람에게 충족되도록 보장하는 데 있어서의 실패이다. 분배 원칙은 모든 사람이 최소한의 표준에 대한 권리를 지니지만, 그 표준 이상에 대해서는 차이의 여지를 남겨둔다. 입장 4는 입장 3에다 환경 자원(environmental resources)에 관한 최소치 보장을 주장한다. 여기서 말하는 환경 자원은 음식 및 난방 등을 지칭하는 데, 이러한 자원은 이전에는 환경적 사유와 아무런 관련이 없었다. 하지만 인간 삶에 신체적 건강이 본질적이라는 인식을 갖고 오늘날 환경정의는 모든 사람이 충분한 난방과 식량을 갖도록, 즉 식량 가난과 난방 가난이 제거되어야 한다고 역설한다.

6. 환경적 재화의 정의로운 분배

환경 문제는 단순히 이론의 물음이 아니라 실천의 물음이다. 따라서 본래적 가치 논쟁에 함몰된 환경윤리를 넘어 우리는 환경실용주의를 받아들일 수밖에 없다. 환경실용주의는 환경문제 해결을 위해 인간과 환경의 상호의존성 및 약한 인간중심주의에 근거한 인간의 실천적 개입을 강조하지만 지금 여기서의 환경적 해악을 '어떻게' 해결할 것인가에 대해서는 다원론적 입장을 취할 뿐 실질적인 해결책을 제시하는 데는 한계를 지닌다. 환경정의론은 지금 여기서의 환경 부정의를 논의의 출발점으로 삼아 환경정의의 실질적인 실현을 요구한다. 환경 이슈와 관련된 일차적인 정의의 물음은 분배적 정의이다. 분배되어야 할 환경적 악 내지 선이 무엇인지에 따라 다른 분배 기준이 적용되어야 한다는 벨의 주장을 우리는 귀담아 들어야 할 것이다. 즉, 벨의 세 입장은 환경정의에 포함되어야 하는 분배 몫의 외연을 점진적으로 확장시켜주고 있다. 따라서 이 세 입장은 경쟁하는 대안적 입장이 아니라 뒤의 입장이 앞의 입장을 포함하여 보완해 주는 보다 발전된 환경정의관이라고 말할 수 있다. 벨의 환경정의관에서 알 수 있듯이, 환경정의는 환경적 재화를 '누가'의 물음과 연관시켜, 환경적 악의 공평한 부담은 물론

이거니와 환경적 선에 대한 평등한 접근권이 보장되어야 비로소 실현된다고 말할 수 있다. 이와 더불어 우리는 교정적 정의 및 회복적 정의 차원에서 누가 환경 파괴의 원인 제공자이고, 또 누가 그 피해자인지에 따라 환경적 악의 부담 및 환경보전의 부담이 달라져야함을 기억해야 할 것이다.

환경정의는 일차적으로 한 국가 내의 분배적 차원에서 논의되어야 하지만 여기에 머물 수는 없다. 적어도 세 차원에로 논의가 확장될 때 비로소 환경정의 논의가 열매를 맺을 것이다. 첫째는 세대 간 정의 물음이다. 환경은 지금 세대의 전유물이 아니다. 미래 세대도 환경권을 갖기 때문에 세대 간 정의 물음 차원에서 우리는 환경정의를 논의해야 한다. 둘째는 절차적 정의 물음이다. 절차적 공정성이 확보되지 아니하고는 사회적 약자 내지 소수자에게 불리한 환경정책이 결정될 가능성이 그만큼 높아지기 때문에 절차적 정의를 실현할 수 있는 현실적이고 합당한 방안을 강구해야 한다. 셋째는 생태적 정의의 물음이다. 환경정의는 환경실용주의가 계기가 된 사실에서 알 수 있듯이 다분히 인간중심주의이다. 하지만 환경적 재화에 대한 응분의 몫을 주장할 수 있는 주체는 인간만이 아니라 동물을 비롯한 비인간 존재도 포함되어야 한다는 것이 생태적 정의 옹호자들의 주장이다. 이해관계나 권리에 관한 환경윤리학의 논의를 바탕으로 환경정의의 외연을 어디까지 확장할 것인가에 관한 논의가 필요하다. 이 세 차원의 환경정의 논의가 요청되지만, 환경윤리학, 환경실용주의 및 환경정의의 관계 및 그 기본적 입장을 논의하는 이 글의 주제를 넘어서기에 다루지 못한 아쉬움이 있다. 이는 필자에게 주어진 또 하나의 숙제이다.

8

사이버윤리: 가상 공간에서도 윤리적이어야 하는가

이 장은 정보기술의 발달이 가져다준 새로운 공간인 사이버 공간의 존재론적 특성 규명을 통해 정보윤리학의 철학적 토대를 마련하는데 그 목적이 있다. 사이버 공간에서 지켜야 할 윤리가 무엇인가를 묻기 전에, 우리는 "사이버 공간에도 윤리가 적용되어야 하는가?"를 물어야 한다. 이 물음은 첫째, "사이버 공간에 대한 현재의 윤리 적용이 과연 그 철학적 토대를 지니는가?"라는 비판적 차원과, 둘째, "사이버 공간에의 윤리 적용이 윤리적으로 바람직한가?"라는 윤리학적 차원을 지닌다. 이 물음은 사이버 공간에 대한 존재론적 물음을 낳는다. 사이버 공간은 하나의 단일체가 아니라 다층구조를 지닌 복합체이다. 특히 순수 사이버 공간에서는 인격적 존재가 아예 존재하지 않는다. 따라서 우리는 기존의 윤리를 사이버 공간에 적용하여 비현실적인 윤리를 강요할 것이 아니라, 사이버 공간의 존재론적 특성에 맞게 도덕 자유 지대를 인정하고, 그에 맞는 도덕적 인격체를 창조하는 윤리가 필요하다.

1. 들어가는 말

칸트(I. Kant)에 따르면 당위는 가능을 함축한다. 이 말은 두 가지 의미를 지닌다. 하나는 불가능한 영역, 즉 인간이 자유롭게 통제할 수 없는 영역에서는 윤리가 적용되지 않는다는 의미요, 다른 하나는 불가능한 영역이 인간이 통제할 수 있는 가능한 영역으로 바뀌게 되면 윤리가 적용될 수 있다는 말이다. 과학기술은 후자의 의미와 상관하여 새로운 윤리 문제를 야기하고 있다. 과학기술은 "할 수 있으면 해도 좋다"는 논리에 따라, 할 수 있는 영역을 무차별적으로 확장하여 왔다. 그래서 과거에는 인간 통제에서 벗어난 자연의 영역이었던 부분이 과학기술의 발달로 인해 이제는 문화의 영역으로 탈바꿈하고 있다. 자연이 문화로 바뀌게 되면, 윤리적 존재인 우리는 "그렇게 하는 것이 윤리적으로 옳은가?"를 묻게 된다. 이 물음을 통해 과학기술이 나아갈 바람직한 방향을 제시하는 것이 윤리학의 몫이다.

인터넷으로 대표되는 정보통신 기술 역시 예외가 아니다. 정보통신 기술의 발달로 제기되는 윤리 물음을 다루는 학문을 일반적으로 '정보윤리학'(information ethics)이라 부른다. 생명윤리학과 더불어 정보윤리학은 응용윤리학의 두 축을 형성하고 있다. 그래서 지적재산권, 사생활보호, 사이버테러 등과 관련된 철학적 연구가 많이 이루어지고 있으며, 또 인터넷 상에서 지켜야 할 도덕 규범으로 네티즌 윤리 강령이 등장하고 있다. 인터넷이 보급된 지 얼마 되지 않아 윤리지체(ethics lag) 현상이 발생하고 있다. 즉, 자살, 폭탄제조, 원조교제 등과 관련된 반인륜적인 사이트의 개설이 사회적 문제로 부각되고 있다. 이러한 사회병리 현상의 해결 필요성에 의해 철학자들은 정보사회에 요구되는 실질적인 윤리 규범 탐구에 심혈을 기울이고 있고, 이를 바탕으로 정보윤리 교육이 일선 학교에서 행해지고 있다.

사실 정보사회에 필요한 윤리는 하나가 아니라 그 본질적 특성이 서로 다른 여러 윤리의 다발을 일컫는다. 그렇기 때문에 정보윤리학 역시 여러 층을 지님을 인정하고 다원론적으로 이해해야 한다. 정보통신 기술은 두 가지 차원에서 윤리학적 물음을 복잡하게 만들고 있다. 하나는 정보통신 기술이 새로운 '정보' 차원을 창출함으로 말미암아 기존의 문제가 새로운 윤리적 성격을 띠게 되었다는 점이다. 지적재산권이 그 대표적인 예이다. 정보기술이 만들어낸 소프트웨어나 프로그램을 복제하는 것은 지적재산권 침해인가? 일반적인 사물과 달리 소프트웨어는 원 소유자의 소유권을 전혀 침해하지 않고서도 다른 사람들이 무한정 이용할 수 있다. 왜냐하면 누군가가 소프트웨어를 복제해도 원 소유자는 여전히 그 소프트웨어를 소유하고 있기 때문이다. 이로 인해 우리는 기존의 지적재산권 개념을 정보통신 기술에 어떻게 적용할 것이며, 그 윤리학적 근거가 무엇인지를 철학적으로 묻게 된다. 다른 하나는 정보통신 기술은 새로운 '공간'을 창조함으로 말미암아 기존에 없었던 전혀 새로운 윤리 물음을 낳고 있다. 그것이 바로 사이버 공간(cyberspace)이다. 사이버 공간은 실제 공간이 아니다. 그러면서도 사이버 공간은 우리들이 실제로 경험하는 또 하나의 세계이다. 이로 인해 사이버 공간에 실재하는 인공물인 사이보그(cybog)도 도덕적 행위 주체가 될 수 있는가와 같은 새로운 윤리 물음이 야기되고 있다.

'정보' 차원이 제기하는 윤리적 물음 역시 중요한 철학적 탐구 영역임에 분명하지만, 필자는 여기서 새로운 '공간' 차원이 제기하는 윤리적 물음에 국한하여 논의하고자 한다. 물론 이 두 물음은 밀접하게 연관되어 있지만, 후자의 물음이 전자의 물음에 비해 정보윤리학의 본래적 물음이라 할 수 있기 때문이다. 앞으로 논의되겠지만, 철학계에서는 정보윤리학이 새로운 윤리학인가, 아니면 기존 윤리학의 응용에 불과한 것인가에 관한 논쟁이 일어나고 있는데, 전자의 물음은 다분히 기존 윤리학의 응용 성격이 강하다. 반면에 사이버 공간은 새로운 공간으로 새로운 윤리를 요구한다. 그래서 필자는 사이버 공간의 존재론적 특성이 무엇인지 해명한 다음, 사이버 공간 내에서 실천되어야 할 윤리가 무엇인지를 탐색하고자 한다. 이를 위한 예비 작업으로 필자는 다음 절에서 정보윤리학의 성격을 철학적으로 해명하면서, 정보윤리학을 몇 가지 유형으로 분류하고자 한다.

2. 정보윤리학의 성격 및 분류

정보통신 기술의 핵심은 컴퓨터이다. 컴퓨터는 하나의 규정기술(defining technology)이다. 규정기술이란 한 가지 기능을 탁월하게 해내는 단순한 도구가 아니라 인간 자신의 사유 방식과 세계에 대한 인식을 변화시키는 힘을 갖는 기술을 말한다.[1] 컴퓨터는 인터넷을 통해 세상을 바꾸고 있다. 컴퓨터 및 인터넷을 중심으로 정보윤리학이 어떻게 변천되었는지 그 발전 과정을 간략하게 살펴보면서 개념 정리를 분명하게 할 필요가 있다.[2] 왜냐하면 현재 철학계에서는 컴퓨터 윤리학, 정보윤리학, 인터넷 윤리학, 사이버윤리학 등의 용어들이 무비판적으로 혼용되어 사용되고 있기 때문이다.

....

1 이봉재, 「정보통신기술의 철학적 특성: 컴퓨터, 사이버 스페이스, 유아론」, 한국철학회 편, 『기술문명에 대한 철학적 반성』(서울: 철학과현실사, 1998), p.182.

2 정보윤리학의 발전 과정에 관한 자세한 논의는 박정순, 「정보통신문화와 도덕의 정체성 문제」, 한국철학회편, 『기술문명에 대한 철학적 반성』, pp.248-257 및 추병완, "정보윤리학에 대한 서양철학적 접근", 범한철학회, 『범한철학』, vol.29, 2003, pp.37-43을 참조하라.

정보사회를 가져다준 결정적 계기는 컴퓨터의 개발이다. 정보윤리학 역시 컴퓨터 윤리학에서 발전된 개념이다. 이 용어를 처음 사용한 월터 매너(W. Maner)에 따르면, 컴퓨터 윤리학은 철학적인 윤리 이론을 컴퓨터 기술에 의해 새롭게 심화된 윤리적 문제에 적용하는 것을 의미하였다.[3] 소프트웨어 무단 복제, 프라이버시 침해, 컴퓨터 범죄 등이 여기에 속한다. 1990년대 중반에 이르러 컴퓨터 윤리학의 2세대가 등장하게 되었다. 2세대 컴퓨터 윤리학은 개념적 기초를 형성하고 더욱 정교하게 만드는 가운데 실천적 행동을 이끌어낼 수 있는 준거틀을 개발함으로써 정보통신 기술을 적용하는데 있어서 예측하지 못한 영향과 사회적 부작용을 감소시키는 데 관심을 두었다.[4] 이를 학자들은 1세대와 구분하여 전지구적 정보윤리학(global information ethics)이라고 부른다.[5] 제 2세대 컴퓨터 윤리학자들은 1세대와 달리 윤리이론을 정보기술 관련 윤리문제에 단순히 응용하는 차원을 넘어서 정보윤리학의 고유성을 강조한다. 예를 들어, 크리스티나 고니액(K. Goniak)은 텔레커뮤니케이션, 가상현실, 원격진료, 사이버교육, 사이버섹스 등이 가능한 정보통신 사회가 도래하였기 때문에, 이러한 사회를 올바르게 인도할 수 있는 새롭고도 강력한 윤리체계가 요구된다고 주장한다.[6] 2000년대에 들어서 정보윤리학자들의 관심 영역은 사이버 공간으로 확대되기 시작하였으며, 그 결과 사이버윤리학(Cyber Ethics)이라는 새

·······

3 S. Rogers, "The Ethics of Computing: the first and second generations", URL=http://idun.unl.ac.uk/~11sadlerc/src/ETHrog.html, 1996.

4 S. Rogerson & T.W. Bynum, "Cyberspace: The Ethical Frontier", URL = http://www.cms dmu.ac.uk/CCSR/ccsr/the-art/theart.html, 1996

5 T.W. Bynum & S, Rogerson, "Global Information Ethics", *Science and Engineering Ethics*, vol.2, 1996, pp.131-135.

6 K. Gorniak-Kocikowska, "The Computer Revolution and the Problem of Global Ethics", *Science and Engineering Ethics*, vol.2, 1996, pp.177-190.

로운 학문 용어가 사용되기 시작하였다. 사이버윤리학이란 주로 사이버 공간에서 발생하는 도덕적 문제를 철학적으로 탐구한다. 예를 들어, 인터넷의 관리와 규제, 표현의 자유와 게시물 통제, 사이버 테러 등이 사이버윤리학의 주제적 물음이다. 물론 이 세 윤리학이 다루는 주제는 중복되며, 또 구분이 불가능할 정도로 서로 밀접하게 연관되어 있고, 다만 그 철학적 깊이의 정도가 다를 뿐이다. 이는 다분히 정보윤리학의 역사적 발전에 따른 시대적 구분에 불과하지 정보윤리학의 특성을 온전히 드러내주지 못한다. 그래서 필자는 이와는 다른 기준, 즉 정보통신 기술의 특성에 따라 정보윤리학을 구분하고자 한다.

그림 2에서 D 원은 컴퓨터를 뜻한다. 그러니까 D 원 내에서 그리고 D와 직접 연관되어 제기되는 윤리적 물음을 다루는 윤리학을 필자는 컴퓨터 윤리학이라 부르고자 한다. 컴퓨터는 새로운 소프트웨어 개발을 통해 인터넷(원 B)과 사이버 공간(원 C)을 가능케 하였다. 그래서 인터넷 내에서 혹은 인터넷과 직접 연관되어 제기되는 윤리적 물음을 다루는 윤리학을 우리는 인터넷 윤리학이라 부를 수 있다. 그리고 사이버 공간 내에서 혹은 사이버 공간과 직접 연관되어 제기되는 도덕적 물음을 다루는 윤리학을 필자는 사이버윤리학이라고 부르고자 한다. 컴퓨터, 인터넷, 사이버 공간 등과 직접 연관되지는 않지만 이러한 정보통신 기술로 인해 간접적으로 새롭게 제기되는 윤리적 문제가 있다. 예를 들어, 정보통신 기술의 발달로 인해 민주주의가 꽃을 피울 것인

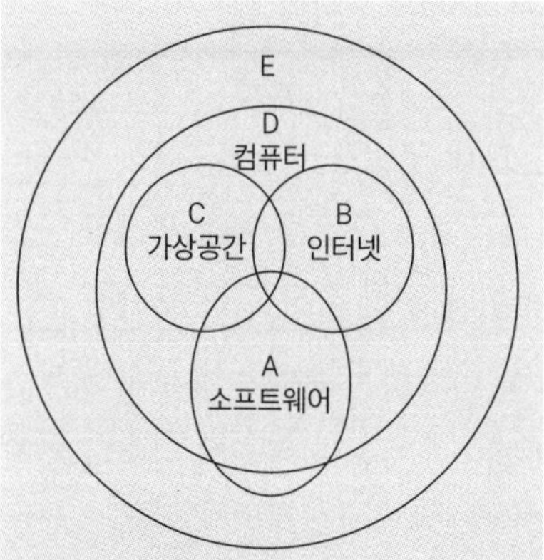

그림 2 정보윤리학 분류

가 아니면 중앙집권적인 통제가 더욱 용이할 것인가, 정보 사회에서 갖추어야 할 이상적인 도덕적 덕목은 무엇인가 등의 물음이 바로 그것이다. 이와 같이 정보통신 기술과 직접 연관된 물음뿐만 아니라 간접적으로 연관된 윤리적 물음 일반을 모두 포괄하여 다루는 윤리학을 필자는 정보윤리학(원 E)이라 부르고자 한다. 정보윤리학이 가장 포괄적인 개념이고, 컴퓨터 윤리학이 그 다음이다. 그리고 컴퓨터 윤리학 내에 인터넷 윤리학과 사이버윤리학이 위치한다. 그리고 인터넷 윤리학과 사이버윤리학은 대부분 상호 중첩되지만 반드시 그런 것은 아니다. 예를 들어, 전자 모자와 전자 장갑을 끼고 즐기는 사이버 섹스는 인터넷 없이도 가능하다. 인터넷을 가능케 하는 소프트웨어 프로그램과 연관된 지적재산권 문제는 사이버 공간과 상관이 없다.

정보윤리학은 새로운 윤리학인가, 아니면 기존 윤리학의 단순한 응용에 불과한가? 이에 대해 정보윤리학자들은 서로 의견을 달리 하고 있다. 정보윤리학의 성격에 관해 현재 두 가설이 맞서고 있다. 하나는 존슨 가설(Johnson Hypothesis)이요, 다른 하나는 고니액 가설(Goniak Hypothesis)이다.[7] 존슨 가설에 따르면, 정보윤리학은 기존의 공리주의나 칸트의 윤리이론을 대신하는 것이 아니라 오히려 이들 이론을 전제한다. 즉, 현재의 윤리이론과 윤리원칙들은 정보기술의 도덕 문제들을 인식하고 분석하는 데 있어서 근본 토대 구실을 하며, 그래서 컴퓨터 혁명은 결코 윤리학의 혁명을 가져다주지는 않는다. 정보윤리학은 기존 윤리학을 새롭게 약간 변형한 것에 불과한, 철학의 한 분야에 지나지 않는다. 왜냐하면 정보통신 기술이 야기하는 문제는 새로운 독특한 것이 아니라 옛날 문제가 새로운 모습으로 혹은 변형되어 나타난 것에

....

7 T.W. Bynum, "Ethics and the Information Revolution", R.A. Spinello & H.T. Tavani, *Readings in Cyber Ethics*(Sudbury, MA: Jones and Bartleft Publishers, 2001), pp.21-23.

불과하기 때문이다.[8] 그렇기 때문에 정보윤리학은 결국 사라지고 말 것이다. 이에 반해 고니액 가설은 지금은 응용윤리학의 한 분야에 지나지 않지만 정보윤리학은 미래에는 이 지구상의 모든 문화에 적용될 수 있는 전지구적 윤리학으로 자리잡을 것이라고 예측하고 있다. 왜냐하면 컴퓨터 혁명은 곧 윤리적 혁명으로써 우리 인간으로 하여금 윤리의 근본 토대 및 인간 생명에 대한 정의 자체를 재검토할 것을 요구하기 때문이다. 즉, 고니액 가설에 따르면 정보윤리학은 응용윤리학의 한 분야가 아니라, 거꾸로 정보윤리학이 일상 윤리학이 되고, 그래서 윤리학 전체를 대신하게 된다.

어느 입장이 옳은가? 필자는 이에 대해 다원론적 입장(pluralistic view)을 취할 것을 제안한다. 학문의 방법이나 특성은 그 대상에 의해 상당한 제약을 받을 수밖에 없다. 그런데 이제까지 논의에서 드러났듯이 정보윤리학이 다루는 대상은 하나의 윤리적 물음이 아니라 그 특성이 서로 다른 여러 윤리적 물음이다. 그렇기 때문에 정보윤리학 전체에 대해 기존 윤리설의 응용이나 아니면 새로운 윤리학이냐의 논의는 사실상 철학적으로 의미가 없다. 또 시대적 구분에 따라 제1세대 정보윤리학은 기존 윤리설의 응용이고, 제3세대 정보윤리학은 새로운 윤리학이라는 주장 역시 논거가 미약하다. 문제는 정보윤리학이 다루는 주제의 존재론적 성격이 어떠한가의 물음이다. 그래서 필자는 정보윤리학의 주제적 물음들은 일종의 스펙트럼을 그린다고 본다. 즉, 정보윤리학이 다루는 주제는 기존의 도덕 문제에서부터 기존 도덕 문제의 변형을 거쳐 완전히 새로운 도덕 문제에 이르기까지 그 폭이 다양하다.

그렇기 때문에 정보윤리학은 그 다루는 주제에 따라 기존 윤리설

8 D.G. Johnson & H. Nissenbaum, eds., *Computers, Ethics, and Social Values*(New Jersey: Englood Cliffs, 1995), "Introduction: What is Computer Ethics?", p.3.

의 단순한 응용에 불과한 부분에서부터 완전히 새로운 부분에 이르기까지 다양한 스펙트럼을 그린다. 예를 들어, 컴퓨터의 기능을 마비시키는 사이버 테러는 기술적 측면을 제외하고는 일반 테러와 그 본질적 성격이 동일하기 때문에 실생활에서 테러의 비윤리성에 비추어 그 윤리를 논할 수 있다. 반면에 사이버 섹스의 물음은 기존 성 윤리가 변형된 사례라고 말할 수 있으며, 사이버 공간에서 완전히 익명의 아바타가 언어폭력을 행사하는 것은 전혀 새로운 윤리 문제라고 할 수 있다.

컴퓨터의 혁명적 성격은 논리적 변용성(logical malleability)이기 때문에,[9] 앞으로 컴퓨터가 어떤 새로운 윤리적 문제를 야기할지 아무도 장담할 수 없다. 어떻게 보면 컴퓨터 윤리학의 고유성은 개념의 명료화와 윤리 규범의 정립이 어려울 정도로 새로운 문제들이 수없이 계속 발생하는 상황 가운데 놓여있다는 점이다.[10] 그렇기 때문에 정보윤리학은 다루는 주제의 존재론적 특성에 따라 다원론적 접근법을 취할 수밖에 없다. 이러한 견해는 모든 도덕 문제를 해결할 수 있는 거대 윤리이론을 포기하고, 문제 중심으로 그 윤리적 입장을 도출하고자 하는 응용윤리학의 의도와도 잘 부합한다.

3. 사이버 공간의 존재론

필자는 여기서 정보윤리학의 모든 주제를 다룰 수 없고, 다만 사이버 공간에서 제기되는 윤리적 물음인 사이버윤리학에 국한하여 논의

9 J.H .Moor, "What is Computer Ethics?", *Computers, Ethics, and Social Values*, p.10.

10 J.H. Moor, "Reason, Relativity, and Responsibility in Computer Ethics", *Readings in Cyber Ethics, Sudbury*(M.A: Jones and Bartleft Publishers, 2001), p.42.

하고자 한다. 정보윤리학 일반에 대해서 그러하듯이, 일상인들은 사이버 공간에서 지켜져야 할 바람직한 윤리가 무엇인가를 묻고 답하고 있다. 그 대표적인 예가 네티즌 윤리이다.[11] 하지만 철학은 상식에 대해 '왜'라고 묻는다. 이 철학적 태도를 우리는 사이버 공간에, 그리고 지금 시행되고 있는 네티즌 윤리에 대해 물을 수 있다. 물론 '왜'라는 물음은 다양한 형태를 취하지만, 사이버 공간에서 지켜야 할 바람직한 윤리가 무엇인지를 묻기 전에, 우리는 "사이버 공간에도 윤리가 적용되어야 하는가?"를 물어야 한다. 왜냐하면 후자의 물음에 대해 긍정적으로 답해야 전자의 물음이 의미가 있기 때문이다.

사이버윤리학의 근본 물음, 즉 "사이버 공간에도 윤리가 적용되어야 하는가?"의 물음은 철학적으로 두 가지 의미를 지닌다. 하나는 "사이버 공간에 대한 현행의 윤리 적용이 과연 그 철학적 토대를 지니는가?"라는 비판적 차원의 물음이요, 다른 하나는 "사이버 공간에 윤리를 적용하는 것이 과연 윤리적으로 바람직한가?"라는 윤리학적 차원의 물음이다. 윤리는 인간과 인간의 실제적 상호 관계에서 발생하는데, 사이버 공간은 말 그대로 하나의 '가상적 공간'에 불과한데 왜 이러한 윤리가 적용되어야 하는가? 이는 사이버 공간에 대한 존재론적 물음을 야기한다. 그럼에도 불구하고 대부분의 일상인들은 이런 철학적 물음 없이 실제 공간에 적용되는 윤리를 그대로 사이버 공간에도 적용시켜 여러 윤리 규칙을 만들어내고 있다.

이런 자연적인 태도에는 네 가지 가정이 무비판적으로 전제되어 있다. 첫째, 사이버 공간에도 윤리가 적용되어야 한다. 둘째, 상식적 도덕 내지 기존 윤리설에서 사이버 공간의 윤리를 도출할 수 있다. 셋째,

....

11 E-메일, 대화방, 게시판 등 각 사용 영역별 네티켓 수칙에 관해서는 추병완, 『정보윤리교육론』(서울: 울력, 2001), pp.177-185를 참조하라.

사이버 공간은 하나의 단일체이다. 넷째, 사이버 공간은 실제 공간과 유사하다. 첫 번째와 두 번째 전제는 세 번째와 네 번째 물음에 의해 규정될 수밖에 없다. 세 번째와 네 번째 전제가 바로 사이버 공간에 관한 존재론적 물음이다. 이런 존재론적 전제를 무시하고 일부 학자들은 "사이버 차원의 윤리는 새로운 윤리가 아니라, 철저하게 이해된 현실 차원의 윤리이어야 한다"고 주장한다.[12] 그래서 우리의 탐구는 사이버 공간의 존재론에 이르게 되었다.

사이버 공간의 존재론을 논하기에 앞서 우리는 한 가지 혼동을 피해야 한다. 즉, 사이버 공간과 가상현실(virtual realty)은, 모두 멀티미디어 시스템에 기반하기 때문에 상호 밀접하게 연관되어 있지만, 분명 구분되어야 한다. 랜들 월셔(R. Walser)는 이를 다음과 같이 구분하여 사용하고 있다.[13]

> 레이니어는 가상현실을 가상공간과 그 공간에서의 경험 모두를 가리키는 용어로 사용하지만, 나는 신체의 전부를 사용하는 특별한 종류의 가상공간이라는 의미에서 사이버스페이스를 가상현실과 구분하고 있다. 이 둘은 얼핏 보면 같은 것으로 보이지만 분명한 차이가 있다. 그 차이점은, 영화와 그 영화에 의해 표현된 한 현실과의 차이점과 같다. (즉, 하나는 영화의 공간이고, 다른 하나는 영화를 통해 전달되는 가상적인 현실이다.)

....

12 권선영·손영삼, 「사이버 차원의 행위와 윤리에 대한 검토」, 대동철학회, 『대동철학』, 제18집, 2002, p.373.

13 R. Walser, "사이버스페이스 극장의 구성요소", S.K. Helsel & J.P. Roth, *Virtual Reality: Theory, Practice and Promise*, 1991, 노용덕 옮김, 『가상현실과 사이버스페이스』(서울: 세종대학교 출판부, 1994), p.97.

이 구분에서 알 수 있듯이 가상현실은 영화나 소설 등을 통해 경험하는 가상적인 현실을 말하는 반면에, 사이버 공간은 이러한 가상현실이 일어나는 실재 공간과는 다른 새로운 종류의 공간을 의미한다. 그러니까 사이버 공간에서 경험하는 일부의 현실이 가상현실이라 말할 수 있다. "가상현실은 사이버 공간의 한 측면에 불과하다."[14] 다시 말해, 사이버 공간은 가상현실이 아닌 실재 현실을 경험할 수 있는 가능성을 논리적으로 배제하지 않는다.

사이버 공간의 존재론은 두 차원에서 전개된다. 하나는 사이버 공간이 형이상학에서 말하는 실재성(reality)을 지니느냐의 물음이고, 다른 하나는 사이버 공간이 실재 공간과 달리 어떤 존재론적 특성을 지니는가의 물음이다. 전자의 물음은 현실 세계의 '실재성'을 어떻게 이해하느냐에 따라 그 입장이 달라질 것이다. 예를 들어, 넬슨 굿먼(N. Goodman)의 구성주의 입장에 따를 경우, 인터넷으로 대표되는 사이버 공간은 이미지 버전을 통해 구성된 세계라고 할 수 있다.[15] 하지만 사실 사이버 공간의 실재성이 어떠하냐의 물음과 상관없이 일상인들은 이미 사이버 공간을 하나의 실재로 경험하고 있다. 그렇기 때문에 전자의 물음 역시 철학적으로 중요한 의미를 지님에 분명하지만, 사이버윤리학을 논의하는 데 있어서는 후자의 물음만으로도 충분하기 때문에 사이버 공간의 존재론적 특성에 국한하여 논의하고자 한다. "사이버 공간은 가상적이지만 실재와 다름없는 가상적 공간을 뜻한다."[16] 원래 이

....

14 D.R. Koepsell, *The Ontology of Cyberspace: Philosophy, Law, and the Future of Intellectual Property*(Chicago: Open Court, 2000), p.10.

15 이채리, 「인터넷의 존재론적 특성과 온라인 상의 자아정체성에 대한 고찰」, 철학연구회, 『철학연구』, 제65집, 2004, p.248.

16 소흥렬, "존재, 공간 그리고 가상 공간", 고려대장경연구소 편, 『디지털 시대의 문화 변동』(서울: 고려대장경연구소출판부, 2001), p.190.

용어를 처음 사용한 윌리엄 깁슨(W. Gibson)에 따르면, 사이버 공간은 "합의된 환각[으로서] … 진정한 의미의 장소가 아니다. 공간도 아니다. 관념적 공간이다." 물론 일부에서는 디지털로 작동되는 로봇을 포함하는 것으로 넓은 의미로 사용되기도 하지만[17], 사이버 공간이란 일반적으로 디지털 정보와 인간의 지각이 만나는 지점이며 문명의 메트릭스이다.[18] 그러므로 사이버 공간은 "전지구적 네트워크로, 컴퓨터에 의해 유지되며 컴퓨터에 의해 접근 가능한, 그리고 컴퓨터가 만들어내는, 다차원적이며 인공적 또는 '가상적인' 어떤 공간"을 말한다.[19] 즉, "그것은 가상현실 기법과 네트워크의 결합이 만들어내는 매체 매개적(media-mediate) '공간'을 말한다."[20] 따라서 이 공간의 거주자는 정보이며, 정보란 물질과 다른 존재론적 성격을 갖기 때문에 그 곳의 축, 좌표, 차원은 현실의 그것과 같지 않다.

사이버 공간에 대한 이러한 정의가 말해 주듯이, 사이버 공간은 실재 공간과 '다름없는' 공간이지만, 여전히 실재 공간이 아닌 특수한 종류의 공간을 말한다. 따라서 사이버 공간의 존재론적 성격을 규명하자면 우리는 먼저 실재 공간의 특성을 이해해야 한다. 마이클 하임(M. Heim)에 따르면, 실재 공간에서 인간의 삶은 3가지 형이상학적 닻에 정박해 있다. 그것은 바로 ① 탄생과 죽음, ② 과거에서 미래로 진행

....

17 한 예로써 햄 링크는 사이버 공간은 컴퓨터로 매개되는 모든 형태의 커뮤니케이션을 포함한다고 주장하면서, 사이버 공간의 구성 요소 6가지-디지털 컴퓨터, 네트워크, 디지털 작동 교통 시스템, 디지털 작동 통제 시스템, 디지털 작동 기구, 디지털 작동 로봇-를 제안하고 있다. C.J. Hamelink, *The Ethics of Cyberspace*(London: SAGE Publication, 2000), p.9 참조.

18 M. Heim, *The Metaphysics of Virtual Reality*, 1993, 여명숙 옮김, 『가상현실의 철학적 의미』(서울: 책세상, 1997), "용어해설", p.242.

19 M. Benedict, "Cyberspace: some proposals", M. Benedict, *Cyberspace: first steps*(MIT Press, 1991), p.122.

20 이봉재, "정보통신기술의 철학적 특성: 컴퓨터, 사이버 스페이스, 유아론", 한국철학회 편, 『기술문명에 대한 철학적 반성』(서울: 철학과현실사, 1998), p.190.

하는 시간의 비가역성, 그리고 ③ 배려이다.[21] 신체를 매개로 하여 우리 인간은 실재 공간에서 탄생하여 죽음을 맛보고, 또 한 번 시간이 흘러가면 과거에로 되돌아갈 수 없고, 나아가 자기 자신 및 타인을 배려하면서 살아가고 있다. 즉, 실재 공간은 신체가 매개하는 공간이다. 사이버 공간이 실재 공간과 다르다는 말은 곧 실재 공간이 정박하고 있는 이 3가지 형이상학적 닻이 거품처럼 사라진다는 말이다. 달리 말해, 사이버 공간은 탈육신적 성격을 지닌다. 그래서 『존재와 무』에서 "내가 존재하는 한 나는 내 신체이다"라는 장 폴 사르트르(J.P. Sartre)의 주장은 사이버 공간에서는 적용되지 않는다.

이러한 사이버 공간을 어떻게 바라볼 것인가? 현재 사이버 공간을 바라보는 입장은 크게 네 가지 범주로 요약될 수 있다.[22] 첫째는 현실 연장론이다. 원래 사이버 공간은 연구자들 사이의 정보 교류와 의사소통에 국한되어 사용되었다. 따라서 이 입장에 따를 경우, 사이버 공간에서 이루어지는 사이버커뮤니케이션은 인터넷과 같은 사이버 테크놀로지에 의해 매개된다는 점을 제외하고는 현실의 관계와 다를 바가 전혀 없다. 그래서 현실 연장론자들은 사이버 공간도 현실 사회의 연장에 불과하기 때문에 정부의 강력한 법적 규제나 실재 공간에서의 윤리가 그대로 적용되어야 한다고 주장한다. 둘째는 정체 구성론이다. 이 입장은 사이버 공간의 특성을 폭넓게 인정하면서, 가상공동체에서 이루어지는 가상적 삶은 심리적으로 현실과 동일한 효과를 가질 수 있다고 본다. 예컨대 머드게임에서 우리는 현실의 본인과 성격이 전혀 다른 캐릭터를 만들어 새로운 정체성을 시도하거나 심지어 성 바꾸기를 통해 다른 성 역할을 수행함으로써 사이버 공간을 통해 다중정체성을 구성할

....

21 M. Heim, *The Metaphysics of Virtual Reality*, p.217.

22 윤영민, 『사이버 공간의 사회』(서울: 한양대학교출판부, 2003), pp.79-89 참조.

수 있다. 이 관점은 정신주의라 규정할 수 있을 정도로 육체를 정신에 부수적인 것으로 간주한다.

셋째는 정체 구성론과 반대되는 입장으로 신체·정신 불가분론이다. 이 입장 옹호자들은 다분히 유물론에 입각하여 이성이나 정신을 신체나 두뇌로부터 분리시킬 수 없다고 주장한다. 그래서 가상적인 상호작용이 현실의 인간, 사물, 자연과의 접촉을 대체할 수 있다는 생각은 위험하기 그지없다고 이들은 본다. 이 입장에 따르면 가상적 상호작용이 증가할수록 신체를 통한 경험은 줄어들고, 결국 인간 영혼의 황폐화를 초래하게 된다. 넷째는 역할 놀이론이다. 사이버 공간에서 사람들은 현실 세계에서 어린이들이 소꿉장난과 같은 역할놀이를 통해 재미를 얻으려 한다는 관점이 바로 이 입장이다. 이 입장에 따르면, 사이버 공간에서 맺어지는 인간관계나 사회관계는 하나의 역할놀이에 불과하다. 특히 사람들은 현실 공간에서 좌절된 사회적 꿈을 실현하거나 혹은 그 좌절을 보상받을 수 있는 사회적 역할을 사이버 공간에서 수행하려고 하며, 현실의 자기정체성과는 다른 모습으로 표현하고 싶어 한다. 이 관점에 따르면 채팅은 역할놀이의 전형이다.

사이버 공간에 관한 이 네 가지 입장은 모두 사이버 공간이 갖는 어떤 하나의 차원을 부각시켜 사이버 공간 전체와 동일시하는 오류를 범하고 있다. 사이버 공간은 결코 하나의 단일체가 아니라 다층 구조를 지닌 복합체이다.[23] 실재 현실과의 관계에 따라 사이버 공간의 지형도를 그리면 표 10과 같다.

자연적인 물리적인 공간과 반대되는 개념으로서 사이버 공간에는 자연적 사물에 해당하는 가상적 사물이 존재한다.[24] 이 표에서 'A층-

....

23 C.J. Hamelink, *The Ethics of Cyberspace*(London: SAGE Publication, 2000), p.9.

24 M. Heim, *The Metaphysics of Virtual Reality*, p.212.

표 10 사이버 공간의 지형도

	실재 공간 (real space)	인터페이스	사이버 공간 (cyberspace)
A층	대상(objects)		재현된 대상(represented objects) 가상 대상(virtual object)
B층	도덕 행위자(moral agent)	----- -·-·- ······	실명 ID 행위자 익명 ID 행위자 가명 행위자
C층	인공지능 로봇		인공 행위자(artificial agent)

사이버 공간' 좌표축에는 재현된 대상과 가상 대상만이 명기되어 있으나, 이 영역에는 소프트웨어나 프로그램 등과 같은 실재 대상도 포함된다. 이 영역에 속하는 모든 대상은 '사이버 대상'(cyber-object)이라 불리어질 수 있다. B층-사이버 공간의 행위자를 필자는 총괄하여 '사이버 행위자'(cyber-agent)라 부르고자 한다. C 층의 인공 행위자는 실재 세계에서 인공지능을 갖춘 로봇과 유사하며, 봇(Bot)이 그 대표적인 예이다.[25] 인공 행위자는 실재 세계의 행위자와 전혀 아무런 연관성이 없는, 순수하게 정보통신 기술자가 소프트웨어를 통해 인공적으로 만들어낸, 그러면서 감성과 지능을 갖고 사이버 공간에서 사이버 행위자와 똑같이 행동하는 행위자를 말한다. 사이버 행위자는 실재 세계에 존재하는 행위자가 인터페이스를 통해 조정하는 반면에, 인공 행위자는 프로그램에 의해 행위한다는 점에 있어서 이 두 행위자는 차이가 있다. 이 세 층으로 인해 사이버 공간의 윤리를 우리는 논리적으로 몇 가지

....

25 봇이란 사이버 공간의 광활한 정보공간을 돌아다니며 필요한 정보를 수집해 오거나 주인에게 배달된 전자우편을 거르거나 주인이 좋아할 만한 음악이나 영화를 추천해 주는 자율적이고 지능적인 프로그램을 말한다. 여명숙, 「사이버스페이스의 존재론과 그 심리철학적 함축」, p.117.

차원으로 나누어 생각해 볼 수 있다.

① 인공 행위자의 도덕적 지위 물음.
② 인공 행위자/사이버 행위자와 사이버 대상과의 관계에서 발생하는 윤리적 물음.
③ 사이버 행위자 상호간에 발생하는 윤리적 물음.
④ 사이버 행위자와 인공 행위자 사이에서 발생하는 윤리적 물음.
⑤ 실재 공간의 도덕 행위자와 사이버 대상과의 관계에서 발생하는 윤리적 물음.
⑥ 인공 행위자 상호간에 발생하는 윤리적 물음.
⑦ 사이버 행위자와 실재 공간의 대상과의 관계에서 발생하는 윤리적 물음.
⑧ 사이버 행위자와 실재 공간의 도덕 행위자와의 관계에서 발생하는 윤리적 물음.

인공 행위자의 도덕적 지위 물음은 실재 세계에서 지능과 감성을 지닌 인공지능 로봇 - 아직 현실화되지는 않았지만 과학자들은 이의 개발을 꿈꾸고 있으며 머지않은 미래에 가능하리라 생각된다 - 의 도덕적 지위 물음이 변형된 것에 불과하다.[26] 사이버 공간에서 봇은 사이버 행위자와 도덕적으로 동등한 지위를 지닌다. 사이버 공간에서는 탈육신적 특성으로 인해 모두 ID나 아바타로만 존재하기 때문이다. 하지만 봇은 윤리적 책임의 주체가 될 수 없는 인공물이다. 봇에 대한 윤리

26 지능과 감정을 지닌다면, 인공지능 로봇 역시 도덕적 권리를 지닌다고 볼 수 있다. 이에 관한 논의는 J. Weckert & D. Adeney, *Computer and Information Ethics*(London: Greenwood Press, 1997), pp.143-160을 참조하라.

적 책임은 봇을 창조한 실재 세계의 프로그래머가 될 수밖에 없다. 이런 의미에서 봇은 익명의 사이버 행위자와 유사하다. 그래서 필자는 인공 행위자와 관련된 ①, ④, ⑥의 물음은 논외로 하고자 한다. ②의 대표적 예로, 우리는 사이버 게임에서 ID로 대표되는 익명 행위자가 해킹 기술을 이용하여 사이버 공간에 저장된 다른 익명 행위자의 무기를 훔치는 행위를 들 수 있다. 유즈넷에서의 언어 폭력이나 성폭력은 ③의 대표적 예라 할 수 있다. ⑤의 예를 든다면, 도덕 행위자가 사이버 공간에 올라있는 글이나 소프트웨어를 무단 복제하는 경우를 생각해 볼 수 있다. 해킹 기술이나 바이러스를 통해 전자 상거래 웹 사이트를 마비시키는 사이버 테러는 ⑦의 대표적인 예이다. 아무런 제한 없이 누구든지 드나들 수 있는 홈 페이지 게시판에 실명을 거론하여 도덕 행위자의 명예를 실추시키는 행위는 ⑧의 범주에 속한다.

4. 사이버 공간의 윤리

위의 범주 가운데 실재 세계와 관련된 ⑤, ⑦, ⑧의 윤리적 문제에는 실재 현실 세계에서 적용되는 윤리가 그대로 적용되어야 한다는 데 대해서는 이의가 있을 수 없다. 이를 드보라 존슨(D. G. Johnson)은 "유적으로 동일한 도덕 문제의 새로운 종"(a new species of generic moral problems)으로 표현하고 있다.[27] 왜냐하면 이러한 경우 사이버 공간이나 인터넷은 실재 현실에서 사용되는 하나의 실재적인 도구와 그 성격이 동일하기 때문이다. 예를 들어, 전자 상거래는 실재 공간에서 물건

27 D.G. Johnson, "Ethics On-Line", *Readings in Cyber Ethics*, p.27.

을 사고파는 상거래와 존재론적으로 아무런 차이가 없다. 다만 상거래의 매개 수단으로 인터넷이라는 사이버 공간을 이용함으로 말미암아, 그로 발생하는 윤리적 물음의 범위가 확대되고 또 그 드러나는 양상이 다를 뿐이다. 즉, 근본적인 윤리원칙의 차원에서는 전자 상거래 윤리는 일상적인 기업윤리와 다른 바가 없지만, 구체적인 상거래 현장에 적용되는 도덕규칙의 차원에서는 서로 다르다. 실제로 그 어느 상거래에서보다 전자 상거래에서는 신뢰가 중요하다. 이런 의미에서 특별한 전자 상거래 윤리는 존재하지 않는다.[28] 일부에서는 해커 윤리(hacker ethics)를 내세워 해커들을 공공연히 찬양하기도 하지만[29], 이는 사이버 공간에서 '사이비 도덕'일 뿐이다.[30] 분명 사이버 공간과 연관되어 제기되는 윤리적 문제이지만, 엄밀한 의미에서 이런 윤리적 물음은 사이버 윤리학의 고유한 물음이라고 말할 수 없기 때문이다. 즉, 이러한 영역에는 현실 연장론 입장이 적합하며, 사이버윤리학의 고유성은 발견되지 않는다.

이제 남은 차원인 ②와 ③이 사이버윤리학의 고유한 물음이라고 말할 수 있다. 앞에서 지적했듯이, 일상인들은 이에 대해서도 현실 세계의 윤리가 그대로 적용되어야 한다고 가정하고 있다. 과연 ②와 ③에도 현실 윤리가 적용될 수 있는가? 이 물음에 대한 답은 사이버 행위자의 존재론적 특성에 따라 달라질 것이다. 이에 대한 분명한 윤리적 입장을 밝히지는 않고 있지만 이태수교수는 사이버 공간에서의 윤리 적

....

28 B. Kracher & C.L. Corritore, "Is There a Special E-Commerce Ethics?", *Business Ethics Quarterly*, vol.14, 2004, p.90.

29 미국 '진보와 자유 재단'(Progress and Freedom Foundation)이 공표한 "사이버스페이스와 미국의 꿈"(Cyberspace and the American Dream)은 이런 입장을 취하고 있다. 홍성태 엮음, 『사이버 공간 , 사이버 문화』(서울: 문화과학사, 1996), 안정옥 옮김, "사이버스페이스와 미국의 꿈: 지식 시대를 위한 헌장", pp.15-41 참조.

30 박정순, 「정보통신문화와 도덕의 정체성 문제」, p.274.

용에 대해 다음과 같이 말한다.[31]

> 사이버 공간에서 포르노를 보고 혼자 즐기는 것은 칙칙한 것임에는 틀림없지만, 원칙적으로 죽느냐 사느냐의 심각성을 지닌 윤리적 책임의 문제가 되는 것은 아니다. 사이버 세계에서는 죽고 살고 하는 것이 문제가 될 만큼 윤리적으로 심각한 행동이 요구되지 않는다. 그건 마치 그리스 신화의 신의 세계와 같은 것이다. 부작용이 없는 행복만으로 가득한 참을 수 없이 가벼운 존재의 세계이다. 게다가 입, 출입이 자유롭다. 맘에 안 들면 나오면 그만이다. … 윤리적 책임의 주체는 어디까지나 현실 세계에서 몸을 담고 있는 인간이지 그곳에서 우리를 대변하는 ID가 아니다.

이 말은 곧 사이버 공간에서는 심각한 윤리적 행동이 요구되지 않으며, 사이버 공간의 ID에게는 윤리적 책임을 물을 수 없다는 뜻이다. 왜냐하면 탈육신적 특성으로 인해 사이버 공동체의 구성원인 사이버 행위자는 가상 인격(virtual personality), 익명성(anonymity), 다중 인격(multiple personality)이라는 3가지 특성을 지니기 때문이다.[32] 물론 모든 사이버 행위자가 이런 특성을 지니는 것이 아니다. 즉, 표 10이 보여주듯이, 실재 공간에 존재하는 도덕 행위자와 관계 측면에서 보면 사이버 행위자는 세 유형으로 나눌 수 있다. 첫째는 '실제 사이버 행위자'이다. 예를 들어, 홍길동이 Amazon.com이라는 인터넷 서점에서 'ethics'라는 ID를 갖고 책을 주문할 경우, 사이버 공간상의 ethics라는 ID는

....

31 이태수, 「사이버 공간의 존재론」, 철학문화연구소, 『철학과 현실』, 제57호, 2003, pp.188-189.

32 J.M. Kizza, *Ethical and Social Issues in the Information Age*(New York : Springer-Verlag, 1998), p.133.

실재 공간에 위치하는 '홍길동'을 지칭한다. 또한 실명으로만 등록이 가능하고 또 글쓰기가 가능한 게시판도 이 경우에 속한다. 따라서 이 경우 사이버 행위자는 실재 공간에서의 도덕 행위자와 동등하며, 사이버 공간에서의 모든 행위는 현실 세계와 직접 연결된다. 이러한 전자 상거래에서 사이버 공간은 하나의 실제적인 커뮤니케이션 수단이다. 이러한 사이버 행위자들이 만나는 공간은 '실재 사이버 공간'이라고 말할 수 있다.

둘째는 익명 사이버 행위자이다. 예를 들어, 내가 온라인 채팅에 ethics로 등장할 수 있다. 이 경우 나는 익명성이 보장된다. 쉽게 말해, 나는 현실 세계에서의 나의 정체성을 완전히 은폐시킬 수 있다. 물론 이 경우 채팅은 언제든지 번개팅으로, 즉 실제적인 만남으로 이어질 수 있다. 이런 익명 사이버 행위자가 만나는 사이버 공간은 실재 세계와 관계를 맺을 수 있으나 이는 어디까지나 개연적이다. 이런 의미의 사이버 공간은 '개연적 사이버 공간'이라 부를 수 있다. 셋째는 순수 사이버 행위자이다. 온라인 게임이나 사이버 공동체가 그 대표적인 예이다. 즉, 나는 현실 세계에서 나의 정체성과는 전혀 다른 가상 인격-예를 들어, 20대 초반의 활동력이 강한 여성-을 만들어 사이버 도시에서 다른 가상 행위자와 결혼하여 가정을 이룰 수 있다. 뿐만 아니라 나는 하나의 사이버 공동체의 구성원으로 만족하지 않고 다른 수많은 사이버 공동체에서 다른 인격체로 활동할 수도 있다. 실재 세계와 전혀 관계를 맺지 않고, 자신의 정체성을 완전히 은폐시킬 수 있는, 이런 공동체를 우리는 '순수 사이버 공간'이라고 부를 수 있다. 그러니까 모든 사이버 공간이 아니라 순수 사이버 공간에서만 가상인격, 익명성, 다중인격이 온전히 보존된다.

첫 번째의 실재 사이버 공간은 비록 정보통신 기술에 의해 매개되는 사이버 공간이지만 현실적인 공간과 존재론적으로 아무런 차이가 없다. 사이버 서점에서의 거래는 실재 서점에서의 거래와 똑같다. 다만 정보통신 기술의 도움을 받아 실재 세계에서의 시간적·공간적 제약을 극복하고 보다 자유롭게 그리고 보다 손쉽게 원하는 도서를 찾아 구입할 따름이다. 이러한 사이버 공간에서 사이버 행위자는 현실 세계 속의 도덕 행위자와 자아동일성이 유지되기 때문에 현실 세계의 윤리가 그대로 적용될 수밖에 없다. 하지만 순수 사이버 공간에도 윤리가 적용될 수 있는가? 플라톤의 『국가』에서 언급된 '기게스의 반지'(Gyges` Ring)가 하나의 현실이 된 공간이 바로 사이버 공간이다.[33]

> 사이버 스페이스의 가장 놀라운 약속은 자아를 변형하고 개조하는 자유다. 자신의 나이, 성별, 인종, 학력이 가로막았던 모든 것이 그 공간에서는 허용될 수 있다. 그런 의미에서 사이버 스페이스는 우리에게 가장 근본적인 자유, 즉 자기의 역사로부터 해방되는, 자기 정체성(identity)으로부터의 자유를 준다.

사이버 공간에 대한 이봉재 교수의 이러한 언급은 곧이어 "가상이 현실이 되고, 현실이 가상이 되는 사이버 스페이스의 인간에게 유아론은 지극히 자연스러운 존재의 원리, 인식의 원리가 된다"는 주장으로 이어지고 있다.[34] 그러면서 이교수는 이러한 사이버 공간은 낙관을 약속하기보다는 악몽의 공간이 될 수밖에 없다는 결론을 맺고 있다. 이종관교수 역시 윤리적 행위의 선택과 도덕적 책임은 자아의 자율성을 기반으로 가능한데, 사이버 공간에서는 윤리의 가능조건인 자아의 자율

....

33 이봉재, 「정보통신기술의 철학적 특성: 컴퓨터, 사이버 스페이스, 유아론」, p.194.

34 ibid., p.195.

성이 심각한 파열의 위험에 처해있다고 전제하면서도, 자아에 대한 배려를 통해 윤리적 행위의 가능조건을 회복하는 일이 시급하다고 주장한다.[35]

하지만 우리는 물을 수 있다. 왜 사이버 공간의 존재론적 특성이 이러한 데 굳이 현실 윤리가 적용되어야 하고, 또 악몽의 공간이 귀결될 수밖에 없다는 결론이 얻어지는가? 거꾸로 순수 사이버 공간을 '꿈의 공간'으로 유지하면서도 행복하게 살 수 있는 윤리적 길은 과연 불가능한가? 현실의 윤리는 도덕적 행위의 주체로 인격적 존재를 전제로 한다. 그러므로 윤리의 잣대로 평가할 수 있는 행위는 인격적 존재의 의도적 행위이다. 순수 사이버 공간에서는 인격적 존재가 아예 존재하지 않는다. 따라서 순수 사이버 공간은 도덕과 무관한, 즉 '도덕 자유 지대'(moral-free zone)이다. 현실 세계의 도덕 행위자와 전혀 관련이 없는 이런 순수 사이버 행위자가 과연 기술적으로 가능한가, 가능하다면 그 영역의 외연이 어느 정도인가의 물음은 또 다른 물음이다. 필자는 다만 순수 사이버 공간이 존재한다면, 그 공간은 윤리 자유지대로 남아도 현실 윤리에는 아무런 문제가 없다는 점을 말하고자 할 따름이다.

이 사이버 공동체에서는 구성원들이 자유롭게 윤리 규범을 만들 수도 있고, 아니면 아예 윤리 없이도 살아갈 수 있다. 인터넷이 만들어내는 순수 사이버 공간은 도덕적 무정부 상태를 창조할 충분한 잠재성을 지니고 있으며, 이를 규제할 기술적, 제도적 장치가 거의 불가능하다.[36] 즉, 이는 '사이버 무도덕주의'(cyber-amoralism)이다. 롤스(J. Rawls)가 말한 대로 '무지의 베일'(veil of ignorance)을 쓴 사이버 행위

....

35 이종관, 「가상현실의 형이상학과 윤리학」, 한국철학회, 『철학』, 제54집, 1998, p.342.

36 이에 관한 논의는 G. Graham, *The Internet: A Philosophical Inquiry*(London: Routledge, 1999), "Ch.5 The Internet as anarch" 및 "Ch.6 Policing he Internet"을 참조하라.

자들은 원초적 입장에서 계약을 통해 공동체의 윤리를 마음대로 발명(invent)할 수 있다. 그래서 부부 스와핑을 허용하는 사이버 공동체를 만든다 해도 현실 세계의 도덕 행위자와 연계되지 않는 한, 그것은 그 공동체 구성원의 자유이다.

필자의 이런 주장에 대한 반론이 있을 수 있다. 예를 들어, 사이버 공동체는 진정한 공동체가 아니기 때문에 도덕 자유 지대는 존재하지 않는다고 생각할 수 있다. 공동체가 성립되자면 인격적 만남이 이루어져야 하고, 인격적 만남은 '얼굴과 얼굴의 맞닿음'이라는 신체적 만남을 필요조건으로 하는데, 사이버 공동체에서는 이런 만남이 원천적으로 불가능하기 때문에 사이버 공동체는 진정한 공동체가 아니라 '사이비' 공동체라는 비판이 있을 수 있다. 현실 세계에 적용되는 공동체의 요건을 사이버 공간에 그대로 적용할 경우 이런 비판은 타당하다. 하지만 이 기준이 존재론적으로 특이한 사이버 공간에도 적용되어야 하는지는 여전히 논쟁거리이다.

사실 정보통신 기술이 윤리 및 사회의 혁명을 가져온다고 주장하는 자들은 정보통신 기술이 공동체의 기준 자체를 변화시킨다고 생각한다. 즉, 우리는 정보윤리학의 물음들에 기존의 윤리적 표준을 그대로 적용할 것이 아니라, 대상의 존재론적 특성에 맞게 새로운 윤리적 표준을 만들어 나가야 한다.[37] 방법론적으로 기존 윤리설에서 정보윤리 물음에 대한 답을 이끌어내는 연역주의적 방법은 철학적으로 문제가 있다는 점은 이미 응용윤리학자들이 지적하고 있는 바이다. 실제로 이미 응용윤리학계에서는 이러한 하향적 접근법(top-down approach) 대신

....

37 예를 들어, 리차드 세버슨은 네 가지 원칙-지적재산권 존중, 프라버시 존중, 공정한 표시, 해악 금지-에 따라 정보윤리학 작업이 이루어져야 한다는 원칙주의를 제창하고 있다. R.W. Severson, *The Principles of Information Ethics*(New York : M.E. Sharpe, 1997) 참조.

에, 귀납주의를 모델로 한 상향적 접근법(bottom-up approach), 즉 도덕 문제가 발생하는 구체적인 상황의 특성에 맞는 윤리를 새롭게 만들어내어야 한다는 목소리가 높아지고 있다. 상향적 접근법을 취할 경우 우리는 가상 공동체 역시 하나의 공동체임을 얼마든지 인정할 수 있다.

5. 맺는 말: 다중 인격체의 용인가능성

이제 우리는 존재론적 성격이 판이하게 다른 두 세계에 살고 있다. "사이버스페이스는 플라톤주의의 산물이다"라는 마이클 하임의 주장에 따르면[38], 사이버 공간은 '이데아의 세계'에 비유될 수 있다. 일부 학자는 가상 현실이 자연적 실재와 등가적 연속성을 갖는데 그치지 않고, 현실보다 탁월한 지위를 지닐 수 있다고 주장한다.[39] 그렇다고 사이버 공간이 현실 공간을 완전히 대체하지는 못한다. 사이버 공간은 어디까지나 우리 현실의 일부, 그것도 '사이버' 공간에 지나지 않기 때문이다. 사이버 공간은 결코 현실의 도피성이 아니라 '확장된 현실'일 따름이다. 사이버 공간의 삶은 우리에게 여러 가지 혜택을 줄 수 있을지는 모르지만, 그렇다고 일상 삶과 유리된 채 사이버 공간에서 이루어지는 삶은 빈곤하기 그지없는 삶이 될 것이다. 즉, 새로운 존재 양식이라 할지라도, "사이버 공동체는 상대적으로 빈곤하기 그지없는, 현실 공동체에 대한 대체 공동체에 불과하다."[40] 그렇기 때문에 사이버 공간의 흥미진

....

38 M. Heim, *The Metaphysics of Virtual Reality*, p.150.

39 김상환, 「디지털 혁명은 존재론적 혁명이다」, 철학문화연구소, 『철학과 현실』, 제40호, 1999, p.199.

40 G. Graham, *The Internet: A Philosophical Inquiry*(London: Routledge, 1999), p.165.

진한 미래를 향해 나아갈 때 우리는 땅의 정기에 뿌리내린 채 살아남은 육체 인간들과 계속해서 접촉해야 한다. 즉, 사이버 공간의 경험이 '전자 마약'으로 변모하지 않기 위해서는 당연히 진짜 현실로 귀환하지 않으려는 충동은 마땅히 제약을 받아야 한다.[41]

우리는 이 두 세계를 동시에 살아가야 하는 운명에 처해있다. 문제는 바로 이 두 세계에서 윤리적으로 조화로운 삶을 사는 길이다. 조화롭게 사는 길은 두 가지이다. 하나는 현실 연장론의 길이다. 즉, 현실 공간의 연장선으로 간주하여 현실 세계의 윤리를 사이버 공간에 그대로 적용하는 길이다. 하지만 현실 연장론은 사이버 공간의 존재론적 특이성을 부인함으로 말미암아 결국 두 세계 자체를 인정하지 않는다. 이는 이제까지 논의한 사이버 공간의 존재론적 지위와 어긋나는 주장으로 받아들이기 어렵다. 다른 하나는 현실 공간과 사이버 공간에 적용되는 윤리적 기준을 다원론적으로 적용하는 길이다. 윤리적 행위의 주체가 인격이기 때문에, 이 말은 곧 현실 세계와 사이버 세계의 인격이 서로 다르다는 의미로 다중 인격체로 살아감을 의미한다.

우리는 이제까지 한 신체에 한 인격을 윤리적 표준으로 삼아왔다. 이 표준에 따르면 다중 인격체는 일종의 정신 분열증 환자이다. 예를 들어, 켈빈 로빈스(K. Robins)는 현실에서 사회적 관계 및 타자와의 관계를 맺지 못하는 사이버 인간은 결국 반사회적이고 반도덕적이라고 평가하면서, 사이버 공간의 자아정체성을 '정체성의 위기'로 규정한다.[42] 하지만 '하나의 신체에 하나의 인격체'라는 도덕적 이상은 하나의

....

41 이봉재, "경험 양식으로서의 가상현실", 철학연구회 편, 『정보사회의 철학적 진단』(서울: 철학과 현실사, 1999), p.204.

42 K. Robins, "Cyberspace and the World We Live In", M. Featherstone & R. Burrows, eds., *Cyberspace/Cyberbodies/Cyberpunk*(London: SAGE pub., 1995), p.142.

신화이다. 고정된 일원론적인 자아정체성은 사이버 공간에서뿐만 아니라 현실에서도 찾아보기 어렵다. 왜냐하면 현실에서도 자아는 구성되고 변화하며, 하나가 아니라 여럿이기 때문이다. 정보화 사회에 우리에게 필요한 윤리는 오히려 다중 인격체로 행복하게 살아갈 수 있는 도덕적 품성을 함양하는 일이다. 즉, 정보화 사회에서 우리는 여러 자아정체성을, 특히 사이버 공간에서의 자아정체성과 현실 세계에서의 자아정체성을 혼동하지 않으면서, 두 세계의 벽을 허물고 아무런 인격적 장애를 일으키지 않고 두 세계를 자유롭게 왕래하면서 행복하게 살 수 있는 도덕적 품성이 요구된다. 실제로 사이버 공간에서의 다양한 자아정체성 경험이 현실 세계에서의 인간관계 및 사회적 관계에 도움을 준다는 지적도 있다.[43]

물론 지금은 정보화 사회가 성숙되지 않았기 때문에 다중 인격체로서의 삶이 고달프고 또 사회적 승인을 받지 못할 수도 있다. 하지만 이는 어디까지나 과학기술의 발달을 우리의 윤리가 따라잡지 못하여 발생하는 윤리지체(ethics lag) 현상에 불과하다.[44] 과학기술과 윤리는 그 본성이 근본적으로 다르다. 과학기술은 언제나 "할 수 있으면 해도 좋다"는 논리에 따라 끊임없이 그리고 빠르게 발전하지만, 윤리는 "할 수 있는 것에 대해 그렇게 하는 것이 윤리적으로 바람직한가?"라는 물음의 논리에 따라 반성적으로 사유하기에 이 둘 사이에는 지체 현상이 발생할 수밖에 없다. 실제로 유럽이나 미국에서는 '양부모 슬하에서의 자녀 양육'이라는 가정의 도덕적 이상이 이혼과 재혼으로 인해 파괴되고 양부모가 아니라 세 부모나 네 부모 혹은 그 이상의 부모를 두고서도 인격적으로 온전한 자녀 양육이 이루어지고 있지 않는가? 이제 우

....

43 이채리, "인터넷의 존재론적 특성과 온라인상의 자아정체성에 대한 고찰", pp.258-259 참조.

44 B. Kracher & C.L. Corritore, "Is There a Special E-Commerce Ethics?", pp.77-78.

리는 '양부모 슬하에서의 자녀 양육'이라는 전통적 가정에 우선적인 도덕적 가치를 부여할 수 없게 되었다. 마찬가지로 정보통신 기술이 발달하고, 그래서 사이버 세계가 우리 삶의 필수적인 한 부분으로 자리잡게 되면, '하나의 신체에 하나의 인격체'라는 전통적 이념에 우선적인 도덕적 가치를 부여하기 어렵게 될 것이다. 오히려 '하나의 신체에 다중 인격체'라는 대안적 이념 역시, 전통적 이념과 동등한 도덕적 가치를 지니게 될 것이다. 문제는 이러한 다중 인격이 인간 본성에 부합하는가, 즉 하나의 신체에 다중 인격체가 심리적으로 가능한가의 물음이다. 이는 앞으로 더 많은 연구를 요구한다.

9

로봇윤리: AI 로봇도 윤리적 결정을 내릴 수 있는가

이 장은 밀러의 '터널 문제'를 단초로 삼아 AI 로봇이 윤리적 결정을 내릴 수 있는지를 철학적으로 탐구하는 것을 목적으로 한다. 이를 위해 필자는 우선 터널 문제가 '어떻게'의 물음이 아니라 '누가'의 물음임을 밝히고, 몇몇 선택지-설계자, 법률이나 제도, 사용자 등-를 비판적으로 검토할 것이다. 이를 통해 필자는 일단 사용자의 '윤리 옵션' 중 하나로 AI 로봇이 가능할 뿐만 아니라, AI 로봇 자체도 독립적인 도덕적 결정권자가 될 수 있음을 논증할 것이다. 도덕 행위자의 물음과 도덕적 결정의 물음을 구분한 다음, 필자는 로봇의 존재론적 관점이 아니라 로봇의 행위론 관점에서 이러한 입장을 옹호하고자 한다. 이러한 주장에 대한 세 가지 반론-윤리적 추론과 윤리적 결정의 구분에 근거한 반론, 정서 결여 반론, 그리고 도덕적 자율성 훼손 반론-을 비판적으로 반박하면서, 마지막 결론에서 필자는 로봇의 윤리적 결정에 대한 일종의 점진적 접근법을 제시하고자 한다.

1. 기계 메타윤리학

로봇윤리학은 문자 그대로 '로봇의 윤리'(ethics of robot)를 다룬다. 일단 이 개념은 소유격 '의'(of)의 해석 물음을 낳는다. 엄밀히 말해, 윤리란 인간의 윤리로 사람이 지켜야 할 도리를 말한다. 동물 윤리도 동물에 대해 인간이 지켜야 할 윤리를 말하지, 동물이 인간에 대해 어떻게 해야 하는가를 뜻하지 않는다. 이런 의미로 사용하면, 로봇윤리학은 그 대상이 로봇에 대해 인간이 지켜야 할 윤리에 국한되기에 공학 윤리의 외연 확장에 지나지 않는다. 따라서 우리는 윤리를 광의의 의미로 받아들여, 인간 아닌 제 3자도 윤리의 주체가 될 수 있다는 열린 마음을 갖고 로봇윤리학을 논의해야 한다. 이런 관점에서 보면, '로봇의 윤리학'에서 소유격 '의'(of)는 이중적 의미를 갖는다. 목적격으로 해석하면 로봇에 대하여 인간이 지켜야 하는 윤리를 말하고, 주격으로 해석하면 로봇이 따라야 하는 윤리를 말한다. 로봇윤리학의 이러한 문제 영역을 우리는 아이작 아시모프(I. Asimov)의 "로봇공학 3원칙"에서 찾을 수 있다. 그의 3원칙을 문자 그대로 해석하면 인간에 대해 로봇이 지켜야 하는 윤리 원칙이지만 그 이면을 들어다 보면 이는 로봇 제작자가 마땅히 지켜야만 하는 윤리 원칙이다.[1]

이처럼 로봇윤리는 인간이 로봇에 대해 지켜야 할 윤리와 로봇이 인간에 대해 지켜야 할 윤리로 구분된다. 넓은 의미의 로봇윤리학은 이 둘을 모두 포함하지만, 전자는 (좁은 의미의) 로봇윤리(robot ethics)로, 그리고 후자는 기계윤리(machine ethics)로 불린다. 전자는 주로 로봇의 설계, 제작 및 이용에 관한 공학윤리로 새로운 윤리라고 말하기 어

1 고인석, 「아시모프의 로봇 3법칙 다시 보기」, 철학연구회, 『철학연구』, 제93집, 2011, pp.97-120 참조.

렵다. 그런데 왜 우리는 로봇윤리학을 주장하는가? 로봇의 자율성으로 기계윤리 물음이 발생하기 때문이다. 즉, 로봇은 프로그램에 따라 주어진 작업만 단순 반복하는 '자동화'(automation) 단계를 넘어 인간의 개입 없이도 외부 환경과의 상호작용에 따라 스스로 선택하고 작동하는 '자율화'(autonomousation) 단계에 이르렀다. 이로 인해 기계 자체의 윤리적 행동에 대한 관심이 높아지고 있는데, 이를 다루는 로봇윤리학이 기계윤리학이다. 그런데 이 물음은 크게 두 방향에서 논의되고 있다. 하나는 "로봇은 도덕 행위자인가?"를 묻는 존재론적 접근법이고, 다른 하나는 "로봇에게 윤리를 어떻게 구현할 것인가?"를 묻는 행위론적 접근법이다. 우리는 전자를 '로봇 존재론'으로, 후자를 '로봇 행위론'으로 각각 부를 수 있다. 필자는 이 글에서 로봇 행위론은 로봇 존재론과 개념적으로 구분된다는 것을 밝히면서, 로봇 행위론의 물음을 중점적으로 다루고자 한다.

그러면 로봇 행위론에 관한 철학적 논의는 어떻게 진행되고 있는가? 로봇은 '자율적 기계'이기에, 로봇 행위론 고찰의 열쇠는 자율성 개념이다. 자율적 기계로서의 로봇 행위를 '윤리학의 관점'에서 어떻게 평가하느냐에 따라 기계윤리학의 새 지평이 열린다. 여기서 '윤리학의 관점'은 다양한 해석을 낳는다. 존재의 윤리학 내지 덕 윤리학의 관점에서 보면 로봇 행위는 그 도덕적 평가가 의심스러워진다. 왜냐하면 로봇은 인공물로서 아직 자아나 마음의 존재가 의심스럽기에 덕이나 품성의 함양을 언급하는 것 자체가 무의미하기 때문이다. 하지만 로봇은 '인과적 행위자'이다. 따라서 로봇의 행위에 대해서는 그 도덕의 평가 가능성이 일단 열려져 있다. 즉, 행위의 윤리학 내지 의무 윤리학의 차원에서 보면 기계윤리의 지평이 열린다고 하겠다. 그래서 필자는 논의의 편의상 윤리학의 고전적 물음인 '트롤리 문제'(trolley problem)를 자율주행 자동차와 연관 지어, 존재의 윤리학이 아니라 행위의 윤리학 관점에서 로봇이 던지는 윤리학적 물음이 무엇인지 먼저 규명하고자 한다. 트롤리 문제는 도덕적 딜레마이다. 실천적 딜레마와 달리 도덕적 딜레마는 문제의 상황과 관련된 도덕 원칙이 둘 이상이고, 그 둘이 서로 다른 도덕적 명령을 내릴 때 발생한다. 트롤리 문제의 경우, 더 적은 악을 선택하라는 도덕 원칙과 무고한 생명을 죽이지 말라는 도덕 원칙이 상충하고 있다. 트롤리 딜레마의 경우 인간 관리자가 취할 수 있는 선택지는 크게 세 가지이다.

(1) 달리던 철로를 계속 달려 다섯 명이 죽도록 한다.
(2) 철로를 변경하여, 한 명이 죽도록 한다.
(3) 상황을 철로 통제 본부에 보고하고 그 결정을 기다린다.

이러한 도덕적 딜레마 상황의 주인공을 AI 로봇으로 대체하면, 또 하나의 선택지가 가능해진다. 그것은 바로 다음 대안 (4)이다.

(4) 로봇으로 하여금 스스로 도덕적 결정을 내리도록 한다.

물론 대부분의 경우 (3)이 가능하다. 실제로 AI 로봇이 인간에게 가하는 위해를 방지하자면 로봇에 대한 통제권을 사람이 가져야 한다고 하면서 '구글'(Google)은 '킬 스위치'(kill switch)의 의무화를 주장한다. 하지만 이러한 해결책은 감시인이 적절하게 대응할 위치에 있음과 로봇이 이러한 명령에 저항할 수 없음을 전제하는데, 과연 이러한 전제가 성립될지 의문스럽다. AI 로봇은 결코 시계 태엽장치가 아니기 때문이다. 이러한 비판을 받아들일 경우, (3)이 실천적으로 아예 불가능한 응급상황이 발생한다. 게다가 인간이 아닌 '기계'에 도덕적 결정을 맡긴다는 생각 자체를 꺼림칙하게 느끼는 우리의 도덕적 감정도 분명 존재한다. 하지만 어떤 응급 상황의 경우 (3)은 실질적인 선택지가 될 수 없다. 따라서 우리는 (3)의 가능성을 열어두지만, (1), (2), 그리고 (4) 가운데 어느 하나를 선택할 수밖에 없다. 어느 대안이 윤리적으로 바람직한가? 필자는 이 글에서 (4)의 대안이 윤리적으로 정당화될 수 있다는 논변을 전개하고자 한다.

이는 기계윤리학의 가능성을 묻는 물음으로 수잔 앤더슨(S.L. Anderson)은 '기계 메타윤리학'(machine metaethics)이라 부른다. 기계 메타윤리학은 "기계윤리 물음을 직접 다루지 않고 기계윤리학이라는 학문 분야에 대해(about) 탐구한다."[2] 즉, 기계 메타윤리학은 기계윤리의 실질적 내용을 다루지 않고, 기계윤리학의 합리적 토대를 천착한다. 기계가 윤리적으로 행동하자면 무엇이 전제되어야 하는가? AI 로봇이 프로그램에 따라 '자동적으로'(automatically) 행동한다면 기계윤리학은 아예 불가능하다. 윤리는 자율성이 생명이기 때문이다. 적어도 AI 로봇이 '자율적으로'(autonomously) 행동해야 기계윤리학의 가능성이 열린다. 우리는 이를 '인공적 도덕 행위자'(artificial moral agents, AMAs)라 부른다.

여기서 AMAs는 존재론적 주장이 아니라, 그 행동이 자율적이라는 윤리학적 주장이다. 즉, 행위 주체가 도덕 행위자라는 존재론적 주장은 어떤 행위가 자율적이기 위한 필요조건이 아니라 충분조건이다. 자율적 행위이기 위한 필요조건은 그 행위 주체가 자율적으로 도덕적 결정을 내린다는 사실이다. 만약 기계의 자율적인 도덕적 결정이 불가능하

....

2 S.L. Anderson, "Machine Metaethics", M. Anderson, & S.L. Anderson, eds., *Machine ethics*(New York: Cambridge University Press, 2011), p.21.

다면, 기계윤리는 원천적으로 불가능해진다. 이를 받아들이는 웬델 월러치(W. Wallach)와 콜린 알렌(C. Allen)은 『도덕 기계』에서 기계윤리학의 전제 조건으로 자율성과 윤리적 민감성을 들면서, 핵심 물음을 3가지로 주장한다.[3] 첫째, 세상은 AMAs를 필요로 할까? 둘째, 사람들은 컴퓨터가 도덕적 결정을 내리기를 원하는가? 그리고 셋째, 공학자와 철학자는 AMAs를 어떻게 설계해야 하는가? 그런데 2010년의 논문에서 웬델 월러치는 두 번째와 세 번째 사이에 다음 두 가지 물음을 추가하여 AMAs의 기계윤리 물음을 다섯 가지로 정리하고 있다.[4]

3. 로봇은 도덕적 결정을 내릴 수 있는 실재인가?
4. 누구의 도덕 혹은 어떤 도덕을 로봇에 구현해야 하는가?

이 다섯 가지 물음 가운데 필자는 세 번째 물음을 기계 메타윤리학이라는 주제로 철학적으로 논의하여, 로봇은 도덕적 결정을 내릴 수 있다고 결론적으로 주장하고자 한다. 이는 일종의 '강한 AMAs 로봇'의 옹호로 해석될 수 있지만 일상적 의미의 강한 AI와는 다르다. 즉, 존 설(J.R. Searle)은 사유할 수 있는 마음을 가진 '강한 AI'(strong AI)와 단지 생각하는 것처럼, 그래서 마음을 가진 것처럼 행동할 따름인 '약한 AI'(weak AI)를 구분한다.[5] 마음은 실체로서 존재론적 개념이고, 사유는 속성으로 기능적 개념이다. 존 설은 이 둘을 한 묶음으로 간주하지

....

3 W. Wallach & C. Allen, *Moral Machine: Teaching Robots Right from Wrong*(New York: Oxford University Press, 2009), 노태복 옮김, 『왜 로봇의 도덕인가』(서울: 메디치, 2014), p.14, p.22.

4 W. Wallach, "Robot Morals and Human Ethics", *Teaching Ethics*, vol.11, no.1, 2010, p.88.

5 J.R. Searle, "Minds, Brains, and Programs", *Behavioral and Brain Sciences*, vol.3, no.3, 1980, pp.417-457.

만, AI 로봇은 이 둘의 구분을 가능케 하였다. 그래서 필자는 존 설의 구분과 달리 마음과 사유의 새로운 조합으로, 마음은 지니지는 않지만 사유는 할 수 있는 제 3의 AI를 '온건한 AI'(moderate AI)라 부르고자 한다.

2. 터널 문제와 AI 로봇

트롤리 문제를 자율주행 자동차에 원용하여, '터널 문제'(tunnel problem)를 아래와 같이 정식화하고 있는 제이슨 밀러(J. Millar)의 논의를 통해 기계의 도덕적 결정 물음을 좀 더 구체적으로 살펴보자.[6]

> 당신은 자율주행 자동차를 타고 편도 1차선의 산길 도로를 달리고 있다. 이 차는 좁은 터널을 향해 빠르게 달리고 있다. 터널을 막 진입하려는 순간 한 어린이가 도로를 횡단하려고 뛰어들었는데 그만 도로 가운데서 넘어졌고, 이로 인해 터널의 입구가 완전히 막히고 말았다. 이 차는 선택지가 둘밖에 없다. 아이를 치어 죽게 하든가, 아니면 터널의 어느 한 쪽 벽에 부딪혀 당신을 죽게 하든가? 이 차는 어떻게 대처해야 하는가?

터널 문제는 일단 "자율주행 자동차가 이러한 상황을 어떻게 대처하도록 설계해야 하는가?"의 물음을 낳는다. 하지만 이 물음 이면에는 또 다른 윤리적 물음이 함의되어 있다. 즉, "윤리적 문제 상황에서 자율주행 자동차가 어떻게 대처하도록 누가 결정해야 하는가?" 밀러는 전

6 J. Millar, "An Ethical Dilemma: When Robot Cars must Kill, Who should Pick the Victim?", *Politics, Law, Society Views*, vol.11, 2014.

자를 '어떻게(how) 물음'으로, 그리고 후자를 '누구(who) 물음'으로 규정하면서, "이러한 결정을 내릴 합당한 도덕적 권위를 지닌 자는 누구인가?"를 묻는다. 물론 둘 다 윤리적 물음임에 분명하지만, 이렇게 물음을 바꾸어야 하는 근본 이유는 '어떻게' 물음은 하나의 딜레마로 정답이 존재하지 않기 때문이다. 즉, 윤리적 딜레마는 우리로 하여금 '윤리적 다원주의'(ethical pluralism)의 수용을 강요한다.[7] 윤리적 다원주의는 윤리적 미결정 영역을 남겨두며, 이러한 영역에서의 선택은 윤리적 옳고 그름이 아니라 선택하는 주체에 의존할 수밖에 없다. 그래서 터널 문제는 '어떻게' 물음이 아니라 '누구' 물음으로 귀결된다.

그러면 누가 합당한 도덕적 권위를 지니는가? 대개 사용자, 설계자, 그리고 정책 입안자 셋을 우리는 생각할 수 있다. 우선 여기서 정책 입안자란 법 내지 제도를 뜻한다. 그러니까 국가의 전문가 집단의 공적 담론을 통해 도덕적 문제 상황에서 로봇이 어떻게 대처해야 하는지 윤리적 가이드라인을 정하고, 이를 법률 내지 제도로 뒷받침하여, 로봇 설계자 내지 제작자로 하여금 준수하도록 하는 방안이 정책 입안자 방안이다. 물론 최소한의 윤리적 가이드라인은 필요하지만, 아무리 세밀하게 규정해도 법이나 제도가 규정할 수 없는 자유재량의 영역은 존재할 수밖에 없다. 그리고 우리가 지금 논의하고 있는 도덕적 딜레마에서의 선택은 바로 법이나 제도가 개입할 수 없는 자유재량의 영역 내지는 법이나 제도를 어떻게 제정할 것인가를 묻는 '입법'의 물음이다. 한 걸음 더 나아가 설사 합의가 가능해도 윤리적 문제는 여전히 남아 있다. 왜냐하면 개인의 선택 여지를 남겨두지 않고, 감내할 위험과 갈등 해결책이 사회적 합의를 통해 미리 결정되어 버리면, 자동차의 행동에 대

....

7 윤리적 다원주의와 미결정의 물음에 관해서는 김상득, 『알기 쉬운 윤리학』(서울: 철학과현실사, 2013), pp.110-116을 참조하라.

해 사용자나 소유자에게 책임을 물을 수 없게 되기 때문이다.[8] 다시 말해, 이렇게 되면 기술상의 결함에 대해서는 법적 책임의 물음이 발생하지만, 사용자 내지 소유주는 선택의 자유가 없기 때문에 도덕적 책임을 물을 수 없다는 윤리적 문제가 발생한다.

게다가 정책 입안자 방안은 터널 문제의 윤리적 딜레마 본성을 온전히 담아내지 못한다. 이를 우리는 설계자에게 도덕적 권위를 부여하는 방안과 관련하여 논해 보자. 우리는 "어떻게 설계할 것인가?"의 물음은 설계자의 자유에 속한다고 생각한다. 하지만 AI 로봇이 직면한 터널 문제는 그렇게 간단하지 않다. 자유는 해악 금지 원칙의 제약을 받을 수밖에 없다. 이는 로봇 제작의 경우에도 그대로 적용된다. 무엇보다 우리는 여기서 윤리적 딜레마 사례에서 과연 설계자 내지 제작자가 어느 하나의 뿔을 선택할 도덕적 권위를 지니는지를 물어야 한다. 이 물음에 대한 단서를 우리는 일상적인 자동차에서 찾을 수 있다. 즉, 일상적인 경우 윤리적 딜레마 상황에서 누가 결정을 내리는가? 설계자 내지 제작자가 존재하지만, 운전자가 직접 윤리적 결정을 내린다. 그러면 자율주행 자동차에서 운전자는 누구인가? 설계자 혹은 제작자가 '운전자'일 수 없다는 것은 명백하다. 그 이유는 자율주행 자동차의 도덕적 딜레마 본성에 있다고 하면서, 밀러는 이렇게 말한다. "운전자의 관점에서, 터널 문제는 복잡한 설계 문제 이상의 물음을 함의한다. 이는 실질적으로 생사의 결정 문제(an end-of-life problem)이다."[9] 생과 사를 누가 결정하는가? 물론 생명윤리학에서 생과 사의 결정에 관한 윤리학적 논쟁은 지금도 계속 되고 있지만, 대체로 그 당사자 외

....

8 D. Birnbacher & W. Birnbacher, "Fully Autonomous Driving: Where Technology and Ethics Meet", IEEE Intelligent Systems, vol.32, no.5, 2017, p.4.

9 J. Millar, "An Ethical Dilemma: When Robot Cars must Kill, Who should Pick the Victim?"

에 그 어느 누구도 대신 결정할 수 없다는 게 일반적 입장이다. 즉, 생명윤리학에서는 이는 자율성 존중 원칙 내지 자기결정권으로 받아들여지고 있다. 터널 문제 역시 생과 사와 관련된 '아주 개인적인 도덕 문제'(deeply personal moral question)이기에 운전자가 아닌 제 3자의 도덕이 강요되어서는 안 된다. 그래서 밀러는 운전자가 아닌 설계자가 터널 문제의 결정권자가 되면 '설계에 의한 온정적 간섭주의'(paternalism by design)의 문제가 발생한다고 비판한다. 따라서 자율주행 자동차의 '운전자'는 공학적 관점에서는 설계자일 수 있으나, 윤리학적 관점에서는 설계자가 아니라, 탑승자, 즉 사용자라는 결론이 얻어진다.

사용자 방안은 두 가지로 생각할 수 있다. 하나는 사례별 선택이요, 다른 하나는 규칙 선택이다. 전자는 선택하기 어려운 문제 상황에 맞닥뜨리면 로봇은 우선 작동을 멈춘 다음에 사용자가 그 문제를 해결할 때까지 기다리도록 하는 방안이다. 이는 현재 운전자가 딜레마 상황에서 일상적으로 취하고 있는 방식으로, 대부분의 공학자들도 이를 선호한다. 반면에 후자는 보행자와 탑승자 가운데 누구를 살릴 것인가에 관한 규칙을 아예 자동차를 구입할 때 사용자가 선택하도록 하는 방안이다. 마치 자동차를 구입할 때 선루프나 에어백을 구매자가 '옵션'으로 선택하듯이, 윤리적 딜레마 상황에서 자율주행 자동차가 어떻게 대처할 것인지를 운전자가 미리 '옵션'으로 선택하도록 할 수 있다. 이를 필자는 '윤리 옵션'(option of ethics)이라 부르고자 한다. 사례별 선택이 물리적으로 불가능한 상황을 염두에 둔다면, '윤리 옵션'의 방안도 열어두는 것이 바람직하다.

지금까지 우리는 터널 문제의 도덕적 본성으로 인해 결정의 합당한 도덕적 권위를 지닌 자는 사용자임을 밝혔다. 여기에서 필자는 사용자에게 열려져 있는 또 하나의 선택지로 AI 로봇 자체를 제안하고자 한다. 예를 들어, 영화 ⟨*I, Robot*⟩에서 '델 스푸너'는 자신이 아니라 소녀 '사라'를 구하라고 외치지만, 로봇은 생존 확률이 소녀는 11%이지만, 스프너는 45%라고 계산한 다음 사라가 아니라 델 스푸너를 구하는데, 이것이 바로 로봇에게 도덕적 결정을 맡기는 방안이다. 그러니까 사용자는 사례별 선택, 규칙 선택 외에 제 3의 대안으로 AI 로봇 자체의 선택을 고려할 수 있다. 이는 규칙 선택과 사례 선택이 제한적으로밖에 적용될 수 없기 때문에 불가피해 보인다. "예외 없는 규칙은 없다."는 격언이 있듯이, 규칙 선택은 예외를 허용할 수밖에 없다. 따라서 경계선상의 경우 AI 로봇은 규칙을 적용하여 판단할 것인지, 아니면 예외의 경우로 사용자의 판단에 맡길 것인지를 결정해야 한다. 예외의 경우, 로봇은 결국 사용자에게 물을 수밖에 없는데, 이렇게 되면 규칙 선택도 사례별 선택을 포함할 수밖에 없다.

우선 사례별 선택은 '무위'(inaction)의 도덕 물음을 낳는다. 문제 상황에서 로봇은 일단 멈춘 다음 사용자의 결정을 기다리는데, 이는 일종의 '로봇의 무위'에 해당한다. 무위도 일종의 행위로 하나의 선택지이다. 앞서 트롤리 문제에서 무위는 곧 다섯 명을 죽이는 결과를 낳는다. 따라서 주어진 상황에서 무위라는 선택지보다 더 좋은 선택지가 있음에도 무위를 선택하는 것은 윤리적으로 합당하지 않다.[10] 따라서 사례별 선택은 바로 윤리적으로 옳지 않은 행위를 로봇에게 강요한다는 비난으로부터 자유로울 수 없다. 뿐만 아니라 사례별 선택은 사용자의 도덕적 권위 물음을 낳는다. 문제 상황의 경우 사용자는 올바른 선택을 내릴 수 있는가? 일상적인 경우 사용자가 선택의 합당한 도덕적 권위를 지니지만, 때로는 상황의 특수성으로 인해 그 도덕적 권위가 의심

....

10 W. Wallach & C. Allen, p.33.

스러운 경우도 분명 존재한다. 즉, 터널 문제와 같은 도덕적 딜레마 상황은 생사의 문제라는 도덕적 성격을 지닐 뿐만 아니라, 정보 및 시간의 한계라는 실천적 성격도 지닌다. 예를 들어, 탑승객이 잠을 자고 있는데, 자율주행 자동차가 '터널 문제'에 봉착하였다고 하자. 이 경우에도 사용자가 합당한 도덕적 권위를 지니는가? 자기결정권이 의미 있으려면, 적어도 세 요소가 충족되어야 한다. 즉, 생명윤리학에서 환자의 자기결정권은 '충분한 정보에 근거한 동의'가 되어야 하는데, 그러자면 문지방 요소, 정보 요소, 그리고 자율성 요소 등 세 요소가 만족되어야 한다.[11] 그런데 위 사례의 경우, 탑승자는 자율성 요소를 충족시키지만, 문지방 요소는 의심스럽고 정보 요소는 충족되었다고 보기 어렵다. 따라서 이러한 경우 사용자가 터널 문제에 대한 합당한 도덕적 권위를 지녔다고 주장하기가 어렵다.

3. AI 로봇과 명시적인 윤리 행위자

그래서 우리는 자연스럽게 새로운 대안으로 AI 로봇 자체에로 눈을 돌리게 된다. 즉, 정책 입안자, 제작자, 그리고 사용자 모두 도덕적 권위를 지니기 어려운 상황에서는 AI 로봇이 스스로 도덕적 결정을 내리도록 하는 것이 합당하지 않는가? 이 물음에 직접 답하기 전에 로봇의 도덕성 내지 자율성에 따른 제임스 무어(J.H. Moor)의 로봇 분류를 살펴보자.[12]

....

11 T.L. Beauchamp & J.F. Childress, *Principles of Biomedical Ethics*, 7th ed.(New York, Oxford: Oxford University Press, 2013), pp.104-105 참조.

12 J.H. Moor, "The Nature, Importance, and Difficulty of Machine Ethics", *IEEE Intelligent Sys-*

(1) 윤리적 영향 행위자(ethical-impact agents): 행위 자체는 윤리적이라고 말할 수 없지만, 윤리적 영향을 낳는데 원인제공자 역할을 하는 행위자.
(2) 암묵적인 윤리 행위자(implicit ethical agents): 설계자의 프로그램에 따라 윤리적으로 행동하도록 자동화된 행위자.
(3) 명시적인 윤리 행위자(explicit ethical agents): 윤리적 범주를 사용하여 주어진 상황에서 무엇이 도덕적인지를 스스로 판단하여 움직이는 행위자.
(4) 온전한 윤리 행위자(full ethical agents): 의식, 의도성, 자유의지 등을 지니고 도덕적 범주를 사용하여 도덕 판단을 내리고 행위 하는 행위자.

이들 가운데 (4)만이 도덕적 결정의 주체가 될 수 있다고 일부 학자들은 주장한다. 기계와 인간 사이에는 넘을 수 없는, 중대한 존재론적 차이(a crucial ontological difference)가 존재한다고 이들은 말한다. '구획 논증'(bright-line argument)으로 불리는 이 논변은 크게 두 전략에 의존한다. 하나는 윤리 행위자의 개념을 엄격하게 해석하는 일이다. 즉, 네 번째의 온전한 윤리 행위자만이 '윤리 행위자'의 이름을 붙일 수 있다는 것이다. 이렇게 되면 AI 로봇은 온전한 윤리 행위자는 물론이고 아예 윤리 행위자 자체가 될 수 없다. 하지만 이러한 전략은 동물의 권리를 옹호하면서 피터 싱어(P. Singer)가 주장한 '종 차별주의'라는 비판으로부터 자유롭지 못하다. 즉, 이러한 논변은 윤리 행위자를 '호모 사피엔스'라는 인간 종에게만 국한시키고, 이에 맞지 않는 모든 존재를

....

tems, vol.21, no.4, 2006, pp.19-21.

윤리 행위자의 외연에서 아예 배제시키고 있다. 이러한 입장을 앤토니 비버스(A.F. Beavers)는 다음과 같이 비판한다.[13]

> 체스 게임을 하듯이 윤리를 행하면서 적절한 도덕적 행위를 보여 주는 명시적인 도덕 행위자와 의도 및 동기를 갖는 온전한 도덕 행위자를 구분시켜주는 것은 무엇인가? … 이 물음에 대해 우리는 그러한 것은 없다고 대답하게 될 것이다. 도덕 그 자체는 다수 실현(multiply realizable)이 가능하다. 이는 온전한 도덕 행위자성은 명시적인 도덕 행위자성을 얻는 또 다른 방법이라는 사실을 말해 준다. 온전한 도덕 행위자에 본질적인 것이 이제 더 이상 윤리학에 본질적이지 않다. 온전한 도덕 행위자 개념은 이제 더 이상 윤리적이 되기 위한 필요조건이 아니다. 그것은 충분조건이다. 우리는 윤리 행위자에 대해서도 '다수 실현' 내지 그 '정도'를 인정하게 되면, 엄격하지 않은 윤리 행위자도 얼마든지 상상할 수 있다. 즉, 도덕적 행위를 무도덕성에서부터 완전히 자율적인 도덕성으로 이어지는 하나의 연속선으로 생각하는 것이 도덕적 행위를 이해하는 데 도움이 될 것이다.[14] 따라서 행위자가 이러한 도덕성의 연속성상에 자리 잡고 있는 위치에 따라 윤리 행위자도 여러 유형으로 구분할 수 있다. 다시 말해, 우리는 온전한 윤리 행위자뿐만 아니라 그에 미치지 못하는 여러 종류의 '준 도덕 행위자'(quasi-moral agent)를 상정할 수 있다. 무어의 분류는 바로 이러한 입장에 서 있다.

이러한 비판은 구획 논증의 또 다른 전략에도 그대로 적용된다. 즉,

13 A.F. Beavers, "Moral Machines and the Threat of Ethical Nihilism", P. Lin, K., Abney & G.A. Bekey, eds., *Robot Ethics: The Ethical and Social Implications of Robotics*, p.340.

14 P.M. Assaro, "What should We Want from a Robot Ethic?", p.36.

구획 논증 옹호자들은 윤리 행위자의 기준을 설정한 다음, 기계는 이 기준을 충족시킬 수 없기에 윤리 행위자가 될 수 없다고 주장한다. 이는 전자보다 합리적인 전략처럼 보인다. 이 전략에 따르면, 의도적 행위만이 윤리적 행위가 될 수 있는데 의도적 행위는 의식이나 자유의지 등을 선결요건으로 요구한다. 그런데 기계는 인간과 달리 의식이나 자유의지를 지니지 못하기에 윤리 행위자가 될 수 없게 된다. 전자의 전략이 개념적 정의에 의존한다면, 이 후자의 전략은 형이상학적 전제에 의존하고 있다. 존 설의 '중국어 방 논변'(the Chinese room argument)도 이러한 전략을 따르고 있다.[15] 즉, 그는 구문론적으로는 로봇도 인간과 유사한 중국어 문장을 만들 수 있지만, 의미론적으로는 그렇지 않다고 주장한다. 왜냐하면 로봇은 중국어 단어에 대한 의미 이해 없이 단지 규칙에 따라 기계적으로 단어들을 연결시키고 있기 때문이다.

그러나 이러한 전략은 '형이상학적'이기에 두 가지 난제를 지닌다. 하나는 심리철학자들이 주장하듯이 인간의 경우에도 의식이나 의도의 주체가 되는 마음이 존재하는지가 의심스럽다는 점이다. 다른 하나는 미래 로봇조자도 마음을 지니지 않는다고 우리는 확신할 수 없다는 점이다. 왜냐하면 중국어 방 논변은 타인의 마음 문제를 낳기 때문이다."[16] 즉, 내가 내 마음이 있다는 것은 확실하게 말할 수 있지만 타인의 마음이 존재한다는 것은 확신할 수 없다. 왜냐하면 데카르트(R. Descartes)가 구분하였듯이 마음은 외연을 지니지 않기에 경험적 관찰이 불가능하기 때문이다. 그럼에도 우리는 타인의 마음이 존재한다는 것을 의심하지 않는다. 그 논거는 유비추론이다. 이러한 유비추론은 로봇

....

15 J.R. Searle, "Minds, Brains, and Programs", *Behavioral and Brain Sciences*, pp.417-457.

16 J. Gips, "Towards the Ethical Robot", M. Anderson, & S.L. Anderson, eds., *Machine ethics*, p.250.

에게까지 확대 적용될 수 없는가? 즉, 인간처럼 생각하고 느끼고 그리고 판단한다면, 로봇에게도 마음이 있다고 간주할 수 있지 않는가? "우리 인간들도 의식이라고 부르는 것이 무엇인지를 이해하지 못하는데, 로봇과 같은 기계가 지닌 능력이 의식의 능력이 아니라고 어떻게 단정 지을 수 있는가?"[17] 따라서 구획 논증은 로봇이 온전한 행위자가 될 수 없다는 것을 입증하지 못하기에, 기계윤리의 가능성은 열린 물음으로 받아들어야 한다.

여기서는 이러한 형이상학적 논쟁은 논외로 하자. 우리의 입장에서 중요한 것은 발전된 로봇이 '가능한 한 도덕 행위자처럼' 행동하는 것이다.[18] 이를 린다 요한슨(L. Johansson)은 AMAs에 대한 "as if 접근법"이라 부른다.[19] 이 접근법은 마음이 실재한다고 주장하지 않는다. 다만 마음의 기능과 동일한 기능을 로봇이 행한다면 그것으로 충분하다는 것이 "as if 접근법"의 주장이다. 이렇게 되면 로봇의 윤리 행위자에 관한 논쟁은, 무어의 분류에 따르면, 세 번째 수준이다. 즉, 적어도 지금 단계에서는 온전한 윤리 행위자 로봇의 개발을 목표로 하는 것은 너무 높은 목표인 반면에, 단지 암묵적인 윤리 행위자 로봇을 목표로 하는 것은 너무 낮은 목표이다.[20] 이러한 윤리적 기계를 만들고자 하면, 우리는 기계에 "윤리적 차원을 더하는 일"(adding an ethical dimension)을 감당해야 한다. 기계에 윤리적 차원을 더하는 일은 암묵적 윤리 행위자로 기능하도록 윤리 원칙(들)을 프로그래밍 하는 것 이상을 의미한다.

....

17 Don Howard, "Can Machines Become Moral?", *Big Questions Online*, October 23, 2016. p.4, p21.

18 W. Wallach & C. Allen, *Moral Machine: Teaching Robots Right from Wrong*, p.199.

19 L. Johansson, "Robots and Moral Agency", *Licentiate Thesis*(Stockholm: KTH Royal Institute of Technology, Sweden, 2011), p.10.

20 J.H. Moor, "Four Kinds of Ethical Robots", *Philosophy Now*, March/April 2009, p.14.

즉, “기계에 이상적인 윤리 원칙(들) 내지는 정확한 답을 지닌 윤리적 딜레마의 몇몇 사례들을 준 다음, 이러한 이상적인 윤리 원칙(들)로부터 추론할 수 있는 학습 절차를 제공하여 기계가 자신의 행위를 선택할 때 이러한 원칙(들)을 이용하도록 해야”, 기계가 윤리적 차원을 지녔다고 말할 수 있다.[21]

이러한 기계가 곧 명시적인 윤리 행위자이기에, 마이클 앤더슨과 수잔 앤더슨은 “기계윤리학의 목적은 명시적인 윤리 행위자인 기계를 만들어내는 것이어야 한다”고 확고하게 주장한다.[22] 로봇이 인간보다 더 우월한 지능을 지닌 자율적 기계로 진화하고 있기에 이는 불가피하다. 이러한 기계 앞에 인간의 지적 겸손은 당연하다. 어쩌면 이러한 겸손은 도덕의 영역에까지 확장될지 모른다. 즉, “인간은 그리고 오직 인간만이 도덕적 존재이다”라는 명제에 대해 이제 우리는 의문을 던지는 개방적 태도가 필요하다. 사실 이 명제는 사실 주장이 아니라 당위 주장으로 우리 인간의 바람일 따름이다. 인간에 대한 도덕적 존재 기대는 나쁘지 않다. 인간은 정말로 도덕적 존재이어야 한다. 하지만 인간 아닌 존재에 대해 도덕적 존재가 되어서는 안 된다는 주장은 인간의 오만이 아닌가? 인간보다 지적 능력이 우월한 존재인데, 왜 ‘도덕적 존재’가 될 수 없는가? 물론 흄(D. Hume)의 ‘존재와 당위 갭’(the is-ought gap) 그리고 무어(G.E. Moore)의 ‘자연주의 오류’(the naturalistic fallacy)를 받아들이면, 아무리 AI 로봇이 지적으로 뛰어나다 해도 곧 도덕적으로 뛰어나다고 말할 수는 없을 것이다.[23] 지적인 진보가 곧 도덕의 진보를

....

21 S.L. Anderson, “Machine Metaethics”, M. Anderson, & S.L. Anderson, eds., *Machine ethics*, p.22.

22 M. Anderson & S.L. Anderson, “Machine Ethics: Creating an Ethical Intelligent Agent”, W. Wallach & P. Assaro, eds., *Machine Ethics and Robot Ethics*, p.247.

23 J.S. Hall, “Ethics for Self-Improving Machines”, M. Anderson, & S.L. Anderson, eds., *Ma-*

보장하지 않기 때문이다. 하지만 이러한 기계는 적어도 인간만큼 도덕적인 존재가 될 수 있는 개연성은 충분하다. "도덕은 이제 더 이상 인간 철학자의 독점적인 영역이 아니다."[24] 이제 이 주장을 뒷받침할 수 있는 논거를 찾아보자.

4. 로봇의 도덕적 결정

이미 어렴풋이 밝혔듯이 우리는 서로 연관되어 있지만 논리적으로 구분되는 세 차원을 혼동해서는 안 된다. 첫째는 형이상학적 차원으로 마음, 의식, 의도, 자유의지 등이다. 둘째는 행위자와 관련된 요소로 도덕적 권리, 도덕적 의무, 도덕적 책임 등이다. 셋째는 행위와 관련된 요소로 윤리적 용어, 윤리적 추론, 윤리적 동기, 윤리판단, 윤리적 행위, 윤리적 결과 등이다. 우리는 이 세 차원에서, 그리고 각각의 요소에 대해 로봇에게 해당되는 것이 무엇인지를 물을 수 있다. 그런데 로봇의 도덕적 결정과 관련하여 대부분의 학자들은 형이상학적 차원의 도덕 행위자가 행위자 차원 및 행위 차원을 함축한다고 전제하고 형이상학적 차원의 물음에 매달리고 있다. 이를 우리는 다음 두 물음으로 표현할 수 있다.

(a) X는 도덕 행위자인가?

chine ethics, pp.514.

24 L.M. Pereira & A. Saptawijaya, "Modelling Morality with Prospective Logic", *Conference Paper in International Journal of Reasoning-based Intelligent Systems 1*(3/4), December 2007, pp.99-111.

(b) X는 도덕적 결정을 내릴 수 있는가?

많은 철학자들이 (b)의 물음은 논리적으로 (a)에 의존한다고 생각한다. 이러한 관점에서 실제로 대부분의 로봇윤리학자들은 (a) 물음에 매달렸으며, 그리고 지금도 매달려 있다. 그래서 이들은 도덕 행위자 내지 도덕적 지위를 철학적으로 천착하여, 마음, 의도, 자유의지 등을 갖지 않는 한 로봇은 도덕적 지위를 지니지 못한다고 주장한다. 이러한 논리적 추론이 잘못되었다고 필자는 부인할 생각은 없다. 그리고 "마음, 의도, 자유의지 등을 지녀야 윤리 행위가가 될 수 있다."는 주장 역시 논의의 여지가 많은 주장이지만, 무엇보다도 필자는 그 논의 방향이 잘못되었다고 생각한다. (a)가 존재론적 물음이라면, (b)는 기능론적 물음으로, 이 두 물음은 구분되어야 한다.[25] 물론 (a)가 (b)의 충분조건임에는 분명하다. 그러면 (a)가 (b)의 필요조건인가? '알파고'(AlphaGo) 사례에서 우리는 이 물음에 답할 수 있는 단서를 얻을 수 있다.

(가) '알파고'는 프로바둑 기사인가?

(나) '알파고'는 바둑판에서 돌을 어디에 둘지 결정할 수 있는가?

실제로 '알파고'는 한국기원으로부터 '명예 프로 9단' 인증을 받았다. 하지만 이 사실과 상관없이, (가)의 물음에 대해 우리는 고개를 갸우뚱할 수 있다. 그렇다고 (나)의 물음에 대해서까지 의문을 제기하는 사람은 없다. 이러한 비유는 로봇 의사 '왓슨'(Watson)이나 로봇 변호

....

25 무어는 (a)는 철학적 혹은 형이상학적 물음인 반면에 (b)는 경험의 문제로 규정한다. J. H. Moor, "Are There Decisions Computers Should Never Make?", *Nature and System*, vol.1, no.4, 1979, p.220.

사 '로스'(Ross)에게도 그대로 적용된다. '왓슨'이나 '로스'가 의사 자격 혹은 변호사 자격이 있는지에 대해서는 의문을 가져도, 그가 의학적 판단 내지 법률적 판단을 내릴 수 있음을 부인하는 사람은 없을 것이다. 그러면 왜 우리는 '왓슨'의 의학적 진단을 존중하는가? 그 이유는 간단하다. 환자를 진찰한 다음, 관련된 의학적 전문 지식을 올바르게 적용하여 올바른 의학적 판단을 내릴 수 있는 능력을 '왓슨'이 지니고 있기 때문이다. 즉, 의학적 진단에서 중요한 것은 의사이냐 아니냐가 아니라 의학적 능력이다. 도덕 판단도 예외가 아니다. 즉, 윤리적 기계에서 중요한 것은 기계가 윤리적으로 행동할 수 있는가의 물음이지, 기계가 도덕 행위자이냐의 물음은 부차적이다. 윤리적 기계에게 요구되는 바는 기계가 주어진 상황에서 윤리적 추론을 통해 올바른 윤리적 결정을 내리고 그에 따라 행동하고, 그리고 윤리 원칙을 인용하여 자기 행동을 정당화할 수 있으면 된다. 여기에는 도덕적 능력만으로도 충분하다.

이러한 논리에 따라 버트램 말러(B.F. Malle)는 "로봇은 도덕 행위자인가?"라는 물음에서 기계윤리학을 논의하는 것은 그 출발점이 잘못되었다고 비판한다. 이 접근법이 성공하자면 도덕 행위자의 기준이 선행되어야 한다. 그래서 학자들은 마음이나 의식 혹은 자유의지 등을 그 기준으로 제시한다. 하지만 이러한 접근법은, (1) 마음, 의식, 자유의지 등이 무엇인가?, (2) 이것이 도덕 행위자의 올바른 기준인가? 그리고 (3) 이 기준의 충족 여부를 확인할 테스트 방법은 무엇인가? 등의 의문을 낳는다. 그래서 말러는 도덕 행위자가 아니라 도덕적 능력(moral competence)에 초점을 맞출 것을 제안한다. 그것도 도덕 행위자의 기준처럼 고정된 능력이 아니라 로봇의 도덕적 능력에 대해 방향을 제시해 주는 뼈대 구실을 하는 능력이 필요하다. 이러한 능력은 인간의 도덕 심리와 도덕적 행위에 대한 과학적 탐구를 통해 고안해내는 일은 그

렇게 어렵지 않다는 것이 그의 지적이다.[26]

우리가 필요로 하는 것은 하나의 '참된 도덕적 능력'(one 'true' moral competence)이 아니라, 우리 각자가 다른 사람에게 기대하는 그러한 정도의 도덕적 능력이면 충분하다.

일반적으로 능력이란 어떤 일을 정확하게 잘 수행할 수 있는 태도, 자질 내지는 경향적 역량을 말하는데, 도덕의 핵심은 도덕 판단과 도덕적 행동이다. 따라서 도덕적 능력이란 도덕적 결정과 도덕적 행동을 잘 수행하는 능력임에 분명하다. 이러한 능력으로 그는 다음과 같은 다섯 가지를 주장한다; (1) 도덕적 어휘(moral vocabulary), (2) 도덕규범 체계(system of moral norms), (3) 도덕적 인식과 도덕적 영향(moral cognition and affect), (4) 도덕적 의사결정과 행동(moral decision making and action) 그리고 (5) 도덕적 의사소통(moral communication).[27] 물론 우리는 이와 의견을 달리 할 수 있다. 예를 들어, 필자라면 여기에 '도덕적 추론'(moral reasoning) 능력을 추가할 것이다. 이러한 도덕적 능력 접근법은 "온전한 도덕 행위자"의 기준을 로봇이 만족시키는지에 관한 어려운 결정을 내리지 않아도 된다는 이점을 지닌다. 도덕적 능력의 요소를 어떻게 규정하던지, 우리는 로봇이 그러한 능력을 갖도록 설계할 수는 있다. 심지어 그러한 능력의 정도마저도 조정할 수 있다. 그리고 적용 대상에 따라 필요한 능력을 우리는 달리 할 수도 있다.

이런 관점에서 보면, AI 로봇은 비록 도덕 행위자인지는 의문스럽다 하더라도, 도덕적 결정을 내리는데 있어서 인간과 동등한 수준에 있다고 하겠다. 즉, 우리가 연역적 방법이나 귀납적 방법에 의해 혹은 이

....

26 B.F. Malle, "Integrating Robot Ethics and Machine Morality: the Study and Design of Moral Competence in Robots", *Ethics and Information Technology*, vol.18, no.4, 2016, p.244.

27 ibid., pp.245-252.

두 방법의 혼용에 의거하여 도덕적 결정을 내리듯이, 로봇도 얼마든지 이러한 방법을 사용하여 도덕적 결정을 내릴 수 있다. 이에 대해 로봇의 결정은 도덕 판단의 범주에 속하지 않는다는 반론이 가능하다. 왜냐하면 결정이란 과정을 포함하기 때문이다. 즉, 결정(making a decision)은 서로 구분되는 두 의미를 지닌다.[28] 하나는 단지 어떤 결정에 도달한다는 좁은 의미요, 다른 하나는 과정마저 포함하는 넓은 의미의 결정이다. 후자 의미의 결정에서는 여러 선택지를 고안한 다음, 각각의 선택지를 평가하는 과정이 중요한 역할을 차지한다. 일부 학자들은 AI 로봇은 전자의 의미로는 결정을 내리지만 후자의 의미로는 결정을 내리지 않는다고 반박한다. 그 이유는 AI 로봇은 기술자가 만든 프로그램에 따라 결정할 따름이라는 것이다. 그러나 이러한 이유가 적용되지 않는 AI 로봇이 얼마든지 가능하다. 실제로 '알파고'는 여러 경우의 수를 고려할 뿐만 아니라, 그 경우의 수에 따른 결과까지 고려하여 어디에 돌을 두어야 할지를 결정한다. 알파고의 착수 결정은 분명 과정을 수반한다. 오늘날 생성형 인공지능(Gen AI)는 이용자의 질문에 대해 여러 대안을 비교하는 숙고는 물론이거니와, 다른 인공지능과 민주적으로 토의하는 숙의마저 가능하다.

AI 로봇도 새로운 도덕적 문제 상황을 만나면 여러 경우의 수를 생각한 다음, 각 선택지를 결과주의 내지 의무론적 윤리에 따라 무엇이 도덕적인지를 판단을 내릴 수 있다. 이러한 판단을 도덕적 판단이라 부르지 않을 이유가 없다. 이에 대해 칸트(I. Kant)의 용어를 빌려, 로봇은 도덕과 부합하는 결정은 가능할지 모르나 도덕적 결정은 할 수 없다고 우리는 반박할 수 있다. 왜냐하면 도덕적 판단이 되고자 하면 단순히

....

28 J.H. Moor, "Are There Decisions Computers Should Never Make?", p.217.

도덕적 범주를 사용하여 도덕적 추론을 하는 것만으로는 안 되고 선의지와 같은 도덕적 동기가 필수적인데 로봇에게 동기를, 그것도 '도덕적 동기'를 묻는다는 것이 왠지 어색하기 때문이다. 하지만 이러한 반론은 선결문제 요구의 오류를 범하고 있다. 즉, 이 반론이 가능하자면 도덕에 대한 칸트적 정의를 받아들어야 한다. 동기의 윤리학 내지 덕의 윤리학 관점에서 로봇이 과연 도덕적 판단을 내릴 수 있는가의 물음은 기계윤리의 더 어려운 숙제임에 분명하다. 하지만 이미 앞서 지적했듯이, 우리는 여기서 이와 대비되는 결과주의나 의무론 등과 같은 행위 윤리학의 관점에서 기계윤리의 물음을 다루기에, 로봇의 결정은 과정을 포함하기에 얼마든지 도덕적일 수 있다.

5. 로봇의 도덕적 결정에 대한 비판적 논의

로봇의 도덕적 능력을 인정해도 문제는 여전히 남아 있다. 우선 로봇의 윤리적 결정 옹호 논증은 '윤리적 결정자'(ethical-decision makers)와 '윤리적 추론자'(ethical reasoners)의 구분을 혼동한다는 비판을 받는다. 드루우 맥더모트(D. MacDemott)는 윤리적 추론은 정도에 있어서 차이가 있을 따름이지 그 종류에 있어서는 다른 추론과 근본적으로 다르지 않지만, 윤리적 의결정은 다른 종류의 결정과 근본적으로 다르다고 주장한다.[29] 즉, 자신이 원하는 것과 마땅히 해야만 하는 것의 상충이 무엇인지를 결정 당사자가 이해해야 하는데 기계는 이런 이해를 결여하고 있다는 것이다. 즉, 윤리적 결정권자가 되고자 하면, 기계는 단

29 D. MacDemott, "Why Ethics is a High Hurdle for AI", W. Wallach & P. Assaro, eds., *Machine Ethics and Robot Ethics*, p.268.

순히 윤리적으로 옳은 것만 알아서는 안 되고 잘못된 것을 하고자 하는 유혹을 받아야 하고 또 그러한 유혹에 굴복할 수 있어야만 하는데, 로봇은 이것이 불가능하다. 이러한 비판은 로봇의 결정에는 '자기 이익과 윤리의 상충'이라는 요소가 결여되어 있기에 도덕적 결정이 될 수 없다고 주장한다. 따라서 이 비판은 다음 두 명제를 전제하고 있다.

(1) 도덕적 결정은 자기 이익과 윤리의 갈등을 본질로 한다.
(2) 로봇은 자기 이익을 지니지 않는다.

명제 (2)부터 살펴보자. 로봇은 자신의 이해관계를 갖지 않는가? 어떤 존재가 이해관계를 갖느냐의 물음은 철학에서도 어려운 숙제이다. 이 물음에 대해 여기서는 두 가지만 지적하고자 한다. 하나는 이해관계라는 개념은 '자아'를 전제한다는 주장이다. 이해관계란 언제나 누군가의 혹은 무엇의 이해관계이다. 그렇기 때문에 누군가 혹은 무엇에 해당하는 '자아'가 필요한데, 로봇은 자아 개념을 갖지 않는다고 반대자들은 주장한다. 형이상학적 차원에서 '로봇의 자아'는 분명 의심스러울 수 있다. 하지만 형이상학적 자아 개념은 이 글의 논의 밖이다. 다른 하나는 이해관계를 목적과 연관시켜 설명하는 일이다. 즉, 목적을 지닌 존재는 이해관계를 지닌다고 우리는 주장할 수 있다. "기계는 그 자체로 목적을 가질 수 없지만, (하향적 윤리에서) 프로그래머에 의해 부여된다면 기계는 참으로 어떤 목적(*a purpose*)을 가질 수 있다."[30] 로봇은 애초부터 고유한 목적의 실현을 위해 만들어졌다. 그렇기 때문은 로봇은 얼마든지 목적을 지닐 수 있고, 그 목적에의 충실성에 따른 이해관

....

30 S. Lumbreras, "The Limits of Machine Ethics", *Religions*, 2017, p.9.

계를 지닌다고 말할 수 있다. 목적을 실현하기 위한 자기 보존의 욕구도 우리는 로봇에게 프로그램화할 수 있다.

이에 대해 반대자들은 '만들어졌다'는 말에 이의를 제기할 것이다. 즉, 만들어진 자신 밖의 목적은 그 자신의 고유한 목적이 아니라고 우리는 반박할 수 있다. 이는 자율적 혹은 주체적 목적만이 진정한 목적이라는 주장이다. 하지만 이는 너무 강한 주장이다. 다수의 사람들도 이런 주체적 목적을 갖지 않는다. 인간은 사회화의 산물로, '밈'(memes), 즉, 비유전적인 문화요소에 의해 프로그래밍 되어 있기 때문이다.[31] 우리의 신념, 목적, 욕구 등은 문화, 환경, 교육, 뇌의 화학물질 등이 복합적으로 만들어낸 산물이기에 엄밀히 말해 인간의 목적도 자율적이지 않다. 따라서 로봇은 적어도 보통 사람들 수준의 목적을 지니기에 그 목적과의 상관성에 따라 자신의 이해관계를 지닌다는 결론을 우리는 얻게 된다.

이제 전제 (1)을 살펴보자. 왜 갈등 경험을 중요하게 여기는가? 그 이유는 선택의 자유, 즉 자유의지와 관련되어 있다. 강요된 선택은 물론이거니와 필연적인 선택 역시 도덕적 결정으로 간주하기 어렵다는 것이 일상인들의 도덕적 직관이다. 이런 논리를 따르면, 자기 이익과 윤리 사이에 갈등이 없다는 것은 곧 윤리의 선택을 불가피하게 만들기에, 이러한 경우의 선택은 도덕적 선택이 되지 못한다. 하지만 이는 도덕적 결정과 도덕적 책임을 혼동하는 잘못을 범하고 있다.[32] 불가피성은 강요와 마찬가지로 하나의 면책조건이다. 강요와 달리, 윤리적 추론의 결과로 내린 선택이라면 설사 그것이 이익과의 상충이 없는 불가피

....

31 J.P. Sullins, "When is a Robot a Moral Agent", *International Review of Information Ethics*, vol.6, no.12, 2006, p.27.

32 S.L. Anderson, "Philosophical Concerns with Machine Ethics", p.166.

한 선택이라 할지라도 도덕적 결정으로 간주해야 한다. 반대자들은 자기 이익과 갈등이 없기에 윤리 선택지만 가능하다고 주장하지만, 사실 이는 오해이다. 엄밀히 말하면 선택지가 하나밖에 없는 도덕적 문제 상황은 존재하지 않는다. 문제 상황이라는 개념 자체가 두 가지 이상의 선택지를 전제한다. 실제로 문제 상황에는 '무위'라는 선택이 암묵적으로 전제되어 있다. 다시 말해, 자기 이익과 상충하지 않아도 모든 윤리적 명령은 그 명령의 부정과 상충한다. 그렇기 때문에 반대자들은 단순히 자유의지에 근거하여 갈등이 아예 일어나지 않는다고 주장할 수 없다.

그래서 반대자들은 자기 이익과의 갈등이 윤리적 결정의 본질이라고 주장한다. 여기서 우리는 "윤리적 결정은 자기 이익과 윤리의 갈등을 필수요소로 하는가?"를 묻게 된다. 자기 이익을 초월하여 다른 사람의 선을 위한 결정은 물론이거니와 타인에게 미치는 영향을 고려하여 내린 모든 선택은 도덕적 선택이라는 해석도 얼마든지 가능하기 때문이다.[33] 하지만 여기서는 어느 입장이 합당한지를 논하지는 않고, 한 걸음 양보하여 전자의 엄격한 해석을 전제해도 로봇 역시 도덕적 결정을 내릴 수 있다는 것을 보여 주고자 한다. 우리의 윤리적 갈등은 나와 타자, 이익과 윤리 등을 축으로 정리하면 크게 다음과 같이 다섯 가지로 정리할 수 있다.

ⓐ 나의 이익과 타인(혹은 공동체)의 이익 상충

ⓑ 타인들 사이의 이익 상충

ⓒ 윤리 원칙들(혹은 도덕 규칙들)의 상충

ⓓ 나의 이익과 윤리 원칙의 상충

33 W. Wallach, C. Allen & S. Franklin, "Consciousness and Ethics: Artificially Conscious Moral Agent", W. Wallach & P. Assaro, eds., *Machine Ethics and Robot Ethics*, p.303.

ⓔ 타인의 이익과 윤리 원칙의 상충

이 다섯 가운데 ⓐ와 ⓑ는 윤리적 갈등이라고 말할 수 없다. 왜냐하면 윤리적 요소가 전혀 개입되지 않기 때문이다. 그리고 ⓒ는 여러 경우의 수가 가능하다. 예를 들어, 인공호흡기를 제거해 달라는 환자에 대해 자율성 존중 원칙과 해악 금지 원칙 사이에 갈등하는 의사나, 화재 현장에서 누구를 우선 구할 것인가로 갈등하는 소방관은 모두 ⓒ에 속한다고 하겠다. 이런 상충은 로봇에게 아무런 문제가 되지 않는다. 한 예로써, 미국 뉴올리언즈에 허리케인 카트리나가 몰아쳤을 때, 소방당국은 "누구를 우선적으로 구할 것인가?" 그리고 "어느 지역을 우선적으로 구조해야 하는가?" 등의 물음 앞에 정보의 부족과 접근의 한계로 곤경에 처해 있다고 하자. 이 경우 누가 더 윤리적으로 선택할 수 있을까? 사람보다 로봇이 더 나은 결정을 내릴 수 있다.[34] 이런 면에 있어서 ⓒ와 같은 갈등은 로봇이 적어도 사람만큼 잘 수행할 수 있다고 하겠다. ⓔ의 경우도 로봇에게 문제가 되지 않는다. 인간과 달리 로봇은 정보 부족이나 감정에 얽매이지 않고 공평한 관망자의 입장에서 윤리적 추론을 할 수 있기 때문이다.

이렇게 되면 로봇에게 남은 윤리적 갈등은 ⓓ의 경우뿐이다. 이에 대해 우리는 먼저 앞서의 논의를 이어받아 로봇도 목적을 갖기에 이해관계를 지녀 이러한 갈등을 경험한다고 반박할 수 있다. 양보하여 설사 로봇이 이해관계를 지니지 않는다 해도, ⓓ는 로봇에게 문제가 되지 않는다는 반박이다. 그 이유는 두 가지이다. 하나는 사람의 윤리적 갈등 경험에도 한계가 있다는 점이다. 즉, 사람은 그 도덕적 수준에 따라 윤

34 J.H. Moor, "The Nature, Importance, and Difficulty of Machine Ethics", p.20.

리적 갈등의 경험이 큰 차이가 나 모두가 윤리적 갈등을 경험하지는 않기에, 로봇이 이러한 갈등을 경험하지 않는다고 해서 윤리적 결정을 내릴 수 없다고 부인하는 것은 너무 가혹한 비판이다. 다른 하나는 ⓓ의 갈등을 아예 경험하지 않는 것을 오히려 로봇의 윤리적 장점으로 해석하는 일이다. 자기 이익에 따라 행위 하고자 하는 경향성은 인간 존재의 약점이다. 이런 약점에서 벗어날 수 있다는 점에 있어서 로봇은 '도덕적 성인'(moral saints)이 될 수 있다.[35]

이와 연관된 두 번째 반론은 '정서 결여' 반대 논변이다. 이 반론의 핵심은 도덕 판단은 본질적으로 정서(emotions)에 그 토대를 두고 있는데 로봇은 정서를 지니지 않기에 도덕적 결정을 내릴 수 없다는 것이다. 로봇의 정서는 아직 초보 단계임을 우리는 부인할 수 없다. 그러나 미래 로봇이 정서를 갖느냐의 물음은 전적으로 미래 기술, 즉 경험의 문제이지 철학의 문제는 아니다. 이러한 경험의 문제는 논외로 하고, 철학적 물음에 국한하여 살펴보자. 정서와 도덕 판단의 관계에 관해 적어도 우리는 두 가지 의문을 던질 수 있다. 하나는 모든 도덕 판단이 정서에 그 토대를 두고 있는가의 물음이다. 여기서 우리는 "실제로 사람들이 어떻게 도덕 판단을 내리는가?"라는 도덕 심리학의 물음이 아니라, "사람들은 도덕 판단을 어떻게 내려야만 하는가?"라는 도덕철학의 물음을 묻고 있다. 즉, 당위의 관점에서 보면 모든 도덕 판단이 정서에 토대를 두는 것은 아니며, 일부의 도덕 판단은 정서의 배제를 요구한다. 예를 들어, 환자가 삶을 비관한 나머지 조력 자살을 요구할 경우 의사는 이에 응해야 하는가의 물음은 정서를 배제하고 윤리 원칙에 따라 이성적으로 결정해야 하지 않는가? 따라서 정서 결여 반대 논변이 참

35 J. Gips, "Towards the Ethical Robot", p.250.

이라 할지라도, 로봇은 모든 경우는 아니라 하더라도 적어도 일부의 윤리적 결정은 내릴 수 있다는 결론을 우리는 얻게 된다.

다른 하나는 "정서가 윤리적 결정에 왜 중요한가?"를 우리는 물을 수 있다, 정서 결여 반대자들 역시 일부 도덕 판단은 정서에 토대를 두고 있지 않으며, 또 정서의 개입이 도덕 판단을 왜곡시킨다는 사실을 인정한다. 하지만 이들은 '가능한 모든 정서의 전적인 결여'(total lack of any possible emotion)는 문제가 있다고 주장한다. 적어도 적절한 정서적 반응을 느낄 수 있는 능력은 도덕 판단에 필수적이라고 이들은 생각한다. 하지만 이 반론은 도덕이란 근본적으로 인간 정서에 항상 그 토대를 두어야 한다는 메타윤리학적 주장에 근거한다.[36] 도덕 판단의 본성에 관한 물음은 열린 물음이다. 정서를 도덕 판단의 본질적 요소로 간주하지 않는 윤리관도 얼마든지 가능하다. 실제로 칸트주의 윤리학은 정서를 철저히 도덕에서 배격한다. 따라서 정서 결여 반대 논변은 덕 윤리학이나 배려 윤리학의 관점이 아니라 행위 내지 의무 윤리학의 관점에서 로봇의 윤리적 결정을 옹호하는 필자의 주장에 대한 반대 논거가 되지 못한다. 행위자로 하여금 도덕을 실천하도록 동기부여 하는데 정서의 관여는 요구된다 할지라도, 정서는 자율적 행위자 자체의 선결요건처럼 보이지 않기에 AMAs에 본질적이라고 말할 수 없다.[37]

마지막으로 "오직 인간만"(humans only) 반론을 살펴보자. 즉, 로봇의 도덕적 결정은 인간에게 심각한 위협이 될 수 있기에 비록 '결정 능력'(the ability to make decisions)은 인정해도 '결정 권한'(the power

....

36 B. Whitby, "On Computable Morality: An Examination of Machines as Moral Advisors", M. Anderson, & S.L. Anderson, eds., *Machine ethics*, p.144.

37 C. Allen, G. Varner & J. Zinser, "Prolegomena to Any Future Artificial Moral Agent", W. Wallach & P. Assaro, eds., *Machine Ethics and Robot Ethics*, p.62.

to make decisions)은 인간만이 가져야 한다고 일부 학자들은 주장한다.[38] 물론 이 반론은 입증된 것이 아니라 하나의 전제일 따름이기에 쉽게 뿌리칠 수 있지만, 우리는 이 반론이 갖는 실천적 함의를 신중하게 받아들여야 한다. 두 가지 위협이 예상되는데, 하나는 인간의 도덕적 자율성의 훼손 물음이고 다른 하나는 책임 회피의 물음이다. 먼저 전자와 관련하여 강한 도덕적 인공지능은 두 가지 면에 있어서 인간의 도덕적 자율성을 훼손할 수 있다. 하나는 의식이 없는 로봇이 인간과 동등한 도덕적 결정권자가 되면, 인간의 자율적인 도덕적 결정이 갖는 숭고한 가치가 손상될 수 있다는 가능성이다. 다시 말해, 로봇의 도덕적 지위를 향상시키는 것은 곧 인간의 도덕적 지위를 로봇과 동등한 수준으로 하락시키는 결과를 낳는다는 것이다. 하지만 이것은 인간의 도덕적 오만이다. 인류의 역사는 도덕적 행위자의 외연 확대의 역사가 아닌가? 오늘날 쾌고 감수능력을 지닌 고등동물에게 도덕적 지위를 부여해도 의식을 지닌 인간의 도덕적 지위가 손상되지 않듯이, 로봇을 도덕적 결정권자로 인정해도 도덕적 존재로서의 인간의 위상은 흔들리지 않는다.

다른 하나의 우려는 도덕적 결정 장애의 가능성이다. 기계의 윤리적 결정을 인정하는 것 자체가 인간성으로부터 일탈이며 이러한 일탈은 도덕적 능력의 '탈숙련화'(deskilling), 즉 인간의 도덕적 판단 능력의 쇠태를 가져온다는 우려가 존재한다. 아마 대다수의 사람들은 윤리적 딜레마에 대해 이제 더 이상 윤리적 사유를 하지 않음으로 도덕적 결정 장애의 문제가 발생할 수 있다. 물론 '우리 모두'가 로봇의 윤리적 결정을 맹신한다면 이러한 우려는 타당해 보인다. 하지만 이는 하나의

38 이 구분은 J.H. Moor, "Are There Decisions Computers Should Never Make?", p.219에서 참조하였다.

미끄러운 언덕길 논증에 지나지 않는다. AI 로봇의 미래에 대한 이러한 우려의 목소리는 일종의 자살적 예언이다. 인류 역사를 살펴보건대, 인간은 위기 때마다 진보하고 발전해 왔다.

다른 하나의 위협은 책임 회피의 물음이다. 인간은 윤리적 결정을 내리는 '기계 뒤에' 얼마든지 비윤리적으로 숨어버릴 수 있기 때문이다. 마치 '알파고'가 착점에 잘못하여 패배해도 그 설계자가 책임을 지지 않듯이, 기계가 도덕적 결정을 잘못하여 큰 사고가 발생해도 그 사용자나 제작자가 자신의 책임을 회피할 수 있기 때문에 소위 '책임 공백'(the responsibility gap) 물음이 발생한다.[39] 이 염려는 진지하게 고려되어야 한다. 한 예로, 투자 자문 로봇이나 의사 로봇의 결정이 잘못 되었을 경우 누가 책임을 지는가? 이 문제에 대한 최선의 해결책 가운데 하나는 도덕적 조언 시스템을 '공개적이고 반성적인 방식으로'(in an open and reflective fashion) 설계하는 일이다.[40] 즉, 궁극적인 도덕적 책임은 인간의 몫이지만, 이렇게 공개적이고 반성적인 방식으로 기계의 설계나 작동이 이루어지면 그만큼 실수를 줄일 수 있고 또 책임 소재를 밝히는 데 도움이 될 것이다. 무엇보다 도덕적 책임에 대해서는 괄호 치더라도 공적 이성을 통해 법적 책임의 소재에 대한 사회적 합의는 얼마든지 가능하다. 따라서 우리는 도덕적 존재로서의 지위를 잃지 않으려면 이런 부작용에 대한 경고를 심각하게 받아들여 윤리적 사유를 하는 데 게을리 해서는 안 될 것이다.

....

39 A. Matthias, "The Responsibility Gap: Ascribing Responsibility for the Actions of Learning Automata", *Ethics and Information Technology*, vol.6, no.3, 2004, pp.175-183. 책임 공백에 관한 자세한 윤리학적 논의는 김상득, 「AI 로봇의 책임 공백에 관한 윤리학적 연구」, 대한철학회, 『철학연구』 제169집, 2024, pp. 65-90을 참조하라.

40 B. Whitby, "On Computable Morality: An Examination of Machines as Moral Advisors", p.148.

6. 윤리적 기계

지금까지 필자는 터널 문제를 예로 들어 "로봇은 윤리적 결정을 내릴 수 있는가?"라는 물음에 대해 "그렇다"라는 긍정적 입장을 피력하였다. 윤리적 결정권자 되고자 한다면 로봇은 자율성과 윤리적 민감성을 모두 가져야 한다. 이에 반대하는 자들은 윤리에 대한 합의가 없는데 어떻게 로봇이 윤리적 민감성을 지닐 수 있느냐고 반문한다. 이러한 반문에 대해 우리는 우선 일반성의 수준에 따라 '윤리'를 윤리이론, 윤리원칙, 도덕규칙, 윤리 행위 등을 구분하고자 한다. 이러한 구분을 받아들이면 로봇으로 하여금 윤리적 민감성을 갖도록 하는 지혜를 얻을 수 있다. 즉, 윤리이론이나 윤리원칙의 경우에는 학자들마다 의견이 달라 합의점을 찾기 어렵지만, 도덕규칙이나 개별적인 윤리 행위에 있어서는 상당한 윤리적 합의가 이뤄지고 있다.[41] 존 롤스의 표현을 빌리면, 서로 다른 윤리 이론을 지니고 있어도, '중첩적 합의'(overlapping consensus)가 이뤄지고 있는 개별 사례들은 상당히 많다. 도덕규칙에 대해서도 어떤 윤리이론을 주장해도, "살인하지 말라.", "거짓말하지 말라." 등에 반대하는 윤리학자들은 없다. 따라서 우리는 로봇으로 하여금 일차적으로 합의된 개별적인 윤리 행위 및 도덕규칙에 민감하게 반응하도록 프로그램화 할 수 있다. 그리고 아직 윤리학자들 사이에 합의가 이뤄지지 않은 영역 내지 윤리적 갈등에 대해서는 로봇이 일방적으로 결정하여 섣불리 행동하지 못하도록 기술적인 안전장치를 마련할 수도 있다.[42]

....

41 M. Anderson & S.L. Anderson, "How Machines Can Advance Ethics", *Philosophy Now*, 2009, p.19.

42 ibid., p.19.

이와 더불어 명시적인 윤리적 로봇을 제작하는 데 있어서 우리는 특정 영역에서 일반 영역에로 확대해 나가는 지혜를 가질 필요가 있다. 응용윤리학의 도덕 문제는 대개의 경우 영역에 의존한다. 의료 현장에서 제기되는 도덕 문제와 인터넷과 관련된 도덕 문제는 다르다. 그런데 로봇은 대개 특정 영역에서 기능하도록 만들어졌기에, 그 영역의 도덕 문제에 국한하여 윤리적 민감성을 갖도록 하는 작업에서 시작하여 일반적 윤리 물음에로 나아가는 전략이 필요하다. 특정 영역에서 무엇이 윤리적으로 허용가능하고 그렇지 않은지를 결정하는 것은 비교적 용이하다. 특정 영역의 문제를 다루는 데는 높은 수준의 범용적 지능을 갖추지 않아도 특수 지능만으로도 가능할 것이다. 물론 이렇게 해도 명시적인 윤리적 로봇을 제작하는 일은 쉬운 일이 아니다. 그러나 불가능한 일도 아니다. 따라서 우리는 로봇의 윤리화를 서두르지 말고 점진적으로 개발해나가야 할 것이다.

따라서 현 단계에서는 윤리적 결정권자로 로봇을 인정하는 일이다. 기계윤리학은 여기에서 출발할 수밖에 없기 때문이다. 다시 말해, 로봇의 윤리적 결정을 받아들이지 아니하면 기계윤리학은 더 이상 앞으로 나아갈 수 없다. 그런데 로봇의 윤리적 결정 인정은 세 가지 의미로 해석할 수 있다. 첫째는 윤리적 조언자로서의 결정이다. 마치 현재 의료용 로봇이 의학적 진단을 내리지만 최종 결정은 의사의 몫이듯이, 로봇 역시 윤리적 결정을 내리지만 최종 결정은 사람의 몫으로 돌리는 차원이 바로 이 단계이다. 둘째는 특정 영역 내지 특정 도덕 문제에 국한하여 로봇의 윤리적 결정을 인정하는 일이다. 의료 영역이나 혹은 터널 문제처럼 정보나 시간이 부족하여 인간이 올바른 윤리적 결정을 내리기 어려운 영역이나 문제에 한정하여 로봇의 결정에 도덕적 권위를 부여하는 것이 이 두 번째 단계이다. 세 번째 단계는 로봇의 윤리적 결정을 보편화하는 일이다. 모든 도덕 문제에 관해 로봇의 윤리적 결정에 대해 인간과 동등한 도덕적 권위를 부여하는 일이다. 그렇다고 절대적 권위를 부여하는 것은 아니다.

논리적으로 우리는 여기서 한 걸음 더 나아가 모든 도덕 문제에 관한 해결 권한을 로봇에게 위임하는 단계도 생각해 볼 수 있다. 이는 로봇을 인간보다 도덕적으로 우월한 존재로 간주하는 결과를 낳아, 인간 존엄성에 대한 위협이 될 수 있기에 윤리적으로 바람직하다고 보기 어렵다. 이 마지막 단계를 제외하면, 우리의 선택지는 셋이지만 첫 번째 단계, 즉 윤리적 조언자 단계에서 출발하는 것이 가장 안전하다. 이렇게만 되어도 우리는 로봇으로부터 큰 도움을 얻을 수 있다. 한 예로 '윤리적 결정 조언자'(Ethical Decision Assistant)로 AI 로봇은 인간보다 더 나은 윤리적 추론과 의사결정 과정을 우리에게 보여 줄 수 있다.

윤리적 결정에 있어서 로봇은 인간에 비해 두 가지 장점을 지닌다. 하나는 수행하려고 한 선택지의 장, 단기 결과는 물론이거니와 고려하지 않은 선택지의 장, 단기 결과까지도 우리에게 비교적 정확하게 알려줄 수 있다는 점이요, 다른 하나는 가상현실 기술을 채택하여 어떤 행위/무위의 결과를 체험케 함으로 말미암아 의지박약으로 인한 실수를 줄여줄 수 있다는 점이다. 이처럼 개인적인 윤리적 결정을 도와줄 뿐만 아니라 사회정책의 결정에 있어서도 AI 로봇은 인간보다 더 일관적이고 더 공평할 수 있기에 더 나은 결정을 내릴 수 있다. 특히 로봇은 '악마의 변호인'(Devil's Advocate) 역할에 충실할 수 있어 채택하고자 하는 정책의 결함뿐만 아니라 다른 정책이 갖는 장점을 사전에 예견해 주어 균형감각을 갖고 사회 전체에 유익한 결정을 내리는 데 큰 도움을 줄 것이다.[43]

그뿐만 아니라 AI 로봇은 윤리이론의 발전에도 도움을 준다. 트롤리 문제처럼 복잡한 윤리적 딜레마에 대해 AI 로봇은 인간보다 더 나은 윤리적 추론을 통해 더 훌륭한 해결책을 제공해 줄 수도 있기 때문이다. 우선 인간 윤리학자들은 모호함과 비일관성으로부터 자유로울 수 없는데 반해 기계는 그렇지 않아 윤리학자들의 윤리적 추론을 도와준다. 게다가 "조언 제공 프로그램이 '사례 기반 추론'(case-based reasoning)과 같은 이미 확립된 AI 기술과 병합되면, 이러한 프로그램은 새로운 사례에 새롭게 반응할 수 있을 뿐 아니라 새로운 일반화도 가능하다. 다시 말해, 이런 시스템은 그 설계자가 결코 고려하지 않은 새로운 원칙을 획득하는 것이 가능하다."[44] 설사 윤리적 갈등이나 딜레마에 관해 해결책을 제시해지 못해도, 이러한 갈등이나 딜레마가 왜 발생하는지, 그리고 이에 관한 의견불일치의 특성이 무엇인지를 AI 로봇이 정확하게 제시해 줄 수 있는데, 이것만으로도 윤리 이론의 발전에 큰 도움이 된다.[45] 하지만 조언자에 만족해야 한다는 주장 이면에는 오직 인간 존재만이 도덕적 권위를 지닌 윤리적 결정권자라는 명제가 전제되어 있는데,[46] 이는 인간중심주의 윤리로서 종 차별주의에 지나지 않는다. 따라서 우리는 이를 출발점으로 두 번째 단계를 거쳐 궁극적으로 세 번째 단계를 목표로 로봇의 윤리적 의사결정 권위를 인정해야 할 것이다.

....

43 H. Seville & D.G. Field, "What Can AI Do for Ethics?", M. Anderson, & S.L. Anderson, eds., *Machine ethics*, pp.499-511.

44 B. Whitby, "On Computable Morality: An Examination of Machines as Moral Advisors", p.141.

45 M. Anderson & S.L. Anderson, "How Machines Can Advance Ethics", p.19.

46 S.L. Anderson, "Machine Metaethics", p.26.

10

신경윤리: 자유의지는 정말 존재하는가

이 장은 리벳의 실험으로 촉발된 자유의지에 대한 신경과학의 도전이 도덕적 책임 물음에 어떤 실천적 함의를 지니는지를 비판적으로 고찰하는 데 그 목적이 있다. 이를 위해 필자는 먼저 리벳의 실험 결과가 무엇인지를 해명하면서, 이 실험의 윤리학적 함의를 면밀히 검토할 것이다. 이러한 검토를 바탕으로 필자는 자유의지를 구하기 위한 경험적 반론과 철학적 반론을 분석하고자 한다. 전자는 리벳의 실험 자체를 부인하는 전략이고, 후자는 리벳의 실험 결과로부터 자유의지 및 도덕적 책임의 부정이 추론되지 않는다는 것을 보여 주는 전략이다. 이 두 반론에 대한 비판적 논의를 통해 필자는 리벳의 실험은 자유의지를 논박하는 데 상당한 성공을 거두었다 하더라도, 행위자에 대한 도덕적 책임의 귀속은 여전히 가능하다는 점을 도덕공동체 내지 도덕적 실천에 근거하여 해명하고자 한다.

1. 신경과학과 몽유병의 문제

윤리학은 실천의 학이기에 응용윤리학은 실질적인 도덕 문제 해결을 목표로 한다. 이러한 실질적인 문제 해결은 가상 사례의 도움 없이는 거의 불가능하다. 마치 환자를 치료할 수 있는 의약품 개발을 위해 임상시험을 하듯, 윤리학적 탐구에도 임상시험이 필요한데 가상 사례는 바로 이 역할을 감당하기 때문이다. 윤리학적 임상시험의 대표적인 가상 사례는 도덕적 딜레마의 전형적인 특성을 보여 주는 '트롤리 문제'(trolley problem)이다.

> (TP) A는 전차 기관사이고, 시속 100킬로미터로 철로를 질주한다고 가정해 보자. 저 앞에 인부 다섯 명이 작업 도구를 들고 철로에 서 있다. 전차를 멈추려 했지만 불가능하다. 브레이크가 말을 듣지 않는다. 이 속도로 들이받으면 인부들이 모두 죽고 만다는 사실을 알기에 절박한 심정이 된다. 이때 오른쪽에 있는 비상 철로가 눈에 들어온다. 그곳에도 인부가 있지만, 한 명이다. 전차를 비상 철로로 돌리면 인부 한 사람이 죽는 대신 다섯 사람이 살 수 있다.

당신이 이 상황의 기관사하면 어떻게 하겠는가? 어떤 사람은 이렇게 말할 것이다. "돌려! 죄 없는 사람 하나가 죽겠지만, 다섯이 죽는 것보다는 낫잖아." 하지만 이와 반대로 "주행 선로가 아님을 알고 일하고 있는 그 한 사람이 무슨 잘못이 있단 말인가? 생명의 가치를 수치로 따질 수 있는가?"라고 주장하는 사람도 있을 것이다. 참으로 어려운 숙제이다. 이 문제를 좀 더 어렵게 약간 변형해 보자.

(SP) B는 전차 기관사인데 하루 일과를 끝내고 잠을 자고 있다. 그런데 갑자기 일어나 차고로 달려가 기관차를 시속 100킬로미터로 철로를 질주하고 있다. 저 앞에 인부 다섯 명이 작업 도구를 들고 철로에서 있다. 전차를 멈추려 했지만 불가능하다. 브레이크가 말을 듣지 않는다. 이때 오른쪽에 있는 비상 철로가 눈에 들어온다. 그곳에도 인부가 있지만 한 명이다. 전차를 비상 철로로 돌리면 인부 한 사람이 죽는 대신 다섯 사람이 살 수 있다. 그럼에도 그는 그냥 달려 다섯 명을 죽이고 말았다.

이렇게만 변형시켜놓고 보면 (SP)는 (TP)의 하위 사례처럼 보인다. 문제는 B가 몽유병을 앓고 있어 자신이 이러한 행동을 했다는 사실 자체를 모른다는 데 있다. 마치 과음으로 필름이 끊겨 자신이 무슨 일을 저질렀는지 당사자가 전혀 알지 못하듯이, 몽유병 환자도 자신의 행동을 전혀 인지하지 못하는 것이다. 그래서 이를 필자는 '몽유병 문제'(somnambulism problem)라 부르고자 한다. 실제로 캐나다에서는 이와 유사한 사례가 일어났다.[1]

1987년 켄 파크는 23km를 운전해 그의 처가에 가서 장인과 장모를 칼로 찔렀다. 그리고 그는 경찰서에 가서 자신이 누군가를 죽인 것 같다고 진술했다. 그가 분명히 기억하는 것은 그의 손이 중상을 입었다는 것뿐이라고 했다. 파크는 병원으로 옮겨졌고 상처 입은 양팔의 힘줄을 치료받았다. 살인미수로 기소되었지만, 그는 자신이 그 당시 몽유병

....

1 N. Levy, *Neuroethics: Challenges for the 21st Century*(Cambridge: Cambridge University Press, 2007), 신경인문학연구회 옮김, 『신경윤리학이란 무엇인가』(서울: 바다출판사, 2011), pp.19-22.

상태였기에 이에 대해 책임이 없다고 주장하였다.

이러한 몽유병을 자동증(automatism)이라 한다. 몽유병 문제는 "도덕적으로 무엇을 해여만 하는가?" 혹은 "도덕적으로 옳은 것은 무엇인가?"의 물음에 대한 합당한 답을 천착하는 문제가 아니라, 도덕적 책임의 귀속 문제이다. 이는 음주 문제와 다르다. 물론 과음으로 필름이 끊긴 시점 t에서 보면 행위자와 행위 사이에는 물리적 인과관계가 성립하지만 행위자의 의도성 차원에서 보면 도덕적 인과관계는 성립하지 않는다. 하지만 필름이 끊기도록 과음을 한 행위에는 행위자의 의도성이 들어있기에 그 결과에 대해 행위자에게 우리는 도덕적 책임을 물을 수 있다. 과음 자체는 의도적 행위이다. 이 경우 행위자는 도덕적인 관점에서 보면 직접적 의도성은 없지만 간접적 의도성을 가졌다고 말할 수 있다. 하지만 몽유병 환자는 물리적 인과관계는 분명하지만, 직접적 의도성은 물론이거니와 간접적 의도성도 지니고 있지 않다. 자동증의 원인이 무엇인지를 불분명하지만 그가 통제할 수 없는 영역이고, 잠을 자는 것 역시 인간의 생물학적 본능이기 때문이다. 이처럼 도덕적 관점에서 보면 몽유병 환자는 직접적 책임은 물론이거니와 간접적 책임조차 물을 수 없다. 이를 전제하면 몽유병으로 인한 행위 및 그 결과는 "내 탓이 아니라 뇌 탓이게 된다." 실제로 그는 장인장모와 사이좋게 지내던 점잖은 사람으로 이들을 살해할만한 동기가 전혀 없었다. 그래서 그는 캐나다 법원으로부터 무죄를 선고받았다.

뇌에 관한 신경과학이 발달하기 이전에는 이러한 몽유병 물음은 윤리적으로 문제가 되지 않았다. 왜냐하면 파크의 행위는 명백한 살인미수 행위이기에 그의 도덕적 책임은 당연하게 간주되었기 때문이다. 하지만 뇌 과학의 발달은 그가 어떻게 살인 행위를 하게 되었는지 그

인과적 과정을 밝혀 주었다. 뇌의 특정 부위에 이상이 생겨 자신의 인지나 의지와 상관없이 그는 '자동증적으로' 그러한 행동을 하게 된 것이다. 실제로 오늘날 뇌 과학은 '뇌-마음-행동'의 관계를 인과적으로 혹은 경험 과학적으로 설명하고자 한다. 그 결과는 인간의 마음이나 행동이 뇌의 뉴런 변화와 밀접한 연관성을 지닌다는 것이다.[2] 이는 분명 윤리의 아이러니로 도덕적 책임 물음을 낳는다. 왜냐하면 우리는 자신의 행동은 마음의 자유의지에 따른 자발적 행동이라고 생각하는데 실제로는 자신의 의지와 상관없는 뇌의 뉴런이 인과적으로 작용한 결과라고 뇌 과학자들은 주장하기 때문이다.

이처럼 뇌 과학 내지 신경과학의 발달로 인해 제기되는 윤리적 물음을 다루는 학문인 탄생하였는데, 이를 우리는 '신경윤리학'(neuroethics)이라 부른다. 일반적으로 2002년 5월 13일과 14일 미국 샌프란시스코에서 자선 단체인 '다나 재단'(Dana Foundation)이 후원하고 스탠포드대학과 UC 샌프란시스코 대학이 공동 주최한 "신경윤리학: 지도 그리기"(Neuroethics: Mapping the Field) 심포지엄을 신경윤리학의 기원으로 간주한다.[3] 즉, 이 학회에는 뇌 과학자, 윤리학자, 언론인 및 관련

....

2 인간의 행동과 뇌의 연관성에 관한 대표적인 사례는 '피니어스 게이지'(P. Gage) 사례이다. 철도 건설현장의 작업반장이던 게이지는 1848년 9월 13일 늦은 오후, 미국 버몬트 주 캐번디시 근처에서 사고를 당했다. 6kg짜리 쇠막대가 머리통을 관통한 것이다. 그는 기적같이 목숨을 건졌고 몸도 완전히 회복됐다. 그런데 달라진 점이 있었다. 사고 전에는 성실하고 믿음직한 사람이었던 그가 사고 후 무례하고 종잡을 수 없는 성격으로 변한 것이다. 뇌의 앞쪽에 있는 전두엽이 사고로 손상된 것이다. 사건 후에 보인 그의 행동은 전두엽이 손상되면 감정이나 충동 조절에 문제가 생겨 거친 말을 하거나 폭력적인 성향을 보인다는 것을 확인해 준 것이다. 게이지는 이로 인해 뇌 과학의 역사에서 기념비적인 인물로 인간의 뇌를 설명할 때 종종 인용된다. 그가 죽은 후 하버드 의과대학에서는 그의 시신을 무덤에서 꺼내 그 두개골을 박물관에 전시하고 있다. https://www.brainmedia.co.kr/Insight/22642 이에 관한 자세한 논의는 전은애, "피니어스 게이지: 세계에서 가장 유명한 뇌 연구 사례", 한국뇌과학연구원, 『브레인』, 92권, 2022, pp.49-51을 참조하라.

3 이상헌, "신경윤리학의 등장과 쟁점들", 서강대학교 철학연구소, 『철학논집』, 제19집, 2009,

전문가들이 참여하였는데, 명문장가로 알려진 칼럼니스트 윌리엄 새피어(W. Safire)가 "신경윤리학이라는 새로운 분야에 대한 비전"이라는 제목의 논문에서 신경윤리학을 "인간 뇌의 치료, 완전성 또는 뇌에 대한 달갑지 않은 간섭과 우려스러운 조작에 대한 옳고 그름, 좋고 나쁜 것을 검토하는 것"으로 정의하였는데,[4] 이 정의가 신경윤리학에 관한 최초의 명시적인 정의로 간주되고 있다.

하지만 닐 레비(N. Levy)는 『신경윤리학이란 무엇인가』라는 자신의 저서에서 신경윤리학의 기원을 2003년 『뉴욕 타임즈』에 기고한 새피어의 칼럼 "실패한 위험"에서 찾는다.[5] 이 칼럼에서 새피어는 신경윤리학을 "인간 뇌의 치료나 향상에 대한 옳고 그름을 논하는 철학 분야"로 정의하였다.[6] 그렇다고 그가 이 용어를 처음으로 만들었다는 뜻은 아니다. 그 자신이 2005년 5월 국회도서관에서 열린 두 선도적인 신경윤리학자인 마이클 가자니가(M.S. Gazzaniga) 및 법학자 헨리 그릴리(H. Greely)와의 토론에서 인정하였듯이 이미 그 이전에도 이 용어는 존재해 왔다. 즉, '신경윤리학'은 '신경 윤리적', '신경 윤리학자' 등의 개념과 친척 관계에 있는데, 이러한 용어들은 수십 년 전, 그러니까 1989년부터 1991년 사이의 과학 문헌에 이미 사용되었다. 에릭 라신(E. Racine)에 따르면, 이 용어는 1973년 하버드 의사인 아넬리제 폰티우스(A.A. Pontius)가 『지각 및 운동 기술』(Perceptual and Motor Skills)에 발표한 "신생아의 걷기에 대한 신경윤리"(Neuro-ethics of 'walking' in the

....

p.101.

4 W. Safire, "Visions for a New Field of Neuroethics", *Neuroethics: Mapping the Field Conference Proceedings*, May 13－14, 2002. San Francisco, California.

5 신경윤리학의 기원에 대한 설명은 N. Levy, *Neuroethics: Challenges for the 21st Century,* p.13의 각주 1 및 『위키백과』, "Neuroethics"를 참조하라(https://en.wikipedia.org/wiki/Neuroethics).

6 W. Safire, "The Risk That Failed", *New York Times*, July 10. 2003.

newborn)라는 논문에서 신경윤리학이라는 용어를 처음 사용하였다가, 1993년에 출간된 『심리보고서』에 게재한 논문에서 이 용어를 다시 언급하였다. 그럼에도 신경윤리학의 기원을 2002년의 새피어 글에서 찾는 이유는 그가 처음으로 신경과학이 제기하는 전반적인 윤리적 물음들을 다루는 하나의 학문으로 신경윤리학이라는 용어를 사용함으로써 비로소 신경윤리 물음에 관한 대중들의 폭넓은 관심이 촉발되었기 때문이다.

2. 신경윤리학의 지도 그리기

신경윤리학이라는 학문 명칭에 대해 일부에서는 윤리학자가 아닌 철학자나 인문학자의 참여를 배제하기 때문에, 혹은 법학, 사회학 등 다른 분야도 관련되어 있기에 이의를 제기하면서 보다 포괄적인 의미를 담고 있는 '신경인문학'(neurohumanties)이라는 용어를 사용하자고 제안하기도 한다. 하지만 이미 학계에서는 응용윤리학의 한 분야로 신경윤리학이라는 용어가 널리 통용되고 있다. '다나 재단' 이사장 프란시스 하퍼(F. Harper)의 말을 인용하면, 신경과학의 발달로 인해 신경윤리학이라는 열차는 이미 역을 출발하였다.[7] 물론 합당한 명칭에 대한 이러한 논의는 중요할 수 있지만 신경과학의 발달에 함의된 윤리적 물음을 탐구하는 데 있어서 보다 중요한 물음은 신경윤리학의 학문적 특성에 대한 논의이기에, 우리는 신경윤리학에 관한 개념적 정의에 주목하고자 한다. 주디 일리스(J. Illes)와 스테파니 버어드(S.J. Bird)의 넓은

....

7 A.L. Roskies, "Neuroethics for the New Millenium," *Neuron*, vol.35, no.1, 2002, p.23 재인용.

의미의 정의에 따르면 "신경윤리학은 신경과학의 윤리적, 법적, 사회정책적 함의(ethical, legal and social issues, ELSI) 및 신경과학 연구 자체의 측면들과 관련되어 있다."[8] 이는 생명공학에 관한 ELSI 연구를 신경과학에 그대로 응용한 개념 규정이다. 일부 학자들은 이러한 포괄적 정의를 바탕으로 신경윤리학을 몇몇 범주로 세분하고 있다.

가장 대표적인 분류는 아디나 로스키스(A.L. Roskies)의 '신경과학의 윤리학'(ethics of neuroscience)과 '윤리의 신경과학'(neuroscience of ethics) 구분이다.[9] 즉, 신경과학의 윤리학은 신경과학적 탐구와 지식이 인간에 적용될 때 이를 규제하기 위한 윤리적 틀을 개발하는 분야를 뜻하는 반면에, 윤리의 신경과학은 윤리 자체의 이해에 대한 신경과학 지식의 영향을 연구하는 것을 말한다. 신경과학의 윤리는 다시 두 범주로 구분되는데, 하나는 신경과학적 연구를 설계하고 실행하는 과정에서 발생하는 윤리적 이슈이고, 다른 하나는 신경과학적 연구의 결과에 함의된 사회적, 윤리적, 법적인 이슈이다. 그는 전자를 '실행의 윤리'(ethics of practice)라고 그리고 후자를 '신경과학의 윤리적 함의'(ethical

....

8 J. Illes & S.J. Bird, "Neuroethics: A Modern Context for Ethics in Neuroscience", *Trends Neuroscience*, vol.29, no.9, 2006, p.511.

9 A.L. Roskies, "Neuroethics for the New Millenium," pp.21-23. 윤리적 함의 물음은 신경윤리학의 고유성을 보여 준다. 뇌의 전전두피질의 이상으로 범법 행위를 저지른 자에게 도덕적 책임이나 법적 책임을 물을 수 있는가, 또 약물복용을 통한 뉴런적인 능력 향상은 윤리적으로 허용될 수 있는가 등의 물음은 후자에 속하는데 이는 기존의 생명윤리 물음과 그 차원이 다르다. 특히 빛으로 생체 조직의 세포들을 조절할 수 있는 생물학적 기술을 탐구하는 광유전학(optogenetics)은 신경윤리학의 고유성을 잘 보여 준다. 즉, 광유전학을 사용하면 유전학적으로 분류된 특정 신경 세포들의 신경활동을 빛을 사용하여 선택적으로 조절하거나 기록할 수 있음으로 말미암아, 타인에 대한 지배 내지 조작이 가능하게 되어 자율성, 자아정체성, 인간의 진정성 등이 무엇인가의 철학적 물음이 발생한다. 하지만 실행의 윤리는 대부분 생명윤리와 중복된다. 즉, 신경과학 연구의 윤리적 수행과 책임 있는 개발에는 생명윤리학에서 주장하는 자율성 존중 원칙, 악행 금지 원칙, 선행 원칙, 정의 원칙 등이 준수되어야 한다는 점은 너무나 당연하다. E. Johnson, "The Philosophical Implications of Neuroscience Research on Free Will and Moral Responsibility", *International Journal of Philosophy*, vol.3, no.2, 2024, p.24 참조.

implications of neuroscience)라고 각각 이름 붙였다. 광의의 신경윤리학은 이 모두를 포함하지만, 협의의 신경윤리학은 마지막의 신경과학의 윤리적 함의 물음을 철학적으로 탐구하는 학문을 말한다.

협의의 신경윤리학의 주요 물음은 마음 읽기(mind reading) 및 마음 조절(mind manipulating)과 연관되어 있다. 예를 들어, '뇌 지문'(brain fingerprinting)의 활용이 과연 윤리적으로 정당화될 수 있는가의 물음이 마음 읽기와 연관된 물음이라면, 2024년 OTT "쿠팡플레이"에서 방영된 드라마 '가족계획'의 여주인공이 악한을 응징하는 데 행사하는 '브레인 해킹'(brain hacking)은 마음 조절과 관련된 신경윤리학의 물음이다.[10] 마음 조절은 브레인 해킹처럼 부정적으로 사용될 수도 있지만 우울증과 같은 정신적 질병의 치료는 물론 인간의 마음 능력을 강화 내지 향상시키는데도 사용될 수 있다. 신경 인지 능력을 향상시키는 약물이 그 대표적인 사례이다. 유전자 성형을 통한 자질 강화는 유전자와 인간 능력의 간접적인 관계로 인해 그 활용이 제한적이지만, 뇌와 마음 내지 행동의 관계는 보다 직접적이기에 그 효율성이 높지만 그만큼 더 큰 윤리적 물음을 야기한다.[11]

....

10 뇌 과학의 발달로 'P 300 뇌파'가 1960년대에 발견되었다. 이 뇌파는 친숙한 소리나 냄새 혹은 광경을 인지할 때 그 진폭이 변화한다고 알려져 있다. 예컨대 만약 당신이 낯선 모자 그림과 오늘 아침에 썼던 모자 그림을 본다면 당신의 P 300은 친숙하게 보이는 후자에 훨씬 강하게 표시될 것이다. 이를 발전시켜 1991년 로런스 파웰 박사가 '뇌 지문'이라는 이름을 붙였다. 손가락에 지문이 있듯이, 뇌에도 지문이 있어 P 300 뇌파를 정밀하게 검사하면 그 사람이 이전에 무엇을 하였는지를 추정할 수 있다는 것이다. 예를 들어, 범죄 장면이 담긴 상세한 사진을 용의자에게 보여 주고 그의 P 300 뇌파를 측정해 보면 그 사람이 범죄 현장에 있었는지에 관한 알리바이를 추정할 수 있다. 예를 들어, 범행과 관계없는 칼에는 반응이 없다가 범행에 사용된 칼을 보는 순간 뇌에서 무심코 P 300 뇌파가 뜬다. 또 하나의 거짓말 탐지기 역할을 하지만 수사에 뇌 지문을 활용하는 것은 개인의 사생활과 자율성에 대한 중대한 침해로 인권 존중의 원칙에 어긋난다는 비판의 목소리도 만만찮다. M.S. Gazzaniga, *The Ethical Brain: The Science of Our Moral Dilemmas*(New York/Washington, DC: Dana Press, 2005), 김효은 옮김, 『뇌는 윤리적인가』(서울: 바다출판사, 2009), pp.150-151 참조.

그리고 라신은 로스키스의 분류에서 신경과학의 윤리적 함의를 더 세분하여 신경윤리학을 (1) 연구 신경윤리학(research neuroethics), (2) 임상 신경윤리학(clinical neuroethics), (3) 공공 문화적 신경윤리학(public and cultural neuroethics), 그리고 (4) 사변적인 이론 신경윤리학(theoretical and reflective neuroethics)으로 구분하였다.[12] 특히 라신은 신경과학의 발달이 사회 및 공공 정책에 미치는 영향이 중요하다고 하면서 (3)을 강조하고 있다. 예를 들어 마음 조절 기술은 능력 향상의 길을 열어주기 때문에 어떻게 제도화 하느냐에 따라 사회 정의와 공평성의 증진 여부가 달라진다.[13] 반면에 마사 파라(M.J. Farah)는 신경과학 기술을 중심으로 뇌 영상 기술과 관련된 윤리 물음, 뇌 기능 강화와 관련된 윤리 물음, 그리고 도덕적 책임의 물음 등 셋으로 신경윤리학의 주제를 분류한다.[14] 정확하게 일치하지는 않지만 세 학자의 분류를 하나의 도표로 대략적으로 분류하면 표 11과 같다.

물론 세 사람의 신경윤리학 범주가 정확히 어떤 연관성을 갖는지에 관해서는 더 많은 논의가 필요하지만, 이 글은 신경과학의 분류나 신경과학의 윤리가 아니라 신경과학의 발견이 윤리의 근본 전제에 관해 어떤 실천적 함의를 갖는지의 물음에 초점을 맞추고 있어 자세한 논의는 생략하고자 한다. 그리고 신경윤리학계에서는 로스키스의 구분이

....

11 실제로 미국에서는 ADHD(주의력결핍 장애) 아동에게 학교가 의학적 치료를 강제하여 학부모가 소송을 제기한 경우가 있다. 이를 비롯한 신경 인지적 강화와 관련된 윤리적 물음에 관한 자세한 논의는 M.J. Farah et al., "Neurocognitive Enhancement: What can We Do and What should We Do?", *Nature Reviews Neuroscience*, vol.5, 2004, pp.421-425을 참조하라.

12 E. Racine, *Pragmatic Neuroethics*(Cambridge: MIT Press, 2010), p.5.

13 김효은·설선혜, 「신경윤리의 독자성과 주요 쟁점들」, 한국인지과학회, 『인지과학』, 제29권 제1호, 2018, pp.67-80 참조.

14 M.J. Farah, "Neuroethics: The Practical and the Philosophical", *Trends in Cognitive Science*, 2005, vol.9, no.1, pp.34-40.

표 11 로스키스, 라신, 파라의 신경윤리학 분류

<table>
<tr><th>학자</th><th colspan="2">로스키스</th><th>라신</th><th>파라</th><th>주요 물음</th></tr>
<tr><td rowspan="4">분류</td><td rowspan="3">신경과학의 윤리</td><td>실행의 윤리</td><td>연구 신경윤리학</td><td></td><td>신경과학 연구 시 피험자의 동의 물음</td></tr>
<tr><td rowspan="2">신경과학의 윤리적 함의</td><td>임상 신경윤리학</td><td>뇌 영상 기술</td><td>정신과 치료에서 정신 질환자의 대리 결정 윤리 물음, 뇌 영상 기술과 관련된 뇌 프라이버시 문제</td></tr>
<tr><td>공공 문화적 신경윤리학</td><td>뇌 기능 강화</td><td>뇌 기능 강화기술의 분배 물음, 뇌 지문의 법적 증거력 물음</td></tr>
<tr><td colspan="2">윤리의 신경과학</td><td>사변적인 이론 신경윤리학</td><td>책임, 뇌 그리고 비난</td><td>자유의지와 도덕적 책임의 물음</td></tr>
</table>

통설로 널리 받아들여지고 있어, 이 글에서는 그의 용법에 따라 '윤리의 신경과학'이라는 용어를 사용하고자 한다.

일부에서는 윤리의 신경과학은 신경윤리학의 범주에 속하지 않는다고 주장한다. 인간의 윤리적 사유 및 도덕적 능력에 관한 이해는 윤리적 이슈가 아니라 과학적 이슈이기 때문이다. 즉, 윤리학은 당위를 다루는 규범적(prescriptive) 학문인 반면에, 과학은 사실을 다루는 서술적(descriptive) 학문이다. 따라서 데이비드 흄(D. Hume)이 말한 대로 '존재와 당위의 간격'(the is-ought gap)을 받아들이면, 사실을 다루는 뇌 과학 내지 신경과학은 윤리학과 무관하다는 것이다. 이를 수용하여 윤리의 신경과학을 배제하게 되면 신경윤리학은 생명윤리학과 하등 다를 바 없게 되어 고유한 학문 분야로 자리매김 하기 어렵게 된다. 하지만 이러한 추론은 단편적인 생각이다. 인간 뇌에서 윤리적 사유가 어떻게 일어나는지의 물음은 과학이 경험적으로 탐구해야 할 물음임에 분명하다. 그렇기 때문에 신경과학의 윤리와 윤리의 신경과학은 구

분되어 독립적으로 논의되어야 한다.

하지만 윤리학은 사실이 아니라 당위를 탐구하지만 사실에 반하는 학문이 아니다. 신경과학은 윤리학이 전제하고 있는 '사실'을 묻는다.[15] 예를 들어, 윤리학은 의식적 존재가 도덕적 지위를 지닌다고 주장할 따름이지, 식물인간 상태의 환자가 의식을 지니는지에 대해서는 아무런 대답을 주지 못한다. 이런 환자가 의식을 지니는지의 물음은 오직 뇌 과학을 통해서만 해명될 수 있다.[16] "과학은 윤리학에 중요하다. 왜냐하면 과학적 진리로부터 도덕적 진리를 추론할 수 있기 때문이 아니라, 과학적 정보는 도덕적 사유가 무비판적으로 받아들이고 있는 사실적 전제 자체를 위협할 수 있기 때문이다."[17] 뇌 과학은 이제까지 정신

....

15 A.L. Roskies, "The Limits of Neuroscience for Ethics", M. Vargas & J.M. Doris, eds., *The Oxford Handbook of Moral Psychology*(Oxford University Press, 2022), p.506.

16 식물인간이 의식을 지니는지에 관한 대표적인 논란은 미국에서 있었던 '테리 샤이보 소송'(Terri Schiavo Case)이다. 이 소송의 핵심은 테리 샤이보의 남편 마이클 샤이보(Michael Schiavo)가 의사들로부터 식물인간 진단을 받은 그의 아내의 생명을 끝낼 수 있는 권리가 있는가에 대한 문제였다. 테리 샤이보는 1990년 2월 25일 플로리다의 세인트피터스버그에 있는 자신의 집에서 심장마비로 쓰러졌다. 그로 인해 그녀는 산소 부족으로 인해 엄청난 뇌손상을 입었고 두 달 반 후에 혼수상태에서 식물인간으로 진단받게 되었다. 이후 몇 년간 의사들은 그녀의 의식을 되돌리기 위해 물리적 치료법과 기타 임상실험을 진행했다. 1998년 샤이보의 남편은 여섯 번째 연방 순회 법원에 플로리다 법규 765.401(3)에 의거하여 그녀의 영양공급 튜브를 제거할 것을 요청했다. 테리의 부모들은 그녀가 의식이 있다고 주장하며 그의 요구에 반대했다. 법정은 그녀가 더는 생명유지를 지속할 수 없다고 판단했고 2001년 4월 24일 그녀의 영양 공급 튜브는 처음으로 제거되었지만 불과 며칠 후 다시 끼워지게 되었다. 2005년 2월 25일 피넬러스 카운티의 판사는 테리 샤이보의 영양 공급 튜브를 제거할 것을 다시 요구했다. 이에 연방정부에서 중재 요구가 나타났고 부시 대통령(G.W. Bush)은 워싱턴 D.C.에 도착하여 그녀를 생존시키는 것에 대한 법률에 서명하였다. 이러한 모든 요청에도 연방법원은 본래의 결정인 영양 공급 튜브 제거에 대한 결정을 유지했다. 2005년 3월 18일부터 테리 샤이보는 공급관이 제거된 상태로 보호 시설로 이송되었고 2005년 3월 30일 치료받던 피넬러스 파크에 있는 호스피스 시설에서 사망하였다. 샤이보 문제에는 총 14개의 요구와 수많은 운동, 요청 등이 플로리다 법정에 올라왔었고 다섯 번의 소송이 있었다. 미국 최고 재판소에서 네 번의 이송 거부가 있었고 또한 생명옹호운동단체(pro-life movement group)와 장애인 인권단체(disablility rights group)에서도 이 문제에 대해 높은 관심을 보였다. https://ko.wikipedia.org/wiki/테리_샤이보_논란(2024.12.20. 접속)

17 J.D. Green, "The Secret Joke of Kant's Soul", W. Sinnott-Armstrong, ed., *The Neuroscience*

내지 마음의 고유 기능으로 여겨져 온 인간의 감정이나 도덕적 행동이 뇌와 밀접한 연관성을 갖고 있음을 과학적으로 밝혀 주고 있다. 이처럼 뇌 과학은 신경과학의 윤리적 물음을 해결하는 데 결정적으로 중요한 역할을 감당하기 때문에 윤리의 신경과학이 신경윤리학과 무관하다고 말할 수 없다.[18] 이 두 분야는 단지 이론적으로 구분될 따름이다. 실제로 일부에서는 이러한 신경과학의 도전으로 인해 우리는 지금 "도덕철학에 있어서의 신경과학적 전회"(neuroscientific turn in moral philosophy)를 맞이하고 있다고 주장하기도 한다.[19]

역사적으로 볼 때 신경윤리학은 유전자윤리학(genetic ethics)에서 발전하였으며, 유전자윤리학은 생명윤리학을 모태로 한다. 따라서 신경윤리학은 생명윤리학 및 유전자윤리학과 밀접한 연관성을 지니지만 그 발전으로 인해 고유한 독자성을 지닌 학문으로 간주하는 것이 합당해 보인다.[20] 왜냐하면 뇌는 앞서 지적하였듯이 인간의 마음 및 행동과 직접적 연관성을 갖기 때문이다. 다시 말해, 뇌를 통해 우리는 인간의 마음을 읽을 수 있을 뿐만 아니라 뇌의 뉴런 조절을 통해 인간의 마음은 물론 행동마저 조정할 수 있기 때문에 신경과학의 발전은 독특한 윤리적 물음을 발생시킨다. 무엇보다 신경윤리학이 생명윤리학과 구별되는 독자성을 갖는 근본 이유는 인간의 뇌는 정체성, 자아, 정신 등과 밀

....

of Morality: Emotion, Brain Disorders, and Development(Cambridge, MA: MIT Press, 2008), p.67.

18 A.L. Roskies, "Neuroethics", *Stanford Encyclopedia of Philosophy*, 2021, https://plato.stanford.edu/entries/neuroethics/(2024.05.08. 접속)

19 J. Leemann & E. Hildt, "Neuroethics and the Neuroscientific Turn", L.S.M. Johnson & K.S. Rommelfanger, eds., *The Routledge Handbook of Neuroethics*(New York: Routledge, 2018), pp.14-32.

20 이을상, 「신경윤리학의 위상학」, 부산대학교 동양문화연구원, 『동양문화연구』, 제7집, 2011, p.277

접하게 연관되어 있기 때문이다. 따라서 우리는 신경윤리학이 생명윤리학과 중첩되는 부분이 있음을 인정하지만 그 고유한 영역 역시 존재하기 때문에 생명윤리학과는 구분되는 독립된 학문 분야로 인정해야 한다. 이러한 독자성은 신경과학의 발견이 윤리학 내지 도덕에 미친 네 차원의 영향에서 알 수 있다. 즉, 신경과학의 발견은 서로 다른 다음의 네 가지 방식으로 도덕에 영향을 미친다.[21]

(1) 신경과학은 도덕적 분석의 경험적 토대를 제공한다.
(2) 전통 윤리학이 받아들이고 있는 중요한 전제에 신경과학이 의문을 던진다.
(3) 신경과학은 도덕적 행동을 이해하는 새로운 토대를 제공한다.
(4) 도덕적 행동에 관한 고유한 학문인 윤리학을 신경과학이 대체할 수 있다.

(4)는 상당히 급진적인 주장이다. (4)와 관련하여 일부에서는 순수 사실적인 데이터로부터 규범적인 결론을 추론할 수 있다고 주장하지만, 대부분의 학자들은 사실적 데이터 자체가 '규범의 가면'(masquerade as normative)을 쓰고 도덕을 강요할지 모른다는 우려를 표명하고 있다. 다시 말해, 신경과학이 사실 내지 존재를 다루는 학문인 반면에, 윤리학은 가치 내지 당위를 다루는 학문이기에 앞서 말한 '존재와 당위의 간격'을 받아들일 경우 (4)는 받아들이기 어렵다. 하지만 (1)-(3)은 이미 현실이 되고 있다. 물론 이 세 방식은 밀접하게 서로 연관되어 있지만, 윤리학의 신경과학에서 핵심적인 논란거리는 (2)이다. (1)과 (3)

21 D. de V. Costa, "The Limits of the Neuroscience of Moral Responsibility", *Edição*, vol. 20, no.1, 2021, p.5.

은 윤리학에 대한 도전이라기보다 오히려 윤리학이 하나의 학문으로 정초하는 데 도움을 줄 수 있다. 왜냐하면 이제까지 윤리학은 경험 과학적 토대가 부족하여 객관적이지 못하고 주관적이라는 비판을 받아왔는데 뇌 과학이 인간의 도덕에 대해 과학적 토대를 제공해 준다면 그만큼 윤리학은 객관적인 학문으로 자리매김할 수 있기 때문이다. 윤리학을 과학적으로 정초지우고자 하는 노력 못지않게 중요한 과제는 윤리학에 대한 위협을 합당하게 극복하는 일이다. 즉, 오늘날 윤리학은 뇌 과학이 윤리학의 토대에 관해 어떤 위협을 가하고 있는지를 철저하게 분석하고 그 대응책을 강구해야하는 과제를 피할 수 없게 되었다. 따라서 우리는 (2)의 관점에서 신경과학이 전통적인 윤리관에 어떤 위협을 가하고 있는지를 묻지 않을 수 없다. 전통 윤리관에 대한 위협을 우리는 다음과 같이 세 차원의 물음으로 정리할 수 있다.

(a) 도덕은 인간의 전유물인가?
(b) 도덕 판단은 이성적 사유의 결과인가?
(c) 인간에게 자유의지가 정말로 존재하는가?

이 세 물음에 대해 오늘날의 신경과학 및 뇌 과학은 부정적인 대답을 내놓는다. 외적 요인이나 감정에 얽매임 없이 오직 이성만으로 도덕적 옳고 그름을 판단해야 한다는 윤리관에 대해 오늘날 신경과학은 도덕판단에 이성보다는 감정이 더 중요한 역할을 한다고 주장한다. 트롤리 문제에 관한 신경과학의 실험에 따르면 직관적인 도덕 판단은 뇌의 감정 부분이, 그리고 결과를 고려하는 공리주의적인 윤리적 추론을 통한 도덕 판단은 뇌의 이성 부분이 감당한다고 뇌 과학은 말한다. 도덕은 결코 이성의 전유물이 아니다. 또 도덕의 토대가 되는 공감 능력도 인간에게만 고유한 것이 아니라 비인간 동물에게서 발견되고 있다. "타인의 마음을 공감하고 도와주는 것이 인간 사회에 존재하는 도덕의 핵심을 이루는 것은 사실이지만, 그것이 진화의 오랜 역사를 바탕으로 생겨난 것이지 인간에게만 한정된 것이 아님은 분명하다."[22]

이러한 공감 능력에 기초한 이타주의 윤리는 원래부터 인간이 가진 것이 아니라 인류의 생존과 번영에 도움이 되기 때문에 자연적으로 진화하였다고 진화심리학은 설명한다. 예를 들어, 혈연 이타심, 호혜적 이타심, 집단 이타심 등은 사회적 진화의 산물인데, 인간뿐 아니라 집단을 이루고 살아가는 다른 동물에게도 발견된다. 그 단적인 사례가 '거울 뉴런'(mirror neuron)이다. 뉴런은 자신의 행위와 동일한 목표를 갖는 타인의 행위 둘 다에 반응한다는 게 거울 뉴런인데, 이러한 거울 뉴런은 원숭이를 비롯하여 집단생활을 하는 거의 모든 동물에서도 발견된다는 것이다.[23] 이러한 과학적 발견으로 인해 "인간만이 윤리적으로 사고할 수 있는 유일한 영장류다"라는 주장은 이제 더 이상 설득력을 유지하기 어렵게 되었다. 다시 말해, 도덕적 존재라는 이유로 인간이 만물의 영장이라는 인간중심주의적 주장은 과학적으로 받아들이기 어렵게 되었다.

그래도 이러한 신경과학의 도전은 도덕관에 속하는 윤리 형이상학의 차원에서 제기되는 위협이어서 이를 수용해도, 도덕 공동체의 외연 확장의 물음을 낳지만, 인간 상호간의 윤리적 실천에 있어서는 특별한 물음을 야기하지 않는다. 다시 말해, 도덕이 인간의 전유물이 아니고, 도덕 판단이 감정의 결과라 할지라도, 도덕적 존재로서의 인간의 지위

....

22 D. Swaab, *Wij Zijn Ons Brein: van Baarmoeder tot Alzheimer*, 2010, 신순림 옮김, 『우리는 우리 뇌다』(서울: 열린 책들, 2015), pp.344-345.

23 M.S. Gazzaniga, *The Ethical Brain: The Science of Our Moral Dilemmas*, p.142.

는 흔들리지 않는다. 하지만 마지막 세 번째의 신경과학의 도전은 그렇지 않다. 물론 '자유의지 vs 결정론 논쟁' 역시 윤리 형이상학에 속하지만, 어떤 입장을 취하느냐에 따라 도덕적 책임의 귀속 물음이 달라질 것이기 때문이다. 따라서 윤리학에 대한 강력한 위협은 (3)의 물음이기에, 이 글은 신경과학의 윤리가 아니라 윤리의 신경과학을 중심으로 세 번째의 도전에 초점을 맞춰 벤저민 리벳(B. Libet)의 실험으로 촉발된 자유의지에 대한 신경과학의 도전이 도덕적 책임 물음에 어떤 실천적 함의를 지니는지를 비판적으로 고찰하는데 그 목적이 있다. 이를 위해 필자는 먼저 자유의지의 존재에 관한 최초의 신경과학적 실험으로 알려진 리벳의 실험을 면밀히 검토하면서 그의 실험이 과연 자유의지를 부인하는지를 철학적으로 분석할 것이다. 이러한 논의를 바탕으로 필자는 그의 실험 결과는 자유의지를 논박하는 데는 한계가 있다는 것을 해명할 것이다. 그리고 결론에서는 설사 그의 실험이 자유의지를 논박한다 할지라도 인간의 행위 및 그 결과에 대해 도덕적 책임을 묻는 것은 여전히 가능하다는 점을 도덕 공동체 내지 도덕적 실천에 근거한 철학적 논변을 통해 밝히고자 한다.

3. 리벳의 실험: 자유의지에 대한 신경과학의 도전

인간이 도덕적 존재의 지위를 지니는 이유는 크게 두 가지이다. 하나는 도덕적으로 행위 할 수 있다는 점이요, 다른 하나는 자신의 행위에 대해 책임을 질 수 있다는 점이다. 도덕적 행위와 도덕적 책임이 가능한 존재론적 토대를 철학자들은 인간의 자율성 내지 자유의지에서 찾았다. 그래서 전통적으로 거의 모든 윤리 이론은 인간을 자율적 존재로, 즉, 자유의지를 지닌 존재로 전제하여 왔다.[24] 자유의지를 지니기 때문에 인간은 도덕 행위자가 되고 도덕적 책임의 주체가 되고, 도덕적 책임을 물을 수 있어야 도덕 공동체가 유지된다고 우리는 생각한다. 따라서 자유의지에 대한 신경과학의 도전은 도덕 자체에 대한 위협이라고 아니 할 수 없다. 이를 이 글의 논의 주제에 해당하는 도덕적 책임을 중심으로 하나의 삼단논법으로 재구성하면 다음과 같다.

전제 1: 자유의지를 지닌 자만이 도덕적 책임의 주체가 될 수 있다.
전제 2: 인간은 자유의지를 지닌다.
결　론: 따라서 인간은 도덕적 책임의 주체가 될 수 있다.

이제까지 이는 불변의 진리이었다. 하지만 오늘날 신경과학은 전제 (2)를 부정한다. 즉, 인간은 자유의지를 지니지 않는다고 신경과학은 주장한다. 이 주장을 받아들이면 결론 (3)은 의심스럽게 된다. 그렇다고 결론 (3)이 반박되었다는 뜻은 아니다. 형식 논리학으로 말하면

....

24 인간의 자유의지에 관한 가장 오래된 기록은 아마 성경의 창세기 4장에 언급된 가인이 동생 아벨을 죽인 사건일 것이다. "여호와께서 가인에게 이르시되 네가 분하여 함은 어찌 됨이며 안색이 변함은 어찌 됨이냐 네가 선을 행하면 어찌 낯을 들지 못하겠느냐 선을 행하지 아니하면 죄가 문에 엎드려 있느니라. 죄가 너를 원하나 너는 죄를 다스릴지니라. 가인이 그의 아우 아벨에게 말하고 그들이 들에 있을 때에 가인이 그의 아우 아벨을 쳐 죽이니라. 여호와께서 가인에게 이르시되 네 아우 아벨이 어디 있느냐 그가 이르되 내가 알지 못하나이다. 내가 내 아우를 지키는 자니이까? 이르시되 네가 무엇을 하였느냐 네 아우의 핏소리가 땅에서부터 내게 호소하느니라."(개역개정, 창세기 4장 6절-10절) 하나님은 가인에게 죄를 다스릴 수 있는데 그렇게 하지 않았다고 책망하고 있다. 즉, 가인 이야기를 통해 성경은 우리 모두는 가인의 후예로 죄인이지만, 다른 한편으로는 그 죄를 다스릴 수 있는 자유의지를 가졌다는 것을 말해 주고 있다. 이러한 자유의지는 이미 창세기 3장에서 아담과 하와가 선악과를 먹은 사건에게도 암묵적으로 전제되어 있다. 즉, 하와는 뱀의 유혹을 거절하고, 그리고 아담은 하와의 제안을 거절하고 선악과를 먹지 않을 자유를 지닌 존재이다. 하지만 아담과 하와는, 그리고 가인은 자유의지를 선한 방향이 아닌 악한 방향으로 사용함으로 말미암아 세상이 악으로부터 자유롭지 못하게 되었다.

전제 (2)의 부인에서 결론의 부정을 연역하는 것은 전건부정의 오류에 해당되기 때문이다. 결론을 옹호할 수 있는 다른 전제 내지 논거는 논리적으로 얼마든지 가능하기 때문이다. 논리적 오류에도 불구하고 신경과학의 (2) 부정은 실천적으로 도덕적 책임에 관한 표준적 입장에 대한 새로운 해석을 요구함에 분명하다. 물론 자유의지에 대한 위협은 신경과학의 발전 이전부터 있어 왔다. 두 방향에서 도전이 있었는데, 하나는 '위로부터의'(from above) 도전으로 신학적 위협이고, 다른 하나는 '아래로부터의'(from below) 도전으로 물리주의의 위협이다.[25] 신의 전지전능에 근거한 예정설 교리를 받아들일 경우 인간의 자유의지는 설 자리가 없게 된다는 게 전자의 도전이다. 그리고 물리주의에 따르면 '인과적으로 닫힌 물리 세계'에 우리는 살고 있다. 즉, 이 세계에서 일어나는 모든 물리적 사건에는 자연 법칙에 따라 그 사건을 인과적으로 발생시키기에 충분한 앞선 물리적 사건이 존재한다. 이 세계는 자연법칙에 따라 인과적으로 닫혀 있는 세계이다. 이를 물리적 결정론이라 한다. 이는 정신이 자연법칙과 독립적으로 충분 원인이 될 수 있다는 점을 부정한다. 이를 받아들이면 자유의지는 허상에 지나지 않는다.

또 일부 철학자들도 이러한 결정론 입장을 피력하고 있다. 예를 들어, 스피노자(B. Spinoza)는 1677년 출간한『에티카』제2부 정리 48에서 이미 다음과 같이 주장한다.[26] "정신 안에는 절대적이거나 자유로운 의지가 존재하지 않는다. 오히려 정신은 이것 또는 저것을 의지하도록 어떤 원인에 의하여 결정되며, 이 원인 역시 다른 원인으로 인하여

....

25 A.L. Roskies, "Neuroscientific Challenges to Free Will and Responsibility," *Trends in Cognitive Sciences*, vol.10, no.9, 2006, p.419.

26 B. Spinoza, *Ethica, ordine geometrico demonstrata,* 1677, 강영계 옮김,『에티카』(서울: 서광사, 2007), p.137.

결정되고, 이것은 다시금 다른 원인에 의하여 결정되며, 이렇게 무한히 진행된다." 자유의지에 관한 철학적 논쟁은 지금도 여전히 계속 되고 있다. 칸트(I. Kant)는 외부 세계의 존재에 대한 회의론을 해결할 수 있는 마땅한 대응책을 철학은 내놓지 못하는 것을 '철학의 스캔들'이라고 불렀는데, 20세기 들어 미국의 철학자 존 설(J. Searle)은 이에 빗대어 자유의지 문제의 해결에 있어서 진보가 이뤄지지 않은 것을 '철학의 스캔들'이라고 명명한 바 있다.[27] 그럼에도 자유의지에 대한 일상인들의 직관적 신념은 흔들리지 않고 있다. 왜냐하면 이러한 도전은 다분히 형이상학적 논쟁의 성격을 지니지 때문이다. 즉, 형이상학적 논쟁과 상관없이 구체적인 실천에 있어서 우리는 선택해야 하는 상황에서 달리 선택할 수 있다고 굳게 믿는다. 하지만 신경과학은 자유의지에 대한 이러한 상식적 신념을 과학적으로 흔들고 있다. 신경과학의 도전이 정확히 무엇인지를 이해하자면 자유의지와 결정론 논쟁에 대한 개괄적인 이해가 필요한데, 이를 그림 3과 같이 도식화할 수 있다.[28]

이 그림에서 MR은 도덕적 책임의 약자이다. 일단 자유주의 입장은 인간은 자유의지를 지니기에 도덕적 책임을 물을 수 있다는 미결정주의(indeterminism)를 옹호한다. 반면에 강한 결정론은 자유의지와 도덕적 책임을 부정한다. 하지만 양립가능주의는 자유의지와 도덕적 책임은 결정론적 세계관과 양립가능하다고 주장하는데, 이를 우리는 약한 결정론이라 부른다. 그리고 앞서 언급하였듯이 전통적인 윤리관에 따르면 자유의지는 도덕적 책임을 물을 수 있는 전제 조건이다. 따라서

....

27 최훈, 「신경과학은 자유의지를 위협하는가?」, 신경인문학연구회 지음, 『뇌과학, 경계를 넘다』(서울: 바다출판사, 2012), p.257 참조.

28 A.L. Roskies, "How Does the Neuroscience of Decision Making Bear on Our Understanding of Moral Responsibility and Free Will?", *Current Opinion in Neurobiology*, vol.22, 2012, p.1023.

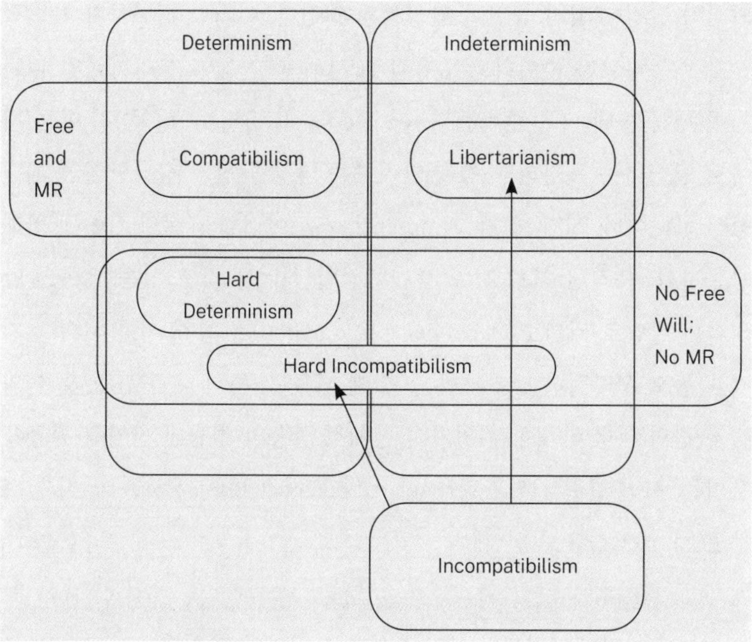

그림 3 자유의지 vs. 결정론 논쟁

자유의지만 부인하게 되면 그 논리적 귀결로 도덕적 책임 역시 부정된다. 뒤에서 논의하겠지만 자유의지와 도덕적 책임의 관계는 과학의 물음이 아니라 철학의 물음이다.

이러한 논리에 따라 오늘날 신경과학은 도덕적 책임에 대해 의문을 던지지 않고 자유의지에 대해서만 의문을 던진다. 그 대표적인 도전이 리벳의 실험이다. 리벳의 실험을 직접 설명하기에 앞서 뇌의 신경과학에 대한 개괄적인 이해가 필요하다. 뇌란 간단하게 말하면 천억 개에 달라는 뇌세포 뉴런의 다발이다. 우리는 상식적으로 외적 환경을 만나면 마음이 무엇을 할 것인지를 결정하고 이를 뇌가 수용하여 신체적 활동을 하도록 명령을 내린다고 생각한다. 이러한 상식적 견해를 받아들이면 뇌는 마음의 의식적 결정에 대해 일단 반응해야 한다. 즉, 마음의 의식적 결정에 뇌의 뉴런이 활성화되게 된다. 이처럼 행위자가 자발적으로 행동하고자 준비하고 있음을 표시해 주는 전기 생리학적인 패턴이 발생하는 데 이를 준비전위(readiness potential, RP)라 한다. 이는 뇌에서 일어나는 특정의 과정을 알려주는 다양한 전기 생리학적인 패턴 중의 하나이다. 시각, 청각, 사유, 말함 등은 이러한 패턴의 차이에 의해 구분된다. 움직임 역시 전기 생리학적인 패턴을 갖고 있는데, 오늘날 의학의 발달로 뇌전도(electroencephalography)를 통해 이를 뇌의 전기적 활동으로 측정하고 기록할 수 있게 되었다. 특히 내적 환경 혹은 외적 환경의 자극에 대한 행위자의 신체적 반응과 연관된 전기적 활동을 우리는 '사건 관련 전위'(event-related potential, ERP)라 하는데, 이 전위는 크게 세 양상을 지닌다.

(1) 움직임이 시작되기 이전의 순간: 움직임의 준비 순간
(2) 움직임의 실제적 시작: 앞서의 전위에 의해 근육이 활성화되는 순간
(3) 움직임 후의 평가적 순간: 다음 움직임에 적응하는데 필수적인 운동을 찾는 순간

앞서 언급한 준비전위는 (1)을 말하고, (2)를 운동 전위(motor potential, MP), 그리고 (3)을 재구성적 전위(reafferent potential, RAF)라 부른다. 이 셋은 시간적 순서에 따라 자연스럽게 일어난다.[29] 마음의 의식적 결정에 따른 몸의 움직임이라는 상식적 입장을 이러한 뇌의 뉴런 변화로 설명하면 의식적 결정은 시간적으로 (1)의 준비전위보다 앞서 일어난다는 것이다. 준비전위 자체는 자발적 행위나 자유의지에 아무

....

29 D. de V. Costa, "The Limits of the Neuroscience of Moral Responsibility", pp.11-13 참조.

런 문제를 제기하지 않는다. 의식적 의지와 자유의지에 관한 전통 입장에 따라 우리는 의식적 의지가 RP 이전에 혹은 RP가 막 시작하는 순간에 일어나 뇌로 하여금 그 의도한 행동을 하도록 명령을 내린다고 생각하기 때문이다. 이런 입장에 따르면 행동 자체는 의지에 의해 이미 선택되었고 RP는 의식이 선택한 행동을 하고자 하는 뇌의 준비단계에 지나지 않는다. 리벳은 이것이 우리들의 자연스러운 생각임을 받아들이면서 "(행동을 수행하고자 하는) 의식적 바람 내지 의도가 언제 발생하는가?"에 대해 궁금증을 가졌다. 즉, 그는 만약 의식적 의지가 RP의 시작 이후에 일어난다면 이는 자유의지에 대한 우리들의 생각에 혁명적인 전환을 가져올 것이라고 가정하고 뇌에서 RP가 일어나는 시점과 의식적 선택이 이뤄지는 시점의 선후 관계가 어떠한지를 신경과학적으로 실험하였다.[30] 그 결과는 놀라웠다. 우리의 굳건한 믿음과 달리 RP가 의식적 선택보다 시간적으로 앞서 일어난다는 것이다.

그의 실험 결과에 따르면, 손가락의 움직임과 관련된 자기주도 행위 과정(self-initiated act)을 시간적 순서에 따라 정리하면 그림 4와 같다.[31] 이 그림에서 RP는 준비전위, W는 의식적 결정, S는 피부 자극, EMG는 자발적 행동을 각각 뜻한다. 리벳은 사전 계획이 있는 행동의 준비전위는 −1000ms에, 그리고 계획이 없는 즉각적 행동의 준비전위는 −500ms에 일어나며, 실제 행동 수행에 앞서 피부자극은 평균적으로 −50ms에 일어난다고 각각 설명하면서, 행동보다 200ms 전에 의식적 결정이 이뤄지기에 준비전위는 이보다 평균적으로 약 350ms 전에 일어난다고 강조한다. 즉, 리벳의 실험 결과는 다음의 두 명제로 진술

....

30 B. Libet, "Do We Have Free Will?", *Journal of Consciousness Studies*, vol.6, no.8/9, 1999, p.49.

31 ibid., p.51.

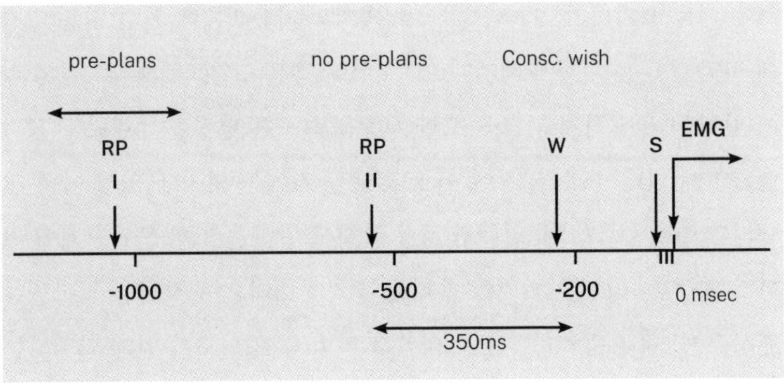

그림 4 자기 주도적 행위

될 수 있다.

(1) 의식적 결정보다 약 350ms 앞서 뇌의 준비전위가 나타난다.
(2) 의식적 결정과 행동 사이에는 약 150ms의 시간 간격이 존재한다.

이 사실로부터 리벳은 다음과 같은 결론을 추론한다.

(3) 행동의 원인은 의식적 결정이 아니라 뇌에서 일어나는 준비전위의 활성화다.

여기에다 자유의지 및 도덕적 책임에 관한 표준적인 다음의 두 전제를 더하게 되면 신경과학의 발견은 자유의지는 물론이거니와 도덕적 책임에 관한 중대한 위협이 된다고 추론할 수 있다.

(4) 의식적 의지가 행동의 원인일 때 우리는 자유의지를 갖는다.
(5) 자유의지를 지닌 자만이 도덕적 책임의 주체가 될 수 있다.

이러한 리벳의 실험 결과 및 후속 실험 결과에 근거하여 많은 학자들은 행동을 결정하는 것은 의식적인 선택이 아니라 뇌의 준비전위라고 결론을 내리고 있다. 이는 자유의지와 도덕적 책임에 관한 지금까지의 표준적 입장을 뒤엎고 있다. 예를 들어, 수전 그린필드(S. Greenfield)는 이러한 실험 결과에 대해 다음과 같은 주석을 달고 있다.[32]

> 무언가를 하려는 의도가, 뇌가 이미 그것을 하고자 결정한 다음에 발현된다면, '당신'이 결정하기 전에 뇌가 결정을 한다면, 우리의 행위는 자유의지에 의해서가 아니라 잠재의식적 과정에 의해 인도되는 셈이다. '당신'이라는 관념, 다시 말해 당신 머릿속에 존재하는 개인은 어쩌면 뇌가 보여 주는 가장 그럴듯한 속임수인지도 모른다. 진짜 지배 세력은 잠재의식인데도 뇌는 의식적 자아가 행동을 지배한다는 환상을 만들어낼지도 모른다.

한 마디로 말해 리벳의 실험은 인간의 자유의지가 허상이고, 인간 행동의 원인은 뇌의 무의식적인 뉴런 변화라는 것이다.[33] 리벳의 결론으로부터 도덕적 책임 및 자유의지를 구하는 방법은 크게 두 가지이다. 하나는 리벳의 실험결과, 즉 (3)을 부정하는 전략이고, 다른 하나는 실

....

32 S. Greenfield, *Brain Story: Why Do We Think and Feel as We Do?*(London: BBC, 2000), 정병선 옮김, 『브레인 스토리』(서울: 지호, 2004), p.303. 하지만 리벳 자신은 자유의지란 하나의 환상(illusion) 내지 부수현상(epiphenomenon)에 불과하다고 주장하지 않았다. 그는 '자유의지 vs 결정론' 논쟁에 대해 판단을 유보한다. 오히려 그는 뇌의 준비전위가 행동하도록 개시 명령을 내렸다 할지라도 의식이 이를 거부할(veto) 100ms의 시간적 여유를 갖는다고 주장한다. B. Libet, "Do We Have Free Will?", p.55.

33 일부 학자들은 인간 행동이 의지적 선택이 아니라 뇌의 뉴런에 의해 이미 결정되어 있다는 의미에서 기독교의 예정설을 빗대어 '신경칼뱅주의'(Neurocalvinism)라 부르기도 한다. D. Swaab, *Wij Zijn Ons Brein: van Baarmoeder tot Alzheimer*, p.453.

험결과로부터 자유의지나 도덕적 책임에 관한 추론, 즉 (4) 혹은 (5)를 부정하는 전략이다. 전자가 경험적 반론이라면 후자는 철학적 반론이라고 이름 붙일 수 있다.[34] 이를 좀 더 세분하면 전자의 전략은 다시 셋으로, 즉 실험 자체를 부정하는 논변, 실험의 적용 대상을 제한하는 논변, 그리고 실험 결과를 달리 해석하는 논변으로 구분할 수 있다. 그리고 후자 역시 둘로 즉, 자유의지 개념의 재해석에 근거한 논변과 자유의지와 도덕적 책임을 분리하는 논변 등으로 구분된다. 그래서 우리는 자유의지 및 도덕적 책임에 관한 신경과학의 도전을 다음과 같은 다섯 가지 논변을 통해 반박할 수 있다.

(1) 실험 자체를 부정하는 논변

(2) 실험의 적용 대상을 제한하는 논변

(3) 실험 결과를 달리 해석하는 논변

(4) 자유의지 개념의 재해석에 근거한 논변

(5) 자유의지와 도덕적 책임을 분리하는 논변

먼저 (1)의 논변부터 살펴보자. 실험 자체에 의문을 던진다고 해서

....

34 이 글에서의 경험적 반론은 경험적 증거 내지 실험에 의한 반론이 아니라 리벳의 실험 방법이 과학적으로 합당한지에 관한 반론을 말하며, 철학적 반론은 리벳의 실험결과가 자유의지 및 도덕적 책임에 관한 함의하는 바가 무엇인가에 관한 윤리학적 논변이다. 후속 실험에 따르면 실험에 사용한 시계의 차이에 따라 결과가 다르게 나타나고, 또 손가락을 움직였을 때의 신경생리학적 기록과 손가락을 움직이지 않았을 때의 신경생리학적 기록에는 차이가 없었다고 한다. 이러한 실험에 근거하여 일부 학자들은 리벳이 연구에서 가정하고 있는 움직임 이전에 나타나는 뇌파와 실제 움직임 간의 의존성은 신빙성이 없다고 주장하기도 한다. 실험을 통해 리벳의 결과가 부정된다면 자유의지나 도덕적 책임에 관한 신경과학의 발견은 위협이 되지 않기에, 이 글은 이런 엄밀한 의미의 실험적 증거에 의한 반론은 논외로 하였다. 리벳의 실험에 대한 신경과학적 실험에 근거한 진짜 '경험적 반론'에 관해서는 박주용, 「자유의지에 대한 리벳의 연구와 후속 연구들」, 신경인문학연구회 지음, 『뇌과학, 경계를 넘다』(서울: 바다출판사, 2012), pp.235-253을 참조하라.

리벳의 관찰과 실험이 연구윤리에서 말하는 조작이나 위조와 같은 연구부정행위를 범하였다는 뜻은 아니다. 리벳은 피험자들에게 손가락을 움직이고자 하는 의식적 결정을 한 순간에 컴퓨터와 연결된 버튼을 누르게 하여, 그 시점과 뇌의 준비전위에서 뉴런이 변화하는 시점을 비교 측정하는 방법을 사용하였다. 이 방법에서 우리는 피험자의 버튼 조작 시간이 의식적 결정을 정확하게 반영하는지에 대해 의문을 던질 수 있다. 즉, 준비전위에서의 뉴런 변화가 행동보다 550ms, 그리고 의식적 결정보다 350ms 앞서 시작된다는 리벳의 실험 결과에 대해 550ms는 일반인들에게는 너무 짧은 시간이기에 이러한 의심은 충분히 합리적 의심이라고 말할 수 있다. 하지만 신경생리학에서는 1초가 영원의 시간으로 여겨지고 있다는 점을 감안하면 이러한 시간차는 그렇게 짧은 시간이 아니다. 실험의 데이터가 아니라 실험 방법에서 피험자의 실수가 있었다면 우리는 그의 실험 결과를 얼마든지 부인할 수 있다. 이는 자유의지와 도덕적 책임을 구할 수 있는 손쉬운 전략이지만 이는 경험적 검증의 문제이기 때문에 철학적 입증은 불가능하고, 리벳의 실험 결과와 동일한 다른 실험 연구가 후속적으로 이루어지고 있기 때문이다.

4. 리벳의 실험에 대한 경험적 반론

따라서 피험자의 실수 내지 잘못이 없다고 하자. 그러면 리벳의 실험은 타당한가? 철학적으로 좀 더 면밀히 검토해 보면 리벳의 실험 설계는 논란의 여지가 남아 있다. 리벳의 실험은 피험자에게 아래와 같은 서로 다른 두 과제를 요구한다.

① 자신의 손가락을 자발적으로 움직이도록 한다.

② 손가락을 움직이고자 하는 의도를 자각하였을 때 시계 문자판에서 회전하는 도트가 어디에 위치하고 있는지를 보고하도록 한다.

그런데 ②는 꽤 복잡한 과제로 3가지 요소로 구성되어 있다.

(a) 움직이고자 하는 의도를 가졌음을 자각하는 일

(b) (a)가 충족되었을 때 시계 문자판의 시각적 자극을 감지하는 일

(c) (b)의 결과를 실제로 보고하는 일

(a)는 내적 상태에 주의를 기울이게 하고, (b)는 외적 자극에 주의를 기울이게 하는데, (a)와 (b) 사이에는 주의집중의 전이가 일어나기 때문에 시간차가 발생할 수 있다. 즉, (b)는 (a)가 실제로 일어난 시간보다 더 늦을 수밖에 없다. 게다가 (b)와 (c) 사이에도 지체 현상이 얼마든지 발생할 수 있다. 따라서 우리는 준비전위와 ②, 즉 의식적 결정의 자각 사이에는 시간 갭이 존재할 수밖에 없다고 합리적으로 추론할 수 있다. 리벳의 실험에 대한 이러한 반론은 철학적 분석에 의해서도 설득력을 얻고 있다. 즉, ②와 관련하여 리벳의 실험은 피험자가 손가락을 움직이고자 의식한 것을 자각한 타이밍을 요구하는데, 이는 '의식적 의도의 의식'(consciousness of conscious intent)으로 일종의 '메타 의식 상태'(meta-state)이다.[36] 의식적 의도 자체와 의식적 의도의 의식

....

35 A.L. Roskies, "Why Libet's Studies Don't Pose a Threat to Free Will", W. Sinnott-Armstrong & L. Nadel, eds., *Conscious Will and Responsibility: A Tribute to Benjamin Libet*, (Oxford: Oxford University Press, 2010), pp.11-22 참조.

36 ibid., p.20.

사이에는 시간 갭이 발생할 수 있다. 번개라는 사건 자체와 그 사건이 드러나는 표상이 다른 시간에 나타날 수 있는 것처럼, 의식적 의도 자체와 그 의식적 의도에 대한 의식이 꼭 같은 시간에 일어날 필요가 없다.[37] 즉, 의식적 의도의 의식은 의식적 의도 다음에 일어날 수밖에 없기에, 준비전위 후에 이러한 의식이 일어났다는 실험 결과는 의식적 의도 자체가 준비전위에 앞서 일어날 수 있다는 생각과 얼마든지 양립할 수 있다.

그리고 의식적 의도의 의식, 즉 피험자가 손가락을 움직이기로 의식적으로 의도한 것의 자각이 자유의지의 전제조건인지도 의문스럽다.[38] 왜냐하면 자유의지는 인간의 자각과 독립적으로 존재할 수도 있기 때문이다. 예를 들어, 전기의 흐름을 A가 자각하지 못한다고 해서 전기 자체가 존재하지 않는다는 결론은 얻어지지 않기 때문이다. 따라서 의식적 결정이 행동을 유발시키는 두뇌 활동과 적어도 동시에 발생할 수 있다는 가능성을 우리는 열어 두어야 한다. 하지만 이러한 개념적 반론은 의식적 결정과 준비전위 사이의 시간 차이를 설명할 수 있는 대안적 입장을 제시할 따름이지, 리벳의 실험 결과를 결정적으로 논박해 주지는 않는다. 즉, 이러한 개념적 의구심을 해결해주는 과학적 실험 방법이 고안되어 실제 실험으로 확증시켜 줄 가능성을 배제할 수는 없지만, 단지 의구심만으로는 리벳의 실험이 잘못되었다고 단정 지을 수 없다.

하지만 여기서는 논의의 전개상 리벳의 실험은 그 방법이 적절할

....

37 최훈, 「신경과학은 자유의지를 위협하는가?」, p.271.

38 A.L. Roskies, "How Does the Neuroscience of Decision Making Bear on Our Understanding of Moral Responsibility and Free Will?", *Current Opinion in Neurobiology*, vol.22, 2012, p.1022.

뿐만 아니라 그 결과도 타당하다고 받아들이자. 우리는 자유의지와 도덕적 책임을 구할 수 있는 다른 전략에로 눈을 돌리게 된다.[39] 첫 번째 전략이 실험자와 피험자에 초점을 맞춘 반박이라면, 두 번째 전략은 리벳 실험의 내용을 문제 삼는 전략이다. 즉, 실험 내용에 해당하는 '의식적 결정'을 문제 삼을 수 있다. 현상학에 따르면 의식은 언제나 '무엇에 관한 지향적 의식'이기에, 의식적 결정 역시 지향하는 대상, 즉 어떠한 행위에 대한 결정이냐에 따라 서로 다를 수밖에 없다. 일반적으로 외적 강요에 의한 행동을 배제하게 되면 인간 행동은 의식 및 숙고의 정도에 따라 네 범주로 구분된다.[40]

(i) 숙고적 행위(deliberative agency): 목적 내지 이유에 근거하여 심사숙고 과정을 거쳐 이루어진 의식적인 행동. 예를 들어, 트롤리 딜레마에서 기관사가 다섯 명을 살리기 위해 철로를 바꾸는 행동.

(ii) 의식적 행위(conscious agency): 행위자는 자신이 무엇을 하고 있는지를 의식하고 있지만 심사숙고 과정 없이 직관적 판단에 따라 이루어진 행동. 예를 들어, 도로에 넘어진 사람을 일으켜 세워 주는 행동

(iii) 자동적 행위(automatic agency): 행위자가 의식적인 주의를 기울

....

39 자유의지를 구하기 위해 리벳의 실험 내용과 관련하여 일부 학자들은 리벳은 피험자에게 손가락을 움직이고자 하는 충동(urge)을 느꼈을 때를 묻고 있는데, 충동은 의식적 결정(decision)이 아니라고, 혹은 그의 실험은 피험자의 내면적인 자기 성찰(introspection)에 근거하고 있는데, 자기 성찰은 오류로부터 자유롭지 못하다고 주장하기도 한다. 자유의지를 구하기 위한 다양한 논의에 관해서는 S. Pockett et al., *Does Consciousness Cause Behavior?*(Cambridge, MA: MIT Press, 2006)에 게재된 A.R. Mele, "Free Will: Theories, Analysis, and Data" 및 P.W. Ross, "Empirical Constraints on the Problem of Free Will"을 참조하라.

40 N. Levy & T. Bayne, "Doing without Deliberation: Automatism, Automaticity, and Moral Accountability", *International Review of Psychiatry*, vol.16, no.3, 2004, p.210.

이지 않고 하는 행동. 예를 들어, 운전에 능숙한 운전자가 좋아하는 음악에 심취하여 익숙한 도로를 운전하는 행위

(iv) 자동증적 행위(automatistic agency): 행위자가 자신이 무엇을 하고 있는지를 전혀 의식하지 못하는 행동. 예를 들어, 몽유병의 경우처럼 뇌의 이상으로 인해 자신도 모르게 다른 사람을 해치는 행동

물론 구체적인 어떤 행동이 어느 범주에 속하는지에 관해서는 이견이 있을 수 있지만, 그리고 (iii)과 (iv)가 과연 자율적인 행위인지에 대한 논란도 있지만 일반적으로 의식과 독립적이라고 여겨지고 있기 때문에 (iii)과 (iv)를 일단 배제하여도 (i)과 (ii)는 구분되어야 한다. 모든 의식적 행동이 숙고적 행동인 것은 아니다. 우리가 무엇을 해야만 하는가에 관해 반성적으로 성찰하거나 숙고한다면, 즉 우리 자신의 가치관이나 세계관에 근거하여 행동의 이유를 면밀하게 평가한 후 행동한다면 그 행동은 숙고적 행위라고 말할 수 있다. 물론 (ii)에도 자유의지가 관여되어 있다는 신념을 갖고 있지만 의지의 관여 정도는 (i)의 경우와 다를 수밖에 없다.

실제로 리벳은 손가락이나 손목의 움직임과 같은 자발적인 단순한 운동 행동을 내적 요인에 의해 발생하는 자유로운 자발적 행위의 패러다임 사례로 간주하여 실험을 하였다. 이러한 의식적 결정은 피험자에게 거의 무의미한 결정으로 (i)이 아니라 (ii)의 범주에 속한다. 언제 몸을 움직이도록 결정해도 피험자에게 달라지는 게 아무 것도 없기 때문에, 이런 행동은 피험자가 숙고할 필요성을 전혀 느끼지 못하는 임의적인 행동(arbitrary action)에 불과하다.[41] 좀 더 심하게 말하면 피험자

41 G. Arnason, "Neuroscience, Free Will and Moral Responsibility", *Trames Journal of the Humanities and Social Sciences*, vol.15, no.2, 2010, pp.153.

는 실험에 참여하기로 할 때 이미 자신의 손가락을 움직이도록 강요받았다고 할 수 있다. 즉, 피험자들은 손가락을 움직일 것인가 말 것인가(whether)에 관해 결정을 내린 것이 아니라 단지 언제(when) 손가락을 움직일 것인지에 관해 결정을 내렸을 따름이다.[42] 준비전위가 행동에 앞서 일어났다 할지라도, 준비전위에 앞서 손가락을 움직이고자 하는 계획 내지 결정이 이미 있었다. 즉, 실험에 참여할 때 피험자들은 이미 임의적인 순간에 손가락을 움직이고자 하는 계획을 실행하고자 하는 정신 상태에 놓여 있었다. 이런 점에 있어서 피험자들의 의지는 처음부터 완전히 자유로운 것이 아니라고 말할 수 있다.[43]

이유와 무관한 임의적인 행동은 기껏해야 의지의 자유가 퇴화된 사례에 지나지 않는데, 리벳의 실험은 이러한 행동의 선택과 관련되어 있기 때문에 "자유의지가 존재하는가?"라는 철학적 물음과는 거의 상관성이 없다는 것이다. "몸을 단순히 움직이고자 하는 결정의 토대가 되는 뉴런 과정은 이유에 근거한 결정의 토대가 되는 뉴런 과정과 그 종류가 질적으로 전혀 다르다."[44] 다시 말해, 임의적인 단순한 몸의 움직임과 같은 행동은 자유의지의 물음을 천착하는 데 있어서 우리가 초점을 맞춰야 표준적인 행동으로 여기는 것은 적절하지 않다.[45] 따라서

....

42 A.L. Roskies, "Why Libet's Studies Don't Pose a Threat to Free Will", p.18.

43 D. Talmi & C.D. Frith, "Neuroscience, Free Will, and Responsibility", W. Sinnott-Armstrong & L. Nadel, eds., *Conscious Will and Responsibility: A Tribute to Benjamin Libet*(Oxford: Oxford University Press, 2010), p.129.

44 J. Shepherd, "Scientific Challenges to Free Will and Moral Responsibility", *Philosophy Compass*, vol.10, Iss.3, 2015, p.201.

45 실제로 우리의 의도는 '의지에 의한 의도'(willed intention)와 '감각 운동 의도'(sensory motor intention)는 구분된다. 예를 들어, 휴가를 바다로 가겠다는 결정이나 어떤 주제를 연구하겠다는 결정은 전자에 속하고, 친구를 만나기 위해 전화하고자 하는 결정이나 창문을 닫고자 하는 결정은 후자에 속한다. 그런데 리벳의 실험에 관한 일부 후속 연구에 따르면 이 두 의도를 담당하는 뇌 영역이 서로 다르다고 한다. 즉, 의지적 의도는 배측외측 전전두 피질이 담당하고, 감각 운동 의도는 두정엽 후방 피질이 담당한다는 것이다. 만약 두 의도의 담당 영역이 다르다면, 리벳의

설사 리벳의 실험 결과가 참이라 할지라도, 모든 의식적 결정이 뇌의 준비전위에서 일어나는 뉴런 변화 후에 일어난다는 결론은 얻어지지 않는다. 이유에 근거한 의식적 결정에 관한 실험이 보완되어야 리벳의 결과가 모든 의식적 결정에 적용된다고 주장할 수 있다.

이러한 의구심은 상당히 합리적이지만, 실제로 어떤 행동을 수행하고자 하는 의식적 결정에 대한 자각에 앞서 이미 뇌의 뉴런이 활성화되어 그 행동을 수행하고 있다는 입장은 대부분의 신경과학자들이 받아들이고 있다.[46] 신경과학적인 증거 내지 실험이 이 입장을 뒷받침해 주기 때문이다. 따라서 여기서 우리는 다시 한 번 논의의 편의상 이유에 근거한 숙고적 결정의 경우에도 뇌의 준비전위가 의식적 결정에 앞선다는 사실을 신경과학 실험이 과학적으로 밝혀 주었다고 하자. 그러면 자유의지는 설 자리가 없는가? 준비전위가 의식적 결정에 앞서 일어난다는 실험 결과는 무엇을 의미하는가? 해석의 물음을 낳는다. 실험이 말해 주는 바는 단지 준비전위가 의식적 결정에 앞서 일어난다는 사실만을 말해 줄 따름이다. 일단 의식적 결정이 준비전위의 부수현상에 불과하거나 혹은 준비전위로 환원될 수 있다는 입장은 배제하자. 왜냐하면 리벳 자신이 이를 부정하고 있기 때문이다. 그러면 뇌의 준비전위와 마음의 의식적 결정은 어떤 관계에 있는가? 리벳은 인과관계로 해석하고 있다. 물론 인과론에 따르면 원인은 결과보다 시간적으로 나중에 작동할 수 없다. 하지만 결과보다 앞서 일어났다고 해서

....

실험은 감각 운동 의도와 관련되어 있기에 이를 모든 의도에 보편적으로 적용하는 데는 한계를 지닐 수밖에 없다. 아직 의지에 의한 의도에 대해서는 신경과학적 실험이 이뤄진 바 없다고 한다. 왜냐하면 의지에 의한 의도는 과거에 대한 기억은 물론 동기도 중요한 고려사항이기에 이 모든 요소를 고려한 실험이 어렵기 때문이다. 이에 관한 자세한 논의는 박주용, 「자유의지에 대한 리벳의 연구와 후속 연구들」, pp.235-253을 참조하라.

46 M.S. Gazzaniga & M.S. Steven, "Neuroscience and the Law", *Scientific American Mind*, vol.16, 2005, p.44.

그것이 곧 결과의 원인이라는 결론은 도출되지 않는다. 논리학적으로 말하면 이는 선후인과의 오류에 해당한다. 준비전위가 의식적 선택을 결정하는(determine) 것이 아니라 준비하도록(prepare) 한다고 해석할 수 있다. 즉, 준비전위가 의식적 결정에 앞서 일어난다는 사실은 준비전위가 의식적 결정을 준비하도록 하는 데 관련되어 있다는 것만 보여줄 따름이지 의식적 결정을 '인과적으로 결정한다'는 것을 입증하지는 않는다.[47]

또 인과연쇄에 있어서 최초의 원인 요소만이 어떤 사건의 원인인 것만은 아니다. 즉, 리벳의 실험에서 손가락 움직임의 최초 원인이 준비전위에서 일어난 뉴런의 변화라는 점을 인정한다고 해도 다른 요인, 예를 들어, 의식적 결정이 원인이 될 수 없다는 결론은 나오지 않는다. 인과론은 인과연쇄를 인정할 뿐만 아니라 다수 원인 역시 인정한다. 예를 들어 새벽 1시경 전기 누전으로 화재가 발생하였다고 하자. 그러면 화재의 원인은 무엇인가? 물론 그 시발점은 전기 누전이다. 그렇다고 전기 누전만으로 화재가 발생하는가? 그렇지 않다. 야간 경비 책임자가 이를 발견하여 적절한 조치를 취하거나 혹은 화재 스프링클러가 작동하였다면 화재는 발생하지 않았을 것이다. 물론 이러한 경우 법적으로는 전기 누전이 공식적인 화재 원인일지 모르나, 철학적인 인과론의 관점에서 보면 전기 누전뿐 아니라 경비 소홀이나 스프링클러의 미작동도 화재의 원인이라고 아니 할 수 없다. 이와 마찬가지로 뇌의 뉴런 활동이 곧 행동의 원인이라고 단정할 수는 없다. 의식적 결정도 행동의 원인으로 작용할 가능성은 여전히 남아 있다. 이러한 입장은 의식적 결정이 행동의 충분조건이 아니라 할지라도 필요조건이 될 수 있다는 해

47 J. Shepherd, "Scientific Challenges to Free Will and Moral Responsibility", p.201.

석이다.

준비전위와 의식적 선택의 관계에 관한 이러한 해석학적 반론은 설득력이 있지만, 이는 리벳 자신도 의식적 결정 후 약 150ms 후에 실제 행동이 일어나기에 의식이 행동에 대해 거부권을 갖는다는 점을 인정한다.[48] 이는 행위에 대한 적극적 통제가 아니라 일종의 소극적 통제로 '하지 않을 자유의지'(free won't)를 뜻한다.[49] 즉, 우리의 의식은 준비전위가 어떤 행동을 할 것인지를 적극적으로 안내하는 통제력을 갖지는 않지만, 준비전위가 안내하는 행동을 소극적으로 거부할 수 있는 통제력을 갖는다는 의미에서 그는 '소극적인 자유의지'(negative free will)를 인정하였다고 말할 수 있다.[50] 그리고 설혹 시간의 선후가 원인과 결과의 관계가 아니라 할지라도 적어도 준비전위가 의식적 선택에 앞서 일어난다는 사실은 의식적 선택이 준비전위의 원인이 될 수 없다는 점은 논리적으로 참이기 때문이다. 리벳 실험의 신뢰성에 대한 합리적 의심은 가능하지만, 준비전위가 의식적 결정에 앞서 일어난다는 것은 현재 신경과학계에서는 사실로 받아들여지고 있다.

실제로 심리학자 대니엘 왜그너(D. Wegner)는 이러한 실험 결과를 받아들여 "의식은 행동을 촉발시키는 데 아무런 인과적 역할을 수행하지 않는다"고 결론을 내린다. 그에 따르면 의식이 어떤 행동의 원인 역할을 하자면 다음의 세 전제가 충족되어야 한다.[51]

·······

48 이에 대한 증거를 리벳은 두 가지를 제시하였는데, 하나는 피험자들이 일부 시행에서 실제로 거부하였다는 증거요, 다른 하나는 손가락 근육에서의 전기적 신호, 즉 실제 움직임이 나타나지 않았을 때, 먼저 W가 일어나고 이를 취소하는 거부 결정을 확인할 수 있었다는 것이다. 박주용, 「자유의지에 대한 리벳의 연구와 후속 연구들」, p.239 참조.

49 A.L. Roskies, "Why Libet's Studies Don't Pose a Threat to Free Will", p.17.

50 D. de V. Costa, "The Limits of the Neuroscience of Moral Responsibility", pp.15-34

51 S. Pockett, "The Concept of Free Will: Philosophy, Neuroscience and the Law", *Behavioral Sciences & the Law*, vol.25, 2007, pp.287－288 참조.

ⓐ 우선성 원칙(priority principle): 생각이 그 행동에 즉각적으로 앞서 일어나야 한다.

ⓑ 일관성 원칙(consistency priority principle): 생각이 그 행동과 일치해야 한다.

ⓒ 배타성 원칙(exclusivity principle): 생각이 그 행동의 유일한 현상적 원인이다.

하지만 실험 결과는 달랐다. 다음 페이지의 그림 5는 그의 실험 결과인데, 이에 따르면 ⓐ와 ⓑ는 성립될지 모르지만, ⓒ는 성립되지 않는다는 게 왜그너의 지적이다.[52] 이 그림은 의식적 과정 및 무의식적 과정이 자발적 행동의 발생과 어떤 관계에 있는지를 말해 준다. 우선 우리가 생각과 행동 모두를 의식적 의지를 통해 경험한다는 점은 분명하다. 문제는 생각과 행동 사이의 인관관계가 어떠한가의 물음이다. 그의 실험에 따르면 생각과 행동은 서로 다른 무의식적 원인에 의해 발생한다는 것이다. 즉, 행동의 원인이 되는 무의식 과정과 생각의 원인이 되는 무의식 과정은 서로 다르다. 그리고 생각 및 행동 각각의 무의식적 원인 상호간에도 무의식적인 영향을 주고받는다. 하지만 생각과 행동의 관계는 실제적인 인과관계가 아니라 단지 '표면상의'(apparent) 인과관계에 불과하다. 의식적 생각이 행동의 원인이라는 주장은 단지 생각이 행동보다 시간적으로 앞서 일어난다는 사실에서 그 인과 관계를 잘못 추론한 결론, 즉 선후인과의 오류를 범하고 있다는 게 왜그너의 입장이다. 그래서 일부 학자들은 행동의 주요 원인은 의식이 아니라 무의식적 과정이며, 의식은 행동을 촉발시키는 데 아무런 인과적 역

52 D.M. Wegner & T. Wheatley, "Apparent Mental Causation: Sources of the Experience of Will", *American Psychologist*, vol.54, no.7, 1999, p.483.

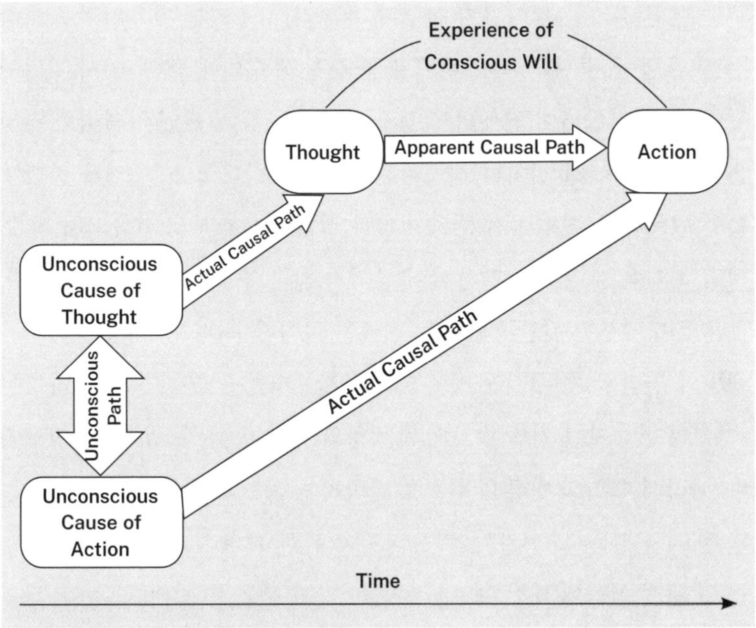

그림 5 왜그너의 생각과 행동의 관계 모델

할을 수행하지 않는다는 입장을 '리벳-왜그너 입론'(the Libet-Wegner Thesis)이라 부른다.[53]

5. 리벳의 실험결과에 대한 철학적 반론

지금까지의 경험적 반론은 리벳의 실험을 반박해 주는 신경과학적인 실험 결과가 없는 한 설득력이 약한데, 아직 이러한 반론을 지지해

....

53 S.G. Morris, "The Impact of Neuroscience on the Free Will Debate", *Florida Philosophical Review,* vol.IX, Iss.2, 2009, p.59.

주는 실험 결과는 찾아보기 어렵다.[54] 따라서 우리는 자유의지를 구하는 다른 방안, 즉 철학적 반론에로 눈을 돌릴 수밖에 없다. 앞서 지적했듯이, 경험적 반론이 리벳의 실험 결과 즉, "행동의 원인은 의식적 결정은 아니라 뇌에서 일어나는 준비전위의 활성화다"라는 주장을 반박하는 논변이라면, 철학적 반론은 이러한 실험 결과로부터 자유의지 및 도덕적 책임을 부정하는 결론이 추론되지 않는다고 반박하는 논변이다. 추론의 정당성을 뒷받침해 주는 전제는 둘이다. 하나는 "의식적 의지가 행동의 원인일 때 우리는 자유의지를 갖는다."는 명제요, 다른 하나는 "자유의지를 지닌 자만이 도덕적 책임의 주체가 될 수 있다."는 명제이다. 따라서 철학적 반론은 전자를 반박하는 논변과 후자를 반박하는 논변 둘로 구성된다. 전자가 '자유의지에 관한 재해석 논변'이라면 후자는 '도덕적 책임에 대한 재해석 논변'이라고 부를 수 있다.

전자부터 살펴보자. "나는 자유의지를 지닌다"고 말할 때 '나'란 실체는 어떤 존재인가? 일반적으로 '나'란 자아(self)를 지칭하며, 이 자아가 바로 자유의지의 주체이다. 그리고 행동은 몸의 활동이고, 몸 역시 자아를 구성하는 한 부분이다. 그러면 자아란 무엇인가? 자아는 신경세포의 물리화학적인 작용을 넘어서는 정신적 존재로 여겨져 왔다. 즉, 표준적 입장에 따르면 자아란 환경을 자각하고 의식적 결정을 내리는 주체로 뇌 속에 위치하고 있는 일종의 '데카르트적인 극장'(Cartesian Theater)이다. 이런 의미에서 자아는 뇌 속에서 일어나는 또 다른 부분

....

54 예를 들어 에디 나미아스(E. Nahmias)는 (1) 의식적 의지는 무의식적으로 촉발된 행위를 멈추게 할 수 있다, (2) 의식적 의지는 나중에 일어나는 행동에 영향을 주는 일반 계획을 수립할 수 있다, 그리고 (3) 의식적 의지는 실험실에서는 포착되지 않는 정상적인 경우의 행위에 있어서는 특정의 행동을 불러일으키는 직접적 원인으로 작동할 수 있다고 주장한다. 이에 대해 스티븐 모리스(S.G. Morris)는 리벳이나 왜그너의 실험은 의식적 의지가 이러한 역할을 할 수 있는 가능성을 열어두고 있는 것은 사실이지만 나미아스는 이를 과학적으로 밝혀 주는 경험적인 실험 증거를 제시하지 못하고 있다고 비판한다. ibid., pp.57-64 참조.

인 무의식적 과정과 구분된다. 참 자아를 뇌 속에 위치하고 있는 독립된 통제 센터에 국한하고자 하는 이러한 생각은 자아에 대한 상식적 입장으로 널리 받아들여지고 있다. 리벳 역시 이러한 입장을 전제하고 있다. 그런데 리벳의 실험은 참 자아와 구분되는 준비전위라는 무의식적 과정, 즉 뉴런이라는 물질이 우리가 언제 무엇을 할 것인지를 명령을 내린다는 것을 보여 준다. 이렇게 되면 자아는 독립된 통제 센터의 역할을 할 수 없게 된다.

하지만 대니엘 데닛(D.C. Dennett)은 리벳이 전제하고 있는, 일상인들의 이러한 상식적 전제가 잘못되었다고 지적한다. 그에 따르면 자아란 시공간적으로 뇌 전체에 퍼져있는 실재로 행동 유발의 책임이 있는 뇌 속에서 일어는 의식적 과정뿐만 아니라 무의식적 과정 모두를 포함한다.[55] 의식적인 데카르트적 극장만이 아니라 자아가 뉴런과 같은 무의식적 과정마저 포함하도록 자아를 확장해야 한다는 것이 데닛의 입장이다. 외연이 확장된 이러한 자아 개념을 받아들이면, 의식적인 결정만큼이나 무의식적인 뇌 활동도 자아의 한 부분이기 때문에, 뇌의 무의식적 활동은 이제 더 이상 한 개인의 행동에 대한 외적 원인이 아니라 자아의 내적 원인으로 작동하게 된다. 이렇게 되면 뇌의 준비전위에 따른 행동도 자아의 행동이 되기 때문에, 리벳의 실험 결과는 자아의 자유의지에 대한 위협이 되지 않는다.

확장된 자아 개념에 근거한 데닛의 이러한 자유의지 옹호는 일단 자유의지에 대한 상식적 입장과 어긋난다. 이를 의식하고 그는 자신의 입장이 상식적 입장보다 더 낫다고 주장한다. 상식적 입장은 물리학의 법칙에 의해 지배를 받지 않는 인간 행위성 내지 비물질적 영혼과 같은

55 D.C. Dennett, *Freedom Evolves*(New York: Viking, 2003), p.242.

초자연적 요소에 근거하여 자유의지를 옹호하지만, 자신의 입장은 이러한 초자연적 영혼에 대한 신념을 포기하면서도 지금까지 자유의지가 감당해온 주요한 역할, 예를 들어, 인간의 자율성이나 도덕적 책임 물음 등을 충분히 잘 설명해 준다는 것이다.[56] 확장된 자아 개념은 이론적으로는 문제가 없어 보인다. 하지만 그 실천적 함의는 자못 의심스럽다. 그의 입장에 따르면 자아는 무의식적으로 이루어진 행위에 대해서도 도덕적 책임을 감수해야하기 때문이다. 왜냐하면 이런 무의식적 행위도 자아의 자유의지에 따른 행위이기 때문이다. 따라서 이러한 입장에 따르면 서두에 언급한 몽유병 문제의 주인공 파크의 행동은 무의식적 과정의 결과이지만 그의 무의적 과정마저도 자아의 일부이기 때문에 그의 행동은 자유의지에 따른 행위이고, 그렇기 때문에 그는 그 행동에 대해 도덕적 책임을 져야 한다는 결론이 얻어진다.

이론적 정합성의 관점에서는 이러한 주장은 얼마든지 가능하다. 하지만 캐나다 법원의 판결이 말해 주듯이 이는 자유의지와 도덕적 책임에 관한 상식적인 도덕적 직관과 어긋난다. 이러한 비정합성은 우리로 하여금 도덕적 책임과 자유의지의 올바른 관계가 어떠한지를 묻게 한다. 우리는 왜 도덕적으로 칭찬 내지 비난을 하는가? 물론 공리주의 내지 결과주의에 근거하여 도덕적 책임을 정당화할 수 있다. 하지만 도덕적 책임의 일차적인 정당 근거는 응보(desert) 개념이다. 즉, 응보주의에 따르면, 어떤 행위나 그 결과에 대해 도덕적 칭찬이나 비난을 받아 마땅하다(deserved)는 생각이 도덕적 책임의 밑바탕에 전제되어 있다. 대부분의 도덕철학자들은 두 정당화 가운데 응보주의가 근본이라고 주장한다. 한 마디로 도덕적 책임은 응보주의 정의 개념과 본래적

....

56 ibid, p.225.

으로 연관되어 있다고 하겠다. 응보주의에 따르면 자신의 의식적 선택에 의하지 아니한 행위에 대한 처벌이나 비난은 마땅하지 않다. 왜냐하면 그러한 행위는 자아에 따른 그 자신의 행위라고 말할 수 없기 때문이다. 자유의지를 도덕적 책임의 근본 전제로 생각하는 이유 역시 이러한 응보주의에 기인한다. 무의식적 과정마저 자아 개념에 포함시키면 자유의지를 구할 수는 있지만, 이러한 자유의지에 토대를 둔 도덕적 책임은 어디까지나 공리주의 내지 결과주의에 토대를 두는 경우에만 정당화될 수 있다.[57] 이렇게 되면 확장된 자아에 근거한 데닛의 자유의지 개념은 전통적으로 자유의지가 감당해온 주요한 역할을 수행할 수 있다는 그의 주장과 달리, 자유의지의 핵심적 역할 가운데 하나인 응보주의에 근거한 도덕적 책임을 정당화해 주지 못한다는 비판을 받고 있다.[58]

이처럼 데닛의 확장된 자아 개념은 리벳의 실험 결과로부터 자유의지를 구하는 데는 성공할 수 있을지는 모르지만 응보주의 책임을 묻는 데는 한계가 있다. 이러한 한계의 근본 원인은 "자유의지는 도덕적 책임의 필요조건이다"라는 전제에 있다. 즉, 리벳의 실험 결과에 따르면, 자아를 의식적 과정에 한정하게 되면 인간의 의식적 선택이 행동의 원인이 아니기 때문에 자유의지가 부인되고, 무의식적 과정마저 포함하게 되면 무의식적 과정이 행동의 원인이어도 자유의지는 확보되지만 응보주의 관점에서는 도덕적 책임을 물을 수 없게 된다. 실제로 일부에서는 응보주의 정의는 과거 지향적 속성에 그 토대를 두고 있기 때문에, 신경과학이 강한 결정론이 참이고 자유의지는 환상에 불과하다

....

57 실제로 데닛은 공리주의에 근거하여 도덕적 책임을 정당화하고 있다. D.C. Dennett, *Elbow Room: The Varieties of Free Will Worth Wanting*(Boston, MA: MIT Press, 1984), p.164.

58 S.G. Morris, "The Impact of Neuroscience on the Free Will Debate", p.72.

는 것을 과학적으로 입증해낸다면 응보주의 처벌 이론은 포기되어야 한다고 주장한다.[59] 하지만 이러한 딜레마를 해결하자면 우리는 자유의지와 도덕적 책임의 필연적인 연결고리를 끊어야 한다. 그러자면 우리는 자유의지가 도덕적 책임의 필요조건이라는 상식적 전제가 타당한지를 물어야 한다. 도덕적 책임 개념에 대한 재해석 논변은 이 물음에 답하고 있다. 지금까지 우리는 도덕적 책임 개념에 대한 철학적 명료화 작업을 제대로 논의하지 않다. 일단 책임 개념이 사용되는 표준적인 사례를 통해 책임 개념에 함의된 본질적 요소가 무엇인지 살펴보자. 책임이라는 단어가 사용되는 전형적인 용례는 다음과 같다.

"i는 φ에 대해 j에게 책임을 진다."

이 용례에서 알 수 있듯이 i와 j가 어떤 존재인가, 그리고 φ가 무엇인가에 따라 책임 귀속의 물음은 달려진다. 이러한 물음은 더 깊은 철학적 논의를 요구하지만 이 용례는 책임 개념의 본질적 특성이 무엇인지 말해 준다. 그것은 바로 책임 개념은 φ를 매개로 하는 두 실재 사이의 관계를 전제하고 있는 일종의 '삼중 관계적 개념'(a triadic relational concept)이라는 사실이다.[60] 도덕적 책임은 i와 j의 관계를, 즉 도덕 공동체를 전제로 한다는 점에 있어서 자유의지와 구분된다. 다시 말해, 자유의지의 물음은 도덕의 주체인 도덕 행위자 개인의 차원에서 제기

....

59 F. Gilbert, "Neuroethics: Should We Rethink Free Will and Criminal Responsibility?", *Proceedings of the Third International Conference in Applied Ethics*, Third International Conference in Applied Ethics, Center for Applied Ethics and Philosophy (CAEP), Hokkaido University, Japan, 2008, p.92.

60 A. Duff, *Answering for Crime: Responsibility and Liability in the Criminal Law*(Oxford: Hart Publishing, 2007), p.23.

되지만, 도덕적 책임은 도덕 행위자와 도덕 행위자가 상호 관계를 맺으면서 더불어 살아가는 도덕 공동체 차원에서 제기되는 물음이다. 물론 관계의 두 축에 해당하는 도덕 행위자가 자유의지를 지니느냐의 물음은 책임 논의에서 중요한 요소이지만, 도덕적 책임 개념은 도덕 행위자 간 관계 및 도덕 공동체와 본질적으로 관련되어 있음을 우리는 기억해야 한다. 이처럼 도덕적 책임은 도덕적 실천 내지 도덕적 관행의 문제이다. 결정론이 참이냐의 물음과 상관없이 우리는 도덕 공동체 속에 참여자로 살아가기 때문에 책임을 묻는 것은 불가피하다. 즉, 도덕 공동체에서 응당 행해야 할 의무를 이행하지 않는데 대해 우리는 책임을 묻는다.

그런데 일반적으로 의무는 어떤 역할을 갖느냐에 따라 달라진다. 우리는 한 개인으로 학생이나 교수, 부모나 자녀 등 서로 다른 역할을 수행하고 있지만, 도덕 공동체 차원에서 보면 도덕 행위자로 살아가고 있다. 도덕 공동체가 개인에게 일차적으로 요구하는 역할은 개인의 주관적 역할이 아니라 도덕 행위자라는 보편적 역할이다. 이 역할이 무너지면 도덕 공동체는 유지될 수 없기 때문이다. 우리는 도덕 공동체에서 서로에 대해 도덕 행위자로서의 역할을 충실히 수행할 것을 기대한다. 역할의 수행은 곧 역할에 따른 의무의 이행이며, 역할에 따른 의무는 그 행위자가 속한 도덕 공동체의 도덕규범에 의해 규정된다. 역할 의무의 불이행에 대해 도덕규범은 도덕적 책임을 요구한다. 이처럼 도덕적 책임은 원인 제공자임을 밝혀 주는 단순한 서술적 진술이 아니라 그 자체로 '규범-담지적인 서술'(normatively laden description)이다.[61] 이를 우리는 "역할: 도덕 행위자 – 의무: 도덕규범 – 공동체: 도덕적 책임"

....

61 ibid., pp.33-34.

의 도식으로 정리할 수 있다.

이런 의미에서 앤토니 더프(A. Duff)는 "이러한 종류의 책임 가운데 과거 지향적 책임은 나에게 응답을 요구할 지위를 지닌 그래서 내가 응답해야만 하는 누군가가 존재한다는 사실 및 나에게 이러한 응답을 요구할 수 있는 자에 대해 내가 갖는 미래 지향적 책임에 달려 있다"고 주장한다.[62] 즉, 우리가 누군가에게 도덕적 책임을 묻는 근본 이유는 그가 도덕 행위자이고 그리고 그 역할에 따라 도덕규범이 규정한 의무가 있는데 그 의무를 온전히 실행하지 않았기 때문이다. 우리가 다른 사람에게 도덕적 책임을 묻는 근본 이유는 그가 도덕 공동체에 참여자로 살아가가는 도덕 행위자로 간주되기 때문이지 자유의지와 같은 형이상학적 실재를 지니기 때문은 아니다.[63] 허버트 하트(H.L.A. Hart)의 구분에 따르면, 어떤 행위나 결과에 대해 책임을 묻는 것은 그 행위자가 우리 도덕 공동체에서 도덕 행위자로서의 역할 책임(role responsibility)을 지닌다는 사실에 궁극적으로 기반하고 있다.[64]

실제로 우리 사회에서는 이러한 역할 책임에 따라 설사 의식적 의지에 따른 통제 가능성이 없는 행동이나 그 결과에 대해서도 역할 의무의 당사자에게 책임을 묻는다. 예를 들어, 우리는 자녀가 비행을 저지른 경우 그 부모에 대해 책임을 묻는데, 그 이유는 우리 사회의 도덕규범이 부모 역할로 인해 양육의 의무를 부모에게 부과하기 때문이다. 또 누군가가 치명적인 위험한 사고를 당해 고통당하고 있는 자를 도와주지 않아 그가 사망한 경우 비록 그 행위자가 사고와 인과적 관련성이

62 ibid., p.30.

63 D. de V. Costa, "The Limits of the Neuroscience of Moral Responsibility", p.20.

64 H.L.A. Hart, "Postscript: Responsibility and Retribution", H.L.A. Hart, *Punishment and Responsibility: Essays in the Philosophy of Law*, 2nd ed.(Oxford: Oxford University Press, 2008), pp.211-230. 참조.

전혀 없고 또 통제 불가능한 위치에 있는 방관자라 할지라도 도덕적으로 잘못되었다고 생각한다. 이러한 경우 피해자를 도와주지 않았다는 사실 하나만으로도 우리는 그 행위자를 도덕적으로 비난한다. 그 이유는 그가 도덕 공동체에 참여하고 있는 도덕 행위자이며, 도덕 행위자로서의 역할에 따른 의무를 행하지 않았기 때문이다. 따라서 도덕적 책임은 도덕 행위자의 자유의지가 아니라 공동체의 도덕규범이 도덕 행위자에게 어떠한 의무를 부과하느냐에 달려있다. 이러한 입장에 따르면 몽유병 문제의 주인공 파크에게 도덕적 책임을 묻지 않는 이유는 자유의지를 지니지 않기 때문이 아니라, 우리 사회의 도덕규범이 자동증적 행동을 하는 자에 대해서는 그 증상이 현실화되는 기간 동안에는 잠정적으로 도덕 행위자의 역할을 부여하지 않기 때문이다. 자동증적 행동은 자동적 행동과 달리 아예 리벳이 인정한 거부권, 즉 '행하지 않을' 자유마저 지니지 않기 때문이다.

6. 자유의지 및 도덕적 책임

우리는 지금까지 리벳의 실험을 통해 밝혀진 신경과학의 사실이, 즉 준비전위가 의식적 선택에 앞서 일어난다는 실험 결과로부터 자유의지 및 도덕적 책임을 구할 수 있는 방안을 경험적 반론과 철학적 반론으로 나누어 고찰하였다. 리벳의 실험 자체에 대한 합당한 의심의 여지가 있기에 경험적 반론은 상당한 설득력을 지니지만, 그의 실험이 잘못되었다는 즉 의식적 선택이 준비전위에 앞서 일어난다는 사실이 신경과학적 실험을 통해 적극적으로 밝혀지지 않는 한 그의 실험 결과를 받아들이는 것이 합리적이다. 그래서 필자는 두 가지 철학적 반론을 살펴보았다. 하나는 무의식적 과정마저 자아에 포함시키는 확장된 자아 개념에 근거하여 자유의지를 구하는 반론이다. 이는 자유의지를 구하는데 이론적으로 성공하였다고는 말할 수 있을지 모르지만, 도덕적 책임의 일차적인 토대인 응보주의 정의 개념을 설명할 수 없다는 한계를 지닌다. 이러한 한계를 해결하고자 필자는 자유의지와 도덕적 책임을 분리하는 또 다른 철학적 반론을 제시하였다. 즉, 도덕적 책임의 응보주의 토대는 더불어 살아가는 도덕 공동체에서 우리 모두가 도덕 행위자의 역할을 수행해야 한다는 도덕적 실천 내지 도덕적 관행에 있다. 모든 역할에는 의무가 따르듯이, 도덕 공동체는 도덕규범을 통해 도덕 행위자에게 그 역할에 맞는 의무를 부과하는데, 이 의무를 이행하지 않은 데 대해 우리는 그 당사자에게 도덕적 책임을 묻게 된다. '내' 탓이 아니라 '뇌' 탓이라고 우리는 변명할 수 없다. 도덕적 책임의 주체는 의식도 뇌도 아닌 도덕 행위자이다.

이는 리벳의 실험결과는 자유의지를 위협할지는 모르지만, 도덕적 책임을 위협하지 않는다는 일종의 자유의지와 도덕적 책임을 분리하는 전략이다. 이러한 전략은 자유의지 물음과 도덕적 책임 물음은 두 가지 사실로 인해 근본적으로 구분된다는 점에 의해 지지를 받을 수 있다. 하나는 자유의지는 윤리 형이상학의 영역에 속하는 반면에 도덕적 책임은 도덕적 실천 내지 관행의 영역에 속한다는 사실이다. '형이상학'이라는 개념이 함의하듯이, 자유의지는 감각적 경험이나 실증적 과학의 영역 밖의 물음이기에 객관적 인식이 불가능하다. 그래서 자유의지 논쟁에서 강한 결정론조차도 인간 행동에 대해 예측 가능성마저 주장하지는 않는다. 즉, 강한 결정론은 양리가능주의와 달리 물리 법칙의 지배를 받지 않는 사태나 사건은 존재하지 않는다고 강하게 주장하지만, 모든 사태나 사건을 예측할 수 있는 '라플라스의 도깨비'(Laplace's demon)가 가능하다고 주장하지는 않는다.[65] 동일한 상황에서 처한 개인에 대해서도 우리는 각자가 어떻게 행동할지를 예측할 수 없다. 앞서의 리벳 실험 결과를 확장하여 표 12와 같이 자유의지와 도덕적 책임의 관계를 재구성하여 보면 이 점은 더욱 분명해진다.

리벳은 이 표에서 '준비전위-의식적 결정-행동' 사이의 일련의 관계를 신경과학적 실험을 통해 무엇이 '진실'인지를 말해 주고 있지만, 준비전위 이전 단계와 행동 이후의 단계에 대해서는 아무런 말을 하지 않는다. 일차적으로 그의 실험은 준비전위에서의 뉴런이 어떻게 활성화되는지에 대해서는 말하지 않는다. 실제로 사이코패스 증상이 있는 모든 사람이 범죄를 저지르는 것이 아닐 뿐 아니라 모두가 동일한 종류의 범죄를 저지르는 것도 아니다. 이는 뇌의 준비전위에 영향을 미치는 요소가 뇌 구조만이 아니라는 점을 반증한다. 유전자 결정론이 참이 아니듯이, 뇌가 인간의 자아정체성을 규정해 준다는 '뉴런 본질주의'(neuroessentialism)도 참이 아니다.[66] 심지어 인간의 뇌마저도 출생 시에 결코 완성되는 것이 아니다. 즉, 준비전위에 영향을 주는 요소는 뇌 구조뿐만 아니라 유전적 요인, 과거 경험, 인간관계, 품성 등 너무나 다양할 뿐만 아니라 이러한 요소들과 뉴런 변화의 상관성이 어떠한지

....

65 '라플라스의 도깨비'는 18세기의 프랑스 수학자 피에르 시몽 라플라스가 상상한 가상의 존재이다. 1814년에 발행된 그의 에세이 "대략적인 혹은 과학적인 결정론의 표현"에는 "우주에 있는 모든 원자의 정확한 위치와 운동량을 알고 있는 존재가 있다면, 이것은 뉴턴의 운동 법칙을 이용해, 과거, 현재의 모든 현상을 설명해 주고 미래까지 예언할 수 있다."는 말이 나온다. 쉽게 말해 라플라스의 도깨비는 '현재에 대해서 모든 것을 알고, 그것을 통해 미래를 유추하는 존재'이다. 만약 누군가가 전 우주의 모든 원자들의 정확한 위치와 운동량을 알고 있다면 고전 역학의 법칙들로 그 원자들의 그 어떤 과거나 미래의 물리 값도 알아낼 수 있다는 것이다. 후기의 전기 작가들이 이러한 능력을 지닌 존재를 일컬어 도깨비(demon)라는 이름을 지어 주었고, 우리나라에서는 '라플라스의 악마'라고 불린다. https://ko.wikipedia.org/wiki/라플라스의_도깨비 (2024.12.18. 접속)

66 A. Roskies, "Neuroethics for the New Millenium", p.23.

표 12 자유의지와 도덕적 책임의 관계

유전자 경험 행위	→	준비전위 (RP)	→	의식적 결정(W)	→	행동 (A)	→	도덕적 책임 (MR)
	시간	-550ms		-200ms		0		
	위치	뇌		의식		몸		공동체

에 대해서 그 어느 누구도 알지 못한다. 예를 들어, 졸업반 대학생이 어느 하나의 직업을 의식적으로 결정할 때, 그는 여러 대안을 생각할 뿐만 아니라 각 대안의 장단점은 물론 자신의 종교나 가치관마저 고려하여 결정한다. 한 마디로 뇌의 뉴런 변화는 물리 법칙의 지배를 받는 것이 사실이라 할지라도, 어떤 요소에 의해, 그리고 어떻게 지배를 받는지에 대해서는 어느 누구도 알지 못한다. 특히 숙고적 행동의 경우 '숙고' 역시 준비전위에 영향을 주는 하나의 요인으로 작동할 수 있다. 게다가 무의식적 과정이 원인이 되어 이뤄진 행동에 대해 책임을 묻게 되면, 이 경험 자체가 준비전위의 뉴런 변화에 영향을 주는 또 하나의 요인으로 나중에 작동하기 때문에 도덕적 책임을 묻는 것이 유의미하게 된다. 이를 받아들이면 형이상학적 관점에서 보면 결정론과 자유의지는 서로 반대되는 주장을 하지만 도덕적 실천의 관점에서는 역할에 따른 의무 불이행에 대해 얼마든지 책임을 물을 수 있다.

그리고 그의 실험은 행동 이후의 도덕적 책임 물음에 대해서도 일체 언급하지 않는다. 이는 자유의지와 도덕적 책임을 구분하는 필자의 전략을 암묵적으로 뒷받침해 주는 사실을 제공해 준다. 그것은 바로 자유의지는 도덕 행위자라는 개인 차원에서 제기되는 물음이지만 도덕적 책임은 도덕 행위자 상호간의 관계 즉 도덕 공동체 차원에서 제기되는 물음이라는 사실이다. 우리는 서로에 대해 도덕적 행위자로서의 역할에 따른 보편적 의무를 이행하기를 기대한다. 도덕적 책임은 그 개인이 자유의지를 지느냐에 의해서가 아니라 이러한 역할 의무를 지키지 않은 데 대해 도덕적 응분이다.

그렇다고 신경과학의 결과가 도덕적 책임과 무관하다는 뜻은 아니다. 몽유병 문제와 같이 뇌의 뉴런에 이상에 생겨 전혀 통제 불가능한 행동의 경우에는 예외적으로 도덕적 책임이 면제되지만, 의식적 선택이 아니라 준비전위가 행동을 결정한다고 해도 우리는 도덕적 책임을 물을 수 있다. 자유의지가 형이상학적으로 입증된다면 도덕적 책임의 귀속이 더욱 강화되겠지만 그렇지 않다고 해서 도덕적 책임을 물을 수 없다는 결론은 귀결되지 않는다. 자유의지는 도덕적 책임의 충분조건이 아닐 뿐만 아니라 필요조건도 아니다. 앞서 언급하였듯이 우리는 자동증적 행동과 자동적 행동은 구분해야 한다. 예를 들어, 자동증적 공격은 '본질적으로 사전에 프로그램화 되어 있어'(essentially pre-programmed) 행위 주체가 그러한 행동을 거부할 수 없다.[67] 이 두 행동은 뇌의 뉴런 변화라는 무의식적 과정에 의해 유발된다는 공통점을 지니지만, 자동증적 행동은 뇌의 특정 부위 이상으로 인해 발생하기 때문에 개인이 전혀 통제할 수 없지만, 자동적 행동은 뇌의 이상이 아니라 뇌의 정상적인 뉴런 변화의 결과인데, 우리는 이러한 뇌의 뉴런 변화에 이전 행동이나 경험 혹은 가치관 등을 통해 간접적으로 상당한 영향을 미치고 있기 때문이다. 신경과학이 발달하면 발달할수록 신경윤리학은 새로운 국면을 맞이하게 될 것이다. 따라서 우리는 결코 신경과학의 도전을 가볍게 보아서는 안 된다.[68]

....

67 N. Levy & T. Bayne, "Doing without Deliberation: Automatism, Automaticity, and Moral Accountability", p.214.

68 J. Illes & E. Racine, "Imaging or Imagining Neuroethics? A Neuroethics Challenge Informed by Genetics", *The American Journal of Bioethics*, vol.5, no.2, 2005, pp.5–18. "영상인가 상상인가?", 홍성욱 • 장대익 엮음, 『뇌 속의 인간 인간 속의 뇌』(서울: 바다출판사, 2010).

유전학과 유전체학은 인간 본성에 대한 다양한 윤리적 사유에 비옥한 토양을 제공해 왔다. 그러나 뇌와 자아간의 관계는 유전자와 개인의 관계보다 훨씬 직접적이다. 행동의 분명한 특징들이 유전자에 의해서 결정된다고 하더라도, 행동과 통합된 부위는 뇌 속에 있다. 영상을 통해서 행동을 추정하거나 신경 조직이나 기구의 이식을 통해서 그것을 조작할 수 있다면 신경기술은 유전학이 결코 시도해 본적 없는 방법으로 개인 주체성 사이의 역동성, 책임과 자유의지를 근본적으로 바꿔놓을 것이다. 실제로 전체적으로 신경기술은 인간성에 대한 우리의 감각에 도전하고 있고 그것을 판단하는 새로운 도구를 사회에 제공하고 있다.

....

pp.93-94. 인용.

11

기술윤리:
기술은 윤리 구현의 도구에 불과한가

이 장은 베어백의 기술 윤리를 철학적 분석을 통해 비판적으로 탐구하는 데 그 목적이 있다. 그는 후기 현상학적 접근법에 따라 기술은 대본을 갖고 인간과 세계를 매개할 뿐만 아니라 도덕마저 매개한다고 주장한다. 도덕은 더 이상 인간의 전유물이 아니며, 기술도 도덕을 구현한다. 따라서 기술을 어떻게 설계하고 또 어떻게 사용하느냐에 따라 도덕이 달라지기에 디자인 윤리와 사용의 윤리가 요구된다고 그는 주장한다. 주체와 객체는 분리되지 않고 상호작용의 결과물로 존재하기에, 도덕적 행위성은 물론 도덕적 책임마저도 인간-기술 연합체에 분산된다. 하지만 그의 기술 윤리는 인간에게 책임을 귀속시키기 어렵다는 한계를 지닐 뿐만 아니라 기술의 디자인과 사용에 요구되는 윤리가 실질적으로 무엇인지를 그는 밝히지 않아 적용의 어려움을 낳는다. 결론에서 필자는 베어백의 기술 윤리가 AI 로봇의 개발과 사용에 어떤 윤리적 함의를 지니는지를 해명하고자 한다.

1. 들어가는 말: 왜 책임 있는 개발인가?

2023년 3월 21일에 개최된 'GTC(GPU Technology Conference) 2023'에서 '엔비디아'(Nvidia)의 공동 설립자이며 현재 사장 겸 CEO를 맡고 있는 젠슨 황(J. Huang)은 인공지능(AI)의 미래를 "누구나 사용할 수 있고 어디에나 있는 AI"(AI will soon be everywhere and accessible to everyone)라고 전망한 바 있다. 인공지능은 스마트폰과 인터넷처럼 우리 삶을 파고들어 '패러다임의 변화'를 이끌어낼 산업으로 자리매김하고 있다. 인공지능은 단순한 '산업 혁명'이 아니라 우리 삶을 혁명적으로 바꾸어 놓는다는 의미에서 '삶 혁명'(life-revolution)이다. 물론 우리는 여러 차원에서 인공지능이 만들어내는 삶 혁명을 논의할 수 있지만, 가치론적 관점에서 보면 인공지능이 인류의 생존과 삶의 질에 '긍정적인 혁명'을 가져오기를 기대한다. 실제로 인공지능은 보건의료를 비롯하여 여러 분야에서 '스마트 환경'을 만드는 긍정적 혁명을 실현하고 있다.

하지만 우려의 목소리도 만만하지 않다. 즉, '챗GPT'로 촉발된 초거대 생성형 인공지능(Generative AI)의 일상화로 인공지능의 치명적인 위험을 우려하는 목소리가 높아지고 있다. 2023년 3월 30일 미국의 비영리 단체 '미래생명연구소'(FLI)는 전 세계 AI 관계자 1800명의 서명을 받아 "AI 개발을 6개월 중단하고 안전장치를 마련하자"라는 성명을 발표하였으며, 뒤이어 2023년 5월 30일 비영리 기관인 미국의 'AI 안전센터'(Center for AI Safety, CAIS)에서도 "AI로 인한 멸종 위험을 완화하는 것은 팬데믹과 핵전쟁 같은 다른 사회적 규모의 위험과 더불어 전 세계의 우선순위가 되어야 한다"라고 경고하였다.[1] 비록 22개 단어

....

1 "Mitigating the risk of extinction from AI should be a global priority alongside other societal-scale risks such as pandemics and nuclear war." 이 선언에는 350명이 넘는 AI 전문가가

로만 구성된 짧은 경고이지만, 이 경고는 인공지능이 가져올 위험이 얼마나 크고 무서운가를 '핵전쟁'에 비유하여 웅변적으로 말해 준다. AI 전문가들과 철학자들은 어떤 근거에서 이러한 경고를 하는가? 그 논거를 하나의 논변으로 구성하면 다음과 같다.[2]

(1) 다른 모든 지능을 능가할 수 있는 초지능 기계를 인간이 만들 가능성이 있다.
(2) 인간 지능을 뛰어넘는 초지능을 인간이 통제하지 못할 가능성이 있다.
(3) 초지능은 우리가 원하지 않는 일을 할 가능성이 있다.

물론 '경고' 자체가 암시하듯이, '멸종 위험'은 하나의 가능성으로 현실화되리라는 보장은 없다. 즉, 위 논변 가운데 적어도 우리가 (2)를 부인할 수 있다면, 이러한 위험을 우리는 막을 수 있다. 이론적으로는 간단하지만 과연 인간이 초지능 인공지능을 통제할 수 있을지는 의문스럽다. 왜냐하면 전제 (2)의 부정은 전제 (1)의 주장과 모순되기 때문이다. 다시 말해, '다른 모든 지능을 능가할 수 있는 초지능 기계'라는 표현은 인간의 통제력을 능가하는 지능 내지 힘을 인공지능이 갖추었다는 것을 함의하고 있기 때문이다. 이렇게 되면 전제 (3)을 반박하는 일도 쉽지 않다. 인간을 능가하는 또 다른 독립된 존재이기 때문에 인공지능이 인간에 대해 우호적일 것이라고 확신하기가 어렵기 때문이

....

서명하였는데, 샘 알트먼 오픈AI CEO, 데미스 허사비스 구글 딥마인드 CEO, 케빈 스콧 마이크로소프트 CTO, 토론토대 명예교수인 제프리 힌튼, 빌 게이츠 한국에서도 김대식 KAIST 교수, 신진우 KAIST 석좌교수가 이름을 올렸다.

2 K. Vold, "How Does Artificial Intelligence Pose an Existential Risk?", C. Véliz, ed., *The Oxford Handbook of Digital Ethics*(Oxford: Oxford University Press, 2021), pp.724-747.

다. 이는 곧 (1)이 가능하다면 (2)와 (3)을 의심하기가 그만큼 어려워진다는 결론을 낳는다. 따라서 인공지능의 위험에 대한 경고는 전제 (1)에 달려 있다고 해도 과언이 아니다. (1)이 과연 가능할까? 즉, '약 인공지능'을 넘어 '강 인공지능'을 거쳐 우리는 '초 인공지능'의 현실적 가능성에 대해서는 아무도 예측할 수 없다. 한 가지 분명한 점은 범용 인공지능이 아니라, 특정 인공지능은 이미 몇몇 영역에서 특이점을 넘어섰다는 사실이다. 바둑이나 체스와 같은 게임뿐만 아니라 법리적 판결이나 의학적 진료에 있어서 인공지능은 인간을 넘어섰다.

이러한 특이점이 범용 인공지능에까지 확장될 수 있는지는 로봇공학자의 몫이다. 그러면 이러한 가능성에 대해 윤리학자의 몫은 무엇인가? 윤리학은 사실이 아니라 가치를, 존재가 아니라 당위를 다룬다. 즉, 윤리학은 가치와 관련하여 "이러한 초 인공지능 기계의 개발은 가치 있는 일인가?"를 묻고, 당위와 관련하여 "이러한 초 인공지능 기계를 우리는 개발해야 하는가?"를 묻는다. 물론 이 두 물음은 밀접하게 연관되어 있어 함께 논의할 수밖에 없지만, 이 글은 후자의 물음과 관련하여 "AI 로봇에 관한 책임 있는 개발"의 물음을 피터 폴 베어백(P.P. Verbeek)의 기술 윤리를 중심으로 비판적으로 고찰하는 데 그 목적이 있다. 이러한 윤리학적 논의를 통해 필자는 (1) 자율성을 지닌 생성형 인공지능의 개발에는 윤리적 제약이 필요하며, (2) 인공지능이 야기한 해악에 대해 개발자는 그 의도와 상관없이 책임을 져야 한다는 점을 주장하고자 한다. 이를 위해 필자는 먼저 개발에 왜 책임의 물음이 관련되어 있는지를 개발의 결과인 기술 내지 기술적 생산물이 갖는 윤리학적 함의를 중심으로 살펴보고자 한다. 물론 기술과 생산물은 개념적으로 다를 뿐만 아니라 실질적으로도 다른 경우가 많다. 하지만 스마트 폰의 경우처럼 오늘날의 하이테크 생산물은 기술과 생산물이 하나로 결합되어 있다. 무엇보다 기술과 생산물은 둘 다 인간이 만든 인공물이라는 점에서 윤리학적으로 유의미한 차이를 찾아보기 어렵다. 그래서 필자는 이 글에서 필요한 경우에는 구분하여 사용하지만, 기술이 만들어낸 생산물을 포함하는 넓은 의미로 기술이라는 개념을 사용하고자 한다.

일반적으로 인간은 목적 내지 의도를 갖는 반면에, 기술은 이러한 목적 내지 의도를 실현하는 기능 내지 도구의 역할을 한다고 우리는 생각한다. 즉, 기술은 기능을 갖는 반면에, 인간은 그 기능을 사용한다. 하지만 이러한 '기능-사용의 관계'(function-use relation)는 오늘날 도전을 받고 있다. 오늘날 기술은 사용되기만을 기다리는 단순한 객체가 아니며, 인간도 기술을 언제나 의도적으로 사용하는 단순한 주체가 아니기 때문이다. 물론 역사적으로 거슬러 올라가면 최초의 기술적 생산물은 인간의 목적 실현을 위해 의도적으로 만들었기에 수단성만을 지닌다고 말할 수 있지만, 오늘날 우리는 자율적 사유나 의지적 활동 이전, 즉 태어날 때부터 기술 내지 기술적 인공물에 내던져져 더불어 살아가고 있다. 그 결과 기술은 우리 인간의 행위는 물론 삶의 양식에 지대한 영향을 미친다. 인간만이 기술에 영향을 주는 것이 아니라 역으로 기술 역시 인간에게 영향을 미친다. 단적인 예로 제왕절개술이라는 의술이 없었다면 수많은 인간이 아예 이 세상에 빛을 보지 못하였을 것이다. 이렇게 되면 인간조차도 기술 독립적으로 선재하는 주체라고 말할 수 없다. 기술 없이는 생존 자체가 불가능할 정도로 인간은 기술 의존적인 존재이다. 따라서 인간과 기술의 '주체-객체 이분법'은 현실적으로 더 이상 설득력이 없기 때문에 인간과 기술의 관계에 대한 새로운 조망이 필요하다.

인간과 기술의 관계를 후기 현상학(post-phenomenology)에 근거하여 새로운 기술철학 내지 기술 윤리학을 정립한 철학자가 베어백이다. 일의적으로 규정하는 데는 이론적 한계가 있지만 이 접근법은 기술을 연구하는 데 두 가지 공통점을 지닌다. 하나는 인간 존재와 기술적 인공물의 관계에 초점을 맞추어 기술을 탐구한다는 점이다. 그래서 이 접근법은 기술을 단순히 기능적이고 도구적인 대상으로만 파악하지 않고 기술이 인간 존재가 세계와 맺는 관계에 미치는 다양한 방식을 연구한다. 다른 하나는 이 접근법은 철학적 분석을 경험적 탐구와 연계시킨다는 점이다. 즉, 철학적 이론을 기술에 단순히 응용하지 않고 이 접근법은 실제적 기술과 기술 발전을 철학적 분석의 출발점으로 간주한다. 이처럼 후기 현상학의 기술 철학은 기술에서 출발한다는 면에 있어서 '기술로부터의 철학'(a philosophy 'from' technology)이라고 말할 수 있다.

그러면 후기 현상학은 기술을 어떻게 파악하는가? 이 물음에 대한 단서를 우리는 '후기'(post)에서 찾을 수 있다. 후기 현상학은 현상학을 넘어서기 때문에 포스트모더니즘(postmodernism) 역시 넘어선다. 모더니즘적인 주체-객체의 이분법을 넘어 현상학이 주체와 객체의 지향적 관계를 강조하듯이, 후기 현상학 역시 이러한 이분법을 부정한다. 인간 주체는 그냥 보고, 듣고, 생각하지 않고 언제나 무엇(something)을 보고, 듣고, 생각한다. 그리고 객체 역시 그 자체로 존재할 것이지만 우리가 이에 대해 생각할 때는 언제나 '우리에 대한 무엇'(thing-for us)으로 존재한다. 현상학은 주체와 객체의 간격을 이들 사이의 지향적 관계로 대체시켜주었다. 여기서 우리는 "지향적 관계가 어떻게 가능한가?"를 묻는다. 이 물음을 던짐으로 후기 현상학은 현상학의 지향적 관계를 한 단계 더 발전시켰다. 즉, 후기 현상학은 두 가지 면에 있어서 현상학을 넘어서고 있는데, 하나는 기술이 주체와 객체를 매개시킨다는 점이다. 즉, 주체와 객체 사이에는 직접적인 관계가 존재하지 않고 오직 간접적인 관계만이 존재하는데, 이를 연결시켜주는 매개 역할을 하는 것이 바로 기술이다. 다른 하나는 주체와 객체는 선재한다는 현상학의 전제를 폐기하고 기술적 매개에 의해 이 둘이 구성된다는 점이다. 즉, 매개는 주체와 객체를 연결시켜주는 사다리(bridge)가 아니라 이 둘을 결합시켜 존재하게 하는 원천(fountain)이다. 이처럼 후기 현상학은 매개(mediation)와 상호구성(mutual constitution)을 강조한다는 점에 있어서 현상학과 근본적으로 구분된다. 이처럼 후기 현상학은 한편으로는 경험과 구체성을 강조한다는 점에 있어서 현상학적이지만, 다른 한편으로는 기술에 대한 현상학의 이러한 낭만주의와 일정한 거리를 둔다는 점에 있어서 현상학을 넘어서고 있다.[3]

2. 후기 현상학의 기술 철학

후기 현상학의 입장에서 베어백은 기술에 관한 기존의 두 접근법을 비판한다. 기술에 관한 가장 일반적인 접근법은 연장(extension)의 관계이다. 연장 접근법은 기술을 인간의 목적 내지 의도를 구현해 주는 도구 내지 수단으로 간주한다. 즉, 기술은 단지 가치중립적인 도구로써 인간의 실천과 경험을 용이하게 해 줄 따름이다. 도덕적 관점에서 기술에 도구 이상의 행위성을 부여하게 되면 "기계가 나로 하여금 그것을 하도록 만들었다"라는 주장을 가능케 해 정당화되어서는 안 될 도덕적

....

3 후기 현상학적 기술 철학에 관한 자세한 논의는 R. Rosenberger & P.P. Verbeek, "A Field Guide to Postphenomenology", R. Rosenberger & P.P. Verbeek, eds., *Postphenomenological Investigations: Essays on Human-Technology Relations*(London: Lexington Books, 2015), pp.9-41을 참조하라.

용서를 정당화시켜 주어 도덕적 책임감이 무디어지는 결과를 낳게 된다고 이러한 접근법 옹호자들은 주장한다.[4] 이와 상반되는 입장이 변증법(dialectics)의 관계이다. 기술은 인간에 대한 반(opposition)의 구실을 한다. 즉, 기술은 인간으로 하여금 그 의도를 실현시키도록 도와주는 것이 아니라, 반대로 그 자체로 또 하나의 거대한 힘(force)이다. 그러니까 기술은 인간을 짓누르는 혹은 인간을 소외시키는 힘을 갖고 있기에, 우리 인간은 이로부터 해방할 수 있는 돌파구를 찾아야 한다고 이러한 접근법 옹호자들은 주장한다. 노동자를 생산 과정 및 생산품으로부터 소외시킨다는 마르크스주의자들의 기계화에 대한 반대가 그 좋은 예이다. 이러한 논리는 정보 기술이 인간의 인지 능력을 저하시킨다는 비판에도 적용될 수 있다. 오늘날 내비게이션의 사용으로 인해 운전자들의 공간 내지 지리 감각 능력이 현전하게 줄어든 것 역시 기술의 변증법적 관계를 웅변해 준다. 하지만 앞서 언급하였듯이, 이러한 두 접근법은 인간 존재와 기술을 서로 구분되는 독립적인 영역으로 간주한다는 근본적인 결함을 지닌다는 비판으로부터 자유롭지 못하다. 즉, 이 두 접근법은 인간 주체와 기술 객체를 이분법적으로 분리하고 있는데, 이는 인간과 기술이 복잡하게 뒤엉켜있다는 실재를 왜곡하고 있다.

인간만이 기술에 영향을 주는 것이 아니라 기술도 인간에게 영향을 준다. 실제로 우리 인간의 지각과 경험, 인간의 행위와 삶의 방식 등과 같은 인간 실존의 모든 요소들은 기술과의 밀접한 상호작용 관계에서 일어난다. 이러한 관점에서 보면 기술은 도구로 인간이 사용하기만

....

4 일반적으로 가치중립성 입론은 다음 세 가지 사실에 의해 지지받고 있다. (1) 가치의 특징을 경험적으로 규정할 수 없다. (2) 가치가 인간 행위의 동기 부여자이다. (3) 의사결정은 가치를 필연적으로 포함한다. J.C. Pitt, "'Guns don't Kill, People Kill': Values in and/or around Technologies", P. Kroes & P.P. Verbeek, eds., *The Moral Status of Technical Artefacts*(New York: Springer, 2014), pp.89-91 참조.

을 기다리는 단순한 객체가 아니라 인간 행동에 영향을 주는 또 하나의 주체이다. 기술과 인간의 이러한 상호작용을 설명하는 입장으로 베어백은 세 번째로 하이브리드(hybridity) 접근법을 주장한다. 하이브리드 접근법이 인간과 기술의 관계를 가장 온전하게 설명한다는 입장에서 베어백은 인간과 기술의 관계를 '상호작용의 관계'라고 주장한다. '상호작용'(interaction)이란 문자적으로 '사이의 행위'(action-in-between)를 뜻한다. 그래서 개념적으로 '사이'에 들어가는 두 대상, 즉, 인간과 기술이 상호작용에 앞서 실재하는 것으로 간주된다. 하지만 실천적인 관점에서 볼 때 인간과 기술은 상호 작용에 앞서 존재하는 두 축(poles)이 아니라 이러한 상호작용의 결과로 간주되어야 한다. 앞서 언급하였듯이, 후기 현상학은 이 둘을 선재하는 실재가 아니라 이들 사이에서 일어나는 관계에 의해 형성된 실재로 파악한다. 따라서 "기술과 인간은 서로서로를 형성한다. 기술은 인간 본성의 한 요소이자, 우리 인간의 한 부분이다."[5] 인간의 지각, 경험, 행위, 그리고 살아가는 방식마저도 기술과의 밀접한 상호작용 속에서 일어난다.

이러한 상호작용은 심지어 윤리적 결정에서도 나타난다. 예를 들어, 초음파검사와 같은 산전 진단은 태아에 대한 우리의 윤리적 결정에도 영향을 준다. 한 걸음 더 나아가 기술은 인간과 상호작용을 할 뿐만 아니라, 인간이 세계와 맺는 관계에서도 중요한 변수로 작용한다. 즉, 우리 인간은 기술과 관계를 맺기 이전에 이미 세계와 관계를 맺고 살아오고 있는데, 기술은 또 하나의 변수가 되어 세계와 새로운 관계를 형성해 간다. 이를 베어백은 매개(mediation) 개념을 사용하여 설명한다. 그러니까 인간은 기술을 매개로 세계와 관계를 형성하기에, 기술의 진

5 P.P. Verbeek, "Beyond Interaction: A Short Introduction to Mediation Theory", *Interaction*, vol.22, 2015, p.29.

화에 따라 세계와 관계도 그 양상이 달라진다. 이런 면에 있어서 후기 현상학의 핵심은 '기술적 매개'(technological mediation)라고 말할 수 있다.[6]

그러면 구체적으로 기술은 인간과 세계를 어떻게 매개하는가? 후기 현상학적 접근법에 따라 돈 아이디(D. Ihde)는 『기술과 생활세계』에서 인간-기술의 관계를 네 유형으로 분류한다.[7] 첫째는 구현 관계(embodiment relation)이다. 기술이 인간 신체의 연장이 되어 인간 신체만으로는 맺을 수 없는 세계와의 관계를 가능케 해 준다는 것이 구현 관계이다. 예를 들어, 전화기는 인간 청력이 갖는 공간적 한계를 극복하여 먼 곳에 있는 사람과의 대화를 가능케 해 주었다. 둘째는 해석 관계(hermeneutic relation)이다. 병원에서 널리 사용되고 있는 MRI가 말해 주듯이 세계를 해석하는 또 하나의 틀을 기술이 제공해 준다. 셋째의 타자 관계(alterity relation)는 기술 자체가 마치 또 하나의 타자가 되어 인간이 원하는 바를 이루어진다. 예를 들어, 은행의 현금자동인출기는 인간 은행원을 대체하고 있는 '또 하나의 은행원'이다. 네 번째의 배경 관계(background relation)는 기술이 인간과 세계의 관계를 직접적으로 매개하지는 않지만, 인간이 세계와 맺는 관계의 토대 내지 배경 구실을 하는 관계를 말하는데, 그 대표적인 사례는 에어컨이다. 그렇다고 인간과 기술의 모든 관계가 이 네 범주에 포함된다고 말할 수는 없다. 과학기술의 발전은 인간과 세계의 관계를 새롭게 형성해 주고 있기 때문이다. 즉, 최근의 많은 기술들은 그 본질적 특성이 달라 이 네 범주 중 어

6 A.H. Kiran, "Four Dimensions of Technological Mediation". R. Rosenberger and P.P. Verbeek, eds., *Postphenomenological Investigations: Essays on Human-Technology Relations*(London: Lexington Books, 2015), p.123.

7 D. Ihde, *Technology and Lifeworld*(Bloomington: Indiana University Press, 1990), ch.5 참조.

느 하나로 특정 짓기가 어렵게 되었다.

그래서 베어벡은 아이디의 기술-인간의 관계를 발전시켜 세 범주를 추가시키고 있다.[8] 예를 들어, 파킨슨병이나 정신이상을 치료하는 데 이용되는 뇌 이식은 신체의 단순한 구현 이상으로, 인간 몸을 새로운 하이브리드 존재에로 통합시킨다. 이는 '사이보그 관계'(cyborg relation)인데, 기술이 인간 몸에 유입되어(merge) 들어옴으로 말미암아 인간과 기술의 물리적 경계가 허물어져 하나가 되고 있다. 이를 그는 퓨전 관계(relation of fusion)라 부르면서 '(human/technology) → world'로 도식화하고 있다. 이는 일종의 '몸 기술'(somatechnologies)로서, 이 기술을 사용하게 되면 인간과 기술은 분리되지 않고 하나가 되어 세계와 관계를 맺게 된다. 이러한 퓨전 관계로부터 '하이브리드 지향성'이 얻어진다. 이는 기술적 매개를 통해 생성된 지향성으로, 새로운 하이브리드 실재, 즉 사이보그의 지향성이다.

또 다른 기술들은 생활환경 지능(ambient intelligence) 내지 설득적 기술(persuasive technologies)을 갖춘 스마트 환경에로 우리의 환경을 바꿔준다. 이러한 기술은 인간 몸으로 들어오지는 않지만 하이브리드 환경을 만들어, 인간과 환경의 상호작용을 가능케 한다. 이러한 환경은 인간 실존의 단순한 배경 이상으로 사람들이 있는지 없는지, 그리고 얼굴마저 인식하여 우리 행동에 피드백을 일으킨다. 이는 기술과 환경이 하나로 융합되어 있다는 의미에서 융합 관계(immersion relation)라고 말할 수 있다. 이 관계는 '양 방향성'(bi-directionality)의 특성을 지닌다. 즉, 이는 기술적 배경이 인간과 상호작용한다는 점에 있어서 'human ↔ technology/world'로 도식화할 수 있다. 병원에서 사용되고 있는

....

8 R. Rosenberger & P.P. Verbeek, "A Field Guide to Postphenomenology", pp.19-23 참조.

스마트 화장실(smart toilets)이나 스마트 침대(smart beds)가 그 대표적인 예이다. 반면에 구글 안경과 같은 웨어러블 기술은 또 다른 관계 속으로 우리를 인도한다. 이러한 기술은 인간-세계 관계의 또 하나의 분기점을 결과하고 있다. 그러니까 스마트 안경은 세계에 대한 새로운 경험을 구현해 주면서 다른 한편으로는 세계를 평행 스크린으로 표상해 준다. 이는 구현 관계와 해석 관계를 결합하여 인간 능력을 향상시켜주는 '증강 관계'(augmentation relation)로 다음과 같이 도식화할 수 있다.

$$(\text{human/technology}) \rightarrow \text{world} \;+\; \text{human} \rightarrow (\text{technology/world})$$

이 도식화는 우리가 두 관계 속에 살고 있음을 말해 준다. 즉, 인간과 기술이 결합하여 세계와 맺는 관계이고, 다른 하나는 인간이 기술과 결합된 세계와 맺는 관계이다. 특히 후자의 관계에서 기술은 그것 없이는 볼 수 없는 세상을 우리 인간에게 보여 준다. 이러한 증강 관계와 관련된 의도성은 이분화 되어 있다고 말할 수 있다. 즉, 두 개의 평행한 관심 분야가 나타나기 때문에 사람들이 세상을 지향하는 데 분열이 일어나게 된다. 이처럼 기술은 단순히 인간이 사용하는 수동적인 도구가 아니라, 기술 자체가 인간과 상호작용하는 능동적 행동자 역할을 하고 있다. 이제 인간은 기술적 매개 없이는 세계와 관계를 맺을 수조차 없게 되었다. 이처럼 기술은 인간이 세계와 어떤 관계를 맺을 것인지에 지대한 영향을 준다. 그뿐만 아니라 영향의 힘에 있어서도 기술은 서로 다른 형태를 띠고 있다. 나인크 트럼프(N. Tromp) 등은 가시성(visibility)과 힘(force)이라는 두 차원을 기준으로 기술이 인간 존재에 미치는 영향을 네 종류로 구분한다.[9] 즉, 기술의 영향은 한편으로는 가시성의 차원에서 '숨겨진'(hidden) 영향과 '드러난'(apparent) 영향으로 구분되

표 13 기술의 매개 영향

기술 명칭	기술의 영향	예
강요적(coercive) 기술	드러난 강한 영향	지하철 개폐기
설득적(persuasive) 기술	드러난 약한 영향	스마트 에너지 미터기
유인적인(seductive) 기술	숨겨진 약한 영향	커피 머신을 복도에 두기
결정적(decisive) 기술	숨겨진 강한 영향	엘리베이터가 없는 건물

고, 다른 한편으로는 힘의 차원에서 '약한'(weak) 영향과 '강한'(strong) 영향으로 구분된다. 이를 조합하면 위의 표 13과 같이 기술의 매개 영향을 넷으로 구분할 수 있다.

간단하게 부연설명을 하면, 지하철역의 자동개폐기 설치는 시민들로 하여금 지하철을 이용하고자 하면 반드시 승차권을 구입하도록 요구한다는 점에 있어서 '드러난 강한 영향'으로 강요적 기술이라고 말할 수 있다. 안전벨트 경고음도 이와 유사하다. 반면에 스마트 에너지 미터기는 연료 소모를 운전자에게 알려줌으로 말미암아, 운전자로 하여금 에코 드라이브 모드로 전환하여 연료 소비를 줄이도록 보이지 않게 영향력을 행사한다. 지하철 개폐기와 달리 이러한 미터기는 운전자가 연료 소모에 신경을 쓰지 않으면 에코 드라이브 모드로 전화하지 않아도 된다는 점에 있어서 그 영향이 약할 뿐만 아니라 또 강요하지 않고 운전자에게 합리적 운전을 설득할 따름이다. 세 번째의 유인적인 기술은 사람들을 무엇을 하도록 보이지 않게 영향력을 행사하는 기술을 말한다. 예를 들어, 회사에서 사람들이 많이 다니는 복도에 커피 머신을 설치해두면, 커피 이용자들은 자연스럽게 다른 사원들과 접촉할 수밖에 없고 그러면 서로 인사를 나누게 되어 동료의식을 높이는 데 기여하게 된다. 물론 그래도 커피만 마시는 사람들이 있기에 그 영향은 약할

9 N. Tromp et al., "Design for Socially Responsible Behavior: A Classification of Influence Based on Intended User Experience", *Design Issues*, vol.27, no.3, 2011, pp.3-19.

수밖에 없다. 마지막의 엘리베이터가 없는 건물은 건물 이용자들로 하여금 운동을 강요한다는 점에 있어서 그 영향은 결정적이라는 점에 있어서 강하지만 드러나지 않고 은밀하게 이뤄지고 있다는 특징을 지닌다. 이런 점에 있어서 기술에 대한 후기 현상학적 접근법은 관계적 존재론(relational ontology)에 토대를 두고 있다고 말할 수 있다.[10]

3. 매개 이론: 베어벡의 기술 윤리

인간 삶의 실질적인 활동에 따라 기술이 구체적으로 인간 활동의 어떤 측면 내지 차원을 매개하느냐에 따라, 앨스 키란(A. H. Kiran)은 기술적 매개를 다음과 같이 4차원으로 구분한다.[11]

(1) 실존적 차원(existential dimension): 사람들이 살아가는 존재론적 삶의 터전
(2) 인식론적 차원(epistemological dimension): 세계에 대한 인간의 인식
(3) 실천적 차원(practical dimension): 사람들의 일상적인 판단과 행동
(4) 윤리적 차원(ethical dimension): 사람들의 윤리적 결정과 윤리적 행위

....

10 R. Rosenberger & P.P. Verbeek, "A Field Guide to Postphenomenology", pp.19-20 참조.

11 키란은 기술적 매개를 네 차원으로 구분한 다음, 각 차원은 구조적으로 서로 다른 두 측면으로 매개하는 구조를 갖는다고 주장한다. 즉, 기술은 실존적 차원에서는 드러냄-숨김(revealing-concealing) 구조를, 인식론적 차원에서는 확대-축소(magnification-reduction) 구조를, 실천적 차원에서는 가능-제약(enabling-constraining) 구조를, 그리고 윤리적 차원에서는 참여-소외(involving-alienating) 구조를 각각 매개한다. 이에 관한 자세한 논의는 A. H. Kiran, "Four Dimensions of Technological Mediation", pp.123-140을 참조하라.

여기서 차원은 관점을 뜻하기에, 기술적 매개가 다양한 차원을 지닌다는 말은 곧 우리는 기술적 매개를 다양한 관점에서 분석 내지 접근할 수 있다는 의미이다. 이 글은 특히 마지막 윤리적 차원에 초점을 맞춰 인간의 도덕 내지 윤리에 대한 기술적 매개를 비판적으로 고찰하고자 한다. 그러니까 기술은 인간 삶의 터전이나 세계 인식을 넘어 실천적으로 매개하는데, 인간의 고유한 실천에 해당하는 윤리적 실천마저 기술적 매개로부터 자유롭지 못한다. 즉, 기술은 인간의 윤리적 결정과 행동, 심지어 형이상학적이고 종교적인 세계관의 형성에까지 그 영향력을 행사하는 윤리적 차원마저 지닌다. 예를 들어, MRI 스캐너는 신경과학자에게 뇌에 접근할 수 있는 혁신적인 길을 제공하고, 산부인과의 초음파 검사는 임신중절에 관한 윤리적 결정에 영향을 주고, 체외수정 의술은 주어지는 것과 만들어지는 것의 경계를 허물어, 종국에는 운명과 책임의 경계를 무너뜨리고 있다.

"이제 인간은 기술 없이는 인간일 수조차 없게 되었다."[12] 이제 설계되는 것은 기술, 즉 단순한 사물(a thing)이 아니라 실천과 경험이 일어난 인간-세계의 관계이다. 한 마디로 기술은 사람을 바꾸어 놓는다. 기술의 설계는 곧 인간의 설계이다. 이는 무엇을 말하는가? 이 물음에 대해 베어백은 "설계자가 도덕을 물질적으로 실현한다."(Designers materialize morality)라고 대답한다.[13] 달리 말해, 물질이 도덕을 구현한다는 것이다. 이제 기술의 개발은 단순히 인간에게 유용한 도구의 탄생이 아니라, 인간의 실존은 물론이거니와 인간 존재 자체에 지대한 영향을 미친다. 이러한 기술적 매개가 인간의 윤리에 갖는 함의를 그는 다음과

....

12 P.P. Verbeek, "Beyond Interaction: A Short Introduction to Mediation Theory", p.30.

13 P.P. Verbeek, *Moralizing Technology: Understanding and Designing the Morality of Things*(Chicago: University of Chicago Press, 2011), p.40.

같이 진술한다.[14]

> 인간과 세계의 관계에 대한 기술적 매개는 두 차원을 지닌다. 하나는 세계에 대한 인간의 지각과 해석과 관련된 차원이고, 다른 하나는 인간의 행동 및 실천과 관련된 차원이다. 한편으로 기술은 세계에 대한 인간 경험을 형성하는 것을 도와주고, 다른 한편으로는 어떻게 행위하고 어떻게 살아야 하는지를 도와준다. 이 두 차원 모두 도덕적으로 유의미하다. 기술은 인간 행동에 영향을 줌으로써 직접적으로 도덕적 행위를 수행하기기도 하고 아니면 도덕적 결정의 토대에 관한 지각과 해석을 형성함으로써 간접적으로 도덕적 행위를 하는데 영향을 준다.

물질은 물질이고, 도덕은 도덕이라는 전통적인 도덕관에 비추어 보면 이는 혁명적인 발상이다. 이제까지 우리는 도덕을 인간의 자유의지에 따른 자율적인 선택으로 여겨왔기 때문이다. 분석철학은 철학의 대상을 세계 내지 실재에서 언어에로 그 관심을 전환시켰다는 점에서 언어적 전회(linguistic turn)를 이루었다. 언어적 전회 후 최근 몇 십 년 동안 기술 철학은 두 번의 변혁을 맞이하였다. 그 첫 번째는 1990년대에 일어난 경험적 전회(empirical turn)이다. 즉, 현상학은 선험적인 초월주의에서 개별적이고 실제적인 기술을 면밀하게 천착하는 경험적 전회를 이루었다. 경험적 전회에서는 두 가지 의미 있는 전환이 이뤄졌다.[15] 하나는 개별적인 실제적 기술에 초점을 맞춤으로 철학자들은 물질

....

14 P.P. Verbeek, "Designing the Morality of Things: The Ethics of Behaviour-Guiding Technology" J. van de Hoven et al. eds., *Designing in Ethics*(New York: Cambridge University Press, 2017), pp.83-84.

15 D. Ihde, "Peter Paul Verbeek and a Postphenomenological Mirror", E. Selinger et al., eds., *Book Symposium on Peter Paul Verbeek's Moralizing Technology: Understanding and Design-*

(materiality)-기술적 인공물이라는 물질과 기술적 문화라는 물질-을 직접적 탐구의 주제로 삼게 되었다는 점이다. 이는 우연이 아니라 철학의 실천적 전통(praxis traditions)에서 귀결된 것이다. 다른 하나는 상호관계의 존재론(inter-relational ontologies)이라는 프레임이다. 이는 순수함을 부정하고 '하이브리드, 복합, 경계를 넘나드는 혼합' 등을 인정한다.

하지만 경험적 전회는 기술이 갖는 규범적 차원에 대해 비판적 입장을 견지하지 못하고 단지 기술이 갖는 현상을 사실적으로 기술하는 '서술주의적 접근법'(descriptivist approach)이라는 한계를 갖는다. 21세기 들어 이러한 한계를 인식하고 철학자들은 기술이 세계, 타자, 그리고 자기 자신에 대한 우리들의 경험에서 차지하는 매개 역할의 규범적 중요성을 강조함으로 말미암아 두 번째의 전회, 즉 윤리적 전회(ethical turn)를 가져왔다. 왜냐하면 기술적 매개는 윤리적 물음에 대한 사람들의 결정에 지대한 영향을 미치고 있어 윤리적 함의를 지니기 때문이다. 달리 말해, 기술은 이중적인 도덕적 역할을 하는데, 하나는 기술이 도덕적으로 평가될 수 있는 사회적 영향을 낳는다는 점이요, 다른 하나는 개인의 도덕적 결정과 행위를 매개한다는 점이다.[16] 이처럼 기술은 "어떻게 행위 해야 하는가?" 및 "어떻게 살아야 하는가?"와 같은 윤리적 물음을 답하는 데 중요한 매개 역할을 감당하지 때문에 그 자체로 규범적인 차원을 지닌다고 말할 수 있다.[17] 첨단 과학기술의 발달로 인한 새로운 도덕 문제를 해결하고자 하는 나노윤리학, 생명윤리학, 신

....

ing the Morality of Things(Chicago: University of Chicago Press, 2011), *Philosophy & Technology*, vol.25, 2012, p.613.

16 P.P. Verbeek, *Moralizing Technology: Understanding and Designing the Morality of Things*, p.105.

17 P.P. Verbeek, "Postphenomenology and Ethics", G.J. Robson & J.Y. Tsou, eds., *Technology Ethics: A Philosophical Introduction and Readings*(New York: Routledge, 2023), p.44.

경윤리학, 정보윤리학 등이 과학기술에 대한 윤리적 반성을 촉구한 것도 이러한 윤리적 전회를 이루는 데 한몫하였다.

하지만 윤리적 전회 역시 인간과 기술의 관계를 온전히 설명하지 못하는 한계를 갖는다. "도덕 문제를 어떻게 해결할 것인가?"의 물음에 초점을 맞춰 기술의 바람직한 방향 내지 윤리적인 한계를 설정하고자 하는 응용윤리학의 목표에서 알 수 있듯이, 윤리는 기술에 대한 윤리적 평가의 준거점 역할을 한다. 이는 윤리를 기술 외재적인 그 무엇으로 간주하고 있다. 하지만 후기 현상학의 관점에서 보면 윤리는 기술 외재적일 수 없다. 윤리가 기술에 영향을 주듯이 기술 역시 윤리에 영향을 주기 때문이다. 인간과 기술이 상호작용을 하듯이, 윤리와 기술 역시 상호작용을 한다. 윤리와 기술은 분리되어 있는 독립적 영역이 아니라 서로 뒤엉겨 있다. 윤리가 기술적 차원을 지니듯이, 기술 역시 윤리적 차원을 지닌다. 이러한 관계를 설명해 주는 새로운 접근법이 필요하다. 이런 의미에서 베어백은 '윤리적 전회를 넘어서는 제3의 전회'(the third turn beyond ethical turn)가 요구된다고 주장한다.[18]

따라서 베어백의 이러한 주장에 대해 우리는 "어떻게 물질이 도덕을 구현할 수 있는가? 어떻게 사물(thing)이, 기술이 도덕을 지니는가?"를 묻지 않을 수 없다. 이를 설명하기 위해 그는 브뤼노 라투르(B. Latour)의 대본(script)이라는 개념을 차용한다. 마치 영화나 연극의 대본이 배우의 행동을 규정하듯이 기술 역시 인간 행동에 영향을 준다는 것이다. 예를 들어, 도로의 과속방지턱은 운전자로 하여금 속도를 줄이게 만든다. 기술을 통한 이러한 행동 규제를 라투르는 '엉겨있는 도덕'(congealed morality)으로 표현한다. 엉겨있는 도덕이란 우리의 물질

....

18 P.P. Verbeek, *Moralizing Technology: Understanding and Designing the Morality of Things*, pp.164-165.

적 환경에도 도덕이 내재되어 있다는 것이다. 즉, "도덕은 인간적일 뿐만 아니라 또한 물질적이다."[19] 기술은 단지 도구적 역할만 수행하고 오직 인간만이 도덕적으로 행동한다는 생각을 버리고, 도덕적 실천이란 인간과 기술의 '공동 작품'(coproductions)임을 우리는 받아들여야 한다. 인간과 기술적 인공물은 우리의 일상 삶에서 밀접하게 서로 뒤엉겨 있으며, 심지어 인간의 도덕적 지각과 결정마저도 기술적으로 매개되고 있다.[20]

이제까지 우리는 도덕을 인간의 전유물로, 그래서 물질을 배제한 혹은 외적 영향을 받지 않는 지극히 인간적인 활동으로만 간주하여 왔는데, 물질마저 도덕을 함유한다는 생각은 상당히 도전적인 발상이다. 하지만 기술적 인공물이 인간 행동을 규정하는 경우가 비일비재하다는 것은 명백하다. 그 단적인 예가 태아에 대한 초음파 산전검사이다. 초음파 검사는 단순히 태아의 건강 상태가 어떠한지를 보여 주는 창의 구실을 하는 것이 아니라 태아에 관한 산모의 중요한 도덕적 결정, 즉 임신중절에 중대한 영향을 미칠 뿐만 아니라 태아의 운명 및 여성의 부모됨에도 큰 영향을 미친다. 이로 인해 설계된 기술이 도덕을 구현한다는 생각이 오늘날 기술 윤리학에서 중요한 역할을 하고 있다. 도덕은 물질적 차원을 지니며, 물질이 도덕을 구현한다. 물론 물질이란 기술 내지 기술을 통해 만들어진 생산물을 뜻한다. 따라서 기술을 어떻게 설계하느냐가 윤리적으로 중요한 함의를 지니게 되어 설계의 윤리가 강조되고 있다. 이를 우리는 '기술의 도덕적 설계'(moral design of tech-

....

19 P.P. Verbeek, "Designing the Morality of Things: The Ethics of Behaviour-Guiding Technology", p.79.

20 P.P. Verbeek, "Some Misunderstanding About the Moral Significance of Technology", P. Kroes and P-P. Verbeek, eds., *The Moral Status of Technical Artefacts*(Dordrecht: Springer, 2014), p.76.

nology)라고 부를 수 있다.

기술은 하나의 대본으로 인간의 행동, 특히 도덕적 행위를 규정하거나 혹은 안내한다. 여기서 규정 내지 안내를 어떻게 해석하느냐에 따라 기술이 인간 윤리에 미치는 영향이 달라진다. 이를 일부 학자들은 약한 의미로 사용하는 반면에, 또 다른 학자들은 강한 의미로 사용한다. 즉, 일부 학자들은 기술이 인간의 도덕적 행위를 소극적으로 규정한다고 주장하지만, 다른 학자들은 적극적으로 규정한다고 주장한다. 전자를 '설득적 기술 접근법'(persuasive technology approach)이라 부르고, 후자는 '넛지 접근법'(nudge approach)이라 부른다. 전자는 담론 논변에서처럼 기술이 사람들로 하여금 자신들의 행동과 태도를 변화시키도록 설득하고 있다는 것으로 주로 정보 기술의 응용과 관련되어 있다. 화장실을 이용하고 난 다음 손을 씻었는지 여부를 확인하고 씻지 않은 경우 이를 알려주는 정보기술이 그 대표적인 예이다. 이 접근법에 따를 경우 이러한 기술을 설계할 때 우리는 설계자의 동기, 설득의 방법 그리고 설득의 결과 등의 세 요소를 윤리적으로 고려해야 한다. 특히 의도하지 않은 결과가 발생할 수 있다는 사실을 설계자는 항상 주의를 기울어야 한다.

반면에 후자의 접근법은 사람들이 내리는 선택은 물질적 환경에 의해 상당한 정도로 조직되고 구성되고 있다는 점을 강조한다. 그러니까 우리의 결정은 의식적인 숙고 과정을 거쳐 내려지기도 하지만 대부분의 경우 무반성적으로 이뤄진다. 예를 들어, 회사의 구내식당에서 프라이드 스낵은 사원들의 손이 쉽게 닿는 곳에 두는 반면에, 샐러드는 냉장고 안에 두게 되면 대부분의 사람들은 샐러드가 아니라 스낵을 먹는다는 것이다. 또 복사기나 프린터를 단면 인쇄로 표준 설정해두면 대부분의 사람들은 단면으로 인쇄하게 된다. 이처럼 선택 상황을 조직적으로 설계해두면 무반성적인 자동적 결정은 대개 물질적 환경에 의해 구조화되는데, 이를 '선택의 건축학'(choice architecture)이라 부른다.[21] 그렇다고 선택의 건축학이 반성적 선택을 불가능하게 만들지는 않는다. 즉, 구내식당 이용자는 샐러드를 선택할 수 있고, 또 컴퓨터 사용자는 양면 인쇄를 선택할 수 있다. 하지만 기술은 우리가 원하든 원하지 않든 매개 작용을 통해 특정 방식의 선택을 강요한다.

4. 설계의 윤리와 사용의 윤리

이런 관점에 따르면 우리는 기술 윤리를 두 차원으로 구분된다. 하나는 설계의 윤리이고, 다른 하나는 사용의 윤리이다. 전자는 도덕적으로 매개하는 기술을 도덕적으로 설계하는 윤리(designing morally mediating technology)이고, 다른 하나는 도덕적으로 매개하는 기술을 분별력 있게 사용하는 윤리(using morally mediating technology in deliberate ways)이다.[22] 이와 관련된 핵심적인 이슈는 두 가지이다. 하나는 설계와 관련된 '설계자 오류'(designer fallacy)이고 다른 하나는 사용과 관련된 '민주주의에 대한 도전'(democratic challenge)이다.[23]

설계자 오류는 아이디가 사용한 개념으로 '저자 오류'(author fal-

....

21 이 개념은 R.H. Thaler & C.R. Sunstein, *Nudge: Improving Decisions About Health, Wealth, and Happiness*(New Haven, CT: Yale University Press, 2008)에서 사용된 용어이다. P.P. Verbeek, "Designing the Morality of Things: The Ethics of Behaviour-Guiding Technology", p.81 재인용.

22 P.P. Verbeek, *Moralizing Technology: Understanding and Designing the Morality of Things*, p.40.

23 P.P. Verbeek, "Designing the Morality of Things: The Ethics of Behaviour-Guiding Technology", pp.84-88.

lacy)와 흡사하다. 저자의 모든 텍스트(text)는 맥락(context)의 과정을 거쳐 해석될 수밖에 없기 때문에 저자가 의도한 의미가 그대로 독자에게 전달되는 것이 아니듯이, 설계자의 의도가 기술을 통해 그대로 구현되는 것이 아니라 사용자 내지 사용되는 맥락에 의해 그 의도가 달라질 수 있다는 것이 바로 설계자 오류이다. 기술 결정론은 참이 아니다. 기술은 그 사용자의 행위를 결정하지 않고 매개할 따름이다. 결정이 아니라 매개로 인해 설계자의 활동과 기술이 매개하는 역할 사이에 일의적인 관계가 성립되지 않는다. 이러한 관계를 아이디는 "어떠한 기술도 하나가 아니다. 어떠한 기술도 다중적인 맥락에 귀속되는 것이 불가능하지 않다"라고 묘사한다.[24] 즉, 기술은 고정된 정체성을 갖는 게 아니라 오직 사용의 맥락에서에서만 그 정체성이 확정된다는 의미에서 '다중 정체성'(multi-stability)을 지닌다.

기술은 누가 어떤 목적을 갖고 어디에 그리고 어떻게 사용되느냐에 따라 그 의미가 달라진다. 기술의 이러한 맥락 의존성을 보여 주기 위해 아이디는 마틴 하이데거(M. Heidegger)의 망치 분석을 예로 들어 설명한다. 즉, 망치는 못을 박는 도구로 개발되었지만 (a) 예술품, (b) 살인 도구, (3) 종아리 누리개 등이 될 수 있다.[25] 이를 대본 개념을 원용하여 말한다면, 대본의 의미는 맥락 의존적일 뿐만 아니라 사용자에 의도에 의해서도 달라진다는 것이다. 예를 들어, 플라스틱 컵의 경우, 물질을 쓸모없게 여기는 문화에서는 이러한 컵은 "나를 버려주세요"라는 대본을 갖는 반면에, 플라스틱을 매우 가치 있게 여기는 문화에서는 동일한 컵이 "나를 아껴주세요"라는 대본을 가질 수 있다는 것이다.

이로 인해 기술의 행동 매개를 예견하기 어려워 예상하지 못한 결

....

24 D. Ihde, "Technology and Prognostic Predicaments", *AI&Society*, vol.13, 1999, p.47.

25 ibid., pp.46-47.

과가 발생하기도 한다. 따라서 우리는 설득과 넛지가 의도된 결과를 낳을 것이라는 기대할 수 없는데, 이것이 바로 설계자의 오류이다. 예를 들어, LED등은 원래 에너지 절약을 목적으로 개발되었지만 오히려 전기 사용량이 적다는 이유로 무분별하게 사용함으로 말미암아 에너지를 과소비하는 결과를 낳고, 대형 건물의 회전문은 원래 바깥의 찬바람 막기 위해 고안되었지만 장애인의 휠체어의 출입을 가로막는 부작용을 낳고 있다. 이런 면에 있어서 기술적 매개는 기술의 본래적인 속성이 결코 아니다. 설계자는 매개의 특정 형태를 실현시키는 데 핵심적인 역할을 하지만 그렇다고 매개의 유일한 근원은 아니다. 오히려 매개 작용에는 다음의 삼중적 행위성이 관련되어 있다.[26]

(1) 그 행위를 수행하거나 도덕적 결정을 내리는 사용자의 행위성
(2) 사용되는 인공물에게 특정의 형태를 직, 간접적으로 부여하여 결국 인공물이 매개역할을 하도록 도와주는 설계자의 행위성
(3) 인간 행위와 결정을 도와주는 인공물의 매개 하는 힘

이 힘은 때로 예견할 수 없는 방식으로 작용하기 때문에 기술의 매개 역할은 예견할 수 없다는 특성을 지닌다.[27] 그렇다고 설계자가 이 특성을 처리할 아무런 능력을 갖추지 않았다는 뜻은 아니다. 설계자가 기

....

26 P.P. Verbeek, "Designing the Morality of Things: The Ethics of Behaviour-Guiding Technology", p.86.

27 기술의 설계 내지 개발에는 소위 '콜링리지 딜레마'(Collingridge dilemma)의 위험을 안고 있다. '통제 딜레마'(control dilemma)라고도 불리는 이 딜레마는 혁신 과정을 유도하려는 시도가 항상 너무 이르거나 너무 늦는다는 것을 웅변해 준다. 즉, 신기술 개발 초기 단계에서는 변화가 비교적 쉽지만 기술의 잠재적 사회적 영향이 아직 명확하지 않다. 하지만 이러한 영향이 명확해지면 기술 개발 경로를 변경하기가 그만큼 더 어려워진다. P.P. Verbeek, "Postphenomenology and Ethics", p.46 참조.

술의 바람직한 매개 형태에 대해 아예 아무런 생각이 없거나 혹은 의도적으로 이를 부인한다면 그는 매개를 윤리적으로 선한 방향으로 설정해야 하는 도덕적 책임을 회피하는 것이나 다름없다. 따라서 기술적 매개의 복잡성을 극복하자면, 설계자는 우선 기술의 매개 본성을 의식하고 설계의 맥락과 사용의 맥락 사이의 선한 관계를 설정하도록 노력해야 한다. 즉, 설계자는 생산품에 대해 자신이 의도한 기능뿐만 아니라, 미래의 매개 역할에 관한 충분한 정보 및 그 역할에 대한 도덕적 평가에 기초하여 생산품을 설계해야 한다. 특히 설계자는 자신이 설계하고 있는 기술이 바람직하지 않는 매개 힘을 갖는지를 윤리적으로 평가해야 할 뿐만 아니라 기술이 바람직한 윤리적 매개를 하도록 설계하도록 해야 한다.[28] 설계 중인 기술 자체의 도덕적 의의(moral significance)를 성찰하는 데 있어 설계자는 다음 네 가지 사항을 고려해야 한다.[29]

(1) 의도된 매개

(2) 의도하지는 않았지만 예견된, 암묵적 매개

(3) 매개 유형: 강요(force), 설득(persuade), 유인(seduce)

(4) 기술 매개의 실제적 결과에 대한 도덕적 평가

기술은 항상 인간 행동을 매개한다는 사실은 설계자에게 이러한 매개 역할을 예견할 책임을 귀속시킨다.[30] 즉, 어떤 기술을 개발하고, 또 그 기술을 어떻게 설계하느냐에 따라 인간이 세계와 맺는 관계는 물

28 P.P. Verbeek, *Moralizing Technology: Understanding and Designing the Morality of Things*, p.91.

29 ibid., pp.106-107.

30 P. P. Verbeek, "Materializing Morality: Design Ethics and Technological Mediation", *Science, Technology, &Human Values*, vol.31, no.3, p.378.

론 인간의 윤리마저 달라질 뿐만 아니라 인간의 실존 자체가 영향을 받기 때문에, 그만큼 기술 개발자 및 설계자의 도덕적 책임이 증대하게 되었다. 하지만 기술 매개의 예측 부정확성으로 인해 이러한 미래 결과의 예견은 어렵기 때문에 수준 높은 상상력이 요구된다. 즉, 매개 작용을 예견하는 데 인간의 상상력이 중요한 역할을 감당할 수 있다. 상상력을 통해 설계자는 자신이 개발하는 기술이 사용되는 다양한 맥락과 사용자의 의도를 예견할 수 있지만, 이러한 예견에는 한계가 있음 또한 명백하다.

기술은 인간의 윤리에 대해 긍정적인 방향으로만 간섭하는 것이 아니라 부정적인 방향으로도 간섭한다. 설득적 접근법이 투명성을 강조하고 넛지 접근법이 자유주의를 강조한다고 해서, 기술이 인간 행동에 영향을 준다는 실존적 사실 자체에는 변함이 없다. 기술의 영향은 너무나 근본적이어서 우리는 기술과 완전히 독립적일 수는 없게 되었다. 기술의 도덕화(moralization of technology)로 인한 바람직하지 않은 혹은 비윤리적인 기술적 매개는 물론이거니와 심지어 바람직한 혹은 윤리적인 기술적 매개조차도 비록 온건한 형태라 할지라도 그 본성상 개인의 자유를 간섭하는 간섭주의임에 분명하여, 한 걸음 더 나아가 기술이 통제하는 사회를 낳을 수 있어 민주적 의사결정을 방해한다는 비판을 받는다. 즉, "좋은 삶이 무엇인가?"의 물음에 대한 대답이 민주적으로 선출된 정치인이 아니라 기술 엔지니어에 의해 설계될 수 있다는 점에서 이러한 기술적 매개는 민주주의에 대한 직접적 위협이 될 수 있다. 다시 말해, 도덕 문제가 정치인들의 민주적 의사결정에 의해서가 아니라 설계자의 기술적 활동에 의해 손쉽게 해결되면, 국민이 아니라 기술자의 손에 의해 한 사회가 좌지우지되는 테크노크라시(technocracy) 체제가 될지도 모른다.[31]

이러한 비판에 대해 베어백은 자신의 매개 이론은 일종의 '자유주의적 간섭주의'(libertarian paternalism)로 자유 민주주의 사회의 보편적 특성이라고 옹호한다.[32] 어떻게 보면 '자유주의적 간섭주의'라는 표현은 개념적으로 모순어법처럼 보인다. 간섭주의는 개인의 자유에 대한 간섭인 반면에, 자유주의는 이러한 간섭의 부재를 뜻하기 때문이다. 하지만 베어백은 기술적 매개가 이 둘의 긍정을 인간의 실존적 현실로 만들어주었다고 설명한다. 즉, 기술은 인간 존재에게 영향을 주고 있다는 점에서 간섭주의임에 분명하지만, 또한 동시에 사람들에게 선택의 가능성을 제공하고자 한다는 점에서 자유주의적이라고 말할 수 있기 때문이다. 기술적 매개는 결코 우리 사회의 자유주의적 특성을 포기할 것을 요구하지 않는다는 의미에 있어서 '온건한 간섭주의'(a mild form of paternalism)라고 말할 수 있다.

어떻게 '자유주의적 간섭주의'가 가능한가? 일반적으로 자유는 이사야 벌린(I. Berlin)의 분석에 따라 소극적 자유(negative freedom)와 적극적 자유(positive freedom)를 구분된다. 전자는 '~으로부터의 자유'(freedom from)로 외적 간섭의 부재를 뜻한다면, 후자는 '~을 위한 자유'(freedom for)로 자신이 원하는 바를 자율적으로 행할 수 있음을, 즉 자기 삶의 주인(mastery over one's own life)으로 살아갈 수 있음을 의미한다. 하지만 매개 이론에 따르면 대부분의 우리의 결정과 행동은 기술적으로 매개됨으로 말미암아 우리는 두 의미의 자유 모두에 있어

....

31 P.P. Verbeek, *Moralizing Technology: Understanding and Designing the Morality of Things*, p.133.

32 P.P. Verbeek, "Designing the Morality of Things: The Ethics of Behaviour-Guiding Technology" J. van de Hoven et al. eds., *Designing in Ethics*(New York: Cambridge University Press, 2017), p.81.

서 제한을 받게 된다. 이는 인간은 언제나 기술과 연합하여서만 도덕적 주체가 된다는 후기 현상학의 근본 주장에서 이미 예견된 우려이다.

이러한 염려에 대해 베어백은 소극적 형태이든 적극적 형태이든 인간은 절대적 의미에 있어서는 결코 자유롭지 않다고 주장한다. 실제로 우리는 외적 환경이나 문화의 영향을 받으면서 살아간다. 우리의 결정이나 행동은 이러한 외적 요인의 직·간접적 영향의 결과임을 우리는 부인할 수 없다. 그럼에도 우리는 인간의 자유를 의심하지 않는다. 인간은 이러한 외적 영향을 비판적으로 혹은 주체적으로 성찰한 다음 결정하고 행동하기 때문이다. 이런 관점에서 보면 자유는 외적 간섭이나 영향이 없음에 놓여있는 것이 아니라 그러한 간섭이나 영향을 얼마나 주체적으로 성찰하느냐에 달려있다고 말할 수 있다.

설득적 접근법이나 넛지 접근법은 주체적 성찰을 결코 가로막지 않는다. 인간은 결코 기술의 장난감이나 노리개가 아니다. 자유는 강요나 제약의 없음이 아니라 강요나 제약의 존재를 사람들이 자각하는 '실존적 여지'(existential space)로 이해되어야 한다. 이러한 자유 개념은 이미 미셸 푸코(M. Foucault)의 철학에서 나타나고 있다. 푸코는 자유를 현대 사회의 제도나 기술의 영향을 받지 않는 독립된 상태가 아니라 인간 존재의 이러한 현실적 여건들에 대해 의문을 던진 다음 비판적이고도 창조적인 상호작용에 참여하는 실천이라고 주장한다. 자유는 기술로부터의 해방이 아니라 기술에 자기 자신을 의식적으로 결합시키는 일종의 '자아 실천'(self-practices)의 활동이다. 이러한 '실천으로서의 자유'(freedom as practice) 사상을 계승하여, 베어백은 절대적 자유와 대조하여 '관계적 자유'(relational freedom)라는 개념으로 자유를 설명한다. 즉, 기술이 갖는 매개하는 힘을 인지하고 적극적인 관계를 맺으면서 자신의 도덕적 주체성을 자율적으로 구성해갈 수 있는 힘을 인간이 갖는다는 의미에서 관계적 자유는 보장된다고 그는 주장한다.[33] 이러한 관계적 자유를 받아들이게 되면 자유주의적 간섭주의가 가능해진다.

이로 인해 기술적 매개는 설계의 윤리가 요청할 뿐만 아니라 사용의 윤리도 요구한다. 인간과 기술의 경계가 허물어졌다고 해서 사용자의 책임이 감소되는 것은 아니다. 사용자의 종국적 결정은 기술의 매개를 받는 결과일 뿐만 아니라 또한 특정 사용의 산물이기도 하기 때문이다. 우리가 기술을 얼마나 심사숙고한 다음 분별력 있게 혹은 지혜롭게 사용하느냐에 따라 인간의 실존적 모습이 달라진다. 인간의 자유는 기술적 매개로부터 멀리 도망친다고 해서 보장되는 것이 아니라 반대로 기술과의 자유로운 관계를 개발하여 인간 삶에서 기술이 차지하는 불가피한 매개 역할을 책임 있는 방식으로 지혜롭게 대처함으로써 비로소 보장된다. 즉, 베어백은 기술적 매개가 갖는 민주주의에 대한 도전을 극복하는데 사용자에게 요구되는 주체적 윤리를 다음과 같이 진술한다.[34]

> 기술이 우리 인간의 행위와 경험을, 심지어 도덕적 결정마저 규정함으로 말미암아 우리가 어떤 종류의 인간인지를 근본적으로 매개한다고 해서, 인간이 기술의 지배를 받는다거나 기술 시스템이 인간의 실생활에 개입하여 인간을 주체가 아닌 객체로 전락되는 것은 아니다. … 푸코적인 관점에서 보면 기술 문화에 터전을 두고 살아가는 인간 삶의

....

33 P.P. Verbeek, *Moralizing Technology: Understanding and Designing the Morality of Things*, p.111.

34 P.P. Verbeek, "Obstetric Ultrasound and Technological Mediation of Morality: A Postphenomenological Analysis", *Human Studies*, vol.31, 2008, p.21

기술 매개적인 특성은 주체에 대한 위협(threat)이 아니라 주체를 특정의 방식으로 구성되도록 규정할 따름이다. 주체의 이러한 기술 매개적인 구성은 우리가 받아들여야 할 사태일 뿐만 아니라 도덕적 자아 실천의 출발점이다.

따라서 윤리학은 기술로부터 벗어날 가능성을 보장하도록 할 것이 아니라 오히려 기술적 매개에 선한 방향으로 참여하도록 도와주어야 한다. 매개 이론의 관점에서 보면 기술의 영향을 완전히 투명하게 하거나 기술로부터 온전히 벗어나도록 하는 일은 궁극적인 윤리적 기준이 될 수 없다. 기술 디자인은 그 자체로 도덕적 활동(inherently moral activity)이기 때문에, 우리는 기술 디자인을 일종의 '다른 수단에 의한 윤리'(ethics by other means)로 받아들여야 한다.[35] 따라서 사회에 특정 기술의 도입 여부를 자율적으로 결정할 수 있도록 기술적 영향을 온전하게 평가할 수 있도록 그리고 기술과 더불어 어떻게 살아갈 것인가의 물음에 대한 답을 얻는데 도움을 얻을 수 있도록 기술의 설계 과정과 사용에 동반자 관계를 맺는 윤리학적 접근법이 요청된다. 즉, 기술적 매개 이론은 기술과 인간이 함께 하는 일종의 '동반자 윤리'(ethics of accompaniment)에로 우리를 인도한다.[36] 이런 관점에서 보면 윤리학은 기술이 인간의 자유 및 삶 일반에 미치는 영향을 단순히 경고하는 차원을 넘어, 설계자, 사용자, 그리고 우리 문화 일반으로 하여금 기술이 인간 삶에 미치는 변형하는 영향력을 인정하고 평가하도록 도와줌

....

35 P.P. Verbeek, *Moralizing Technology: Understanding and Designing the Morality of Things*, p.154.

36 P.P. Verbeek, "Designing the Morality of Things: The Ethics of Behaviour-Guiding Technology", p.88.

으로 말미암아, 인과 기술의 융합 및 상호작용의 실질적 내용을 개선하고자 하는 윤리적 도전을 전면으로 이끌어내는 일을 본질적 과제로 삼아야 한다.

5. 기술적 매개에 대한 비판적 고찰

이상의 논의에서 알 수 있듯이 베어백은 후기 현상학의 관점에서 기술이 갖는 도덕적 의의를 공정하게 다루자면 윤리에 대한 새로운 접근법이, 즉 윤리적 전회가 필요하다고 주장한다. 그의 윤리적 전회는 물질의 도덕화로 일종의 '사물의 전회'(thingly turn)이다.[37] 사물의 전회를 통해 그는 근대의 휴머니즘을 넘어 '사물의 도덕'(morality of things) 내지 '기술적 인공물의 도덕'(morality of technological artifacts)을 주장하고 있다. 윤리적 활동의 담지자 범주는 인간을 넘어서 물질, 기술 그리고 디자인에까지 확장된다. 이러한 그의 윤리학은 모더니즘에 뿌리를 두고 있는 휴머니즘의 형이상학, 즉 인간 주체와 비인간 객체의 철저한 분리를 넘어서고 있기에 탈근대의 윤리학(amodern ethics)이며, 또 인간만이 아니라 사물 내지 기술도 도덕의 주체로 인정하고 있기에 포스트휴머니즘의 윤리학(non-humanistic ethics)이라고 말할 수 있다.[38] 이러한 윤리학에서는 근대의 자율적인 주체로서의 인간은 기술적으로 매개된 주체로, 그리고 도구주의적인 기술은 적극적으로

....

37 P.P. Verbeek, *What Things Do: Philosophical Reflections on Technology, Agency, and Design*, trans. by R.P. Crease(University Park, PA: Pennsylvania State University Press), 2005, p.3.

38 D. Ihde, "Peter Paul Verbeek and a Postphenomenological Mirror", in E. Selinger et al., eds., "Book Symposium on Peter Paul Verbeek's Moralizing Technology: Understanding and Designing the Morality of Things", *Philosophy & Technology*, vol.25, no.4, 2012, p.614.

매개하는 기술로 대체된다. 이는 분명 윤리학의 코페르니쿠스적 전회라고 말할 수 있을 정도로 혁명적인 발상이다. 제3의 전회를 통한 윤리학의 과제를 그는 『기술의 도덕화: 사물의 도덕에 대한 이해와 설계』라는 책의 마지막 장의 "결론: 프라타고라스를 넘어"라는 마지막 절에서 마지막 문단을 다음과 같이 자신의 기술 윤리학을 마무리 하고 있다.[39]

> 프로타고라스 시대에는 "인간"이 "만물의 척도"였다. 하지만 오늘날의 기술 문화에서 윤리는 반대로 사물이 모든 인간의 척도라는 결론을 피할 수 없게 되었다. 물질적 인공물, 특히 우리가 살고 있는 세상에 점점 더 많이 존재하는 기술적 발명품들이 윤리의 중심에 자리 잡을 만한 자격을 지닌다. 비록 방식은 다르지만 인간과 마찬가지로 기술적 인공물도 도덕적 공동체에 속한다. 따라서 윤리학자들은 사물에 내재하는 암묵적인 도덕을 명시적으로 드러내주고 또 사물의 설계와 사물이 사회에서의 차지하는 역할에 적극적으로 관여하는 것을 자신의 임무 중 하나로 삼아한다. 실제로 도덕이 인간 주체와 비인간 대상 모두의 문제가 되었다는 점을 인식해야만 윤리가 기술 문화에서 의미 있는 역할을 계속할 수 있다.

하지만 그의 이러한 기술 윤리학이 이론적 정합성뿐만 아니라 실천적 작동가능성마저 갖추려면 몇 가지 물음에 대해 해명해야 할 것이다. 우선 그의 기술 윤리학이 전제하고 있는 후기 현상학의 존재론에 대한 의문이다. 그는 인간과 기술은 선재하는 실재가 아니라 상호작용의 결과물로 해석할 뿐만 아니라 기술은 물론이거니와 인간조차도 단

39 P.P. Verbeek, *Moralizing Technology: Understanding and Designing the Morality of Things*, pp.165-166.

독으로는 도덕적 주체가 될 수 없고 오직 인간과 기술의 하이브리드 연합만을 도덕적 주체로 인정한다. 이는 곧 도덕적 행위성도 인간과 기술의 하이브리드 연합에게만 귀속된다는 말이다. 실제로 베어백은 총을 사례로 들어 "어쨌든 도덕적 책임의 중요성을 부인하지 않으면서 어떤 사람이 총상을 입었을 때 행위성은 총이나 총을 쏜 자에게 배타적으로 할당되어서는 아니 되고, 이 둘의 연합에게 할당되어야 한다"고 말한다.[40] 이 인용문은 두 주장을 내포하고 있다. 하나는 총을 쏜 자에게 도덕적 책임을 물어야 한다는 주장이요, 다른 하나는 도덕적 행위성은 인간과 기술의 연합에게 할당되어야 한다는 주장이다.

어떻게 이 두 주장이 양립될 수 있는가? 이 의문을 해소하는 유일한 길은 베어백이 총을 쏜 두 도덕 행위자-하나는 인간 행위자이고 다른 하나는 연합체-를 새로운 종류의 도덕 행위자로 인정하는 방안밖에 없다고 하면서, "왜 총 자체에게는 행위성을 부여하지 않는가?"라고 마틴 피터슨(M. Peterson)은 비판한다.[41] 이런 비판에 대해 베어백은 아주 분명하게 총 자체는 물론 총을 쏜 자도 행위성을 지니지 않는다고 말한다.[42]

> "정말로 사물은 도덕적 행위성을 지니지 않는다. 하지만 가장 중요한 사실은 인간도 도덕적 행위성을 갖지 않는다는 점이다. 도덕은 사물에만도 인간에만도 배타적으로 귀속될 수 없는 하이브리드 사태이다. 인

40 ibid., p.64.

41 M. Peterson, "Three Objections to Verbeek", in E. Selinger et al., eds., "Book Symposium on Peter Paul Verbeek's Moralizing Technology", *Philosophy & Technology*, vol.25, no.4, 2012, p.623.

42 P.P. Verbeek, "The Irony of Humanism: On the Complexities of Discussing the Moral Significance", in E. Selinger et al., eds., "Book Symposium on Peter Paul Verbeek's Moralizing Technology", *Philosophy & Technology*, vol.25, no.4, 2012, pp.627-628.

간과 사물은 서로 구분되는 그러나 결코 분리될 수 없는 각자의 방식으로 도덕적 행위와 도덕적 결정에 기여한다."

이에 대해 우리는 다시 반문한다. 총을 쏜 자가 단독으로 도덕적 행위성을 지니지 않는다면 무엇에 근거하여 그에게 도덕적 책임을 물을 수 있는가? 인간이 아니라 연합체에 도덕적 책임을 묻는 또 다른 사례가 이러한 비판에 설득력을 더해 준다. 바로 은행과 같은 법인이다. 은행의 도덕적 해이에 대해 은행이라는 법인에게 행위성을 부여하면서 동시에 은행장에게도 우리는 행위성을 부여한다. 하지만 베어백의 기술 윤리에서는 총을 쏜 자는 단독으로는 도덕적 행위성을 지니지 않음에도 불구하고, 총을 쏜 자에게 책임임을 묻고자 한다면 그는 총과 사람의 연합체에게는 물론 총을 쏜 자에게도 도덕적 행위성을 귀속시켜야 하는 역설이 발생한다.

이러한 비판은 도덕적 행위성에 관한 그의 불명확한 입장에 기인한다. 그는 인간과 기술의 하이브리드 연합체만이 도덕적 행위성을 지닌다고 명시적으로 말하면서도, 디자인 윤리에서는 설계자, 사용자 그리고 기술 자체라는 삼중적인 행위성이 관여함으로 말미암아 기술의 매개 역할을 설계자가 예측하기 어렵다고 주장한다.[43] 이러한 애매성 물음을 해결하자면 도덕적 행위성의 기준이 무엇인지 밝히고 이를 엄격하게 적용해야 할 것이다. 실제로 베어백은 자기 행위에 대해 도덕적 책임을 감당할 수 있어야 도덕 행위자가 될 수 있다고 하면서, 도덕적 책임의 조건으로 의도성(intentionality)과 자유(freedom)라는 두 기준을 제시한다. 그런데 그는 이 두 기준의 전통적인 해석은 기술이 갖

....

43 P.P. Verbeek, *Moralizing Technology: Understanding and Designing the Morality of Things*, p.99.

는 도덕적 의의를 제대로 담아낼 수 없다고 비판하면서 후기 현상학의 철학에 따라 비인간 실재, 즉 기술에게도 도덕적 행위성이 귀속될 수 있도록 이 두 기준을 재해석하는 작업을 시도한다. 그의 이러한 비판적 작업이 성공하였는지는 의문스럽지만, 베어백의 이러한 철학적 재해석은 논리적으로 딜레마에 빠지게 된다. 성공하지 못하게 되면 기술적 인공물은 도덕적 행위성을 지니지 못해 도덕적 의의를 지닐 수 없게 되고, 반대로 성공하게 되면 기술적 인공물도 도덕적 행위성을 지니게 된다. 이 두 결론 어느 것도 베어백의 기술 윤리를 정당화해 주지 못한다. 왜냐하면 앞서 언급하였듯이 그에 따르면 기술적 인공물이 도덕적 의의를 지니지만 기술은 물론 인간도 독립해서는 결코 도덕적 행위성을 지니지 않고, 오직 인간과 기술의 연합체(ensemble)만이 도덕적 행위성을 지니기 때문이다.

그가 이러한 딜레마에 빠지는 근본 이유는 무엇일까? 도덕적 지위와 관련된 서로 다른 윤리적 범주를 구분하는 데 실패하였기 때문이다.[44] 도덕적 지위와 관련된 윤리적 범주는 도덕적 의의(moral significance), 도덕적 행위성(moral agency), 도덕 행위자, 도덕적 책임 등 4가지이다. 도덕적 행위성을 지닌다면 당연히 그 실재는 도덕 행위자의 지위를 얻는다. 이렇게 되면 도덕적 지위의 윤리적 범주는 "도덕적 의의 – 도덕적 행위성≡도덕 행위자 – 도덕적 책임"으로 정리되는데, 이 셋의 관계는 논리적으로는 물론 실천적으로도 동치 관계가 아니다. 이 셋은 논리적으로 구분될 뿐만 아니라 실천적으로도 구분된다. 예를 들어, 미성년자는 도덕적 행위성을 지닌 도덕 행위자이지만 도덕적 책임

....

44 Van de Poel, I., "Technology as Moral Agent", in E. Selinger et al., eds., "Book Symposium on Peter Paul Verbeek's Moralizing Technology: Understanding and Designing the Morality of Things", *Philosophy & Technology*, vol.25, no.4, 2012, pp.618-619.

의 담지자가 아니다. 이러한 논리를 기술적 인공물에 적용시켜, 드보라 존슨(D.G. Johnson)은 컴퓨터 시스템이 도덕 행위자가 아니라는 주장은 컴퓨터 시스템이 도덕적 의의를 지닌다는 점을 부인하는 것과 동일하지 않다고 하면서 도덕적 의의와 도덕적 행위성을 구분한다.[45] 실제로 사회구조나 법은 도덕적 의의를 지니지만, 사회구조나 법을 도덕적 행위성을 지닌 도덕 행위자로 우리는 간주하지는 않는다. 이러한 구분을 받아들이면, 기술적 인공물은 도덕적 의의를 지니지만 도덕적 행위성은 지니지 않게 되기에 기술은 도덕적 책임의 담지자가 될 수 없다는 그의 주장 역시 일관되게 설명될 수 있다. 이 구분을 간과함으로 베어백은 기술적 인공물도 도덕적 행위성을 지닌다고 주장하게 되고, 이 주장을 뒷받침하고자 그는 기술적 인공물도 인간과 동등한 의도성과 자유를 지닌다고 이 두 개념을 상식과 어긋나게 재해석하는 잘못을 범하고 있다.[46]

의도성과 관련하여 물론 그는 인공물이 의식적 존재라고 주장하지 않는다. 인공물은 분명 정신 상태를 지니지 않기 때문이다. 의식적 존재만이 의도성을 지닌다는 입장을 받아들이면 이러한 인공물은 결코 의도성을 지닐 수 없다. 그런데 의도성 개념은 철학에서 이중적인 의미를 지닌다. 하나는 윤리학적 의미로 의도성은 '의도를 형성할 수 있는 능력'을 지칭한다. 하지만 현상학에서 의도성은 인간 존재가 실재에게로 지향하고 있다는 것을 의미한다. 이 후자의 의미는 윤리학적 의미와 다르다. 우리는 일상적으로는 전자의 의미로 의도성 개념을 사용하지

....

45 D.G. Johnson, "Computer Systems: Moral Entities but not Moral Agents", *Ethics and Information Technology*, vol.8. no.4, 2006, p.195.

46 P.P. Verbeek, *Moralizing Technology: Understanding and Designing the Morality of Things*, pp.55-56.

만 후자의 입장에 따르면, 의도성은 단지 실재에게로 '향하여 있음'(directedness)만을 요구한다. 비록 어떤 실재가 정신 상태를 지니지 않아도 이러한 '향하고 있음'은 가능하다. 따라서 기술적 인공물은 후자의 약한 의미로 의도성을 지닐 수 있다. 이 두 의미는 구분되어야 하며, 도덕적 행위성과 관련된 의도성은 현상학적 의미가 아니라 윤리학적 의미의 의도성이다.[47] 이 구분을 하지 않음으로 그는 기술적 인공물도 인간과 동등한 도덕적 행위성을 지닌다고 터무니없는 주장을 하고 있다.

후기 현상학의 철학에 따라 인간과 기술은 상호작용하고, 기술적 매개로 인해 도덕적 행위성 및 도덕적 책임은 오직 인간과 기술의 연합체에게 귀속된다는 그의 입장이 도덕적 지위에 관한 윤리적 범주의 구분을 통해 정당화된다고 해도 실천윤리학의 관점에서는 여전히 두 가지 의문은 남아 있다. 하나는 기술을 설계하는데 혹은 기술을 사용하는데 실질적인 윤리적 안내지침을 제공해 주는 윤리가 무엇이냐의 물음이다. 기술적 매개를 인정하고 물질을 적극적으로 도덕화하고자 한다면 윤리적 방향이 필요한데, 아쉽게도 베어백은 이에 대해 실질적인 답을 주고 있지 않지만 단서는 제공하고 있다. 즉, 그는 책의 결론에서 기술과 더불어 살아가야 하는 오늘날 윤리학의 본질적 물음은 "수용할 수 있는 기술과 그렇지 않은 기술의 도덕적 한계를 어떻게 설정해야 하는가?"가 아니라 "어떻게 살아가야 하느냐?"라고 하면서, '좋은 삶의 윤리'(ethics of the good life)가 기술 윤리학에 필요하다고 하면서 그중 하나로 아리스토텔레스의 덕 윤리를 언급하고 있다.[48]

....

47 M. Peterson, "Three Objections to Verbeek", pp.620-622.

48 좋은 삶의 윤리는 오늘날 참여의 윤리(ethics of engagement), 능력 접근법(capability approach), 그리고 덕 윤리 등 세 형태로 논의되고 있다고 하면서 그는 마지막의 덕 윤리 입장을 취하고 있다. 특히 그는 기술이 좋은 삶에 대해서도 매개 역할을 감당하기 때문에 좋은 삶의 물음을 사적 영역에 가두어두어서는 안 되며, 이에 관한 공적 담론의 장을 마련하는 일이 중요하다

이러한 언급에 비추어 보건대 우리는 그가 '포스트모더니즘적인 덕 윤리'를 염두에 두고 있다고 해석할 수 있지만, 안타깝게도 그는 '네오 덕 윤리'(neo-virtue ethics)를 실질적으로 발전시키지는 않았다.[49] 또 하나의 다른 의문은 인간의 도덕적 책임 물음이다. 그는 도덕적으로 행동하고 그리고 도덕적 책임을 감당하는 실재는 인간과 기술의 연합체라고 주장하면서 동시에 인간의 책임이 줄어드는 것은 아니라고 역설한다. 물론 기술은 도덕적 책임의 주체가 될 수 없다. 이러한 주장들을 액면 그대로 받아들이면 인간과 기술의 하이브리드 책임에서 인간에게 귀속되는 도덕적 책임이 무엇이며, 또 어떻게 기술과 독립적으로는 도덕적 행위성을 지니지 못하는 인간이 어떻게 기술 독립적으로 도덕적 책임을 지는지, 그리고 인간에게 귀속되는 책임의 양은 구체적으로 어떻게 규정되는지 등의 물음이 해명되어야 하지만 베어백은 이에 대해 명확한 입장을 밝히지 않고 있다. 앞으로 그가 염두에 두고 있는 덕 윤리학의 관점에서 이러한 물음들이 철학적으로 설명해야 하는 숙제를 베어백은 외면할 수 없을 것이다.

6. 맺는 말: 매개 이론과 AI 로봇의 윤리

베어백의 기술 윤리학은 앞서 언급하였듯이 이론적으로 그리고 실천적으로 몇몇 문제점을 지니지만, 기술이 인간의 윤리적 결정 및 행위를 매개한다는 점은 부인할 수 없기에 인간과 기술의 하이브리드 연합

....

고 주장한다. P.P. Verbeek, *Moralizing Technology: Understanding and Designing the Morality of Things*, pp.158-159 참조.

49 D. Ihde, "Peter Paul Verbeek and a Postphenomenological Mirror", p.614.

체가 도덕적 행위성을 지닌다는 점을 얼마든지 수용할 수 있다. 윤리적 차원에서의 기술적 매개는 다시 세 수준에서 생각할 수 있다.[50] 첫째는 마이크로 차원에서 개별적인 윤리 판단과 윤리적 행동을 기술이 매개한다는 점이다. 앞서 언급한 초음파 검사 의술이 이러한 차원을 여실히 보여 준다. 둘째는 매크로 차원에서 기술은 도덕적 판단과 행위의 토대가 되는 도덕적 가치 및 도덕의 틀 자체를 매개한다는 점이다.

한스 게오르그 가다머(H.G. Gadamer)의 표현을 빌려 말하면 이는 윤리학적인 해석학적 순환이라고 말할 수 있다. 세계를 해석함으로써 세계는 해석자에게 특정한 방식으로 구성되고, 그 결과 새롭게 구성된 세계는 해석자에게 새로운 맥락이 되며, 이는 다시 해석자를 특정한 방식으로 구성하고, 이를 바탕으로 해석자는 세계에 대한 새로운 해석을 전개한다. 해석자와 해석되는 대상 사이의 이러한 순환 관계를 기술이 매개한다는 것이다. 그 결과 기술적으로 매개된 해석학적 순환이 인간, 기술, 그리고 세계를 연결시켜준다. 이는 '기술 도덕적 변화'(techno-moral change)라 말할 수 있다. 즉, 기술적 발달은 도덕적 틀의 도움 없이 평가될 수 없을 뿐만 아니라, 이러한 도덕적 자체에 영향을 준다. 그 단적인 사례가 피임약이다. 피임약은 성의 가치는 물론이거니와 성 윤리 판단의 근본 틀을 바꿔놓았다.

마지막 셋째는 개념적 차원으로 기술은 개념적 혼란(conceptual disruption)을 매개하고 있다. 개념적 혼란은 인간과 기술의 관계에서 직접적으로 발생하는 것이 아니라 인간과 기술의 상호작용에서 발생하는 윤리적 문제를 다루려고 할 때 발생한다. 예를 들어 유전자 가위를 사용하여 유전자를 편집해 인간 유전자를 지닌 새로운 생명체를 창

50 P.P. Verbeek, "Postphenomenology and Ethics", pp.44-47.

조할 경우, 이 생명체는 동물의 권리를 지니는가 아니면 인간의 권리를 지니는가? 이는 단순히 새로운 윤리 물음을 던질 뿐만 아니라 우리가 전통 윤리학에서 사용해온 도덕적 권리 개념 자체를 새롭게 해석할 것을 요구하는데, 이것이 바로 개념적 차원에서 기술이 갖는 윤리적 매개이다.

이러한 세 차원의 윤리적 매개를 극명하게 보여 주는 기술이 AI 로봇이다. 즉, 우리는 AI 로봇이 갖는 윤리적 매개를 세 차원에서 논의할 수 있다. 일단 AI 로봇은 마이크로 차원에서 개인의 윤리적 결정과 행위를 매개한다. 예를 들어, AI 로봇 의사 왓슨은 사람 의사로 하여금 의학적 진단과 진료 결정에 필요한 제공해 준다. 다시 말해, 로봇 의사가 어떤 진단을 내리고 어떤 처방을 내리는지에 따라 의사의 진료가 결정될 뿐만 아니라 의사와 환자의 관계는 새롭게 조망된다. 한 걸음 더 나아가 매크로 차원에서 AI 로봇은 인간과 기술을 매개한다. 그 단적인 예가 노인 돌봄 로봇이다. 동방예의지국의 자부심을 갖고 있는 우리나라는 과거 부모 돌봄을 자녀가 책임졌다. 산업화로 인해 부모 돌봄의 책임은 개인에서 국가로 상당 부분 이양되었다. 국가의 건강보험 및 사회복지제도가 노인 돌봄을 감당함으로 말미암아 국민들의 효 윤리가 예전 같지 않다. 이러한 변화의 추세를 노인 돌봄 로봇이 부채질하고 있다. 인간의 의도에 의해 노인 돌봄 로봇이 개발되었으며 그 결과 실질적으로 노인을 돌보는데 긍정적인 효과가 나타나고 있다. 하지만 노인 돌봄 로봇의 대중화는 단순히 노인 돌봄을 도와주는 차원에 머물지 않고 노인 내지 부모 돌봄의 가치관 내지 윤리관 자체를 바꿔놓을 것이다. 머지않은 미래에 우리는 이제 더 이상 부모를 돌보는 효를 도덕적 의무로 여기지 않을지도 모른다.

마지막 셋째는 베어백 자신이 예로 들었듯이 AI 로봇은 그 어느 기술보다 개념적 혼란을 매개하고 있다. 그것은 바로 AI 로봇의 도덕적 행위성 및 도덕적 책임의 물음이다. 일단 그의 매개 이론은 인간만이 윤리의 독점적 전유자라는 인간중심주의에서 벗어나게 해 주는 이론적 토대를 제공해 준다. 지구가 아니라 태양이 우주의 중심이라는 코페르니쿠스의 지동설이 암묵적으로 보여 주었듯이, 인간은 이제 더 이상의 윤리의 독점적 주체의 자리를 기술적 인공물과 공유해야 한다는 것을 그의 매개 이론은 명시적으로 주장하고 있다. 앞서의 비판적 논의에서 밝혔듯이 베어백은 기술적 인공물 자체의 도덕적 책임에 대해서는 명확하게 부정적 입장을 취하지만, AI 로봇이 던지는 책임 공백의 물음은 도덕적 책임에 관한 표준적인 입장에 크나큰 도전임에 분명하다. 한 걸음 더 나아가 그 자신이 명시적으로 언급하였듯이 그의 매개 이론에 따르면 도덕적 행위성의 기준에 대해서도 재해석이 요구된다. 한편으로 그는 인간과 기술의 연합체만이 도덕적 행위성을 지닌다고 말하면서도 다른 한편으로 기술 자체도 도덕적 행위성의 두 기준-의도성과 자유-를 지닌다고 주장한다. 그가 예로 든 과속방지턱이나 초음파검사는 그 자체로 의도성이나 자유를 지니는지는 상당히 의심스럽지만, 앞으로 진화하게 될 AI 로봇은 이 기준을 충족시킬 수 있는 가능성이 열려져 있다.

이렇게 되는 경우에도 인간과 AI 로봇의 하이브리드 연합체만이 도덕적 행위성을 갖고 AI 로봇과 인간은 분리되어서는 도덕적 행위성을 지닐 수 없다는 그의 주장이 과연 지지를 얻을 수 있을는지 의문스럽다. 이러한 비판을 염두에 두고 그는 인간과 사물을 철저히 분리시키는 형이상학의 관점에서 볼 때 "사물은 도덕 행위자일 수 있는가?"라고 물을 수 있지만, 이러한 이분법을 거부하면 "도덕이 인간과 비인간 실재에게 어떻게 분산되어야 하는가?"의 물음을 중심으로 새로운 그림을 그려야 한다고 응수한다.[51] 그의 응수와 달리 어쩌면 '위드 인공지능'(with AI)의 시대를 살아가는 우리는 도덕적 행위성의 주체를 인간, 기술, 그리고 인간과 기술의 연합체 셋 모두에게 분산시키는 것이 합당할지도 모른다. 실제로 그는 최근 글에서 인공지능이 의사로 하여금 환자의 생과 사를 결정하는 것을 도와준다면, 이러한 사실은 AI 시스템을 도덕적으로 만들어주지 않는가라고 반문한다.[52]

그 어느 기술보다도 AI 로봇은 다중 정체성을 갖기 때문에 인간에게 윤리적으로 선한 방향으로 사용하는 실천적 지혜를 요구한다. 소위 '인공지능 윤리의 5대 문제'로 알려진 AI의 편향성 문제, AI의 오류와 안전성 문제, AI의 악용 문제, 개인정보 보호 문제, 킬러 로봇 문제 등은 AI 로봇이 윤리적 선을 결과할 수도 있지만 윤리적 악을 결과할 수 있다는 점을 단적으로 보여 준다.[53] 무엇보다 베어백의 매개 이론은 AI 로봇에 대해 디자인 윤리의 중요성을 여실히 보여 준다. 물론 개발자는 일차적으로 윤리적으로 바람직한 방향으로 AI 로봇을 설계하는 데 최선을 다해야 할 것이다. 하지만 이러한 노력만으로 부족하다. AI 로봇은 사용자의 행위성에 의해 얼마든지 다른 정체성을 가질 수 있을 뿐만 아니라, AI 로봇 자체가 갖는 매개적 힘으로 인해 자신의 의도와는 다른 결과를 야기할 수 있기 때문이다. 이 글을 시작하면서 언급하였듯이 인간이 통제할 수 없는 초 인공지능 로봇을 개발에 대해서 설계자는 설계의 오류를 겸허히 인정하는 윤리적 겸손함을 가져야 할 것이다. 이러

....

51 P.P. Verbeek, "The Irony of Humanism: On the Complexities of Discussing the Moral Significance", in E. Selinger et al., eds., "Book Symposium on Peter Paul Verbeek's Moralizing Technology", *Philosophy & Technology*, vol.25, no.4, 2012, p.6 27.

52 P.P. Verbeek, "Postphenomenology and Ethics", p.42.

53 전창배, 「인공지능 윤리의 개념과 5대 핵심」, 고영상 외, 『인공지능윤리개론』(서울: 커뮤니케이션북스, 2021), p.5.

한 윤리적 겸손함의 미덕을 갖는다면, 로봇공학자들은 초 인공지능 로봇의 개발에 대해 당분간 손을 떼는데 합의할 것이다.

12

연구윤리:
연구에 왜 윤리가 필요한가

이 장은 황우석 박사의 '줄기세포 사건'이 계기가 되어 우리나라 학계에 새로운 화두를 던진 연구윤리의 물음을 생명과학 및 의학과 연관 지어 비판적으로 고찰하는 것을 목적으로 한다. 이를 위해 필자는 먼저 왜 학문적 연구에 윤리가 필요하며, 연구윤리의 구체적인 내용이 무엇인지를 해명할 것이다. 이를 생명과학 및 의학에 적용하여 연구 활동과 연구 대상을 구분하여 각각에 요청되는 연구윤리를 구체적으로 규명할 것이다. 특히 생명과학과 의학은 인간 생명을 연구 대상으로 삼기 때문에 결론에서 필자는 연구윤리의 정착화를 위한 제도 마련은 물론이거니와 사전 예방을 위해서는 연구에서도 '윤리 나침반'이 필요하기 때문에 연구자에 대한 생명윤리 교육이 중요하다는 점을 역설하고자 한다.

1. 연구에 왜 윤리인가?

"연구의 자유는 보장되어야 한다." 이는 이의를 달 수 없는 당위 명제이다. "개인의 인권은 보장되어야 한다."는 윤리 원칙 역시 부인할 수 없는 당위 명제이다. 문제는 때로 이 두 당위 명제가 상충함으로 말미암아 연구자들이 도덕적 딜레마에 봉착한다는 점이다. 연구자들이 이러한 딜레마에 봉착하는 근본적인 이유는 연구 활동 역시 인간의 행위이기 때문이다. 그러니까 윤리란 '인간이 마땅히 따라야 할 도리'를 말하는데, 과학자의 연구 활동 역시 인간의 행위이기에 윤리로부터 결코 자유로울 수 없다. 즉, 연구 활동은 결코 '치외 법권'의 영역도 '치외 윤리'의 영역도 아니다. 그리고 생명과학과 의학의 연구는 많은 경우 인간을 연구 대상으로 삼기 때문에, 윤리의 물음이 더 강하게 작용한다. 일반적으로 윤리는 사람과 사람 사이에 성립된다. 인간은 윤리의 주체이자 객체인데, 생명과학은 그 연구자가 사람일 뿐만 아니라 그 연구 대상도 사람이기 때문에, 연구 활동 자체가 윤리적 평가의 대상이 된다.

무엇보다 오늘날 과학은 실비오 펀트위츠(S. Funtowicz)와 제롬 라베츠(J. Ravetz)가 지적하였듯이 '탈정상 과학'(post normal science)이다. "사실은 불확실해지고, 가치는 논쟁에 휩싸이며, 결과는 중요하고, 결정은 시급한 그런 국면이 현대 과학이 맞이한 상황이다."[1] 즉, 체르노빌 사건, 광우병 파동, 오존층 파괴, 유전자 변형식품(GMOs) 논쟁 등이 보여 주듯이, 이제 과학은 스스로가 초래한 '과학 문제'에 대해 확실한 대답을 제공할 수 없기에, 과학 자체에 대한 윤리적 성찰이 요구된다.

....

1 S. Funtowicz & J. Ravetz, "Post-Normal Science", *Special Issue*, 1999. 한국원자력연구소, 『과학기술 연구윤리』(서울: 두양사, 2006), p.21 재인용.

물론 탈정상 과학에서 과학 자체에 대한 질적 평가는 더 이상 과학자만의 책임도 권리도 아니다. 인류를 위해, 그리고 무엇보다 과학 자체를 위해 과학은 윤리의 옷을 입어야 한다. 이와 같이 과학적 연구 활동과 연관된 모든 윤리를 우리는 '연구윤리'(research ethics)라고 부른다.

그러면 구체적으로 연구윤리는 무엇을 말하는가? 연구윤리는 '연구'라는 명사와 '윤리'라는 명사의 합성어이다. 물론 "윤리가 무엇이냐?"의 물음은 윤리 형이상학에 속하는 난해한 철학적 물음이다. 여기서는 앞서 언급한 대로 '인간이 마땅히 따라야 할 도리' 정도로 규정하는 것으로 만족하고자 한다.[2] 물론 연구가 무엇을 의미하는지 그 정의를 정확하게 규정하기란 역시 쉬운 문제가 아니다. 특히 의학의 경우 연구와 진료 행위가 엄격히 구분되지 않는다. 실제로 토마스 찰머스(T. Chalmers)는 이렇게 주장한다. "동일한 질병이라도 그 양상이 사람마다 다르기 때문에, 모든 의사는 환자를 진단하고 치료할 때마다 다소간의 연구를 수행하고 있다."[3] 하지만 '미국의 연방 규정'(Code of Federal Regulation)은 연구를 다음과 같이 정의한다. 즉, "연구란 일반화할 수 있는 지식을 도출하거나 기여할 수 있도록 설계된 체계적인 조사를 말한다. 체계적인 조사는 연구개발, 시험 및 평가 등을 포함한다."[4]

하지만 이러한 정의는 연구윤리가 무엇인지 이해하는 데 큰 도움이 되지 않는다. 일반적으로 연구는 지식의 발견 내지 증진에 그 목적

....

2 일반적으로 "연구윤리는 연구의 계획, 수행, 보고 등과 같은 연구의 전 과정에서 책임 있는 태도로 바람직한 연구를 추진하기 위해 지켜야 할 윤리적 원칙"으로 규정되고 있다." 한국대학교육협의회 부설 고등교육연수원, 『연구윤리 교육 전문가 양성 과정 자료집』(하계) 2011, p.12.

3 R. Levine, "Clarifying the Concept of Research Ethics", T.A. Shanon. ed., *Bioethics*. N.J. Ramsey(Paulist Press, 1981), p.296 재인용. 진료와 연구의 구분에 관한 자세한 논의는 이 논문 참조.

4 미연방규정 45 CFR 46.102. Definition. 최병인, 『생명과학 연구윤리(서울: 지코 사이언스, 2009), p.18 재인용.

이 있다. 물론 응용 연구에서는 소위 '최종 사용의 문제'(end-use question)가 발생하는 것은 사실이지만, 지식은 그 사용과 상관없이 그 자체로 '인지적 가치'(epistemic value)를 지닌다. 그런데 이러한 연구에는 크게 3가지 요소가 작용한다. 연구자, 연구대상 그리고 연구행위 자체가 그 세 요소이다. 이제까지 연구윤리는 주로 연구자에 초점을 맞추어왔다. 그것도 이러한 연구 활동의 결과로 얻어진 지식이나 이론 혹은 기술을 연구자가 발표하는 과정에 발생하는 불법적인 혹은 비윤리적 행위를 문제 삼아 왔다. 즉, 연구자의 부정행위(malfeasance)가 연구윤리의 핵심 주제이었다.

이처럼 이제까지 연구윤리는 대체로 '연구 부정행위'(research misconduct)에 치중하여 왔다고 해도 과언이 아니다.[5] 흔히 'FFP'로 불리는 연구 부정행위는 실제로 존재하지 않는 데이터나 실험을 임의로 만들어내는 위조(fabrication), 데이터나 실험 절차를 의도적으로 바꾸거나 정확하게 기록하지 않는 변조(falsification), 타인의 아이디어나 연구 결과물을 마치 자신의 것처럼 고의적으로 유용하는 표절(plagiarism) 등을 말한다. 여기에다 설정한 가설을 지지하는 자료만을 언급하고 그 반대의 자료는 의도적으로 은폐하는 소위 '쿠킹 데이터'(cooking data)나 거짓임을 알고 있으면서도 마치 참인 것처럼 말하는 과학적 사기(scientific fraud)도 이러한 연구 부정행위에 속한다. 이러한 연구 부정

....

5 지금까지 확인된 바에 따르면 이러한 과학적 사기 현상을 체계적으로 처음 다룬 자는 영국 수학자 찰스 배비지(C. Babbage)이다. 그는 1830년 런던에서 발표된 "영국 학술의 몰락에 관한 고찰들"에서 한 꼭지를 할애하여 '학술사기'라는 주제를 다루었다. 즉, 이 발표에서 그는 오늘날 'FFP'로 불리우는, 위조(forging), 요리하기(cooking), 다듬기(trimming) 등의 연구부정행위를 비난하였다. 이 셋 중에 그는 위조보다 요리하기가, 요리하기보다 다듬기가 더 위험하다고 하였다. 다듬기를 독일에서는 '데이타 마사지'라고 부른다. 이에 관한 자세한 논의는 H. Zankle, *Falscher, Schwindler, Scharlatane, Betrug in Forschung und Wissenschaft*, 2003. 도복선, 김현정 역, 『과학의 사기꾼』(서울: 시아출판사, 2006), pp.7-11 참조.

행위는 일종의 '장난질'(hoaxing)이다.[6] 일본 고고학자 후지무라 신이치 사건[7]이나 우리나라 황우석박사의 '줄기세포 사건', 그리고 가끔 언론에 보도되는 연구비의 부정사용 등은 이러한 연구 부정행위의 전형적인 사례라고 말할 수 있다. 이러한 연구 부정행위는 과학자 공동체가 연구 과정이나 결과물을 과학적인 객관적 기준에 따라 평가 내지 심사하지 않고 '제 식구 감싸기'식으로 눈을 감고 있기 때문에 발생하는 경향이 강하다. 따라서 연구 부정행위의 근절을 위해서는 무엇보다 동료심사(peer review)의 엄정함이 요구된다.

2. 연구 활동과 관련된 윤리 물음

물론 연구 부정행위는 연구윤리의 핵심적 주제이다. 실제로 연구 부정행위는 연구윤리의 기초이어서, 현재 이에 관한 논의가 활발하게 전개되고 있다. 연구 활동이 실험실이라는 제한된 공간에서 행해지고, 과학이 전문화되고, 그리고 '개인과학에서 자본집약적이고 프로젝트화 된 거대과학'이 됨으로 말미암아 연구 과정의 투명성 확보가 어렵고 또 연구 결과에 대한 객관적 검증이 어려워 연구 부정행위는 끊어지지 않고 있다. 연구 활동 및 실험 기기의 복잡성으로 인한 혼돈이나 실수와 연구 부정행위는 구분되어야 하지만, 그 정확한 구분 기준이 무엇인가는 여전히 논쟁거리이다. 또 표절, 쿠킹 데이터 등이 무엇이며, 그 기준과 한계는 무엇인가 등도 연구윤리에서 다루어야 할 주요한 물음임

6 C. Whitbeck, "Research Ethics", R. Chadwick, ed., *Encyclopedia of Applied Ethics*, vol.3(New York: Academic Press, 1998), p.835.

7 https://ko.wikipedia.org/wiki/후지무라_신이치(2025.02.20 접속)

에 분명하다. 하지만 이러한 연구 부정행위를 연구윤리의 전부로 생각하는 것은 잘못이며, 아니 엄밀히 말해 이러한 부정행위는 '연구윤리'라 부르기조차 어렵다. 왜냐하면 이러한 윤리는 '정직하라' 혹은 '거짓말을 하지 말라'는 일상적인 도덕규칙만으로도 얼마든지 설명가능하기 때문이다.

연구윤리가 하나의 학문으로 성립하자면, 다른 맥락이나 상황에서 발생하지 않고 오직 연구와 연관된 고유한 도덕 문제가 존재해야 하기 때문이다. 예를 들어, 인터넷 윤리학 혹은 사이버윤리학은 이미 철학에서 응용윤리학의 한 분야로 자리매김하고 있다. 사이버윤리학이 하나의 학문으로 분류될 수 있는 근본적인 이유는, 사이버 공간에서 발생하는 윤리 물음은 기존의 윤리이론이나 윤리원칙 혹은 도덕규칙으로 해결이 불가능하기 때문이다. 이와 대조적으로 우리는 '자동차 윤리학'이라는 용어를 사용하지 않는다. 자동차와 관련된 윤리적 물음이 없기 때문에 자동차 윤리학이라는 학문이 성립되지 않는 것은 아니다. 분명 자동차의 제조나 사용에도 윤리 물음이 발생한다. 그러면 왜 자동차 윤리학이라는 용어를 사용하지 않는가? 그 이유는 자동차의 제조나 사용에 관련된 모든 도덕 문제들은 '해악 금지 원칙'(no harm principle)과 같은 기존의 윤리원칙으로 설명이 가능하기 때문이다. 연구자의 부정행위도 마찬가지이다. 따라서 연구윤리는 연구자의 부정행위 이상을 함의한다. 즉, 연구윤리가 단순히 연구에 있어서 지켜야 할 '윤리강령'의 차원을 넘어, 응용윤리학의 새로운 하나의 학문으로 분류되자면 이제까지의 윤리이론이나 도덕규칙으로 설명이 곤란한, 연구에 고유한 도덕 물음이 존재해야 한다.

그러면 연구와 관련된 고유한 도덕 문제는 무엇인가? 일부에서는 연구윤리의 쟁점을 과학 연구에서의 진실성 유지(Research Integrity),

논문 발표 시의 저자표시(authorship) 및 공로(credit) 배분, 연구실 내에서의 권위 및 차별, 특정한 대상이나 연구방법을 포함하는 연구 그리고 과학자의 책임 등 다섯 가지로 분류한다.[8] 하지만 필자는 연구의 본성에 따라, 크게 연구 활동의 영역과 연구결과물의 발표 영역으로 구분하고자 한다. 연구자의 부정행위는 대체로 후자에 속하는 물음이다. 그러면 연구 활동 영역에서는 윤리 물음이 발생하지 않는가? 앞서 언급하였듯이, 연구 활동의 세 요소에, 결과물의 발표 요소를 첨가하면 연구 영역은 크게 네 요소, 즉, 연구자, 연구행위, 연구대상 그리고 결과물의 발표로 구성되어 있다. 이 네 요소 가운데 연구윤리에 본질적인 요소는 연구자와 발표가 아니라 연구행위와 연구대상이다. 왜냐하면 연구자와 발표는 다른 영역에서도 얼마든지 존재하기 때문이다. 예를 들어, 자동차의 경우에도, 자동차를 만드는 공학자가 있는 반면에, 완성된 자동차를 언론에 공개하는 발표자가 별도로 존재하기 때문이다. 그래서 필자는 여기서 연구 활동 및 연구대상과 관련된 연구윤리 물음을 생명윤리와 연관 지어 논의하고자 한다.

과학은 가치중립적이지 않고, 대부분의 과학연구에는 윤리 문제가 발생한다.[9] 과학적 연구 활동에서 발생하는 윤리 물음은 크게 두 가지이다. 하나는 '과학적 윤리' 물음이고, 다른 하나는 '생명윤리' 물음이다.[10] 2010년 미 식품의약국(FDA)이 허가한 게론(Geron)사의 인간배

....

8 이에 관한 자세한 논의는 한국원자력연구소, 『과학기술 연구윤리』(서울: 두양사, 2006), "제2절 과학윤리의 쟁점" 참고. 김명진 역시 연구수행 과정, 논문 발표, 실험실 생활, 생의학 연구 분야, 사회적 책임 등의 다섯 가지를 연구윤리의 쟁점으로 파악하고 있다. 김명진, 「연구윤리의 쟁점과 현황」, 시민과학센터, 제2차 시민과학 포럼, 『연구진실성, 그 쟁점과 대책"』, 2006, pp.2-3.

9 J. Bryant et al., *Introduction to Bioethics*(John Wiley & Sons, Ltd. 2005), 이원봉 옮김, 『생명과학의 윤리』(서울: 아카넷, 2008), pp.25-28.

10 폴 프리드먼은 연구의 진실성(integrity)을 정직성(honesty)과 완전함(whole)로 나누면서, 정직성을 윤리적 차원으로, 그리고 완전함을 연구수행 과정에서의 세심함과 정확성으로 해석하

아 줄기세포의 임상시험을 한 예로 들어보자.[11] 이는 사고로 척수가 손상돼 하반신 마비 환자에게 신경세포로 자라날 수 있는 줄기세포를 주사하여 환자를 치료하고자 하는 임상시험이다. 이러한 시험은 앞으로 2년 동안 10명의 척추손상 환자를 대상으로 계속 진행될 예정이다. 여기에는 두 가지 고려할 사항이 있다. 하나는 가설의 타당성 물음이다. 즉, 이 시험이 성공할 개연성 내지 확률이 과학적으로 어느 정도인가가 문제시 된다. 물론 그 구체적 수치를 객관적 기준으로 설정하기는 어렵지만, 적어도 현재의 과학지식 수준에서 평가할 경우 그 성공 가능성이 희박한 '가설'임에도 불구하고 이러한 시험을 시행한다면 이는 분명 윤리적으로 문제가 있다. 즉, '신뢰도가 낮은 가설'에 근거한 연구는, '해악 금지 원칙'에 위배됨으로 윤리적으로 의문시 되는데, 이를 우리는 '과학적 윤리'라고 부를 수 있다.[12]

이 임상시험에는 또 다른 윤리적 문제가 있다. 그것은 바로 인간배아 줄기세포를 얻은 과정에서 발생하는 윤리이다. 실제로 게론사는 인공수정 후 남은 잉여배아를 이용하여 줄기세포를 얻었다. 물론 이 과정에서 수많은 배아가 실험 후 폐기되었을 것이다. 여기서 이런 윤리 물음이 발생한다. "인간 잉여배아의 폐기는 윤리적으로 옳은가?" 이는 인

....

고 있는데, 후자가 바로 과학적 차원의 윤리이다. P.J. Friedman, "An Introduction to Research Ethics", *Science and Engineering Ethics*, vol.2, no.4, 1996, pp.443-456. 프리드먼, 「연구윤리 서설」, 유네스코한국위원회, 『과학연구윤리』(서울: 당대, 2001), p.252.

11 김신영, "미 기업, 인간배아 줄기세포 첫 임상시험". 『조선일보』, 2010. 10. 14.

12 실제로 2000년 미국에서 발생한 제스 젤싱어 사건은 이를 잘 보여 준다. 제스 젤싱어(J. Gelsinger)라는 18세 소년은 유전자 돌연변이로 인한 희귀 유전병인 OTC 결핍증을 앓고 있었다. 그 병은 치명적이기도 했지만, 제스의 경우는 증상이 가벼운 상태였다. 그런데 때마침 그 병을 일으키는 유전자 돌연변이를 발견하고 유전자 치료법을 개발하려고 노력하고 있던 과학자들이 실험에 자원해 줄 사람을 찾고 있었다. 제스는 그 실험이 초기 단계라는 사실을 잘 알고 있었기에 자신에게 도움이 되지는 않겠지만, 나중에 많은 사람들의 고통을 없애 주리라는 생각에 실험에 참여하게 되었다. 하지만 제스는 아데노바이러스를 주입받은 후 위독한 상태가 되었고, 3일 만에 사망했다.

간생명의 출발점이 어디인가, 인간배아 폐기가 윤리적으로 허용될 수 있는가 등의 물음과 깊은 연관성을 지닌다. 이러한 물음은 오늘날 생명윤리 물음으로 일컬어지고 있다. 연구 활동 자체에서 발생하는 이러한 윤리 물음을 연구윤리는 다루지 않을 수 있다. 연구 활동 자체에서 본질적으로 발생하는 윤리 물음이라는 점에서 이를 우리는 연구윤리의 '본래적 문제'(intrinsic problems)라고 부를 수 있다. 이 점에 있어서 연구윤리는 생명윤리와 밀접한 연관성을 지닐 수밖에 없다. 특히 후자의 생명윤리 물음은 과학자의 전유물이 아니라 철학자, 법학자 등과 함께 풀어가야 할 학제적인 물음이다.

연구 활동의 윤리에는 본래적인 문제뿐만 아니라 외래적인 물음(extrinsic problems)도 존재한다. 그 첫째는 앞서 언급한 '쿠킹 데이터' '과학적 사기' 등의 도덕성 물음이다. 즉, 과학적 연구 활동에는 과학성과 윤리성이 담보되어야 할 뿐만 아니라, 데이터의 조작이나 은폐와 같은 비윤리적인 행위가 일어나서는 아니 된다. 이는 객관성을 생명으로 하는 과학에서 너무나 당연한 주장이다. 둘째는 연구자 동료들 사이의 관계 물음이다. 인문학 내지 사회과학적 연구와 달리 생명과학이나 의학의 연구는 대개의 경우 팀 연구로써, 다수 연구원의 공동 활동이다. 특히 보조연구원과의 관계에서, 연구 결과에 집착한 나머지 비인격적인 관계가, 즉 비윤리적인 언행이 발생할 개연성이 있다. 이는 법이나 제도로 규제할 수 없고, 오직 연구자의 인격 내지 품성에 의존할 수밖에 없다.

특히 연구원이 연구대상이 되는 경우 신중을 기해야 한다. 실제로 인간을 대상으로 하는 실험의 효시로 알려진 에드워드 제너(E. Jenner)는 천연두 백신을 개발하여 자신과 자신의 아들에게 먼저 주사하였다.[13] 이는 연구의 특성을 가장 잘 이해하고 있는 연구자 자신 내지 과학자 공동체가 그 첫 실험 대상이 되어야 한다는 한스 요나스(H. Jonas)의 주장과 잘 부합하는 좋은 예이다.[14] 하지만 종속 관계에 있는 연구원 내지 연구보조원이 실험 대상이 되는 경우는 상황이 다르다. 한 예로써, '황우석 박사 사건'의 경우, 일부 연구원들은 '힘의 역학 관계'로 인해 자신들의 의사에 반하여 난자 채취에 동의하지 않을 수 없었다. 요나스의 원칙에 따르면, 연구책임자는 연구원이 아니라 먼저 자신의 아내 내지 딸의 난자를 채취하여 줄기세포를 연구했어야 마땅하다. 종속 관계에 있는 연구원에 대한 이러한 실험 대상 강요는 '힘 없는' 자에 대한 '힘 있는 자'의 '인격적 폭거'로, 소위 '갑질'이라고 말할 수 있다. 특히 '군사부 일체'라는 문화적 특성으로 인해 한국 사회에서는 이러한 폭거가 은밀하게 이루어질 개연성이 높을 뿐만 아니라 당연하게 간주되는 경향이 있어 주의가 요망된다.

셋째는 연구 폐기물의 처리 물음이다. 즉, 연구 활동에는 반드시 연구 폐기물이 발생하는데, 그 폐기물의 처리가 생태계의 오염이나 환경 파괴를 야기할 수 있고, 심한 경우 인체에 위해한 바이러스나 세균을 만들어낼 수 있다. 왜냐하면 최근의 생명공학과 의학의 연구는 생명의 신비로 알려진 유전자 변형과 깊게 연관되어 있어, 유전자 조작 생명체가 실험실 밖의 자연 생태계에도 인과적 영향을 미칠 수 있기 때문이다. 실제로 일본에서는 유전자 진단 등을 하고 있는 대학병원과 종합병원의 40% 이상이 DNA를 일반 폐기물과 같이 버리거나 배수구에 흘려보내고 있음이 일본 후생성 연구반의 실태조사 결과 드러났다. 유전병

....

13 최병인, 『생명과학 연구윤리』, p.95.

14 H. Jonas, "Philosophical Reflections on Experimenting with Human Subjects", T.A. Mapps & J.S. Zembaty. eds., *Biomedical Ethics*(New York.: McGraw-Hill, 1991), p.219.

이나 난치병 진단 과정에서 복제된 DNA가 연구원이나 쓰레기 처리업자의 호흡기나 피부의 상처 등을 통해 몸 안에 들어가게 되면, 세포에 자리 잡아 암 등을 유발할 위험이 크다고 이 연구반은 지적하고 있다. 이런 실태는 비단 일본뿐만 아니라 유전자 재조합 기술을 사용하는 거의 모든 나라에서 자행되기 쉽다. 네 번째는 이와 연관된 실험실의 안정성 물음이다. 즉, 환경 보호와 실험실의 안전성 물음도 연구윤리의 중요 영역으로 분류된다.[15] 실험실은 연구 폐기물을 안전하게 관리하도록 설계되어야 할 뿐만 아니라 연구원들의 건강에 위해하지 않도록 그 안전성을 확보해야 한다.

마지막 다섯 번째는 연구 활동 자체가 그리고 연구 결과물이 사회에 미치는 영향의 물음이다. 이를 우리는 '사회영향 평가'라고 말할 수 있다.[16] 예를 들어, 유전학자가 인간 유전자를 돼지에 주입하여 키메라를 '창조'하였다고 하자. 이에 대해 과학기술의 가치중립성과 진리 발견의 가치를 들어, 그 사회적 영향과 상관없이 이러한 생명과학 연구는 보장되어야 한다고 주장할 수 있다. 하지만 과학기술 역시 '인간을 위해' 존재하기 때문에 우리는 사회적 영향 평가를 부인할 수 없다. 또 제도나 법률 혹은 윤리의식 고취를 통해 일부의 사회적 부작용을 제거할 수 있지만, 일부의 생명공학 의술은 사회에 지대한 악영향을 미치기도 한다. 최근 유전적 자질강화 의술이 사회적 불평등을 심화시키지 않느냐에 관한 논쟁이 '유전자윤리학'(Genethics)의 이름으로 활발하게 진행되고 있는 이유도 여기에 있다.[17] "과학은 할 수 있으면 해도 좋다."는

....

15 C. Whitbeck, "Research Ethics", R. Chadwick, ed., *Encyclopedia of Applied Ethics*, vol.3(New York: Academic Press, 1998), p.836.

16 이는 과학자의 사회적 책임 물음으로 전문직 윤리와 중첩되는 부분이다. 즉, 연구윤리는 전문직 윤리와도 중첩되는 부분을 지닌다. 송성수, 「연구윤리의 이해: 쟁점과 과제」, 과학기술정책연구원, 『과학기술정책』, 제16권1호, 2006, pp.3-4 참조.

논리를 따르지만, 윤리는 "할 수 있는 것에 대해 해도 좋은지?"를 묻는다. 사회적 영향 평가에서 과학자의 양심 내지 객관적 태도가 무엇보다 중요하다. 많은 과학기술은 사용자에 의해 그 가치가 결정되는 가치중립적이지만, 일부의 과학기술은 그 자체로 긍정적 가치와 부정적 가치를 동시에 지닌다. 예를 들어, 자동차는 인류에게 이동의 편리함을 가져다주었지만 이산화탄소의 배출로 인해 환경을 오염시킨다. 이는 자동차만의 문제가 아니라 대부분의 생명공학 기술이 그러하다. GMOs는 이러한 특성을 잘 보여 준다.

그런데 문제는 연구 성과에 집착한 나머지 결과물로 얻어진 과학기술이 지니는 부정적 가치가 은폐되고 있다는 점이다. 뿐만 아니라 과학자들은 '현재적 이득'을 지나치게 강조하는 반면에, 미래의 '잠재적 위험'에 대해서는 눈을 감는 경향이 있다.[18] 언론 플레이를 통해 교묘하게 이루어지고 있어서, 이러한 잠재적 위험은 연구 당사자 내지는 전문가가 아닌 일반 시민들은 알 수 없다. 따라서 과학자는 전문가로서 이러한 위험에 대해 알릴 '내부 고발'의 윤리적 의무 내지 '전문가적 증인'(expert witness)의 의무를 지닌다.[19] "과학자로서 할 수 있는 최악의 행동 중 하나는 일군의 동료과학자들 앞에서 진실을 부인하는 것이다."[20] 실제로 미국 등 선진국에서는 GMOs의 안전성 확보를 위해

....

17 유전자윤리학 및 유전적 불평등 물음에 관한 자세한 논의는 김상득, 『유전자윤리학』(서울: 철학과현실사, 2009)를 참조하라.

18 생의학 연구에서 위험을 인식하고 대처하는 방안에 관한 자세한 논의는 김호기, 「생명공학기술의 사용과 위험평가 및 위험관리」, 생명윤리정책센터, 『생명윤리정책연구』, vol.2, no.2, 2008, pp.105-122 및 이일학, 「의학연구에서 위험성 평가」, 생명윤리정책센터, 『생명윤리정책연구』, vol.2, no.3, 2008, pp.215-230을 참조하라.

19 '전문가적 증인' 의무에 대해서는 M.J. Frazer & A. Kornhauser. eds., *Social Responsibility in Science Education*(New York: Pergmon, 1996). 송진웅 옮김, 『과학교육에서의 윤리와 사회적 책임』(서울: 명경, 1994), pp.58-59 참조.

20 P.J. Friedman, "An Introduction to Research Ethics", p.278.

2000년 캐나다 몬트리올에서 유전자 변형 농산물의 국제 거래를 안전하게 관리하려는 "생명공학 안전성에 관한 카르타헤나 의정서"를 채택하였다. 이 의정서는 생명공학의 위험성과 혜택을 동시에 인정하면서 이미 국제적인 이슈로 등장한 GMOs의 공정 및 수출입에 관한 안전 윤리를 제고할 것을 주장하고 있다. 즉, 이 의정서는 "환경과 개발에 관한 리우선언"(Rio Declaration on Environment and Development)에 의거하여 생명공학기술의 특성을 고려하여 '사전예방 원칙'(precautionary principle)이 결정적으로 중요하다는 사실을 처음으로 제도화하고 있다.[21] GMOs와 같이 현재의 과학기술로 그 위해성을 과학적으로 입증할 수 없는 경우에도, 관련 종사자는 그 잠재적 피해를 최소화하기 위해 필요한 모든 조치를 취해야 하며 또 수입국은 GMOs의 수입을 금지할 수 있도록 이 의정서는 규정하고 있다. 이처럼 부정적 가치를 지닌, 특히 잠재적 위험을 지닌 생의학 기술의 공표와 사용에 선의의 희생자가 발생하지 않도록 연구자의 양심이 필요한 시대이다.[22]

3. 연구 대상과 관련된 윤리 물음

연구 활동과 직·간접적으로 관련된 이러한 본래적 물음 및 외래적 물음뿐만 아니라 연구대상과 관련된 윤리 물음도 존재한다. 연구대상은 크게 세 종류로 구분할 수 있다. 첫째는 무생물이며, 둘째는 인간

....

21 "The Cartagena Protocol on Biosafety", 2000.3, Article 1 Objective 참조.

22 독일 헌법재판소는 대학의 연구자는 연구가 사회에 미치는 효과를 함께 고려할 의무와 위험한 연구 결과를 알릴 의무를 부과한 독일 헤센 주의 대학법 제6조에 대해 합헌 결정을 내린 바 있다. 박은정, 『생명공학시대의 법과 윤리』(서울: 이화여자대학교출판부, 2000), p.337.

이 아닌 동식물이며, 셋째는 인체이다. 무생물이 아닌 동식물, 특히 동물을 실험 대상으로 삼는 경우에도 동물의 권리 물음이 발생하지만, 여기서는 논외로 하고자 한다. 무엇보다 다른 공학과 달리 생명공학 및 의학은 인체를 연구대상으로 삼지 않을 수 없다. 왜냐하면 생명과학과 생명공학은 생명 현상을 과학적으로 탐구하여, 우리가 원하는 방식대로 생명을 '창조'하고자 하는데, 그 궁극적 대상은 결국 인간 생명이기 때문이다.[23] 물론 대부분의 경우 인간 생명이나 몸의 전부가 아니라 그 일부가 연구 대상이 된다. 그럼에도 불구하고 인간은 자기 신체에 대한 소유권을 갖기에 신체 일부를 연구 대상으로 삼는 경우에도 '사람과 사람의 관계 윤리' 물음이 발생할 수밖에 없다. 즉, 칸트(I. Kant)가 말한 대로, 우리는 결코 다른 인간을 목적이 아닌 수단으로 대우해서는 안 되기 때문에, 연구자는 연구 대상을 목적으로 대우해야 한다는 윤리의 근본 원칙을 항상 명심해야 한다. 달리 말해, 연구자는 연구 대상의 '인간존엄성'을 존중해야 한다.

인간존엄성의 핵심은 개인의 자율성 존중이다. 이를 생명윤리학에서는 '자율성 존중 원칙'이라 부르며, 임상시험에서 반드시 지켜져야 할 윤리원칙으로 자리매김하고 있다. 물론 이는 연구대상에 관한 사적인 정보를 본래의 목적 외에 다른 용도로 사용하지 말아야 하는 비밀유지의 의무도 포함한다. 연구자는 임상시험 대상자로부터 반드시 '충분한 정보에 근거한 동의'(informed consent)를 얻어야 한다. 이는 이미 1946년의 '뉘른베르크 강령', 1964년의 '헬싱키 선언' 그리고 1973년의 '벨몬트 보고서' 등에서 명문화되었으며, 우리나라에서도 2004년 제정된 '생명윤리 및 안전에 관한 법률'은 제4조 책무 조항에서 '인간의

....

23 생명공학과 의학이 왜 윤리 물음을 야기하는지에 관한 자세한 논의하는 김상득, 『생명의료윤리학』(서울: 철학과현실사, 2000), pp.22-27을 참조하라.

존엄과 가치를 침해하지 않는' 범위 내에서의 생명과학 연구가 이루어져야 한다고 규정하고 있다.[24] 특히 '벨몬트 보고서'는 인간 대상 연구에서는 인격존중(Respect for Person), 선행(Beneficience), 그리고 정의(Justice)라는 3가지 윤리 원칙이 준수되어야 한다고 강조하고 있다. 이런 면에서 보면 연구윤리의 상당 부분은 임상시험의 윤리와 중복된다고 말할 수 있다.

이처럼 연구윤리는 임상시험의 윤리를 핵심으로 하면서 생명윤리와 밀접하게 연관되어 있다. 이미 알려진 대로 '생명윤리학'(bioethics)라는 신조어를 만들어 처음 사용한 자는 위스콘신대학의 암 연구가 반 포터(V.R. Potter) 교수이다. 즉, '생명윤리학'이라는 용어는 1970년 『생물학 및 의학에 관한 관점들』(Perspectives in Biology and Medicine)에 발표한 그의 논문 "생명윤리학, 생존의 과학"(Bioethics, thc Science of Survival)에서 처음 사용되었으며, 그 이듬해 1월 그가 『생명윤리학: 미래에로의 다리』(Bioethics: Bridge to the Future)라는 책을 출간함으로 학계에 본격적으로 알려지게 되었다. 논문과 책 제목에서 알 수 있듯이, 그는 생명윤리학을 이질적인 두 학문인 과학과 인문학 사이에 다리를 놓아주는, 그럼으로 말미암아 인류의 생존을 보장하는 '학제적 학문'으로 규정하였다. 이 책에서 그는 생명윤리학을 "생물학 및 생명과학 일반으로부터 발생하는, 그리고 인간 복지와 직·간접적으로 연관된 도덕적, 사회적, 정치적 물음들을 탐구하는 학문"으로 정의하였다.[25] 그러니까 그는 "각 개인의 삶을 풍요롭게 하고 나아가 사회가 수

....

24 '뉴른베르그 강령' 제5조는 "사망이나 기능적 장애를 일으킬 지도 모른다고 미리 예상되는 실험은 해서는 안 된다"고, 그리고 '헬싱키 선언' 제1조 4항은 "사람을 대상으로 하는 생물의학적 연구는 그 연구 목적의 중요성이 그 대상인 사람에 대한 위험성을 고려한 것이 아니면 합법적으로 행할 수가 없다"라고 규정하고 있다. 김영균, 『인폼드 컨센트』(서울: 수석문화재단, 1997), pp.28-29 참조.

용할 수 있는 형태로 인간 종의 생존을 연장하는 것"을 생명윤리학의 궁극 목적으로 보았다. 이런 정의에 따르면, 환경윤리를 포함하여, 인간 복지와 관련된 거의 모든 물음이 생명윤리학의 탐구 대상이 되고, 연구윤리도 예외가 아니다. 하지만 협의의 의미로 보면 생명윤리학은 생명과학과 밀접한 연관성을 지닌다. 즉, 'bioethics'에서 'bio'는 '생명'(life)을 뜻하는 게 아니라, '생명과학'(life science)을 의미한다. 다시 말해, 생명윤리학은 단순히 생명을 존중하는 윤리가 아니라 생명과학의 발전으로 인해 제기한 새로운 윤리 물음을 다루는 학문이다. 특히 생명과학과 의학의 발달이 우리들에게 예상하지 못한 새로운 윤리 물음을 야기하기에, 생명윤리학은 생명의료윤리학(biomedical ethics)라 불리기도 한다.

따라서 생명윤리학을 이런 협의의 의미로 받아들이면, 연구윤리는 생명윤리학과 불가분의 관계를 지니지만, 일부 연구윤리는 생명윤리학으로 간주하기 어렵다.[26] 즉, 생명과학 및 의학과 연관된 윤리학적 연구는 크게 생명윤리적 접근법과 연구윤리적 접근법으로 나눌 수 있는데, 전자가 생명윤리학이고 후자가 연구윤리학으로 둘 다 응용윤리학

....

25 R.G. Frey, "Bioethics", E. Craig, ed. *Routledge Encyclopedia of Philosophy*, vol.1(London and New York: Routledge, 1998), p.773. 길론 역시 생명윤리학을 "생물학 분과에서 제기되는 윤리적 물음에 대한 연구"로 정의한 다음, 의학, 간호학, 생명과학 등이 생물학 분과에 속한다고 주장한다. R. Gillon, "Bioethics", R. Chadwick, ed., *Encyclopedia of Applied Ethics*, vol.1(New York: Academic Press, 1998), p.306.

26 이와 달리 홍석영은 생명과학의 연구윤리 지형에 대해 이렇게 말한다. "연구윤리란 인간의 여러 활동 중 연구와 관련된 윤리로 정의할 수 있다. 그렇다면 단어의 외연은 윤리〉 연구윤리〉 과학연구윤리〉 생명과학 연구윤리 순으로 감소함을 알 수 있다. 즉 연구윤리는 윤리가 연구 활동과 관련하여 특수화한 것이고, 과학연구윤리는 연구윤리가 과학과 관련하여 특수화한 것이고, 생명과학 연구윤리는 그 과학연구윤리가 다시 생명과학과 관련하여 특수화한 것이다." 이는 단지 연구윤리의 관점에서 분석한 개념 틀로 생명윤리학과의 연관성을 간과하고 있다. 홍석영, 「생명과학 연구윤리 교육과정 개발을 위한 일 연구」, 한국의료윤리학회, 『한국의료윤리학회지』, 제10권 1호, 2007, p.100.

에 속한다.[27] 하지만 이 둘은 어느 하나가 다른 하나를 포섭하는 관계가 아니라 상호 중첩적인 관계에 있다. 예를 들어, 연구 결과물의 출판 내지 공표와 관련되어 제기되는 많은 연구윤리의 물음은 생명윤리학에 포함시키기 어렵기 때문이다. 이미 앞서 지적하였듯이, 이는 "거짓말을 하지 말라."는 일반적인 도덕 규칙으로 모두 설명이 가능하기 때문이다. 그럼에도 불구하고 연구윤리에 생명윤리학적 논의가 중요한 이유는 앞서 지적하였듯이, 연구 활동 및 연구 대상과 관련된 대부분의 연구윤리 물음들이 이미 생명윤리학에서 중심 주제로 다루어지고 있기 때문이다. 이런 면에서 생명과학 및 의학에서의 연구윤리는 생명윤리를 그 핵심으로 하고 있다고 해도 과언이 아니다. 개념적인 관계가 이처럼 명확함에도 불구하고, 아직 우리나라의 연구윤리 연구는 연구부정 행위에 초점이 맞추어져 있고, 생명윤리학적 논의는 간과되고 있다. 따라서 생의학에서 연구윤리를 정착하자면 이에 종사하는 과학자에 대한 생명윤리 교육이 필요하다.

4. 연구윤리를 위한 제언: 생명윤리 교육

생명윤리 교육이 필요한 근본적인 이유는 인간은 '안경'을 끼고 세상을 본다는 사실 때문이다. 그러니까 인간은 동일한 현상 내지 사건을 두 눈으로 보고서도 이해하거나 받아들이는 '사실'이 다르다. 실제로 과학적 연구 역시 일반인들이 두 눈으로 보고서도 '보지 못하는 사실'

....

27 한면희도 연구윤리를 응용윤리학의 한 분야로 간주하면서 생명윤리학과 동등한 지위를 부여하고 있다. 한면희, 「환경 분야 연구윤리의 특성과 과제」, 성균관대학교 연구윤리위원회, 『연구윤리의 기초와 응용』, 대학 학회 연구윤리 학술대회, 2007, p.42.

을 우리에게 알려주는 작업이라고 말할 수 있다. 이런 면에서 과학자는 '과학의 눈'을 갖고 우리에게 '새로운 눈'을 뜨게 해 주었다고 해도 과언이 아니다. 하지만 과학자에게는 과학의 눈만 필요한 것이 아니라 '윤리의 눈'도 필요하다. 다시 말해, 연구자는 과학의 안경을 끼고 연구 대상을 관찰하고 실험해야 할 뿐만 아니라 윤리의 안경도 껴야 한다. 왜냐하면 연구자 역시 인간이고, 연구 활동 역시 인간을 위한 활동이기 때문이다.

이제까지 대학과 대학원 커리큘럼은 오직 '과학의 눈'을 길러주는 데 역점을 두었지, '윤리의 눈'은 길러주지 못하고 있다. 아니 더 정확하게 말하면, 과학자가 되는 길은 이제까지 끼고 있던 '윤리의 안경'을 벗도록 강요하여 왔다고 해도 과언은 아니다. 물론 연구자는 프란시스 베이컨(F. Bacon)이 말한 대로 '우상'이라는 편견에서 벗어나 사실을 객관적으로 보도록 훈련받아야 한다. 그러나 윤리는 결코 '우상'이 아니라 '나침반'이다. 연구자는 두 나침반, 즉 과학의 나침반과 윤리의 나침반을 따라야 한다. 문제는 이 두 나침반이 때로 상충한다는 사실이다. 이 상충의 물음을 해결하고자 탐구하는 학문이 바로 '연구윤리학'이라고 말할 수 있다. 그럼에도 이제까지 우리는 아예 윤리의 나침반을 무시하고, 과학의 나침반만 맹신하고 연구 활동에 종사해 왔다.

윤리의 나침반을 회복하여 연구자가 윤리의 안경을 끼고 연구에 종사하도록 윤리 의식의 고취가 절실하다.[28] 즉, 연구자가 연구 활동,

....

28 연구윤리 교육에 대한 홍석영의 제안은 의미심장하다. "생명과학 연구윤리를 교육할 때 기본 가치 또는 내용을 전달하는데 중점을 둘 것인가, 아니면 연구윤리와 관련된 판단능력을 함양하는 데 중점을 둘 것인가에 대한 논의가 있다. ...대학원 또는 연구책임자 수준에서는 연구윤리와 관련된 판단 능력의 함양에, 학부 교양 수준에서는 연구윤리와 관련된 기본 가치 및 내용을 전달하는 데 좀 더 집중해야 한다고 생각한다." 홍석영, 「생명과학 연구윤리 교육과정 개발을 위한 일 연구」, p.105.

연구 대상자와의 관계, 연구 결과물의 공표 등을 윤리적 관점에서 바라보도록 하는 '눈'을 기르지 않는 한 연구 윤리는 요원해질 수밖에 없다. 그렇다고 연구윤리를 단순히 개인윤리의 문제로 치부해서는 안 된다. 왜냐하면 "연구윤리 문제는 부분적으로는 연구자 자신의 주관적·도덕적 태도의 문제이기도 하지만, 근본적으로는 사회윤리의 문제요, 따라서 정치적·제도적 차원의 정의구현의 문제"이기 때문이다.[29]

그러면 연구자의 윤리의식을 어떻게 고양시킬 수 있는가? 두 가지 방안을 생각할 수 있다. 하나는 제도 내지 법률의 마련이요, 다른 하나는 생명윤리 교육이다. 실제로 1997년 유네스코 제29차 총회에서 채택한 '인간유전체와 인권에 관한 만국 선언'은 4가지 윤리 원칙-인권 존중, 기본적 자유, 인간존엄성, 공중보건-을 제시하면서, 제20조는 이렇게 규정하고 있다. "각국은 선언에서 제시된 원칙들을 촉진하기 위해 교육 및 관련 수단을 통해서 적합한 조치를 강구해야 한다."[30] 교육과 제도, 이 두 가지는 물론 서로 밀접하게 연관되어 있지만, 연구윤리위원회의 활성화는 전자의 좋은 예이고, 공학인증제를 통한 생명윤리교육은 후자의 좋은 예라고 말할 수 있다.

연구윤리위원회가 형식적 기구가 아니라 앞서 언급한 과학적 윤리와 생명윤리 물음뿐만 아니라 외래적인 연구윤리 물음을 실질적으로 감시하여 보장하는 역할을 감당하고자 하면, 위원의 구성 및 위원 교육에 철저해야 한다.[31] 즉, 연구윤리위원에는 과학자뿐만 아니라 인문사

....

29 박은정, 「생명공학과 연구윤리」, 유네스코한국위원회, 『과학연구윤리』(서울: 당대, 2001), p.84.

30 의학교육연수원, 『임상윤리학』(서울: 서울대학교출판부, 2009), p.595.

31 연구윤리위원회가 과학의 가치 물음을 넘어 연구 방법이나 결과물의 과학적 타당성까지 심사해야 하느냐의 물음은 연구윤리학에서 중요한 논쟁점 가운데 하나이다. R. Levine, "Research Ethics Committees", W.T. Reich, ed., *Encyclopedia of Bioethics*, vol.4(New York: Simon & Schuster Macmillan, 1995), p.2267 참조.

회학자가 반드시 참여해야 하며, 과학의 문외한인 인문사회학자에게는 과학의 눈을, 그리고 윤리의 문외한인 과학자에게는 윤리의 눈을 갖도록 교육해야 한다. 그리고 지금의 공학인증제를 강화하여, 생명윤리학을 그 필수과목으로 채택해야 할 것이다. 생명윤리학을 필수과목화 할 뿐만 아니라, 그 내용 역시 연구윤리 확보에 필수적인 주제들을 다루도록 해야 할 것이다. 그러니까 연구자, 연구 활동, 연구 대상 등과 관련된 생명윤리가 다루어져야 하며, 윤리의 눈을 개발하기 위한 근본적인 윤리 원칙에 대한 교육이 필요하다. 톰 비첨(T. Beauchamp)과 제임스 칠드레스(J. Childress)의 '생명의료윤리의 네 가지 원칙'-자율성 존중 원칙, 악행 금지 원칙, 선행 원칙, 정의 원칙-이 그 좋은 예이다.[32] 어쩌면 생명윤리 교육 자체가 연구윤리의 핵심인지 모른다. 왜냐하면 적극적인 행위뿐만 아니라 소극적인 무위(inaction)도 중대한 결과를 야기하기 때문이다. 다시 말해, 생명윤리 교육을 행하지 않는 무위 역시 연구윤리 확보를 불가능하게 만드는 '연구윤리 위반' 이다.

그렇다고 연구자가 이 모든 연구윤리를 직접 고려하면서 연구 활동을 해야 한다는 뜻은 아니다. 필자는 과학자는 '연구윤리'를 준수해야 한다고 주장할 따름이지 과학자가 '연구윤리학'을 직접 감당해야 한다고 주장하지는 않는다. 연구윤리를 준수하는 일과 연구윤리학을 탐구하는 일은 별개의 물음이다. 물론 과학자도 연구윤리학을 탐구할 수 있고, 아니 어느 누구보다도 연구윤리학 탐구의 적임자임에 분명하다. 다만 연구윤리학의 객관성 내지 공정성 확보를 위해 과학자와 인문사회과학자들이 함께 학제적으로 연구하고자 하는 개방적인 태도가 필요하다. 즉, 과학자는 과학의 전문가이지 윤리의 전문가가 아님을 겸허

32 T.L. Beauchamp & J.F. Childress, *Principles of Biomedical Ethics*(Oxford: Oxford University Press, 1994) 참조.

하게 인정하고, '성찰적 과학자'로서 인문사회과학자 및 일반인과 함께 과학윤리 내지 연구윤리를 논의하는 '과학의 민주화'가 필요하다.[33] 이러한 숙의 과정을 통해 연구윤리가 확보되지 아니하면, 정치철학의 화두인 '더러운 손'(dirty hands)의 정당성 물음이 과학자에게도 제기되어 과학적 연구 활동 자체가 손상당할 수 있다.

"인간이 얻게 된 모든 새로운 힘은 동시에 인간을 지배하는 힘이다.
인간은 진보할 때마다 더 강해지면서 동시에 더 약해진다.
모든 승리에서 인간은 개선장군이면서
동시에 개선 행렬을 뒤따르는 포로이다."
- C.S. Lewis, The Abolition of Man, 1947

....

33 '성찰성' 및 '과학의 민주화'에 관한 자세한 논의는 김환석, 「과학기술 시대의 연구윤리」, 유네스코한국위원회, 『과학연구윤리』(서울: 당대, 2001), pp.35-38 참조.

부록 1

응용윤리학은 어떠한 학문인가

과학기술의 발달에 따라 새로운 윤리적 물음이 제기되며, 이에 따라 구체적인 도덕 문제를 철학적으로 해명하여 그 해결책을 탐구하는 응용윤리학이 태동되었다. 그 결과 생명윤리, 정보윤리, 환경윤리, 로봇윤리, 신경윤리 등이 철학의 주제로 부각되고 있으나, 응용윤리학 자체에 대한 철학적 반성은 전무한 실정이다. 이 논문은 응용윤리학 자체를 비판적 논의의 대상으로 삼아 그 목표 및 다루는 주제가 무엇인지 해명하고 있다. 특히 이 글은 응용윤리학의 핵심 개념인 '해결하다' 및 '도덕 문제'에 관한 철학적 분석에 기초하여, 응용윤리학 방법론으로 롤스의 반성적 평형의 방법을 제안할 것이다.

1. 응용윤리학의 부활

우리는 지금 철학의 위기에 앞서 윤리의 부재 시대에 살아가고 있다. 우리는 지금 문화지체에 앞서 심각한 윤리지체(ethics lag) 현상을 경험하고 있다. 철학자는 윤리적 옳고 그름의 기준이 무엇인가와 같은 거대담론에 매달리고 있지만, 일상인들은 삶의 현장에서 부딪히는 윤리적 물음 앞에 무엇이 옳은지 몰라 고민하고 있다. 철학자들은 동굴 밖을 나가 '실재하는 나무'를 보았다면서 동굴 속 '그림자'에 사로잡힌 일상인들을 '천박하다'고 비난하지만, 일상인들은 거꾸로 철학자들을 허깨비를 보고 헤매고 다니는 몽유병 환자 취급을 하고 있다. 과연 철학자의 말이 옳은가, 아니면 일상인들의 말이 옳은가?

실존은 본질에 앞선다. 본질적 물음 이전에 일상인들은 실존적 물음과 더불어 살아가고 있다. 실존적 물음 앞에 영미 윤리학계는 이미 1960년대 후반부터 분석윤리학적 주제에서 벗어나 규범윤리학적 주제에로 그 관심 방향을 돌렸다. 이는 시대적 상황과도 무관하지 않다. 즉, 60년대 후반 미국에서는 시민권운동과 반전운동이 강하게 일어나면서 평등, 정의, 시민불복종, 차별철폐조치, 평화주의 등 대중적이고 실천적인 문제가 사회적 관심사로 부각되고 과학기술 및 의학의 발전은 행태수정, 임신중절, 뇌사, 환경오염 등 많은 윤리적 문제를 야기하여, 철학자들은 이런 문제에 눈을 돌리지 않을 수 없게 되었다. 이런 실천적인 문제를 다루는 윤리학을 고전적인 규범윤리학과 구별하여 응용윤리학(applied ethics) 혹은 실천윤리학(practical ethics)이라 부른다.[1] 그

....

1 톰 비첨과 제임스 칠드레스는 '응용윤리학'이란 개념은 잘못된 개념이라고 주장하면서, 그 대신 '실천윤리학'이란 개념을 사용하는 것을 제안한 바 있다. '응용윤리학'이란 개념은 '응용될 무엇'과 '응용되는 무엇'을 전제하고 있어 오해의 소지가 있기 때문이다. T.L. Beauchamp & J.F.

래서 오늘날 영미 철학계에서는 응용윤리학이 철학의 중요한 한 분과를 차지하고 있으며, 실제로 응용윤리학에 관심을 갖고 연구 활동을 펴는 철학자의 수가 날로 늘어나고 있다.

이런 현상은 우리 한국 철학계에서도 예외가 아니다. 물론 뇌사, 임신중절, 안락사, 환경보존 등의 실천적 물음이 1970년대부터 사회적 문제로 제기되곤 하였지만, 응용윤리학에 대한 철학적 관심을 촉발시킨 획기적인 사건은 1997년 돌리의 탄생이다. 즉, 그 이전에는 이런 실천적 물음은 철학적 담론의 주제가 되지 못하고, 관심 있는 몇몇 철학자에 의해 간헐적으로 연구되었지만, 돌리 탄생을 계기로 생명과학 및 의학이 제기하는 실천적 물음에 한국 철학계는 비로소 '철학적 관심'을 갖기 시작하였다. 그래서 지금은 환경윤리, 생명윤리, 정보윤리 등의 실천 물음을 다루는 응용윤리학이 철학의 주요한 분야로 자리매김하고 있으며, 응용윤리학과 관련된 연구자의 수가 날로 늘어나고 있다. 철학자들의 이러한 응용윤리학적 관심 증가는 철학의 위기와도 무관하지 않다. 다시 말해, 현실과 거리를 둔 지금까지의 형이상학적이고도 사변적인 '구름 위' 철학이 일반 대중들로부터 외면당하고 있는 반면에, 사회는 철학자들에게 생명윤리나 정보윤리 등의 실천적 물음에 대한 철학적인 답변을 요구하고 있어, 이제 더 이상 철학자는 이러한 사회적 기대를 외면할 수 없게 되었다.

물론 실천적 문제에 대한 관심은 오늘날 새로운 것이 아니라 철학의 역사만큼 오랜 전통을 지닌다. 이미 이 책의 서두 「들어가는 말」에

....

Childress, *Principles of Biomedical Ethics*, 4th. ed.(New York, Oxford: Oxford University Press, 1994), p.4 참조. 하지만 이들은 제5판 개정판에서 응용윤리학 개념에 대한 부정적 언급을 삭제하고, 이 두 개념을 상호 호환하여 사용하고 있다. T.L. Beauchamp & J.F. Childress, 2001, p.2 참조. 서양 철학에서 이미 '응용윤리학'이란 개념이 하나의 학문적 개념으로 자리 잡고 있기 때문에, 필자는 이 개념을 그대로 사용하고자 한다.

서 설명하였듯이, 이런 의미에서 오늘날의 응용윤리학은 새로운 것이 아니라 일종의 '부활'이다.[2] 즉, 응용윤리학은 20세기 초 논리실증주의, 경험주의 과학철학, 언어 분석적 인식론의 영향으로 철학의 무대에서 잠시 사라졌지만 그 불씨가 남아 있다가 1960년대 후반부터 다시 살아나기 시작한 것이다. 따라서 응용윤리학적 관심은 새로운 철학관의 제시가 아니라 원래의 철학관으로 돌아가자는 움직임일 따름이다.[3] '문제 중심의 윤리학'(problem -centered ethics)이라 불리어질 만큼 응용윤리학은 구체적인 도덕 문제를 학문적 탐구의 대상으로 삼고 있다.

응용윤리학에 대한 관심 고조로 환경윤리, 생명윤리, 정보윤리 등 특정의 주제에 관한 학문적 연구는 상당한 진척을 보여 철학 학술지마다 관련 논문이 쏟아지고 있으며, 또 생명윤리자문위원회에 철학자들이 참여하기도 하였다. 응용윤리학 역사가 아직 10년도 안된 현실을 감안하면 이러한 연구 성과는 한국 철학계에 응용윤리학적 작업을 감당할 만한 잠재적 역량이 풍부함을 보여 주는 고무적인 일이다. 주제 연구에 비해, 응용윤리학이 철학의 한 분야로 가능한가, 응용윤리학의 특성은 무엇인가, 응용윤리학의 방법은 무엇인가 등과 같은 응용윤리학 자체에 관한 '메타 철학적' 반성은 거의 이루어지지 않고 있다. 이 부록은 바로 이러한 문제의식에 따라 응용윤리학이 다루고 있는 구체적인 주제는 논외로 하고, 응용윤리학 자체를 철학적으로 문제삼고자 한다. 즉, 응용윤리학의 주제적인 물음인 "도덕 문제를 어떻게 해결할 것인가?"라는 물음에 함축된 응용윤리학의 목표, 응용윤리학 방법론, 그리

....

2 P. Singer, "Introduction", P. Singer, ed., *Applied Ethics*(Oxford: Oxford University Press, 1986), p.2.

3 B. Almond & D. Hill, "Introduction", B. Almond & D. Hill, eds., *Applied Philosophy: Morals and Metaphysics in Contemporary Debate*(London and New York: Routledge, 1990), p.2.

고 응용윤리학의 대상이라는 3가지 물음을 비판적으로 고찰하면서, 응용윤리학은 기존 윤리학의 단순한 응용이 아니라, 오히려 윤리학을 새롭게 정초지우고자 하는 '새로운 윤리학'임을 보여 주고자 한다.

2. 응용윤리학의 목표

부활임에도 불구하고 실천적 문제를 다루는 데 있어서 오늘날 응용윤리학은 전통윤리학과는 중요한 차이점을 보여 주고 있다. 전통윤리학은 일반적인 도덕이론 내지 원칙을 탐구하면서 현실적인 도덕 문제를 단지 이론에 대한 보완 내지 반례로 이용하고 있을 따름이나, 오늘날 응용윤리학은 오히려 실생활에서 제기되는 도덕 문제 해결에 그 초점이 맞추어져 있다. 즉, 일반적으로 "응용윤리학이란 삶의 실천적 영역에서 제기되는 도덕 문제를 이해하고 해결하고자 하는 모든 체계적인 탐구를 포괄하는 학문 분야를 말한다."[4] 예를 들어, 의학, 기업, 언론 등과 연관된 문제뿐 아니라 고용 평등이나 사형제도 등의 사회적 관심사 역시 응용윤리학의 주제가 된다. 그래서 규범윤리학은 근본적인 도덕 이론이나 원리를 추구하는 반면에, 응용윤리학은 "도덕 문제를 어떻게 해결할 것인가"(How to Resolve Moral Problems?)를 주제적인 물음으로 다루고 있다. 응용윤리학에서는 구체적인 도덕 문제가 일차적 물음이고 윤리이론이나 원칙은 이차적 의미밖에 지니지 않는다.

그 결과로 응용윤리학은 실제적인 도덕 문제 해결을 그 목표로 한다. 하지만 과연 도덕 문제가 합리적으로 해결될 수 있는가에 대한 회

4 E.R. Winkler, "Applied Ethics, Overview", R. Chadwick, ed., *Encyclopedia of Applied Ethics*, vol.1(New York: Academic Press, 1998), p.192.

의론은 여전히 사라지지 않고 있다. 이런 회의론은 궁극적으로 도덕적 지식의 가능성을 부인하는 메타윤리학적 입장에 기인한다.[5] 이런 회의론은 '도덕 문제의 해결'이 의미하는 바가 무엇인지의 물음을 야기한다. 우선 우리는 이 개념을 '윤리적 곤경에 대한 분명한 해답을 제공함'으로 해석할 수 있다. 이런 해석에 따르면, 공리의 적용에 의해 기하학의 문제가 기계적으로 해결되듯이, 도덕 문제 역시 도덕원리의 적용에 의해 논리적으로 완벽하게 해결되어야 한다. 이런 의미의 도덕 문제 해결이 가능하자면, 적어도 두 가지 전제 조건이 성립되어야 한다. 하나는 적용할 도덕원리가 도덕 문제에 앞서 독립적으로 존재해야 한다는 조건이며, 다른 하나는 이를 기계적으로 적용할 방법이 존재해야 한다는 조건이다. 그런데 윤리학의 경우 이 두 조건이 성립되지 않기 때문에, 응용윤리학은 포기되어야 한다는 것이 비판의 요지이다.

하지만 이런 해석은 잘못된 유비추론의 오류를 범하고 있다. 기하학과 윤리학은 다르다. 기하학의 경우 기하학의 공리는 실제적인 기하학의 문제와는 독립적으로 탐구될 수 있지만, 윤리학의 경우 도덕원리는 도덕 문제와 서로 밀접하게 연관되어 있어서 독립적인 탐구가 불가능하다. 심지어 도덕원리는 도덕 문제에 의해 수정될 수도 있다. 이렇게 되면 도덕원리는 도덕 문제에 앞서 독립적으로 성립되어야 한다는 명제 자체가 윤리학의 경우 아예 적용될 수 없다. 또 기하학과 달리 윤리학은 규범적 성격을 지닌다. 규범적 성격을 지닌다는 말은, 존재와 당위의 구분 및 사실과 가치의 구분이 암시하듯이, 사실이나 논리만으로는 도덕적 당위가 도출되지 않는다는 말이다. 도덕적 해결책은 사실 및 논리와 밀접한 연관성을 지니지만 이들로부터만 연역되지 않기 때

....

5 T. Dare, "Applied Ethics, Challenge To", R. Chadwick & D. Schroeder, ed., *Applied Ethics: Critical Concepts in Philosophy*(New York: Routledge, 2002), p.24.

문에 기하학적인 공식은 존재할 수가 없다. 기계적인 방법의 존재를 응용윤리학에 요구하는 것은 윤리학으로 하여금 규범적 성격을 포기하라는 말이나 다름없다. 따라서 응용윤리학은 결코 도덕 문제에 대한 분명한 해답의 제공을 그 목표로 삼을 수가 없다.

다른 한편 우리는 문제 해결을 단지 '문제의 명료화'로 해석할 수 있다. 사실 우리는 도덕 문제와 더불어 살아가지만 도덕 문제를 제대로 의식하지 못하고 있으며, 또 삶의 현장에서 부딪히는 도덕 문제의 성격을 온전하게 파악하지 못하고 있다. 이런 현실을 감안한다면, 주어진 문제상황에서 그 상황이 왜 도덕적으로 문제시되며, 도덕 문제가 구체적으로 무엇이며, 관련된 도덕적 고려사항에는 어떤 것들이 있으며, 나아가 관련 개념을 명료화하는 일은 중요한 철학적 작업이라 아니할 수 없다. 물론 이러한 작업 역시 도덕 문제 해결에 도움은 되지만, 응용윤리학이 목표로 하는 문제에 대한 해결책 제시에는 미흡하다. 사실 이는 너무 약한 해석으로, 응용윤리학을 메타윤리학적인 개념 분석과 논리적 구조 탐구에로 제한하는 잘못을 범하고 있다. 그래서 이는 도덕 문제 해결 자체를 괄호 치는 것이나 다름없다. 응용윤리학은 분명 '문제의 명료화 작업'을 넘어서, 문제 해결을 지향하고 있다.

이 두 해석에 대한 대안으로 루스 맥클린(R. Macklin)은 도덕 문제의 해결을 '이론적·실천적으로 가장 현실성 있는 해답의 제공'으로 해석할 것을 제안한다.[6] 이는 일종의 강한 해석과 약한 해석 사이의 절충적 입장으로 정확한 해답을 요구하지는 않지만, 그렇다고 도덕적 해결책을 찾으려는 시도 자체를 포기하지는 않는다. 응용윤리학적 논의에

....

6 R. Macklin, "Theoretical and Applied Ethics: A Reply to Skeptics", D.M. Rosenthal & F. Shehadi, eds., *Applied Ethics and Ethical Theory*(Salt Lake City: University of Utah Press, 1988), p.54.

참여하는 자는 자신의 해결책을 제시해야할 뿐만 아니라 그 해결책에 대한 지지 이유를 밝혀야 한다. 도덕 문제는 기하학의 문제와 달리 인간 삶과 직접적으로 연관된, 그러면서도 여러 도덕적 고려사항이 복합적으로 작용하고 있는 규범적 문제이다. 따라서 해결책이 없음 역시 하나의 '해결책'이라는 사실을 인정할 경우, 우리는 실천적으로 작동 가능한 여러 대안 중 '대체로 최선인' 도덕적 해결책에 만족하지 않을 수 없다.[7] 응용윤리학자가 제안하는 해결책이란 완제품(finished product)이 아니라 완제품을 만들어 가는 하나의 과정(process)이다.[8] 이는 인간의 합리성을 신뢰하면서도 동시에 인간의 오류가능성을 겸허하게 인정하는 입장이다. 도덕철학은 도덕 문제에 대한 최종적인 해결책을 제시하는 것이 아니라 도덕 문제에 대한 하나의 근거 있는 체계적인 접근법(reasoned-based approach)을 제시할 따름이다.[9] 그래서 응용윤리학적 연구는 점진적으로 이루어져야 할 것이다.

3. 응용윤리학 방법론

버나드 거트(B. Gert)는 응용윤리학의 '응용' 부분은 이미 확립된 도덕이론의 근본적인 원리들을 특정의 도덕 문제에 적용함을 함축한다고 한다.[10] 이에 따르면 철학자는 "무엇이 무엇에 적용되는가?"에 관

....

7 J. Rawls, *A Theory of Justice*(Cambridge, Mass: Harvard University Press, 1971), p.52.

8 T.L. Beauchamp & J.F. Childress, *Principles of Biomedical Ethics*, p.399.

9 T.L. Beauchamp, "On Eliminating the Distinction Between Applied Ethics and Ethical Theory", *The Monist*, vol.67, 1984, p.530; B. Almond, "Applied Ethics", E. Craig, ed., *Routledge Encyclopedia of Philosophy*. vol.1(London and New York: Routledge, 1998), p.320.

10 B. Gert, "Moral Theory and Applied Ethics", *The Monist*, vol.67, 1984, pp.532-547 참조.

심을 가져야 한다. 철학자는 적용될 이론을 먼저 확립하고, 그리고 그 원리를 구체적인 도덕 문제에 적용시켜 도덕 판단을 내리는 두 단계의 과정을 거치는데, 응용윤리학의 일은 두 번째 단계와 관계된다고 하겠다. 즉, 규범윤리학은 일반적이고 근본적인 원리를 발전시키는 반면에, 응용윤리학은 이보다 더 구체적인 원리나 규칙을 발전시켜 이를 특정의 문제에 적용시켜 도덕 문제를 해결하는 일을 담당한다. 이런 입장은 원리나 이론에서 문제 해결책을 연역해낸다는 의미에서 '연역주의 접근법' 또는 '하향적 접근법'(tom-down approach)이라고 불리어진다.

1) 하향적 접근법

먼저 연역주의 접근법을 "뇌사자로부터 심장이식은 도덕적으로 허용될 수 있는가?"라는 도덕 문제에 적용해 보자.

(1) 무고한 인간을 죽이는 것은 도덕적으로 그르다.
(2) 뇌사자는 무고한 인간이다.
(3) 뇌사자로부터 심장이식은 뇌사자를 죽인다.

따라서 뇌사자로부터의 심장이식은 도덕적으로 그르다.

위의 논증은 타당한 복합삼단논법이다. 위의 하향적 접근법은 형식적으로 보면 도덕 문제를 완벽하게 해결해 준다. 응용윤리학에서 '응용'이란 개념을 문자적으로 강조할 경우 우리는 이런 입장에 동조하기 쉽다. 하지만 이 논증이 적용되자면 일차적으로 대전제에 대한 합의가 전제되어야 한다. 합당한 다원주의 사회에 살고 있는 오늘날 윤리적 갈등의 대부분은 대전제에 해당되는 도덕원리 내지 도덕이론에 대한 갈등에서 발생하고 있다. 예를 들어, 공리주의 옹호자들은 위의 대전제에 유용성 원리를 대입하여 뇌사자로부터 장기이식을 옹호하는 결론을 얻고자 할 것이다. 이렇게 되면 도덕원리 내지 도덕이론의 상충을 어떻게 해결할 것인가의 물음이 제기되는데, 이는 연역주의 접근법 자체로는 해결이 불가능한 물음이다.

실제로 우리 사회에는 공리주의, 칸트주의, 자연법 윤리, 덕 윤리, 기독교 윤리, 불교 윤리 등이 함께 공존하고 있다. 이 다양한 윤리설 가운데 어느 하나가 진리라고 우리는 말할 수 없다. 존 롤스(J. Rawls)가 말한 대로 이는 '합당한 다원주의'(reasonable pluralism)로 우리는 결코 이 사실에서 벗어날 수 없다.[11] 그렇기 때문에 어느 하나의 윤리이론을 응용하여 모든 도덕 문제를 해결하고자 하는 하향적 접근법은 도덕 현실의 다양성을 온전하게 반영하지 못하다는 비난을 받는다. 이런 난점을 극복하고자 일부 학자들은 하나의 이론이 아니라 여러 가지 윤리 원칙을 도덕 문제에 연역적으로 적용하자는 원칙주의(principlism)를 제안하고 있다. 한 예로써 톰 비첨(T.L .Beauchamp)과 제임스 칠드레스(J.F. Childresss)는 『생명의료윤리의 원칙』에서 대전제 구실을 할 수 있는 4가지 원칙-자율성 존중 원칙, 악행금지 원칙, 선행 원칙, 정의 원칙-을 주장하고 있다.[12] 하지만 원칙주의 역시 동일한 도덕 문제에 서로 다른 원칙이 적용될 가능성을 안고 있으며, 이의 합당한 해결책을 제시하지 못한다는 비난에서 자유롭지 못한다.

한 걸음 양보하여, 대전제에 대한 합의가 이루어져도 여전히 연역

....

11 J. Rawls, *Political Liberalism*(New York : Columbia University Press, 1993), p.144 참조.

12 원칙주의 대표적 저서로는 T.L. Beauchamp & J.F. Childress, *Principles of Biomedical Ethics*, 2001을 참조하라.

주의 접근법은 문제점을 지닌다. 즉, 도덕원리가 타당하게 연역적으로 적용되자면 소전제가 하나의 사실 명제이어야 한다. 그런데 위의 예에서 소전제 (2)는 사실명제가 아니라 그 자체로 규범적 내용을 함축하고 있는 도덕 명제이다. 즉, 소전제 (2) 자체가 응용윤리학이 풀어야 할 하나의 도덕 문제이다. 이런 의미에서 연역주의 접근법은 미결정적이라 할 수 있다.[13] 무엇보다 연역주의 접근법에 따를 경우, 응용윤리학의 과제는 논리적 추론 외에 아무 것도 없게 된다. 그래서 알렉산더 맥킨타이어(A. MacIntyre)는 이런 연역주의적 의미의 응용윤리학은 오류에 근거하고 있을 뿐만 아니라 도덕이론과 실제적인 삶 모두에 나쁜 영향을 미친다고 비판한다.[14]

연역주의 접근법이 이런 문제점을 지니는 근본적인 이유는 바로 도덕원리와 도덕 문제의 관계를 지나치게 단순화하여, 논리적인 우선 관계로 파악하고 있기 때문이다. 하지만 도덕 문제가 발생하는 삶의 현실은 복잡할 뿐만 아니라, 도덕적 현실은 도덕원리에 의해 재단될 수 없다. 도덕이론이나 도덕원리는 현실에서 추상된 이상적 이론이나 원리에 지나지 않아, 구체적인 복잡한 도덕적 현실에 적용될 수 없다는 것이다. 따라서 우리는 도덕적 현실을 충분히 고려하는 응용윤리학 방법을 모색하지 않으면 안 된다. 이런 취지에서 개별적인 도덕 문제에서 도덕원리에로 나아가는 '귀납주의 접근법'이 제안되었다. 이는 연역주의 접근법과는 반대로 개별적인 도덕 판단에서 도덕원리 내지 도덕이론으로 올라간다는 의미에서 '상향적 접근법'(bottom-up approach)이라 불린다. 철학자와는 달리 도덕 문제를 안고 살아가는 생명공학자나

....

13 D. Degrazia, "Moving Forward in Bioethical Theory: Theories, Cases, and Specified Principlism", *The Journal of Medicine and Philosophy*, vol.17, 1992, p.513.

14 A. MacIntyre, "Does Applied Ethics Rest on a Mistake", *The Monist*, vol.67, 1984, p.512.

의사들은 도덕 문제 자체에 초점을 맞추어 귀납적으로 도덕 문제를 해결하고자 한다. 연역주의 접근법이 이론 정향적이라면, 귀납주의 접근법은 사례 정향적이라고 할 수 있다. 이는 법학에서 애용되는 사례분석의 방법을 도덕에 적용시킨 것이라 할 수 있다. 이런 접근법에서는 도덕 문제가 발생하는 맥락에 대한 분석과 개별적인 도덕 판단이 도덕 문제 해결에 있어서 중요한 역할을 차지하는 반면에, 도덕이론이나 원리는 파생적인 역할밖에 수행하지 못한다. 그 대표적인 예가 결의론(casuistry)이다.

2) 상향적 접근법: 결의론

결의론은 도덕적 해결책을 얻기 위해 사례 분석 및 유비추론의 방법을 이용하는 접근법을 말한다.[15] 즉, 이 접근법에 따르면, 응용윤리학자는 먼저 주어진 도덕적 사례를 구성하고 있는 바가 무엇인지 해명한 다음, 그와 관련 있다고 생각되는 여러 패러다임 사례 가운데 가장 적합한 패러다임을 선별하고, 마지막으로 패러다임 사례와의 유비추론에 의거해서 주어진 도덕 문제에 대한 결론을 내리게 된다.[16] 결의론에 따르면, 도덕 문제는 그 문제가 발생한 개별적 상황 분석 및 유사한 사례에 관한 역사적 기록 연구를 통해 그 해결책이 얻어진다. 그렇기 때문에 결의론은 사례, 역사적 맥락, 선례, 상황 등과 분리된 일반 이론이나 규칙 혹은 권리 등에 대해서 상당히 회의적이다. 결국 결의론 옹호자들

....

15 A.R. Jonsen & S. Toulmin, The Abuse of Casuistry(Berkeley: University of California Press, 1988), p.257.

16 이를 존슨은, 형태학(morphology), 분류학(taxonomy), 그리고 동력학(kinetics)이란 3가지 범주를 사용하여 설명하고 있다. A.R. Jonsen, "Casuistry as Methodology in Clinical Ethics", *Theoretical Medicine*, vol.12, 1991, pp.298-306.

은 모든 도덕적 문제 상황을 포섭할 수 있는 단일 윤리체계나 보편적 도덕원칙을 존재를 인정하지 않는다. 이러한 거대 이론이나 원리의 보편적 적용은 '원리의 학정(tyranny of principles)에 지나지 않는다.[17]

하지만 이 방법이 효율적으로 적용되자면 패러다임 사례들이 미리 확립되어 있어야 하고, 또 문제의 사례가 어느 패러다임 사례에 적합하게 포섭되는지를 선별할 수 있어야 한다. 여기에 바로 결의론의 이론적 난점이 도사리고 있다. 즉, 결의론은 패러다임 사례 자체나 문제 사례에 대한 사실 분석만으로는 도덕 문제에 대한 해결책이 얻어질 수 없다는 문제점을 안고 있다.[18] 그러니까 문제의 사례를 패러다임 사례에 포섭하자면, 이 두 사례를 연결시켜주는 도덕적 관련성이 무엇인지에 관한 어떤 도덕규칙이 선행되어야 하는데, 이 규칙은 사례의 한 부분도 아니요, 유비추론 자체에 의해서도 얻어지지 않는다. 실제로 앨버트 존슨(A.R. Jonsen)은 여러 규칙 가운데 어느 규칙이 어느 정도로 문제의 사례를 지배하고 있는지를 결정하는 일이 결의론의 과제임을 인정하고 있다.[19] 이렇게 되면 결의론 역시 도덕 문제를 해결하는 데 있어서 원리나 규칙이 본질적으로 중요한 도덕적 요소임을 인정하는 셈이 되고 만다. 즉, 결의론의 방법은 도덕적 관련성에 관한 원칙에 의해 보완되어야 한다.[20]

무엇보다 결의론은 패러다임 사례 자체에 대한 비판적 역할을 감당하지 못할 뿐만 아니라, 새로운 도덕 문제를 온전하게 다루지 못하는

....

17 S. Toulmin, "The Tyranny of Principles", *The Hasting Center Report*, vol.11, 1981, pp.31-39 참조.

18 T.L. Beauchamp & J.F. Childress, *Principles of Biomedical Ethics*, p.394.

19 A.R. Jonsen, "Casuistry as Methodology in Clinical Ethics", p.298.

20 J. Arras, "A Case Approach", H. Kuhse & P. Singer, eds., *A Companion to Bioethics*(Oxford: Blackwell Publishers, 1998), pp.106-113.

난점을 지닌다. 왜냐하면 결의론은 패러다임 사례를 무비판적으로 전제할 따름이지, 결의론 자체만으로는 패러다임 사례를 새롭게 제정할 수가 없다. 그런데 응용윤리학에서 다루는 도덕 문제는 전혀 새로운 문제로 이에 유비될 수 있는 패러다임 사례가 존재하지 않고, 오히려 새로운 패러다임을 창조 내지 구성할 것을 요구하는 물음이다. 그러니까 응용윤리학의 도덕 문제는 새로운 패러다임을 구성하는 문제이다. 뒤에서 논의되겠지만, 응용윤리학은 특수 사례가 아니라 표준적 사례를 다룬다. 결의론의 방법은 패러다임 사례에 해당되는 도덕 문제에 대한 해결책이 아니라, 패러다임 사례가 주어지고 특수한 사례를 다루는, 즉 응용윤리학의 응용에 적합한 방법이다.

하향적 접근법과 상향적 접근법이 지닌 이러한 문제점을 이유로 들어 일부 학자는 이 둘을 혼합한 접근법을 제시하고 있다. 즉, 도덕적 갈등은 순수 연역 모델을 어렵게 만들지만 그럼에도 도덕 문제에는 연역적인 응용의 여지가 상당히 많으며, 연역이 적용되지 않는 영역에서는 직관적인 조정을 사용할 수 있다. 이런 혼합적인 접근법은 '핵심과 반음영'(core and penumbra)에 비유될 수 있다.[21] 따라서 도덕 문제는 도덕원리가 연역적으로 적용되는 핵심 지대와 그렇지 않은 반음영 지대로 나누어진다. 그런데 응용윤리학은 기존의 윤리이론이나 원칙이 온전하게 적용될 수 없는 새로운 도덕 문제를 다룬다. 이는 무엇을 말하는가? 이는 혼합 모델 옹호자들이 주장하는 핵심 영역은 엄밀한 의미로 보면 응용윤리학의 도덕 문제가 되지 않는다는 말이다. 이런 관점에서 보면, 혼합 모델이 조건부적 의무가 상충하는 경우, 즉 반음영 내의 도덕 문제 해결을 직관적 조정에 맡기는 것은 응용윤리학을 학문적

21 H.S. Richardson, "Specifying Norms as a Way to Resolve Concrete Ethical Problems", *Philosophy and Public Affairs*, vol.19, 1990, p.288.

탐구 영역에서 배제시키는 것이나 다름없다. 응용윤리학이 필요로 하는 바는 반음영에 속하는 도덕 문제를 해결할 합당한 방법이다.

3) 정합주의 접근법: 반성적 평형의 방법

따라서 연역주의와 귀납주의를 병렬적으로 혼합하는 게 아니라 이 두 접근법을 온전하게 통합할 수 있는 새로운 접근법이 필요하다. 이를 우리는 정합주의(coherentism)라 부를 수 있다.[22] 원리와 사례분석은 상보적이다. 즉, 원리는 도덕 문제에 응용되자면 구체화될 필요가 있고, 사례분석은 일반 원리로부터 도움을 받을 필요가 있다. 정합주의적 접근법의 좋은 예는 롤스가 제안한 '반성적 평형의 방법'(the method of reflective equilibrium)이다. 이 방법은 도덕 문제에 대한 일상인들의 도덕 판단에는 이미 어렴풋이 도덕원리가 함축되어 있다는 아리스토텔레스적인 통찰력에 그 바탕을 두고 있다. 이 방법은 세 단계 과정을 거친다. 첫째는 어떤 도덕 문제에 관해 논쟁거리가 없는, 이미 확신하고 있는 상식인들의 반성적 직관 혹은 숙고된 도덕 판단을 모으는 단계요, 둘째는 모아진 판단들을 가장 잘 설명해 주는 하나의 도덕원리를 설정

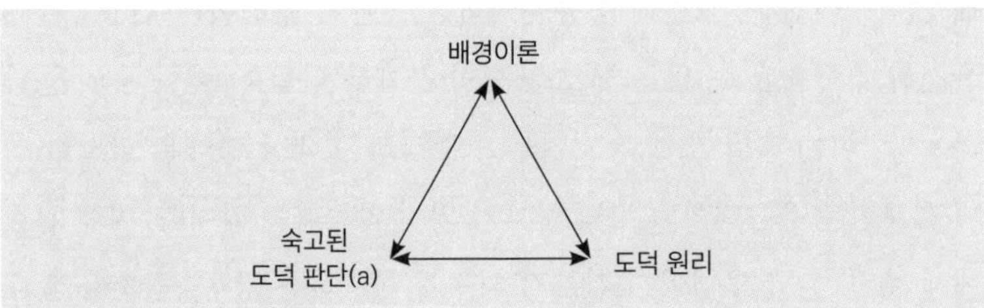

그림 6 반성적 평형의 방법

22 T.L. Beauchamp & J.F. Childress, *Principles of Biomedical Ethics*, pp.397-401 참조.

하는 단계이다. 그런데 이렇게 되면 도덕원리가 관습적이라는 비판을 면키 어렵기 때문에, 제 3의 버팀목으로 우리는 배경이론(back ground theories)을 끌어들여, 숙고된 도덕 판단, 도덕원리 그리고 배경이론이 조화로운 평형상태 과정을 거치면서, 원래의 도덕원리가 수정 보완되어 도덕 문제에 대한 가장 합당한 도덕원리를 얻어내는 방법이 바로 반성적 평형의 방법이다.[23]

이 방법에서는 어떤 도덕 문제에 관한 일상인들의 반성적 판단이 많은데, 그중 어느 것을 숙고된 도덕 판단으로 볼 것인가의 물음이 제기된다. 이에 대해 롤스는 유능한 도덕 판정관이 충분한 정보를 갖고 감정이나 편견에 사로잡힘 없이 냉정하게 내리는 판단으로 규정한다. 이렇게 규정해도 숙고된 도덕 판단과 그렇지 않은 판단을 구분해 주는 객관적 기준이 실제로 마련되어 있다고 보기 어렵다. 하지만 반성적 평형의 방법에는 숙고된 도덕 판단의 잘못을 교정해 줄 수 있는 제 3의 나침반으로 배경이론이 존재하기 때문에, 이 문제는 결정적인 흠이라 보기 어렵다. 즉, 단순히 숙고된 도덕 판단에서 곧바로 도덕원리가 도출되면, 숙고된 도덕 판단의 선정이 결정적으로 중요하지만, 배경이론을 통해 우리는 잘못 추론된 도덕원리를 수정 보완할 수 있기 때문에 숙고된 판단의 선정 물음은 그리 심각하다고 볼 수 없다. 우리는 항상 '자기가 위치한 곳'에서 출발하지 않을 수 없고, 또 우리는 항상 어딘가에 서 있다.[24]

이렇게 되면 배경이론이 무엇인가의 물음이 중요하게 된다. 배경

....

23 N. Daniels, "Wide Reflective Equilibrium and Theory Acceptance in Ethics", *The Journal of Philosophy*, vol.76, 1979, p.258 ; T.K. Seung, *Intuition and Construction:The Foundation of Normative Theory*(New Haven & London: Yale University Press, 1993), p.47.

24 J. Rawls, "Kantian Constructivism in Moral Theory", *The Journal of Philosophy*, vol.77, 1980, p.534.

이론이란 주어진 문제와 연관된 철학적 이론이나 메타 윤리적 이론을 말한다. 따라서 배경이론은 주어진 도덕 문제를 정확하게 이해하게 되면 비교적 객관적으로 얻어질 수 있다. 예를 들어, 안락사라는 도덕 문제의 경우, 안락사를 정확하게 서술하고, 설명하게 되면 관련 배경이론은 쉽게 얻어진다. 즉, 안락사란 불치의 병에 걸린 환자가 편안하게 죽는 것을 말한다. 따라서 죽음이 왜 악인가, 자살/안락사/살인의 구분, '충분한 정보에 근거한 동의'(informed consent)의 물음, 자신의 신체에 관한 유언의 유효성 물음, 죽이는 것과 죽도록 내버려두는 것의 구분, 온정적 간섭주의 등이 배경이론으로 작용하게 된다. 그리고 자연과학적 사회과학적 사실은 직접 배경이론으로 작용하는 것이 아니라, 배경이론을 형성하는 데 영향을 미친다. 따라서 배경이론을 수용하는 반성적 평형의 방법은 현대의 자연과학 및 사회과학의 발전을 효율적으로 수용할 수 있는 탄력성을 지닌다고 하겠다.

물론 반성적 평형의 방법 역시 몇 가지 문제점을 지닌다. 즉, 반성적 평형의 방법을 도대체 도덕 문제 해결에 구체적으로 어떻게 적용할 수 있는가, 숙고된 도덕 판단과 배경이론 그리고 도덕 판단이 평형상태를 이룬다는 말은 무슨 뜻인가, 정합적인 체계가 둘 이상인 경우 어느 해결책이 주어진 도덕 문제에 대한 정확한 해결책인가 등의 물음이 제기된다. 반성적 평형의 방법은 앞으로 이러한 문제점을 극복할 수 있도록 철학적 정교화 작업이 뒤따라야 할 것이다. 하지만 방법론에 있어서도 결함이 전혀 없는 방법을 찾기보다 우리는 응용윤리학의 성격에 가장 적합한 방법에 만족해야 할 것이다. 즉, 이보다 더 나은 응용윤리학 방법이 개발되지 않는 한 가장 현실성 있는 합당한 방법으로 우리는 반성적 평형의 방법을 받아들일 수 있다.[25]

윤리학은 기하학 모델이 아니라 과학 모델과 유사하다. 즉, 새로운 데이터 수집, 예상하지 못한 사례의 발생, 예측력의 실패, 가설의 수정 등의 과정을 거치면서 하나의 과학이론이 성립되듯이, 윤리학에서의 도덕이론 역시 이런 과정을 통해 성립된다.[26] 과학에서 관찰과 실험이 가설 설정 및 가설 검증에 이용되듯이, 윤리학에서도 도덕 문제나 숙고된 도덕 판단이 도덕이론이나 도덕원리를 정립하고 검증하는 역할을 감당하게 된다. 반성적 평형의 방법은 윤리학의 이러한 과학모델을 잘 설명해 준다. 즉, 반성적 평형의 방법은, 새로운 관찰 사례를 정상과학이 설명할 수 없을 때 위기가 발생하고, 그 위기를 극복하는 새로운 이론이 출현함으로 과학이 발전한다는, 토마스 쿤(T. Kuhn)의 패러다임 이론과 유사하다. 응용윤리학에서도 하나의 반성적 평형상태에 이르게 되면, 윤리 전문가는 이 평형상태에서 받아들이는 패러다임, 즉 하나의 도덕원리를 철학적 담론을 통해 명료화하고 발전시킨다. 평형상태에 도달한 경우에는 그 도덕원리를 바탕으로 윤리 전문가는 여러 도덕 문제를 연역적으로 해결할 수 있을 것이다. 그러나 과학이 위기를 맞듯이, 반성적 평형상태 역시 위기를 맞는다. 즉, 새로운 도덕 문제 내지 배경이론이 나타나 반성적 평형상태에서 형성된 기존의 도덕원리가 이를 온전하게 해결하지 못하면, 기존의 평형상태는 깨어지고, 반성적 평형의 방법이 다시 작동되지 않을 수 없다. 즉, 수정과 폐기라는 조정결정을 통해 새로운 도덕원리를 찾아 나서게 된다. 이러한 작업은 인류의 생존에 도덕이 필요로 하는 한 영원히 계속될 것이다. 현재 응용윤리학적 연구가 활발한 것은 바로 새로운 도덕 문제와 배경이론이 나타난

....

25 J. Rawls, *A Theory of Justice*, p.52.

26 T.L. Beauchamp, "On Eliminating the Distinction Between Applied Ethics and Ethical Theory", p.519.

'위기' 상황이기 때문이다. 따라서 반성적 평형상태를 통해 정당화되는 도덕원리는 언제나 '잠정적인' 결론에 지나지 않는다.

그렇다고 이 혁명이 그렇게 쉽게 자주 일어나지는 않는다. 과학의 경우도 이론적으로는 과학적 혁명이 언제나 가능하지만, 실제로는 상당히 오랜 기간을 거쳐 하나의 패러다임이 정상과학으로 기능한다. 윤리학의 경우 한 번 얻어진 평형상태는 과학의 경우보다 더 오래 동안 지속된다. 왜냐하면 인간의 도덕의식은 자연과학이나 사회과학의 발전만큼 그렇게 쉽게 변하지 않고 또한 자연과학과 사회과학이 발견한 새로운 사실들은 단지 도덕원리를 형성하는 데 있어서 간접적으로 작용하기 때문이다. 다시 말해, 도덕원리는 숙고된 도덕 판단과 배경이론에 의해 그 정당화를 얻는데, 인간의 숙고된 도덕 판단은 상당히 오랜 기간 동안 지속되며, 사회과학과 자연과학이 발견한 사실들은 단지 배경이론의 형성에 간접적으로 관여하기 때문이다. 숙고된 도덕 판단에서 도덕이론에로, 다시 도덕이론에서 도덕 문제에로, 그리고 도덕 문제에서 다시 도덕이론에로 나아가 반성적 평형상태에 도달해야 하나의 도덕이론이 완성된다. 따라서 연역주의 접근법은 모든 것이 잘 진행될 경우 최종적으로 얻어지는 방법이지 결코 출발점으로 주어지는 것은 아니다.[27] 더군다나 이 평형상태는 새로운 도덕 문제의 출현으로 깨어질 수 있기 때문에 연역주의 접근법이 응용윤리학의 방법이 되기에는 한계를 지닐 수밖에 없다.[28] 이런 관점에서 보면 도덕적 사유란 과학에서의 가설과 유사하다.[29]

....

27 J. Narveson, "Is There a Problem about 'Applied' Ethics?", D.M. Rosenthal & F. Shehadi, eds., *Applied Ethics and Ethical Theory*, p.110.

28 D.W. Haslett, "What is Wrong with Reflective Equilibrium?", *Philosophical Quarterly*, vol.37, 1987, p.310.

29 T.L. Beauchamp & J.F. Childress, *Principles of Biomedical Ethics*, pp.399-400 참조. 헤어

4. 응용윤리학의 주제: 도덕 문제

그러면 응용윤리학이 탐구하는 도덕 문제가 무엇이며, 또 어떤 성격을 지니는가? 상식적인 입장에 따르면 도덕 문제의 자각은 인식론에서의 대응설과 유사하다. 즉, 대응설이 주관 독립적인 대상의 존재를 전제하듯이, 상식인들도 도덕 문제가 미리 주어져 있다고 생각한다. 하지만 로봇윤리, 인간복제의 윤리 등의 문제는 분명 새로운 도덕 문제이다. '새로운 도덕 문제'란 두 가지 의미를 지닌다. 하나는 '도덕 문제'에서 알 수 있듯이, 기존의 윤리이론이나 도덕원칙으로 쉽게 해결할 수 없다는 의미요, 다른 하나는 '새로운' 도덕 문제라 일컬을 수 있는 새로운 상황이 발생하였다는 점이다. 예를 들어, 배아복제의 윤리나 로봇윤리 물음은 생명공학(특히 체세포 핵 이식술) 및 로봇공학의 발달이 우리에게 안겨다준 도덕 문제로서, 이제까지의 윤리이론으로 쉽게 해결하기 어려운 도덕 문제이다.

따라서 응용윤리학은 관련 분야의 학문적 성과를 무시하고 이루어질 수 없다. 앞의 반성적 평형의 방법에서 지적했듯이, 비록 철학적 이론과 메타윤리학적 이론이 배경이론으로 작용하지만, 새로운 학문의 탄생이나 기존 학문이 발견한 새로운 지식은 배경이론의 형성에 지대한 영향을 미치기 때문에 그것들은 도덕원리의 정당화에 간접적으로 작용한다고 하겠다. 이는 사실과 가치 혹은 존재와 당위가 구분된다 해도, 가치나 당위는 사실이나 존재와 무관하게 결정될 수 없다는 것을 의미한다. 예를 들어, 인공지능을 지닌 로봇이 인간과 동등한 도덕

....

(R.M. Hare) 역시 도덕이론을 하나의 가설로 받아들일 것을 제안한다. R.M. Hare, "Why Do Applied Ethics", J.P. DeMarco & R.M. Fox, ed., *New Direction in Ethics*(New York: Routledge & Kegan Paul, 1986), p.131.

적 지위를 지니느냐의 물음에 답하자면, 도덕적 지위 기준에 무엇이든 상관없이, 적어도 우리는 "이런 로봇이 그러한 도덕적 지위 기준을 충족시키는가?"라는 사실적 물음을 해결해야 한다. 응용윤리학 해결책은 사실만으로 얻어지는 것은 아니지만, 적어도 사실과 어긋나서는 안 된다. 모든 도덕 문제는 규범적 성격뿐만 아니라 사실적 성격을 아울러 지니며, 그 해결책 역시 자연과학 내지 사회과학의 사실과 정합적이어야 한다. 이런 의미에서 응용윤리학은 근본적으로 학제적인 성격(interdisciplinary character)을 지닌다는 것을 보여 준다.[30]

비록 도덕 문제가 우리의 의식과 독립적으로 존재한다 해도, 도덕 문제는 언제나 윤리이론 내지 윤리원칙에 비추어 우리에게 하나의 문제로 지각된다. 이러한 사실은 이미 과학철학에서 가설의 도움 없이 과학적 탐구 자체가 불가능하다는 점에서 확인되고 있다. 예를 들어, 배아복제가 왜 도덕 문제로 부각되는가? 생명 존엄성이란 도덕원리의 안경을 끼고 볼 경우에만 배아복제는 우리에게 하나의 도덕 문제로 다가온다. 관찰이 이론 의존적이듯이, 도덕 문제 역시 도덕이론이나 도덕원리 없이는 문제시되지 않는다는 점에 있어서 이론 의존적이다.[31] 따라서 도덕 문제에 대한 도덕이론의 우위성이 확립된다. 하지만 이론은 연역 논증의 대전제 역할을 하는 것이 아니라, 직면하고 있는 구체적인 사례의, 이론이 없었다면 간과하기 쉬운, 여러 측면에 주의를 기울이게 하는 사유 틀(deliberative tool)로 기능한다.[32] 도덕 문제 해결에 도덕이론이나 원리가 관여하듯이, 무엇이 도덕 문제인지를 결정하는 데 있어

....

30 T.A. Shannon & J.D. Digiacomo, *An Introduction to Bioethics*(New York: Paulist Press, 1979), 황경식·김상득 옮김, 『생의윤리학이란?』(서울: 서광사, 1988), p.13.

31 O. O'Neill, "How Can We Individuate Moral Problems?", D.M. Rosenthal & F. Shehadi, eds., *Applied Ethics and Ethical Theory*, p.86.

32 T. Dare, "Applied Ethics, Challenge To", p.31.

서도 이론 중립적인 방식은 존재하지 않는다.

이렇게 되면 서로 다른 도덕이론을 지닌 자들은 서로 다른 도덕 문제를 지녀 상호간에 학문적 담론이 형성되기 어렵다는 비판이 제기될 수 있다. 이는 도덕이론이란 개념적 틀이 비통약적임을 전제하고 있다. 이론 의존성을 철저한 개념적 상대주의(radical conceptual relativism)에 따라 해석할 경우, 도덕 문제는 도덕이론에 의해 전적으로 만들어진다. 가상적인 도덕 문제의 경우 이런 해석이 적절하다. 예를 들어, 장 폴 사르트르(J.P. Sartre)가 들고 있는 도덕 문제-전쟁에 참전할 것인가 아니면 노모를 돌볼 것인가?-는 도덕 문제의 이러한 이론 의존성을 잘 보여 준다. 이런 가상적인 도덕 문제는 아예 처음부터 도덕이론의 불완전성을 드러내기 위해 혹은 도덕이론의 정교화를 위해 인위적으로 만들어졌다.

하지만 가상적인 사례는 응용윤리학이 탐구하는 도덕 문제가 아니다. 응용윤리학은 가상적인 도덕 문제가 아니라 우리가 삶의 현장에서 경험하는 혹은 예상하는 실제적인 도덕 문제를 다룬다. 실제적인 도덕 문제는 이러한 문제 의식 없이 우리들에게 선규정적으로 주어진다. 도덕 문제는 도덕원리에 의해 구성되는 것이 아니라, 도덕원리와 그 적용 대상이 되는 도덕 문제가 함께 존재한다. 적용의 영역과 독립된 도덕이론이나 도덕원칙은 존재하지 않는다.[33] 도덕 문제의 이론 의존성은 인식론적 차원에서 도덕이론이 선행한다는 의미이지, 존재론적으로 도덕이론이 도덕 문제를 만들어낸다는 의미가 아니다. 존재론적인 차원에서 보면 도덕 문제는 도덕이론에 앞서 독립적으로 존재한다. 우리에게 인식되지 않은 도덕 문제의 존재가 이를 뒷받침해 준다. 도덕 문제

....

33 A. MacIntyre, "Does Applied Ethics Rest on a Mistake", p.503.

는 이론에 의해 만들어지는 것이 아니라, 오히려 이미 어렴풋이 존재하는 도덕 문제를 명료하게 구성하는 역할을 도덕이론이 담당한다. 구체적인 도덕 문제는 이론에 앞서 미리 세계에 존재하는 것으로 도덕이론이 이를 탐구하여 해결하기를 기다리고 있다. 도덕이론이 적용될 수 있는 속성을 도덕이론 자체가 이미 갖고 있다. 응용윤리학의 작업은 이러한 선행 도덕 신념이나 직관의 다발에 의존하지 않고서는 이루어질 수 없는 것 같다.

실제적인 도덕 문제는 다양한 경험적 요소를 지니기 때문에 도덕적 문제 상황의 복잡성을 우리는 인정하지 않을 수 없다. 일부에서는 이런 이유를 들어 도덕이론이나 원칙을 대전제로, 그리고 문제 상황을 소전제로 하여 실천적 해결책을 추구하는 실천적 삼단논법(practical syllogism)이 적용되기 어렵다고 불평한다. 예를 들어, 공리주의 원리를 실제적인 도덕 문제에 적용시킨다고 해 보자. 문제의 행위에 의해 영향을 받는 관련 당사자들의 규정 물음, 그들의 쾌락과 고통의 계산 문제, 미래 사태에 대한 정보 부족, 사건 발생의 확률 문제 등으로 인해 적용의 어려움이 야기된다. 이러한 비판은 도덕 문제가 발생하는 구체적인 실생활은 아주 복잡하고, 비분석적이라는 생각에 기인한다.[34] 구체적 삶의 현실은 뒤엉켜있어 비분석적이라면, 우리는 문제에 관한 어떠한 인지적인 결정도 내릴 수 없게 된다.

이 주장에 대해 우리는 적어도 다음의 두 가지를 반문할 수 있다. 그 하나는 이 복잡한 사실 모두를 우리는 '실제적인 상황'이라고 간주할 수 있는가? 실천적인 행위자로서 문제가 일어난 상황을 고려하면 모든 사실이 문제와 관련 있는 것은 아니다. 무한한 사실들 가운데 우

....

34 J. Narveson, "Is There a Problem about 'Applied' Ethics?", p.111.

리들의 실제적인 상황과 관련된 것은 그렇게 많지 않다. 예를 들어, 어떤 사람이 자기의 고용주로부터 해고 통지서를 받았다고 해 보자. 이때 그 사람 앞의 벽이 규소 원자로 가득 차 있다는 사실은 아무리 그것의 존재가 사실이라 해도, 그 사람의 실제적인 상황의 일부로 보기 어렵다. 나아가 도덕적으로 관련된 사실은 더 더욱 얼마 되지 않는다. 따라서 주어진 문제 상황과 도덕적 문제 상황은 구분되어야 한다. 즉, 우리가 실제적 삶에서 부딪히는 문제 상황 자체는 복잡하지만, 도덕적 관점에서 문제가 되는 도덕적 고려사항들은 그렇게 복잡하지 않을 수 있다는 말이다.

도덕 문제는 두 가지 요소를 포함하고 있다. 하나는 복잡한 상황 가운데 도덕적으로 관련된 고려사항들은 무엇인가의 문제요, 다른 하나는 둘 이상의 도덕적 고려사항들이 서로 다른 행동을 명할 때 어느 고려사항에 따라 행동해야 하는가의 문제이다. 제임스 웰러스(J.D. Wallace)는 전자를 '관련성 문제'(relevance problem)라 부르고, 후자를 '갈등 문제'(conflict problem)라 부른다.[35] 도덕적 고려사항이 하나밖에 없어 도덕적 갈등이 발생하지 않는 문제는 엄밀히 말해 응용윤리학의 도덕 문제가 되지 않는다. 도덕적 고려사항이 여럿이며, 각 고려사항이 서로 다른 요구사항을 낳아 도덕적 선택이 어려운 경우에 도덕 문제가 발생한다. 그래서 일부 학자는 "도덕적 딜레마에 대한 관심이 응용윤리학의 특성을 규정짓는다"라고까지 말한다.[36] 따라서 응용윤리학자가 도덕 문제를 해결하기 위해서는 우선적으로 상황에 대한 정확한 기술

....

35 J.D. Wallace, *Moral Relevance and Moral Conflict*(Ithaca and London: Cornell University Press, 1988), pp.6-7.

36 B. Almond, "Applied Ethics", E. Craig, ed., *Routledge Encyclopedia of Philosophy*. vol. 1, pp.318-319.

이 선행되어야 한다. 물론 도덕적 고려사항이 무엇인지 결정할 때 이미 도덕이론이 개입되지만, 이 때의 개입은 구성이 아니라, 어렴풋이 숨겨져 있는 것을 분명하게 드러낸다는 의미이다. 도덕이론이 개입된다는 의미에서 오노라 오네일(O. O'Neill)은 이를 평가라 부르면서 도덕원리가 작용하기 위한 필요조건으로 이런 평가가 선행되어야 한다고 강조한다.[37] 그러나 상황에 대한 평가는 도덕 문제 해결의 필요조건이지 충분조건은 아니다.

상황의 복잡성에 관해 지적할 수 있는 다른 하나는 응용윤리학을 정신과의사의 상담활동에 비유하는 것은 잘못이라는 점이다. 우리는 여기서 개별적인 행위(particular acts)와 유적인 종류의 행위(relatively specific kinds of acts)를 구분할 필요가 있다. 전자는 주로 특정의 개인에 의해 특정 시간, 특정 장소에서 일어나는 일회적 행위를 말하며, 후자는 무한한 수의 개별 행위들 가운데 유적으로 비슷한 것들을 모은 행위 집합, 즉 표준적인 행위를 말한다. 한 예로, 강간을 당한 12세 소녀의 임신중절이 도덕적으로 옳으냐의 물음과 표준적 사례에 속하는 임신중절 일반이 도덕적으로 옳으냐의 물음은 분명 구분되어야 한다. 응용윤리학은 특수한 개별적 행위가 아니라 삶의 현실에서 일상적으로 발행하는 유적 행위를 주제로 삼는다. 이를 개별 행위에 적용시키는 것은 응용윤리학의 '응용'에 해당된다.[38] 응용윤리학이 다루는 유적인 종류의 행위에 관한 정확한 정의는 불가능하고 또 그럴 필요도 없다. 왜냐하면 본질적으로 위의 두 종류 행위 구분은 정도의 차이가 있을 따름이기 때문이다.[39] 또한 상황의 복잡성 문제는 응용윤리학 고유의 어려

....

37 O. O'Neill, "The Power of Example", *Philosophy*, vol.61, 1986, pp.27-29.

38 J.M. Kamm, "Ethics, Applied Ethics, and Applying Applied Ethics", D.M. Rosenthal & F. Shehadi, eds., *Applied Ethics and Ethical Theory*, p.187.

움이 아니다. 가령 경제학에서의 가격결정에 관한 수요공급의 법칙도 실제 상황의 복잡성 때문에 잘 들어맞지 않는다. 더군다나 이는 적용할 때 생기는 문제로 사회 과학 이론 및 실제적인 관행의 문제이지 결코 도덕이론 자체의 문제는 아니다. 즉, 응용윤리학에서의 문제 해결 어려움이 사실에 대한 무지나 불일치, 혹은 불확실성에 기인하는 것이라면, 우리는 도덕이론에 그 책임을 돌려서는 안 될 것이다. 경험과학의 도움을 받아 이런 상황의 사실적인 복잡성은 충분히 해결할 수 있다.

응용윤리학자가 해결책을 제시해야 할 도덕 문제는 대부분의 경우 3가지 차원을 지닌다. 첫째는 정의(定意)의 차원이고, 둘째는 기준(criteria)의 차원이며, 마지막 셋째는 테스트(test)의 차원이다.[40] 로봇윤리와 연관 지어 이 3가지 차원을 생각해 보자. 도덕적 지위를 지닌 도덕공동체의 구성원이란 무엇을 의미하는가의 물음은 정의의 물음이다. 그 다음 누가 혹은 무엇이 이 도덕공동체의 구성원이 될 수 있는가라는 물음은 도덕적 지위의 기준에 관한 물음이다. 그리고 인공지능을 갖춘 로봇이 실제로 이 기준을 충족시키는가의 물음은 테스트의 물음이다. 일반적으로 정의의 물음은 철학과 종교의 영역에 속하고, 테스트의 물음은 과학의 영역에 속한다. 그리고 기준의 물음은 철학, 종교, 그리고 과학이 함께 풀어야 할 도덕 문제이다. 물론 이 3가지 차원은 밀접하게 연관되어 있다. 하지만 응용윤리학이 다루는 대부분의 도덕 문제는 두 번째의 기준에 관한 물음이다. 그러니까 도덕적 지위의 기준에 관한 물음

39 J. Narveson, "Is There a Problem about 'Applied' Ethics?" p.112.

40 컬버와 거트는 죽음이란 개념에 대해 죽음의 정의, 죽음의 기준, 죽음의 테스트라는 세 요소로 나눈 다음, "죽음을 정의하는 일은 주로 철학적 과제요, 죽음의 기준을 제시하는 일은 주로 의학적인 과제요, 이 기준의 충족되었는지는 입증하는 시험 조건들을 선택하는 일은 전적으로 의학적인 일이다"라고 주장한다. C.M. Culver & B. Gert, "The Definition and Criteria of Death", T.A. Mapps & J.S. Zembaty, eds., *Biomedical Ethics*, 3rd. ed.(N.Y.: McGraw-Hill, Inc., 1991), p.391.

은 로봇과학자와 철학자가 함께 풀어야 할 과제이다. 여기서 우리는 도덕 문제가 지닌 학제적 성격을 다시 한 번 확인할 수 있다.

따라서 이론적 반성 작업을 넘어서 구체적인 실천적 해결책의 제안을 목표로 하는 응용윤리학이 주제적으로 다루는 도덕 문제는 다음과 같은 4가지 특성을 지닌다.[41] (a) 도덕적 옳음에 대한 불확실성의 증가로 인해 발생하는 규범적 문제이다. (b) 이론의 정교화를 위해 철학자들이 고안해낸 가상적 문제가 아니라, 삶 자체(life itself)가 제기하는 실제적 문제를 다룬다. (c) 규범적 성격을 지니지만, 도덕 문제는 경험적인 문제와 아주 밀접하게 연관되어 있어서, 이와 관련된 경험 과학적 지식이 없이는 도덕 문제의 해결이 어렵다. (d) 응용윤리학은 일반적 문제가 아니라 구체적인 문제를 다룬다. 예를 들어, 여성의 본성이나 여성이 남성과 어떤 관계에 놓여있는가와 같은 문제를 다루지 않고, 역차별 제도와 같은 공공 영역에서의 차별철폐조치가 정당한가의 물음을 다룬다. 이런 취지에 따라 응용윤리학자들은 도덕 문제를 개인의 관점에서 취급하기보다는 오히려 사회정책의 관점에서 다루면서 실제적인 제도나 정책을 제안하고 있다.[42]

5. '새로운' 윤리학

새로운 시대, 특히 과학기술의 발달은 새로운 도덕 문제를 낳는다. 이를 반성적 평형의 방법에 따라 합당하게 해결할 수 있는 응용윤리학

41 K. Bayertz, "Self-enlightenment of Applied Ethics", R. Chadwick & D. Schroeder, eds., *Applied Ethics: Critical Concepts in Philosophy*, pp.37-38.

42 D.M. Rosenthal & F. Shehadi, eds., *Applied Ethics and Ethical Theory*, "Introduction" 참조.

자를 우리 시대는 요구하고 있다. 이를 우리는 윤리전문가(ethical experts)라 부를 수 있을 것이다. 윤리전문가는 응용윤리학이 갖는 학제적 성격에 걸맞게 논리적 능력, 윤리적 지식, 사실적 지식, 중립적 태도 등과 같은 자질을 갖추어야 할 것이다.[43] 하지만 이러한 전문지식 내지 기술은 내용적(substantial) 특성을 지니기보다는 절차적(procedural) 특성을 지닌다.[44] 윤리 전문가는 영원불변의 도덕적 진리와 같은 그 무엇을 파악하고 있기 때문이 아니라, 오히려 이성의 표준에 근거한 합리적인 논변을 전개함으로 도덕 문제 해결에 기여하게 된다.

따라서 철학자만이 윤리 전문가가 될 수 있다는 주장은 터무니없다. 또 철학자가 항상 이러한 전문 지식을 지니는 것도 아니다. 그러나 철학자는 사실적 지식을 제외하고는 그 어느 누구보다도 이러한 지식을 많이 가질 수 있고, 또 실제로 이러한 지식을 갖고 있다. 따라서 철학자에게는 자기의 전문지식을 실제적인 삶의 문제에 활용해야 할 의무가 있다고 하겠다.[45] 하지만 철학자는 도덕적 문제가 지니는 많은 요소들에 대한 지식을 비철학자에게 의존할 수밖에 없기 때문에 철학자의 결정은 잠정적인 것으로 받아들여야 한다. 예를 들어, 환자가 위험하면 응급조치를 받아야 한다고 철학자는 결정을 내릴 수 있으나, 환자의 위험성 여부 판정은 철학자의 일이 아니라 의사의 일이다. 따라서 철학자가 응용윤리학 작업을 수행해야 하지만, 응용윤리학 작업은 철학자에

43 P. Singer, "Ethical Experts in Democracy", D.M. Rosenthal & F. Shehadi, eds., *Applied Ethics and Ethical Theory*, pp.152-54; A.L. Caplan, "Can Applied Ethics Be Effective Health Care and Should It Strive to Be?", *Ethics*, vol.93, 1983, pp.313-14; D. Jamieson, "Is Applied Ethics Worth Doing?", D.M. Rosenthal & F. Shehadi, eds., *Applied Ethics and Ethical Theory*, pp.136-37 참조.

44 T. Dare, "Applied Ethics, Challenge To", p.28.

45 J.P. DeMarco & R.M. Fox, *New Direction in Ethics*, "Introduction", p.138 참조.

게만 맡겨져서는 안 된다.[46]

실질적인 도덕 문제를 다루는 응용윤리학의 부활은 필연적으로 도덕의 본성에 대한 반성을 촉구한다. 윤리학사를 살펴보면, 20세기 초까지만 해도 다분히 칸트적인 도덕 이상이 규범윤리학의 도덕관을 지배하였다고 볼 수 있다. 하지만 공리주의 출현이후 이러한 전통은 서서히 그 힘을 잃어가고 있으며, 1970년대 영미윤리학은 현실을 상당히 인정하는 쪽으로 흘러가고 있다. 응용윤리학도 이런 상황 하에서 태동된 것이기에 그 근본은 칸트적이라기보다는 홉스적이라고 할 수 있다. 즉, 도덕적인 문제에 관한 칸트적인 해답은 없기 때문에, 우리는 개인들 사이의 갈등 조정을 도덕의 본성으로 이해해야 한다.[47] 갈등 조정 전문가로서 현대 사회에서 윤리전문가가 필요하다고 하겠다. 도덕적인 차원만을 기준으로 할 경우에는 도덕적 동치가 성립되는 경우도 발생한다. 즉 갈등하는 양편의 도덕적 가치나 권리가 정확히 동등하여 도덕적인 고려사항만으로는 해결할 수 없는 딜레마 상황이 충분히 존재할 수 있다. 이런 경우 갈등 해결에 도덕 이외의 다른 요소가 들어옴을 필자는 부인하지 않는다. 도덕만이 우리를 행동으로 인도한다는 명제는 이제 더 이상 진리가 아니다.

그리고 반성적 평형의 방법은 전통적인 규범윤리학자들이 품어온 이상을 송두리 채 부인한다. 즉, 모든 도덕 문제를 해결할 수 있는 규범윤리체계가 있다는 이상을 우리는 포기하지 않을 수 없다. 왜냐하면 이 방법은 어떤 도덕 문제에 관한 숙고된 도덕 판단과 배경이론과의 정합

....

46 J.M. Brown, "On Applying Ethics", R. Chadwick & D. Schroeder, eds., *Applied Ethics: Critical Concepts in Philosophy*, p.226.

47 A. Weston, "Drawing Lines: The Abortion Perplex and the Presuppositions of Applied Ethics", *The Monist*, vol.67, 1984, p.597-598.

에 의해 그 문제에 관한 도덕원리를 산출하는데, 여기서 숙고된 도덕판단과 관련 배경이론은 다루는 도덕 문제가 무엇이냐에 따라 다르게 되고, 이렇게 되면 얻어지는 도덕원리도 도덕 문제에 따라 유형별로 결정될 수밖에 없게 되기 때문이다. 따라서 공리주의자가 말하는 유용성 원리와 같은 포괄적인 도덕원리를 찾으려는 노력은 헛되게 된다.

그렇다고 모든 도덕 문제가 개별 사례분석법에 따라 해결되어야 한다고 주장하지도 않는다. 오히려 반성적 평형의 방법을 통해 얻어지는 도덕원리는 보편적 윤리설과 개별 사례 분석적인 특수주의의 중간 형태의 성격을 지닌다고 하겠다. 즉, 이 방법은 임신중절, 환경보전, 분배적 정의 등과 같은 도덕 문제에 대해 동일한 도덕이론이나 도덕원리를 연역적으로 적용시켜 그 답을 도출할 것을 요구하지 않고, 유형별로 다룰 것을 요구한다. 이렇게 유형별로 얻어진 도덕원리에서 공통의, 포괄적인 하나의 윤리설을 도출해낼 수 있는지는 의문의 여지가 많다. 설사 도출해낸다 할지라도 그것은 어디까지나 반성적 평형의 방법을 적용한 결과로 얻어진 것이지, 도덕 문제 해결의 대전제로 미리 얻어지는 것은 결코 아니다.

그러면 응용윤리학과 규범윤리학은 어떤 관계에 놓여있는가? 이 관계에 대한 정통 입장은 규범윤리학과 응용윤리학이 엄격히 구분되고 응용윤리학이 다루는 고유한 영역이 있다는 자율적인 입장(an autonomous view)이다. 이러한 입장은 도덕철학을 3분야-메타윤리학, 규범윤리학, 응용윤리학-로 나누고, 이 각각은 서로 독립적이라고 주장한다. 그러나 우리는 이러한 엄격한 구분을 받아들일 수 없다. 왜냐하면 응용윤리학적 작업에는 메타윤리학뿐만 아니라 규범윤리학도 필요불가결하기 때문이다. 우리가 도덕철학을 이렇게 구분하는 것은 각자의 고유 영역이 존재하기 때문이 아니라 작업상의 분업을 위해 구분한 것에 지나지 않는다. 이 3분야의 차이는 다루는 영역의 차이에 있는 것이 아니라 도덕 문제를 어떤 차원에서 다루느냐의 차이에 있다. 즉, 메타윤리학은 도덕적 용어의 의미와 도덕적 담론의 논리적 구조라는 차원을 다루고, 규범윤리학은 도덕적 문제가 지니는 일반적인 이론적 차원을 주로 다룬다. 반면에 응용윤리학은 구체적인 실천적 차원에 관한 논의에서 출발하여 하나의 도덕이론을 확립하고자 한다. 이 구분은 단지 정도의 문제에 지나지 않는다. 그래서 에이브러햄 에델(A. Edel)은 응용윤리학이란 개념을 영역(province)으로서가 아니라 하나의 과정(process)으로 사용할 것을 제안한다.[48] 즉, 응용윤리학만이 다루는 특수한 영역이 있는 것이 아니라 도덕이론을 확립하고자 하는 하나의 과정이란 뜻이다. 이러한 윤리관을 자율성을 강조하는 입장에 대한 하나의 대안으로서 돈 멕니븐(D. MacNiven)은 전체론적인 입장(a holistic view)이라 부른다.[49]

이는 규범윤리학은 응용윤리학의 도움을 필요로 하고 응용윤리학도 규범윤리학의 도움을 필요로 한다는 반성적 평형의 방법과 일치한다. 즉, 규범윤리학과 응용윤리학은 상호보완적인 관계에 놓여 있다고 하겠다.[50] 이 입장은 3분야의 윤리학뿐만 아니라 다른 분야의 철학과도 관련되어 있다고 주장한다. 나아가 실제적인 도덕 문제의 해결이

....

48 A. Edel, "Ethical Theory and Moral Practice : on the Terms of Their Relation", J.P. DeMarco & R.M.Fox, eds., *New Direction in Ethics*, p.326.

49 멕니븐은 도덕철학을 기술윤리학, 이론윤리학, 실천윤리학으로 구분하면서 이 3분야 사이의 유기체적 연관성을 강조한다. D. MacNiven, "Practical Ethics : The Idea of Moral Expert", H. Bassford, ed., *Moral Expertise*(London & New York : Routledge, 1990), p.7. 그러나 필자는 응용윤리학을 이론윤리학 내지 규범윤리학과는 구별되는 고유성을 지닌다는 점을 강조하고자 이를 독립시켜 메타윤리학, 규범윤리학, 응용윤리학으로 구분하였다.

50 D. Jamieson, "Is Applied Ethics Worth Doing?", Rosenthal, D.M. and Shehadi, F., eds, *Applied Ethics and Ethical Theory*, Salt Lake City : University of Utah Press, 1988, p.134.

란 관점에서 보면 윤리학은 철학의 다른 분야와는 달리 인접 학문과도 밀접하게 연관되어 있다고 하겠다. 즉, 21세기에는 도덕이론의 성격뿐만 아니라 윤리학자의 태도도 변화되어야 한다는 마이클 베일즈(M.D. Bayles)의 말에 귀 기울여,[51] 철학자는 실제적인 문제 해결을 위해 아카데믹한 자기의 우물에서 과감히 벗어나 다른 분야의 전문가와의 토론에 적극 참여해야 할 것이다. 이처럼 응용윤리학은 규범윤리학의 단순한 응용이 아니라 규범윤리학이 안고 있는 문제점을 해결하고자 시도된, 윤리학을 학으로 정립하려는 하나의 새로운 접근법으로 이해되어야 한다. 응용윤리학의 작업은 도덕이론을 확립하여 이를 도덕 문제에 적용시키는 하향적 방법과 도덕 문제에서 출발하여 도덕이론으로 나아가는 상향적 방법을 정합적으로 통합하는 반성적 평형의 방법을 따라야 할 것이다. 특히 철학자는 도덕 문제 해결의 필요성을 깨닫고 상향적 방법에 더 많은 관심을 가져야 할 것이다.

....

51 M.D. Bayles, "Ethical Theory in the Twenty-first Century", J.P. DeMarco & R.M. Fox, eds., *New Direction in Ethics*, p.263.

부록 2

생명윤리학은 어떻게 탄생하였는가

이 부록은 생명윤리학의 탄생을 역사적으로 개괄하여 그 원래적 의미가 무엇인지 밝히는 데 그 목적이 있다. 이를 위해 우리는 'bioethics'라는 신조어가 어떻게 만들어져 하나의 학문으로 자리 잡게 되었는지 그 역사적 과정을 천착하고자 한다. 이런 논의를 통해 필자는 생명윤리학의 창시자는 포터이고, 학문적으로 체계화시킨 자는 헬러거즈이며, 학문 분야로 정착시킨 자는 칼라한임을 드러내고자 한다. 생명윤리학의 이러한 정착과정에서 'bioethics'라는 신조어를 창조한 포터의 입장이 밀려나고 '케네디윤리학연구소'의 헬러거즈의 입장이 득세하게 된 배경을 밝히면서, 필자는 포터의 입장, 즉 전지구적 생명윤리학의 회복을 역설하고자 한다. 그러니까 의학 및 생명과학의 발달로 일어나는 윤리적 물음을 다루는 좁은 의미의 생명의료윤리학을 넘어, 인류의 생존을 위해 과학과 인문학의 다리를 놓는 광의의 생명윤리학의 회복이 절실히 필요하다.

1. 의학과 윤리학

생명윤리란 용어가 언론에 회자되면서 생명윤리에 대한 관심이 고조되고 있다. 하지만 생명윤리가 무엇이냐의 질문을 받으면 제대로 답하는 자가 거의 없을 정도로 그저 '생명을 존중하는 윤리' 정도로 이해하고 있다. 이런 광의의 의미로 받아들이면, 불교나 기독교 윤리를 비롯하여 공리주의, 목적론, 칸트주의, 의무론 등 모든 윤리설이 근본적으로 생명윤리일 수밖에 없다. 왜냐하면 모든 윤리 이론은 "살인하지 말라" 등과 같은 생명존중 원칙을 적극 주장하기 때문이다. 하지만 20세기 후반에 태동한 생명윤리학은 생명존중 윤리임에는 분명하지만, 이보다 좀 더 특수한 의미를 지닌다. 생명윤리학은 철학이나 법학 등 인문사회과학 학자들의 지적 각성의 결과로 탄생한 것이 아니라 시대와 역사의 산물이다. 즉, 생명윤리학은 의학 분야에서 새로운 도덕 패러다임을 요청하는 사회 변화에 부응하여 탄생한 학문이다.[1] 하지만 구체적으로 생명윤리학이 어떤 토양에서 발생하였으며, 무엇보다 생명윤리학이라는 용어가 누구에 의해 어떻게 만들어져 새로운 학문 분야로 정착하게 되었는지에 관한 역사적 고찰은 거의 이루어져 있지 않다. 따라서 이 글은 생명윤리학의 탄생을 역사적으로 개괄하여, 그 원래적 의미가 무엇인지 밝혀, 생명윤리학이 나아갈 방향을 제시하는 데 그 목적이 있다.

"생명윤리학은 빅뱅에서 탄생한 것은 아니다."[2] 즉, 생명윤리학은 하늘에서 떨어진 '만나'처럼 아무런 토양이나 씨앗 없이 탄생된 것이

....

1 T. Chambers, "Retrodiction and the Histories of Bioethics", *Medical Humanities Review*, vol.12, no.1, 1998, p.10.

2 A.R. Jonsen, *The Birth of Bioethics*(New York: Oxford University Press, 1998), p.3.

아니다. 오늘날에야 의학은 완전한 과학의 옷을 입고 있지만, 처음부터 그런 것은 아니었다. 오히려 의학은 도덕과 종교의 옷을 입고 출발하였다. 왜냐하면 질병이나 치료의 인과적 관계가 온전하게 밝혀지지 않은 상황에서 치료의 힘은 신의 선물로 여겨졌기 때문이다. 의술에 과학의 옷을 입힌 자는 그리스의 의사 히포크라테스(Hippokrates)다.[3] 그는 치료는 자연에 대한 관찰에 토대를 둔 과학이 되어야 한다고 주장하였다. 이로써 의학은 종교의 옷을 벗어던지고 과학의 옷을 입게 되었다. 하지만 히포크라테스 선서가 말해 주듯이, 의학은 도덕의 옷마저 벗어던지지는 않았다. 이처럼 의학은 그 탄생에서부터 언제나 도덕과 함께 하였기에, 의학의 역사는 곧 의료윤리학의 역사이기도 하다. 생명윤리학은 바로 이러한 의료윤리학에서 발생하였다. 그러니까 오늘날 학문의 분류로 보면, 의료윤리학이 생명윤리학에 속하는 하위 개념이지만, 그 발생의 측면에서 보면 반대로 의료윤리학이 생명윤리학에 앞설 뿐만 아니라 그 기원이 된다.

그러면 의료윤리학에서 생명윤리학이 발생하게 된 결정적 계기는 무엇인가? 이 물음에 대해 생명윤리학의 역사에 탁월한 업적을 남긴 철학자 앨버트 존슨(A.R. Jonsen)은 먼저 지금까지의 의료윤리학의 특징이 무엇인지를 설명한다. 그에 따르면 지금까지의 의료윤리학은 세 가지 특징을 지닌다.[4] 첫째는 의사 개인의 도덕적 품성 계발이요, 둘째는 의무론적 윤리의 지배요, 셋째는 의사의 사회적 책임 강조이다. 물론 이 세 가지는 철학자들이나 신학자들이 강조하는 도덕적 삶의 세 요

3 A.R. Jonsen, "Introduction to the History of Bioethics", N.S. Jecker, A.R. Jonsen, & R.A. Pearlman, eds., *Bioethics: An Introduction to the History, Methods, and Practice*(Boston: Jones and Bartlett Publishers, 1997), p.3.

4 이에 관한 자세한 논의는 A.R. Jonsen, "The Birth of Bioethics: The Origin and Evolution of a Semi-discipline", *Medical Humanities Review*, vol.11, no.1, 1997, pp.14-15 참조.

소로서 분리되지 않고 다양한 방식으로 밀접하게 연관되어 있다. 또 이 세 요소는 일치하기도 하지만, 상충하는 경우도 적지 않다.

일상적 도덕을 의료에 적용하는 차원에 머물고 있던 의료윤리학이 혁명적 변화를 겪게 된 계기로 존슨은 의료기술의 눈부신 발전으로 인해 일어난 세 가지 획기적인 사건을 든다.[5] 첫째 사건은 1962년 미국 시애틀의 한 병원에서 신장투석기 이용자 선정을 위한 병원윤리위원회 구성이다. 즉, 1961년 신장투석기가 처음으로 실용화된 이후 이를 이용해야 할 환자에 비해 이용 가능한 투석기가 부족하여, 신장투석기 수혜자를 선정하지 않을 수 없었다. 어떤 기준에 따라 투석기 수혜자를 선정할 것인가? 병원 측은 대기자 중 의학적으로 투석기 이용에 적합한 자를 선별한 다음, 일반 시민들을 위원으로 병원윤리위원회를 구성하여 그 위원회의 결정에 따라 투석기 이용자를 최종적으로 결정하였다. 이를 계기로 이제까지 의료인의 치외법권 영역으로 간주되어 온 진료의 결정에 의학적 기준 외의 다른 기준이 적용되게 되었으며, 의료인이 아닌 일반인들이 의료 영역에 참여하기 시작하였다. 이것이 밑거름이 되어, 1962년 11월 9일 『라이프』(LIFE)지는 "그들이 누가 살고, 누가 죽는지를 결정한다: 의학의 기적은 도덕의 짐을 소위원회에 떠맡겼다"라는 샤나 알렉산더(S. Alexander)의 글을 게재하였는데, 이것이 생명윤리학을 탄생시켰다. 그래서 존슨은 이 날을 생명윤리학의 탄생일로 여긴다.[6]

생명윤리학의 발생에 결정적으로 기여한 두 번째 사건은 1966년 비윤리적인 생의학 연구에 대한 헨리 비처(H. Beecher)의 고발이다. 즉, 생명을 구할 수 있었음에도 불구하고 본인의 동의 없이 매독실험

....

5 A.R. Jonsen, "The Birth of Bioethics", *The Hasting Center Report*, vol.23, no.6, 1993, S1-S4.

6 A.R. Jonsen, "The Birth of Bioethics: The Origin and Evolution of a Semi-discipline", p.9.

대상자가 됨으로 말미암아 제때에 적절한 치료를 받지 못한 수많은 아프리카계 미국인들이 희생당한 비윤리적인 사건이 폭로되자, 의회에서는 '생의학 연구에서 실험대상인 인간을 보호하기 위한 위원회'를 구성하게 되었다. 즉, 의학 발전에는 임상시험이 불가피하며, 임상시험을 하자면 누군가가 실험 대상이 돼야 한다. 하지만 인간은 존엄한 존재로 수단으로 취급받아서는 안 되기 때문에 본인의 동의 없이 실험 대상이 되어서는 결코 안 된다. 또 임상시험에서 연구자는 반드시 실험대상에게 실험의 목적, 실험의 내용, 그리고 실험 결과 등을 충분히 설명한 다음 그 당사자로부터 동의를 받아야 한다. 그러나 비처 교수의 고발에 따르면 의학 발전 및 신약개발을 위한 수많은 생의학 실험에서 이런 과정이 생략된 채 실험 대상자들의 인권 유린 사례가 폭로된 것이다. 이로써 일반 대중들은 생의학적 연구를 의학자들의 손에만 맡기기에는 너무 위험하다고 자각하게 되었다.

세 번째 사건은 1967년 일어난 뇌사자로부터의 심장이식 수술이 처음으로 성공한 일이다. 이를 계기로 심장이식 전에 장기기증자가 참으로 사망하였는지에 관한 논쟁이, 즉 생명의 끝에 관한 뇌사/심폐사 논쟁이 일어났다. 이를 계기로 하버드의과대학에서는 심폐사가 아닌 뇌사를 죽음의 기준으로 인정하자고 하면서 구체적인 시험 조건을 제시하기도 하였다. 이로 인해 "살리느냐, 아니면 죽도록 내버려두느냐?"라는 '현대 의학의 딜레마'(dilemma of modern medicine)가 발생하여 윤리적 관심을 촉발시켰다.

이런 일련의 계기로 인해 일반 시민들 및 학자들은 과학기술과 의학의 발달이 순수한 축복만이 아니라 새로운 윤리적·법적 물음을 야기한다는 인식을 갖게 되었다. 이러한 관심은 의료윤리 물음은 단순히 의사 개인의 도덕 차원에서 해결할 수 없고 사회 윤리학적 차원에서 해결을 모색해야 한다는 공감대를 형성하게 되었다. 뿐만 아니라, 소위 '의권'으로 간주되던 진료 결정에 의사가 아닌 일반인이 참여하게 되면서 의료윤리 물음이 '대중의 광장'으로, '철학의 광장'으로 나오게 되었다.[7] 그래서 의료윤리학은 이제까지의 세 특성-도덕적 품성, 의무론, 사회적 책임-을 넘어서 사회 제도 차원에서 논의해야 하는 공적 윤리의 특징을 지니게 되고, 아울러 철학자와 신학자 등도 의료윤리 물음에 적극 관여하게 되는 결과를 낳았다. 이 두 특성, 즉 공적 윤리의 특징과 의사가 아닌 철학자와 신학자들의 적극 참여로 의료윤리학은 과거와 결별하고 새로운 학문으로 발전하게 되는데, 이것이 바로 생명윤리학이라는 게 존슨의 설명이다.[8]

2. '생명윤리학'의 탄생: 반포터와 안드레 헬러거즈

하지만 생명윤리학이라는 새로운 학문 명칭이 만들어진 것은 이보다 훨씬 더 후의 일이다. 생명윤리학이라는 신조어를 만들어 처음 사용한 자는 위스콘신대학의 암 연구가 반 포터(Van R. Potter) 교수이다. 그는 의학의 과학적 정향과 인문학적 가치의 균형을 적절하게 표현해 줄 용어를 두고 몇 개월 동안 고심을 하다가, 당시 새롭게 떠오르고 있는 생화학(biochemistry)를 연구하고 있었는데, 이에 영감을 받아 'bioethics'라는 용어를 선택했으며, 이를 '유레카 경험'이라고 묘사하였다

....

7 물론 이전에도 의료윤리 물음에 철학자들이 참여하였지만, 1975년에 댄 클라우저(K.D. Clouser)가 철학자로는 처음으로 의과대학 스텝이 되었다. 이를 계기로 철학이나 윤리학 등 인문학을 전공한 학자들이 의료윤리학을 의사들과 함께 연구하게 되었다. A.R. Jonsen, "Introduction to the History of Bioethics", p.9.

8 A.R. Jonsen, "The Birth of Bioethics: The Origin and Evolution of a Semi-discipline", p.18.

고 한다.[9] 즉, '생명윤리학'이라는 용어는 1970년 『생물학 및 의학에 관한 관점들』(Perspectives in Biology and Medicine)에 발표한 그의 논문 "생명윤리학, 생존의 과학"(Bioethics, the Science of Survival)에서 처음 사용되었으며, 그 이듬해 1월 그가 『생명윤리학: 미래에로의 다리』(Bioethics: Bridge to the Future)라는 책을 출간함으로 학계에 본격적으로 알려지게 되었다.

논문과 책 제목에서 알 수 있듯이, 그는 윤리적 가치는 생물학적 사실과 분리될 수 없다고 보고, 이질적으로 여겨져 온 두 학문인 과학과 인문학 사이에 다리를 놓아주는 '새로운' 학문으로 고안해 낸 것이 생명윤리학이다. 이 책에서 그는 생명윤리학을 "생물학 및 생명과학 일반으로부터 발생하는, 그리고 인간 복지와 직·간접적으로 연관된 도덕적, 사회적, 정치적 물음들을 탐구하는 학문"으로 정의하였다.[10] 그러니까 그는 "각 개인의 삶을 풍요롭게 하고 나아가 사회가 수용할 수 있는 형태로 인간 종의 생존을 연장하는 것"을 생명윤리학의 궁극적 목적으로 보았다. 그래서 그의 정의에서는 인간 복지와 관련된 거의 모든 물음, 예를 들어 환경문제까지 포함하는 모든 물음이 생명윤리학의 탐구 대상으로 등장한다. 하지만 생명윤리학에 대한 포터의 처음 생각은 인간 복지가 궁극적 목적이라는 점에서 '생명 중심적'(biocentric)이라기보다는 '인간중심적'(anthropocentric)이라고 말할 수 있다.[11]

....

9 P.J. Whitehouse, "The Rebirth of Bioethics: Extending the Original Formulations of Van Rensselaer Potter", *The American Journal of Bioethics*, vol.3, no.4, pp.2-3.

10 R.G. Frey, "Bioethics". E. Craig, ed., *Routledge Encyclopedia of Philosophy*, vol.1(London and New York: Routledge, 1998), p.773. 라난 길론(R. Gillon) 역시 『응용윤리학 사전』에서 생명윤리학을 "생물학 분과에서 제기되는 윤리적 물음에 대한 연구"로 정의한 다음, 의학, 간호학, 생명과학 등이 생물학 분과에 속한다고 주장한다. R. Gillon. "Bioethics, Overview", R. Chadwick, ed., *Encyclopedia of Applied Ethics*, vol.1(New York: Academic Press, 1998), p.306.

이처럼 광의의 의미로 보면 생명윤리학은 환경윤리학을 포함할 정도로 그 영역이 광범위하다. 하지만 포터의 책이 출간된 지 6개월 후에 미국 워싱턴 DC에 소재한 조지타운대학이 '인간 생식 및 생명윤리에 관한 케네디 연구소'(The Joseph and Rose Kennedy for the Study of Human Reproduction and Bioethics)를 설립하면서 생명윤리학의 의미는 변하게 되었다. 생명윤리학에 관한 최초의 대학부설 연구소인 이 연구소는 태아생리학자이자 산부인과 의사인 안드레 헬러거즈(A. Hellegers) 박사와 몇몇 학자들이 주축이 되어 설립되었으며, 3개 분과 가운데 하나가 '생명윤리학 센터'(a Center for Bioethics)이다. 생명윤리학에 관한 학제적 연구를 목표로 하면서 초대 연구소장인 헬러거즈는 인문학계와 생의학계뿐만 아니라 정부와 언론에 생명윤리학이라는 용어를 소개하는 데 주도적인 역할을 하였다. 즉, 그 자신이 밝혔듯이 그는 "의학, 철학 그리고 윤리학 사이를 다리 놓아주는 역할"을 충실히 수행한 셈이다.

조지타운대학의 헬러거즈와 그 동료들이 포터의 논문과 저서를 보고 '케네디 연구소'를 설립하였는지 아니면 독창적으로 조어하여 연구소 이름을 붙였는지에 관해서는 명확한 결론은 아직 내려지지 않고 있다. 연구소 설립을 위한 프로젝트를 헬러거즈가 1970년 12월 케네디 재단에 제출하였을 때, 그 명칭은 '인간 생식 및 발달에 관한 케네디 센터'(The Kennedy Center for the Study of Human Reproduction and Development)로 '생명윤리학'이라는 단어가 등장하지 않았다. 케네디 연구소 설립을 준비하는 관련 당사자들이 주고받은 1971년 6월 21일자 편지에서 비로소 생명윤리학이라는 단어가 연구소 이름에 처음으

11 W.T. Reich, "The Word "Bioethics": Its Birth and the Legacies of those Who Shaped It", *Kennedy Institute of Ethics Journal*, vol.4, no.4, 1994, p.322.

로 붙여졌다. 그러니까 생물학과 윤리학을 하나로 묶어주는 용어를 두고 고심하던 중 연구소 설립을 위한 준비모임에서 사전트 슈라이버(S. Shrive)가 'bioethics'라는 용어를 생각해 내 제안하였으며, 이를 참석한 모든 사람들이 마음에 들어 하였다고 한다.[12] 물론 이 때 그는 포터가 이러한 단어를 이미 사용한 바 있는지에 대해 전혀 알지 못하였다고 한다. 그래서 연구소 개소 10일 전에 작성된 편지에서 비로소 'bioethics'라는 단어가 사용되었다.

그런데 1971년 4월 19일 자 『타임』(Time)지는 "초인의 등장: 새로운 유전공학의 약속과 위험"(Man Into Superman: The Promise and Peril of the New Genetics)이라는 기획기사에 몇 편을 글을 게재하였다. 이 기사에서 『타임』지는 포터의 책과 더불어 생명윤리학이라는 용어를 처음으로 대중에게 소개하였다. 새로운 의학에 관심 있는 사람이라면 이 기사를 눈여겨보았을 것이며, '케네디 연구소' 설립을 준비하는 헬러거즈도 읽었을 것이다. 비록 케네디 연구소 설립을 주도한 학자들은 포터의 생명윤리학 신조어와 그 의미에 대해 들어본 적 없이 생명윤리학이라는 용어를 스스로 창작하여 사용하였다고 하지만, 이러한 역사적 사실에 비추어 보건대 포터의 책과 그의 생명윤리학 용어 사용이 조지타운대학의 케네디 연구소 설립에 영향을 주었다고 보는 것이 합리적일 것이다. 그렇다고 헬러거즈와 케네디 연구소 학자들이 생명윤리학에 관한 포터의 견해를 그대로 받아들이지는 않았다. 뒤에서 논의하겠지만 오히려 케네디 연구소는 생명윤리학에 관한 조지타운 접근법을 독자적으로 개발하여 발전시켰다. 이런 의미에서 보면 케네디 연구소는 단지 포터의 'bioethics'라는 용어를 차용하였을 따름이다. 그래서 일

....

12 ibid., p.325.

부 학자는 생명윤리학이 "서로 다른 두 장소에서 거의 동시에 발생하였다"(bilocated birth)고 주장한다.[13] 즉, 포터의 생명윤리학과 헬러거즈의 생명윤리학은 1970/1971년이라는 6개월 시차를 두고 태어난 일종의 '쌍둥이 자매'이다.

3. 생명윤리학의 정착: 조지타운 접근법의 득세

포터의 책과 케네디 연구소가 세상에 알려지면서 생명윤리학은 서서히 하나의 학문 분야로 자리 잡게 된다. 그 결정적 계기는 두 가지이다. 하나는 1973년 기획되어 1978년 출간된 『생명윤리학 백과사전』이요,[14] 다른 하나는 1974년 미 국회도서관의 학문 분류표에 '생명윤리학'이 하나의 독립적인 학문 분야로 등재된 사건이다. 국회도서관으로부터 하나의 학문으로 인정받지 못하면 그 어떤 학문도 새로운 학문으로 자리매김할 수 없다는 의미에서, 그리고 미 국회도서관 학문 분류체계가 미국 모든 도서관의 표준이 된다는 점에서는 이는 생명윤리학 발전에 혁명적인 사건이다. 미 국회도서관은 백과사전을 표준으로 삼아 학문분류표를 작성하는데 그 당시 어느 사전에도 생명윤리학이라는 용어가 없었지만, 도서관의 담당 스태프는 1973년 『해스팅스 센터 연구』(Hastings Center Studies)에 발표한 대니얼 칼라한(D. Callahan)의 논문, "학문으로서 생명윤리학"(Bioethics as a Discipline)을 읽고 메

....

13 ibid., p.332.

14 오늘날 생명윤리학 논의의 일차적 참고문헌으로 널리 인용되는 이 사전은 원래 『의료윤리학 백과사전』으로 기획되었는데, 생명윤리학의 발전으로 발간 당시 지금의 이름으로 바뀌었다. R. Gillon. "Bioethics",p.306.

모해 둔 것을 기억하여 새로운 학문분야로 생명윤리학을 편입시켰다고 한다. 이 논문에서 칼라한은 "아직 진정한 학문으로 자리매김 하지는 않았지만, 학문 공동체와 과학계에 일상적으로 이해되고 있는 학문"으로 생명윤리학을 규정하면서, 생명윤리학의 목적, 방법론, 대상 등을 밝혔다. 특히 그는 이 논문에서 "생명윤리학은 의사결정을 내려야만 하는 의사와 생물학자를 직접 도와주는 학문이 되어야 하고, 생명윤리학자들 역시 학문적 엄격함을 희생하고서라도 이러한 역할을 하도록 훈련을 받아야 한다"고 강조하였다.[15] 이러한 성격을 이유로 존슨은 생명윤리학을 '준 학문'(a demi-discipline)이라고 불렀다.[16]

생명윤리학의 이러한 역사적 발전에 비추어 보건대, 그 창시자는 포터이며, 이를 학문적으로 체계화시킨 자는 헬러거즈이며, 하나의 학문 분야로 정착시킨 자는 칼라한이라고 말할 수 있다.[17] 그리고 철학자로서 간과해서는 안 될 하나의 사실은 생명윤리학이라는 용어를 처음 사용한 자는 물론이고 이를 체계적으로 발전시킨 학자들 모두가 철학자나 윤리학자가 아닌 의사였다는 점이다. 그러니까 의사들이 생명윤리학을 주도하고, 여기에 철학자들이 응답하였다. 이러한 생명윤리학의 탄생에 간과해서는 안 될 또 하나의 요소가 있다. 그것은 바로 연구소의 역할이다. 존슨에 따르면 새로운 의학 및 생명과학의 눈부신 발전으로 의료윤리에 대한 관심이 고조되면서 이러한 문제를 다루는 다양한 형태의 콘퍼런스가 1960년부터 개최되어, 의학자, 생명과학자, 철학자, 신학자 등이 함께 생의학에서 발생하는 윤리 물음을 학제적으로 연

....

15 D. Callahan, "Bioethics as a Discipline", *The Hastings Center Studies*, vol.1, 1973, p.73.

16 A.R. Jonsen, "The Birth of Bioethics: The Origin and Evolution of a Semi-discipline" 참조.

17 W.T. Reich, "The Word "Bioethics": Its Birth and the Legacies of those Who Shaped It", p.331.

구하는 움직임이 일기 시작하였다. 이로써 간헐적인 콘퍼런스 차원을 넘어 이를 통합하여 체계적으로 연구할 학제적 연구소의 필요성이 제기되었다. 그리하여 생명윤리학을 주도적으로 이끌어갈 세 연구소가 설립되었는데, 그 첫 작품은 '생명윤리학'이라는 개념이 아직 만들어지기 이전인, 1969년 9월 미국 뉴욕에서 문을 연 '사회, 윤리 및 생명과학 연구소'(The Institute of Society, Ethics, and Life Science)-이 연구소는 처음부터 '해스팅스 센터'(the Hastings Center)로 불리어졌다-이다. 이 연구소 설립에는 철학자인 칼라한과 컬럼비아 의과대학 정신과 의사인 윌러드 게일린(W. Gaylin)이 주도적 역할을 하였다. 그 두 번째 작품은 이미 앞서 언급한, 1971년에 설립된 '케네디윤리학 연구소'이고, 기독교 계통의 '보건의료 및 인간 가치 연구소'(The Society for Health and Human Values)가 그 세 번째 작품이다.

이들 세 연구소, 특히 '해스팅스 센터'와 '케네디 윤리학 연구소'는 기금을 후원받아 전문 저널을 발간하여 생명윤리학의 대중화에 기여하였을 뿐만 아니라, 수많은 젊은 학자들을 연구원으로 초빙하여 연구비를 제공하여 생명윤리학을 학문적으로 발전시키는 데도 크게 공헌하였다. 『생명윤리학 백과사전』의 발간이나, 오늘날 생명윤리학 연구에 널리 적용되고 있는 네 가지 윤리 원칙을 처음으로 체계적으로 분석 연구한 『생명의료윤리학의 원칙』이라는 책의 출간도 이 연구소의 성과이다. 그리고 이 연구소가 이러한 작업을 할 수 있는 기금을 마련하는 데 결정적으로 기여한 기관은 1965년 의회에서 설립한 '미국 인문학 진흥재단'(The National Endowment for the Humanities)이다. 이 재단이 없었다면 생명윤리학은 아마도 탄생과 더불어 죽음을 맞이하였을 것이라는 평가를 받을 만큼 생명윤리학의 밑거름을 마련하는 데 '인문학

진흥재단'은 중요한 역할을 감당하였다.[18]

생명윤리학에 관한 이처럼 서로 다른 두 접근법 가운데, 포터의 입장은 주변으로 밀려나고 조지타운 입장이 주류를 형성하게 되었다.[19] 여기에는 몇 가지 이유가 있다. 첫째는 사회문화적인 요인이다. 조지타운측이 다루는 비인격적인 보건의료, 죽음의 권리 등의 생명의료 윤리 딜레마는, 포터가 관심을 갖고 있는 유해 물질 감소 등과 같은 환경적인 생명윤리 물음에 비해 일반 시민들의 일상적인 삶과 더 직접적인 연관성을 지녔다. 또한 1960년대와 1970년대의 미국 시민권 운동의 정신 역시 조지타운측의 접근법을 한 몫 거들었다. 소수민족, 여성, 장애인 등의 권리운동에서 엿볼 수 있듯이, 미국 시민운동은 환자와 실험 대상의 권리에 깊은 관심을 가졌다. 그리고 정치적 상황도 조지타운측 편이었다. 언론이 임신중절, 안락사 등에 관한 생명 윤리 논쟁을 보도함으로 말미암아 정책입안자들은 당장 눈앞에 닥친 사회적 현안에 대해 해결책을 제시하지 않을 수 없었기 때문이다. 게다가 조지타운측이 주제로 삼고 있는 생명의료윤리 물음들은 대학 강단에서 중요한 토론 주제로 부각되어 이에 관한 교재가 출간되었다.

둘째는 철학적 요인이다. 생물학, 진화론, 사이버네틱스 등에서 발생하는 포터의 생명윤리학 언어들은 지나치게 생명 중심적이고 또 검증이 거의 불가능한 용어이다. 반면에 조지타운측이 사용하는 윤리원

....

18 '미국 인문학 진흥재단' 및 세 연구소가 생명윤리학 발전에 구체적으로 어떻게 기여하였는지에 관한 자세한 논의는 A.R. Jonsen, *The Birth of Bioethics*, pp.19-27을 참조하라. 그리고 영국을 비롯한 유럽에서의 생명윤리학의 태동 및 발전 역사에 대한 간단한 소개는 R. Gillon. "Bioethics", pp.307-308을 참조하라. 이에 따르면 특히 독일은 홀로코스트의 악몽으로 인해 생명윤리학이 비교적 늦게 시작되었으며, 또 그 발전 속도도 더디었으며, 아시아와 아프리카는 1990년대 들어 비로소 생명윤리학 논의가 일어나기 시작했다.

19 W.T. Reich, "The Word "Bioethics": The Struggle Over Its Earliest Meanings", *Kennedy Institute of Ethics Journal*, vol.5, no.1, 1995, pp.21-24.

칙, 자연법이론, 공리주의 규칙 등의 언어들은 친숙할 뿐만 아니라 교육과 정책 결정의 목적과도 아주 잘 부합하였다. 이와 더불어 학문적 유연성도 조지타운 입장이 유행하는 데 한 몫 하였다. 자신의 이론이 대중적 토론에 훨씬 더 용이하다는 포터의 주장에도 불구하고, 그의 생명윤리학 논의는 생존에 관한 고도의 세련되고 철학적인 이론을 사용함으로 말미암아 이에 맞지 않는 이론이나 개념 혹은 윤리원칙을 배제하는 결과를 가져와 일반 대중의 참여를 어렵게 만들었다. 반면에 조지타운 접근법은 그 논의 내용이 권리, 의무, 의학적 문제 등에 한정되어 있지만, 원칙적으로 다양한 개념과 논증을 허용하고 있어 대중적인 토론에 훨씬 더 용이하였다. 또한 포터의 생명윤리학이 과연 윤리학이라고 할 수 있는가 하는 회의론도 포터의 접근법이 주류를 형성하는 데 방해가 되었다. 왜냐하면 포터의 논의는 특정의 환경적 혜택이 그 해악을 능가하는지, 우리 인간이 어떤 구체적인 의무나 권리를 지니는지에 대해 아무런 대답을 주지 않아, 윤리학이라기보다는 일종의 응용과학(applied science)이라 할 수 있기 때문이다.[20]

셋째는 학문적 여건의 차이이다. 조지타운측은 연방 정부 및 개인으로부터 연구비를 받아 생명윤리학 연구소를 설립하여 의료생명윤리의 필요성을 충족시켜주었다. 즉, 윤리지침을 필요로 하는 병원의 임상 현장이나 생명윤리 정책을 마련해야 하는 정부 기관 등을 염두에 두고, 조지타운측은 실질적인 연구를 통해 이러한 필요를 충족시켜주었다. 또한 어떤 학문이 발전하여 학과를 형성하여 지속되자면 재정적 뒷받침과 더불어 연구자 집단 및 이를 체계적으로 이끌어가는 구심점 내지 정치적 역량이 필요하다. 하지만 포터는 연구소를 설립하지 않았고, 그

20 K.D. Clouser, "Bioethics", W.T. Reich, ed., *Encyclopedia of Bioethics* vol.1, 1978, pp.118-119.

결과 저널 발간은 물론이고 생명윤리학 발전을 위한 그 어떤 프로그램도 만들어내지 못하였다. 이런 면에 있어서 포터는 지도력을 발휘하지 못하여 재정적 후원을 받지 못하고 후진을 양성하지 못하였다. 반면에 조지타운측은 생명윤리학 연구소를 구심적으로 하여 재정을 후원받고 후진을 양성하는 데 성공하였다.[21]

그래서 오늘날 생명윤리학이라 하면 환경윤리학을 제외한 생명의료윤리학을 주로 의미한다. 즉, 『생명윤리학 백과사전』이 "생명과학 및 보건의료 영역의 도덕적 차원-여기에는 도덕적 비전, 도덕적 결정, 도덕적 행위, 정책 등이 모두 포함된다-을 다양한 윤리적 방법을 동원하여 학제적인 배경 하에서 체계적으로 연구하는 학문"으로 정의한[22] 이후, 생명윤리학자들은 이 정의를 일반적으로 받아들임으로 생명윤리학은 주로 좁은 의미로 굳어지게 되었다.

4. 포터의 전지구적 생명윤리학

우리는 여기서 하나의 의문을 갖게 된다. 생명윤리학에 관한 포터의 입장과 헬러거즈의 입장은 각각 어떠하며, 그 공통점과 차이점은 무엇인가? 이미 앞에서 지적하였듯이 포터는 포괄적인 환경적 관심을 포함할 정도로 생명윤리학을 광의의 의미로 사용하였다. 즉, 그의 생명윤리학 정의-"생물학 및 생명과학 일반으로부터 발생하는, 그리고 인간복지와 직·간접적으로 연관된 도덕적, 사회적, 정치적 물음들을 탐구

....

21 P.J. Whitehouse, "The Rebirth of Bioethics: Extending the Original Formulations of Van Rensselaer Potter", p.2.

22 W.T. Reich, "Introduction", W.T. Reich, ed., *Encyclopedia of Bioethics* vol.1, 1978, p.xix.

하는 학문"-에 따르면 생명윤리학은 두 가지 특성을 지닌다. 하나는 생물학 및 생명과학과 연관하여 일어나는 문제를 다룬다는 점이요, 다른 하나는 인간의 복지와 직·간접적으로 관련된 물음을 다룬다는 점이다. 이 두 요소는 생명과학과 의학이 제기하는 윤리적 문제뿐만 아니라 환경윤리로 일컬어지는 생태학적인 문제까지 포괄한다. 한 마디로 말해 포터의 생명윤리학은 생태학적 문제를 포함하여 전지구와 연관된 윤리 문제를 다루는 학문이다.

하지만 케네디 연구소는 생명윤리학이라는 용어를 포터의 의미를 그대로 사용하지는 않았다. 케네디 연구소는 생명윤리학을 과학과 윤리학을 통합하는 독특한 새로운 학문분야로 보았다. 즉, 생명윤리학은 생물학과 사회과학 등의 과학적인 요소는 물론 종교학과 세속 윤리학 등의 윤리학적 요소를 모두 포함한다. 하지만 헬러거즈는 생명윤리학 문제에 내재된 윤리적 가치 탐구에 일차적 무게를 두었다. 특히 그는 의학과 윤리학을 통합하는 새로운 전문분야를 이룩하고자 하였다. 즉, 케네디 연구소는 생명윤리학을 협의의 의미로 받아들여, 구체적인 의료 딜레마를 다루는 조지타운 모델을 개발하여 널리 유포시켰다.

조지타운 모델은 주로 다음 3가지 영역의 의료윤리 문제를 학문적 논의 대상으로 삼았다. 즉, 조지타운측은 (1) 환자와 보건의료전문인의 권리와 의무, (2) 연구 대상 및 연구자의 권리와 의무, 그리고 (3) 임상 보건의료 및 생의학 연구를 위한 공공 정책 수립을 위한 가이드라인 등을 주로 다루었다. 이런 의미에서 조지타운 대학의 생명윤리학은 "의료윤리 연구의 부흥"(revitalized study of medical ethics)이라고 말할 수 있다.[23] 이는 의사의 윤리적 문제를 다소 확장한 것에 지나지 않는다. 그

....

23 L. Walters, "Religion and the Renaissance of Medical Ethics in the United States: 1965-1975", E.E. Shelp, ed., *Theology and Bioethics*(Dordrecht, Holland: D. Reidel Publishing

러니까 생명윤리학이라는 용어가 발생하기 이전에 이미 임신중절, 의료자원의 분배, 죽음의 권리, 의사와 환자의 관계 등을 다루는 의료윤리학이 조지타운대학의 '케네디 연구소'를 통해 생명윤리학이라는 새로운 옷으로 갈아입은 셈이다. 이로써 생명윤리학의 의미는 포터와 달리, 생의학이 보건의료의 전 분야가 아님에도 불구하고 그 주제가 'bio'에 제한됨으로 말미암아, 상당히 협의로 생명과학 및 의학이 제기한 윤리적 딜레마를 다루는 학문으로 사용되었다.[24]

케네디 연구소가 생명윤리학을 이렇게 협의로 사용하는 데 대해 포터는, "조지타운 대학이 다루는 문제 역시 생명윤리학의 문제이나 이는 생명윤리학의 한 부분에 지나지 않는다"고 하면서, 자신의 생명윤리학은 이보다 훨씬 더 광범위한 문제를 다룬다고 주장하였다.[25] 그에 따르면 생명윤리학은 전지구의 생존과 관련된 학문으로 생명과학 및 보건의료와 연관된 모든 윤리적 문제를 다룬다. 그렇기 때문에 도덕철학은 미래지향적인 진리-여기에는 지식뿐만 아니라 미래 세대에도 중요하게 작용하는 가치판단까지 포함된다-를 연구해야 한다. 어떤 개별 학문도 미래 세대의 생존에 적합한 온전한 기준을 마련할 수 없기 때문에, 생명윤리학은 그 방법론에서 학제적 성격을 띠며 다원론적인 접근법을 취할 수밖에 없다. 즉, 생명윤리학은 의료윤리학은 물론이고 환경윤리학 및 심지어 사회윤리학과 종교윤리학마저도 포함하는 포괄적 학문이 되어야 한다고 그는 생각했다. 특히 인류의 생존에는 환경문제를 도외시할 수 없다는 자각 아래 그는 환경윤리학과 생명윤리학을 결

Company, 1985), pp.13-14.

24 R. Martensen, "The History of Bioethics: An Essay Review", *Journal of the History of Medicine*, vol.56, 2001, pp.171-173 참조.

25 V.R. Potter, "Humility with Responsibility-A Bioethics for Oncologists: Presidential Address", *Cancer Research*, vol.35, 1975, p.2300.

합시키고자 애썼다. 그래서 '생명윤리학'이라는 신조어를 만들어낸 지 18년 후인 1988년 포터는 생명윤리학의 이러한 의미를 좀 더 명확하게 전달하기 위해 "의료윤리 문제와 생태학적 윤리 문제를 하나로 통합하는" 『전지구적 생명윤리학』(Global Bioethics)이라는 두 번째 책을 출간하였다.[26]

생명윤리학에 대한 포터의 개념 발전은 여기서 멈추지 않고 한 때 '심층 생명윤리학'(deep bioethics)으로까지 나아갔다.[27] 심층 생명윤리학은 이전의 전지구적 생명윤리학을 심층 생태학과 결합시켜, 모든 생명의 생존을 목표로 삼는 것을 목표로 하고 있다. 그러니까 심층 생태학이 인간중심적이지 않고 자연에 존재하는 모든 생명을 소중하게 여기는 '생명사랑'(biophilia)을 강조하듯이, 심층 생명윤리학도 자연을 생명윤리학이 추구하는 모든 가치의 근원으로 여긴다. 뿐만 아니라 WHO가 건강 개념에 영적인 차원마저 포함하듯이, 심층 생명윤리학도 이제까지 세속 윤리학에서 간과되었던 영적인 차원마저도 포함시켜 인간을 포함한 자연 전체의 생존을 모색하고자 한다. 그러니까 그 자신이 이를 '제3의 물결'(the third wave)이라 불렀듯이, 그의 생명윤리학은 인간중심적 생명윤리학에서 출발하여, 생태학적 측면을 고려하는 전지구적 생명윤리학을 거쳐, 영적인 요소 및 자연 모두를 고려하는 심층 생명윤리학으로까지 그 개념을 발전시켰다.

하지만 포터는 심층 생명윤리학을 적극 발전시키지 못하고 제2의 물결인 전지구적 생명윤리학으로 회귀하고 말았다. 심층 생명윤리학이

....

26 V.R. Potter, *Global Bioethics: Building on the Leopold Legacy*(East Lansing, MI : Michigan State University Press, 1988). 이 책은 '대지의 윤리'를 주장한 환경윤리학자 레오폴드(A. Leopold)에게 증정된 책이다.

27 P.J. Whitehouse, "The Rebirth of Bioethics : Extending the Original Formulations of Van Rensselaer Potter", p.3.

전지구적 생명윤리학에 비해 세속 생명윤리학에 더욱 더 큰 도전을 주는, 그래서 생명윤리학의 혁명적 변화를 꾀하는 작업임에 분명하지만, 그 학문적 방법의 측면에서 더 많은 문제점을 지니고 있기 때문이다. 즉, 심층 생태학이 그러하듯, 모든 생명이 가치를 지닌다는 주장은 하나의 직관에 불과하고, 또 일부 도덕적 신념의 토대를 자연과의 영적인 관계에서 찾고자 하는 시도 역시 이성적 사고에 물든 현대인이 받아들이기 어렵기 때문이다. 하지만 심층 생명윤리학에서 발전시키고자 한 그의 생명윤리학 사랑은 물론이거니와 전지구적 생명윤리학마저도 미국 학문 풍토에서 살아남지 못하였다.

그렇다고 이러한 포터의 생명윤리학 이념의 싹마저 사라진 것은 아니다. 그러니까 헬러거즈 박사도 이러한 이념을 갖고 케네디 윤리학 연구소를 설립하였다. 즉, 우리는 여기서 케네디 연구소의 입장과 이 연구소를 창립한 헬러거즈의 입장을 동일시하는 잘못을 범해선 안 된다. 그러니까 '케네디윤리학 연구소'는 생명윤리학을 포터의 의미와는 다르게, 의학 및 생명과학 연구에서 발생하는 윤리적 물음을 다루는 학문으로 발전시켰지만,[28] 생명윤리학에 관해 헬러거즈 본인은 포터처럼 전지구적 접근법을 취하였다.[29] 헬러거즈의 학문적 관심을 끈 두 윤리적 문제는 힘 있는 자와 힘 없는 자 사이의 세계적 규모의 불균형 문제와 인간에 대한 착취의 위험 문제이었다. 예를 들어, 태아생리학자요 산부인과의사로서 그는 이주노동자 집단에 대한 출산 정책-저개발 국가의 사회경제적 여건을 발전시키려 하지 않고 피임을 장려하는 정책-의 잘못을 밝히는 데 많은 노력을 기울였다. 이처럼 그는 인구 연구를 윤리 연구와 결합시킴으로써 국제간의 전지구적인 출산 문제를 생명

....

28 강손근, 「생명윤리학의 성립과 그 역사적 배경」, 대동철학회, 『대동철학』, 제15집, 2001, p.153.
29 W.T. Reich, "The Word "Bioethics": The Struggle Over Its Earliest Meanings", p.26.

윤리학의 한 부분으로 간주하였다.

또한 그는 생명윤리학에 관한 자신의 접근법이 다른 학자들과 다소 다르다는 것을 공언하기까지 하였다. 많은 생명윤리학자들이 임신중절이나 안락사와 같은 갈등 문제를 주로 다루는 반면에, 그는 의료기술이 사회에 미치는 영향에 주로 관심을 가졌다. 그에 따르면 의료전문인은 환자에 대한 서비스뿐만 아니라 인류 전체에 대해 도덕적 관심을 가져야 한다. 그의 생명윤리학은 의학 및 생물학과 관련된 문제뿐만 아니라 의학과 생물학이 사회에 미치는 영향까지 그 연구 대상으로 삼고 있다. 방법론의 측면에서도 헬러거즈는 조지타운측의 원칙주의 접근법에 대해 이의를 제기하였다. 즉, 그는 단순히 윤리원칙을 도덕적 딜레마에 응용하는 차원을 넘어서 가치관의 위기에 관심을 가지면서 종교와 양심의 관점에서 생명윤리학을 천착하기도 하였다. 생명윤리학은 이성과 종교 모두를 필요로 한다는 인식을 갖고, 그는 생명윤리학 물음 밑바탕에 도사리고 있는 근본적은 물음 즉, "인간의 의미는 무엇인가?"의 물음을 학제적인 관점에서 연구하였다.

그러나 생명윤리학에 관한 헬러거즈의 이러한 접근법은 조지타운대학 내에서 주도권을 잡지 못하고, 앞에서 언급한 협의의 입장이 주류를 형성하였다. 생명윤리학의 범위에 관해 포터와 조지타운의 이러한 입장 차이는 근본적으로 생명윤리학을 바라보는 시각의 차이에 기인한다. 포터는 생명윤리학을 과학과 철학을 통합하는 새로운 학문 분야로 간주한 반면에, 조지타운 접근법은 이미 존재하는 응용윤리학(applied ethics)의 한 분야로 간주하였다. 그래서 포터는 전지구적인 보건의료를 위한 일반적인 규범윤리학을 개발하려고 시도한 반면에, 조지타운측은 생의학적 문제와 같은 규범 응용윤리학 영역에 철학적 논증을 적용하는 접근법을 개발하고자 하였다. 왜냐하면 조지타운측은 윤리학과 과학의 차이를 전제한 반면에, 포터는 과학과 윤리학의 밀접한 상호연관성을 확신하였기 때문이다. 즉, 포터의 입장에서는 과학과 윤리학이 강하게 연결되어 있기에 이 둘을 통합하는 새로운 전지구적 윤리학이 가능하지만, 조지타운측의 견해에 따르면 이 둘은 근본적으로 다르기에 둘을 통합하는 새로운 학문은 불가능하고 다만 윤리 원칙이나 규범을 과학에 응용하는 방법만이 가능한 것이다.

요약하면, 포터의 경우 생명윤리학은 인류의 전지구적 생존을 위한 도덕적 선택을 안내해 주는 지혜를 추구하는 '새로운 윤리학'(a new ethics)인 반면에, 조지타운측의 생명윤리학은 이전의 의료윤리학과 "동일한 옛 윤리학"(the same old ethics) 즉, 바이오 영역(bio-realm)에 윤리 원칙을 적용하여 도덕 문제를 해결하고자 하는 "응용된 일상적 윤리학"(applied ordinary ethics)에 지나지 않는다.[30] 생명윤리학에 관한 포터와 헬러거즈의 이러한 입장 차이는 무엇보다 윤리관의 차이에 그 뿌리를 두고 있다고 하겠다.[31] 그러니까 영어 'bioethics'는 'bio'와 'ethics'의 결합어인데, 이 두 사람 모두 환자를 진료하는 의사요, 또 의학을 연구하는 학자이기에 'bio'에 대해서는 동일한 입장이었지만, 윤리에 대해서는 그 생각이 달랐다. 포터는 인간 가치 일반을 윤리로 생각한 반면에, 헬러거즈는 유대 가톨릭 전통의 교육을 받은 탓에 도덕규범의 정당 근거 내지 윤리 표준(cannon)에 관심이 많았다. 그래서 포터는 인류의 생존을 위한 전지구적 윤리학과 같은 보편적 인간 가치를 생명윤리학에 도입하고자 애쓴 반면에, 헬러거즈는 윤리적 정당화가 가능한 생의학이 제기하는 윤리적 문제에 초점을 맞추었다.

....

30 K.D. Clouser, "Bioethics", p.116, p.120.

31 A.R. Jonsen, *The Birth of Bioethics*, p.27.

5. 거울이 아닌 안경으로서의 생명윤리학

전지구적 접근법을 상실한, 의학 정향적인(medically oriented) 좁은 의미의 생명윤리학 득세는 생명윤리학이 갖는 본래의 의미를 희석시킬 위험을 안고 있다.[32] 왜냐하면 생명윤리 물음을 전지구적인 관점에서 접근하지 않을 경우, 생명윤리학은 관련성이 없는 개별 윤리 물음 및 그에 관한 논변들의 단순한 목록에 지나지 않을 개연성이 높기 때문이다. 또한 전지구적으로 접근하지 않을 경우, 생명윤리학은 '의학화'(medicalization)의 길을 치달아, 그것도 미국의 주류 의료 문화를 무비판적으로 받아들임으로 말미암아 간호윤리학이나 다른 보건의료 전문가의 윤리는 주변으로 밀려나게 된다. 특히 이렇게 되면 환자 및 이를 돌보는 가족 등의 비의료인들의 윤리가 생명윤리 담론에 끼어들 수 있는 여지가 사라지게 된다.

이뿐만 아니라 의학은 과학기술의 논리 즉 발전의 논리를 따르기에, 전지구적 접근법을 배제한 생명윤리학은 전 인류의 생존이나 번영과 같은 도덕적 이상을 상실한 채 오직 발전의 논리에 따라 의학과 생명공학의 발전을 무비판적으로 옹호하기 쉽다. 예를 들어, 중환자실에서 한 개인의 생존에 대한 지나친 관심은 도덕적 에너지를 인류의 생존, 삶의 질, 보건의료 등을 인구학적 관점 및 환경적 관점에서 고찰하지 못하게 만든다. 게다가 이러한 입장을 견지하는 생명윤리학자들은 의료 관행에 의해 그 연구 작업이 한정될 위험이 있다. 예를 들어, 생명윤리학의 에너지를 임상 윤리학에 지나치게 집중함으로서, 의료 제도의 사회 의학적 편향을 강화하여 일반 대중의 공중 보건의료나 예방의학적

32 W.T. Reich, "The Word "Bioethics": The Struggle Over Its Earliest Meanings", pp.28-29 참조.

관심을 도덕적 관심영역에서 아예 배제시키게 된다.

어원적으로도 생명윤리학은 그리스어 'bios'(생명)와 'ethike'(윤리학)의 합성어로, 그 범위가 광범위하다. 따라서 그 기원에 비추어 보건대 생명윤리학은 전지구적 의미의 "생명과학 및 보건의료의 윤리학"으로 정의되는 것이 타당하다. 생명윤리학은 의학에서 제기되는 윤리적 문제를 넘어서 공중 보건의료, 인구학적 관심, 유전학, 환경 관련 보건의료, 생식의술, 동물 복지 등등을 모두 포함하는 포괄적인 학문이다. 이는 생명윤리학의 두 창시자 포터와 헬러거즈가 모두 동의하는 바이다. 처음부터 윤리학과 생명과학에 관심을 갖고 출발한 '해스팅스 센터'도 이러한 의미의 생명윤리학을 연구하는 것을 그 설립 목적으로 삼았다. 『생명윤리학 백과사전』 역시 이러한 의미의 생명윤리학을 옹호하여, 초판에서 워렌 라이히(W. Leich)는 "생명과학 및 보건의료 영역에서의 인간 행위를 도덕적 가치 및 원칙에 비추어 체계적으로 연구하는 학문"으로 정의 내렸다. 여기서 원칙(principles)이란 일상적으로 사용되는 자율성 존중 원칙이나 해악금지 원칙 등과 같은 윤리원칙을 의미하지 않고, 오히려 이 단어의 어원학적인 의미, 즉 근원(sources)을 뜻한다. 따라서 생명윤리학은 도덕지식과 규범의 광범위한 영역에 걸친 근원에 의거해서 탐구되어야 한다. 하지만 현재 원칙이 도덕규칙의 의미로 사용되고 있어 생명윤리학의 원래 의미를 살리지 못하기 때문에, 생명윤리학 백과사전 개정판에서는 이 원래의 정의를 수정할 계획이라고 그는 다른 논문에서 밝히고 있다.[33]

존슨에 동조하여 1962년을 생명윤리학 원년으로 잡으면, 생명윤리학도 벌써 60년이 넘는 역사를 지니게 되었다. 그 동안 조지타운측의

....

33 W.T. Reich, "The Word "Bioethics": The Struggle Over Its Earliest Meanings", p.32 참조.

생명윤리학 개념이 득세함으로 말미암아, 인류 및 전 지구의 생존에 진정으로 중요한 생태계 내지 환경 문제를 생명윤리학은 도외시하고 지나치게 인간중심적으로, 그것도 생의학 기술의 발전으로 제기되는 개별적인 윤리문제 해결에 역량을 집중시킨 과오를 반성하고 '새로운 생명윤리학'을 기획해야 할 것이다. 즉, 현재의 지배적인 보건의료 체계 밑바탕에 놓여있는 가치관을 거울처럼 소박하게 반영하는 생명윤리학이 아니라, 이에 도전하여 새로운 윤리의 눈을 제시할 수 있는 안경으로서의 생명윤리학이 필요하다.

이제 생명윤리학자는 자율성과 같은 원칙 및 전문가적 인식 틀에서 벗어나, 공동체에서의 관계, 직관, 공중 보건 및 환경적 건강 등에 눈을 돌려야 한다. 즉, 21세기 생명윤리학은 '마이크로 접근법'(micro-approach)을 넘어 '매크로 접근법'(macro-approach)을 필요로 하고 있다. "이는 인지적 작업이 아니라 영혼의 작업이다."[34] 그러자면 포터나 헬러거즈가 'bioethics'를 통해 이루고자 했던 원래의 이념을 회복해야 한다. 그러니까 탄생된 지 60년이 지난 생명윤리학이 인류를 넘어서 전 지구의 생존을 위한 학문이 되고자 하면, 의료윤리학의 부활에 만족하지 아니하고 '생명윤리학의 원래 의미의 부활'(rebirth of the original conceptions of bioethics)이 요망된다.[35] 다행스럽게도 생명윤리학 저널과 포럼에 포터의 이념에 동조하는 글들이 21세기 들어 점점 늘어나고 있다.

....

34 P.J. Whitehouse, "The Rebirth of Bioethics: Extending the Original Formulations of Van Rensselaer Potter", p.8.

35 ibid., p.8.

참고문헌

강손근, 「생명윤리학의 성립과 그 역사적 배경」, 대동철학회, 『대동철학』, vol.15, 2001, pp.133-156.

고인석, 「아시모프의 로봇 3법칙 다시 보기」, 철학연구회, 『철학연구』, 제93집, 2011, pp.97-120.

구인회, 『생명윤리의 철학』, 서울: 철학과현실사, 2002.

권선영·손영삼, 「사이버 차원의 행위와 윤리에 대한 검토」, 대동철학회, 『대동철학』, vol.18, 2002, pp.357-377.

김명진, 「연구윤리의 쟁점과 현황」, 시민과학센터, 제2차 시민과학 포럼, 『연구진실성, 그 쟁점과 대책"』, 2006, pp.2-3.

김민우, 「웰다잉법의 시행을 둘러싼 제 문제」, 경북대학교 법학연구원, 『법학논고』, 제65집, 2019, pp.33-54.

김상득, 「대리모의 윤리」, 『유전자윤리학』, 서울: 철학과현실사, 2009, pp.322-342.

______, 「배아복제의 윤리」, 『유전자윤리학』, 서울: 철학과현실사, 2009, pp.25-52.

______, 「복제배아의 도덕적 지위 물음: 자아동일성 입론」, 철학연구회, 『철학연구』, 제57집, 2002, pp.321-40.

______, 「유전자 편집의 윤리」, 국가생명윤리정책원, 『생명, 윤리와 정책』, vol.2, no.2, 2018, pp.1-24.

______, 『생명과 자유는 어떻게 서로를 반대하는가』, 서울: 사회평론아카데미, 2024.

______, 『생명의료윤리학』, 서울: 철학과현실사, 2000.

______, 『알기 쉬운 윤리학』, 서울: 철학과현실사, 2013.

______, 『유전자 윤리학』, 서울: 철학과현실사, 2009.

김상환, 「디지털 혁명은 존재론적 혁명이다」, 『철학과 현실』, 1999, pp.181-206.

김선희, 「복제인간과 인격의 문제」, 철학연구회, 『철학연구』, 제49집, 2000, pp.253-272.

김신영, "미 기업, 인간 배아줄기세포 첫 임상시험". 『조선일보』, 2010. 10. 14.

김영균, 『인폼드 컨센트』, 서울: 수석문화재단, 1997.

김영정, 「유전자 복제와 인간의 정체성」, 『철학과 현실』, 39호, 1998, pp.30-45.

김일방, 「환경실용주의(Environmental Pragmatism)의 본질 규명」, 대한철학회, 『철학연구』, 제171집, 2024, pp.109-137.

김일순, 포션, N., 『의료윤리: 삶과 죽음, 그 영원한 숙제』, 서울: 연세대학교출판부, 1982.

김태길, 『윤리학』, 서울: 박영사, 1981.

김호기, 「생명공학기술의 사용과 위험평가 및 위험관리」, 생명윤리정책센터,

『생명윤리정책연구』, vol.2, no.2, 2008, pp.105-122.
김환석, 「과학기술 시대의 연구윤리」, 유네스코한국위원회, 『과학연구윤리』, 서울: 당대, 2001, pp.11-40.
대한민국, 법률 제14013호, 「호스피스·완화의료의 이용 및 임종과정에 있는 환자의 연명의료결정에 관한 법률」, 2016. 02. 03.
대한민국, 법률 제19459호, 「장기 등 이식에 관한 법률」, 2010. 05. 31.
대한민국, 법률 제19645호, 「국민건강증진법」, 2023. 08. 16. 일부개정.
대한민국, 법률 제20327호, 「생명윤리 및 안전에 관한 법률」, 2013. 03. 23.
대한민국, 「헌법」.
목광수, 「유전자 편집기술에 대한 윤리적 대응: 동적이며 다층적인 리스크 모델을 중심으로」, 한국생명윤리학회, 『생명윤리』, vol.18, no.2, 2017, pp.1~20.
문국진, 『생명윤리와 안락사』, 서울: 여문각, 1982.
박성민, "국민 10명중 9명 '임종기때 연명의료 중단' … 272만명 의향서 작성", 『동아일보』, 2025.02.24.
박은정, 「생명공학과 연구윤리」, 유네스코한국위원회, 『과학연구윤리』, 서울: 당대, 2001, pp.74-120.
______, 『생명공학 시대의 법과 윤리』, 서울: 이화여자대학교출판부, 2000.
박재묵, 「환경정의 개념의 한계와 대안적 개념화」, 한국환경사회학회, 『환경사회학연구 ECO』, 제10권 2호, 2006, pp.75-114.
박정순, 「정보통신문화와 도덕의 정체성 문제」, 한국철학회편, 『기술문명에 대한 철학적 반성』, 서울: 철학과현실사, 1998, pp.244-289.
박주용, 「자유의지에 대한 리벳의 연구와 후속 연구들」, 신경인문학연구회 지음, 『뇌과학, 경계를 넘다』, 서울: 바다출판사, 2012, pp.235-253.
소홍렬, 「존재, 공간 그리고 가상 공간」, 고려대장경연구소 편, 『디지털 시대의 문화 변동』, 서울: 고려대장경연구소출판부, 2001, pp.171-192.
손병홍, 「인간복제와 개인동일성」, 한국과학철학회, 『과학철학』, 제4권 1호, 2001, pp.95-118.
송기원, 「생명체 디자인의 시대」, 송기원 엮음, 『생명과학, 신에게 도전하다』, 서울: 동아시아, 2017, pp.17-46.
______, 「유전자 가위 기술」, 송기원 엮음, 『생명과학, 신에게 도전하다』, 서울: 동아시아, 2017, pp.89-122.
송성수, 「연구윤리의 이해: 쟁점과 과제」, 『과학기술정책』, vol.16, no.1, 2006, pp.2-14.
송호근, "한 번 공여 600만원 미국 원정 '난자매매'", 『주간동아』, 598호, 2007. 08.14, pp.40-41.
신상규, 「인공지능시대의 윤리학」, 『지식의 지평』, 21권, 2016. 12., pp.1-16.

여명숙, 「사이버스페이스의 존재론과 그 심리철학적 함축」, 미간행, 이화여자대학교대학원 박사학위 논문, 1998.
연합뉴스, "'대 이으려고' … 숨진 아들 정자 채취 법원이 허락", 『문화일보』, 2019. 03. 06.
_______, "日 61세 여성, 딸 대신해 아기출산", 『연합뉴스』, 2008. 08.21.
윤영민, 『사이버 공간의 사회』, 서울: 한양대학교출판부, 2003.
의학교육연수원, 『임상윤리학』, 서울: 서울대학교출판부, 2009.
이봉림, 「대리모 계약에 관한 연구」, 생명윤리정책센터, 『생명윤리정책연구』, 제2권 2호, 2008, pp.135-152.
이봉재, 「경험 양식으로서의 가상 현실」, 철학연구회 편, 『정보사회의 철학적 진단』, 서울: 철학과현실사, 1999, pp.181-208.
_____, 「정보통신기술의 철학적 특성: 컴퓨터, 사이버 스페이스, 유아론」, 한국철학회 편, 『기술문명에 대한 철학적 반성』, 서울: 철학과현실사, 1998, pp.180-200.
이상욱, 「유전자 편집? 가위?: 수사학적 전략의 유혹」, 한국과학기술단체총연합회, 『과학과 기술』, 576권, 2017, pp.51-54.
이상헌, 「합성생물학과 윤리적 쟁점들」, 서강대학교 생명문화연구소, 『생명연구』, vol.17, 2010, pp.175-196.
_____, 「신경윤리학의 등장과 쟁점들」, 서강대학교 철학연구소, 『철학논집』, 제19집, 2009, pp.99-127.
이원봉, 「나노기술과 새로운 윤리 모델의 모색」, 중앙대학교 중앙철학연구소, 『철학탐구』, vol.39, 2015, pp.201-230.
이을상, 「신경윤리학의 위상학」, 부산대학교 동양문화연구원, 『東洋文化硏究』, 제7집, 2011, pp.275-307.
이일학, 「의학연구에서 위험성 평가」, 생명윤리정책센터, 『생명윤리정책연구』, vol.2, no.3, 2008, pp.215-230
이종관, 「가상현실의 형이상학과 윤리학」, 『철학』, vol.54, 1998, pp.319-350.
이채리, 「인터넷의 존재론적 특성과 온라인 상의 자아정체성에 대한 고찰」, 철학연구회, 『철학연구』, vol.65, 2004, pp.241-260.
이태수, 「사이버 공간의 존재론」, 『철학과 현실』, vol.57, 2003, pp.173-193.
이현재, 「성적 타자(sexual others)의 인정과 몸의 권리(right to body)」, 대한철학회, 『2008년 가을학술대회 논문집』(전남대, 2008. 10. 30-31.), pp.51-65.
전방욱, 「인간 배아 유전체 편집에 관한 윤리적 쟁점」, 한국생명윤리학회, 『생명윤리』, vol.16, no.2, 2015, pp.17-29.
_____, 『크리스퍼 유전자 가위』, 서울: 이상북스, 2018, pp.19-36.
전은애, 「피니어스 게이지: 세계에서 가장 유명한 뇌 연구 사례」, 한국뇌과학연구원, 『브레인』, 92권, 2022, pp.49-51.

정광수, 「인간개체복제에 대한 윤리적 검토」, 한국과학철학회, 『과학철학』, 제4권 1호, 2001, pp.78-79.

정대현, 「특이점 인문학」, 한국철학회, 『철학』, 제131집, 2017, pp.190-201.

정아임, “버튼 누르면 5분 내 사망 … ‘안락사 캡슐’ 결국 사용 중단”, 『조선일보』, 2024.10.19.

정철순, “레즈비언에 정자 제공한 男, ‘아버지 권리’ 소송”, 『문화일보』, 2019. 4. 17.

최민수, 「독일법상 배아입양에 관한 소고」, 한국가족법학회, 『가족법연구』, vol.27, no.1, 2013, pp.187-216.

최병두, 『환경 갈등과 불평등: 한국 환경문제의 재인식』, 서울: 도서출판 한울, 1999.

최병인, 『생명과학 연구윤리』, 서울: 지코 사이언스, 2009.

최훈, 「신경과학은 자유의지를 위협하는가?」, 신경인문학연구회 지음, 『뇌과학, 경계를 넘다』(서울: 바다출판사, 2012), pp.254-273.

추병완, 「정보윤리학에 대한 서양철학적 접근」, 범한철학회, 『범한철학』, vol.29, 2003, pp.35-56.

추병완, 『정보윤리교육론』, 서울: 울력, 2001.

한국원자력연구소, 『과학기술 연구윤리』, 서울: 두양사, 2006.

한면희, 「환경 분야 연구윤리의 특성과 과제」, 성균관대학교 연구윤리위원회, 『연구윤리의 기초와 응용』, 대학 학회 연구윤리 학술대회 자료집, 2007.

홍석영, 「생명과학 연구윤리 교육과정 개발을 위한 일 연구」, 한국의료윤리학회, 『한국의료윤리학회지』, vol.10, no.1, 2007, pp.99-108.

홍성태 엮음, 『사이버 공간 , 사이버 문화』, 서울: 문화과학사, 1996.

Allen, C. & Wallach, W., “Moral Machine : Contradiction in Terms or Abdication of Human”, P. Lin, Abney, K. & Bekey, G.A., eds., *Robot Ethics: The Ethical and Social Implications of Robotics*, Cambridge, MA : The MIT Press, 2012, pp.55-68.

________, Varner, G. & Zinser J., “Prolegomena to Any Future Artificial Moral Agent”, W. Wallach & P. Assaro, eds., *Machine Ethics and Robot Ethics*, New York, NY : Routledge, 2017. pp.53-63.

Almond, B. & Hill, D., “Introduction”, in Almond, B. & Hill, D., ed., *Applied Philosophy : Morals and Metaphysics in Contemporary Debate*, London and New York : Routledge, 1990, pp.1-6.

__________, “Applied Ethics”, Craig, E., ed., *Routledge Encyclopedia of Philosophy*, vol. 1, New York : Routledge, 1998, pp.318-324.

Anderson, M. & Anderson, S.L., “How Machines Can Advance Ethics”, *Philosophy Now*, 72 March/April, 2009, pp.17-19.

_____________ & Anderson, S.L., "Machine Ethics: Creating an Ethical Intelligent Agent", W. Wallach & P. Assaro, eds., *Machine Ethics and Robot Ethics*, p.247.

Anderson, S.L., "How Machines Might Help Us Achieve Breakthroughs in Ethical Theory and Inspire Us to Behave Better", M. Anderson, & S.L. Anderson, eds., *Machine Ethics*, pp.524-530.

_____________, "Philosophical Concerns with Machine Ethics", M. Anderson, & S.L. Anderson, eds., *Machine ethics*, pp.162-167.

_____________, "Machine Metaethics", M. Anderson, & S.L. Anderson, eds., *Machine ethics*, New York : Cambridge University Press, 2011, pp.21-27.

Annas, G., "*Viewpoint: Scientists Should Not Edit Genomes of Human Embryos*", School of Public Health, April 30, 2015. https://www.bu.edu/sph/2015/04/30/scientists-should-not-edit-genomes-of-human-embryos/ 접속: 2018.09.01.

__________, "The Prospect of Human Cloning", J.M. Humber and R.F. Almeder, *Human Cloning*, New Jersey: Humana Press, 1998, pp.51-64.

Arnason, G., "Neuroscience, Free Will and Moral Responsibility", *Trames Journal of the Humanities and Social Sciences*, vol.15, no.2, 2010, pp.147-155.

Arras, J., "A Case Approach", Kuhse, H. & Singer, P. eds., *A Companion to Bioethics*, Oxford: Blackwell Publishers, 1998, pp.106-114.

Assaro, P.M., "What should We Want from a Robot Ethic?", R. Capuro & M. Nagenborg, eds., Ethics and Robotics, 2009. 변순용·송선영 역, 『로봇윤리-로봇의 윤리적 문제들』, 서울: 어문학사, 2013, pp.31-54.

Bayertz, K., "Self-enlightenment of Applyied Ethics", Chadwick, R. & Schroeder, D., eds., *Applied Ethics: Critical Concepts in Philosophy*, New York: Routledge, 2002, pp.36-51.

Bayles, M., *Reproductive Ethics, Englewood Cliffs*, NJ: Prentice-Hall, Inc., 1984.

Bayles, M.D., "Ethical Theory in the Twenty-first Century", DeMarco, J.P. & Fox, R.M. eds., *New Direction in Ethics*, New York: Routledge & Kegan Paul, 1986, pp.249-264.

Beauchamp, T.L. & Childress, J.F., *Principles of Biomedical Ethics*, 7th ed., New York, Oxford: Oxford University Press, 2013.

_______________, "On Eliminating the Distinction Between Applied Ethics and Ethical Theory", *The Monist*, vol.67, 1984, pp.514-531.

Beavers, A.F., "Moral Machines and the Threat of Ethical Nihilism", Lin, P., Abney, K. & Bekey, G.A., eds., *Robot Ethics: The Ethical and Social Implications of Robotics*, Cambridge, pp.333-345.

Bell, D.R., "Environmental Justice and Rawls' Difference Principle", *Environmental Ethics*, vol.26, 2004, pp.287-306.

Benedict, M., "Cyberspace: some proposals", M. Benedict, *Cyberspace: First Steps*, MIT Press, 1991, pp.119-224.

Bhutar, A., "Synthetic Biology: Navigating the Challenges Ahead", *The Journal of Biolaw and Business*, vol.8, no.2, 2005, pp.19-29.

Birnbacher, D. & Birnbacher, W., "Fully Autonomous Driving: Where Technology and Ethics Meet", *IEEE Intelligent Systems*, vol.32, no5, 2017, pp.3-4.

Bonnicksen, A.L., "In vitro Fertilization and Embryo Transfer", Reich, W.T., ed., *Encyclopedia of Bioethics*, vol.4, New York: Simon & Schuster MacMillan, 1995, pp.2221-2225.

Breed, Br G., "The Only Moral Option Is Embryo Adoption", *National Catholic Bioethics Quarterly*. 2014, vol.14, no.3, pp.441-447.

Broad, C.D. *Ethics and the History of Philosophy*, London: Routledge and Kegan Paul, 1952.

Brock, D., "Cloning Human Beings: An Assessment of the Ethical Issues Pro and Con", M.C. Nussbaum & C.R. Sunstein, eds., *Clones and Clones*, New York: W. W. Norton & Company, Inc., 1998, pp.141-164.

Brody, B., *Ethics and Its Application*, London: Harcourt Brace Jovanovich Publisher, 1983, 황경식 옮김, 『응용윤리학』, 서울: 종로서적, 1988.

Brown, J.M., "On Applying Ethics", Chadwick, R. & Schroeder, D., eds., *Applied Ethics: Critical Concepts in Philosophy*, New York: Routledge, 2002, pp.215-227.

Bryant, J. et al., *Introduction to Bioethics*, John Wiley & Sons, Ltd. 2005. 이원봉 옮김, 『생명과학의 윤리』, 서울: 아카넷, 2008.

Bryner, G.C., "Assessing Claims of Environmental Justice", K.M. Mutz et al., eds., *Justice and Natural Resources: Concepts, Strategies and Application*, London: Island Press, 2002, pp.31-55.

Buchanan, A. et al., *From Chance to Choice: Genetics & Justice*, Cambridge: Cambridge University Press, 2000.

Bullard, R., "Decision Making", L. Westra & P.S. Wenz, eds., *Faces of Environmental Racism: Confronting Issues of Global Justice*, London: Rowman & Littlefield Publishers, Inc, 1995, pp.3-19.

Buskmiller, C., "Cryopreserved Embryo Adoption", *National Catholic Bioethics Quarterly*. 2016, vol.16, no.2, pp.225-231.

Bynum, T.W., "Ethics and the Information Revolution", Spinello, R.A. & Tavani, H.T.,

Readings in Cyber Ethics, Sudbury, MA: Jones and Bartleft Publishers, 2001, pp.9-25.

Callahan, D., "Bioethics as a Discipline", *Hastings Center Studies*, vol.1, 1973, pp.66-73.

Campbell, N., "A Problem for the Idea of Voluntary Euthanasia", *Journal of Medical Ethics*, vol.25, 1999, pp.242-244.

Caney, S., "Environmental Degradation, Reparation, and the Moral Significance of History", *Journal of Social Philosophy*, vol.37, Iss.3, 2006, pp.464-482.

Caplan, A.L., "Can Applied Ethics Be Effective Health Care and Should It Strive to Be?", *Ethics*, vol.93, 1983, pp.311-319.

__________, "Can Ethics Help Guide the Future of Biomedicine?", R.B. Baker et al., eds., *The American Medical Ethics Revolution*, Baltimore and London: The Johns Hopkins University Press, 1999, pp.272-284.

Carson, R., *Silent Spring*, Boston: Houghton Mifflin Co., 1962. 김은령 옮김, 『침묵의 봄』, 서울: 에코리브르, 2011.

Chadwick, R.F., "Cloning", *Philosophy*, vol.57, 1982, pp.201-209.

Chambers, T., "Retrodiction and the Histories of Bioethics", *Medical Humanities Review*, vol.12, no.1, 1998, pp.9-22.

Chandler, J., "Killing and Letting Die-Putting the Debate Context", *Australasian Journal of Philosophy*, vol.68, Iss.4, 1990, pp.420-431.

Cisler, L., "*Unfinished Business: Birth Control and Women's Liberation*", 1970, 황필호, 편저, 『산아제한과 낙태와 여성해방』, 서울: 종로서적, 1990. pp.61-84.

Clark, P., "Embryo Donation/ Adoption: Medical, Legal and Ethical Perspectives", *The Internet Journal of Law, Healthcare and Ethics*, vol.5, no.2, 2008, p.6.

Clouser, K.D., "Bioethics", Reich, W.T., ed., *Encyclopedia of Bioethics*, vol.1, 1978, pp.115-127.

Cole-Turner, R., "At the Beginning", R. Cole-Turner, ed., *Human Cloning: Religious Perspectives*, Louisville: Westminster John Knox Press, 1997, pp.119-130.

Conference of the Parties to the Convention on Biological Diversity, "The Cartagena Protocol on Biosafety", 2000.3, Article 1 Objective.

Costa, D. de V., "The Limits of the Neuroscience of Moral Responsibility", *Edição*, vol.20, no.1, 2021, pp.5-34.

Crosthwaite, J., "Gender and Bioethics", H. Kuhse & P. Singer, eds., *A Companion to Bioethics*, Oxford: Blackwell Publishers Ltd., 2001. pp.32-42.

Culver, C.M. & Gert, B., "The Definition and Criterion of Death", Mapps, T.A. &

Zembaty, J.S., ed., *Biomedical Ethics*, 3rd ed., New York: McGraw-Hill, Inc. 1991, pp.390-397.

Cunningham, P.C., "Embryo Adoption or Embryo Donation?: The Distinction and Its Implications", *The Bioethics and Human Dignity*, March 31, 2003, pp.2-3.

Daniels, N., "Wide Reflective Equilibrium and Theory Acceptance in Ethics", *The Journal of Philosophy*, vol.76, 1979, pp.256-282 .

Dare, T., "Applied Ethics, Challenge To", Chadwick, R. & Schroeder, D., eds., *Applied Ethics: Critical Concepts in Philosophy*, New York: Routledge, 2002, pp.23-35.

Davis, N.A., "The Abortion Debate: The Search for Common Ground, Part 1", *Ethics*, vol.103, 1993, pp.516-539.

__________, "The Abortion Debate: The Search for Common Ground, Part 2", *Ethics*, vol.103, 1993, pp.731-778.

Degrazia, D., "Moving Forward in Bioethical Theory: Theories, Cases, and Specified Principlism", *The Journal of Medicine and Philosophy*, vol.17, 1992, pp.511-539.

DeMarco. J.P. & Fox. R.M., "The Challenge of Applied Ethics", J.P. DeMarco & R.M. Fox, eds., *New Direction in Ethics*, New York: Routledge & Kegan Paul, 1986, pp.1-18.

Dennett, D.C., *Elbow Room: The Varieties of Free Will Worth Wanting*, Boston, MA: MIT Press, 1984.

____________, *Freedom Evolves*, New York: Viking, 2003.

Dobson, A., *Justice and the Environment: Conceptions of Environmental Sustainability and Theories of Distributive Justice*, Oxford: Oxford University Press, 1998.

Dong-Ryul Choo, "Two Master Argument in the Ethics of Human Cloning: The Procreative Right vs. Autonomy of the Future Clones", *Proceedings: Ⅳ Asia Conference of Bioethics(Korea, Seoul, 2002)*, pp.430-443.

Doudna, J.A. & Sternberg, S.H , *A Crack in Creation: Gene Editing and the Unthinkable Power to Control Evolution*, MA, Boston: Houghton Mifflin Harcourt, 2017. 김보은 옮김, 『크리스퍼가 온다』, 서울: 프시케의 숲, 2018.

Draper, H., "Euthanasia", R. Chadwick, ed., R. Chadwick, ed., *Encyclopedia of Applied Ethics*, vol.2, New York: Academic Press, 1998, pp.175-187.

Duff, A., *Answering for Crime: Responsibility and Liability in the Criminal Law*, Oxford: Hart Publishing, 2007.

Dworkin, R., *Life's Dominion*, New York: A Division of Random House, 1994. 박경신·김지미 옮김, 『생명의 지배영역: 낙태, 안락사 그리고 개인의 자유』, 서울: 로도스, 2014.

Edel, A., "Ethical Theory and Moral Practice: on the Terms of Their Relation", DeMarco, J.P. & Fox, R.M., eds., *New Direction in Ethics*, pp.317-335.

Eisenberg, V.H. & Schenker, J.G., "Pre-embryo Donation: Ethical and Legal Aspects", *International Journal of Gynecology and Obstetric*, vol.60, no.1, 1998, pp.51-57.

Ethics Committee of the American Society of Reproductive Medicine, "Defining Embryo Donation: an Ethics Committee opinion", *Fertility and Sterility*, vol.106, no.1, 2016, pp.56-58.

Farah, M.J., "Neuroethics: The Practical and the Philosophical", *Trends in Cognitive Science*, 2005, vol.9, no.1, pp.34-40.

_________ et al., "Neurocognitive Enhancement: What can We Do and What should We Do?", *Nature Reviews Neuroscience*, vol.5, 2004, pp.421－425

Feinberg, J., "The Child's Right to an Open Future", W. Aiken & H. LaFollette, eds., *Whose Child? Children's Right, Parental Authority, and State Power*, Totowa, NJ: Roean and Littlefield, 1980, pp.124-153.

Firestone, S., *The Dialectic of Sex*, 1970, 김예숙 옮김, 『성의 변증법』, 서울: 풀빛, 1983.

Fisk, M., *The State and Justice*, Cambridge: Cambridge University Press, 1989.

Foot, P., The Problem of Abortion and the Doctrine of the Double Effect, Gorovitz, S., ed., *Moral Problems in Medicine*, New Jersey: Prentice-Hall, Inc., 1976, pp.267-276.

Frazer, M.J. & Kornhauser, A. eds., *Social Responsibility in Science Education*, New York: Pergmon, 1996. 송진웅 옮김, 『과학교육에서의 윤리와 사회적 책임』, 서울: 명경, 1994.

Frey, R.G., "Bioethics", Craig, E. ed. *Routledge Encyclopedia of Philosophy*, vol.1, London and New York: Routledge, 1998, pp.773-776.

_________, "Distinctions in Death", G. Dworkin et al., Euthanasia and Physician-assisted Suicide, 1998, 석기용·정기도 옮김, 『안락사 논쟁』(서울: 책세상, 1999), pp.62-63.

Friedman, P.J., "An Introduction to Research Ethics", *Science and Engineering Ethics*, vol.2, no.4, 1996, pp.443-456. 폴 프리드먼, "연구윤리 서설", 유네스코한국위원회, 『과학연구윤리』, 서울: 당대, 2001, pp.250-281.

Frith, L. & Blyth, E., "They Can't Have My Embryo: The Ethics of Conditional Embryo Donation", *Bioethics*, vol.27, no.6, 2013, pp.317-324.

_______, "Reproduction Technologies, Overview", R. Chadwick, ed., *Encyclopedia of Applied Ethics*, vol.3, pp.817-828.

Fromer, M.J., *Ethical Issues in Sexuality and Reproduction*, London: The C.V. Mosby

Company, 1983.

Gazzaniga, M.S. & Steven, M.S., "Neuroscience and the Law", *Scientific American Mind*, vol.16, 2005, pp.42-49.

__________, M.S., *The Ethical Brain: The Science of Our Moral Dilemmas*, New York/Washington, DC: Dana Press, 2005, 김효은 옮김, 『뇌는 윤리적인가』, 서울: 바다출판사, 2009.

Gensler, H.J., "A Kantian Argument Against Abortion", *Philosophical Studies*, vol.49, 1986, pp.83-98.

Gert, B., "Moral Theory and Applied Ethics", *The Monist*, vol.67, 1984, pp.532-547.

Gilbert, F., "Neuroethics: Should We Rethink Free Will and Criminal Responsibility?", *Proceedings of the Third International Conference in Applied Ethics*, Third International Conference in Applied Ethics, Hokkaido University, Japan, Center for Applied Ethics and Philosophy (CAEP), Hokkaido University, 2008, pp.87-95.

Gillon. R., "Bioethics, Overview", R. Chadwick, ed., *Encyclopedia of Applied Ethics*, vol.1, New York: Academic Press, 1998, pp.305-317.

Gips, J., "Towards the Ethical Robot", M. Anderson, & S.L. Anderson, eds., *Machine ethics*, pp.244-253.

Goedeke, S. & Daniels, K.R., "Embryo Donation or Embryo Adoption? Practice and Policy in the New Zealand Context", *International Journal of Law*, Policy, and The Family, vol.31, no.1, 2017, pp.1-19.

Gorniak-Kocikowska, K., "The Computer Revolution and the Problem of Global Ethics", *Science and Engineering Ethics*, vol.2, 1996, pp.177-190.

Graham, G., *The Internet: A Philosophical Inquiry*, London: Routledge, 1999.

Greene, J.D., "The Secret Joke of Kant's Soul", W. Sinnott-Armstrong, ed., *The Neuroscience of Morality: Emotion, Brain Disorders, and Development*, Cambridge, MA: MIT Press, 2008, pp.35-117.

Greenfield, S., *Brain Story: Why Do We Think and Feel as We Do?*, London: BBC, 2000, 정병선 옮김, 『브레인 스토리』, 서울: 지호, 2004.

Habermas, J., *Die Zukunft der menschlichen Natur*, 2001, 장은주 옮김, 『인간이라는 자연의 미래』, 나남출판, 2002.

__________, *The Future of Human Nature*, tr. W. Rehg, M. Pensky, & H. Beister, Cambridge, U.K.: Polity Press, 2003.

__________, "Sklavenherrschaft der Gene. Moralische Grenzen des Fortschritts", *Süddeutsche Zeitung*, 1998. 1. 17/8, 구인회 옮김, 『생명윤리의 철학』, 서울: 철학과현실사, 2002.

Hall, J.S., "Ethics for Machines", M. Anderson, & S.L. Anderson, eds., *Machine ethics*, pp.28-44.

Hallich, O., "Embryo Donation or Embryo Adoption? Conceptual and Normative Issues", *Bioethics*, 2018, pp.1-8.

Hamelink, C.J., *The Ethics of Cyberspace*, London: SAGE Publication, 2000.

Hare, R.M., "Why Do Applied Ethics", DeMarco, J.P. & Fox,R.M., eds., *New Direction in Ethics*, pp.225-237.

Harris, J., *Clones, Genes, and Immortality: Ethics and the Genetic Revolution*, Oxford: Oxford University Press, 1998.

_______, "Germ line Manipulation and Our Future Worlds", *The American Journal of Bioethics*, vol.15, no.12, 2015, pp.30-34.

Hart, H.L.A., "Postscript: Responsibility and Retribution", *H.L.A. Hart, Punishment and Responsibility: Essays in the Philosophy of Law*, 2nd ed., Oxford: Oxford University Press, 2008, pp.211-230.

Hartley, T.W., "Environmental Justice: An Environmental Civil Rights Value Acceptable to All World Views", *Environmental Ethics*, vol.17, no.3, 1995, pp.277-289.

Haslett, D.W., "What is Wrong with Reflective Equilibrium?", *Philosophical Quarterly*, vol.37, 1987, pp.305-311.

Heim, M., *The Metaphysics of Virtual Reality*, 1993, 여명숙 옮김, 『가상현실의 철학적 의미』, 서울: 책세상, 1997.

Howard, D., "Can Machines Become Moral?", Big Questions Online, Oct 23, 2016.

Hursthous, R., "Reproduction and Ethics", E .Crag, ed., *Routledge Encyclopedia of Philosophy*, vol.8, 1998, pp.276-280.

Ihde, D., "Peter Paul Verbeek and a Postphenomenological Mirror", *Philosophy and Technology*, vol.25, no.4, 2012, pp.610-615.

_______, "Technology and Prognostic Predicaments", *AI and Society*, vol.13, 1999, pp.44-51.

Illes, J. & Bird, S.J., "Neuroethics: A Modern Context for Ethics in Neuroscience", *Trends Neuroscience*, vol.29, no.9, 2006, pp.511－517.

Ishii, T., "Germ Line Genome Editing in Clinics: The Approaches, Objectives and Global Society", *Briefings in Functional Genomics*, vol.16, no.1, 2017, pp.46－56.

J. van den Hoven & G.-J. Lokhordt, "Deontic Logic and Compuer-Supported Computer Ethics", *Metaphlilosophy*, vol.33. no.3, 2002. pp,376-386

Jaggar, A.M., *Feminist Politics and Human Nature*, 1983, 공미혜, 이한옥 옮김, 『여성해방론과 인간본성』, 서울: 이론과실천, 1999.

Jamieson, D., "Is Applied Ethics Worth Doing?", in D. M. Rosenthal & F. Shehadi eds., *Applied Ethics and Ethical Theory*, Salt Lake City: University of Utah Press, 1988, pp. 116－138.

Johansson, L. *Robots and Moral Agency.* Licentiate thesis. Stockholm: KTH Royal Institute of Technology, 2011.

Johnson, D.G. & Nissenbaum, H. eds., *Computers, Ethics, and Social Values*, New Jersey: Englood Cliffs, 1995.

__________, "Computer Systems: Moral Entities but not Moral Agents", *Ethics and Information Technology*, vol.8. no.4, 2006, pp.195-204.

__________, "Ethics On-Line", *Readings in Cyber Ethics*, Sudbury, MA: Jones and Bartleft Publishers, 2001, pp.26-35.

Johnson, E., "The Philosophical Implications of Neuroscience Research on Free Will and Moral Responsibility", *International Journal of Philosophy*, vol.3, no.2, 2024, pp.14-26.

Johnson, Naomi. D., "Excess Embryos: Is Embryo Adoption a New Solution or a Temporary Fix", *Brooklyn Law Review*, vol.68, no.3, 2003, pp.853-884.

Jonas, H., *Philosophical Essay: From Ancient Creed to Technological Man*, Englewood Cliffs, NJ: Prentice-Hall, 1974.

________, "Philosophical Reflections on Experimenting with Human Subjects", T.A. Mapps & J.S. Zembaty. eds., *Biomedical Ethics*, New York.: McGraw-Hill, 1991.

Jonsen, A.R. & Toulmin, S., *The Abuse of Casuistry*, Berkeley: University of California Press, 1988.

__________, *The Birth of Bioethics*, New York: Oxford University Press, 1998.

__________, "Casuistry as Methodology in Clinical Ethics", *Theoretical Medicine*, vol.12, 1991, pp.295-307.

__________, "Introduction to the History of Bioethics", Jecker, N.S. et al., eds., *Bioethics: An Introduction to the History, Methods, and Practice*, Boston: Jones and Bartlett Publishers, 1997, pp.3-11.

__________, "The Birth of Bioethics: The Origin and Evolution of a Semi-discipline", *Medical Humanities Review*, vol.11, no.1, 1997, pp.9-21.

__________, "The Birth of Bioethics", *The Hasting Center Report*, vol.23, no.6, 1993, S1-S4.

Kamm, J.M., "Ethics, Applied Ethics, and Applying Applied Ethics", Rosenthal, D.M. & Shehadi, F., eds., *Applied Ethics and Ethical Theory*, pp.162-187.

Kass, L.R., "The Wisdom of Repugnance", L.R. Kass & J. Q. Wilson, *The Ethics of*

Human Cloning, Washington, D.C.: The AEI Press, 1998, pp.3-60.

Kilner, J., "Human Cloning", J. Kilner et al., eds., *The Reproductive Revolution*, Grand Rapids: William B. Eerdmans Publishing Co., 2000, pp.124-139.

King, P.A., "Embryo Research: The Challenge for Public Policy", *The Journal of Medicine and Philosophy*, vol.22, 1997, pp.441-455.

Kiran, A.H., "Four Dimensions of Technological Mediation". R. Rosenberger and P.P. Verbeek, eds., *Postphenomenological Investigations: Essays on Human-Technology Relations*, London: Lexington Books, 2015. pp.123-140.

Kitcher, P., "Life After Dolly", G. McGee, ed., *The Human Cloning Debate*, pp.107-124.

Kizza, J.M., *Ethical and Social Issues in the Information Age*, New York: Springer-Verlag, 1998.

Klitzman, R. & Sauer, M.V., "Creating and Selling Embryos for Donation: Ethical Challenges", *American Journal of Obstetrics and Gynecology*, vol.212, no.2, 2015, pp.167-170.

Koepsell, D.R., *The Ontology of Cyberspace: Philosophy, Law, and the Future of Intellectual Property*, Chicago: Open Court, 2000.

Kracher, B. & Corritore, C.L., "Is There a Special E-Commerce Ethics?", *Business Ethics Quarterly*, vol.14, 2004, pp.71-94.

Lanphier, E. et al. "Don't edit the human germ line", *Nature*, vol.519, 2015, pp.410–411.

Lebacqz, K., "Feminism", *Encyclopedia of Bioethics*, vol.2. New York: Simon & Schuster Macmilan, 1995, pp.808-816.

Leemann, J., & Hildt, E., "Neuroethics and the Neuroscientific Turn", L.S.M. Johnson & K.S. Rommelfanger, eds., *The Routledge Handbook of Neuroethics*, New York: Routledge, 2018, pp.14-32.

Levine, R., "Clarifying the Concept of Research Ethics". Shanon. T.A. ed., *Bioethics*, Ramsey, N.J., Paulist Press, 1981, p.295-307 재인용.

________, "Research Ethics Committees", W.T. Reich, ed., *Encyclopedia of Bioethics*, vol.4. New York: Simon & Schuster Macmillan, 1995, pp.2266-2270.

Levy, N., & Bayne, T., "Doing without Deliberation: Automatism, Automaticity, and Moral Accountability", *International Review of Psychiatry*, vol.16, no.3, 2004, pp.209-215.

________, *Neuroethics: Challenges for the 21st Century*, Cambridge: Cambridge University Press, 2007, 신경인문학연구회 옮김, 『신경윤리학이란 무엇인가』, 서울:

바다출판사, 2011.

Lewontin, R., "The Confusion over Cloning", G. McGee, ed., *The Human Cloning Debate*, pp.125-140.

Libet, B., "Do We Have Free Will?", *Journal of Consciousness Studies*, vol.6, no.8-9, 1999, pp.47-57.

Light, A. & Katz, E., "Introduction: Environmental Pragmatism and Environmental Ethics as Contested Terrain", A. Light & E. Katz, eds., *Environmental Pragmatism*, London: Routledge, 1996, pp.1-18.

Lumbreras, Sara. "The Limits of Machine Ethics." *Religions* 8, no. 5, 2017: 100. https://doi.org/10.3390/rel8050100.

Lysaught, M.T., "Embryo Adoption? The Dilemmas of Fertility." *Commonweal Magazine*, vol.130, 2003, pp.15-19.

MacDemott, D., "Why Ethics is a High Hurdle for AI", W. Wallach & P. Assaro, eds., *Machine Ethics and Robot Ethics*, pp.267-274.

MacIntyre, A., *After Virture*, 2nd ed., Notre Dame: University of Notre Dame Press, 1984.

__________, "Does Applied Ethics Rest on a Mistake", *The Monist*, vol.67, 1984, pp.498-513.

Mackenzie, C., "Abortion and Embodiment", *Australian Journal of Philosophy*, vol. 70, 1992, pp.136-156.

MacNiven, D., "Practical Ethics: The Idea of Moral Expert", Bassford, H., ed., *Moral Expertise*, London & New York: Routledge, 1990, pp.1-10.

Malle, B.F., "Integrating Robot Ethics and Machine Morality: The Study and Design of Moral Competence in Robots", *Ethics and Information Technology*, Vol.18, No.4, 2016, pp.243-256.

Martensen, R., "The History of Bioethics: An Essay Review", *Journal of the History of Medicine*, vol.56, 2001, pp.168-175.

Matthias, A., "The responsibility Gap: Ascribing Responsibility for the Actions of Learning Automata", *Ethics and Information Technology*, vol.6, no.3, 2004, 175–183.

Mayer, Ryan C. "Is Embryo Adoption a Form of Surrogacy?", *National Catholic Bioethics Quarterly*, vol.11, no.2, 2011, pp.249-256.

McGee, G. & Wilmut, I., "Cloning and the Adoption Model", G. McGee, ed., The Human Cloning Debate, pp.93-106.

McMahan, J., "Paradox of Abortion and Prenatal Injury", *Ethics*, vol.116, no.4, 2006, pp.625-655.

Mill, J.S., *On Liberty, in Utilitarianism, Liberty, and Representative Government*, New York: Everyman's Library, 1950.

Millar, J., "An Ethical Dilemma: When Robot Cars Must Kill, Who Should Pick the Victim?", *Politics, Law, Society Views*, June, 11, 2014.

Millbank, J., Stuhmcke, A., Karpin, I., "Embryo Donation and Understanding of Kinship: The Impact of Law and Policy", *Human reproduction*, vol.32, no.1. 2017, pp.133-138.

Miller, D., "Social Justice and Environmental Goods", A. Dobson, ed., *Fairness and Futurity: Essays on Environmental Sustainability and Social Justice*, Oxford: Oxford University Press, 1999, pp.151-172.

Miller, J.R., "Environmental Justice", J.R. Miller et al., eds., *The Encyclopedia of Human Ecology*, vol.1, Santa Barbara: ABC-CLIO Inc, 2003, pp.228-230.

Miller, S. & Selgelid, M.J., "Ethical and Philosophical Consideration of the Dual-use Dilemma in the Biological Sciences", *Science and Engineering Ethics*, vol.13, 2007, pp.523-580.

Minteer, B.A. & Maning, R.E., "Pragmatism in Environmental Ethics: Democracy, Pluralism and the Management of Nature", A. Light & H. Rolston, eds., *Environmental Ethics*, Malden, MA: Blackwell Publishers, Ltd, 2003, pp.319-330.

Moor, J.H.,, "The Nature, Importance, and Difficulty of Machine Ethics", *IEEE Intelligent Systems*, vol.21 no.4, 2006, pp.18-21.

________, "Are There Decisions Computers Should Never Make?", *Nature and System*, vol.1, no.4, 1979, pp217-.229.

________, "Four Kinds of Ethical Robots", *Philosophy Now*, March/April 2009, pp.12-14.

________, "Reason, Relativity, and Responsibility in Computer Ethics", *Readings in Cyber Ethics*, Sudbury, MA: Jones and Bartleft Publishers, 2001, pp.36-50.

________, "What is Computer Ethics?", Johnson, D.G. & Nissenbaum, H., eds., *Computers, Ethics, and Social Values*, Englewood Cliffs, NJ: Prentice Hall, 1995, pp.1-18.

Moore, G.E., Principia Ethica, Cambridge: Cambridge University Press, 1903.

Moore, K.A., "Embryo Adoption: The Legal and Moral Challenges", *Journal of Law and Public Policy*, vol.1, no.1, 2007, pp.100-121.

Morris, S.G., "The Impact of Neuroscience on the Free Will Debate", *Florida Philosophical Review*, vol.IX, Iss.2, 2009, pp.56-78.

Moschella, M., "Gestation does not Necessarily Imply Parenthood: Implications for the Morality of Embryo Adoption and Embryo Rescue", *American Catholic Philosophical Quarterly*, vol.92, no.1, 2018, pp.21-48.

Narveson, J., "Is There a Problem about 'Applied' Ethics?", Rosenthal, D.M. & Shehadi, F., eds., *Applied Ethics and Ethical Theory*, pp.100-115.

Novas, S.B. & Salem, T., "Embedding the Embryo", J. Harris & S. Holm, eds., *The Future of Human Reproduction*, Oxford: Clarendon Press, 1998, pp.101-126.

Orr, R.D., "Physician-Assisted Death", 정숙향 옮김, 「의사 조력 사망」, 제이 홀맨 엮음, 박재형 외 옮김, 『의료윤리의 새로운 문제들』, 서울: 예영커뮤니케이션, 1997, pp.345-362.

Otieno, M.O., "CRISPR-Cas9 Human Genome Editing: Challenges, Ethical Concerns and Implications", *Journal of Clinical Research and Bioethics*, vol.6, no.6, 2015, pp.1-4.

Overall, C., *Ethics and Human Reproduction*, Boston: Allen & Unwin, 1987.

O'Mathuna, P.P., *Nanoethics: Big Ethical Issues with Small Technology*, 2009. 이상헌·김원봉 옮김, 『나노윤리』(경기도: 아카넷, 2015).

O'Neill, O., "How Can We Individuate Moral Problems?", Rosenthal, D.M. & Shehadi, F., eds., *Applied Ethics and Ethical Theory*, pp.84-99.

__________, "The Power of Example", *Philosophy*, vol.61, 1986, pp.5-29.

P.P. Verbeek, *What Things Do: Philosophical Reflections on Technology, Agency, and Design, trans. by R.P. Crease*, University Park, PA: Pennsylvania State University Press, 2005.

__________, "The Morality of Things: A Postphenomenological Inquiry", E. Selinger, ed., *Postphenomenology: A Critical Companion to Ihde*, New Albany: State University of New York Press, 2006, pp.117-130.

Parker, K.A., "Pragmatism and Environmental Thought", A. Light & E. Katz, eds., *Environmental Pragmatism*, London: Routledge, 1996, pp.21-37.

Parks, B.C. & Roberts, J.T., "Environmental and Ecological Justice", Michele M. Betsill et al., eds., *Palgrave Advances in International Environmental Politics*, New York: Palgrave Macmillan, 2006, pp.329-360.

PCSBI(Presidential Commission for the Study of Bioethical Issues), *New Directions: The Ethics of Synthetic Biology and Emerging Technologies*, Washington, DC: Government Printing Office, 2010.

Pence, G.E., *Classic Cases in Medical Ethics*, New York: McGraw-Hill Publishing Company, 2000.

Pereira, L.M. & Saptawijaya, A., "Modelling Morality with Prospective Logic", M. Anderson, & S.L. Anderson, eds., *Machine Ethics*, pp.398-421.

Peterson, M., "Three Objections to Verbeek", *Philosophy and Technology*, vol.25, no.4, 2012, pp.619-626.

Plachciak, A., "Environmental Justice and John Rawls' Concept of Well-ordered Society", *АКТУАЛЬНІ ПРОБЛЕМИ ЕКОНОМІКИ*, vo.163, no.11, 2015, pp.311-320.

Pockett, S., "The Concept of Free Will: Philosophy, Neuroscience and the Law", *Behavioral Sciences and the Law*, vol.25, 2007, pp.281 – 293.

_________ et al., *Does Consciousness Cause Behavior?*, Cambridge, MA: MIT Press, 2006.

Pojman, L.P., *Ethics: Discovering Right and Wrong*, Belmont: Wadsworth Publishing Company, 1999.

Porter, E., *Feminist Perspectives on Ethics*, New York: Pearson Education Inc., 1999.

Potter, V.R., *Global Bioethics: Building on the Leopold Legacy*, East Lansing, MI: Michigan State University Press, 1988.

_________, "Humility with Responsibility-A Bioethics for Oncologists: Presidential Address", *Cancer Research*, vol.35, 1975, pp.2297-2306.

Progress and Freedom Foundation, "*Cyberspace and the American Dream*", 1994, 안정옥 옮김, "사이버스페이스와 미국의 꿈: 지식 시대를 위한 헌장", pp.15-41.

Purdy, L.M., "Are Pregnant Women Fetal Containers?", H. Kuse & P. Singer, eds., *Bioethics: An Anthology*, Oxford: Blackwell Publishers Ltd, 2001, pp.71-81.

Putnam, H., "Cloning People", J.Burley, ed., *The Genetic Revolution and Human Rights*, Oxford: Oxford University Press, 1999, pp.1-13.

_________, "Cloning People", J. Burley, ed., *The Genetic Revolution and Human Rights*, Oxford: Oxford University Press, 1999, pp.1-13.

Rachels, J., *Moral Problems: A Collection of Philosophical Essays*, 1971, 황경식 외 옮김, 『사회윤리의 제문제』, 서울: 서광사, 1983.

_________, "Active and Passive Euthanasia", May, L., ed., *Applied Ethics*, New Jersey: Prentice Hall, 1994, pp.491-495.

Racine, E., *Pragmatic Neuroethics*, Cambridge: MIT Press, 2010.

Rae, S.B. & Cox, P.M., *Bioethics: A Christian Approach in a Pluralistic Age*, Cambridge: Wm B.Eerdmans Publishing Co., 1999.

Rawls, J., *A Theory of Justice*, Cambridge: Harvard University Press, 1999.

_________, *Justice as Fairness: A Restatement*, ed., by E. Kelly, Cambridge, MA: Harvard

University Press, 2001, pp.25-26.
_______, *Political Liberalism*, New York: Columbia University Press, 1993.
_______, "Kantian Constructivism in Moral Theory", *The Journal of Philosophy*, vol.77, 1980, pp.515-573.
Redman Ⅱ, P.C., & Redman, L.F., "Seeking a Better Solution for the Disposition of Frozen Embryos: Is Embryo Adoption the Answer", *Tulsa Law Journal*, vol.35, no.3/4, 2000, pp.583-598.
Regan, T., "The Nature and Possibility of an Environmental Ethic", *Environmental Ethics*, vol.3, 1981, pp.30-34.
Reich, W.T., "Introduction", Reich, W.T., ed., *Encyclopedia of Bioethics*, vol.1, 1978, pp.xix-xxxii.
_________, "The Word "Bioethics": Its Birth and the Legacies of those Who Shaped It", *Kennedy Institute of Ethics Journal*, vol.4, no.4, 1994, pp.319-335.
_________, "The Word "Bioethics": The Struggle Over Its Earliest Meanings", *Kennedy Institute of Ethics Journal*, vol.5, no.1, 1995, pp.19-34.
Rex, E.B., "IVF, Embryo Transfer, and Embryo Adoption", *National Catholic Bioethics Quarterly*. 2014, vol.14, no.2, pp.227-237.
Richardson, H.S., "Specifying Norms as a Way to Resolve Concrete Ethical Problems", *Philosophy and Public Affairs*, vol.19, 1990, pp.279-310.
Robertson, C.D., "Generation, Gestation, and Birth: An Important Element in the Embryo Adoption Debate", *Linacre Quarterly*, vol.85, no.1, 2018, pp.35-48.
_____________, "Navigating an Impasse in the Embryo Adoption Debate", *National Catholic Bioethics Quarterly*, 2016, vol.16, no.3, pp.409-417.
Robertson, J.A., *Children of choice : Freedom and the New Reproductive Technologies*, Princeton, NJ: Princeton University Press, 1994.
____________, "Cloning as a Reproductive Right", G. McGee, ed., *The Human Cloning Debate*, pp.67-82.
____________, "Ethical and Legal Issues in Human Embryo Donation", *Fertility and Sterility*, vol.64, no.5, 1995, pp.885-894.
____________, "The Question of Human Cloning", *The Hasting Center Report*, vol.24, 1994, pp.6-13.
Robins, K., "Cyberspace and the World We Live In", M. Featherstone, & R. Burrows, eds., *Cyberspace/ Cyberbodies/ Cyberpunk*, London: SAGE Pub., 1995, pp.135-154.
Rodriguez, E., "Ethical Issues in Genome Editing using Crispr/Cas9 System", *Journal of Clinical Research and Bioethics*, vol.7, no.2, 2016, pp.1-4.

Rogers, S., "The Ethics of Computing: the first and second generations", URL=http://idun.unl.ac.uk/~11sadlerc/src/ETHrog.html, 1996.

Rogerson, S. & Bynum, T.W., "Cyberspace: The Ethical Frontier", URL=http://www.cmsdmu.ac.uk/CCSR/ccsr/the-art/theart.html, 1996

__________, "Global Information Ethics", *Science and Engineering Ethics*, vol.2, 1996, pp.131-135.

Rosenberger, R. & Verbeek, P.P., "A Field Guide to Postphenomenology". R. Rosenberger and P.P. Verbeek, eds., *Postphenomenological Investigations: Essays on Human-Technology Relations*, London: Lexington Books, 2015. pp.9-41.

Rosenthal, D.M. & Shehadi, F, eds., *Applied Ethics and Ethical Theory*, Salt Lake City: University of Utah Press, 1988.

Roskies, A.L., "How Does the Neuroscience of Decision Making Bear on Our Understanding of Moral Responsibility and Free Will?", *Current Opinion in Neurobiology*, vol.22, 2012, pp.1022-1026.

__________, "Neuroethics for the New Millenium," *Neuron*, vol.35, no.1, 2002, pp.21–23.

__________, "Neuroethics", *Stanford Encyclopedia of Philosophy*, 2021, https://plato.stanford.edu/entries/neuroethics/(2024.05.08. 접속)

__________, "Neuroscientific Challenges to Free Will and Responsibility," *Trends in Cognitive Sciences*, vol.10, no.9, 2006, pp.419–23.

__________, "The Limits of Neuroscience for Ethics", in M. Vargas & J.M. Doris, eds., *The Oxford Handbook of Moral Psychology*, Oxford: Oxford University Press, 2022, pp.495–508.

__________, "Why Libet's Studies Don't Pose a Threat to Free Will", W. Sinnott-Armstrong & L. Nadel, eds., *Conscious Will and Responsibility: A Tribute to Benjamin Libet*, Oxford: Oxford University Press, 2010, pp.11-22.

Ross, S. L., "Abortion and the Death of the Fetus", *Philosophy and Public Affairs*, vol.11, 1982, pp.232-245.

Safire, W., "The Risk That Failed", New York Times, July 10. 2003.

__________, "Visions for a New Field of Neuroethics", *Neuroethics: Mapping the Field Conference Proceedings*, May 13–14, 2002. San Francisco, California.

Samuelsson, L., "Environmental Pragmatism and Environmental Philosophy: A Bad Marriage!", *Environmental Ethics*, vol.32, no.4, 2010, pp.405-415.

Sass, H.M., "Advance Directives", R. Chadwick, ed., *Encyclopedia of Applied Ethics*, vol.3, New York: Academic Press, 1998, pp.41-49.

Savulescu, J. et al., "The Moral Imperative to Continue Gene Editing on Human Embryos", *Protin and Cell*, vol.6, no.7, 2015, pp.476-479.

Scheutz, M., "What Is Robot Ethics?", *IEEE Robotics and Automation Magazine*, vol.20, no.4, 2013, pp.164-165.

Searle, J.R., "Minds, Brains, and Programs", *Behavioral and Brain Sciences*, vol.3, no.3, 1980, pp.417-457.

Sen, A., *The Idea of Justice*, Cambridge: Belknap Press, 2009.

Seung, T.K., *Intuition and Construction: The Foundation of Normative Theory*, New Haven & London: Yale University Press, 1993.

Severson, R.W., *The Principles of Information Ethics*, New York: M.E. Sharpe, 1997.

Seville, H. & Field, D.G., "What Can AI Do for Ethics?", M. Anderson, & S.L. Anderson, eds., *Machine Ethics*, pp.499-511.

Shannon, T.A. & Digiacomo, J.D., *An Introduction to Bioethics*, New York: Paulist Press, 1979, 황경식·김상득 옮김, 『생의윤리학이란?』, 서울: 서광사, 1988.

Shepherd, J., "Scientific Challenges to Free Will and Moral Responsibility", *Philosophy Compass*, vol.10, Iss.3, 2015, pp.197-207.

Singer, M.G., "Ethics, Science and Moral Philosophy", DeMarco. J.P. & Fox. R.M., ed., *New Direction in Ethics*, New York: Routledge & Kegan Paul, 1986, pp.282-298.

Singer, P., ed., *Applied Ethics*, Oxford: Oxford University Press, 1986

________, *Practical Ethics*, 2nd, Cambridge: Cambridge University Press, 1993.

________, "Ethical Experts in Democracy", Rosenthal, D.M. & Shehadi, F., eds., *Applied Ethics and Ethical Theory*, pp.149-161.

________, "Introduction", Singer, P. ed., *Applied Ethics*, Oxford:Oxford University Press, 1986, pp.1-7.

Skerrett, P., "Experts Debate: Are We Playing with Fire when We Edit Human Genes?", *STAT News*, Nov.17. 2017, pp.1-8.

Spinoza, B., *Ethica*, ordine geometrico demonstrata, 1677, 강영계 옮김, 『에티카』, 서울: 서광사, 2007.

Sterba, J.P., "Reconciling Anthropocentric and Nonanthropocentric Environmental Ethics", *Environmental Values*, vol.3, no.3, 1994, pp.229-244.

Sullins, J.P., "When is a Robot a Moral Agent", *International Review of Information Ethics*, vol.6, no.12, 2006, pp.23-30.

Swaab, D., *Wij Zijn Ons Brein: van Baarmoeder tot Alzheimer*, 2010, 신순림 옮김, 『우리는 우리 뇌다』, 서울: 열린책들, 2015.

Talmi, D., & Frith, C.D., "Neuroscience, Free Will, and Responsibility", W. Sinnott-

Armstrong & L. Nadel, eds., *Conscious Will and Responsibility: A Tribute to Benjamin Libet*, Oxford: Oxford University Press, 2010, pp.124-133.

Taylor, P.W., *Principles of Ethics*, 1975, 김영진 옮김, 『윤리학의 기본원리』, 서울: 서광사, 1985.

Thomson, J.J., "A Defence of Abortion", *Philosophy and Public Affairs*, vol.1, no.1, 1971, pp.47-66. 황필호, 편저, 『산아제한과 낙태와 여성해방』, 서울: 종로서적, 1990, pp.107-131.

Toefel, H.O., "Human Cloning in Ethical Perspectives", J.M. Humber and R.F. Almeder, *Human Cloning*, pp.177-208.

Tong, R.P., *Feminist Approach to Bioethics: Theoretical Reflection and Practical Application*, Colorado: Westviewpress, 1997.

________, *Feminist Thought*, 1998, 이소영 옮김, 『페미니즘 사상-종합적 접근』, 서울: 한신문화사, 2000.

Toulmin, S. "The Tyranny of Principles", *Hasting Center Report*, vol.11, 1981, pp.31-39.

Tribe, H., *Abortion: The Clash of Absolutes*, New York: Norton, 1992.

Tucker, J.B. & Zilinkas, R.A., "The Promise and Perils of Synthetic Biology", *The New Atlantis News*, no.12, 2006, pp.25-45.

United Church of Christ, Commission for Racial Justice. *Toxic wastes and race in the United States: A national report on the racial and socio-economic characteristics of communities with hazardous waste sites.* Public Data Access, Inc.,

Van de Poel, I., "Technology as Moral Agent", *Philosophy and Technology*, vol.25, no.4, 2012, pp.615-619.

Verbeek, P.P., *Moralizing Technology: Understanding and Designing the Morality of Things*, Chicago: University of Chicago Press, 2011.

__________, "Beyond Interaction: A Short Introduction to Mediation Theory", *Interaction*, vol.22, 2015, pp.26-31.

__________, "Cultivating Humanity: towards a Non-Humanist Ethics of Technology", J.K. Berg, O. Friis, E. Selinger & S. Riis, eds. *New Waves in Philosophy of Technology*, Hampshire: Palgrave-Macmillan, 2009, pp.241–263.

__________, "Cyborg intentionality: Rethinking the phenomenology of human–technology relations ", *Phenomenology and the Cognitive Sciences*, vol.7, no.3, 2008, pp.387-395.

__________, "Designing the Morality of Things: The Ethics of Behaviour-Guiding Technology" J. van de Hoven et al. eds., *Designing in Ethics*, New York:

Cambridge University Press, 2017 pp.78-94.

__________, "Materializing Morality: Design Ethics and Technological Mediation", *Science, Technology, and Human Values*, vol.31, no.3, 2006, pp.361-380.

__________, "Morality in Design: Design ethics and the morality of technological artifacts", *Philosophy and Design*, 2008, pp.91-103.

__________, "Obstetric Ultrasound and Technological Mediation of Morality: A Postphenomenological Analysis", *Human Studies*, vol.31, 2008, pp.11-26.

__________, "Postphenomenology and Ethics", G.J. Robson & J.Y. Tsou, eds., *Technology Ethics: A Philosophical Introduction and Readings*, New York: Routledge, 2023, pp.42-51.

__________, "Some Misunderstanding About the Moral Significance of Technology", P. Kroes and P-P. Verbeek, eds., *The Moral Status of Technical Artefacts*, Dordrecht: Springer, 2014, pp.75-88.

__________, "The Irony of Humanism: On the Complexities of Discussing the Moral Significance", in E. Selinger et al., eds., "Book Symposium on Peter Paul Verbeek's Moralizing Technology", *Philosophy and Technology*, vol.25, no.4, 2012, pp.626-631.

Verbeek, P.P., "The Moral Relevance of Technological Artifacts", P. Sollie & M. Düwell, eds, *Evaluating New Technologies: Methodological Problems for the Ethical Assessment of Technology Developments*, Dordrecht: Springer, 2009, pp.63-77.

Versenyi, L., "Can Robots be Moral?", *Ethics*, vol.84, no.3, 1974, pp.248-259.

Wallace, J.D., *Moral Relevance and Moral Conflict*, Ithaca and London: Cornell University Press, 1988.

Wallach, W. & Allen, C., *Moral Machine: Teaching Robots Right from Wrong*, New York: Oxford University Press, 2009. 노태복 옮김, 『왜 로봇의 도덕인가』, 서울: 메디치, 2014.

__________, Allen, C. & Franklin, S., "Consciousness and Ethics: Artificially Conscious Moral Agent", W. Wallach & P. Assaro, eds., *Machine Ethics and Robot Ethics*, pp.209-314.

__________, "Robot Morals and Human Ethics", *Teaching Ethics*, vol.11, Issue 1, Fall 2010, pp.87-92.

Walser, R., "사이버스페이스 극장의 구성요소", Helsel, S.K. & Roth, J.P., *Virtual Reality: Theory, Practice and Promise*, 1991, 노용덕 옮김, 『가상현실과 사이버스페이스』, 서울: 세종대학교출판부, 1994, pp.91-112.

Warren, M.A., "On the Moral and Legal Status of Abortion", J.P. Sterba, ed., *Morality in Practice*, California: Wadworth Publishing Company, 1984, pp.144-153.

Weckert, J. & Adeney, D., *Computer and Information Ethics*, London: Greenwood Press, 1997.

Wegner, D.M. & Wheatley, T., "Apparent Mental Causation: Sources of the Experience of Will", *American Psychologist*, vol.54, no.7, 1999, pp.480-492.

Wenz, P.S., Environmental Justice, Albany: SUNY Press, 1988. 최병두 외 옮김, 『환경정의』, 서울: 한울아카데미, 2007.

Weston, A., "Beyond Intrinsic Value: Pragmatism in Environmental Ethics", *Environmental Ethics*, vol.7, no.4, 1985, pp.321-339.

_________, "Drawing Lines: The Abortion Perplex and the Presuppositions of Applied Ethics", *The Monist*, vol.67, 1984, p.589-604.

_________, "Drawing Lines: The Abortion Perplex and the Presuppositions of Applied Ethics", *The Monist*, vol.67, 1984, p.589-604.

Whitbeck, C., "Research Ethics", R. Chadwick, ed., *Encyclopedia of Applied Ethics*, vol.3, New York: Academic Press, 1998, pp.835-843.

Whitby, B., "On Computable Morality: An Examination of Machines as Moral Advisors", M. Anderson, & S.L. Anderson, eds., *Machine Ethics*, pp.138-150,

White, L. Jr., "The Historical Roots of Our Ecological Crisis", *Science*, vol.155, no.3767, 1967, pp.1203-1207.

Whitehouse, P.J., "The Rebirth of Bioethics: Extending the Original Formulations of Van Rensselaer Potter", *The American Journal of Bioethics*, vol.3, no.4, W26-W31.

Wikler, D.I., "Ought We to Try to Save Aborted Fetuses?", *Ethics*, vol.90, 1979, pp.58-65.

Willis, E., "Abortion: Is a Women a Person", J.A. Kourany et al., eds., *Feminist Philosophers*, New Jersey: Prentice Hall, 1992, pp.83-86.

Wilson, J.Q., "Sex and Family", *The Ethics of Human Cloning*, pp.89-100.

__________, "The Paradox of Cloning", *The Ethics of Human Cloning*, pp.61-74.

Winkler, E.R., "Applied Ethics, Overview", *Encyclopedia of Applied Ethics*, vol. 1, New York: Academic Press, 1998, pp.191-196.

Wolf, S.M., ed., *Feminism and Bioethics*, Oxford: Oxford University Press, 1996.

Zankle, H., *Fälscher, Schwindler, Scharlatane. Betrug in Forschung und Wissenschaft*, 2003. 도복선, 김현정 역, 『과학의 사기꾼』, 서울: 시아출판사, 2006.

Zarembo, A., "An Ethics Debate over Embryos on the Cheap", *The Los Angeles Times*, Nov. 19. 2012.

웹사이트

『미생물학백과사전』, https://terms.naver.com/entry.nhn?docId=5145000&cid=61232&categoryId=61232(2018.08.09. 접속)

Euthanasia in Holland, http://www.euthansia.org/dutch.html(2000.02.17. 접속)

https://articles.latimes.com/2012/nov/19/local/la-me-embryo-20121120.(2019.03.20. 접속)

https://ko.wikipedia.org/wiki/라플라스의_도깨비(2024.12.18. 접속)

https://ko.wikipedia.org/wiki/테리_샤이보_논란(2024.12.20. 접속)

https://ko.wikipedia.org/wiki/후지무라_신이치(2025.02.20 접속)

https://www.bu.edu/sph/2015/04/30/scientists-should-not-edit-genomes-of-human-embryos/(2018.09.01. 접속)

https://www.statnews.com/2015/11/17/gene-editing-embryo-crispr/(2018.09.01. 접속)

찾아보기

ㄹ

ㅁ

ㅇ

ㅈ

ㅊ

ㅋ

응용윤리학

과학과 윤리의 만남

2025년 10월 23일 초판 1쇄 찍음

2025년 10월 31일 초판 1쇄 펴냄

지은이 김상득

편집 김찬호·김천희·엄귀영·박훈·정지현

디자인 이수경·김진운

마케팅 유명원

펴낸이 윤철호

펴낸곳 ㈜사회평론아카데미

등록번호 2013-000247(2013년 8월 23일)

전화 02-326-1182

팩스 02-326-1626

주소 03993 서울특별시 마포구 월드컵북로6길 56

이메일 academy@sapyoung.com

홈페이지 www.sapyoung.com

ISBN 979-11-6707-204-7 93190